KB041945

대중
독재

2

대중
독재

정치 종교와 헤게모니

2

임지현 · 김용우 엮음
비교역사문화연구소 기획

책세상

차례

프롤로그

대중독재의 매력 | 김용우 · 15

  1. 대중독재 개념과 근대 주체 비판 · 16

  2. 정치의 심미화와 정치의 신성화 · 24

I 정치의 신성화와 동의의 생산

제1장 정치 종교와 시민 종교 · 41

정치의 신성화 | 에밀리오 젠틸레 · 41

  1. 정치의 신성화 : 정의와 해석 · 41

  2. 정치의 신성화 : 민주주의 혁명에서 전체주의 혁명으로 · 48

  3. 시민 종교와 정치 종교 · 52

시민 종교의 지적 계보 ─ 플라톤에서 로크까지 | 조승래 · 55

  1. 들어가는 말 · 55

  2. 시민 종교론의 등장과 발전 : 고대에서 중세까지 · 56

  3. 종교개혁과 시민 종교론 : 헤겔의 관점 · 60

  4. 해링턴과 로크 : 프로테스탄트 시민 종교론 · 62

  5. 맺는 말 · 65

종교로서의 공산주의 | 마르친 쿨라 · 67

  1. 역사와 시간에 대한 관점 · 67

  2. 진리와 권위의 독점 · 71

  3. 공동체와 교단과 당 · 75

  4. 성인 숭배 · 78

5. 기도서와 축일 · 84

6. 공산주의와 기성 종교, 그 유사성의 근원 · 86

제2장 파시즘과 나치즘 · 90

이탈리아 파시즘의 영적 혁명 | 로버트 말렛 · 90

1. 무솔리니와 파시즘의 영적 혁명 · 91

2. 파시즘의 영적 메시지의 표현 : 예술과 미디어 · 95

3. 맺는 말 · 105

무솔리니 사상에 나타난 종교와 정치 문화 | 디디에 뮈지들라크 · 107

1. 들어가는 말 · 107

2. 청년 무솔리니의 사상 형성의 정치 · 종교적 배경 · 108

　(1) 스위스 체재 · 108

　(2) 독일 문화의 영향(1908년 11월~1909년 9월) · 113

3. 파시즘 형성 · 120

4. 맺는 말 · 127

시간과 적법성

— 독일 양대 독재의 시간 감각에 대한 비교 고찰 | 마르틴 자브로 · 129

1. 근대 독재의 통합 요소로서의 시간 · 133

2. 민족사회주의의 시간 · 139

3. 공산주의의 시간 · 150

4. 시간의 지평과 독재의 몰락 · 159

제3장 동아시아 · 168

　가족주의, 사회주의, 북한의 정치 종교 | 찰스 암스트롱 · 168

　　1. 들어가는 말 · 168

　　2. 김일성 가의 두 몸 · 171

　　3. 고난의 정치 질서 · 178

　　4. 사랑의 공화국 · 180

　　5. 단군의 유골 · 184

　　6. 맺는 말 : 오늘의 북한과 '선군 정치' · 188

　독재와 상징의 정치

　— 나치즘과 일본 파시즘의 정치 종교 | **나인호 / 박진우** · 190

　　1. 20세기 대중독재의 비교 연구 개념으로서의 정치 종교 · 190

　　2. 급진적 민족주의 상징의 정치 · 194

　　3. 새로운 혁명적 민족주의 종교 대 관례적 민족주의 종교 · 205

　　4. 평가 · 214

II 헤게모니와 동의의 문화

제1장 대중 매체와 동원의 미학 · 219

　**식민 후기 조선의 시각 문화에 나타난 전체 동원의
　미학 | 마이클 김** · 219

　　1. 파시즘과 조선의 협력 · 220

　　2. 식민 후기의 인쇄 문화와 태평양 전쟁 · 224

　　3. 제국의 지정학적 공간과 제국의 테크놀로지 · 229

　　4. 식민지 피지배자의 재창조 · 234

5. 제국 동원의 공적 볼거리와 일상의 파시즘 · 237

6. 조종사와 가미카제의 미학 · 240

7. 식민지 협력자의 유산 · 244

**두 가지 유형의 선전 · 선동? —— '제3제국'과 동독에서의 대중 매체 방송의
의미에 대한 고찰 | 크리스토프 클라센** · 247

1. 20세기 독일의 두 독재 체제의 미디어 유산 · 247

2. 20세기 독재 체제의 구조적 특징으로서의 선전 · 선동 :
   프리드리히, 브레진스키, 아렌트 · 251

3. 선전 · 선동이란 무엇인가 : 문제의식을 내포한 구분법의 발견적 가치를
   위한 짧은 고찰 · 256

4. 붉은색(현실사회주의)과 갈색(민족사회주의)은 같다? :
   동독과 민족사회주의하에서 대중 매체 방송 운용의 비교 측면 · 260

5. 요약 : 독재 체제하에서 충성과 동의를 얻기 위한 두 방송의 스타일과
   의미 · 267

제2장 민족주의, 인종주의 · 272

고삐 풀린 세대 —— 제국보안사령부 지휘부에 관한 연구 | 미하엘 빌트 · 272

1. 문제의 제기 · 272

2. RSHA 지휘부의 특징적 요소들 · 278

3. 나치 제도의 새로운 형태로서의 RSHA · 283

4. 권한 부여의 계기가 된 세계대전 · 288

5. RSHA의 지휘관과 히틀러의 역할 · 293

6. 1945년 이후 : 이 세대에게 어떤 일들이 벌어졌는가 · 296

민족 문제와 폴란드 공산주의 체제의 전술

— 유대인 정책 | 펠릭스 티흐 · 301

    1. 들어가는 말 · 301

    2. 역사적 배경 · 302

    3. 2차 세계대전 이후의 민족 문제 · 304

    4. 유대인과 관련된 난제 · 305

    5. 정치 게임의 규칙 · 307

제국적 내셔널리즘과 소수자들에 대한 비교의 전망 | 사카이 나오키 · 313

제3장 영웅 숭배 · 329

'제3제국'에서의 영웅화와 악마화 | 피터 램버트 · 329

    1. 들어가는 말 : 영웅의 재등장 · 329

    2. 악마화와 영웅화 사이에서 · 330

    3. 영웅의 국유화 · 340

    4. 신화 속의 영웅들 · 344

    5. 맺는 말 · 357

항공 영웅들과 독재 체제하의 민족사

— 포르투갈과 리투아니아 | 리나스 에릭소나스 · 363

    1. 파시스트 역사관 · 364

    2. 비교 사례 : 포르투갈과 리투아니아 · 367

    3. 사례 1 : 포르투갈 · 371

    4. 사례 2 : 리투아니아 · 381

    5. 맺는 말 · 394

III 한국의 대중독재 논쟁 ─ 진보 담론인가 보수 담론인가

박정희 시대의 강압과 동의

─ 지배 · 전통 · 강압과 동의의 관계를 다시 생각한다 | 조희연 · 401

1. 들어가는 말 · 401

2. 대중독재론과 일상사의 문제의식에 대한 평가 · 402

    (1) 문제 제기의 긍정성 · 402
    (2) 대중독재론과 일상사적 분석의 성찰 지점 · 404
    (3) 유석춘과 복거일의 친일 담론 및 친독재 담론 · 409

3. '지배에서 강압과 동의'를 분석하기 위한 이론 틀 · 412

    (1) 강압과 동의의 복합물로서 지배 · 412
    (2) 지배 전략과 저항 전략의 상호 작용 속에서 구성되는 지배 · 417
    (3) 강압과 동의의 경계를 변화시키는 지배의 전략적 실천과 그 내적 모순 · 420
    (4) '지배의 전통화'와 '민중의 주체화' · 426
    (5) 동의 구성 전략의 작위성과 부작용 · 428

4. 한국 현대사 분석 · 429

    (1) 전후 한국 사회 지배 구성의 역사적 조건 · 430
    (2) 1950년대 반공 동원 체제의 성격 · 436
    (3) 1960년대 권위주의적 반공 · 개발 동원 체제와 강압 및 동의 · 440
    (4) 1970년대 반공 · 개발 동원 체제의 균열과 강압 및 동의 · 448

5. 맺는 말 · 462

    (1) 박정희 지배는 일정하게라도 '전통화'되었는가 · 469
    (2) 부분적으로 능동적 동의를 획득했으나 지배 일반의 위기는 지속 · 473

대중독재와 포스트 파시즘

─ 조희연 교수의 비판에 부쳐 | 임지현/이상록 · 476

1. 냉전 담론과 '악마론' · 476

2. '혐의'의 정치학과 '오독'의 논리학 · 480

3. 박정희 체제의 '동의'에 대한 재해석 · 496

    (1) 포스트─식민지적 지배의 단절/연속성과 평등주의적 전통 · 496
    (2) 반공주의와 개발주의 · 498

(3) 저항 운동의 이중성 · 504

(4) 새마을운동과 대중 · 508

(5) 박정희 지배는 전통화되지 않았다? · 512

4. 포스트 파시즘과 정치적 민주화 · 515

박정희 체제의 복합성과 모순성

— 임지현 등의 반론에 대한 재반론 | 조희연 · 519

1. 임지현 · 이상록에 대한 총괄적인 재반론 · 520

(1) '협의의 정치학'과 '오독의 논리학'?— '아래로부터의 독재' 연구와 '위로부터의
독재' 헤게모니 · 521

(2) 수정주의적 파시즘론이 반−반파시즘론으로? · 524

(3) 파시즘의 유형론이 필요하다—한국 파시즘의 특수성이 과도하게 일반적으로 규
정될 수 있다 · 525

(4) 박정희 독재는 '헤게모니'의 사례가 아니라 '헤게모니 균열'의 보편적 사례다 ·
527

2. 근대 독재 권력으로서 박정희 독재의 복합적 모순성 · 529

(1) 대중독재론의 방법론과 관련하여—근대 독재 권력의 모순적 복합성 · 530

(2) 박정희 독재의 모순적 복합성 · 540

3. 박정희 파시즘의 유산을 둘러싼 현재적 투쟁 · 549

(1) 현재적 박정희와 역사적 박정희 · 550

(2) 과거 청산에 대한 임지현 등의 현실적 문제의식에 대하여 · 553

대중독재와 외세의 관계 중요······실증 없어 주장만 대립 | 박태균 · 566

대중독재 논쟁과 시민적 진보의 길

— 동원의 시대를 넘어서 | 이병천 · 570

대중독재와 기억의 정치학

— 조희연, 박태균, 이병천의 비판에 답한다 | 임지현 · 578

1. 들어가는 말 · 578

2. 실사구시 · 579

3. 강제와 동의/지배와 저항 · 580

4. 헤게모니의 과잉/과소 인식 · 580

5. 파시즘의 보편성과 유신 독재의 특수성 · 581

6. 근대와 탈근대 · 583

7. 아렌트와 과거 청산 · 584

8. 맺는 말 · 586

탈구조적 비평으로는 복잡한 현실 해명 못해 | 조희연 · 589

1. 포스트 독재 담론 대 혁신 반독재 민주 담론? · 589

2. 포스트 독재 담론의 양가성 · 590

3. 대중독재와 탈민족주의 · 591

4. 박정희 독재는 일정한 동의에도 불구하고 실제 폭압적이었으며
   불안정했다 · 592

5. 독일이나 일본과 달리 한국이 독재의 헤게모니 균열과 극복의 보편적
   사례일 수 있다 · 593

6. 성찰적 과거 청산과 제도적 과거 청산의 관계 · 594

에필로그

대중독재 테제 | 임지현 · 597

찾아보기 · 616

일러두기

1. 주석에 제시된 외국 문헌의 번역 제목은 각 글별로 해당 저자나 옮긴이가 옮긴 대로
따랐다. 따라서 같은 외국 문헌에 대한 번역 제목이 각 글마다 다를 수 있다.
2. 번역문에서 옮긴이가 이해를 돕기 위해 첨가한 말들은 〔 〕 안에 넣었다.

프롤로그

대중독재의 매력

김용우

히틀러Adolf Hitler와 무솔리니Benito Mussolini가 연설을 할 때 사람들이 이들을 신인 양 믿고 찬양하고 숭배하고 흠모했다는 사실은 누구나 알아야 하고 반드시 기억해야 한다. 이들은 "카리스마의 지도자"였다. 이들은 은밀한 매력을 발산했다. 그러나 그 매력은 이들의 말이 지닌 신빙성과 온당함에서 나온 것이 아니다. 그것은 도발적인 연설 방식, 유창함, 연기의 기법에서 나온 것이다……이들이 내뱉는 이념들은……정도를 벗어나 있고 어리석거나 아니면 잔혹했다. 그럼에도 이들은 갈채를 받았고 목숨마저 바칠 각오가 된 수백만 신도들의 지지를 받았다. 이러한 헌신적인 추종자들, 그리고 그중 비인간적인 명령을 열심히 수행했던 사람들이 처음부터 고문자나 악마로……태어난 것은 아니다. 그들은 보통사람이었

김용우는 서강대에서 사학을 전공하고 같은 학교 대학원에서 프랑스 파시즘에 관한 연구로 박사학위를 받았다. 20세기 초부터 현재에 이르는 장기 지속적 현상으로서의 프랑스 파시즘의 성격을 규명하는 글들을 전문 학술지와 대중지에 발표했다.
최근 이탈리아 파시즘으로 관심을 확대하고 있으며, 특히 사학사적·문화사적 접근을 통해 파시즘이 특정한 사회적·정치적 맥락 속에서 어떻게 해석되고 수용되고 있는가, 파시즘은 어떠한 방식으로 대중 속으로 파고들며 대중은 파시즘의 지배 메커니즘에 어떻게 반응하는가 하는 문제들에 관심을 기울이고 있다. 최근의 저서로는 《호모 파시스투스》와 공저인 《대중독재―강제와 동의 사이에서》가 있다. 현재 문화사학회 편집위원, 책세상문고 '우리시대' 편집위원, 《전체주의 운동과 정치 종교》 편집위원, 그리고 한양대 비교역사문화연구소 연구 교수 겸 상임 연구원을 거쳐 한국교원대 역사교육과 조교수로 활동하고 있다.

대중독재의 매력 15

다. 악마가 존재하긴 하지만 극소수이기에 그렇게 위험하지는 않다. 더 위험한 존재는 보통사람들, 어떠한 문제 제기도 없이 믿고 복종하는 공무원 같은 사람들이다. 아이히만Karl Adolf Eichmann, 아우슈비츠 수용소장 회스Rudolf Höss, 트레블린카 수용소장 쉬탕을Franz Stangl 같은 사람들, 그리고 20년 뒤 알제리의 학살자인 프랑스의 군인들, 30년 뒤 베트남의 학살자인 미국의 군인들처럼.

프리모 레비Primo Levi[1)]

1.대중독재 개념과 근대 주체 비판

수많은 대중을 열광시킨 파시즘과 나치즘의 은밀한 매력은 무엇일까. 왜 대중은 어리석고 잔혹하기까지 한 파시즘과 나치즘의 이데올로기와 체제에 목숨마저 바칠 각오를 한 헌신적인 신자가 되었을까? 처음부터 잔인한 고문자나 악마로 태어나지 않은 지극히 평범한 사람들이 아무런 의문도 없이 체제의 명령을 열심히 수행하는 고문자와 학살자가 된 이유는 무엇일까? 대중독재 프로젝트의 문제의식은 아우슈비츠의 생존자이자 20세기의 탁월한 저술가 가운데 한 사람이었던 레비의 뼈아픈 성찰과 맞닿아 있다. 수많은 보통사람들을 열렬한 신도로 만든 20세기 독재 체제의 은밀한 매력을, 그 대중주의적populist 헤게모니 공세를 해명하지 않고는 풍부한 반독재 문화의 형성과 확장이 불가능하다는 절실함이 대중독재 프로젝트를 추동한 힘이다.

---

1) Primo Levi, 《이것이 인간이라면*Se questo è un uomo*》(Torino : Einaudi, 1976), 244~245쪽.

2004년 대중독재 패러다임이 처음 그 모습을 드러냈을 때[2] 세간의 시선이 곱지만은 않았다. 그 후 1년이라는 세월이 흘렀고 건설적인 논쟁의 결실이 조금씩 모아지고 있는 것은 사실이다. 이 귀중한 수확은 이 책의 제3부 〈한국의 대중독재 논쟁―진보 담론인가 보수 담론인가〉에 담겨 있다. 그러나 대중독재 프로젝트에 대한 오해가 불식되었다고 하기에는 서로의 소통을 가로막는 장벽들이 여전히 완강하게 남아 있다는 느낌이다. 그리고 그 오해의 배경에는 무엇보다도 대중독재 개념이 자리 잡고 있다고 생각된다.

많은 사람들은 '대중독재'가 논리적으로 결합될 수 없는 두 용어, 즉 '대중'과 '독재'의 합성어라는 데 주목한다. 그들은 다수를 뜻하는 대중과 일인의 지배를 의미하는 독재는 애초부터 연결될 수 없는 성격의 것이라는 전제에서 출발하여, 그럼에도 불구하고 서로 배치되는 두 개념을 억지로 결합시켜 탄생한 대중독재는 모순어법이라는 수사학적 효과에 기댄 것에 지나지 않는다는 논리를 거쳐, 결국 대중독재의 개념은 역사적 현실과는 거리가 먼, 진지한 학술적 가치를 지니지 못한 개념이라는 결론에 도달한다. 그리고 학술적 가치를 상실한 개념이라는 평가가 남긴 자리에는 알게 모르게 정치적 편향성과 선정성이라는 혐의가 파고든다.

그러나 논리성이나 합리성으로 해명할 수 없는 수많은 현실이 존재하는 것처럼 그 의미를 포착하려는 개념의 가치 역시 개념 그 자체의 논리성이나 합리성만으로 재단될 수는 없다. 조금만 눈을 돌리면 인문학이나 사회과학에서 널리 유통되는 개념들 가운데 상당수가 모순어법이라는 사실을 알게 될 것이다. '혁명적 보수주의', '프롤레타리아 독재', '급진적 보수주의', '계급 독재', '반동적 근대주

---

2) 임지현 · 김용우 엮음, 《대중독재―강제와 동의 사이에서》(책세상, 2004).

의', '세속 종교', '시민 종교' 등은 이러한 모순어법의 혐의를 받고 있는 개념들이지만 동시에 그 유효성을 어느 정도 인정받고 있는 개념이기도 하다.

　더 중요한 점은 대중독재 패러다임이 특정한 정치적 프로젝트의 일환이 아니라는 사실이다. 오히려 그것은 독재와 반독재의 뜨거운 투쟁의 열기와 그것이 빚어내는 단순화와 도식화의 함정에서 빠져나와 이제는 차분하고 냉정한 시각에서 20세기 독재를 연구하는 것이 긴요하다는 '포스트-독재 시대'의 역사학의 문제의식에서 출발한다. 프랑스 혁명의 종언을 선언함으로써 그것에 대한 냉정한 평가가 필요함을 역설한 프랑스의 역사가 퓌레François Furet의 경우나 반파시즘적 열정이 빚어낸 속류 파시즘 연구로부터의 탈피를 제창한 이탈리아의 역사가 데 펠리체Renzo De Felice의 경우는, 이념적 지형이나 역사 해석의 지평에서 대중독재 프로젝트와 이들 사이에 존재하는 확연한 차이에도 불구하고 '포스트-독재 시대'의 역사학의 문제의식을 날카롭게 하는 데 기여했다.[3] 또한 오랜 동안 파시즘에 대한 정의가 늘 정치적 프로젝트의 일부였으며 이것이 우리의 파시즘에 대한 이해를 가로막았던 주된 요인이라는 점에 주목하고 이를 극복하기 위해 파시즘을 베버Max Weber 식의 '이념형'으로 파악할 것을 권고한 스위스의 역사가 뷔랭Philippe Burrin이나 영국의 역사가 그리핀Roger Griffin의 경우 역시 '포스트-독재 시대'의 독재 연구가 취할 수 있는 하나의 방향을 제시하고 있다.[4]

---

　3) François Furet, 《프랑스 혁명을 생각한다 Penser la Révolution française》(Paris : Gallimard, 1978) ; Renzo De Felice, 《파시즘 : 이론과 실제에 대한 비공식적 소개 Fascism : An Informal Introduction to Its Theory and Practice. An Interview with Michael A. Leeden》(New Jersey : Transaction Books, 1976). 퓌레와 데 펠리체의 이념적 지향이나 역사 해석의 문제점에 대해서는 김용우, 《호모 파시스투스—프랑스 파시즘과 반혁명의 문화혁명》(책세상, 2005), 234~252쪽 참조.

인문학과 사회과학에서 통용되는 개념들은 근본적인 의미에서 이념형이라는 사실을 깨닫는 것이 중요하다. 그것이 이념형인 이유는 실제 현실에 존재하는 것이 아니라 지적 세계에서 추상의 차원으로만 존재하는 것이기 때문이다. 따라서 이념형으로서의 개념은 실제 현상의 이질성과 복잡성을 반영하지 못한다. 이념형으로서의 개념과 현실과의 관계는 예컨대 실제 존재하는 지하철과 그 지하철의 기본 구도를 보여주는 지도와의 그것과 유사하다. 그러므로 인문 · 사회 분야에서의 개념화의 가치는 현실에 대한 구체적이고 사실적인 묘사가 아니라 효과적인 연구를 가능하게 하는 그 유용성heuristic value에 있다. 달리 말해 개념화는 특정한 사실 자체를 묘사하거나 설명하기 위해 만들어지는 것이 아니라 잠정적인 개념 틀을 제공함으로써 사실들의 패턴을 구분해내고 그들 사이의 관계를 밝히고 또 분류하는 데 도움을 주기 위한 것이다.[5]

대중독재 개념 역시 하나의 이념형으로 파악되어야 한다. 아울러 대중독재 개념에 대한 평가 또한 개념 자체의 논리성이라는 피상적 차원을 넘어서야 할 것이다. 그것은 오히려 대중독재 개념을 창안함으로써 이탈리아의 파시즘, 독일의 나치즘, 소련의 스탈린주의뿐만 아니라 한국의 박정희 체제와 같은 20세기 독재의 어떠한 측면을 문제시하고자 하는가, 그리고 그러한 측면을 구체적으로 연구하는 데 대중독재 개념이 유용한 작업가설로 작동하는가에 맞춰져야 할 것이다. 고대에서 현재에 이르기까지 역사상 존재했던 수많은 일인 지배 체제라는 실제 현상의 '무의미한 무한함meaningless infinity' 속

---

4) Philippe Burrin, 〈파시즘Le fascism〉, Jean-François Sirinelli (ed.) 《프랑스 우파의 역사 : 제1권 정치Hisoire des droites en France : I. Politique》(Paris : Gallimard, 1992), 603~652쪽 ; Roger Griffin, 《파시즘의 본질The Nature of Fascism》(London : Routledge, 1993).

5) Roger Griffin, 《파시즘의 본질》, 8~12쪽.

에서 20세기 독재의 독특성은 어떻게 포착될 수 있을까? 20세기의 독재들이 대중 사회의 출현이라는 역사적 맥락을 공유했다면 그것과 대중은 어떠한 관계망을 형성했으며 그와 같은 관계망이 20세기 독재의 성격과 관련하여 지니는 의미는 무엇이고 대중의 삶에 미친 영향은 또한 무엇인가? 운동 단계에서부터 체제에 이르기까지 20세기 독재를 탄생시키고 유지시킨 주체와 동력은 어떻게 규정될 수 있을까? 이 책의 에필로그 〈대중독재 테제〉에서 잘 드러나듯이 이념형으로서, 하나의 작업가설로서의 대중독재 패러다임은 대중성을 문제 삼지 않고는 20세기 독재의 본질과 특성이 제대로 규명될 수 없다는 전제에서 출발한다.

냉전이야말로 20세기 독재의 대중성에 대한 인식의 분수령을 이룬다. 이미 《대중독재—강제와 동의 사이에서》를 통해 논의되었듯이 마르크스주의와 자유주의의 격렬한 이념 전쟁은 20세기 독재 체제와 대중 사이의 관계를 소수의 폭압적인 지배자와 다수의 억압받는 반독재세력이라는 이분법적 도식의 틀로 묶어버렸다. 이러한 과정에서 대중을 사로잡기 위해 그들의 마음 깊숙이 파고들려 했던 독재의 헤게모니 공세와 그 속에서 삶을 영위했던 대중의 다양한 존재 방식은 무시되거나 은폐, 왜곡되었다. 또한 독재의 헤게모니 공세는 선전·선동으로, 대중이 체제에 보낸 지지는 강압에 못이긴 위선이거나 현혹의 결과로 단순화되었다. 20세기 독재의 대중주의와 대중성에 대한 당대의 반독재 운동가들의 날카로운 인식마저 고갈되어버린 것은 이러한 냉전의 열기 속에서는 당연한 귀결이었다. 냉전의 이분법이 독재 체제와 대중의 관계를 도식화하면 할수록 풍부했던 반독재 문화의 전통은 그만큼 협소해져 갔던 셈이다.

파시즘의 시대를 살았던 노동자들의 상태에 대한 지배적인 해석은 냉전의 이분법적 도식의 황폐함을 잘 보여주는 예다. 이러한 해석에 의하면, 적극적인 저항으로 표출되었건, 체제에 대한 거부로 표출되었건, 아니면 열성적인 반파시스트들에 대한 은신처 제공으로 표출되었건 간에 노동 계급은 본원적으로 반파시즘적이라고 규정된다. 첩자나 위장 취업한 파시스트들의 밀고만이 노동 계급의 은밀한 반파시스트 운동을 좌절시켰을 뿐이라는 시각은 이러한 노동 계급의 생래적 반파시즘론의 또 다른 표현에 불과하다.

그러나 톨리아티Palmiro Togliatti 같은 당대의 저명한 반파시스트조차 파시즘이 좀더 나은 물질적 조건, 사회복지, 문화, 스포츠 활동 등을 통해 이전의 사회주의가 노동자들에게 제공하지 못한 다양한 것들을 제공함으로써 노동자들의 욕구를 충족시켜 노동자들에 대한 지배에 성공하고 있다는 사실을 간파하고 있었다.

노동자들이 스포츠를 좋아하지 않을 것이라는 생각을 이제는 버려야 한다. 아무리 사소한 이익이라도 노동자들은 놓치지 않는다. 그들은 자신의 운명을 향상시키기 위해 아무리 작은 것이라도 그것을 얻기 위해 늘 노력한다. 밤이 되면 돌아가 라디오를 들을 수 있는 방 하나를 갖는 것조차 기쁨으로 여긴다. 방 입구에 파시즘의 상징이 새겨져 있다는 이유만으로 그 방에 들어서려는 노동자를 비난할 수는 없는 일이다.[6]

물론 이탈리아 노동자들에 대한 톨리아티의 이러한 평가가 그들의 혁명성에 대한 믿음의 포기를 의미하지는 않는다. 그가 주목한 것은 노동자들이 파시즘과 자본주의가 제공하는 것들을 통한 욕구 충족에 부분적으로 만족함으로써 혁명적 열정을 포기할 가능성이 있다

---

6) Palmiro Togliatti, 《파시즘 강의*Lectures on Fascism*》(New York : International Publishers, 1976). 이 강의는 톨리아티가 1935년 모스코바에서 행한 것이다.

는 점이고, 나아가 어떻게 하면 이러한 상태를 극복하여 이들을 다시 변혁의 주체로 확립할 수 있는가 하는 문제였다. 그러나 톨리아티의, 이러한 반파시즘적 혁명 전략에 대한 왈가왈부를 떠나 중요한 것은, 대중의 욕망에서 기인하는 모순과 동요와 주저, 그리고 반대 감정의 병존에 대한 톨리아티의 인식이 파시즘 시대를 살았던 노동자들의 상황을 이해하는 데 없어서는 안 될 단서를 제공하고 있다는 점이다.[7]

대중독재 패러다임은 파시즘의 헤게모니 공세와 이에 대해 다양한 방식으로 반응하는 노동자들의 주체subjectivity에 대한 톨리아티의 맹아적인 인식을 수용한다. 톨리아티의 선구적 성찰을 이어받아 그것을 정교하게 다듬고 또 발전시키는 작업은 20세기 독재의 성격과 특성을 규명할 수 있는 길이자, 독재 시대를 살았던 구체적 개인의 주관적 영역을 계급과 성을 비롯한 획일적 집단의 이름으로 덧씌워진 익명성에서 복원하는 일이기 때문이다. 서구에서 1968년의 사건들을 계기로 본격적으로 부각되기 시작한 이러한 개인의 주체 복원 작업은 개인의 욕망 충족의 구조 및 개인과 권력 사이의 관계에서 발생하는 복잡다단한 양상들을 포착하고 그것에 비판적인 분석을 가하려는 시도와 긴밀하게 관련되어 있다. 주체의 복원 및 주체 비판의 중요성을 인식하고 이에 대해 지속적인 관심을 기울일 때 비로소 우리는 독재의 지배와 헤게모니뿐 아니라 제도화된 권력 전반으로부터의 진정한 주체 해방의 가능성을 말할 수 있을 것이다. 이 점에서 대중독재 패러다임은 20세기 독재 시대를 살았던 개인의 주체에 대한 다양한 시각의 비판적 역사학을 촉발함으로써 반독재 문화의

---

7) Luisa Passerini, 〈노동 이데올로기와 이탈리아 파시즘하의 동의Work Ideology and Consensus under the Italian Fascism〉,《역사공방 History Workshop》 vol. 8(1979), 13쪽.

지속적인 확장을 추구한다.[8]

개인의 주관적 영역은 오래전부터 여러 가지 방식으로 개념화된 것이 사실이다. 세계관, 이데올로기, 문화, 의식 등은 그와 같은 개념화의 몇 안 되는 예에 불과하다. 그러나 이러한 개념들은, 이탈리아의 역사가 파세리니Luisa Passerini에 의하면, 의미의 중복과 서로 간의 미묘한 강조점 차이 때문에 전반적으로 혼란스럽고 모호하다. 반면 "인지적, 문화적, 심리적 측면들을 포함하는 상징적 행위의 영역"으로 정의될 수 있는 주체 개념은 무의식적이고 자발적인 주체의 영역(태도, 행태, 언어 등)뿐 아니라 의식적, 자각적 영역(정체성에 대한 인식, 자의식, 지적 활동의 여러 형태들 등) 모두를 포괄할 수 있을 정도로 유연성을 지니고 있다. 그리고 무엇보다도 주체 개념은 앞서 언급한 "인식론적 차원"뿐 아니라 "정치적인 것의 성격 및 중요성"과 긴밀히 관련되어 있기 때문에 개인과 권력 사이의 다면적인 관계를 포착하게 해준다.[9] 주체의 영역에서 독재의 지배와 헤게모니 공세는 어느 정도로, 그리고 어떠한 방식으로 작동하는가? 무엇이 피지배자들로 하여금 독재의 헤게모니를 문화적, 심리적 차원에서 받아들이고, 심지어는 그것을 찬양하고 변혁을 위한 투쟁보다 오히려 독재를 더 선호하게 만드는가?

이 책에 실린 글들은 연구 대상이나 방법론 그리고 시각, 강조점에서 나타날 수 있는 차이에도 불구하고, 이러한 근본적인 물음에 대한 하나의 실마리를 찾으려는 동일한 목표를 지니고 있다. 그러므로

---

8) 독재 시대를 살았던 개인의 주관적 영역 자체가 하나의 독자적인 역사를 가지며 제도화된 권력과 주체 사이의 복합적인 관계 규명이 반독재 문화의 확장에 필수적이라는 인식이 국내에서 처음으로 본격적으로 제기된 것은 '일상적 파시즘론'을 통해서다. 임지현 외, 《우리 안의 파시즘》(삼인, 2000) 참조.

9) Luisa Passerini, 〈노동 이데올로기와 이탈리아 파시즘하의 동의〉, 11쪽.

여기서는 이 책에 실린 글들의 내용을 단순히 요약, 정리하기보다는 이들 전체를 한데 묶을 수 있는 이론적 틀을 모색하는 데 주력하고자 한다.

2. 정치의 심미화와 정치의 신성화

사람은 빵만으로 사는 것이 아니라는 진부한 격언에 기댈 필요도 없이 20세기 독재의 헤게모니 메커니즘은 대중의 물질적 욕망 충족이라는 측면에서만 작동하지 않았다. 이탈리아의 파시즘, 독일의 나치즘, 소련의 스탈린주의, 일본의 총력전 체제, 남북한의 독재 체제는 다양한 매체를 통해 수많은 이미지를 생산, 유통시켰다. 연극처럼 짜인 전당대회, 지도자의 연설회, 기념식, 추모식, 축제, 퍼레이드를 비롯한 대중 집회, 그리고 도시계획, 박람회, 전시회, 영화, 연극, 신문, 각종 포스터, 깃발, 의상, 교과서의 표지 그림과 같은 온갖 종류의 상징뿐 아니라 공공장소마다 내걸린 지도자의 초상, 스와스티카swastika나 리토리오littorio 같은 체제의 상징에 이르기까지 독재의 이미지들은 사방에 편재했고 또 넘쳐났다. 신고전주의, 사실주의, 미래주의, 표현주의에 이르는 다양한 유파에 속했던 탁월한 예술가들은 이러한 이미지들이 발산하는 강렬한 호소력에 직간접적으로 기여했다. 20세기 독재야말로, 전통적인 회화, 조각, 건축뿐 아니라 근대 기술로 가능해진 매체를 동원한 이미지의 생산과 유통이 공적영역과 사적영역의 경계를 허물고 서로 넘나들면서 대중의 마음을 사로잡는 데 긴요한 역할을 한다는 사실을 누구보다도 먼저 간파했던 것이다.

그러나 20세기 독재의 '시각적인 것으로의 전환visual turn'이 지니는 중요성에도 불구하고 그것은 오랜 동안 역사가들의 주된 연구 대상이 아니었다. 이는 정치사, 사회경제사와 같은 분야가 역사학을 주도하고 있던 학계의 경향과 (소련의 스탈린주의와 같은 현실사회주의의 경우는 아니라 하더라도) 파시즘이나 나치즘과 같은 대표적인 20세기 독재들이 이데올로기적 내용이나 주도 세력이라는 측면에서 그 정체성을 인정받지 못한 상황이 맞물린 결과이기도 했다. 그동안 파시즘이나 나치즘은 자체의 독자적이고 체계적인 이데올로기를 가지지 못했으며 파시스트나 나치는 특정 사회계급의 대행자에 지나지 않는다는 인식이 주도적이었다. 이런 상황에서 정치, 사회, 경제적 힘에 비해 이미지와 같은 문화적 기제에 중요성을 부여하지 않았던 역사가들에게 20세기의 독재가 양산했던 이미지는 허위의식을 조장하는 선전, 선동의 수단 정도로 평가되었을 뿐이다. 1960년대 이래 20세기 독재의 '시각적인 것으로의 전환'의 중요성에 주목하고 이 분야에서 선구적 업적을 냈던 모스George L. Mosse마저 젊은 시절에는 대중 앞에서 펼쳐졌던 일견 우스꽝스러운 무솔리니의 포즈와 제스처에 냉소적인 반응을 보였던 일은 우연이 아니었다. 반파시즘의 열의에 차 있던 1930년대의 청년 모스는 무솔리니의 표정과 몸짓과 어투가 만들어내는 상징적 이미지의 "진정한 의미를 이해하려 하지 않았으며 파시스트 미학이 파시즘의 호소력에서 어떠한 역할을 하는지 고민하지 않았다"고 술회한다.[10]

  20세기 독재가 생산하고 유통시킨 이미지들이야말로 대중의 욕구와 희망을 반영한 것이며 대다수의 사람들이 독재의 메시지를 파악하는 통로였다.[11] 이들 이미지가 빚어내는 미래의 신화와 유토피아

---

10) George L. Mosse, 〈파시스트 미학과 사회 : 몇 가지 고찰Fascist Aesthetics and Society : Some Considerations〉, 《현대사학보Journal of Contemporary History》 vol. 31(1996), 246쪽.
  11) George L. Mosse, 〈파시스트 미학과 사회 : 몇 가지 고찰〉, 246쪽.

의 의미 및 호소력과 매력은 독재가 "스스로를 보는 방식, 그리고 그 추종자들이 그것을 보는 방식대로" 접근하지 않고는, 달리 말해 독재를 그 자체의 맥락에서 이해하지 않고는 제대로 파악될 수 없다. 이처럼 독재를 "그 내부에서부터" 파악할 때 비로소 그것이 발산하는 힘과 호소력과 매력을 올바로 평가할 수 있게 된다. 대부분의 20세기 독재의 헤게모니 공세는 인간 전체를 겨냥한 것이며, 무엇보다도 감각과 감정에 호소하고 동시에 추상적인 것을 직접 보고 느끼고 만질 수 있는, 친숙하면서도 감정적 고양을 이끌어낼 수 있는 어떤 것으로 만들고자 했다.[12] 그러므로 선전과 선동, 테러를 강조하는 협소한 시각에서 벗어나 이미지를 통해 독재가 제시했던 미학과 그 정치적 프로젝트 사이의 결합을 연구하는 것은 20세기 독재를 이해하는 데 새로운 차원을 열어줄 것이다. 이 점에서 역시 이념형으로서의 대중독재 개념은 20세기 독재의 '시각적인 것으로의 전환'이 지니는 함의에 주목하게 함으로써 독재의 헤게모니 공세와 대중의 주체 사이에서 형성되는 복잡다단한 관계망에 대한 이론적이고 경험적인 연구를 자극할 수 있다.

'정치의 심미화aestheticization of politics'와 '정치의 신성화sacralization of politics'는 대중독재 패러다임의 하위 개념으로써 심미적, 종교적, 정치적 차원 사이에 맺어진 독특한 관계의 성격을 해명할 수 있는 유력한 분석틀이다. '정치의 심미화' 개념은 1936년에 출간된 벤야민Walter Benjamin의 〈기술복제 시대의 예술 작품The Work of Art in the Age of Mechanical Reproduction〉에서 처음으로 모습을 드러냈다.[13] 이 글에서 벤야민은 전통적인 예술 작품이 발산

---

12) George L. Mosse, 《파시스트 혁명 : 파시즘의 일반 이론을 향하여 *The Fascist Revolution : Toward a General Theory of Fascism*》(New York : Howard Fertig, 1999), x쪽.

13) Walter Benjamin, 〈기술복제 시대의 예술 작품The Work of Art in the Age of Mecha-

하는 '아우라aura'가 근대 기술복제의 시대에 그 기능을 상실할 것이라고 말하며 그것이 가져올 결과들에 대해 서술하고 있다. 중세 기독교 회화의 경우처럼 전통사회의 예술 작품이 수행한 의식적, 숭배적 기능을 일컫는 아우라 개념은 특정 예술 작품이 가지는 권위, 유일무이함, 독특성을 포착하기 위해 만들어졌다.[14] 예술 작품과 관람자 사이의 미학적 거리를 유지하고 작품에 대한 관람자의 수동적 수용의 자세를 만드는 아우라는, 그러나 기술적 복제의 수단이 발전함에 따라 그 기능을 상실하게 된다. 대신 이제 예술 작품은 관람자의 능동적이고 적극적인 태도를 촉발함으로써 사회 투쟁의 잠재적 도구가 될 수 있다는 것이다. 그러나 벤야민에 의하면 근대 기술을 동원하여 파시즘이 만들어내는 상징과 이미지들은 아우라의 사멸을 가져오지 않는다. 오히려 파시즘은 대중의 사회 투쟁을 봉쇄하고 단지 스스로를 표현할 수단만을 제공하기 위해 상징과 이미지들에 아우라를 복원한다. 파시즘은 "정치적 삶에 미학을 도입함으로써" 정치적인 것을 의식적, 종교적 경험으로 변형시킨다.[15] 정치의 심미화는 한마디로 "포스트-아우라 문화에서 아우라의 감각을 조직하는 것"이다.[16]

20세기 독재가 생산하고 유통시킨 수많은 상징과 이미지를 정치의 심미화의 맥락에서 파악할 경우, 우리는 그것들이 발산하는 매력과

nical Reproduction〉, Hannah Arendt (ed.), 《계몽 *Illuminations*》(New York : Schocken Books, 1967), 217~251쪽.

14) 벤야민이 사용한 '아우라' 개념은 다양한 해석이 존재한다. 여기서는 월린Richard Wolin의 해석을 참조했다. Richard Wolin, 《발터 벤야민 : 구원의 미학 *Walter Benjamin : An Aesthetics of Redemption*》(Berkeley : Univ. of California Press, 1994), 187~188쪽.

15) Walter Benjamin, 〈기술 복제 시대의 예술 작품〉, 241쪽.

16) Lutz Koepnick, 《발터 벤야민과 권력의 미학 *Walter Benjamin and the Aesthetics of Power*》(Lincoln : Univ. of Nebraska Press, 1999), 5쪽.

호소력뿐 아니라 독재의 헤게모니 공세가 대중의 주체에 미친 영향을 효과적으로 포착할 수 있게 된다. 그러나 문제는 벤야민을 따라 정치적 삶에 도입된 미학을 정치의 심미화로 규정한다 하더라도 그것의 의미를 정확히 파악하기가 쉽지 않다는 점이다. 뿐만 아니라 미학이라는 개념 역시 대단히 혼란스럽고 모호하다. 따라서 20세기 독재의 대중주의적 성격을 이해하는 데 정치의 심미화 개념이 도움이 되기 위해서는 무엇보다도 미학이 의미하는 바가 무엇인지를 먼저 밝히는 작업이 필요하다.[17]

가장 상식적인 의미에서 미학은 상징과 이미지가 풍기는 매혹적인 힘과 관련된다. 이때 정치의 심미화는 감각적 즐거움에 호소하는 것으로 독재의 온갖 정치적 메시지들은 미학적 형식화를 통해 아름다운 외양을 띤 채 대중들의 감각과 감정을 자극한다. 정치의 심미화는 이 경우 대중의 합리적 판단과 비판적 사고를 약화시키고 독재가 생산한 매혹적인 이미지에 심취하게 한다. 비행기를 탄 히틀러가 마치 신처럼 구름을 헤치고 지상으로 내려오는 광경을 연출한 리펜슈탈Leni Riefenstahl의 다큐멘터리 〈의지의 승리Triumph of the Will〉가 노리는 것은 매력적인 판타지로 비판적 사고를 정복하려는 것이자 "공공 영역에 대한 스펙터클의 승리"를 의미한다.[18]

벤야민의 텍스트를 좀더 충실히 따라갈 경우, 문제가 되는 미학의 개념은 특정 예술 사조, 즉 '예술을 위한 예술'l' art pour l' art'과 연결될 수 있다. 예술을 다른 가치 영역들(종교, 도덕, 경제, 사회 등)로

---

17) Martin Jay, 〈이데올로기로서의 "미학 이데올로기" 혹은 정치를 심미화한다는 것이 무엇을 의미하는가?"The Aesthetic Ideology" as Ideology ; Or, What Does It Mean to Aestheticize Politics?〉, 《문화비평 Cultural Critique》 vol. 21(1992), 4~61쪽. 이하의 서술은 대부분 이 글에 의존했다.

18) Martin Jay, 〈이데올로기로서의 "미학 이데올로기" 혹은 정치를 심미화한다는 것이 무엇을 의미하는가?〉, 45쪽.

부터 철저히 분리시킴으로써 절대적인 독자성을 추구하는 이러한 경향과 연결될 경우 정치의 심미화는 정치의 영역에서 미학적 가치만을 유일한 기준으로 삼는 태도로 해석될 수 있다. 이 경우 벤야민의 표현처럼 "세상이 멸망할지라도 예술은 창조되도록 하라fiat ars-pereat mundus"가 독재의 신조가 되며 체제의 작동을 조종한다.[19] 무솔리니의 사위이자 외무장관을 지냈던 치아노Galeazzo Ciano가 이탈리아의 에티오피아 침공 당시 도주하는 에티오피아인들 사이에서 폭발하는 폭탄을 활짝 피는 꽃에 비유했던 것처럼 정치의 심미화는 예술과 세속적 삶을 연결 짓는 감각적인 즐거움과 육체적 쾌락에 무관심하다. 정치 자체가 절대적인 독자성을 지닌 영역으로 파악되고 정치적 행위는 오로지 그 미학적 형식에 의해 평가될 때 인간의 가장 기본적인 욕구인 삶의 보전마저도 무시될 수 있다. 인류의 "자기 소외가 극에 달해 인류는 자신의 파멸을 최고의 심미적 쾌락으로 경험할 수 있다. 이것이 파시즘이 미학적 차원을 부여한 정치의 상황이다".[20]

미학이 무정형의 질료에 형상을 부여하는 예술가의 행위와 결부될 경우, 정치의 심미화는 정치 지도자에게 강렬한 아우라를 부여한다. 정치 행위와 예술 행위를 동일시하는 이러한 경향은 온갖 종류의 규칙과 규범과 원칙을 창조하는 독재자를 신과 같은 존재로 격상시킨다. 마찬가지로 자신을 절대적인 창조자로 간주하는 독재자는 대중을 모든 감각들이 사라진 생명이 없는 존재, 조각가의 망치와 정을 기다리는 대리석과 같은 재료로 간주한다. 정치의 심미화는 대중을 독재자의 전능한 손길을 고대하는 수동적인 존재로 만드는 것이다.

---

19) Walter Benjamin, 〈기술 복제 시대의 예술 작품〉, 242쪽.
20) Walter Benjamin, 〈기술 복제 시대의 예술 작품〉, 242쪽.

그러므로 엄청나게 쏟아져 나오는 상징과 이미지들로 구체화되는 독재의 미학aesthetics은 사실상 마취제anaesthetics다.[21] 그것은 인간의 감각 작용을 마비시키고 파괴한다. 어원인 고대 그리스어 'Aisthitikos' 감각 작용에 의해 인식되는 것을 의미했던 것처럼 미학은 "육체가 현실을 느끼는 방식이며", 현실에 대한 인간의 비판적 감각은 "육체적 감각작용에 의해 육성된다".[22] 정치의 심미화를 이렇게 해석할 경우 독재가 생산, 유통시키는 상징과 이미지는 마취제처럼 대중들로 하여금 자신에게 복종과 동의를 강요하는 바로 그 힘과 구조에 심취하게 만들고 궁극적으로는 스스로를 파멸의 길로 인도한다.

그러므로 정치의 심미화는 단순히 정치적 행위에 매혹적인 힘을 부여하는 것 이상을 의미할 수 있다. 그것은 독재의 프로젝트에 "대중을 동원하고 사회에 통합시키기 위해 근대적 경험의 구조를 식민화하고, 대중의 감정에 개입하며 감각적 인식을 규율한다".[23] 요컨대 정치의 심미화는 대중이 보고 느끼고 경험하는 방식에 개입하며 통제하고 방향을 부여하려는 권력의 욕망의 표현인 것이다.

서구에서 민족, 국가, 인류, 사회, 인종, 계급, 역사, 자유, 혁명 등

---

21) Susan Buck-Morss, 〈미학과 마취제 : 발터 벤야민의 '기술 복제 시대의 예술 작품' 재고Aesthetics and Anaesthetics : Walter Benjamin' s Artwork Essay Reconsidered〉, 《새로운 구성New Formations》 vol. 20(1993), 123~143쪽 ; Simonetta Falasca-Zamponi, 《파시스트 스펙터클 : 무솔리니 치하 이탈리아에서의 권력의 미학Fascist Spectacle : The Aesthetics of Power in Mussolini' s Italy》(Princeton : Princeton Univ. Press, 1997), 9~14쪽.

22) "내가 기억할 수 있는 한 나의 비판적 감각은 육체적 감각작용에 의해 육성되었다……미학은 육체를 통해 얻는 비판적 인식이며 이러한 감각적 지식은 정치적으로도 신뢰할 수 있다고 말하고 싶다." Grant H. Kester, 〈예술의 종말 이후의 미학 : 수잔 벅-모스와의 인터뷰Aesthetic after the End of Art : An Interview with Susan Buck-Morss〉, 《예술지Art Journal》 vol. 56(1997), 39~40쪽.

23) Lutz Koepnick, 《발터 벤야민과 권력의 미학》, 4쪽.

과 같은 세속적 실체에 종교성을 부여하려는 움직임에 대해서는 미국혁명과 프랑스혁명을 전후한 시기부터 루소Jean-Jacques Rousseau, 토크빌Alexis de Tocqueville 등을 필두로 현재에 이르기까지 수많은 논평이 있어왔다. 이러한 상황은 세속 종교, 시민 종교, 정치 종교, 정치적 메시아주의, 정치적 신비주의 등, 그것을 개념화하기 위해 사용된 다양한 용어에서도 드러난다. 그러나 오늘날 정치의 신성화 개념을 동원하여 세속적 실체에 종교적 차원이 도입되는 이러한 현상을 체계적으로 이론화하는 작업을 주도하고 있는 인물은 이탈리아의 역사가 젠틸레Emilio Gentile다.[24]

이 책의 제1부에 실린 〈정치의 신성화〉에서 요약적으로 제시되고 있지만 젠틸레에 의하면 정치의 신성화는 특정한 정치 운동이 다음과 같은 상황을 충족시킬 때 발생한다.[25] 첫째, 집단적인 세속적 실체가 신념 및 신화 체계의 중심이 되어 사회적 존재의 궁극적 의미와 목표, 그리고 선과 악을 가르는 원칙들을 규정한다. 둘째, 이러한 세속적 실체에 대한 인식이 윤리적이고 사회적인 계율로 통합됨으로써 개인과 신성화된 실제를 하나로 묶고 그 실제에 대한 개인의 충성과 헌신을 끌어낸다. 셋째, 그리하여 정치 운동에 가담한 사람들은 스스로를 선택된 공동체의 구성원으로 믿고 그들 사이에서 이루어지는 정치 행위가 신성한 임무의 완수를 목표로 삼는 메시아적 기능

---

24) 물론 '정치의 신성화'라는 용어는 젠틸레의 발명품이 아니다. 이미 1949년 프랑스의 사회학자 모느로Jules Monnerot가 이 용어를 사용한 바 있기 때문이다. "전제정에 대해 전체주의가 가지는 참신성은 그것의 정치의 신성화에 있다." Jules Monnerot, 《공산주의의 사회학 Sociologie du communisme》(Paris : Gallimard, 1949), 380쪽.

25) Emilio Gentile, 〈정치의 신성화 : 세속 종교와 전체주의 문제에 대한 정의, 해석, 그리고 성찰The Sacralization of Politics : Definitions, Interpretations and Reflections on the Question of Secular Religion and Totalitarianism〉, 《전체주의 운동과 정치 종교Totalitarian Movements and Political Religions》 vol. 1(2000), 18~55쪽.

을 수행하는 것으로 간주한다. 넷째, 신성화된 집단적 실제를 섬기기 위한 정치적 의식(儀式)을 개발한다. 정치의 신성화 현상은 민주주의 사회에서나 전체주의 사회에서도 나타날 수 있는 현상이지만 그 자체의 내용, 전통적인 종교와 다른 정치 운동에 대한 태도 면에서 민주주의적인 시민 종교와 전체주의적인 정치 종교로 일단 구분이 가능하다. 그러나 현실에서는 시민 종교가 곧잘 정치 종교로 전화하기도 한다.

정치의 신성화에 대한 젠틸레의 이러한 해석은 대중독재 패러다임과 관련하여 중요한 함의를 지닌다.[26] 일단 정치의 신성화의 눈으로 보면 민주주의와 전체주의, 열린 사회와 닫힌 사회, 자유로운 사회와 자유롭지 못한 사회 사이에 부여된 날카로운 관습적 구분이 생각보다 그렇게 확연하지 않다는 사실을 깨닫게 된다. 프랑스혁명의 경우처럼 특정한 환경 속에서 시민 종교는 배타적이고 관용을 모르는 정치 종교로 변형될 수 있는 것이다. 또한 정치의 신성화 개념은 대중 집회와 다양한 매체를 통해 유포되었던 이미지와 신화를 독재 체제가 대중을 기만하기 위한 냉소적인 선전, 선동의 수단으로 보는 시각을 넘어서게 해준다. 20세기 독재는 부분적으로는 계산된, 그러나 부분적으로는 자발적인 정치 종교를 만듦으로써 새로운 인간형과 새로운 인간 공동체를 창조하려는 유토피아적 프로젝트에 대중을 동원할 수 있기 때문이다. 20세기 독재가 생산한 상징과 이미지의 세계를 통해 대중은 머지않아 실현될 새로운 인간 공동체를 보고 느끼며 그것을 위해 헌신할 강렬한 신앙심을 얻고 또 표현할 수 있는 것이다. 뿐만 아니라 정치의 신성화라는 관점에 서면 독재 체제를

---

26) Roger Griffin, 〈재생적 정치 공동체 : 전간기 유럽 전체주의 체제의 정당성에 대한 재고The Palingenetic Political Community : Rethinking the Legitimation of Totalitarian Regime in Inter-War Europe〉,《전체주의 운동과 정치 종교》 vol. 3(2002), 24~43쪽.

향한 대중의 태도에 대한 통상적인 접근에서 벗어날 수 있다. 전체주의 사회의 특정 국면에서 체제의 헤게모니 공세와 새로운 인간 공동체가 실현되는 역사적 과정에 동참하려는 대중적 열망 사이에서 진정한 의미의 공생 관계가 형성될 수 있기 때문이다. 이 점에서 정치의 신성화는 정당성, 동의, 저항과 같은 독재 체제와 대중의 관계를 규정했던 통상적인 개념들을 새로운 각도에서 재평가하게 한다.

정치의 신성화는 정치의 심미화와 마찬가지로 근대성과 긴밀히 관련되어 있다. 정치의 심미화가 근대적인 기술 복제 시대에 상실된 아우라를 부활하려는 시도, 다시 말해서 포스트-아우라 시대의 아우라 복원에 초점을 맞췄다면 정치의 신성화 역시 세속화의 시대에 발생하는 종교성의 문제에 주목한다. 정치의 신성화는 국가 영역과 문화 영역에서 세속화가 이루어짐으로써 전통적인 종교의 영향력을 벗어난 정치가 종교적 차원을 얻게 될 때 나타나기 때문이다. 정치의 신성화와 전통적인 종교의 정치화를 혼동해서는 안 되는 이유도 여기에 있다. 그러므로 고대 이집트의 파라오처럼 신과 동일시되거나 중세 기독교 왕국의 경우처럼 제도화된 종교에서 신성성을 부여받는 권력자처럼 전통사회에서 나타나는 이른바 "정치권력의 신성화sacralization of political power"는 정치의 신성화와 근본적으로 다르다.[27] 요컨대 정치의 신성화는 정치의 심미화와 마찬가지로 20세기 독재 체제가 어떻게 근대성의 특정 측면들을 매개로 대중을 지배, 통제할 뿐 아니라 그들의 주체와 소통하려 했는지를 포착하는 데 유용한 분석틀이 될 수 있다.

정치의 신성화와 정치의 심미화 개념 사이의 공통점은 비단 20세

---

27) Emilio Gentile, 〈정치의 신성화 : 세속 종교와 전체주의 문제에 대한 정의, 해석, 그리고 성찰〉, 22쪽.

기 독재와 근대성 사이에 형성된 특정한 관계의 함의를 추적하는 데에만 국한되지 않는다. 아우라나 정치 종교 모두 독재가 발산하는 비합리적인 신화의 강력한 힘이 어떻게 대중의 주체와 관계를 맺고 그럼으로써 어떻게 대중이 보고 느끼고 경험하고 생각하고 믿는 방식을 변형시켰는가 하는 문제에 관심을 집중시킨다. 벤야민이 말하는 아우라의 의미를 놓고 여전히 논란이 많지만, 그것이 사람들에게 발산하는 힘의 맥락이나 사람들이 그것에 반응하는 방식의 측면에서 볼 때 아우라는 크게 보아 종교성의 범주 안에 포함될 수 있을 것이다. 그러므로 최근 20세기 독재 연구 분야에서 벌어지고 있는 '문화사적 전환'의 배경에 정치의 신성화와 정치의 심미화에 대한 활발한 관심이 자리 잡고 있는 것은 놀랄 일이 아니다.

그러나 둘 사이에 존재하는 공통점에도 불구하고 정치의 심미화 진영과 정치의 신성화 진영 사이의 관계는 아직까지 그리 우호적이지 않다. 최근 파시즘 해석을 둘러싼 상호간의 공방은 이러한 상황을 잘 보여준다. 전자의 입장에 선 학자들은 정치의 신성화 개념의 유효성을 인정하면서도 그것만으로는 파시스트 독재 체제의 작동 방식뿐 아니라 파시즘이 생산한 상징과 이미지들의 복잡하고도 미묘한 뉘앙스를 포착하기 어렵다고 비판한다.[28] 후자의 입장은 더 준열하다. 후자가 볼 때 파시즘의 상징 세계에 대한 연구라는 점에서 정치의 심미화와 정치의 신성화는 서로 겹쳐지지만 그럼에도 불구하고 둘은 "본질적으로 상이한 문제"다.[29] 먼저 정치의 심미화는 분

---

28) 예컨대 Simonetta Falasca-Zamponi,《파시스트 스펙터클 : 무솔리니 치하 이탈리아에서의 권력의 미학》, 4~8쪽 ; Claudio Fogu, 〈에밀리오 젠틸레,《리토리오 숭배 : 파시스트 이탈리아에서의 정치의 신성화》 서평Emilio Gentile, *Il culto del littorio : la sacralizzazione della politica nell' Italia fascista*〉,《모더니즘/모더니티*Modernism/Modernity*》 vol. 1(1994), 235~237쪽 참조.

석의 초점을 파시즘의 미학적 측면에 맞추게 함으로써 파시즘의 본질적으로 정치적인 성격을 사소한 것으로 만들 수 있다는 것이다. 그러므로 "정치적 스타일, 대중을 위한 의식, 방대한 상징적 생산물 같은 파시즘의 순전히 미학적인 표현들을 연구할 때조차도 이 모두가 파시즘의 정치 행위 양식의 특징적이고 본질적인 요소들이기 때문에 파시스트 문화의 정치적 차원에 대한 감각을 상실하지 않는 것이 중요하다".[30] 또한 정치의 심미화의 관점은 파시즘이 생산하는 상징의 세계가 파시즘 고유의 정치 문화 및 이데올로기적 일관성과 독자성의 부재를 감추고 덮어버리려는 시도의 일환 정도로 파악할 위험성이 있다는 것이다. 이러한 시각은 결과적으로 파시즘의 상징의 세계를 "대중을 기만하고 조종하기 위해 사용된" 도구의 정도로 과소평가할 가능성이 높다는 비판으로 이어진다.[31] 요컨대 정치의 심미화 식의 접근은 독재와 대중 사이의 관계를 기만과 선동의 관점에서 보는 기존의 도식적인 연구에서 크게 벗어나지 못한다는 것이다.[32]

20세기 독재의 상징 세계를 분석하는 데 있어 정치의 심미화가 형식과 스타일에 초점을 맞춘다면 정치의 신성화는 그것이 만들어내

29) Emilio Gentile, 〈파시즘, 전체주의, 정치 종교 : 정의와 정의의 비판에 대한 비판적 성찰Fascism, Totalitarianism and Political Religions : Definitions and Critical Reflections on Criticism of an Interpretation〉,《전체주의 운동과 정치 종교》 vol. 5(2004), 357쪽.

30) Emilio Gentile, 〈모더니티의 정복 : 모더니스트 민족주의에서 파시즘으로Conquest of Modernity : From Modernist Nationalism to Fascism〉,《모더니즘/모더니티》 vol. 1, 57쪽.

31) Emilio Gentile, 〈파시스트 이탈리아에서의 정치의 극화The Theatre of Politics in Fascist Italy〉, Günter Berghaus (ed.),《파시즘과 연극*Fascism and Theatre*》(Oxford : Berghahn Books, 1996), 73쪽.

32) Roger Griffin, 〈신성한 종합 : 파시스트 문화 정책의 이데올로기적 일관성Sacred Synthesis : The Ideological Cohesion of Fascist Cultural Policy〉,《근대 이탈리아*Modern Italy*》 vol. 3(1998), 3~24쪽.

는 내용에 주목하는 것이 사실이다.[33] 정치의 심미화는 독재의 상징 세계의 형식과 스타일이 어떻게 대중의 보고 느끼고 경험하는 방식에 영향을 주는가에 대해서는 뛰어난 분석력을 발휘하면서도 그와 같은 세계가 대중의 마음 속에 만들어내는 신화의 내용이 무엇인지에 대해서는 그다지 생산적인 결과를 낳지 못한다. 마찬가지로 정치의 신성화는 새로운 인간을 창출하려는 인간 혁명, 그리고 그와 같은 인간으로 구성될 새로운 공동체를 기반으로 출현할 새로운 문명에 대한 비전과 그것이 대중 사이에서 만들어내는 동의의 문화는 탁월한 감각으로 포착하면서도 독재의 상징적 생산물 모두를 이러한 전체주의적 정치 종교의 거대한 틀 속에 포괄함으로써 자칫 단순화의 오류에 빠질 수 있다. 그러나 크게 볼 때 이 둘은 서로 배타적이지 않다. 둘 사이를 갈라놓는 차이점 못지않게 공통점 역시 많아 보이기 때문이다. 그러므로 둘 사이의 관계가 보완적이 되면 될수록 20세기 독재 문화의 섬세하고도 풍부한 의미와 그것이 대중들에게 발산한 매력의 비밀이 밝혀질 수 있다. 대중독재의 패러다임은 정치의 심미화와 정치의 신성화 사이의 이러한 생산적인 열린 대화를 촉진할 수 있는 것이다.

2004년 10월 말 한국학술진흥재단의 지원을 받아 비교역사문화연구소에서 개최한 국제학술대회 '대중독재 : 동의의 생산과 유통'은 정치의 심미화와 정치의 신성화의 건설적인 만남의 자리를 마련하기 위한 부족한 시도였다. 그럼에도 불구하고 먼 길을 마다 않고 달려와 학술대회에서 소중한 글들을 발표한 여러 해외 학자들과 학술대회의 준비와 진행에 온 힘을 기울였던 대중독재 연구팀의 노고가

---

33) Ulich Schmid, 〈스타일 대 이데올로기 : 파시스트 미학의 개념화를 향하여Style versus Ideology : Towards a Conceptualisation of Fascist Aesthetics〉,《전체주의 운동과 정치 종교》 vol. 6(2005), 127~140쪽.

없었다면, 그리고 대중독재 패러다임에 깊은 관심을 가지고 국내에서의 논쟁을 주도했으며 글의 출판까지 허용한 국내 학자들의 애정이 없었다면 이 책은 빛을 보지 못했을 것이다.

대중독재가 발산했던 매력 앞에서 대중의 주체는 어떠한 변형을 거쳤는지, 그리고 그것이 독재 체제에 대한 태도와 일상생활에서 어떻게 표출되었는지에 대한, 동의의 생산과 유통 못지않게 중요한 주제는 내년에 출간될 또 다른 책의 과제로 남겨둔다.

I

정치의 신성화와
동의의 생산

제1장 정치 종교와 시민 종교 ···

정치의 신성화

에밀리오 젠틸레 :: 김용우 옮김

---

1. 정치의 신성화 : 정의와 해석

이 글에서 논의될 주제는 총괄해서 다룰 수 없는 수많은 이론적 · 역사적인 문제를 포함하고 있다. 따라서 나는 내 주장을 가능한 한 한정된 범위 내에서 전개해야 한다. 요컨대 이 글은 내가 '정치의 신성화' 라 부르는 현상을 정의하는 데 본질적인 특징들을 개관하고 또

에밀리오 젠틸레Emilio Gentile는 로마 대학 현대사 교수로 재직하고 있으며 영국에서 발행되는 학술지《전체주의 운동과 정치 종교*Totalitarian Movements and Political Religions*》를 창간했다. 파시스트 이데올로기, 파시즘의 정치 문화, 파시스트 정당, 파시즘과 정치 종교에 관한 다수의 저서를 출간했다. 최근의 주요 저작으로는《리토리오 숭배. 파시스트 이탈리아의 정치의 신성화*Il culto del littorio. La sacralizzazione della politica nell' Italia fascista*》,《파시즘과 반파시즘. 양차 대전 사이의 이탈리아 정당*Fascismo e antifascismo. I partiti italiana fra le due guerre*》,《정치 종교. 민주주의와 전체주의 사이에서*Le religioni della politica. Fra democrazia e tatalitarismi*》,《파시즘. 역사와 해석*Fascismo. Storia e interpertazione*》이 있다. 영역본으로는《파시스트 이탈리아의 정치의 신성화*The Sacralization of Politics in Fascist Italy*》,《근대성을 향한 투쟁. 민족주의, 미래주의, 파시즘*Struggle for Modernity. Nationalism, Futurism, Fascism*》,《파시스트 이데올로기의 기원, 1918~1925 *The Origins of Fascist Ideology, 1918~1925*》등이 있다. 2003년 정치 종교에 대한 연구로 한스 지그리스트Hans-Sigrist 학술상을 수상했다.

그렇게 하는 데 가장 적합한 문제들에 초점을 맞출 것이다.

정치의 신성화 개념은 전통적 종교들을 정치적으로 동원하는 것이 아니라 종교적 관습을 세속적 목적에 부합시킨 근대적 정치 이데올로기와 운동에 적용된다. 정치의 신성화는 정치의 이상이 그 지지자들에 의해 인식되고 경험되고 표상되는 방식에서, 그리고 적들과 적대적인 이상들에 대한 이들의 태도뿐 아니라 이들의 삶의 방식에서 명확히 드러난다. 정치의 신성화의 핵심은 세속적 실제의 신성화로서, 이 실제는 믿음, 계율이 형성·배열되는 구심점이며, 개인을 공동체에 결속시키는 근본적인 도덕적 요소를 제공한다. 다음과 같은 경우, 근대의 정치운동은 세속 종교secular religion가 된다. ① 그와 같은 정치운동이 삶의 의미와 인간 존재의 궁극적인 목적을 규정할 때, ② 이러한 운동에 가담한 모든 구성원들이 반드시 준수해야 할 공공의 도덕적 계율을 만들 때, ③ 이러한 운동이 역사와 현실을 해석하는 데 있어서 신화적이고 상징적인 극화(劇化)에 근본적인 중요성을 부여하고, 그리하여 민족, 국가, 혹은 정당으로 구현되고 모든 인류의 재생적 힘으로 찬양되는 '선민'과 긴밀히 결합된 그들만의 '신성한 역사sacred history'를 만들 때다.

미국 혁명에서 20세기 전체주의에 이르기까지 이러한 특징들은 어느 정도 성공적이며 또 어느 정도의 기간 동안 지속된 다양한 정치적 실험들에서 나타나고 있다. 그 실험들은 정교하게 짜인 믿음의 체계와 도덕적 행동 규범을 가지고 있으며 신화와 상징들을 도입한 공적 의식(儀式)을 통해 한층 고양된다.

정치의 신성화 개념과 관련하여 고려해야 할 첫 번째 점은 특정한 유형의 세속적 종교성의 존재와, 어떻게 이것이 전통적인 형이상학적 종교들과의 차이점, 그리고 독자성을 확보하면서 정치 영역에서 표현되었는가 하는 것이다. 한편에는 공산주의, 나치즘, 파시즘 같은 정치 종교political religion의 현상을 깊이 연구한 학자들이 있는 반면 다른 한편에는 근대 정치운동에서 드러나는 세속적 종교성의 측면들을 정치운동의 본질이나 의미를 이해하는 데 부차적이거나 사소한 요소로 여기는 학자들도 존재한다. 이러한 입장을 보이는 사람들은 정치의 신성화 개념이 정치 현상의 새로운 범주를 규정하지 못하며 정치운동에서 활용되는 신화, 의식, 상징의 의미를 해석하는 데 부적절하게 사용된 새로운 표제어 아니면 수사 정도라고 본다. 이들이 보기에 정치 종교의 개념은 거의 모든 정치운동에 적용될 수 있다. 왜냐하면 모든 정치운동은 이런저런 방식으로, 그리고 어느 정도 자주, 자신의 이데올로기를 표현하고 추종자들을 도덕적으로 결속하기 위해 신화, 상징, 의식을 사용하기 때문이다. 그러므로 이들은 일부 특정한 정치운동들만을 정치의 신성화 개념에 포함시킬 수 없다고 결론짓는다.

또 다른 학자들은 정치의 신성화가 존재하기는 하지만 새롭거나 근대적 요소를 지니지는 않은 현상이라고 본다. 그리고 정치의 신성화가 정치의 종교적 유형으로 규정될 수 있다 하더라도 그것은 형이상학적 종교성으로 권력을 정당화하는 오랜 전통의 잔존 때문이며, 정치의 신성화는 천년왕국주의와 같은 일부 정치운동에서 간헐적으로 다시 나타나는 이러한 전통의 잔여물에 불과하다는 것이다. 또한 어떤 학자들은 세속 종교와 같은 개념은 종교와 세속성이라는 상이하고 서로 조화될 수 없는 두 개념을 결합한 것이므로 본질적으로 모순되며, 따라서 그 학문적 타당성을 인정할 수 없다고 주장한다. 그리고 마지막으로 세속 종교와 같은 현상의 존재 자체를 아예 부정하는 사람들도 있다. 이들은 특히 세속화 시대의 정치의 신성화를 정치 영역에서 새롭게 표현된 신성성이라 말할 수 없다고 주장한다. 그것은 전통적인 형이상학적 종교에서 유래하거나 도출된 것이기 때문이다. 결과적으로 세속 종교는 존재하지 않는 종교의 한 유형에 지나지 않으며 따라서 그것을 연구하는 학자들은 신기루의 희생자 아니면 상상의 구성물을 만드는 사람 정도가 된다.

세속성 개념에 대한 명백한 모순, 그리고 정치의 신성화에 관한 서로 대립되는 다양한 개념과 이론은 그와 같은 현상이 존재하지 않았다는 점을 입증해줄 충분한 증거는 아니다. 인문학에서의 개념과 이론이 늘 그러하듯 이 경우에도 정치의 신성화와 세속 종교에 관한 어떠한 정의나 이론도 학자들 사이에서 만장일치의 찬성을 얻을 것 같지는 않다.

만약 세속 종교를 연구하는 학자들이 신기루의 희생자들이라면 미국 혁명에서 현대를 거치면서 활약했던 워싱턴George Washington에서 그람시Antonio Gramsci에 이르는 수많은 중요한 근대 정치의 주인공들 역시 그와 같은 신기루의 희생자들이었다는 점을 우리는 지적하지 않을 수 없다. 지난 2세기 동안 새로운 국민과 국가를 건설한 사람들의 대다수는 조직화된 정치 공동체, 특히 민족국가는 시민 종교civil religion 혹은 프랭클린Benjamin Franklin의 표현처럼 '공공의 종교public religion', 즉 정치적 권위를 정당화하는 원칙이자 도덕적 통일의 요소이며 대중뿐 아니라 개인을 위한 공공 도덕으로 작용하는 공통의 가치 및 신념 체계가 필수적임을 역설했다. 미국의 건국 시조를 필두로 탈식민지 시대의 제3세계의 건국 세력에 이르는 수많은 정치 지도자들은 나름의 방식으로 이러한 신념들을 실천에 옮기려 했다. 결국 민주주의, 권위주의 혹은 전체주의를 살았던 수많은 인민들에게 정치의 신성화는 신기루에 불과한 것이 아니라 몸소 느낄 수 있는 실험이었던 것이다.

또한 푀겔린Eric Voegelin이 정치 종교에 관한 글을 발표하고 아롱Raymond Aron이 세속 종교라는 표현을 사용하기 훨씬 이전부터 수

많은 탁월한 사회학자와 정치학자들은 정치의 신성화의 존재를 인정했다. 토크빌은 이미 오래전에 프랑스 혁명이 종교 혁명으로 수행된 정치 혁명이라고 주장했다. 19세기 말에서 1차 세계대전에 이르는 기간에 르봉Gustave Le Bon, 모스카Gaetano Mosca, 파레토Vilfred Pareto, 베버, 미헬스Roberto Michels와 같은 사회학자들은 새로운 대중 운동과 특히 집단적 신화 및 지도자와 추종자들 사이의 관계에서 나타나는 세속적 종교성에 주목했다. 1928년 헤이스Carlton Hayes는 민족주의의 본질을 근대의 핵심적인 세속 종교로 보았다. 같은 기간 동안 미국, 프랑스, 이탈리아의 학자들은 파시즘을 정치 종교로 파악했다. 볼셰비즘을 종교적 현상으로 규정하는 방식은 1920년대로 거슬러 올라가 러셀Bertrand Russell과 케인스John Maynard Keynes 등과 같은 관찰자들에 의해 표현되었다.

그 이후 수많은 역사가와 인류학자 그리고 종교사회학자들은 세속 종교의 존재를 인정했으며, 자신들의 연구에 정치의 신성화를 포함하기 시작했다. 정치적 신화, 의식, 상징에 집중된 연구는 세속 종교와 이에 관련된 개념에 대한 성찰과 이론적 논의와 더불어 점차 증가하는 추세다. 1967년에 출판된 미국의 시민 종교에 대한 벨라Robert Bellah의 논문이 불러일으킨 긴 논쟁이나 아니면 좀더 최근의 것으로 파시즘을 정치 종교로 파악한 나의 연구가 불러일으킨 논쟁이 그러한 예다.

정치의 신성화는 하나의 사슬에 엮인 고리들처럼 비슷하고 동질적인 현상들을 하나로 묶는 개념이 아니다. 오히려 그것은 미국의 국민주의, 나치즘, 공산주의처럼 다른 기원과 서로 모순되는 맥락과 교의를 가진 이질적인 다양한 정치운동을 포괄한다. 왜냐하면 이러한 운동들은 전형적으로 정치적인 실제에 신성성을 부여하는 공통의 특징을 지니고 있으며, 추종자들에게 세속적 구원을 약속하고 세속적 의식을 만들며 역사의 전개 과정을 신비화하고 살아 있거나 죽은 영웅들을 축성하기 때문이다.

전통적 사회에서 나타나는 '권력의 신성화sacralization of power'와 본질적으로 근대적 현상이자 근대에 나타난 현상인 정치의 신성화를 구분하는 것이 중요하다. 대체로 현대에 이르기까지의 인간의 역사에서 종교와 정치는 공생 관계를 유지했다. 전통 사회에서 지배자의 권력은 직접적으로 신성한 기원을 갖거나 기성 종교에 의해 축성된다. 그러나 정치의 신성화가 탄생하기 위해서는 먼저 기성 형이상학적 종교로부터 정치적 차원이 결정적으로 분리되어야 하며, 또한 정치가 독자성을 확보하고 국가를 최고의 가치로 격상하는 과정에서 자신의 우월성을 확보할 수 있어야 한다.

정치의 신성화는, 나의 정의에 의하면 근대성의 과정에서 나타난 현상이다. 근대성은 완전하고 돌이킬 수 없는 세속화disenchantment의 시대가 아니라 새로운 유형의 세속적 종교성이 만들어질 수 있는 온상이다. 기성 종교가 가진 패권이 쇠퇴하고 국가 및 사회의 신성화가 진행되는 것은 집단적인 삶에서 신성성이 점진적으로 쇠퇴한 결과가 아니다. 1892년에 베버가 잘 관찰했듯이 근대에 들어와 "많은 옛 신들이 그들의 무덤에서 부활했다. 그들은 미몽에서 벗어났고 그 결과 비인격적인 힘을 얻게 되었다". 근대적 삶 자체는 "이들 신 사이의 끊임없는 투쟁만을 목도할 뿐이다".[1] 믿음과 삶의 방향, 개인을 공동체에 결속시키는 감정으로 인식된 종교는 근대인의 의식에 여전히 잔존해 있다. 엘리아데Mircea Eliade가 언급했듯이 "순수한 상태의 비종교적 인간은 가장 탈신성화된 근대 사회에서도

---

1) M. Ley, 《묵시록과 근대 : 정치 종교 논문집Apokalyse und Moderne. Aufsätze zu politischen Religionen》(Wien, 1997), 12쪽에서 재인용.

상대적으로 드물게 나타나는 현상이다. 비종교적인 인간들 대다수는 스스로는 깨닫지 못한다 하더라도 여전히 종교적으로 행동한다".[2] 사실상 근대 사회에서 신성성은 사라진 것이 아니라 전위 혹은 변형되었다는 말을 우리는 종종 듣는다.

신성성의 이러한 변형의 한 두드러진 예는 세속적인 것과 인간적인 것의 신성화라 부를 수 있는 것에서 찾을 수 있다. 이러한 맥락에서 역사는 인간 경험이라는 수단을 통해 신성한 것이 직접적으로 드러나는 과정으로 이해된다. 이와 같은 견해에 의하면 신성성의 경험은 전통적인 형이상학적 종교에만 국한되는 것이 아니라 정치를 포함하여 인간의 삶의 거의 모든 맥락에서 가능하다. 미국 혁명의 시대 이래로 정치와 종교의 경계는 자주 흐려졌으며 결국 정치야말로 자체의 독자적인 종교적 차원을 얻게 되었다. 프랑스 혁명과 함께 유럽과 전 세계로 전파된 민족의 신성화는 정치를 종교적으로 만듦으로써 정치와 종교의 관계에 새로운 틀을 부여했다. 정치는 신성성이 근대 사회로 스며들 수 있는 주요 경로 가운데 하나가 되었던 것이다. 사실상 근대 대중 정치의 영역에서 종교적 특징들을 지닌 정치운동들은, 기존 종교로부터 나오거나 기존 종교에 의해 정당화되는 것이 아니라 자체의 정치적 성격에 내재하는 종교성을 지니고 있었으며, 세속적인 것과 인간적인 것의 신성화의 효과가 만들어지고 전파되는 핵심 영역이 되었다. 그리고 이러한 정치운동들은 불행하게도 인류에게 최대의 비극을 가져다주었다.

---

2) Mircea Eliade, 《성과 속 *Il sacro e il profano*》(Torino, 1984), 128쪽 이하.

2. 정치의 신성화 : 민주주의 혁명에서 전체주의 혁명으로

　자코뱅파로부터 20세기의 전체주의적 혁명가들에 이르기까지 정치는 자체의 종교적 성격을 띠게 되었으며, 인간 존재를 지배할 뿐 아니라 새로운 인류 창조의 목표 아래 인간 개조를 기획했다. 계몽주의 시대 이래 정치의 신성화는 인간 재생의 신화와 현세에서 완전히 새로운 완벽한 삶의 의미를 얻으려는 열망의 특징을 지니고 있었다. 그것은 역사적 차원에서 '인간 전체'를 개조하고 '새로운 인간'을 만들려는 갈망으로 표출되었던 것이다. 진보의 이념, 역사주의, 실증주의, 마르크스주의와 같은 근대 정치 사상의 주류는 역사와 인간을 신성화하는 세속적 종말론이었다. 1842년에 포이어바흐Lud-wig Feuerbach는 다음과 같이 천명했다. '다시 한번 우리는 종교적이 되어야 한다. 정치는 우리의 종교가 되어야 한다. 만약 우리의 세계관에 정치를 종교로 바꿀 수 있는 지고의 어떤 것이 존재한다면 그렇게 될 수 있다.'[3]

　혁명적 신앙과 재생의 신화에 기초한 정치적 메시아주의와 세속적 천년왕국주의는 새로운 정치 종교들이 나타날 수 있는 주요 원천이었다. 뒤르켐Émile Durkheim의 표현을 빌리면 "집단적 열정"이 표출되는 독특한 정치 상황은——그것은 보통 전쟁이나 혁명과 같은 심각한 위기 국면에서 터져 나온다——신성성을 집단적으로 체험할 수 있는 기회이며 따라서 정치에 신성성이 부여되는 순간이다. 이러한 관점에서 볼 때 신성성을 집단적으로 체험할 수 있었고 정치의 신성화가 고양될 수 있었던 가장 두드러진 예들은 먼저 미국 혁명, 그 다음으로는 프랑스 혁명이며, 가장 중요한 예는 1차 세계대전

---

3) Ludwig Feuerbach, 〈철학의 원리. 변화의 필연성Principi della filosofia. Necessità di una trasformazione〉, 《헤겔 좌파 *La sinistra hegeliana*》(Bari, 1966), 309쪽.

이다.

모든 근대의 혁명들이 정치에 초자연적인 힘을 부여했지만 내 생
각으로는 1차 세계대전이야말로 정치의 신성화의 역사에서 핵심적
인 사건이었다. 샤르댕Pierre Teilhard de Chardin이 말했듯이 전사
들은 "폭력과 장엄함의 독특한 상황 속에서", "전선에 서면 어떤 영
혼이라도 한결같이 도달하게 되는 초인적 상태"에서 살았다. 이들에
게 전선은 "그토록 많은 피가 뿌려진 위대하고 신비로운 선(線)이었
다".[4] 전사들에게 전쟁은 매혹적이면서 공포스럽고 비극적인 현실
에 참여하는 신비로운 경험으로 느껴질 수 있다. 참호 속의 수백만
의 전사들이 처음으로 목도한 대량 학살은 종교적 감성을 새롭게 일
깨웠고 새로운 유형의 세속적 종교성을 탄생시켰다. 수많은 사람들
에게 전쟁 자체는 신성한 경험으로 다가왔다. 그것은 일종의 성체시
현(聖體示現)과 같은 현상이었으며, 오토Rudol Otto가 "신비롭고 무
시무시하며 매력적인 것mysterium tremendum et fascinans"이라고
표현한, 신성성의 표출과도 같은 것이었다. 신성성을 종교의 본질로
분석한 오토의 책이 출판된 해가 1917년이며 곧바로 엄청난 성공을
거둔 것은 우연이 아니었다.[5] 1938년 한 이탈리아 철학자는 1차 세
계대전 이후의 시기는 "현대사에서 신성성이 그 가장 순수한 형태로
실로 엄청나게 분출된 때 가운데 하나다. 우리는 새로운 신들의 탄
생을 직접 목도하고 있다……국가, 조국, 민족, 인종, 계급은 단순히
열정적인 찬양의 대상이 아니라 신비적 숭배의 목표다"라고 말했다.

---

4) Pierre Teilhard de Chardin, 《전쟁기의 저술 1916~1919 *Scritti del tempo di guerra 1916~1919*》(Milano, 1982), 238~239쪽.

5) Rudol Otto, 《신성성. 신성의 이념에 나타난 비합리성과 그것의 합리성과의 관계 *Das Heilige. Über das Irrationale in der Idee des Göttlichen und sein Verhältnis zum Rationalen*》 (München, 1917).

이어서 그는 이렇게 결론지었다. "20세기는 종교 전쟁의 역사에 흥미로운 많은 사건들을 추가할 것이다(19세기는 종교 전쟁의 역사가 종결되었다고 생각했다). 나의 이 예언이 실현될 가능성은 대단히 높다."[6]

묵시록적이며 재생적인 '위대한 사건'으로 경험된 전쟁은 정치의 신성화에 결정적인 기여를 했다. 무엇보다도 민족주의적 혁명 운동들에서, 전쟁 경험에서 유래한 신화와 의식 그리고 상징의 활용 면에서 그러했다. 초월적이고 불멸적인 실제로서 조국을 미화하기, 죽음과 부활의 상징, 민족에 대한 충성, 피와 희생의 신비주의, 스러져 간 영웅과 민족의 순교자 숭배, 전우애로 뭉쳐진 공동체, 이 모든 요소들은 전사들 사이에서 완전히 재생적인 경험이며, 그러므로 본질적으로 종교적 현상으로서의 정치의 이상을 퍼뜨리는 데 기여했다. 이들에게 정치는 인간 삶의 모든 측면을 혁신하는 힘으로 받아들여졌던 것이다. 1차 세계대전 이후, 주로 그것의 결과인 민족주의는 사실상 현대 세계에서 가장 보편적인 정치 종교가 되었고 정치의 신성화의 가장 생명력 있는 표현이 되었다.

1차 세계대전 기간 중, 그리고 그 이후에 발생한 정치의 신성화의 맥락 속에서 우리는 또한 볼셰비키 혁명과 그것이 공산주의 투사들, 특히 그람시와 같은 사람들에게 미친 영향을 고려해야 할 것이다. 그람시는 사회주의를 기독교를 파괴할 새로운 세속 종교로 보았다. 그는 전쟁 전 시기에 나타난 '세속 종교의 개화'와 전통적 의미의 '종교적 신념의 몰락'에 주목하면서 이렇게 말했다. "사람들은 맹렬하게 새로운 신념 체계와 일반 원리들을 갈망하고 인간답게 살 진정하고도 긴밀한 이유를 발견하려 한다." 그에게 사회주의만이 인류를

---

6) A. Tilgher, 〈전후의 신성성Numinosità del dopoguerra〉(1938), 《새로운 신비주의와 옛 신비주의Mistiche nuove e mistiche antiche》(Roma, 1946), 47쪽.

위한 새로운 세속 종교가 될 것이었다. 1916년 그람시는 이렇게 말했다. "사회주의야말로 기독교를 제거할 종교다. 사회주의는 종교다. 왜냐하면 그것은 독자적인 사제와 제례 의식을 지닌 신앙이며 기독교의 초월적 신의 자리를 인간의 의식, 유일한 영적 실제로서 인간과 인간이 지닌 최상의 역량에 대한 신앙으로 대체하기 때문이다."[7] 공산주의 혁명가 그람시는 자신의 신념을 버리지 않았다. 옥중에서 보낸 시절에 그람시는 "근대의 군주가 인간의 영혼과 의식에 자리 잡은 신성을 바꾸어놓을 것"이라고 강조했다. 그가 말하는 근대 군주는 사회 혁명을 주도하는 전체주의적 정당이었다.

정치의 신성화는 20세기의 전체주의적 혁명들에서 절정에 도달했다. 전체주의는 본질상 정치 종교의 성격을 지니지 않을 수 없다고 해도 과장은 아니다. 틸리히Paul Tillich의 표현처럼 "전체성의 이념은 그 자체 안에 신비적인 요소를 담고 있다. 오로지 절대적인 것만이 전체성의 권리를 주장할 수 있다".[8] 전체주의의 종교적 차원은 그지지자들뿐 아니라 반대자들에 의해서도 인정된 바 있다. 반파시스트인 아멘돌라Giovanni Amendola는 아마도 매우 일찍이, 처음으로 파시즘의 본질 속에 내재해 있는 전체주의와 정치의 신성화 사이의 밀접한 상관 관계를 간파한 인물이었다. 1923년에 그는 이렇게 썼다. "파시즘이 추구하는 것은 이탈리아의 지배라기보다는 이탈리아인의 의식의 독점과 통제다. 권력 장악만으로는 충분하지 않다. 파시즘은 모든 시민들의 개별적인 의식을 소유하기를 원하며 이탈리아인들의 '개종'을 바란다……파시즘은 성전(聖戰)의 전사와 같은

---

7) Antonio Gramsci, 《토리노 시절의 기록 1913~1917 *Cronache torinesi 1913~1917*》, S. Caprioglio (ed.)(Torino, 1980), 329쪽.

8) Paul Tillich, 〈전체주의 국가와 교회The Totalitarian State and the Church〉, 《사회연구*Social Research*》(1934년 11월), 405~432쪽.

오만하고 초인적인 비타협성을 보인다. 그것은 개종자들에게 행복을 약속하지 않으며 세례를 거부하는 자에게는 어떠한 탈출구도 허락하지 않는다. 선한 목자는 이제 우리의 일요일들을 지배하는 울퉁불퉁한 곤봉으로 무장한 채 이탈리아인들을 거칠게 자신의 성전으로 몰아넣고, 성전 입장을 완강히 거부하는 사람들을 지옥으로 보낼 것이라고 위협한다."[9] 사실상 정치의 신성화(이러한 세속 종교의 현상을 어떤 다른 이름으로 규정하든 간에)는 교황이나 가톨릭 성직자들과 같은 종교 문제의 전문가들에 의해서도 입증되었다.

3. 시민 종교와 정치 종교

정치의 신성화에 대한 이러한 간략한 성찰을 마무리하기에 앞서서 나는 정치의 신성화에 대한 나의 연구에서 부각된 몇 가지 점들을 강조하고 싶다. 나는 이러한 점들이 구체적인 역사적 실제의 맥락 속에서 정치의 신성화를 더 잘 이해하는 데 요긴할 뿐 아니라, 그것이 갖는 독특한 측면들에 대한 좀더 정확한 정의를 내리는 데도 유용하다고 생각한다.

정치의 신성화는 근대 사회에서 전개되는 과정이다. 그리고 그러한 과정을 거치면서 정치적 차원은 전통적인 형이상학적 종교로부터 독자성을 획득한 뒤 자체의 종교적 성격을 띠게 되며, 신앙, 신화, 의식의 새로운 체계를 탄생시키는 모태로 작용함으로써 인간 존재의 궁극적 의미와 결말을 해석하는 방식으로 종교의 전형적인 성

---

9) Giovanni Amendola, 《파시즘에 맞선 이탈리아 민주주의 1922~1924 *La democrazia italiana contro il fascismo 1922~1924*》(Milano-Napoli, 1960), 193~194쪽.

격과 기능을 수행한다. 정치의 신성화는 민주주의적인 것이 될 수도 있으며 전체주의적인 것이 될 수도 있다. 이러한 점들을 염두에 두면서 나는 내용과 전통적인 종교와 여타 정치운동들에 대한 태도라는 맥락에서 시민 종교와 정치 종교 사이라는 개념적 차이점들을 부각시키는 것으로 결론을 대신하고자 한다.

시민 종교는 특정한 정치운동의 이데올로기와 동일시되지 않는 집단적 · 정치적 실재를 신성화하는 한 방식이다. 시민 종교는 교회와 국가의 분리를 확고히 하며 이신론(理神論)적 방식으로 인식된 초자연적 존재를 상정하면서도 전통적인 종교 제도들과 공존한다. 시민 종교는 특정한 종교적 교의와 스스로를 동일시하지 않으면서 정파와 종파 모두를 넘어서는 **공통의 시민적 교의**common civic creed를 제시한다. 또한 시민 종교는 신성시된 집단과의 관계에서 개인의 전반적인 자율성을 인정하며, 공공 도덕의 계율과 집단적 의식을 준수하도록 하는 데 있어서 대체로 자발적인 동의에 호소한다.

정치 종교는 배타적이며 전체적integral 성격을 지닌 정치의 신성화 유형이다. 그것은 다른 정치 이데올로기나 운동과의 공존을 거부하며, 집단과의 관계에서 개인의 자율성을 인정하지 않고 계율의 준수와 정치 의식에의 참여를 의무화하며, 폭력을 적과의 투쟁에서의 정당한 무기이자 재생의 도구로서 신성시한다. 정치 종교는 제도화된 전통적인 종교에 적대적이며, 따라서 전통적인 종교를 제거하려 하거나 아니면 그것과 공생 관계를 수립하려 하지만, 이러한 공생관계를 통해 정치 종교는 전통적인 종교에 종속적이고 보조적인 역할을 부여함으로써 자신의 믿음과 신화의 체계 안으로 전통적인 종교를 편입하려 한다.

확실히 역사적 현실에서는 이러한 구분이 항상 명확하거나 꼭 들어맞는 것은 아니다. 또한 이 둘 사이에 공통되는 요소들이 존재한다는 사실을 부인할 수도 없다. 정치 종교와 시민 종교 모두 '집단적 실체'를 신성화하고, '계율'을 규정하며, 자신의 구성원들을 '메시아적 역할'을 부여받은 '선민 공동체'로 여기고, '신성한 역사'를 표상하는 '정치적 전례(典禮)'를 만든다. 시민 종교와 정치 종교 사이의 차이는 미국의 경우를 나치 독일 또는 파시스트 이탈리아와 비교하면 확연해 보일 수 있다. 그러나 어떤 상황에서는 프랑스 혁명의 예처럼 시민 종교조차도 정치 종교로 변형되며 전체적이고 편협해질 수 있다.

　정치의 신성화의 일반적 특징에 대한 마지막 언급으로서 나는 다음과 같은 점을 지적하고 싶다. 정치 영역에서 발생한 대부분의 세속 종교들이 설사 일정한 기간 동안 대단히 활력적이라 해도 그것은 본질적으로는 일시적인 현상일 뿐이며, 적어도 현재까지는 그러한 양상을 보이고 있다. 이러한 일시적인 성격 때문에 새로운 세속 종교는 전통적인 형이상학적 종교들과 매우 다르게 보인다. 형이상학적 종교들이 수백 년 혹은 수천 년간 존속하고 있는 반면 대다수 정치 종교들의 수명은 수십 년을 넘지 못했다. 그러나 정치 종교의 이러한 단명함을 근거로 그것의 원천이 완전히 고갈되었다고 주장해서는 안 된다. 현대 사회는 여전히 정치 종교에 강력한 수단을 제공할 수 있다. 그리고 정치 종교는 이러한 수단을 이용해 집단적 삶을 재조직할 수도 있다. 이 경우 인간의 집단적 삶은 사회라는 신체가 실험의 대상이 되는 일종의 인간 실험실이 되고 말 것이다. 또한 자신의 이상에 따라 남성과 여성을 재생하려 하며 민족국가는 아니라 하더라도 인종이나 민족과 같은 세속적 실재를 신격화하려 하는 지식인들과 정치가들이 아직도 남아 있어, 이들이 정치의 신성화나 종교의 정치화의 새로운 실험을 위해 열정적으로 헌신하려 할 가능성은 여전히 존재하는 것이다.

시민 종교의 지적 계보
─플라톤에서 로크까지

조승래

1. 들어가는 말

정치사상사에서 시민(정치) 종교는 주로 20세기의 전체주의 체제
와 연관되어 논의되어왔다. 전체주의적 국가관에 의하면 국가는 단
순히 개인들의 이해관계가 제도적 장치에 의해 조정되는 장이 아니
다. 그것은 개인들의 사적 의지의 총합을 초월하는 일반 의지가 구
현되는 장이다. 국가가 하나의 인공적 기계 장치가 아니라 그 구성
원들의 영혼을 지배하는 초월적 의지의 구현체로서 간주되기 때문
이다. 인간은 국가라는 공동체를 떠나서는 존재할 수 없기 때문에
국가에 대한 충성은 자신을 완성시키려는 영적 행위라는 것이다. 즉
국가 안에서의 정치 행위는 일종의 종교적 행위이며 이를 통해 인간
은 자신을 구현할 수 있다는 신념이 국가를 신비화함에 따라, 국가
는 자연스럽게 종교적 숭배의 대상이 된다.

이러한 시민 종교론은 르네상스 이래 세속 국가를 종교와 분리시

조승래는 서강대 사학과를 졸업하고 청주대 사학과 교수로 있다. 주로 근대 정치
사상사를 연구하고 있으며,《국가와 자유─서양 근대 정치 담론사 연구》(1998) 등을
썼다.

키려는 "서양의 정치적 전통으로부터의 근본적인 일탈"이라고 비판받아왔다.[1] 그도 그럴 것이 서양의 근대 정치사상은 정치에서 종교적인 것을 배제하고 있는 그대로의 현상을 과학적으로 분석하고 일반화하는 것을 목표로 삼아왔기 때문이다. 특히 계몽주의는 종교적 신앙을 배제하고 이성의 계발을 통해 인간의 완성을 실현하는 것을 목표로 삼았으며 인간의 사회적·정치적 삶에서도 이것이 가능하다는 믿음을 심어주었다. 그렇다면 전체주의의 시민 종교론은 이러한 근대=세속화=과학이라는 삼위일체의 견고한 벽을 뚫고 20세기에 갑자기 나타났다는 것인가? 그러나 시민 종교에 대한 논의를 전체주의적 국가 숭배와 연결시키는 데만 국한하지 않고 좀더 폭넓게 국가 안에서의 시민 생활과 그것을 담보해줄 수 있는 종교의 역할에 대한 담론으로 확장시킨다면, 그러한 논의가 고대에서부터 면면히 이어져 내려왔다는 사실을 발견할 수 있다.

2. 시민 종교론의 등장과 발전 : 고대에서 중세까지

시민 종교론은 서양의 정치적 전통의 중요한 일부분이었다. 정치 공동체가 복잡다단한 이해관계로 얽혀 있는 개인들에게 응집력을 발휘하고 순기능을 발휘하기 위해서는 정치 공동체에 대한 그 구성원들의 믿음이 종교에 기초해야 한다는 생각은 이미 고대에서부터 발견된다. 즉 국가의 법을 지키는 것이 신이 부여한 양심을 지키는 행위라는 신념과 범법은 신의 처벌을 수반한다는 공포를 시민들이

---

1) R. Tucker, 《카를 마르크스에서의 철학과 신화 *Philosophy and Myth in Karl Marx*》 (Cambridge, 1961), 31쪽.

가질 때 비로소 사회의 질서가 확립되고 안정이 유지된다는 것이다.

일찍이 플라톤Platon은 《국가Politeia》에서 이를 '시민 신학'이라고 불렀다. 그것은 신화적 신학이나 철학적 신학과는 구별된다. 신화적 신학은 인간의 무지가 만들어낸 허구요, 철학적 신학은 철학자들의 고도의 지성의 산물이다. 전자는 무조건 배격해야 하는 미신 같은 것이요, 후자는 진정한 신학이지만 일반인들이 이해하기에는 너무 어렵다. 따라서 그 중간쯤에 시민 신학을 정립할 필요가 있다. 그것은 인간과 사회의 올바른 질서에 필수적인 원리와 교리로서 철학자들이 고안한 다음 알기 쉬운 이야기와 이미지로 바꿔놓은 것이다. 즉 이 세계의 신적 질서에 대한 철학적 지식을 신화적 이야기와 상상적 재현으로 꾸며 일반인들이 이해하기 쉽게 만든 것이다. 그 내용은 신은 선한 신으로 악을 만들지 않았으며, 신은 마술과 같은 것으로 인간을 기만하지 않으며, 선하고 유덕한 인간들을 위해 영혼의 불멸을 설정해놓았다는 것이다. 그리고 이러한 교리에 따라 시민은 신을 숭배하고 부모를 존경하고 구성원 간의 우의를 가치 있는 것으로 믿는다는 것이다.[2] 플라톤은 이러한 시민 종교를 정의로운 정치 질서의 수립을 위한 필수적인 조건이라고 보았다. 그는 《법률 Nomoi》에서 법을 지키는 행위와 신을 숭배하는 행위가 같은 행위라고 주장했다.[3] 즉 시민적 경건성이 국가와 그 법의 기초가 되어야 한다는 것이 플라톤의 지론이었다.

폴리비오스Polybios는 《역사Historiae》에서 로마 공화국의 우월성의 한 요인을 이러한 시민 종교가 제도화되어 있었다는 점에서 찾았다. 그는 그리스인들에게는 미신으로 보이는 것이 로마인들을 하나

---

2) Platon, 《국가Politeia》, 379c~392a.
3) Platon, 《법률Nomoi》, par. 130.

의 국가로 묶어주는 주된 요소가 된다고 기술했다. 즉 로마는 공식적인 종교적 제전과 공연을 통해 보이지 않는 두려움을 로마인들에게 주입시킴으로써 그들을 그리스인들보다 훨씬 더 경건하고 준법정신이 강한 인간들로 만들었다는 것이다.[4] 키케로Marcus Tullius Cicero는 《국가론De republica》에서 왕정 시대의 제2대 왕이었던 누마 폼필리우스Numa Pompilius의 개혁이 바로 그러한 시민 종교의 기초를 닦았다고 주장했다. 누마는 종교적 혁신을 통해 로물루스Romulus 치하의 호전적이고 야만적이었던 로마인들을 경건하고 세련되며 온화한 인간으로 만들었으며 그것이 로마 공화국의 튼튼한 기초가 되었다는 것이다.[5] 리비우스Titus Livius도 《로마사Ab Urbe Condita Libri》에서 누마가 무력에 기초해 있던 로마를 법에 기초한 로마로 바꿀 수 있었던 이유는 시민 종교의 수립을 통해 하늘의 두려움을 시민들에게 주입시켰기 때문이라고 주장했다.[6] 이러한 주장은 플루타르코스Plutarchos와 타키투스Tacitus에게도 이어졌다. 시민적 경건성이 바로 법의 지배라는 로마 공화국의 튼튼한 기초를 마련했다는 것이다.

시민 종교의 유용성에 대한 담론은 중세에서도 나타난다. 그 대표적인 예로, 1159년에 솔즈베리의 존John of Salisbury이 당시 잉글랜드 왕 헨리 2세의 자문관 베켓Thomas Becket을 위해 쓴 《정치가의 선Policraticus》을 들 수 있다. 그는 이 책에서 누마의 예를 들며 종교가 국가의 혼이라고 주장했다. 누마가 종교적 제례를 제도화하여 시민의 경건성을 고양시킴으로써 악행을 막고 정의를 수립했으며 시

---

4) Polybios, 《역사Historiae》, 하버드 대학 영역본(1979), 394쪽.

5) Marcus Tullius Cicero, 《국가론De republica》, 케임브리지 대학 영역본(1999), 41쪽.

6) Titus Livius, 《로마사Ab Urbe Condita Libri》, 하버드 대학 영역본 제1권(1919), 67~69쪽.

민 간의 연대와 애정을 공고히 했다는 것이다. 스티븐 왕 치세의 무정부적 상태에서 막 벗어나 법 질서 확립이 절실히 요구되고 있을 때, 존은 누마의 예를 들어 종교가 국가에 가져다줄 수 있는 정치적 · 사회적 이익을 논했다. 그는 종교가 내적 신앙에만 머물 것이 아니라 외적 제례도 갖추어 이를 통해 개인들을 사회적 · 정치적으로 순화시켜야 한다고 생각했다. 즉 종교가 시민적 삶과 분리되어서는 안 된다는 것이다. 그는 복음서의 내용들은 바로 시민적 삶의 덕행을 교시한 것이라고 주장했다. 종교의 외적 제례를 제도화해 인간들의 약점을 치유하고 시민적 행위, 즉 정의에 대한 존경과 구성원 간의 연대를 고취시켜야 한다는 것이 그의 지론이었다.[7]

13세기의 알베르투스Saint Albertus Magnus도 입법자들에게 중요한 것은 진리의 원리를 찾는 것이 아니라 보상의 희망과 처벌의 공포에 입각한 경건성을 인민들에게 부여함으로써 국가의 안정과 질서를 유지하는 것이라고 주장했다.[8] 토마스 아퀴나스Thomas Aquinas도 《신학대전Summa Theologiae》에서 종교가 인민이 공동선을 추구하는 것을 가능케 함으로써 국가의 안녕을 가져다줄 수 있다는 사실에 주목했다.[9] 르네상스 시대에 들어와서도 시민 종교의 유용성은 계속 강조되었다. 페트라르카Francesco Petrarca는 《위인전De viris illustribus》에서 누마가 종교를 통해 로마 사회를 정치적 사회로 만들었다고 찬양했다. 단순하고 무식했던 로마인들에게 신에 대한 경외심을 불어넣고 그들의 행동에 종교적 제약을 가함으로써 로마에 법

---

7) John of Salisbury, 《정치가의 선Policraticus》, John Dickinson (trans.) (New York, 1963), 68~69쪽.

8) Saint Albertus Magnus, 《전집Opera Omnis》 6권, A. Borgnet (ed.) (Paris, 1890), 129쪽.

9) Thomas Aquinas, 《신학대전Summa Theologiae》 1-2, q.99a. 3.

치와 평화와 연대를 가져다주었다는 것이다.[10] 마키아벨리Niccolò Machiavelli도《티투스 리비우스의 첫 번째 10권에 관한 논문*Discorsi sopra la prima deca di Tito Livio*》에서 종교가 로마인들에게 도덕심을 고취함으로써 진정한 용기가 무엇인지를 알게 해주었고 로마가 질서 속에서 번영을 구가할 수 있게 해주었다고 보았다.[11]

3. 종교개혁과 시민 종교론 : 헤겔의 관점

이러한 시민 종교가 서양의 정치 전통에 좀더 확고히 뿌리내릴 수 있었던 것은 종교개혁 덕분이었다. 종교개혁은 만인사제주의를 통해 개인의 구원을 사적 영역의 일로 한정시키면서도 한편으로는 이 것을 가능하게 해주는 국가를 설정하지 않으면 안 되었다. 즉 부패한 교황 체제로부터 진정한 종교를 지켜줄 세속 국가가 필요했던 것이다. 그런데 교황 체제의 사제 지배를 종식시키고 만인사제주의를 실현할 수 있는 세속 국가를 유지시키는 역할을 하는 것이 바로 시민 종교였다.

이러한 종교개혁 시대의 시민 종교의 본질을 꿰뚫은 사상가가 바로 헤겔G. W. F. Hegel이었다. 그는 인간은 정신적으로 국가 안에서 완성되는 폴리스적 존재이며 그것은 이미 복음서에서 약속된 인간의 자유였다고 주장했다. 바로 그 자유를 교황 체제의 사제 지배가 찬탈하여 인간의 자아 실현을 가로막고 국가에 치명상을 입혔는

---

10) Francesco Petrarca, 《위인전*De viris illustribus*》, Guido Martellotti (ed.) (Firenze, 1964), 15~16쪽.

11) 마키아벨리Niccolò Machiavelli, 《티투스 리비우스의 첫 번째 10권에 관한 논문 *Discorsi sopra la prima deca di Tito Livio*》, 시카고 대학 영역본(1996), 34~35쪽.

데 종교개혁이 이를 바로잡았다는 것이 그의 지론이다. 헤겔은 진정한 종교는 국가 안에서의 일상적 인간관계와 그들 간의 행위 안에서 신성을 발견하게 하는데, 이것이 바로 만인사제주의라고 주장했다. 따라서 근대 국가를 교황 체제로부터 지켜내는 것 자체가 종교적 행위라는 것이다. 그는 17세기 영국 혁명이 바로 이러한 종교개혁의 정점이었으며 자신의 시대의 독일 국가가 바로 그 최종적 목표를 실현할 수 있다고 믿었다. 근대 국가는 만인사제주의를 담보해 복음서가 보장한 자유를 실현할 수 있는 유일한 장이라는 것이다.[12]

헤겔의 이러한 주장은 고대 폴리스적 언어와 성경적 언어를 절충한 것이라고 할 수 있다. 고대 아테네, 스파르타, 로마의 시민과 예루살렘의 성인이 동일시되는 곳에서 인간은 진정한 자유를 얻을 수 있으며 그것을 근대 국가가 담보해야 한다는 것이다. 이러한 주장은 헤겔의 지적대로 17세기 영국 혁명에서 그대로 나타난다. 일반적으로 청교도들은 은총과 선자의 개념을 앞세운 종교적 근본주의자들이라는 오해를 받아왔다. 즉 그들은 세속 정부가 신적 의지를 구현하는 은총을 받은 선자들의 독재 기구라고 생각하고 이를 통해 보편적 구원을 추구했다는 것이다. 그러나 실제로 그들의 투쟁은 교황 체제와 장로교의 사제 지배에 반대하는 만인사제주의를 실현하기 위한 세속 · 정치적 투쟁이었다. 수평파였던 오버턴Richard Overton은 모든 사람이 본성상 왕이요, 사제요, 예언자라고 주장하면서 따라서 왕, 사제는 위임과 자유로운 동의에 의해 지명된 공복의 대표자가 되어야 한다고 주장했다. 이러한 언명은 세속적 인간관계의 완

---

12) G. W. F. Hegel, 《역사철학강의 *Vorlesungen über die Geschichte der Philosophie*》, (ed. · trans.) C. J. Friedrich(1956), 343~344 · 378~381 · 422~424쪽 ; 《법철학강요 *Grund-linien der Philosophie des Rechts*》, (ed. · trans.) T. M. Knox(1967), par. 259~260 · 270 · 272.

성 안에서 기독교 정신이 구현될 수 있다는 주장이었다.[13]

4. 해링턴과 로크 : 프로테스탄트 시민 종교론

17세기 영국에서 시민 종교론을 가장 잘 보여주는 사상가가 바로 해링턴James Harrington이었다. 해링턴은 재산이 정치 체제의 성격을 결정한다는 근대적 세속적 정치 원리를 간파한 사상가로 유명하다. 그는 재산을 소유하게 된 계층이 정치적 헤게모니를 장악하는 것이 자연스러운 일임을 보여주는 예가 바로 영국 혁명이라고 해석했다. 그리하여 한 연구자는 그의 지적 작업이 정치에서 신을 배제하는 근대적 정치학의 정수를 보여준다고 주장한다. 그의 책에는 영적 내용은 하나도 없고 인간 이성의 근대 세계를 그대로 보여준다는 것이다.[14]

그러나 이러한 해석은 그의 저술이 어떤 역사적 맥락에서 나온 것인지를 무시한 결과라고 할 수 있다. 해링턴이 말하고자 했던 것은 진정한 종교를 담보해줄 수 있는 공화국을 수립하기 위해서는 감독제와 장로제를 폐지해야 한다는 것으로 이는 국가주의적 독립파의 생각이었다. 그는 진정한 종교를 수립하는 것이 국가 본연의 업무에 속한다고 주장했다. 그리하여 《오세아나 공화국 *The Commonwealth of Oceana*》에서 그는 국가 종교 평의회가 구성되어 사적 · 종파적 광신을 방지하고 동시에 교구는 투표를 통해 목사를 뽑아 자발적으로

---

13) W. Haller, 《청교도 혁명에서의 자유와 종교개혁 *Liberty and Reformation in the Puritan Revolution*》(New York, 1963), 281쪽.

14) J. N. Shklar, 〈이데올로기 사냥 : 제임스 해링턴의 경우-Ideology Hunting : the Case of James Harrington〉, 《미국정치학보 *American Political Science Review*》 53(1959), 684쪽.

목회를 할 수 있지만, 그 목회가 가톨릭교, 유태교, 우상 숭배의 목회가 되어서는 안 된다는 주장을 폈다. 즉 세속 국가가 진정한 종교의 요새가 되어야 한다는 것이 그의 지론이다.[15]

그는 재산이 인민의 수중으로 들어가 공화국이 영국의 최종적인 정치 체제가 되었는데 이를 지키기 위해서는 감독제도 장로제도 폐지해야 한다고 주장했다. 그것은 소수의 자유만을 보장하는 종교적 제도이기 때문이라는 것이다. 만인사제주의가 공화국에 적합한 유일한 종교 형식이라는 것이 그의 지론이었다. 그는 사제 계급이 영적 · 세속적 자유의 적이라고 규정하면서 이들은 왕의 부속 계급으로서 왕정이 복고된다면 공화국의 모든 자유와 관용은 사라질 것이라고 주장했다. 따라서 만인사제주의는 공화국을 지키는 시민 종교라는 것이다.[16]

해링턴은 만인사제주의를 지키기 위해 서양의 고전적 공화주의 전통과 진정한 종교로서 기독교의 전통을 일치시키려고 노력했다. 그에 의하면 모세 시대의 이스라엘, 사도 시대의 초기 기독교는 바로 고대 그리스, 로마의 공화국들과 같은 성격의 집단이었다. 그런데 역사의 순환은 이들 집단을 부패시켜 종교적으로는 사제 계급의 과두 지배 체제, 교황 지배 체제로, 정치적으로는 귀족 지배 체제와 전제군주제로 타락시켰다.[17] 그때마다 진정한 종교와 진정한 국가를 복원시키기 위한 노력들이 나타났는데 예수의 개혁과 자신의 시대의 종교 개혁적 공화국의 수립이 그것이다. 그는 티베리우스Tiberius의 전제정치 하에서 예수가 처형되었다는 사실이 바로 전제군주제가

---

15) James Harrington, 《정치저작집 *The political works of James Harrington*》, J. G. A. Pocock (ed.) (Cambridge, 1977), 185 · 204 · 214~217 · 251쪽.

16) James Harrington, 《정치저작집》, 736 · 749~750쪽.

17) James Harrington, 《정치저작집》, 262 · 384 · 534~535쪽.

진정한 종교로서 기독교와는 맞지 않음을 보여주는 예라고 주장한다. 진정한 종교로서 기독교는 공화국에서만 가능하다는 것이다. 이것은 시민적 자유가 기독교적 자유와 일치한다는 것과 같은 의미였다.[18] 그리하여 그는 영국 공화국은 바로 아테네가 곧 예루살렘이고 예루살렘이 곧 아테네인 곳이라고 규정했으며, 이 공화국을 지키기 위해서 만인사제주의라는 시민 종교가 필요하다고 주장했다. 그는 자신의 이상향 '오세아나' 공화국, 즉 정의로운 공화국은 바로 그리스도의 왕국이라고 단언했다.[19]

이러한 시민 종교론은 로크John Locke에게서도 나타난다.[20] 그는 《기독교의 합리성 The Reasonableness of Christianity》에서 기독교야말로 정치 공동체의 질서를 유지시키고 구성원들을 계도할 수 있는 보편성과 초월성을 모두 갖춘 시민 종교라고 주장했다. 기독교의 교훈은 시민 생활에 필요한 이성과 같은 것이요, 기독교에서 말하는 신성의 진실성이 사회의 기초가 될 수 있다는 것이다. 영생을 얻기 위해 인간들이 따라야 하는 기독교의 신의 법은 곧 이성의 법이요, 자연의 법이어서 그것은 시민 생활의 옳고 그름을 판단하는 공정한 기준이 되고 사회를 묶어주는 원리가 된다는 것이다. 그런데 로크는 이러한 기독교가 시민 종교가 되는 것을 방해하는 요인이 기독교의 배타적인 유일 신앙에서 나오는 종파주의와 오로지 신앙에 의해서만 의롭다는 주장이라고 지적한다. 그는 이를 극복하기 위해서 우선

---

18) James Harrington, 《정치저작집》, 185~186 · 764~767쪽.

19) James Harrington, 《정치저작집》, 185~186 · 764~767쪽.

20) Ellis Sandoz, 〈자유 민주주의의 시민 신학 : 로크와 그 선구자들The Civil Theology of Liberal Democracy : Locke and His Predecessors〉, 《정치학지Journal of Politics》 34(1972), 2~36쪽 ; Michael Zuckert, 〈로크와 시민 종교의 문제 : 로크의 기독교 관Locke and the Problem of civil Religion : Locke on Christianity〉, 《자유주의의 시작 : 로크의 정치 철학에 대하여Launching Liberalism : On Lockean Political Philosophy》(Lawrence, 2002), 145~168쪽.

예수를 메시아라고 인정하기만 하면 모든 종파들이 서로를 관용하
자고 제안한다. 그리고 '오로지 신앙'보다 더 중요한 것은 바로 예수
가 말한 '회개'라는 사실을 상기하자고 주장한다. 회개는 신의 법,
이성의 법, 자연의 법에의 합치를 뜻한다. 이것이 시민 생활을 가능
하게 해주는 진정한 종교로서 기독교의 진면목이라는 것이다.[21]

이렇듯 기독교의 진정성을 이성과 자연법의 합치로 본 로크는 종
교를 자유주의적으로 사유화할 수 있는 것이라고 보지 않았다. 오로
지 이성의 법과 자연의 법에 합치되는 기독교, 그 중에서도 프로테
스탄트교만이 시민 사회가 요구하는 종교라는 것이다. 따라서 로크
는 가톨릭을 관용하지 않는 것이다. 그가 가톨릭을 반대하는 이유는
그것이 시민 사회에 적합하지 않은 사제 지배 체제이기 때문이었다.
교황파의 세속 군주 암살론이 그 명백한 증거이고 논리적 결과라는
것이다. 로크의 논지대로라면 교황파는 '애국자'가 될 수 없다.[22]

5. 맺는 말

이렇듯 시민 종교론은 고대에서 근대 초에 이르기까지 면면히 이
어져왔다. 즉 국가와 종교를 어떤 식으로든 연관시켜 보려는 시도는
20세기에 들어와 갑자기 나타난 것이 아니다. 또한 이러한 시민 종

---

21) John Locke, 《기독교의 합리성 *The Reasonableness of Christianity*》, George W. Ewing
(ed.) (Chicago, 1965), par. 14 · 26~163 · 167 · 171 · 173 · 180 · 182 · 228 · 229~235 ·
243.

22) 여기서 '애국자'는 20세기의 민족주의적, 전체주의적 의미와는 다르다. 18세기까지
애국은 혈연 공동체에 대한 충성을 의미하지 않았다. 그것은 자유의 원리에 대한 충성을 의
미했으며 그 반대말은 바로 폭정이었다. 조승래, 〈애국주의〉, 김영한 편, 《서양의 지적 전
통 II》(지식산업사, 1998) 참조.

교론의 전통은 20세기의 전체주의적 국가 숭배와는 성격이 다른 것이었다. 그것은 세속적 정치 공동체가 순기능을 발휘할 수 있는 데 종교가 도움이 되며 또 그렇게 될 수 있도록 종교를 이용할 수 있다는 생각이었다. 고대 그리스와 로마의 예에서 볼 수 있듯이 시민 종교는 폴리스에서 법치를 확립하고 구성원 간의 시민적 연대를 강화하기 위한 수단이었다. 종교의 기능에 이러한 시민적 · 정치적 차원을 부가하려는 시도는 중세에서도 발견할 수 있다. 특히 종교개혁 이후 사제 지배 체제에 반대하는 프로테스탄트 사상가들은 만인사제주의를 통해 고대 폴리스적 전통과 기독교적 전통을 합치시키려는 노력을 기울였다. 종교적으로나 정치적으로 자유롭고 평등한 시민과 그들로 구성된 정치 공동체를 수립하려는 것이 그들의 목적이었다. 따라서 그들에게 시민 종교로서 기독교는 이성과 자연적 질서에 부합하는 합리적 종교가 되어야 했다. 20세기의 특수한 전체주의적 국가 숭배는 이러한 서양의 시민 종교의 전통에서 벗어난 것이라고 할 수 있을 것이다.[23]

---

23) 이 책에서 젠틸레는 시민 종교와 정치 종교를 구분하고 있다. 그는 내가 말하는 서양의 시민 종교의 전통과 구별되는 20세기 전체주의의 국가 숭배를 정치 종교라고 부르는 것 같다.

종교로서의 공산주의

마르친 쿨라 :: 이종훈 옮김

1. 역사와 시간에 대한 관점

공산주의가 기성 종교에 맞서 줄기차게 싸워왔음에도 불구하고 여러 가지 방식으로 종교를 닮아간 것은 역설이 아닐 수 없다. 이러한 현상은 시기에 따라 강도가 달랐으며 또한 각 공산주의 국가별로 범

마르친 쿨라Marcin Kula는 역사가이자 사회학자로 1943년생이다. 바르샤바 소재 레온 코즈민스키 기업 경영 아카데미 교수로 활동했으며, 현재 바르샤바 대학 사학과 명예교수로 있다. 폴란드 역사학회 회원, 폴란드 사회학회 회원, 폴란드 펜클럽 회원으로 있다. 《설탕 주기 브라질의 흑인 노예제》, 《1933년 쿠바 혁명》, 《브라질의 폴란드인 공동체》, 《브라질 역사》, 《파리, 런던, 워싱턴은 '폴란드 10월'을 바라본다》, 《유럽 진출의 난관. 터키 및 폴란드의 경우》, 《의외의 친구들. 가장 통상적·인간적인 유대》, 《국민 혁명 해부. 20세기 볼리비아》, 《인도주의적 전망에서의 생태학》, 《평이한 역사. 주관적으로 간추린 폴란드 역사. 내외국인 공용》, 《과거. 거부할 수 없는 유산》, 《역사가의 관찰》, 《역사적 기억의 수레》, 《전통의 선택》, 《종교로서의 공산주의》, 《과거와 미래 사이》, 《불가피한 문제》, 《역사 활용에 대한 간략한 보고》, 《고향으로 보내는 편지. 브라질, 미국 속의 동유럽 이민. 1890~1891년》(공저), 《최고위 당국에 대한 요구》(공저), 《공산당 통치 기구로서의 공산당 지구당》(공저), 《솔리다리노스치 운동의 역동성. 1980~1981년》(공저), 《한 공장 내의 폴란드 통일 노동자당》(공저) 등을 썼다.

이종훈은 서강대 대학원 사학과에서 〈바꾸닌의 아나키즘에 관한 연구〉로 문학 박사학위를 받은 후, 모스크바에 있는 러시아사 연구소(IRI RAN)에서 러시아 근현대사를 연구했다. 한양대 연구 교수로 있으면서 비교역사문화연구소(RICH)에서 스탈린주의에 관한 연구를 수행했으며, 현재는 서강대 사학과 강사로 활동하고 있다.

위가 달랐다. 스탈린Iosif Vissarionovich Stalin 치하에서 절정에 달한 모델은 예를 들어 폴란드, 특히 기에레크Edward Gierek 집권기(1970~1980)의 폴란드와 견주어 보면 상대가 안 될 정도로 강력했다. 이 시기에 폴란드에서는 이데올로기가 전반적으로 형식적인 것이 되는 대신 독특한 형태의 애국주의가 인민에게 빈번히 제시되었다. 지배 체제는 인민에게 체제의 이상에 대한 신념 대신에 순응을 기대했으며, '새로운 사회'와 '새로운 인간'이라는 이상 대신에 인민 생활의 물질적 조건을 제공했고, 더 이상 '경애하는 지도자'의 초상을 공공건물마다 내걸도록 요구하지 않았다. 그러나 공산주의가 그 어느 곳에서도 의사 종교적 요소들을 결코 탈피하지 못한다는 것은 이론의 여지가 없는 사실이다. 그 교의는 결코 공공연하게 그리고 전면적으로 거부된 적이 없다. 따라서 앞서 언급한 편차를 염두에 두고 공산주의 전반에 대해 고찰하고자 한다.[1]

공산주의의 의사 종교적 형태는 여러 차원에서 나타난다. 기성 종교에 대한 투쟁까지도 그 성격이 놀랍도록 종교적이다. 이러한 갈등의 한 측면에서 확실해지는 것은 체제가 승인하는 신 이외의 신들을 인민이 가져서는 안 된다는 점이다. 공산주의 역사철학은 선악의 투쟁이라는 개념을 중심으로 구축되어 있다. 이것은 지속적인 사탄의 이미지를 끊임없이 활용하는 일종의 마니교적 비전이다. 공산주의 이데올로기에 따르면 역사는 예정된 것이다. 이는 우리의 운명이 신의 의지가 표출된 것이라고 믿는 종교적인 관점과 흡사하다. 공산주의 이데올로기는 인류의 목적이 '원시적 무리'로부터 노예제, 봉건제, 자본주의를 거쳐 사회주의로 진전되는 역사적 계획을 수행하는 데 있다고 주장하는 일종의 목적론적 역사관이다.

---

1) 이 논문은 나의 저서 《의사 종교적 공산주의Religiopodobny komunizm》(Kraków : Nomos, 2003)에 근거한 것이다.

    교조적인 교과서의 저자들은 자신들의 책에서 이러한 발전 단계가 모든 나라에서의 인간 역사를 기록하도록 공식적으로 선포된 것임을 분명히 하고 있다. 그들은 이러한 과업 완수의 엄청난 어려움에 부딪칠 경우, 노예제의 보편성을 줄기차게 주장하는 입장을 누그러뜨리면서 대신 마르크스Karl Marx가 고안한 개념인 '아시아적 생산 양식'으로 뒷걸음질한다. 인간 역사에서 전형적인 노예제가 나타나지 않은 경우가 더 많다는 것을 깨닫지 못한 채 그들은 아시아적 생산 양식이라는 개념을 공인된 전형〔노예제〕에 들어맞지 않는 온갖 것을 쓸어 담는 일종의 잡동사니 주머니로 만들었다.

    기성 종교와 마찬가지로 공산주의도 그 역사철학을 생각할 때 적잖은 어려움에 직면하게 된다. 우리 운명이 말하자면 일종의 신의 계획〔마르크스가 제시한 인간 역사 발전 단계〕에 의해 예정되어 있다는 전제와 우리가 우리 행동의 결정 주체라는 관념에 근거한 역사 발전 원리를 조화시키는 것은 쉽지 않은 문제다. 스탈린주의적 해석에 따르면, 우리 운명은 예정되어 있으나 그동안에 역사 단계의 발전은 우리의 참여로 이루어져야 한다. 따라서 이러한 변화 발전을 수행할 혁명이 필요하다. 그러나 이러한 입장은 계속 어려움을 갖게 된다. 즉 이러한 변화를 수행했다고 주장되는, 역사적으로 의미심장한 혁명적 운동들을 밝혀내야만 한다. 특히 곤경에 처한 상황에서는 〔유물론적 해석에 따르면 부차적인 것일 수밖에 없는〕 상상력이 가장 유용하다는 점이 드러난다.

    공산주의의 시간관도 종교적인 것과 유사하다. 어떤 의미에서는 양쪽 시간관 모두 순환적이다. 물론 그 사이클은 전형적인 순환적 시간관에서 나타나듯이 반복되지는 않는다. 그럼에도 사이클은 존재한다. 예수 그리스도는 우리와 함께 살다가 떠났지만 다시 올 것이다. 우리가 우리에게 주어진 시간을 어떻게 사용하는가 하는 것은

우리에게 맡겨져 있다. 먼 옛날, 인류가 원시적인 무리를 이루고 살
때는 계급이 사회가 없는 존재했다. 이는 공산주의 아래에서 다시
도래할 것이다.

공산주의자들의 비전에 따르면, 마지막 시간에 도래하는 것은 '구
원', 즉 마침내 공산주의가 수립될 때 나타나는 사회주의 낙원이다.

마르크스주의 철학에 따른 역사관에는 낙원뿐만 아니라 일종의
연옥도 등장한다. 가톨릭에서처럼 이러한 낙원의 광경은 바로 나타
나는 것이 아니다. 물론 애초에 지배적이었던 해석은 일종의 동시적
이고 전 세계적인 차원의 해방을 전제했지만, 시간이 지나면서 미래
의 실체는 윤곽이 좀더 섬세해졌다. 즉 '낙원'으로의 길이 고난을 경
과하게끔 된 것이다. 다시 말해서 무계급 사회는 계급 투쟁을 통해
서 이룩될 수 있게 된 것이다. 미래 세대를 위한 낙원은 현 세대의 고
난에 의해 쟁취되는 것이다. 현 세대의 극기와 고난은 후손들이 감
사한 마음으로 간직하게 될 기억으로 보상될 것이다. 의미심장한 것
은, 모든 인류의 '구원'을 이루기 위해서는 희생이 따른다는 점이
다. 일종의 구원을 이룩하게 될 주체는 일개 민족이나 인종이나 심
지어 계급도 아닌 새로운 인류인 것이다.

가운데 부분[2]에 대한 역사 인식은 종교적인 역사철학과 유사하다.
소련 공산당 '약사(略史)'[3]는 그 모델이라고 할 《구약성서》 속의 이
스라엘 역사를 재현한다. 마치 모세가 광야를 통과하며 동족을 이끌
고, 또한 올바른 길에서 벗어나도록 미혹하는 타락과 반대의 무리뿐

---

2) (옮긴이주) 고난 부분, 또는 시간적으로 원시적 무계급 사회와 공산주의적 무계급
사회 가운데 위치한 계급 사회.

3) 소련 공산당 중앙위원회 소속의 당사(黨史)간행위원회가 1938년에 펴내고 중앙위
원회가 승인한 《전(全)소비에트연방 공산당사. 약사 *Historia Wszechzwiazkowej Komunisty-
cznej Partii. Krótki kurs*》(Warszawa : KiW, 1949) 및 기타 판본들.

아니라 외적과도 끊임없이 싸웠던 것처럼, 레닌Vladimir Ilich Lenin
과 스탈린도 러시아 노동 계급을 약속의 땅으로 인도하는 것이다.[4]

공산주의에서는 다름 아닌 시대를 분류하는 것도, 특히 한 시대의
시초를 결정하는 것도 의사 종교적 측면을 지닌다. 예수의 탄생이
그리스도 시대의 시작을 표시하듯이, 10월 혁명이야말로 '기준점'
이며 인류 역사의 전환점인 것이다.

2. 진리와 권위의 독점

마르크스주의는 마치 종교처럼 신도들에게 누군가의 인도를 받을
것을 요구한다. 선배들의 인도 없이는 그 어느 누구도 실패하기 마
련이다. '사제'의 지시를 따라야 한다. 물론 공산주의의 '사제단' 구
성을 결정하는 것은 간단한 문제가 아니지만 말이다.

'입교인(入敎人)들'은 끊임없이 집단적인 '묵상 기도'나 '피정(避
靜)'에 참여하게 되어 있다. 1950년 폴란드에서 있었던 '마르크스주
의 역사가 협회' 창립 발기 대회에서는 놀랍게도 발언자들이 마르크
스주의적 방법론이 자연발생적이거나 통제 불능 상태로 확산되어서
는 안 된다는 제언을 했다.[5] 마치 유일 교회만이 진정한 신앙을 가르
칠 권위를 지니며 그 밖에서는 구원이란 있을 수 없다는 듯이 말이다.

---

4) Janusz Tazbir, 〈스탈린주의의 성서Święta księga stalinizmu〉, 《새로운 공화국*Res
Publica Nowa*》(1992), no. 1, 52~53쪽.

5) Marcin Kula, 〈지옥은 선한 동기로 덮여 있다. 변환 시대에 처한 사회에서 마르크스
주의 역사가 협회에 대한 성찰. 19~20세기Dobrymi checiami piekło wybrukowane.
Refleksje nad Marksistowskim Zrzeszeniem Historyków, w Społeczeństwo w dobie
przemian. Wiek XIX i XX, 《안나 자르노프스키 교수 기념 논문집*Księga jubileuszowa pro-
fesor Anny Żarnowskiej*》(Warszawa : DiG, 2003), 451~477쪽.

이 대회에서 마르크스주의는 피상적이거나 기만적으로는 고백할 수 없는 신앙인 것처럼 다루어졌다. '시험'(이 단어가 실제로 회의 발언록에 나온다!)에 합격하는 것이 필요했다. 작업 및 협력이라는 개념은 진실에 대한 집단적 연구나 현실을 설명해줄 이론과는 무관한 것임이 드러났다. 발언록에 나타난 규정은 교회라기보다는 찬양에 동참하라는 초청장의 이미지를 만들어낸다. 마르크스주의로의 피상적인 전향에 반대하는 탄원은, 거짓으로 개종한 유대인들을 가려내려고 여러 방법을 개발해낸 스페인의 종교재판소를 떠올리게 한다.

기성 종교와 공산주의적 반종교성 사이의 유사성은 교리의 차원에만 국한된 것이 아니다. 그것은 공산주의 운동의 구조와 기성 교회의 구조 속에서도 드러난다. 이 양대 권력은 모두 스스로를 계시된 진리와 절대적 진리의 유일하게 정당한 수호자로 간주한다. 이 점은 공산주의 운동이 그 진리가 계시되는 것이 아니라 과학적으로 결정되는 것이라고 믿는다는 사실과는 별 상관이 없다. 기성 교회와 마찬가지로 공산주의는 단지 순응적 행위를 이끌어내는 것으로 만족하지 않는다. 공산주의는 영혼 전체를 요구한다. 영혼을 얻기 위한 이러한 투쟁이야말로 공산주의를 기성 교회와 유사하게 만드는 요인이다.

교회의 경우와 마찬가지로 공산주의 활동은 확실한 교리에 근거를 둔다. 추론과 결정의 합리적 근거는 부차적 중요성을 지닐 뿐이다. 경제에서 제1부문의 투자는 제2부문의 투자 수준을 초과해야 하며,[6] 육체 노동자는 '잉여 가치'의 생산자로서 지식인보다 임금을 더 받아야 한다. 경제학 논문에서 몇 가지 용어는 결코 사용될 수 없다.

---

6) 마르크스주의 경제학 용어에서 제1부문은 기계 등 생산 수단의 생산을, 제2부문은 소비재의 생산을 의미한다.

예를 들면 '인플레이션', '이윤', '파업' 같은 단어들이다. 대신 공산주의 체제[즉 현실사회주의] 말기에는 '인플레이션적 압력'(폴란드 말로는 nawis inflacyjny)이라는 용어가 허용되었다. '이윤'이라는 말도 체제 말기에 가서야 수정주의 경제학자들이 쓰기 시작했을 뿐이다. 저속한 단어인 '파업' 대신에 '작업 중단'이라는 말이 사용되다가 우여곡절 끝에 '레닌적 작업 중단'이라는 표현으로 바뀌었다.

흥미로운 것은 어떠한 교리도 위반하지 않는 것처럼 보이기만 한다면 모종의 변화를 도입하거나 모종의 조치를 취하는 것이 여전히 가능하다는 점이다. 최선의 전술은 이런저런 조치가 실제로 교리를 뒤집어엎고 있다는 점을 아무도 깨닫지 못하게끔 완벽할 정도로 따로 행동하는 것이다.

공산주의와 기성 종교 양쪽 모두 구조상 자기들의 진리를 가능한 한 널리 전파하려고 한다. 소련이 언제나 어떤 상황에서도 팽창주의적 입장을 견지했다는 것이 비록 사실이 아님에도, 그 보편주의적 내지 세계주의적 모티프만큼은 공산주의 내에서 항상 매우 강하게 드러난다. 다름 아닌 공산주의 운동의 논리에 따르면, 어느 날엔가 붉은 깃발이 전 세계에 펄럭이게 된다. 이 목표는 '전도자들'의 도움으로 촉진되는 것이다. 전도자들은 때로는 말씀으로 투쟁하다가 또 때로는 말씀과 검을 모두 활용하면서 투쟁한다. 소련의 국가 문장(紋章)이 지구 위에 망치와 낫이 교차되어 드리워진 모양인 것은 매우 시사적이다.

마치 가톨릭 교회가 중앙 관리소와 교리 본산으로서의 전 세계적 중심을 갖고 있듯이, 모스크바도 전 세계 공산주의자들에게 교리를 제시하기를 열망했다. 가톨릭 교회가, 예를 들어 오늘날 브라질에서 태동하는 종교 집단을 교회라고 하지 않고 '종파'라고 부르는 것처럼, 폴란드에서도 오로지 '폴란드 통일노동자당(PZPR)'만이 '당

Party(항상 대문자 P!)'이라고 할 수 있었다. 기타 공인된 의사 정당들인 '민주전선Stronnictwo Demokratyczne'과 '통일농민전선 Zjednoczone Stronnictwo Ludowe'은 단지 '전선'이라고 불릴 정도의 위상을 지녔을 뿐이었다.

기성 교회와 공산주의 양쪽 모두 여하한 이단에 대해서는 언제나 극히 부정적인 입장을 취해왔다. 양쪽 모두 명백히 규정된 적보다 자기 내부의 분열주의자들을 더 위험하게 여겼다. 신앙의 근본적 진리를 해치는 것이 아닌데도 당시 지배적인 당 노선에 저촉될 경우 이단의 죄는 가장 단호하게 그리고 영구히 저주받아야 할 최대의 죄악이 되었다.

공산주의와 종교 운동의 유사성은 새로운 인간을 창조하려는 야망에 있다. 새로운 인간은 정신적으로 부요하고, 근심에서 벗어나 있으며, 재부에 대한 욕구로부터 해방되게 된다. 화폐, 이윤, 대금업, 상거래에 대한 공산주의의 경멸은 초대 교회의 빈민 공동체, 그리고 환전상을 내치던 성전 숙정의 반향처럼 들린다.

명목상으로는 유물론이라고 하는 이러한 체제가 스스로 '상부 구조'에 속하는 것으로 분류한 요인들에 놀라운 중요성을 부여한 것이다. 부연하자면 이러한 요인들이란 마르크스 사상에 의거할 때 물질 영역에서 발생하는 것들, 즉 '토대'에 의해서 종속적으로 결정될 수밖에 없는 의식 영역에서 발생하는 것들이다. 그럼에도 공산주의에서 의식은 모든 것이 된다. 경제가 제대로 돌아가지 않는 경우에 그것은 규정된 사회적 모델에서 파생되는 장애 요인 탓이 절대로 아니며, 오히려 냉해('객관적 자연 현상의 이상 변동')나 '주관적 실수' 때문이다(아니면 두 가지가 함께 작용한 결과다). 가장 극단적으로는 정책 결정자들의 정치 의식 부족 탓이라고 설명된다. 심지어 국가 대표 운동 선수의 실수도 정치적 결함에 기인한 것으로 설명된다.

공산주의에서 말로 범하는 '죄'는 행동으로 범하는 죄만큼이나 위험하다. 스탈린주의하에서 은연중에 신봉된 믿음대로, 인간은 방치해둘 경우 우발적으로 악을 향해 돌아설 수 있기 때문에 선을 지향하도록 권고되어야 한다는 주장은 왠지 인간은 원죄의 짐〔타락의 가능성〕을 지고 있다는 생각을 불러일으킨다.[7]

3. 공동체와 교단과 당

공산주의가 기성 종교를 닮아가게 된 점은 공동체 건설의 개념을 강조하고 또한 이 공동체를 공고하게 하는 행동을 최소한 이론적으로라도 지향하는 데 있다. 공산주의가 단일 비전에 대한 보편적 믿음을 규정하고 있다는 점이야말로 '집단 건설'의 징표가 된다.

신의 자녀들이 공동체를 이루듯이 그리스도인들이 공동체를 이루고, 교구 안의 신자들이 그러하듯이 공산주의도 전 세계적 규모로 다양한 층위의 공동체 건설을 계획한다. 공산주의는 그것을 억압받는 이들의 공동체라고 부르는데, 부연하자면 그것은 아마 이전에 억압받았으나 이제 자신들의 족쇄로부터 스스로를 해방시키게 되어 있는 이들의 공동체일 것이다. 공산주의는 빈번히 억압자의 면모를 드러냈음에도 결코 이러한 억압받는 자로서의 자기 이미지를 포기하지 않는다. 나라마다 이러한 공동체 역시 처음에는 노동자, 농민, 그리고 '근로 지식인'(항상 이 표현에서 벗어나지 않는다!)으로 이루어지는 것으로 추정된다. 그러나 시간이 지나면 이러한 종류의 담

---

7) Janusz Tazbir, 〈스탈린주의의 성서〉, 53쪽에서 이러한 점을 시사받는다. '권고'라는 단어는 애용되는 '신조어' 중 하나였다. 만일 누군가 '권고' 되어야 한다면, 그 사람은 중대한 과오를 범했다는 것을 의미했다.

론에서 전형적으로 나타나는 '도덕적-정치적 국민 공동체'라고 하는 슬로건 아래, 혹은 슬로건이 전혀 없더라도 국민적 유대 같은 관념 아래, 공동체는 (적으로 규정된 이들까지 포함할 정도로 명실상부하게) 전 국민을 수용하게 된다.

그러나 국가보다 좀더 하급 단계에서는 때때로 공산주의도 전체 인민이 아니라 좀더 소규모 공동체로서의 인민에게 접근한다. 집산주의적 코뮌들의 형태에 따라 이루어진 사회 조직이라는 관념이 일순 유명무실해진다고 하더라도, 제도화된 공산주의 조직은 아동들이 가족의 틀 안에서 생활하는 개인들의 총합이라는 의미에서의 사회에서 양육되기를 원치 않으며, 그들이 오로지 집단의 성원으로서 기능하기를 원할 뿐이다. 이러한 필요를 충족시키려는 목적에서 비롯된 마카렌코Anton Semyonovich Makarenko의 제언들은 카이로프Ivan Kairov에 의해서 교육학 이론의 차원으로까지 발전했다.[8] 이러한 전제들은 인간 개성에 대한 여지를 거의 남겨두지 않는다(가톨릭 교회는 역시 공동체를 강조하지만 이에 못지않게 인간의 개성을 중시한다). 몇몇 공산주의 국가는 아동의 사회화를 추진하는 데 있어 기숙 학교와 여름 캠프(즉 본연의 공동체, 특히 가족이라는 개별화 영향으로부터의 상대적인 고립 상태)를 통한 수련을 특히 강조한다.

공산주의에서 개인의 존재는 그가 직장에서 담당하는 역할에 따라 규정된다. 한편으로 직장은 개인이 필요로 하는 다음과 같은 것들, 즉 의식주, 오락, 휴식, 보건 및 장례 등을 제공한다(전통적인 교구도 이러한 기능의 많은 부분을 수행한다). 저자는 책의 제작 과정

---

8) Krzysztof Kosiński, 《새로운 심성을 위하여. 학교 일과와 생활. 1945~1956년O nową mentalność. Życie codzienne w szkołach. 1945~1956》(Warszawa : Trio, 2000), 특히 21~29쪽을 참조하라.

에 동참하는 사람들로 이루어진 거대한 작업반 속에서 많은 부품 중하나에 불과하다. 책의 표지를 넘기면 그 뒷면에 출간에 기여한 사람들의 이름이 빼곡하게 적혀 있다. 선각자의 지위를 인정받거나 그렇게 대접받는 극소수의 경우를 빼면 저자라는 존재는 출판 과정에서 가장 중요한 사람 정도도 못 된다. 편집자나 검열인 정도만 되면 그 저자의 작품에서 형식이나 내용을 바꾸어버릴 수 있는 권한을 갖는다.

공산주의가 조직하려는 특별한 형태의 공동체는 '동무'라는 상호 인사말로 상징되는 공산주의자들의 공동체다. 또한 이 공동체는 당의 테두리를 형성하며, 그럼으로써 집단 건설의 또 다른 도구가 된다.

공산당은 혁명의 대의 및 이를 위한 투쟁 운동과의 무조건적인 일체화를 당원들에게 요구한다. 탈당 가능성은, 기성 교회의 경우와 마찬가지로, 미리 헤아릴 수 없다. 탈당 가능성이 나타날 경우, 문제의 인물이 자의적으로 탈당할 시간적 여유를 갖기 전에 그를 제거하는 시도가 먼저 이루어진다. 그럼에도 만일 누군가 탈당을 위한 조치를 취할 경우, 그는 곧바로 제거될 수 있다. 이러한 '죄'는 어떤 경우에도 묵과될 수 없다. 탈당 결정은 가장 저열한 본능적 동기에 따른 것으로 빈번히 매도되며 일반적으로 도덕성이 의심스러운 일로 간주된다. 동시에 이런 식의 표현은 문제의 당원을 매장해버리기로 한 당 세포에게 편리한 변명이 된다.

공산주의 운동은 종교적 수도회와 유사하다. 조직의 일원은 자신의 조직을, 또한 언젠가 그 조직을 통해 전개될 국제적 운동을 전적으로, 그리고 무조건적으로 따라야 한다. 회원은 수도원 규율, 언행 양면에서의 교회법에 대한 순종, 완전한 헌신과 희생을 감내해야 한다. 이러한 규범적 상태 위에 부여되는 것이 선교 운동에 전형적으로 나타나는 현상들이다. 이러한 운동에 내재적인 한 특징은 주위 환경에 대한 일정한 정도의 초연함인데, 이는 운동에 대한 강한 소속감과 짝을 이루고 있다. 이것은 일정한 지위의 공산주의자들 내부에서 형제애의 감정을 강화한다. 물론 이러한 감정은 '형제들' 중의 하나가 이단으로 선언되면 더 이상 지속되지 않는다. 여기서 우리는 작동 중인 보편적 기제의 한 예를 본다. 생소한 환경에서 서로 가까워진 사람들은 더 친밀해진다. 이러한 기제는 또 다른 의례로 변형되는데, 지도자들과 활동가들이 도착하고 출발하는 공식 의전 행사에 수반되어 우리 눈에는 우스꽝스럽게 비치는 그들끼리의 온갖 입맞춤이 어떻게 가능한 것인지를 설명해준다.

4. 성인 숭배

공산주의가 기성 종교를 닮아가는 또 다른 부분은 그 역사에서 특별한 역할을 담당했던 사람들과 그 위계 구조에서 상당한 지위에 오른 사람들을 기리는 만신전(萬神殿)을 세우는 데 있다. 그곳에 모셔진 존재는 수염을 늘어뜨린 '창조주', 그 다음에는 그의 수제자, 그 수제자의 사도, 그리고 다수의 복사(服事)와 특별한 '은총'을 입은 이들이다. 마르크스는 '특별한 때를 위하여 성인으로 남아 있으며',[9] 한편으로 평일에는 '사도들'을 숭배하는 정도로 충분하다.

이 사도들이 모두 신앙을 끝까지 지킨 것은 아니다. 종파 분쟁의 결과로 유일하게 정당한 당 노선이 형성된다. 물론 이 노선은 처음부터 존재했던 것이지만, 이와 관련하여 모든 사람을 기억할 가치는

---

9) Krzysztof Kosiński, 〈정부-학교-가정. 폴란드 인민공화국 청년의 공적 생활과 사생활Wladza-szkola-dom. Życie oficjalne i prywatne młodzieży w PRL〉(바르샤바 대학 역사연구소 박사학위 논문, 2002).

없다. 무가치한 존재들은 영원히 잊히도록 저주되며, 그들의 저작은 금서 목록에 오른다.

정의의 길을 따른 사람들은 숭배되며, 적절히 개작된 그들의 전기들은 성인 열전과 유사한 역할을 담당한다. 그들은, 사상과 언행에서 순수했으며, 마치 일반적인 인간적 욕구에서 벗어나 있으면서 동시에 다른 사람들을 대할 때는 거의 신비로울 정도로 인간적이었던 것처럼 묘사된다.

특히 레닌 숭배는 준종교적 형태를 지닌다. "스탈린은 우리 시대의 레닌이다"라는 슬로건에서 확연해지듯이, 스탈린 숭배는 일종의 재(再)성육화로 격상된다.[10] 스탈린의 이미지도 그에 대해 조직되는 찬미 의식과 경배 행위를 통해 신의 이미지와 유사해진다.[11]

스탈린에 대한 성인전 작가들에 따르면, 그는 아주 어린 시절부터 비범한 인물이었다. 그는 자기 주변의 세계에 대해 관심을 지녔던 젊은이로 묘사되는데(인류를 위해 자신을 희생한!), 그 지역의 프로메테우스 신화를 알았고 이를 되풀이해 말했다는 것이다.[12] 그는 모범생이었으며, 운동 선수로서도 늘 발군의 실력을 보여서 언제나 시합에서 승리했다. 그는 어렵지 않게 러시아어를 배웠음에도 늘 그루지야 언어를 고집했다. 청년 스탈린은 왕성한 독서열로 루스타벨리 Shota Rustaveli의 장대한 그루지야 서사시를 읽었으며, 농민에 대한

---

10) Michał Głowiński, 〈짧은 가죽 끈으로 과거 매어놓기. 신비한 이야기로서의 '당약사' Nie puszczać przeszlosci na żywioł. O "Krótkim kursie" jako opowiadaniu mitycznym〉, 《공화국 *Res Publica*》(1991), no. 11~12, 51쪽.

11) 폴란드어 문헌 중에서 매우 흥미로운, 예를 들면 Robert Kupiecki, 《'수백만의 영감'. 폴란드에서의 이오시프 스탈린 숭배. 1944~1956년 *"Natchnienie milionów". Kult Józefa Stalina w Polsce. 1944~1956*》(Warszawa : WSiP, 1993)이 있다.

12) (옮긴이주) 그리스 신화에서 프로메테우스가 고난을 당한 곳은 카프카스 지역인데 이곳은 스탈린이 출생해 성장한 곳이다.

핍박을 슬퍼하는 그루지야 민요를 불렀고, 마침내 노동자들 속에서 활동가가 되기로(공산주의 언행 규범에 맞게 표현하자면 '노동자들과 함께하기로') 결심했다.[13]

공산주의 체제 역시 신분이 낮은 무수한 '성인'들을 보유한다. 이들은 특별한 서열에 따라 숭배의 위계 체제 속에서 지위를 부여받는다. 공산주의 성인이 용감하게 고통과 맞서다가 순교자가 되는 것은 호재가 된다. 피 흘리는 희생은 여러 종교에서 중요한 요소가 되기 때문이다. 그러나 흥미로운 점은, 교회가 어떤 지역이나 사회 집단과 관련된 성인 숭배를 용인하는 데 반해 공산주의는 특정 지역의 공산주의자 영웅들에 대한 자연발생적인 숭배를 탐탁지 않게 여긴다는 것이다. 그들은 숭배 대상을 중앙에서 할당하는 것이 더 바람직하다고 생각한다. 소련에서는 공인된 혁명 영웅과 순교자의 이름들이 여러 도시와 마을과 거의 모든 거리와 기관에 부여된 바 있다.

각국 공산주의자들은 '공산주의 성인들'을 따라 자녀의 이름을 짓기도 한다. 어떤 때에는 특별한 이름을 만들어내기까지 한다. 여자 아이의 경우에는 '레니나Lenina'(종종 앞뒤를 바꾼 형태인 닌엘Ninel도 있다), 남자 아이의 경우에는 블라디미르 레닌을 염두에 두고 '블라딜렌Vladilen'으로 한다.

죽은 자들뿐만 아니라 살아 있는 조금 아래 등급의 지도자들도 종교적 숭배를 연상시키는 경배에 둘러싸인다. 공산당마다 제1서기 주변에 모여 있는 당 정치국원들은 레오나르도 다 빈치Leonardo da Vinci의 〈최후의 만찬〉에서 예수 둘레에 모인 사도들의 이미지와 유사하다. 교황이나 주교가 성직을 수행하도록 다른 사람들에 의해 선택된 사람들인 데 그치지 않고 종교적 외투를 걸치는 것과 마찬가지

---

13) Helena Bobińska, 《소소. 스탈린의 어린 시절과 학창 시절Soso. Dziecięce i szkolne lata Stalina》(Warszawa : NK, 1953). 〔소소는 스탈린의 어린 시절 애칭이다.〕

로, 공산주의 지도자들도 특별한 은총을 입은 사람들처럼 다루어진다. 일부 지도자들이 자주 평범한 인민처럼 보이려고 해도 그들이 축복받은 존재라는 데는 변화가 없다.

죽음과 '죽은 후에는 어떻게 되는가?'의 문제는 종교 사상에서 중요한 요소를 이룬다. 공산주의 체제에서는, 특히 모범적인 활동가의 경우에는 죽음의 문제도 종교적인 접근과 유사한 느낌을 불러일으킨다. 유물론적 관점에서 '죽은 다음에 어떻게 되는가?'의 문제에 대한 답은 극히 간명하다. 그것은 '무(無)'일 뿐이다.[14] 이러한 신념은 엥겔스Friedrich Engels에게서 가장 완벽하게 입증되었는데, 그는 자신의 시신을 화장해 그 재를 바다에 뿌리도록 지시했다(그런가 하면 마르크스는 관습대로 런던의 한 공동묘지에 묻혔다).

그러나 실제로 그 대답은 훨씬 복잡하다. 한 사람의 저작과 업적만이 유일한 유물이 아닌 것이다. 죽은 자는 산 자를 인도한다. 죽은 자가 우리와 함께한다는 가톨릭 교리와 똑같이 죽은 위인들은 미래의 재결합을 기다리며 어떤 의미에서는 아직도 우리들 사이에 머문다. 종교적 세계관에서 죽은 자는 사라지지 않기에 이들을 위해 진지한 기도가 있게 된다. 하느님이나 동정녀 마리아는 말할 것도 없고 성인들도 항상 우리와 함께한다. 공산주의 체제에서 '명예 구역의 무덤'은 포상이자 불멸의 대체물이다.[15]

위에 언급된 경우보다 덜 중요하기는 하지만 제2급의 공산주의 '성인들'도 역할 담당의 모범 사례로서 우리들 사이에 '살아 있는' 것으로 추정된다. 이미 살아 있을 때부터 신성시된 제1급 '성인들'과

---

14) 공산주의와 종교의 유사성을 고찰하면서 나는 자렘바Marcin Zaremba 박사 덕분에 죽음과 구원의 문제가 갖는 중요성에 유의하게 되었다.

15) Marcin Zaremba, 〈죽었으나 아직 당에 봉직한다Nieboszczyk w służbie partii〉, 《세기를 증언한다*Mówią Wieki*》(1999), no. 11, 30쪽.

달리, 제2급 성인들은 죽으면서 제1급의 반열에 오른다. 이들은 생존해 있는 동안에는 실수할 가능성이 있다. 그러나 죽게 되면 그 생애는 살아서는 이룰 수 없는 정도로 미화될 수 있다. 모로조프Pavlik Morozov[16]나 코스모데미안스카야Zoya Kosmodemyanskaya[17] 같은 소련의 젊은 영웅들의 생애와 죽음에 관한 널리 유포된 이야기들은 상당한 정도의 허구가 더해진 것이다.

이러한 제2급 '성인들'을 만들어내는 데 문학이 동원된다. 소련 전역에 알려진 이들의 수는 많지 않은데 그때그때의 필요에 따라 이 상형이 만들어진다. 누군가 한번은 폴레보이Boris Polevoi의 소설 《참된 사람의 이야기》의 주인공에 관하여 그 인물이 진짜 사람인 것 말고는 절대적으로 모든 것이라고 언급한 적이 있다(이 작품의 주인공은 비행기 조종사로서, 격추된 후 천신만고 끝에 아군의 전선으로 귀환해 두 다리가 절단된 역경을 무릅쓰고 다시 비행술을 배우게 된다). 이와 비슷한 또 하나의 작중인물은 오스트로프스키Nikolai Ostrovskii의 《강철은 어떻게 단련되었는가》에 나오는 파벨(파프카) 코르차긴이다. 오늘날 읽어본다면, 이 작품은 중세 성인전과 다를 바 없으며, 결론적으로 그 주인공은 "러시아 정교회의 성인 및 순교자 명부 등재 요건에 완벽하게 들어맞는다".[18]

똑같이 중요한 사실은 죽은 공산주의 위인이 우리들 사이에 남아 있다는 점이다. 왜냐하면 그의 유해는 가톨릭 성인의 경우와 마찬가지로 유품으로 남아 있기 때문이다. 유품이 아니라면 방부 처리된 시

---

16) (옮긴이주) 모로조프Pavlik Morozov는 1930년대 초에 아버지의 비행을 고발하여 친족들에 의해 피살된 14세 소년. 이 일을 계기로 소비에트 정권의 순교자로 불린다.

17) (옮긴이주) 코스모데미안스카야Zoya Kosmodemyanskaya는 유격대 활동으로 나치 독일군에 체포되어 교수형당했다.

18) Janusz Tazbir, 〈강철은 어떻게 단련되었는가Zahartowani jak stal〉, 《정치*Polityka*》, 2002년 4월 13일.

신들을 무어라 불러야 하는가? 붉은 광장 능묘 속의 레닌 시신,[19] 소피아의 디미트로프Georgii Dimitrov 시신, 프라하의 고트발트Klement Gottwald 시신, 하노이의 호치민Ho Chi Minh 시신, 베이징의 마오쩌둥(毛澤東) 시신 등을 생각해보라. 이 유품들은 세심한 보살핌을 받으며, 그 '신성한' 그 유해들은 정기적으로 장식이 교체되는 성상(聖像)처럼 성실하게 받들어 모셔지고 있다.

이 유해들은 유품과 유사한 역할을 수행한다. 이 유해들은 그 소유자의 권력에 정통성을 부여한다. 유해들을 정성껏 돌보는 사람들 위로 유해들은 신성한 영광의 빛을 뿌린다. 그래서 중세 기사들이 자신들의 검 손잡이에 성인들의 유품이나 더 나아가 예수가 처형된 십자가의 파편을 지니고 다녔듯이, 소련의 가장 중요한 연단은 레닌의 능묘 상층부에 자리 잡고 있다. 바로 위에 서 있는 것보다 유품에 더 가까워지는 방법은 없다. 이론적으로는 성인의 머리카락을 의전용 군도(軍刀)의 손잡이에 지니고 다니는 것도 가능할 것이다. 물론 레닌의 머리 모양으로 보아 머리카락을 얻는 일이 쉽지는 않겠지만 말이다.

좀 놀라운 것이라면, 유물론자들(또는 적어도 유물론을 자신들의 지도 원리로 주장하는 사람들)이 유해에 이처럼 엄청난 중요성을 결부시킨다는 점이다. 결국 유물론적 관점에서 이러한 유해들은 생명 없는 물질의 일정한 양적 실체일 뿐이다. 이 유물론자들을 경악시킬 만한 지적은 바로, 이들의 행위가 죽은 파라오를 미라로 만드는 고대 이집트 사람들의 신앙 행위나 죽은 자와의 의사소통을 목적으로 건조시킨 시신을 집 안에 두는 종족의 행위와 유사하다는 지적이다.

---

19) 레닌 능묘를 1924년에 나무로 세웠다가 다시 1930년에 화강암으로 지어 올린 건축가 슈추시에프Aleksei Shchusiev가 혁명 전에는 러시아 정교회 성당들의 건축 설계를 맡았다는 것은 아마 우연의 일치만은 아닐 것이다.

유품의 지위는 칭송되는 지도자들의 삶과 관련된 물건이나 장소에
도 부여된다. 유품과 중요한 상징적 의례 사이를 이어주는 것으로 분
류될 만한 물품은 당원증이다. 그것은 세례 의식 때 받아서 평생 지
니고 다니는 십자가나 메달과 다르지 않은, 개인적 성물(聖物)이다.

공산주의에도 성지(聖地)가 있다. 예수의 무덤 자리와 그 위에 세
워진 교회가 그리스도인에게서 갖는 의미는 레닌의 능묘가 공산주
의자들에게서 갖는 의미와 같다. 전 세계 공산주의자들에게 모스크
바는 성지이며, 지성소(至聖所)는 붉은 광장이다. 이곳을 찾는 순례
자는 소련 전역에서 몰려들며, 더 나아가 크렘린 꼭대기의 루비로
만든 붉은 별로 상징되는 대의를 위하여 공산주의자들이 때때로 지
하 활동을 벌이며 투쟁을 전개하는 모든 곳에서 몰려온다.

5. 기도서와 축일

공산주의는 그 자체의 '신성한' 경전들을 갖고 있다. 그 '교리문
답'이 될 만한 것은 부하린Nikolai Bukharin과 프레오브라젠스키
Evgenii Preobrazhenskii가 1919년에 집필한 《공산주의의 ABC》다.
레닌주의에 관하여 비슷하게 간추린 해설로는 1924년 스탈린이 스
베르들로프 대학에서 한 강연의 원고 모음집인 《레닌주의의 기초》
가 있다.

시간이 지나면서 공산주의는 하나의 진정한 성서로 사용될 만한
텍스트를 갖게 되는데, 그것은 앞서 언급한 소련 공산당 '약사'다.
이것과 성경의 유사성은 이미 언급한 바 있다.

공산주의에도 그 자체의 '예배력(禮拜曆)'이 있다. 가장 성스러운
날은 물론 5월 1일이다. 이것이 가톨릭 교회로 치자면 성탄절에 해

당하는 것인지 아니면 부활절에 해당하는 것인지는 단언하기 어렵다. 왜냐하면 이 두 축제일의 상대적 중요성이 역사를 거치며 거듭 변했기 때문이다. 결국엔 부활절에 가깝다고 할 수 있을 것 같다. 왜냐하면 축제일은 성격상 악에 대한 선의 승리를 더욱 확실하게 축하하는 것이기 때문일 것이다. 아무튼 메이데이 앞에는 일종의 준비 기간이 있게 되는데, 한번은 내 제자 중 하나가 이를 거침없이 (공산주의식) '강림절'과 '묵상'이라고 명명하고 이 시기에 행해지는 모든 연설을 '공산당 말씀의 성찬식'이라고 부른 적이 있다.[20]

공산주의 '성인들'의 '축제일' 역시 기념된다(특히 그들의 생일이 기념되는데, 적어도 폴란드 공산주의자들의 경우에는 상당수가 소련의 강제 수용소에서 죽기 때문에 사망일이 아예 망각되기 일쑤다). 영웅들의 끝없는 행렬도 각각의 기념일로 되어 있다. 광산 노동자의 날, 금속 노동자의 날, 콘크리트 작업 노동자의 날, 주물 노동자의 날, 어린이 날, 교사의 날 등이다.

축전 형식은 종교적 축제의 형태를 거울처럼 반영한다. 메이데이 행진의 분명한 모델은 교회의 찬송 행렬이다. 지도자들의 초상화를 마치 성자 유골함처럼 들고 다닌다. 행진이 끝나면 통상적으로 다양한 종류의 오락이 펼쳐지는데, 정상적으로 구입하기 힘든 물건들을 파는 노점까지 등장한다. 축전의 이러한 부분은 시골 교회의 전통적 장터와 별반 다르지 않은 모습이다.

고스란히 암기하여 행하는 기계적 연설들로 가득한 (특히 스탈린 시대의) 당 대회는 기도회를 닮았다. 이 연설들의 목적은 의사 일정

---

20) 소비니스키Paweł Sowiński는 1997년 1월 14일에 바르샤바 대학의 역사연구소에서 내가 담당한 세미나 과정의 한 강의에서 그러한 발언을 했다. 아울러 그의 저작 《공산주의의 축제. 1948~1954년의 메이데이 *Komunistyczne święto. Obchody 1 maja w latach 1948~1954*》(Warszawa : Trio, 2000)를 참조하라.

의 그 어떠한 항목에 대해서도 논쟁하자는 것은 분명 아니고, 신앙고백의 주문 같은 것을 듣고 복창하면서 일종의 집단적 신비 체험을 통해 (공산주의) 신앙을 강화하자는 것이다.

6. 공산주의와 기성 종교, 그 유사성의 근원

공산주의와 기성 종교의 유사성은 어디에서 비롯되는 것일까? 드러나는 유사성의 일부는 종교나 공산주의의 그 어떤 특성에서 연유하는 것이 결코 아니며, 오히려 특정 영역으로 간단히 분류될 수 없을 정도로 일반적인 우리 사고 과정의 특성에서 나오는 것이다. 선대 악, 광명 대 암흑, 신 대 사탄, 이러한 대립자들 간의 투쟁에 대한 비전은 인간 사고의 오랜 또는 영원한 범주인 것이다. 죄 없는 삶, 이상적인 삶, 고생 없는 삶 등에 대한 꿈은 종교에 국한되지 않는다. 정의롭게 되고 구원될 세상, 순수한 성인들(또는 순수한 혁명가들)과 같은 인간이 사는 낙원, 이러한 것은 인간의 조건에는 자연스럽기 그지없는 꿈일 뿐이다.

어떠한 물건을 유품으로 다루는 것도 종교나 각별히 공산주의의 독특한 면이 아니라 인간성에 내재된 성향이다. 우리는 사생활에서 친지가 사망했을 때, 그 시신은 우리의 직접적인 생활권이나 일상생활 영역에서 제거하더라도 그가 남긴 물건들은 기념으로 종종 간직한다.

어떤 사람들을 숭배하는 일은 종교나 공산주의를 떠나서 다양한 사회에 있어왔다. 영웅들을 숭앙하는 것은 공산주의가 아니더라도 빈번히 우상 숭배의 경지에 이르고 있다.

공산주의에 나타나는 종교와의 유사성은 투쟁하는 한쪽이 투쟁 대상을 닮아가고 같은 무기를 동원하기 시작하는 보편적 메커니즘에 기인하는 것일 수도 있다. 어떠한 적이나 경쟁자든지 그들을 상대로 한 싸움은 적어도 부분적으로는 적수나 경쟁자의 영역에서 그들의 무기를 동원하여 수행되어야 한다. 공산주의자들은 종교의 종식을 원했고, 그랬기 때문에 똑같은 사고 유형에 빠져들었다. 그들은 기성 교회와 기성 종교에 대하여 그토록 열정적으로 싸운 나머지 적들의 행동 유형을 일부 갖게 되었다.

공산주의가 기성 종교와 유사해지는 이유의 일부는 공산주의 그 자체보다는 혁명의 본질적인 메커니즘에 있는지도 모른다. 이러한 현상은 그토록 다양하고 상이한 혁명 과정 속에서 나타나기 때문에 우리는 기성 종교와 유사해지는 성향이 바로 혁명의 메커니즘에 내재되어 있다는 가설을 내놓아도 무방할 것이다.

이러한 유사성에 대한 좀더 직접적인 설명을 찾고자 한다면 우리는 한편으로는 공산주의 이데올로기의 특성을, 다른 한편으로는 그것이 뿌리내리던 환경의 특성을 지적해야 한다. 이 이데올로기에 영감을 주었던 19세기 서양 철학 체계는 그 성격상 합리주의였다. 동시에 그 체계는 기성 종교가 제시한 것과 경쟁하는 세계상을 제시하고 과거-현재-미래의 현상 전체에 대한 설명을 내놓으려고 시도했다. 그리하여 그 체계는 포괄적 성향을 갖게 되었고, 그 외양과는 달리 준종교적 비전과 흡사한 것을 갖추게 되었다. 그러나 이 문제는 현 단계에서 나에게는 벅차게 느껴지는 바, 좀더 깊은 성찰의 대상이 될 만하다.

그러나 아마 좀더 중요한 문제는 마르크스주의 사상이 뿌리내린 토양일 것이다. 근대화된 서유럽에서 창시된 철학이 전근대적인 동유럽에서 '체현'된 것이다. 이 사상을 여기에 가져온 인텔리겐치아는 현지[러시아] 시간보다 훨씬 앞당겨진 시계를 갖고 살았는데, 적어도 명목상으로는 근대화 사상을 지닌 사람들이면서도 실상은 농민을 '체현'하고 있었다. 이 농민들이 마르크스주의에 경도된 지식인층에게 '쇄도'하여, 이 지식인층은 기본적으로 나로드니키[21]의 역할을 다시 수행하고 있었다. 스탈린주의를 건설한 주체는 인민, 즉 농민이었다.

소비에트 사회의 의식(儀式)에 관하여 레인Christel Lane이 쓴 저서의 부제는 '산업 사회의 의식'이다.[22] 그런데 나로서는 소비에트 체제가 그토록 쉽사리 전통적 의식들, 특히 기본적으로 전근대적인 문명과 관련된 의식들을 채택한 이유가 실상은 그 사회가 부분적이거나 피상적으로 산업화되었을 뿐 아직 제대로 산업화를 이루지 못한 사회였다는 사실에 있다고 본다.

스탈린의 기구가 농민을 분쇄했다는 것은 틀림없는 사실이지만 우리는 여기에서 판단을 그르치지 말아야 한다. 스탈린의 기구는 동시에 인민의 기구였다. 그것은 인민 자신의 선악 개념, 정의와 죄악에 대한 자신의 규정, 죄와 벌 그리고 미추(美醜)에 관한 자신의 생각, 그 자신의 농촌 관습에 의거하여 사회주의를 건설하고 있던 기구였다. 이와 관련된 현상도 없다고 할 수 없는데, 그것은 사상적 이데올로그들이 별로 살아남지는 못했으나 그럼에도 인민의 요구와 스스로 인민의 요구라고 상상했던 바에 순응하려고 시도했다는 점이다.

스탈린주의적 공산주의는 상당 정도 최하층 출신 인민에 의해 건

---

21) (옮긴이주) 나로드니키는 19세기 러시아에서 농민 위주의 사회주의 운동을 추진했던 세력이다.

22) Christel Lane, 《지배자의 의례(儀禮), 산업 사회의 의식(儀式)—소련의 경우 *The Rites of Rulers. Ritual in Industrial Society — the Soviet Case*》(Cambridge : Cambridge Univ. Press, 1981). 이 책에 주의를 환기시켜준 자렘바 박사에게 사의를 표한다.

설되었다. 이 사실이 꼭 나쁜 결과를 가져왔는가? 나로서는 좋은 체제가 오로지 대중을 위한 사상가들에 의해서만 창출될 수 있다는 입장을 견지하고 싶지는 않다(사상가들도 빈번히 성공하지 못했음을 우리는 알고 있다). 나는 역사를 더 나은 길로 나아가게 하는 것이 오로지 단순한 인민 대중의 개입뿐이었음을 자주 확신하게 된다. 이것은 그저 나 자신의 민주적 세계관을 변호하려고 하는 말이 아니다. 그렇다 하더라도 스탈린주의의 가치 체계가 상당한 정도로 전근대적 러시아 농촌의 가치 체계를 각인하고 있다는 사실은 남아 있다. 농촌 출신들은 기성 종교를 대체할 그 무엇인가를 필요로 했지만, 종교적 사고와 종교적 행위의 친숙한 유형이 그들이 유일하게 알았던 사고 및 행동 유형이었던 것이다.

제2장 파시즘과 나치즘 •••

이탈리아 파시즘의 영적 혁명

로버트 말렛 :: 김용우 옮김

 젠틸레는 시민 종교와 정치 종교에 대한 최근의 가장 간명한 정의 가운데 하나를 제시했다. 그에 의하면 정치 종교는 "정치 행위가 민음, 신화, 의식(儀式) 그리고 상징——이러한 것들은 동시에 신자들 사이에서 신앙, 헌신, 일체감을 불러일으키는 신성화된 세속적 실체를 대상으로 한다——에 의해 표상되고 경험되며 인식되는 방식으로 표현된다".[1] 페인Stanley G. Payne이 지적했듯이, "사회적 연대와 도덕성의 수호에 목적이 있는"[2] 20세기의 정치 종교에 대한 이러

 로버트 말렛 Robert Mallett은 버밍엄 대학에서 근대사를 강의하고 있으며 학술지 《전체주의 운동과 정치 종교》의 책임 편집자로 활동하고 있다. 전체주의, 이탈리아 파시즘에 관한 다수의 논문과 저서를 출판했으며 최근의 주요 저작으로는 《이탈리아 해군과 파시스트 팽창주의, 1935~1940 *The Italian Navy and Fascist Expansionism, 1935~1940*》, 《무솔리니와 2차 세계대전의 기원, 1933~1940 *Mussolini and the Origins of the Second World War, 1933~1940*》이 있다. 무솔리니의 전기를 집필하고 있으며 파시스트 이탈리아의 미디어에 대한 연구도 동시에 진행하고 있다. 또한 2006년에 간행될 예정인 《현대의 정치 종교 *Political Religions in the Contemporary Era*》의 책임 편집을 맡고 있다.

 1) Emilio Gentile, 《정치 종교 : 민주주의와 전체주의 사이에서 *Le religioni della politica : Fra democrazie e totalitarismi*》(Bari : Editori Laterza, 2001), 206쪽.
 2) Stanley G. Payne, 〈정치 종교의 문제 The Problem of Political Religion〉(미출간 원고), 1쪽.

한 정의를 받아들인다면 여기서 가장 핵심적인 요소는 '신성성'의 개념이 될 것이다. 정치 종교적 운동에 종교적 차원을 부여하는 것은 바로 그와 같은 운동에서 나타나는 신성성 때문이다. 그러므로 대체로 정치 종교로 작용한 특정 체제——독일의 나치즘, 소련의 스탈린주의, 이탈리아의 파시즘은 몇 가지 예에 불과하다——에 대한 사례 분석은 왜 '신성성'이 가장 핵심적인 요소가 되는가에 초점이 맞추어져야 할 것이다.

정치 종교의 맥락에서 이탈리아 파시즘을 분석할 때는 언제나 히틀러, 스탈린과 마찬가지로 지도자Duce 무솔리니가 정치운동 전체에서 관심의 핵을 이루고 있었다는 전제에서 출발해야 한다. 다시 젠틸레의 표현을 빌리면 "사회적 존재의 의미와 궁극적 목적을 규정하고"[3] 정치운동의 선악 개념을 지배하는 신화와 신념의 본질적 체계는 개인 숭배의 대상으로 격상되었던 무솔리니라는 핵심 인물에게서 유래한다. 따라서 정치운동 전체에 영적(靈的) 차원을 부여하는 것은 다름 아닌 이러한 신념과 신화다. 이 글의 목적은 바로 무솔리니와 파시즘의 영적 성격을 밝히고 평가하는 데 있다.

1. 무솔리니와 파시즘의 영적 혁명

무엇보다도 무솔리니는 애국적인, 그리고 대단히 민족주의적인 맥락에서 파시즘의 정신을 표현했다. 1922년 10월 로마로의 행진이 있을 무렵 나폴리에서 행한 중요한 연설에서, 곧 불안하고 무질서한 이탈리아의 새로운 총리가 될 무솔리니는 자신의 젊은 운동이 이미

---

3) Emilio Gentile, 《정치 종교 : 민주주의와 전체주의 사이에서》, 206쪽.

자체의 정신적 신화를 창조했다고 천명했다.

> 우리는 우리의 신화를 창조했습니다. 그 신화는 신념이요 열정입니다. 그 신화가 반드시 현실이 될 필요는 없습니다. 그것이 하나의 자극이자 희망이요 믿음이자 용기라는 의미에서 이미 하나의 현실인 것입니다. 우리의 신화는 민족입니다. 우리의 신화는 민족의 위대함이란 말입니다! 그리고 우리는 이 신화와 이 위대함을 완전한 현실로 바꾸어놓아야 하며 또 이를 위해 모든 것을 바쳐야 할 것입니다.[4]

무솔리니가 강조한 것은 영적 실제로 격상된 독특한 유형의 민족주의였다. 애국심을 독점하고 대부분 로마가톨릭 신자인 이탈리아인들의 지지를 얻기 위해 조심스럽게 꾸며진 이러한 수사의 뒤에는 무력과 군국주의, 그리고 제국주의적 팽창이 숨겨져 있었다. 나폴리에서 행한 바로 이 연설에서 무솔리니는 또한 다음과 같이 선언했다. "그 정신적 힘을 현실에서 실현할 때 민족은 위대하다." 그리고 그 정신은 무솔리니에게나 미래파 예술가 마리네티Filippo Marinetti 같은 파시스트 이데올로그에게나 본질적으로 군사적인 것이었다. 마리네티에게 파시즘의 정신은 1920년대 초와 그 이후의 이탈리아에 팽배해 있던 "의회주의적·관료주의적·학술적·페시미스트적 정신을 치유해줄" 유일한 해독제였다. 그가 지도자 무솔리니에게서 쇠락의 세월을 청산해줄 혁명적인 정신적 미덕을 발견한 것도 이러한 맥락에서였다. 그러한 미덕은 "영웅주의, 위험에 대한 사랑, 결정적인 무기로 복원되는 폭력, 이 세상에 유일한 위생학인 전쟁의 예찬"이었다.[5]

---

4) R. Griffin, 〈파시즘의 신화 : 민족Fascism's Myth : The Nation〉, 《파시즘 *Fascism*》 (Oxford : Oxford Univ. Press 1995), 43~44쪽.

이러한 생경하고 도발적인 파시즘의 영성이 당시 이탈리아 최고의 종교적 권위였던 로마가톨릭 교회와 극적으로 충돌했던 것은 놀라운 일이 아니다. 파시스트 지배의 초기 국면에서(1922~1926년의 연립 정부 시기) 강경한 파시스트들은 지도자 무솔리니를 중심으로 만들어진 새로운 신성한 교의를 모든 이탈리아인들이 철저하게 신봉해야 한다고 역설했다. 1925년 한 파시스트는 이렇게 언급했다. "우리와 함께할 사람들은 몸과 정신, 영혼과 육신 모두에서 하나가 되어야 한다. 그렇지 않으면 그들은 철저하게 제거될 것이다."[6] 새로운 파시스트 신앙에 완벽한 충성심을 보이지 않는 사람들이 '민족종교national religion'의 적으로 간주될 위험성이 분명 존재했던 것이다. 로마 교회가 가톨릭 교의에 대한 개인적인 준수의 대가로 영적 구원을 약속했다면 무솔리니는 내세적이라기보다는 세속적인 새로운 유형의 영적 갱생을 이탈리아인들에게 약속했다. 그러나 이러한 집단적 갱생은 파시스트 신앙에 대한 광범위한 대중의 수용을 전제로 한 것이었다. 1929년 3월, 무솔리니는 이렇게 단언했다.

전통과 근대, 진보와 신앙, 기계와 정신을 조화시킨 새로운 제도, 새로운 유형의 문명을 창조하려는 노력에 이탈리아의 모든 힘이 완전히 투여되어 있다는 사실을 잊지 맙시다.

이어서 그는 신중하게 고른 종교적 용어를 사용하면서 오직 그러한 방식으로만 로마는 "부활한 이탈리아의 수도"가 될 것이라고 말

---

5) R. Griffin, 〈이탈리아의 새 총리에 대한 미래파의 묘사A Futurist Portrait of the New Prime Minister of Italy〉, 《파시즘》, 45~46쪽.

6) Emilio Gentile, 《리토리오 숭배 Il culto del littorio》(Bari : Editori Laterza, 1998), 110쪽에서 재인용.

했다.[7] 무솔리니가 파시스트 신앙의 최고의 정신적 가치로서 민족적 위대함을 환기시킨 것은 강력했고 또 결속력을 불러왔다는 것이 입증되었다. 파시즘과 가톨릭 사이의 관계가 자주 불안정했음에도 이러한 파시즘의 신앙을 누구도 저항하기 어려웠기 때문이다. 파시스트당 총서기 주라티Giovanni Giurati 같은 무솔리니의 추종자들의 말을 받아들인다면 곧 다가올 민족의 위대함에 대한 무솔리니의 예언을 실현시키려는 이러한 영적 고양은 제 기능을 발휘하고 있었다. 1930년 말 32만 8,000명의 젊은이들이 이탈리아 전국 각지에서 "검은 셔츠를 입고 로마의 깃발을 든 채 파시즘의 제국적 의지에 충성을 맹세했다".[8]

2년 뒤인 1932년에 출간된 무솔리니의 《파시즘의 교의*La Dottrina del Fascismo*》는 단호하고도 명확한 어조로 새로운 영적 교의를 제시했다. 여기서 무솔리니는 파시즘이 개인을 "영적 조직의 일원"의 반열에 오르게 하는 "종교적 개념"임을 주장한다. 그리고 이러한 조직은 하나의 근본적인 원칙에 기초해 있다. "파시스트 국가는 권력과 제국에의 의지다……파시스트 교의의 맥락에서 볼 때 제국은 그저 영토, 군사, 혹은 상업적 표현이 아니라 영적이고 도덕적이다. 우리가 건설하려는 제국은 다른 국가들을 직접적 혹은 간접적으로 영도할 수 있는 그러한 제국인 것이다."[9]

---

7) R. Griffin, 〈파시스트 혁명의 성과The Achievements of the Fascist Revolution〉, 《파시즘》, 62~65쪽.

8) R. Griffin, 〈파시즘하의 젊은이의 역할The Role of Youth Under Fascism〉, 《파시즘》, 67~68쪽.

9) Benito Mussolini, 《파시즘의 교의*La dottrina del fascismo*》(Edizioni Larius, 1932), 제2장 참조.

2. 파시즘의 영적 메시지의 표현 : 예술과 미디어

로마가톨릭과 같은 전통적인 종교가 신앙의 핵심적인 에토스를 전
파하기 위해 예술적 상징과 문자를 활용하는 것과 마찬가지로 파시즘
역시 그러했다. 1997년 출간된 팔라스카 참포니Simonetta Falasca-
Zamponi의 무솔리니 정치 미학에 대한 연구는 무솔리니가 활용한
비유적 상상의 세계에서 폭력과 전쟁 그리고 극단적 민족주의가 핵
심을 이룬다는 점을 부각시켰다.[10] 그러나 그녀의 연구는 표면적으
로는 파시스트 상징주의의 의미를 해석하는 데 유용해 보이지만 파
시즘이 명백히 포함하고 있는 종교적 상징성을 해명하는 데는 한계
를 보여준다.

몇 가지 예를 보자. 대부분의 파시즘 연구자들이 인정하고 있듯이
진정한 의미의 파시스트 예술은 없었지만 작품 속에서 영적 혁명의
이념을 표현한 예술가들은 존재했다. 이는 예술가들도 파시스트 신
앙 전파에 참여해야 한다고 강조한 보타이Giuseppe Bottai 같은 파
시스트 체제의 주도적인 인물들에 의해 조장되었음이 분명하다. 이
러한 배경에서 제작된 작품들, 특히 모더니스트들이 만든 선전 예술
품들의 주제는 민족주의에 기초를 둔 영적 혁명으로서의 파시즘, 그
리고 새로운 '파시스트 인간형' uomo fascista'의 구축이었다. 이러
한 작품 가운데 초기의 좋은 예는 1932년에 가레토Paolo Garretto가
만든 '검은 셔츠camicia nera'라는 단순한 제목의 포스터다. 여기에
묘사된 인물은 파시즘의 새로운 신도가 분명하며 경직된 포즈로 날
카로운 단검을 움켜쥐고 있다. 이 포스터에서 가장 눈길을 끄는 부

---

10) Simonetta Falasca-Zamponi, 《파시스트 스펙터클. 파시스트 이탈리아에서의 권력의
미학*Fascist Spectacle. The Aesthetics of Power in Fascist Italy*》(Berkeley : Univ. of California
Press, 1997). 저자의 전반적인 주장에 대해서는 제1장을 참조하라.

파울로 가레토의 〈검은 셔츠〉　　　　　크산티 스카빈스키의 국민투표 기념 포스터
　　　　　　　　　　　　　　　　　　　　〈찬성〉

분은 셔츠의 왼쪽, 그러니까 심장 바로 윗부분에 그려진 표장이다.
그것은 파시스트 릭토르, 즉 혁명의 상징과 이제는 하나가 된 이탈
리아 국민을 나타낸다. 가레토는 파시스트 혁명이 군사화된 파시스
트들의 군단이 수행하는 내적이며 영적인 혁명임을 표현하고자 했
다. 묘사된 인물에게 머리가 없는 것은 혁명 자체의 목표를 완수하
는 데 있어서 개인보다는 집단이 중요하다는 것을 부각시키기 위한
표현이다.

　　스카빈스키Xanti Schawinsky의 1934년 국민투표를 기념하는 포스
터는 이탈리아의 파시스트적인 영적 부활의 진정한 본질이 민족주
의라는 것과 지도자 무솔리니의 신성성을 표현하려 했다. '찬성Si'
이라는 간명한 제목을 단 이 포스터는 이탈리아 전역에 걸쳐 파시즘
과 무솔리니에 대한 압도적인 지지를 표현하고 있다. 여기서 무솔리
니는 사실상 자신의 신체를 이루고 있는 이탈리아인들을 굽어본다.

카를로 비토리오 테스티가 만든 초등학교 교 과서 표지

이탈리아 항공 클럽 선전 포스터. 작자 미상

포스터에 사용된 상징은 매우 강력하다. 스카빈스키는 무솔리니라 는 한 인물에 의해 표상되는 단일한 영적 공동체를 부각시키고 있 다. 이 작품은 이탈리아, 파시즘, 그리고 마치 신처럼 이탈리아 전체 를 주재하고 보호하는 무솔리니를 위해 모든 사람들이 하나로 뭉쳤 음을 표현하고자 한 것이다.

　파시즘의 민족주의 개념은 이탈리아 국내용만은 아니었다. 1938 년 테스티Carlo Vittorio Testi가 만든 한 초등학교 교과서의 표지는 파시스트의 새로운 민족 혁명이 수출될 수 있음을 보여준다. 여기서 이탈리아는 날개 달린 천사로 묘사되고 있고 이 천사는 동아프리카 로 릭토르를 가져가 에티오피아의 영토에 굳건히 세우고 있다. 파시 스트 체제는 1935년과 1936년 사이에 이 나라를 야만적으로 정복한 바 있다. 이 표지에서도 이탈리아는 영적 혁명의 상징인 릭토르와 하나가 되고 있다. 또한 천사의 얼굴이 거만한 표정으로 서쪽을 향하고 있다는 점 또한 눈여겨볼 만한데 이는 에티오피아 전쟁을 반대한 영국과 프랑스를 경멸하는 이탈리아의 힘의 상징이다.

전쟁과 군사적 미덕이 파시즘의 영적 신앙의 핵심 요소라는 점도 강조되었다. 이탈리아 항공 클럽Aero Club d' Italia을 선전하는 작자 불명의 이 포스터는 비행사 노빌레Nobile, 데 피네도De Pinedo, 데 베르나르디de Bernardi의 애국적이며 역동적인 정신을 각각 상징하는 세 개의 릭토르가 민족주의의 영원한 불꽃을 받들고 있는 모습을 보여준다. 불꽃과 릭토르들 주변에는 하늘 높이 비상하는 독수리들이 그려져 있는데 이들은 차세대 비행사들을 상징한다. "노빌레, 데 피네도, 데 베르나르디의 영웅적 업적에 고무된 젊은 비행사들은 하늘의 전사가 되어야 한다"라는 제목의 이 포스터는 파시스트 체제가 젊은 세대에 주입하고자 했던 영적 미덕을 잘 보여준다. 또한 더욱 직접적으로 이러한 주제를 전파하는 방식을 보여주는 예는 이탈리아의 1차 세계대전 참전 20주년을 기념하는 치자리Giulio Cisari의 포스터다. 칼은 파시스트 군대를 상징하고 그 검은 색채는 파시즘과

줄리오 치자리의 1차 세계대전 참전 기념 포스터

포르투나토 데페로의 작품 〈강철〉

전몰용사에 대한 애도를 나타낸다. 릭토르는 붉은 색깔, 즉 핏빛을
띠고 있어 파시스트 혁명을 위해 죽은 순교자들을 상징한다. 칼과
릭토르는 국기로 엮여 있다. 힘이야말로 파시스트 이념의 핵심이라
는 점을 보여주는 마지막 예는 1934년에 만들어진 데페로Fortunato
Depero의 작품 〈강철Acciaio〉이다. 여기서 무솔리니는 신처럼 충성
스러운 신자이자 새로운 파시스트형 인간인 사람들을 주재하고 있
다. 이 포스터는 무솔리니의 막강한 정신이 튼튼해지고 새롭게 탄생
한 민족을 찬란한 미래로 이끈다는 믿음을 표현하고 있다. 무솔리니
는 자신의 공동체를 굽어 살피며 공동체의 구성원들은 그를 보호하
고 숭상한다.

　파시스트 시대에 간행된 신문들을 대략 훑어보더라도 파시즘이
어떻게 종교적 메시지를 대중들에게 전파하려 했는가에 대한 더 많
은 그리고 매우 흥미로운 예들을 발견할 수 있을 것이다. 1921년 4월
파시스트 운동이 대중 정당으로 성장할 무렵, 친파시스트 계열의 주
간지 《이 베스프리*I Vespri*》는 일면에 '4월 21일—로마의 생일, 파시

《이 베스프리》에 실린 무솔리니의 사진

〈일 포폴로 디탈리아〉, 1923년 10월 27일자 일면 기사

즘의 성스러운 날'이라는 제목 아래 무솔리니의 사진을 싣고 있다. 기사는 이 파시즘 지도자를 거의 종교적인 용어로 묘사하고 있다. 기사를 쓴 사람은 "이탈리아의 민족 의식"을 창조하기 위해 무솔리니가 얼마나 노심초사하는지를 묘사한다. 무솔리니의 영혼 그 자체에는 "민족 정신이 온전히 투영되어 있다". 이러한 의미에서 무솔리니는 다가올 이탈리아의 위대함을 예견할 수 있다. 무솔리니는 그 위대함을 "예상했고 또 더욱이 그것을 예언할 수 있다". 기사는 민족의 삶에서 무솔리니가 수행할 미래의 역할에 대한 다음과 같은 예언으로 끝을 맺는다.

무솔리니야말로 이 새롭고 젊은 에너지들을 파쇼 fascio의 조직 속에 통합할 수 있다. 파시즘은 이탈리아의 새로운 생명의 피였으며 지금도 그러하다.[11]

2년 반 뒤 총리가 된 무솔리니가 연립 정부를 이끌고 있을 때 한 신문은 "파시스트 혁명의 축성"을 일면 머리기사로 실었다. 바로 무솔리니 자신의 신문이었던 〈일 포폴로 디탈리아Il Popolo d' Italia〉는 1923년 10월 27일 일면 머리기사에서 "유산(流産)한 의회 제도"의 틀 안에서 움직였던 파시즘 이전의 이탈리아 정부들을 전반적으로 공격했다. 이 기사를 쓴 코라디니Enrico Corradini는 이제 새로운 정치 세력이 이탈리아를 지배하게 되었으며 그것은 "전투적이며 호전적이고, 공격적이며 해방적인" 세력이라고 부르짖는다. 이어서 그는 다음과 같이 결론짓는다. 1차 세계대전의 참전 용사로 구성되고 무솔리니의 지휘를 받는 이 새로운 정치 세력은 이제 더 이상 정당이 아니다. 오히려 그것은 "무명 용사 숭배"를 상징으로 하는 종교 운동이다. 파시즘의 목적은 단순하다. 무명 용사는 이탈리아를 재정복해 "민족의 위대함"을 보장할 "새로운 호전적인 민병대"인 파시스트 군대를 표상한다. 파시즘은 이탈리아 전사들의 희생이 헛되지 않음을 보여주기 위해 탄생했다는 것이다.[12]

무솔리니가 이끌던 연립 정부가 1924~1925년을 거치면서 독재 체제로 전환되자 언론은 이러한 이념들은 신성시하기 시작했다. 사회당 의원 마테오티Giacomo Matteotti의 수치스러운 암살이 있기 몇 달 전인 1924년 3월 26일 파시스트 일간지 〈피아마 네라Fiamma Nera〉는 이제 비로소 파시즘이 이탈리아 민족을 변화시키기 시작했다고 선언했다. 이 신문에서 피차리니Giuseppe Pizzarini는 이렇게 쓰고 있다.

---

11) 《이 베스프리I Vespri》, 1921년 4월 21일자.
12) 〈일 포폴로 디탈리아Il Popolo d' Italia〉, 1923년 10월 27일자.

〈피아마 네라〉, 1924년 3월 26일자 일면 기사　　　　〈라 트리부나〉, 1927년 3월 16일자 일면 기사

　　우리는 우리 정신의 최전방에 놓일 확실한 현실과 진리를 갖게 되었다. 강한 국가, 파괴 분자들의 공격에 맞서 민족을 수호하는 정부, 계급 간의 협력, 종교에 대한 존중, 모든 민족적 에너지의 찬양 등이 그것이다. 이러한 교의는 생명의 교의이지 죽음의 교의가 아니다.

　　중요한 것은 미래 세대들이 이러한 교의를 법으로, 그리고 파시스트 문명의 기반 자체로 확고하게 수용하는 일이었다.[13]

　　혁명의 핵심 이념을 실천할 젊은 세대에 대한 강조는 인기 있는 주제였다. 이탈리아에 파시스트 체제가 확고히 자리를 잡았던 1927년에 〈라 트리부나La Tribuna〉 같은 신문들은 리치Renato Ricci가 조직한 청년 조직들(발릴라단Ballila, 청소년단Avanguardisti)에서 부상하여 무솔리니와 같은 위대한 인물의 영도 아래 민족 혁명 과업에 투입

---

13) 〈피아마 네라Fiamma Nera〉, 1924년 3월 26일자.

될 새로운 파시스트 세대에 대해 지면을 할애했다. 기사에 의하면 젊은이들이 지도자의 진정한 위대성과 파시스트 혁명의 영웅적 성격을 이해하고 "우리 신앙의 교의"를 충분히 파악하는 것이 중요했다. 이제 이탈리아에는 파시스트 "민병대에 가담할 영적인 준비가 된" 젊은 파시스트가 10만 명을 헤아린다고 기사는 자랑하고 있다.[14]

이렇게 확산되고 있던 혁명 이념은 대내적인 분야에서도 분명하게 표명되었다. 파시스트당 총서기 투라티Augusto Turati는 1927년 월간지 《제라르키아Gerarchia》에 기고한 글에서, 파시즘이 주도하는 이탈리아의 영적 갱생은 "인종적 복지와 젊은이 교육, 민병대 조달"을 확보하고 이탈리아 민족의 "생산적이고 문화적이며 운동가다운 힘을 조직하고 훈련하는" 일을 목표로 삼는다고 썼다.[15] 그러나 〈라 트리부나〉의 마라빌리아Maurizio Maraviglia에 의하면 이러한 위대한 갱생은 파시즘의 제국 정책에서 궁극적으로 표현된다. 파시즘의 영도 아래 이탈리아의 식민 정책은 더 이상 국가 활동의 주변적인 요소로 방치되지 않는다. 이제 제국의 이념은 "실질적이고도 강력한 민족적 활동"으로 바뀌었으며 이는 "이탈리아 인종" 내부로부터 진심으로 우러나온 충동의 산물이었다. 이탈리아인들이 지닌 이러한 "팽창의 욕구"는 파시즘과 함께 국가의 목적이 되었다. 1922년 이전의 이탈리아 정부들과는 달리 파시즘은 식민주의 이념의 장단점을 논하는 대신 "식민지 팽창을 생활 공간을 위한 투쟁"으로 간주한다. 파시즘의 영적 의미의 핵심은 바로 이러한 이념에 있다고 마라빌리아는 강조한다. "식민화는 정복과 투쟁과 조직과 창조를 의미한다. 그리고 이것이야말로 파시즘이 원초적으로 그리고 완벽하게 표현하

---

14) 〈라 트리부나La Tribuna〉, 1927년 3월 16일자.

15) Augusto Turati, 〈전진하는 혁명La rivoluzione in marcia〉, 《제라르키아Gerarchia》, 1927년 10월, 1036쪽.

고 있는 것이다."[16]

물론 이러한 민족주의적 혁명 이념은 파시스트 체제가 지중해로의 팽창의 적수들인 영국과 프랑스에 선전포고를 했던 1940년에 가장 명확하게 표현되었다. 이 단계에 이르러 파시스트의 영적 혁명은 1933년 이래 독일을 지배했던 나치 체제에서 동반자를 얻게 되었다. 1940년 8월 파시스트 체제의 이데올로그들은 〈일 포폴로 디탈리아〉와 같은 신문을 통해 "파시스트 혁명들의 승리"를 언급했고, 이러한 위대한 민족 중흥이 그저 이탈리아나 독일에만 머물지 않고 유럽 전체로 확산될 것이라고 강조했다. 이 신문에 기고한 아펠리우스Mario Appelius는 전 유럽 대륙의 80퍼센트가 이제 임박한 추축국의 승리를 받아들이고 추축국의 혁명을 엄청난 열정으로 환영했다는 사실에 놀라움을 표하고, 이어서 이러한 혁명이 유럽 대륙을 변화시킬 것이라고 선언한다. "추축국의 평화"는 군화에 의해 강요된 평화가 아니라 신성한 천재들(무솔리니와 히틀러)의 선의에 기초한 평화다.

〈일 포폴로 디탈리아〉, 1940년 8월 12일자 일면 기사

다가올 영광스러운 미래에는 유럽 경제가 하나로, 조화로운 전체로 통합될 것이며, 더 이상 계급 대립이 없을 것이다. 공공 생활에서 혹 세무민은 사라질 것이며, 돈은 목적이 아니라 수단이 될 것이고, 새로운 추축국 사회에서 노동과 재능이 진정한 힘이 될 것이다. 히틀러와 무솔리니는 그들의 위대한 "영적 동맹"으로 이 모든 것을 실현시켰다. 이들의 연합된 천재성은 유럽의 정치, 경제, 그리고 영적 잠재력이 발휘되도록 만들 것이다. 이 기사는 "미래의 유럽에 대한 조감"이라는 제목을 달고 있었다.[17)]

3. 맺는 말

이 글의 목적은 무솔리니와 파시스트 이데올로기에 의해 추동된 영적 혁명의 윤곽을 드러내는 것이었다. 그리하여 이 글은 파시즘의 신성성의 핵심을 드러내는 공식적인 수사, 선전 예술, 언론 매체 등을 활용하여 어떻게 파시즘이 하나의 정치 종교로 기능했는가를 설명하고자 했다. 그러나 파시스트 영성의 또 다른 유형의 표현, 즉 건축, 뉴스, 영화, 스포츠, 문학, 대중 의식 등은 지면 부족으로 여기서 다루지 못했다. 무솔리니 시대를 살았던 이탈리아인들에게 이것이 어느 정도로 수용되었는가 하는 주제 역시 이 글에서 다룰 수 없었다. 이러한 주제들은 파시즘과 정치 종교에 대한 앞으로의 연구에 있어서 대단히 생산적인 부분이 될 것이다.

모스는 이렇게 지적했다. "파시스트 미학은 파시즘 자체를 반영한다. 말하자면 그것은 전통을 떠받드는 동시에 더 나은 미래를 열어

---

16) 〈라 트리부나〉, 1927년 3월 19일자.
17) 〈일 포폴로 디탈리아〉, 1940년 8월 12일자.

줄 혁명적 역동성을 상징적으로 표현한다." 그가 보기에 파시즘은 "시민 종교로서의 민족주의에 기초해 있고 그 미학은 마치 옛 기성 종교에서 미학이 그랬듯이 민족주의의 신앙을 구체화한다".[18] 이러한 신앙의 핵심에는 극단적 민족주의, 군국주의, 그리고 궁극적으로는 대외 팽창의 이념이 자리 잡고 있다. 이러한 이념이야말로 파시스트 이데올로기의 버팀목이며 다양한 모습으로 표출될 수 있는 것이다. 청년 파시스트 찬가의 마지막 구절들이 보여주듯이.

무엇이 되든 어떠하리.
영웅들의 위대한 어머니는 우리를 부르신다.
지도자를 위해, 조국을 위해, 왕을 위해!
너와 내가 아니면 누가 하리!
저 바다 너머로 우리는
영광과 제국을 전파하리라!

---

18) George L. Mosse, 〈파시스트 미학과 사회Fascist Aesthetics and Society〉, 《파시스트 혁명 *The Fascist Revolution*》(New York : Howard Fertig, 1999), 52쪽.

무솔리니 사상에 나타난 종교와 정치 문화

디디에 뮈지들라크 ::이만희 옮김

1. 들어가는 말

무솔리니의 사상에서 종교가 중요한 비중을 차지한다고 말하는 것은 모순처럼 들릴 것이다. 실제로 1915년 11월 이탈리아 사회당Partito Socialista Italiano에서 축출당할 때까지 무솔리니는 이 당의 지도자로서 사회주의자이자 무신론자였다. 이 때문에 그에 관한 대부분의 자료는 우리가 찾아보고자 하는 종교적인 측면들을 근본적으

디디에 뮈지들라크Didier Musiedlak는 현재 파리 10대학 현대사 교수 겸 같은 대학 산하 '20세기 유럽 정치 종교사 연구소' 소장으로 재직하고 있다. 《파시스트와 나치 전체주의Les totalitarismes fasciste et nazi》, 《무솔리니Mussolini》, 《파시스트 국가와 정치 계급 1922~1943Lo stato Fascista e la sua classe politica 1922~1943》 등의 저서를 출판했다. 이 외에 정치 엘리트, 민주주의의 위기, 전체주의 정치 시스템 및 이탈리아 파시즘과 관련된 다수의 논문을 발표했다.

이만희는 중학교 시절에 스페인 문학의 정수 《돈 키호테》의 이상주의에 매료되었고, 이때 전염된 광기는 1983년 한국외대 스페인어과에 입학하는 데까지 이어졌다. 대학 시절에 문학과 신학에 대해 가졌던 관심은 스페인 종교 문학에 대한 애정으로 구체화되었다. 경개 좋은 공군사관학교에서 스페인어 교관으로 재직하다가, 함께 말뚝을 박자는 동기생들의 권유를 뿌리치고 1993년 2퍼센트 부족한 그 무엇을 찾아 스페인 유학길에 올랐다. 마드리드 대학 스페인어문학부 박사 과정에 입학하여 스페인 황금 세기 문학 과정을 수료하고, 바로크 종교 산문 중 당시 베스트셀러였던 《좋은 죽음에 이르는 기술Arte de bien morir》에 대한 연구로 박사학위를 받았다. 지금은 프랑코 독재 시기 스페인 문학에서의 '국가가톨릭주의'로 연구 영역을 넓혀가고 있다. 현재 한국외대에서 강의하고 있다.

로 배제하고 있는 것이 사실이다.

그러나 젠틸레가 주장한 바와 같이, 청년 무솔리니는 자신의 정치 행위를 종교적 태도와 밀접하게 연결시키고, 종교에서 추출한 정치적인 교시를 필요로 했다. 따라서 우리는 정치 문화에 대해 무솔리니가 가졌던 새로운 개념에 대해 살펴보고, 그가 파시스트 정치 이론을 위해 종교적 측면을 어떤 방식으로 재구성했는지 고찰해보고자 한다.

2. 청년 무솔리니의 사상 형성의 정치 · 종교적 배경

무솔리니의 사상 형성 과정에서 사회주의는 지속적으로 종교적 신념의 형태를 띠었다. 이러한 경향은 청년 무솔리니가 1902년부터 1904년까지 스위스에서 체류하는 동안 유럽 문화의 일면을 접하게 되면서 결정적으로 이루어진다. 이곳에서 미래의 '두체(지도자)'는 대중 조직을 가능하게 할 신화 창조 작업을 구상하기 시작하는데, 이 작업은 특히 프랑스 혁명 이후 근대 민주주의와 함께 발전한 정치의 신성화 과정과 긴밀히 연결된다. 무솔리니의 사상 형성에 중요한 또 다른 시기는 사회당의 당 서기로서 트렌토 시에서 보낸 시기와 1910년 이후 이탈리아로 귀환한 시기로, 이때 그는 그동안 품어왔던 일련의 사상적 영감들을 구체화하게 된다.

(1) 스위스 체재
청년 무솔리니가 스위스에 체류했던 1902~1904년은 그의 부친 알레산드로가 물려준 순수 로마냐 가의 혈통적 특징보다 그의 지성에 훨씬 중요한 영향을 끼치게 된다. 이것은 무엇보다 그가 머물렀던 스위스의 사회적 환경과 관계가 깊은데, 로마냐 가문의 울타리를 넘어 국제적 면모를 갖춘 스위스 대도시들을 접하면서 무솔리니의 문화적 지평은 갑작스럽게 확대된다. 이 기간 중에 그는 프랑스어를 능숙하게 구사하게 되고, 1903년 3월 베른에서 자신의 주장을 전파할 때 유용하게 쓰일 독일어를 배우기 시작한다.[1] 스위스 체류 기간 동안에 무솔리니는 혁명에서 문화가 갖는 중요성을 깨닫게 되고, 당시 전체 서구 사회를 뒤흔들고 있던 위기에 대처하기 위해서, 주어진 환경에 맞게 문화를 적절히 변화시켜야 한다는 것을 인식하게 된다.

무솔리니는 이처럼 이탈리아 밖에서 당대의 중요한 인류학적 논쟁을 통해 '인간'에 대한 질문을 제기하게 된다. 1904년 스위스를 떠난 청년 무솔리니는 유물론에 기초한 생물학적 견해로 세계를 바라보게 되는데, 이것이 그의 사상에 나타난 최초의 변화였다. 이러한 사상적 변화는 복음주의자 탈리아텔라Alfredo Tagliatela의 주장을 반박하는 1904년 3월 25일의 글에서 잘 나타난다. "신은 존재하지 않는다. 종교는 과학적인 관점에서 볼 때 난센스이며, 본질적으로 악덕이며, 인간을 병들게 하는 질병에 불과한 것이다."

제네바 대학 도서관에 있는 기록들을 살펴보면, 이 시기의 무솔리니가 1904년 3월과 4월에 있었던 독서 토론 모임을 어떻게 준비했는지 잘 알 수 있다. 무솔리니의 독서에 대해 면밀하게 연구하지 않아도, 그가 마르크스주의자로 유명했던 라브리올라Antonio Labriola를 제외하고는 마르크스 이론가들보다 사회주의 다윈주의자들과 독일 철학의 영향을 받은 대표적인 우파 경향 작가들을 더 좋아했다는 것을 알 수 있다. 그가 참고한 책들은 종(種)의 선택과 멸망, 불평등에 대

---

1) K. Uhlig, 《무솔리니의 독일어 연구*Mussolinis Deutsche Studien*》(Iena : Verlag von G. Fischer, 1941), 15쪽.

한 문제를 주로 다루는 대표적인 인류학 관련서들이었다. 구체적으로 말하자면 슈타인Ludovic Stein, 니체Friedrich Nietzsche, 푸예 Alfred Fouillée, 하르트만Eduard von Hartmann의 저서들로, 신의 죽음과 기존 종교의 종말에 대해 변증하는 것들이었다.[2]

1904년 제네바에서 이루어진 이러한 독서는 무솔리니에게 도덕 체계의 토대에 대한 의문을 갖게 했다. 그는 특히 기요Jean Marie Guyau의 《강요도 처벌도 없는 도덕 개요*L'esquisse d'une morale sans obligation ni sanction*》(1888), 니체의 《선악의 저편*Jenseits von Gut und Böse*》(1885~1886), 《도덕의 계보*Zur Genealogie der Moral*》(1886) 같은 저작들을 읽으면서, 그와 같은 의문을 품었다.

무솔리니가 읽은 이러한 글들은 공통적으로 스펜서Herbert Spencer 의 영향을 받은 진화론자들의 사상을 띤 심리학, 생리학, 생물학에 도덕성의 기초를 놓고 있었다. 그러나 이러한 추상적인 틀은 과학적인 논쟁을 불러일으키고 반교권주의라는 측면에서 로마냐 가의 전통을 상당히 벗어나는 것이었지만, 스위스 체류가 끝나갈 무렵에 무솔리니는 과학적 유물론에 대해 확고한 신념을 가지게 된다.

스위스 체재 기간이 무솔리니에게 끼친 두 번째 영향은 그를 자연스럽게 마르크스주의로 전향시켰다는 점이다. 스위스에 도착할 당시 무솔리니는 마르크스주의에 대해서 아는 바가 거의 없었으며, 《공산당 선언*Manifest der Kommunistischen Partei*》 외에는 마르크스주의에 대해 읽은 것이 전혀 없었다.[3] 마르크스주의에 대해 잘 알지 못

---

2) Ludovic Stein, 《철학의 관점에서 바라본 사회 문제*La question sociale au point de vue philosophique*》(Paris, 1900) ; Antonio Labriola, 《유물론적 역사관에 관한 시론*Essais sur la conception matérialiste de l'histoire*》(Paris, 1897) ; Friedrich Nietzsche, 《경구와 발췌문*Aphorismes et fragments*》(Paris, 1899) ; Alfred Fouillée, 《니체와 비도덕주의*Nietzsche et l'immoralisme*》(Paris, 1902) ; Eduard von Hartmann, 《미래의 종교에 관하여*De la religion de l'Avenir*》 (Paris, 1898).

하던 시절, 무솔리니는 이 사상을 신성함으로 가득 찬 세계로 막연히 생각했다.[4] 대부분의 이탈리아 사회주의자들과 마찬가지로 그는 사실상 룩셈부르크Rosa Luxemburg와 리프크네히트Karl Liebknecht를 비롯한 독일 이론가들에 대해서 전혀 알지 못했다.

무솔리니가 마르크스주의 이론을 조금씩 알게 된 것은 전적으로, 1902년부터 스위스에 정착한 러시아계 이민자 발라바노프Angelica Balabanoff 덕분이었다. 발라바노프는 촌스럽고 교양 없는 청년 무솔리니에게 충격적이고도 결정적인 영향을 주게 된다. 마르크스주의에 해박할 뿐만 아니라 국제적인 수준의 대학 문화를 체험한 발라바노프에게서 무솔리니가 강렬한 인상을 받은 것은 의심할 여지가 없다. 나중에 브냐크Yvon de Begnac에게 고백한 것처럼, 그가 발라바노프에게 진 빚은 이루 헤아릴 수 없을 정도였다.[5]

무솔리니가 스스로 마르크스주의에 대해 공부하기 시작한 것도 다름 아닌 제네바 체류 기간이었다. 제네바에 있는 시립 도서관 도서 대출 목록들을 살펴보면, 그가 마르크스주의에 대해 알게 된 것은 라브리올라의 해석을 통해서였음을 알 수 있다. 무솔리니는 자신이 즐겨 읽던 《안토니오 라브리올라의 사적(史的) 유물론The Antonio Labriola's historic materialism》에서 마르크스주의 해석의 열쇠를 찾았던 것이다. 역사 발전 과정에서 사회심리학의 중요성을 인식했던 무솔리니는 앞서 언급한 프랑스 · 독일 서적들을 읽으면서 배운 지식을, 역사를 본래의 자리로 되돌리려는 작업에 연결시켰다. 라브리올라의 표현을 빌리면, 이는 자율권의 일부를 대표자들과 인간의 행위

---

3) Angelica Balabanoff, 《반역의 내 인생*Ma vie de rebelle*》(Paris : Balland, 1981), 66쪽.

4) Yvon de Begnac, 《무솔리니 비망록*Taccuini Mussoliniani*》(Bologna : Il Mulino, 1990), 4쪽.

5) Yvon de Begnac, 《무솔리니 비망록》, 5쪽.

에 넘겨줌으로써 이루어지는 것이었다.[6]

이런 맥락에서 무솔리니는 혁명 노동자 조합에 열정을 보였으며, 자신이 투라티Filippo Turati와 비솔라티Leonida Bissolati가 지지하는 이탈리아 사회당의 개혁 노선에 동조하지 않는다고 선언했다. 1902년 이몰라 의회가 개최되었을 때, 그는 당시에 결성된 혁명 노동자 조합을 지지한다는 입장을 분명히 했다. 이 조합은 1902년 9월 2일부터 《아방구아르디아 소시알리스타Avanguardia Socialista》지를 통해 영향력을 행사하는데, 무솔리니는 이 조합에 당원 서약을 한 1903년 10월 25일부터 이 잡지의 스위스 특파원이 된다.

처음부터 마르크스주의와 혁명 노조는 무솔리니의 마음에 깊이 자리 잡게 되었고, 마르크스와 엥겔스, 카우츠키Karl Johann Kautsky와 소렐Georges Sorel 역시 그의 우상으로 떠오르게 된다.[7] 무솔리니는 1903년 6월 21일 《아방구아르디아 소시알리스타》가 이탈리아어로 게재한 〈신디케이트의 사회주의적 미래〉를 통해서 소렐의 주장을 처음 접한다. 소렐이 주장한 것처럼, 그는 상층 문화의 중심부가 존재한다고 믿게 되고, 무산 계급을 위한 과업을 준비한다는 것이 얼마나 엄청난 일인지 실감하게 된다. 무솔리니는 반드시 새로운 세상을 만들어야 한다고 생각했지만, 소렐은 새 세상에 활력을 줄 '도덕심'을 특히 강조했고, 새 세상이 짊어져야 할 사명을 새로운 교회가 감당하는 사명과 연관지어 생각했다. 그는, 유산 계급이 새로운 사상과 가치관 때문에 쇠락하게 되고, 그 결과 생겨난 도덕적 피폐 현상에 대해 무산 계급은 반론을 제기해야 한다고 생각했다.[8] 무솔

---

6) Antonio Labriola, 《유물론적 역사관에 관한 시론》(Paris : M. Giard, 1928), 122쪽.

7) Benito Mussolini, 〈아방구아르디아 소시알리스타Aavanguardia Socialista〉(1904년 3월 13일), 《무솔리니 전집 1》, 49쪽.

8) M. Freund, 《조르주 소렐. 혁명적 보수주의Georges Sorel. Der revolutionnäre

리니는 무산 계급에게 도덕심뿐만 아니라 '도덕적 의지'를 부여했다는 점에서 소렐과는 다소 다른 견해를 취하게 되지만, 이 시기에 그는 무산 계급에 대한 분명한 인식을 갖게 된다.

스위스에서 무솔리니는 과학적 유물론에 심취하게 된다. 특히 그는 라브리올라와 소렐의 저서를 통해 마르크스주의를 이해하게 되면서, 모든 혁명은 반드시 문화라는 울타리 속에서 이루어져야만 한다는 것과 새 시대는 초대 교회의 기독교인들이 가졌던 열정에 비견되는 새로운 신념을 표방할 필요가 있다는 것을 확신했다.

스위스 체류 이후, 1908년 11월부터 1909년 9월 사이에 접한 독일 문화는 무솔리니에게 또 다른 심대한 영향을 끼치게 되고, 그의 사상에 커다란 변화의 바람을 불러일으키게 된다.

(2) 독일 문화의 영향(1908년 11월~1909년 9월)

무솔리니에 대한 일반적인 평과는 달리, 그는 프랑스어, 독일어, 영어를 이해했고, 그중 프랑스어와 독일어는 말할 수 있는 수준이었지만, 독일어 발음은 그다지 좋지 않았다.[9]

이 두 번째 시기를 몇 단계로 나누어보면, 1908년 11월 포를리 시립 극장에서 트레베스Claudio Treves를 주축으로 한 토론회에 무솔리니가 참가한 것이 첫 번째 중요한 시점이다.[10] 이 토론의 주제는 '권력의 철학'이었는데, 니체의 저서와 의지력에 관한 문제를 다루었다.

Konservatismus》(Frankfurt a. M. : Klostermann, 1972), 104~105쪽.

9) A. François Poncet, 《히틀러와 무솔리니가 교환한 비밀 서한*Les lettres secrétes échangées par Hitler et Mussolini*》(Paris, 1946), 9쪽.

10) Benito Mussolini, 〈권력의 철학La filosofia della Forza〉,《무솔리니 전집》1, 174~184쪽.

두 번째 중요한 시점은 1909년 2월 6일, 트렌토에 체류하면서 델라보로Camera del Lavoro와 함께 사회당 서기관직을 수락했던 때다. 1908년 11월의 '권력의 철학'에 대한 토론은 무솔리니가 니체에 대한 연구를 다시 시작하도록 만든 계기가 된다. 스위스 체류 기간 중에 그는 리히텐베르거Henri Lichtenberger가 번역한 니체의 저작들을 접하면서, 이 독일 철학자의 사상에 점점 눈뜨게 된다.[11] 1898년에 무솔리니가 읽은 프랑스어판 니체 선집은 《차라투스트라는 이렇게 말했다Also Sprach Zarathustra》에서 많은 부분을 발췌·수록했다. 이렇게 무솔리니의 사상은 다시 니체와 연결되었고, 1934년 5월 26일에 행한 연설에서 무솔리니는 자신이 니체의 추종자라고 공식적으로 발표한다.

1930년부터 욀러Max Oehler는 무솔리니의 사상에 나타난 니체의 영향에 대해 연구하기 시작했다.[12] 무솔리니는 니체를 시인으로 생각했을까, 아니면 한 사람의 철학자 또는 정치가로 생각했을까? 마론Gerarhd Marohn은 1936년 에를랑겐 대학교의 지원을 받아 쓴 무솔리니에 대한 연구 논문에서 이러한 질문을 던진다.[13] '무솔리니의 사상에 영향을 준 니체'에 대한 연구는 1960년대 들어 놀테Ernst Nolte에 의해 본격화된다. 놀테는 무솔리니가 마르크스와 니체 사이에 자리하고 있었지만, 결코 혁명적 사회주의를 포기한 적이 없었으며, 혁명적인 행동을 선동하는 찬가에 상당히 매료되었다고 주장했

---

11) 브냐크에 의하면, 무솔리니는 1904년 1, 2월에 독일어판으로 니체의 작품들을 읽기 시작했다. Yvon de Begnac, 《무솔리니의 생애 1 *Vita di Mussolini I*》(Milano : Mondadori, 1936), 283쪽을 참조하라.

12) Max Oehler, 〈무솔리니와 니체Mussolini und Nietzsche〉, 《데어 뷔허부름*Der Bücherwurm*》(1930년 8월), 225쪽.

13) Gerarhd Marohn, 《베니토 무솔리니와 프리드리히 니체*Benito Mussolini und Friedrich Nietzsche*》(Buchdruckerei : Silesia, 1936).

다.[14]

메가로Gaudens Megaro가 1938년에 이미 간파했듯이, 무솔리니가 니체의 작품들과 접촉했다는 사실은 그의 사상을 이해하는 데 중요한 단서가 된다.[15] 참신하고 유능하지만 동시에 잔인한 이 사람들이 과연 사회주의 운동과 어떻게 조화를 이룰 수 있었을까? 데 펠리체의 주장에 따르면, 사회주의가 위기를 맞고 있는 그 순간, 위대한 철학자에게서 비롯된 새로운 형이상학은 청년 무솔리니의 뇌리에 자리 잡고 있던 새로운 사상과 잘 조화될 수 있었다. 그러나 니체의 철학은 몰락과 재건과 해방의 신화로 반복되는 우파주의와 결합했기 때문에, 사회주의자들은 이런 니체를 받아들일 수 없었다.

새로운 문화에 대한 제창으로 만들어진 '새로운 인간'에 대한 무솔리니의 관심은 트렌토 시에 머무는 동안 계속되었다. 1909년 2월 6일부터 같은 해 9월 26일까지의 트렌토 시에 머문 짧은 시기는, 무솔리니의 지적·사상적 발전에서 중요한 시기로 자리 매김하게 된다. 이 시기에 그는 불평등을 비난하는 사람들과 인류 생존의 필수 조건이 제국주의라고 생각하는 사람들에게 깊은 관심을 갖게 된다.

이 기간 동안 무솔리니의 사상 발전에서 기억할 만한 또 다른 사건이 발생한다. 1909년 2월 11일자 〈일 포폴로Il Popolo〉지에 기고한 다윈Charles Darwin 탄생 100주년 기념 기사를 통해 그가 문화 진화론자들과 대화를 시작하게 된 것이다.[16] 진화론에 대한 그의 관심은 '범독일주의'를 연구 주제로 해 집필한 《한 사회주의자의 눈에 비친

---

14) Ernst Nolte, 《청년 무솔리니의 사회주의 사상에 나타난 마르크스와 니체*Marx und Nietzsche im sozialismus des jungen Mussolini*》(München : Oldenbourg Verlag, 1960).

15) Bernhard H. Taureck, 《니체와 파시즘. 정치적 이슈*Nietzsche und der Faschismus. Ein Politikum*》(Leipzig : Reklam Verlag, 2000), 44쪽.

16) Benito Mussolini, 〈다윈 탄생 100주년 기념제Centenario darwiniano〉, 《무솔리니 전집》 2, 8쪽.

트렌토 *Il trentino veduto da un socialista*》의 초안을 잡기 시작하던 때에 더욱 뚜렷해진다. 이 연구는 1911년에 단행본으로 출간되는데, 그 일부분은 1910년에 미리 공개되었다.[17]

책은 세 부분으로 구성되어 있는데, 제1부는 이론적 범독일주의에 대해 다루고 있다.[18] 이 부분은 같은 해에 《르뷔 데 되 몽드 *Revue des Deux Mondes*》지에 발표된 세이에르 Ernest Seillière의 논문에서 많은 부분 영향을 받은 것이었다.[19] 논문의 저자는 당시 제국주의 이론에 대해 상당히 많은 책을 집필하여 세계적인 명성을 누리고 있었다.[20]

세이에르는 여러 면에서, 실증주의를 거부하고, 권력 의지라는 관점에서 자연발생적 불평등, 폭력, 신체를 중요시하는 프랑스 우파에 속하는 인물이었다. 세이에르의 논문은 굼플로비치 Ludwig Gumplo-wicz가 주필로 있던 빈의 평론지[《디 바게 *Die Wage*》(1907년 8월)]와 이탈리아의 시겔레 Scipio Sighele를 중심으로, 오스트리아와 독일, 이탈리아에서 다양한 비평의 대상이 되고 있었다. 세이에르의 논문이 가진 강한 설득력은 무솔리니에게 제국주의에 대한 자신의 생각을 정리할 수 있는 계기를 마련해준다. 넘치는 에너지로 인해서 외부 세계로 뻗어나가려는 기본적인 성향 때문에, 무솔리니는 니체의 사상을 탐독하면서 품어온 권력 의지를 구체화할 수 있었다. 인간의 본성과 환경에 대한 그의 문제의식이 도달한 곳은 결국 제국주의였

---

17) Benito Mussolini, 《한 사회주의자의 눈에 비친 트렌토 *Il trentino veduto da un socialista*》(Firenze : La Rinascita del Libro, 1911).

18) Benito Mussolini, 〈이론적 범독일주의 Il pangermanismo Teorico〉, 《무솔리니 전집》 33, 153~161쪽.

19) Ernest Seillière, 〈신비주의적 제국주의 학교. 범독일주의의 최신 이론가들 Une École d'Impérialisme mystique. Les plus récents théoriciens du Pangermanisme〉, 《르뷔 데 되 몽드 *Revue des Deux Mondes*》(1909년 3~4월), 196~228쪽.

20) 세이에르는 《제국주의 철학 *La philosophie de l'Impérialisme*》(Paris : Plon, 1903~1908)의 저자다.

던 것이다.

무솔리니는 소수에 의해 주창된 가치의 중요성을 잘 인식하고 있었다. 프로이센의 승리는 사라진 영웅주의에 입각하여 고대의 귀족주의적 군사 문화 속에서 훈련받은 사람들의 승리였다는 르낭Ernest Renan의 주장에 무솔리니는 관심을 기울인다.[21] 그는 영웅주의와 훈련의 차원에서 필요한 '미덕과 선행의 중지'는 단지 독일 민족에만 적용되는 것이 아니라 전쟁 문화를 소유한 모든 귀족주의적 국가에까지 폭넓게 적용돼야 한다는 소렐의 입장을 받아들인다. 마침내 그는 문화적 요소를 가장 중요시하는 이탈리아 마르크스주의 지도자 라브리올라의 사상을 흡수하게 된 것이다.

새로운 세계를 창조할 능력과 의지를 갖춘 새로운 인간에 대한 관심은 무솔리니로 하여금 프레촐리니Giuseppe Prezzolini가 주필로 있던 《라 보체La Voce》지와 필연적으로 접촉하게 한다.[22] 이 일은 혁명적 사회주의와 철학적 이상주의, 그리고 진화론에서 추출한 몇 가지 개념들을 조합하려고 하던 무솔리니에게 사상적 성장을 만들어주는 계기가 되고, 그의 지적 지평을 넓히는 전기가 된다.[23] 무솔리니는 특히 인간 개조와 엘리트 양성 과정에서 문화가 갖는 중요성을 비롯하여, 그동안 자신이 생각해온 모든 것을 《라 보체》에서 확인할 수 있었다. 비판 정신과 비(非)순응주의, 그리고 독립성을 가진 《라 보체》의 혁신적인 측면은 새로운 성격, 새로운 가치, 새로운 인간을 모색하고 있던 무솔리니의 정신에 심대한 영향을 끼친다. 프레촐리니는 전쟁 문화와 새로운 신화의 표출로서 총파업을 주도하는 혁명

---

21) M. Freund, 《조르주 소렐. 혁명적 보수주의》, 21쪽.

22) Emilio Gentile, 《무솔리니와 라 보체Mussolini & La Voce》(Firenze : Sansoni Editore, 1976).

23) Emilio Gentile, 《신국가 신화Il mito dello Stato nuovo》(Laterza : Bari, 1999), 105쪽.

적 노동조합과 무산 계급에게 부여된 사명감에 대해 매우 긍정적인 평가를 내리는데, 이런 그의 경향은 무솔리니의 사상이 약간의 통일성을 갖는 데 도움을 준다. 반면에 무솔리니는 민족적 제국주의 경향에는 일정한 적대감을 유지하게 된다.

문화의 중요성을 인식한 무솔리니는 이탈리아의 혁신이 외부 제국주의자가 시도하는 모험에 의해서라기보다는 종교적 혁신에 의해서 성취된다고 생각한다. 제국주의 문학가들을 지지했던 세이에르처럼, 무솔리니는 강연에만 전념하며 어떠한 전쟁 정책에 대해서도 반대한다. 그에게 인간은 무엇보다 생리적 욕구를 가진 피와 살로 이루어진 존재로서 자기 감정을 조절하거나, 그 감정에 끌려 다니기도 하는 존재였다. 이런 의미에서 '폭력'은 권력의 소유자인 인간의 형이하학적 · 물질적 · 육체적 표출을 의미했으며, '착취'는 구체제 지지자들의 용어로 '제거'를 의미했다.[24]

트렌토 시 체류가 무솔리니를 민족주의적 행동주의자이자 이탈리아 민족 통일주의자로 만든 계기가 된 것은 아니었지만, 혁명적 엘리트를 양성하기 위해서 문화적 중요성을 강조할 필요가 있음을 그에게 깨우쳐준 것은 분명하다. 귀국 후부터 전쟁 때까지 무솔리니는 혁명적 사회주의보다는 자신의 이상주의에 더 이끌리게 되는데, 그는 위기가 종교적 타락과 윤리적 부패에서 기인한다는 우익 진영의 영향을 강하게 받는다. 이때 무솔리니는 지적이고 도덕적인 개혁은 새로운 탄생을 위한 필수조건이라고 생각하게 된다.

1910년에서 1912년 사이의 2년 동안 무솔리니는 정부 전복 음모(1909년 9월 26일) 혐의로 트렌토 시에서 추방당하게 되는데, 이때

---

24) Benito Mossolini, 〈노동조합 이론La teoria sindacalista〉, 《무솔리니 전집》 2(1909년 5월 27일), 127쪽.

그는 전국적 차원의 혁신 운동을 시작하기에 앞서 사회주의 운동에 대한 혁명적 정체성을 찾아보려고 많은 노력을 기울인다. 무솔리니가 고향에서 정치 활동을 시작한 이 시기에 그의 세계관이 어떤 것이었는지 고찰해보자.

무솔리니는 로마냐의 포를리로 돌아온 후, 정기 간행물인 《계급 투쟁la Lotta di classe》지를 주도적으로 이끌게 된다. 이 시기에 마르크스주의에 대한 무솔리니의 입장은 부정적이었다. 그는 이 사상이 당시의 주요 문제에 대해 이론적인 해결책이 되지 못한다고 생각한다. 1910년 3월 19일에 발표한 글에서 그는 크로체Benedetto Croce, 라브리올라, 소렐의 경우처럼 마르크스주의에 대한 자신의 생각이 계속 변하고 있다는 사실을 인정한다.[25] 그러나 그로부터 얼마 지나지 않은 1910년 7월 2일, 선거 운동 중에 그는 이탈리아에서도 프랑스처럼 부패하고 타락한 혁명 노조의 종말이 보인다고 생각한다. 그는 이탈리아의 미래에 관해 많은 우려를 했다. 무솔리니와 혁명 노조의 대표들 간에 의견 대립이 있었던 것은 1910년 가을인데, 이때 그는 소렐의 노선에 적극적으로 동조했다. 소렐은 나중에 우익에 합류하여 '평화주의 연금 수령자'라고 비난받게 된다.[26] 무솔리니는 혁명 노조가 몇 달 후 자신의 지지 세력이 되었다고 주장했다.

이 시기에 무솔리니는 새로운 신앙에 대한 표현과 행동에 맞는 특정한 문화를 개발할 필요가 있었다.[27] 1912년에 레조에밀리아 의회에서 승리하고 《아반티L'Avanti》지의 경영자로 위촉된 후 그는 이 새

---

25) Benito Mussolini, 〈최후의 호흡Gli ultimi aneliti〉(1909년 3월 19일), 《무솔리니 전집》3.

26) Benito Mussolini, 〈마지막 도약L' utrima capriola〉(1910년 11월 26일), 《무솔리니 전집》3.

27) Benito Mussolini, 〈구이차르디니에서 소렐까지Da Guicciardini a Sorel〉(1912년 7월 18일), 《무솔리니 전집》4, 171~174쪽.

로운 신앙에 대하여 자신의 사상적 추종자들을 다시 설득하려고 시
도한다. 그는 1차 세계대전을 통해서 새로운 현실, 즉 국가의 현실과
직면하게 되었을 때 사회주의 이념이 얼마나 유약한지 깨닫게 된다.
이후 파시즘을 형성할 때까지 무솔리니의 관심은 '참호 속에서 태어
난 귀족 계급'에 집중된다.

  파시즘 형성 후에도, 그는 혁명 정책에서 문화가 지닌 중요성과 정
치가 종교적인 측면을 내포하고 있다는 기존의 생각을 계속 유지한
다.

3. 파시즘 형성

  '세상을 새로운 시각에서 바라보자'는 의도가 만들어낸 파시즘은
여러 가지 중요한 요소를 내포하고 있었다. 무엇보다 문화는 파시즘
탄생에 가장 중요한 요소였다. 문화는 무솔리니의 유년 시절부터 그
의 삶과 정치 활동을 이어주는 필수적인 요소였다.[28] 그는 어떤 문화
는 인생의 시기와 적절하게 잘 어울릴 수 있다고 주장하면서, 소렐
의 경우처럼 어떤 역사는 인생의 유기적 구조와 문화 속에 자리 잡는
다고 생각했다. 1920년대 중반에 이탈리아에 체류했던 독일인 멜리
스Georg Mehlis는 위와 같은 특징들이 파시즘의 가장 핵심적인 요
소라고 주장했다.[29] 이렇게 무솔리니와 그의 주장은 당대의 가장 커
다란 문화 현상을 닮아갔다.

---

28) George L. Mosse, 《파시스트 혁명. 파시즘 일반 이론 *The Fascist Revolution. Toward
a general theory of fascism*》(New York : Howard Fertig, 1999), 95쪽.
  29) Georg Mehlis, 《무솔리니의 사상과 파시즘의 의미 *Die Idee Mussolinis und der Sinn
des Faschismus*》(Leipzig : Verlag E. Haberland, 1928), 16쪽.

무솔리니는 베르그송Henri Bergson, 지멜Georg Simmel, 딜타이 Wilhelm Dilthey를 비롯하여 괴테Johann Wolfgang von Goethe, 니체, 특별히 슈펭글러Oswald Spengler 등이 이끄는 철학의 흐름을 따라가고 있었다. 이들 사이에는 사상적 차이점이 있었지만, 그럼에도 인생의 현상은 어떤 사상이나 개념의 근거가 되고, 진리는 살아 있는 육체로 정의되는 문화 속에 존재한다는 공통된 사고방식이 존재했다. 《서구의 몰락 Der Untergang des Abendlandes》에서 슈펭글러가 사용한 이론적 체계를 요약하면, '문화인'은 자신의 내부로부터 에너지를 끌어내고, '문명인'은 외부 세계로부터 에너지를 끌어온다는 것이다.[30] 슈펭글러는 서구인의 천부적 성격인 공격성을 토대로 만든 것이 바로 제국주의라고 주장했는데, 스위스 체류 때 무솔리니는 이 주장을 받아들였고, 트렌토에서 니체와 세이에르를 읽으면서 이를 공고히 했다. 《서구의 몰락》에서 우리는 무솔리니가 발전시킨 사상들 중 하나를 발견할 수 있는데, 그것은 곧 인생을 가능성의 영역을 확대하는 것으로 이해해야 한다는 팽창주의적 사상이다.

탄생, 성장, 종말의 과정을 거치는 인간처럼 세계의 문화는 쇠퇴의 국면에 접어들었다는 것인데, 니체에 따르면 이것은 지극히 당연하고 필연적인 현상이었다. 1888년 봄에 쓴 미완성 글에서 발췌한 니체의 유명한 개념 중의 하나는 "인간은 진보하지 않는다"는 것이었다.[31] 사회주의는 생의 적이며, 위대한 정치는 오직 타락이 극에 달했을 때 가능해지는 것이라고 니체는 주장했다. 니체가 말한 근대성과 관련한 인간의 몰락 과정은 바레스Maurice Barrès, 코렐Corel, 모

---

30) D. Pelken, 《오스발트 슈펭글러. 제국과 독재 사이의 보수주의자 Oswald Spengler. Konservativer Denker zwischen Kaiserreich und Diktatur》(München : Verlag Beck, 1988), 51쪽.

31) D. Pelken, 《오스발트 슈펭글러. 제국과 독재 사이의 보수주의자》, 160쪽.

라스Charles Maurras로부터 비난받았다.[32] 그러나 니체는 근대성을 서구 문화 내의 모든 운동과 연결시키지 않고도 누구보다 심오한 비평의 세계를 연 철학자였다. 슈펭글러에 따르면, 니체는 허무주의의 기원을 천착하지 않은 채 '가치의 재평가' 작업을 제안한 사람이었다.[33]

데 펠리체는 1974년 파시즘 운동가로 활동하던 시기에, 무솔리니의 사상에 대한 슈펭글러의 공헌은 대단한 것이었다고 주장했다.[34] 그에 따르면, 무솔리니는 1920년대 후반 동안 슈펭글러의 저작들을 직접 접했다고 한다. 슈펭글러는 1925년에 이탈리아에 체류했는데, 무솔리니와 슈펭글러의 만남은 1928년 무솔리니가 바이에른 사람인 젊은 통계학자 코러Richard Korherr의 저서를 직접 이탈리어로 출판하게 되면서 이루어졌다. 슈펭글러의 추종자인 코러는 무솔리니가 주목했던 출생률 하락을 주제로 《쥐트도이치 모나츠헤프테Süddeutsch Monatshefte》지에 논문을 발표했는데, 이 논문은 이탈리아에서 '출생률 저하 : 민족의 파멸'이라는 함축적인 제목을 달고서, 무솔리니와 슈펭글러가 쓴 두 개의 서문을 붙여 사회당 판으로 출판되었다.[35] 코러의 논문은 전적으로 《서구의 몰락》의 저자인 슈펭글러의 철학을 재결합한 내용이었다. 즉 출생률의 하락은 서구 사회를 좀먹고 있던 죄악 때문이고, '도시 성장'과 '도시화'와 더불어 질병이 점차 서구

---

32) Zeev Sternhell, 《영원한 귀환. 쇠락하는 민주주의 이데올로기에 반하여L'éternel retour. Contre la démocratie l'idéologie de la décadence》(Paris : PFSNSP, 1994), 14쪽.

33) Massimo Ferrari Zumbini, 《소멸과 시초. 니체-슈펭글러-유대인 배척주의 Untergänge und Morgenröten. Nietzsche-Spengler-Antisemitismus》(Würzburg : Königshausen & Neumann, 1999), 56쪽.

34) Renzo de Felice, 《지도자 무솔리니 1 : 동의의 해, 1929~1936Mussolini il Duce, I : Gli anni del consenso, 1929~1936》(Torino : Einaudi, 1974), 38쪽.

35) Richard Korherr, 《출생률 저하 : 민족의 파멸Regresso delle nascite : morte dei popoli》(Roma : Libreria del Littorio, 1928).

의 조직을 파고 들어갔으며, 그 결과 2세를 갖지 못하는 인간이 생기기 시작했고 인종의 부활에 대한 가능성을 꿈꿀 수 없게 되었다는 것이었다. 무솔리니는 이탈리아가 이런 운동에 감동을 받았다는 사실을 1927년 봄 무렵에 알아차렸던 것 같다. '두체'는 서구 사회가 생존의 위기를 내포한 상당히 위험스러운 상태에 처해 있다고 주장했다. 이처럼 매우 회의적인 '두체'의 주장에 대해 슈펭글러는 이탈리아는 무솔리니와 그의 인구 증가 정책이 있기 때문에 출생률 하락이라는 전염병을 퇴치할 수 있다고 말했다. 하지만 '두체'는 인구의 수적 회복이 이탈리아라는 나라에 맞는 최선의 정책이라고 생각하지 않았다. 무솔리니는 슈펭글러가 제시한 '출생률 조절책' 자체가 모든 문제를 해결해주지는 않으며, 문제의 해결책은 파시스트 신념으로 훈련된 이 새로운 세대의 가족들이 수호할 가치들 속에 있다고 보았다. 그에 따르면, 파시즘은 '파시즘을 믿는 민족'과 기타 유럽 민족을 뚜렷이 구별할 수 있게 해줄 뿐 아니라, 그 자신의 민족이 구원받을 수 있다고 믿게 해주는 것이었다.

'두체'는 가치 부여의 중요성을 주장한다는 점에서 슈펭글러와 같은 입장을 취했다. 그에게 문화는 사람들의 삶을 표현한 것이었으며, 종교적 관점에서 본다면 그것은 전체성을 상징하는 것이었다. 모든 문화는 자신의 도덕성과, 종교 · 철학적 상징으로서의 고유한 인간성을 구현하며, '수준 높은 문화'라는 것은 강인한 신체에 대한 '자각'과 같은 것이라고 했다.

무솔리니가 슈펭글러에 대해 관심을 가진 것은 인류학적 혁명의 관점에서 바라본 자신의 연구 때문이었다. 파시즘은 전체주의 틀에서 태어난 새로운 사상이었다. 문화적 우월성을 간직한 인종에 대한 슈펭글러의 생각은 무솔리니의 견해와 일치했다.《결단의 해 *Years of the Decision*》(1933년 8월)에서 슈펭글러가 쓴 표현에 따르면, 인종이라는 것은 한 시대에 유행하는 사상과는 전혀 관계가 없는 정신이다.[36] 나치와는 반대로 슈펭글러의 생각을 공유한 무솔리니는 현재 인종들이 다양하게 뒤섞였기 때문에 생물학적으로 단일한 인종을 찾는다는 것은 불가능하다고 생각했다. 그러나 무솔리니는, 파시즘에 기초한 사회기능론적 관점에서, 국가의 능력을 확대하여 한 개인을 변화시키는 것이 가능하지 않을까 하는 고민을 슈펭글러보다 더 많이 했다. 이와 같은 정책은 "국가가 국민을 만든다"는 원리에 따라 현실화되었다.[37] 이런 계획 속에서 교육과 같이 문화도 예술, 종교, 과학 등 모든 영역에서 폭넓게 탐색되었다.[38] '인종'의 진정한 의미는 유럽의 테두리 안에서 인종을 종교적 차원으로 높이 평가했던 의도적 시각 속에서 인식되었다. 이런 맥락에서 '새로운 인간'의 모델을 가진 이탈리아는 서구의 다른 민족들에게 그 방법을 제시할 수 있었다. 파시스트 혁신 운동은 서구인들에게 그들의 생존을 보장할 뿐만 아니라 스스로의 한계를 극복할 수 있는 가능성을 보여주었다.

문화의 중요성은 정치 체제의 전체 틀에서 인식되었다. 그것은 젠틸레Giovanni Gentile의 윤리적 국가 개념 속에 내포되어 있는 것이었다. 무엇보다도 파시즘은 삶에 대한 총체적인 자각이었다. 이런 점에서 정치 활동을 하거나, 학교나 사무실 또는 자신의 가족 구성원 내에 있는 파시스트들 간의 미묘한 차이를 다루는 것은 불가능했다.[39] 이 체제 속에서 지식인들은 가치의 수호자로 여겨졌다. 지식인

---

36) Gilbert Merlio, 〈슈펭글러의 현대성Spenglers Modernität〉,《슈펭글러의 상황. 위험한 결과Der Fall Spengler. Eine kritische Bilanz》(Köln : Böhlau, 1994), 116쪽.

37) Emilio Gentile,《파시즘 . 역사와 해석Fascismo. Storia e interpretazione》(Bari : Laterza, 2002), 252쪽.

38) Benito Mussolini, 〈파시즘 교의Dottrina del Fascismo〉,《무솔리니 전집》34, 118쪽.

39) Giuseppe Bedeschi,《이데올로기 공장. 20세기 이탈리아 정치 사상La Fabbrica delle ideologie. Il pensiero politico nell' Italia del Novecento》(Bari : Laterza, 2002), 255쪽.

들은 유물론자들이 아니라 새 시대의 영웅으로서 종교적 쇄신이라는 임무를 부여받은 사람들이었다. 지식인들은 문화 복원 운동에 참가함으로써 사회 통합을 위한 사명을 수행했으며, 수많은 파시스트 지식인들은 '종교적 통일'이 혁신의 가장 핵심적인 요소라고 규정했다. 파시스트는 미학 용어로 국민을 묘사할 수 있어야 했다. 사르파티Margherita Sarfatti가 '두체'와 함께 운영했던 '위대한 학교'는 무솔리니가 문화에 대해 가졌던 관심을 보여주는 단적인 예다. 《이탈리아 백과사전Enciclopedia Italiana》의 편찬 작업을 조반니 젠틸레에게 위임하자고 앞장선 것도 바로 사르파티였다.[40]

무솔리니는 파시즘을 종교적인 신앙의 표현으로 이해했다. 이 원칙은 《이탈리아 백과사전》의 파시즘에 대한 부분에서 분명히 확인된다. 그 내용은 다음과 같다. "파시즘은 종교적 개념이다. 인간은 영적 사회의 의식 있는 구성원으로서, 개인을 초월하는 상위 법, 즉 '객관적 의지'가 내재된 존재다."[41]

통합을 이루기 위한 국민적 서사시가 필요한 때, 이런 종교적 개념을 적용할 필요성이 대두되었던 것이다. 마치니Giuseppe Mazzini의 리소르지멘토Risorgimento(이탈리아 통일 운동)로부터 "조국이라는 종교religion of Homeland"라는 표현이 차용되었다.[42] 마치니는 도덕적·사회적 통합을 통하여 새 국가의 기틀을 강화하려는 사회에서는 일반 대중의 경쟁과 신앙에 대한 개념 정의가 필수불가결한 요소라고 주장했다. 무솔리니는 과거 사회당 당원이었을 때 종교 교리를 공부할 목적으로 반복해서 종교 서적들을 읽었으며, 1912년 에밀

---

40) Ph. V. Cannistraro · B. R. Sullivan, 《마르게리타 사르파티, 두체의 또 다른 여인M. Sarfatti, l'altra donna del duce》(Milano : Mondadori, 1993), 370쪽.

41) Benito Mussolini, 〈파시즘 교의〉, 《무솔리니 전집》 34, 118쪽.

42) Emilio Gentile, 《신국가 신화》, 5쪽.

리아의 회합에서 인류는 종교를 필요로 한다고 주장했다.[43] 다른 한 편으로 그는 사회주의 종교 개념을 주장하는 혁명가들의 의견들이 다소 혼란스럽다는 견해를 개인적으로 프레촐리니에게 표명했다.[44] 이 기간에 그는 중요한 교리적 근대화의 산물로서 '새로운 인간'의 문화가 성공을 거둘 수 있도록 각고의 노력을 기울였다. 그가 군대 참호에서 태어난 신인류에 대한 개념을 가질 수 있었던 것은 직접적인 전쟁 경험 때문이었으며, 파시즘은 군대 조직과 체제 변혁 운동 양쪽에 모두 종교적 의미를 부여했다.[45]

처음부터 파시즘은 파시스트 순교자를 높이 평가했다. 1922년 1월 6일 한 무정부주의자에 의해 살해된 파시스트 행동대장 플로리오 Federico Florio의 기일을 맞이하여, 무솔리니는 "파시스트 종교의 진정한 순교자"적 행위에 생명력을 불어넣으려 노력했다.[46]

1932년 6월, 파시즘에 대한 정의가 서문에 기술되어 있는 《트레카니 백과사전》 제16권이 출판되면서, 교황 비오Pius 11세와 무솔리니 사이의 갈등이 표면화된다. 초판에서는 철학자 조반니 젠틸레가 서문을 썼는데, 무솔리니는 개정판에 자신의 의견을 덧붙이려고 하지 않음으로써, 이미 기술된 종교적 내용에 대해 공감한다는 것을 보여 주었다.

무솔리니의 정신 세계에서, 문화의 중요성에 대한 인식은 그가 사회주의에서 파시즘으로 전환하도록 길을 열어주었다. 삶과 문화의

---

43) Benito Mussolini, 〈아반티dall' Avanti!〉(1912년 7월 18일), 《무솔리니 전집》 3, 174쪽.

44) 무솔리니가 프레촐리니에게 보낸 1912년 7월 20일자 편지. Emilio Gentile, 《무솔리니와 라 보체》, 5쪽을 참조하라.

45) Emilio Gentile, 《릭토르 숭배. 파시스트 이탈리아에서의 정치 신성화*Il culto del Littorio. La sacralizzazione della politica nell' Italia Fascista*》(Bari : Laterza, 1993).

46) Benito Mussolini, 〈피의 유대Vincolo di sangue〉, 《이탈리아 인민*Il Popolo d'Italia*》, 《무솔리니 전집》 18, 12~13쪽.

등가성이 사회주의에서 파시즘으로 전향하는 결정적 이유가 되었고, 이는 무솔리니가 서구 세계 중심부에서 떠오르는 근대성에 대한 도전에 맞서 가치 부활 운동을 이끌 새로운 인간의 창조에 관심을 가졌던 때부터 줄곧 그의 사상을 지배하고 있었다. 무솔리니는 처음에 이런 인류학적 작업에 대한 해결책을 사회주의에서 찾으려고 했다. 하지만 사회주의 이론이 인류학적 작업의 해결책이 되기에는 부적합하다는 사실을 알고 나서, 인간의 구원은 가치의 변화와 직결되어 있다고 생각했던 소렐과 니체의 의견을 문제의 해결책으로 재빠르게 받아들였던 것이다. 무솔리니는 프레촐리니와의 관계가 보여주는 것처럼 이와 같은 혁신은 필수적이라고 이미 확신하고 있었고, 전쟁을 계기로, 군대 참호에서 만든 휴머니즘과 이탈리아 국민이 간직한 가치를 기초로 자신의 '전환svolta'을 시도할 수 있었다. 파시즘으로의 이동은 인간의 변화에 대하여 그가 가졌던 초기의 문제의식을 바꾸지 못했으며, 권력은 무솔리니가 이 혁명을 완벽하게 달성하도록 시의 적절한 수단을 제공했다. 결국 사회주의에서 파시즘으로의 이행은 기회주의에서 비롯된 우연적인 것이 아니라 필연적인 결과였던 것이다.

4. 맺는 말

무솔리니에게 문화는 이탈리아 통일 운동의 산물도, 후기 리소르지멘토의 성과물도 아니었으며, 대중 문화에 적합한 예배실과 기도문을 갖춘 새로운 종교의 표출이었다. 무솔리니의 세계관은 신앙의 표현으로 인식된 사회주의 이론과 불평등, 타락, 진보에 대한 비난, 그리고 인간의 갱생에 대해 언급하는 우파적 요소들이 격정적으로 결합하면서 이루어진 것인데, 이는 바로 인종, 문화 등의 여러 이질적인 요소가 융합하고 동화되는 유럽 문화 속에서 잉태되었기 때문이다. '사회주의적 휴머니즘'은 새로운 파시스트 인류학에 자리를 양보하지만 이 둘은 결과적으로 동일한 것이었다. 즉 파시즘은 종교적 삶을 창조해내는 주조자가 되고 싶어 했던 것이다. 무솔리니는 인간의 삶의 형태가 아니라 특별히 삶의 내용, 인간 자체, 성격, 신앙을 원상으로 회복하려고 시도했다.[47] 파시즘의 모체는 바로 20년 이상 이 사상을 적용했던 무솔리니의 문화가 배태한 전체주의였던 것이다.

---

47) Benito Mussolini, 〈파시즘 교의〉, 《무솔리니 전집》 34, 121쪽.

시간과 적법성—독일 양대 독재의 시간 감각에 대한 비교 고찰

마르틴 자브로 :: 나인호 옮김

민주주의적인 관점에서 볼 때 독재자들에게는——규범적인——적법성이 결여되어 있다. 그렇다고 해서 이들에게 필연적으로——실제적인——적법성의 획득마저 결핍되어 있었다고는 할 수 없다. 1989~1990년 이래 재개된 전체주의론적 해석의 두 번째 개화기가 끝나기 시작한 이후로는 다음과 같은 질문이 새로운 비중을 얻었다. 어떻게 해서 권위주의적이고 전체주의적인 강제 지배 체제들이 자신들에게 결핍되었던 민주적인 승인을 얻을 수 있었고, 그 체제하의 시민들로부터 스스로 복종하게끔 동의를 얻을 수 있었는가? 소련에서 스탈린의 지배에 복종했던 대중의 일체감은 바로 1930년대 후반과 1940년대의 대량 학살을 수반한 숙청 시대에 가장 컸다는 사실을 어떻게 설명할 것인가? 동독에서 결코 매력적이지 않고 무서웠던 독

마르틴 자브로Martin Sabrow는 역사학자로 1954년생이다. 현재 포츠담 현대사 연구소에서 진행되고 있는 프로젝트 '지배, 정당성, 역사적 자기 이해'의 팀장을 거쳐 현재는 홈볼트대학 사학과 교수로 활동하고 있다. 주요 연구 분야는 독일 현대사, 동독사, 독재 비교사, 사학사다. 대표적 저서로 《라테나우의 암살Der Rathenaumord》, 《동의의 명령Das Diktat des Konsenses》 등이 있으며, 그 밖에 《논쟁사로서의 현대사 Zeitgeschichte als Streitgeschichte》(공동 편집), 《지배 담론으로서의 역사Geschichte als Herrschaftsdiskurs》(공동 편집), 《연구 과제로서의 동독 역사학 Die DDR-Geschichtswissenschaft als Forschungsproblem》(공동 편집) 등 많은 책을 편집 출판했다.

일 사회주의통일당Sozialistische Einheitspartei(SED, 이하 사통당)의 독재가 수십 년간 결코 낮은 지지율을 보이지 않았다는 것을 무엇을 근거로 설명할 것인가? 나치 국가가 폭격당하고 파괴되었던 1945년 4월에도 히틀러의 독재에 대한 대중의 동의가 무시할 수 없을 만큼 높은 수준이었고, 확실히 1918년 가을이나 1932년 겨울의 바이마르 공화국과 비교해볼 때 히틀러 체제에 대한 동의의 정도가 높았던 것은 어떤 요소들 때문이었는가?

그러나 무엇보다 20세기의 독일의 양대 독재가 이제는 종식되었다는 사실은 역사 연구를 위해 두 가지 역설을 보여준다. 히틀러 지배의 경우는 외적인 파멸과 내적인 단결 간의 모순적인 결합이라고 할 수 있는 역설이고, 사통당 독재의 경우는 모이셸Sigrid Meuschel의 말을 빌리자면 외적인 안정과 내적인 붕괴의 역설이라고 할 수 있다. 나치 정권은 대중에게 한 약속의 약발이 떨어져서 대중의 동의를 잃어버린 경우가 아니었다. 오히려 나치 정권은 유대인 대량 학살이 시작될 때까지 대중의 동의와 급진화를 상승시켜갔다. 이는 정권이 미래에 대한 희망이 더 이상 없음을 완전히 의식한 상태에서 마지막 파멸의 순간까지 높은 대중 지지도를 유지하기 위해서였다. 그러나 다른 한편으로 독일의 제2의 독재는 거의 반세기 동안 유지될 수 있었을 뿐만 아니라, 붕괴 전야에 이르러서도 안정적인 지배 형태를 과시할 수 있는 인위적 작품을 만드는 데 성공했다. 이는 바로 자신을 국제 사회로 성공적으로 통합시키고, 국제 사회로부터 자신이 경제적으로 풍족하다는 평가를 받던 그 시기에 주변국들이 놀랄 만큼 거의 잡음 없이 스스로를 해체시키기 위함이었다.

이러한 현상을 설명할 수 있는 맹아들을 패러다임적으로, 또한 특정 관점에서 시간적으로 엮어낼 수 있다. 독일의 양대 독재와 관련하여 수년간 하나의 설명 방식이 지배적이었는데, 이에 의하면 무엇보다 '제3제국'과 독일민주공화국(DDR)의 지도자들의 모습 속에 의인화된 테러의 영향과 국민에 대한 사상 주입이 강조된다. 이러한 설명 모델은 점차적으로, 특별히 '제3제국'의 경우, 폭력과 미혹, 조종과 유혹이 결합된 이중적인 효과를 강조하는 시각에 의해 보충되고 수정되었다.[1] 독일민주공화국의 경우에도 1989년 이후의 새로운 연구들에서는 우선 전체주의적인 억압과 대중 조종의 성격이 강조된 다음, 재차 "부드러운 안정적 요인들"과 관련된 문제들이 그 이전보다 더욱 명백하게 탐구되었다. 이러한 연구들에서는 종종 통치자들의 행위와 전체주의적 지배가 갖는 대중 조작력이 주목을 받거나, 혹은 일요 잡탕 급식Eintopf-Sonntag과 인민의 연대에 대한 호소, 나치의 안식년과 사통당의 축제 달력, 그리고 언어의 조종과 같은 정권의 자기 연출에 대한 탐구가 선호된다.

이러한 패러다임들은 최근의 연구들에서 독재 체제의 결정적 요소야말로——독재자 스스로도 확신한——그 안에 부분적으로 내포된 민중적인 성격이라는 사실에 근거한 문제 제기들에 의해 확대되고 있다. 그러나 이 점에서 아직까지도 충분히 의미 부여가 안 된 것은 문화적 기본 틀, 즉 독재적으로 조형된 양대 사회의 지배적 시간 양식Zeitstil이다. 이러한 시간 양식 속에 대중적 설득력을 지닌 전략들, 이데올로기적인 설득, 그리고 정치적인 조종의 노력들이 뿌리를 내렸으며, 이러한 것들이 사회적으로 받아들여질 것인지 아니면 거부당할 것인지에 이러한 시간 양식이 결정적으로 영향을 끼쳤다. 독

---

1) Hans-Ulrich Thamer, 《미혹과 폭력. 1933년에서 1945년까지의 독일 *Verführung und Gewalt. Deutschland 1933~1945*》(Berlin, 1986) ; Hans-Ulrich Thamer, 〈매혹과 조작 : 나치당의 뉘른베르크 당 대회 Faszination und Maipulation : Die Nürnberger Reichsparteitage der NSDAP〉, Uwe Schultz (ed.), 《축제. 고대에서 현재까지의 문화사 *Das Fest. Eine Kulturgeschichte von der Antike bis zur Gegenwart*》(München, 1988), 352~368쪽.

재 체제의 시민 종교를 탐구하는 이론 개념, 즉 독재 체제에 의해 생산되고 착취된 공동의 가치 시스템과 신앙 교리——이는 선동이나 선전의 방식으로 채워졌고 이 속에서 지도자나 권력 중심부의 카리스마가 전개되었다——를 탐구하는 이론 개념은 여기에 접목이 된다. 이러한 개념은 그 누구보다 푀겔린과 아롱에 의해 발전된 이론 모델의 영향을 받았다. 이들에 의해 발전된 이론 모델은 실재했던 근대 독재들의 구원자적 성격, 이것들의 세계관에 내포된 전체주의적 주장들, 그리고 이것들의 대중 운동에 내포된 종교적 · 정치적으로 혼합적인 속성들을 정치 및 세속 종교로서 파악하고자 했다.[2] 물론 이 개념은 종교적 원리에 대해 기본적으로 적대적이었던 정권들을 유사 종교로 해석하는 기본적인 모순으로 인해 적지 않은 문제점을 갖고 있다. 더군다나 이 개념은 대중의 정권에 대한 충성심을 하나의 측면 위에 편중시키고, 지배 체제에 대한 정치적 지지를 교조적인 믿음과 동일시하려는 경향을 보인다. 젠틸레는 이러한 문제점들에서 벗어날 수 있는 가능성을 제안했다. 그의 제안은 정치 종교가 부여하는 의미의 틀이 지니는 견고함을 해체하여, 정치 종교를 근대에 들어와 전개된 정치의 종교적 덧칠 과정이라는 개념으로 대체하는 것이었다.

---

2) Eric Voegelin, 《정치 종교들 *Die politische Religionen*》(München, 1993) ; Raymond Aron, 〈전제정의 시대 Das Zeitalter der Tyranneien〉, Joachim Stark (ed.), 《독일과 민족 사회주의에 대해. 초기 정치 저작 1930~1939 *Über Deutschland und den Nationalsozialismus. Frühe politische Schriften 1930~1939*》(Opladen, 1993), 186~208쪽. 최근의 논의에 대해서는 다음을 참조하라. Hermann Lübbe (ed.), 《구원의 기대와 테러. 20세기의 정치 종교들 *Heilserwartung und Terror. Politische Religionen des 20. Jahrhunderts*》(Düsseldorf, 1995) ; Hans Maier, 〈'전체주의'와 '정치 종교들'. 독재 체제 비교의 개념 "Totalitarismus" und "Politische Religionen". Konzept des Diktaturvergleichs〉, 《계간 시대사 *Vierteljahrshefte für Zeitgeschichte*》 43(1995) ; Hans Maier, 《'전체주의'와 '정치 종교들' *"Totalitarismus" und "Politische Religionen"*》 Bd. 1~3.

이러한 방식으로 정치 종교라는 개념이 자연스럽게 정치적인 것의 문화사로 편입된다. 정치적인 것의 문화사란 공동체 존재의 정체성과 여타 공동체와의 경계 짓기를 위한 기본적 사고가 어떻게 상호 경쟁하는 20세기의 사회 구성체들을 위해 그때그때 받아들여지거나 타당한 것으로 해명되는가를 탐구하는 것이다. 이 글은 바로 이러한 점과 연결된다. 이 글은 근대 독재들의 정당화의 토대를 구성하는 내용적 확신보다는, 이러한 확신들이 기반을 둔 사고와 경험의 세계에 더 큰 관심이 있다. 이와 같은 관심 뒤에는 다음과 같은 가정이 전제되어 있다. 결코 의심받지 않는 현실 인식의 지평들과 시간의 양식들이 있으며, 이러한 것들 속에서 비로소 지도자 신화와 당 차원의 컬트가 효과를 볼 수 있었다는 것이다. 예를 들어 무솔리니식의 연극적인 파토스가 기괴한 연극이 아니라 위엄 있는 제스처로 느껴졌고, 폭포수처럼 쏟아지는 히틀러나 괴벨스Paul Joseph Goebbels식의 발언들이 히스테리컬한 스타카토가 아니라 감동적인 지도자의 말로 여겨졌으며, 울브리히트Walter Ulbricht나 호네커Erich Honecker식의 당 대회 발언들이 단조롭고 졸리게 하는 노랫소리가 아니라 행동의 방향을 일깨워주는 고무적인 것들로 느껴지게 되었다는 것이다.

나의 이러한 명제는 아래에서와 같이 하나의 사례를 중심으로, 즉 나치 독재와 공산주의 지배하의 일상생활에서의 '시간'의 경험, 특히 과거 · 현재 · 미래가 교차될 때의 '시간'의 경험을 결정지었던 특징을 중심으로 시험될 것이다.

1. 근대 독재의 통합 요소로서의 시간

언젠가 파스Octavio Paz는, 사람은 한 사회가 시간을 어떻게 다루는가를 알 때에만 비로소 그 사회를 이해할 수 있다고 말했다.[3] 그런데 독일의 양대 독재가 취하는 구체적인 역사 및 미래상들은 주목을 받고 있지만, '제3제국'과 사통당 국가(구 동독)에서 나타난 시간 차원으로서의 과거와 미래의 양식적 성격은 아직까지 거의 연구되지 않고 있다.[4] 또한 나치 사회 및 현실사회주의 사회의 일상생활과 현재를 각인했던 시간의 미학과 시간 이해 역시 이제까지 거의 주목받지 못하고 있다.[5]

민주주의보다는 20세기의 독재하에서 시간이 매우 공개적으로 적절한 관련점을 차지하고 있다는 것은 놀라운 사실이다. 독재 체제들 속에서는 매번 자신의 혁명적 성격이 강조되곤 했으며, 이전 정권들의 붕괴와 관련지어진 시간적 변화가 맹세되곤 했다. 1933년 히틀러는 독일 민족에게 뜨겁게 맹세했다. "나에게 4년의 시간을 주시오. 속도를 늦추는 것은 낙오를 의미하는 것이오." 또한 1931년 스탈린은 산업 간부들의 회합에서 산업화와 집산화를 통한 '제2의 혁명'을 위해 시간이 지니는 의미를 개괄했다. 마찬가지로 구 동독에서 사회주의적인 혁명적 전환을 어느 정도로 이제까지 있어왔던 것들과의 단절로서, 즉 마르크스적 의미에서 계급 사회의 '전사적(前史的)'

---

3) Octavio Paz, 《인디언의 불빛 속에서 *Im Lichte Indiens*》(Frankfurt a. M., 1993), 186쪽.

4) 구 동독의 경우 다음과 같은 초보적 연구들을 들 수 있다. Heinz-Ulrich Kohr, 〈시간, 공간 및 직업의 정향들 Zeit-, Lebens-, und Berufsorientierungen〉, 《청년 '92. 통일 독일의 생활 상태, 정향성들, 그리고 발전 조망들 *Jugend '92. Lebenslagen, Orientierungen und Entwicklungsperspektiven im vereinten Deutschland*》, Jugendwerk der Deutschen Shell (ed.) (Opladen, 1992) ; Michael Häder · Peter Ph. Mohler, 〈구동독과 현재 동부 독일의 위기를 설명하기 위한 방식으로서의 미래관 "Zukunftsvorstellungen als Erklärungsvariable für die Krise in der DDR und gegenwärtige Situation in Ostdeutschland〉, *APZ* (1995), 19~27쪽.

5) 예외적으로, 그리스 Rainer Gries에 의해 주도된 구 동독에서의 선전에 대한 DFG 프로젝트가 있다. 나는 아래에서 여러 차례 이 프로젝트의 결과에 도움을 받을 것이다.

과거에 대한 거부와 새로운 시대의 도래로서 이해했는가는 굳이 상세한 설명을 부연할 필요가 없다. 동독 수립에 여러 형태로 관여했던 사람들의, 이전에는 격정적이었고 오늘날까지 영향을 미치고 있는 신앙 고백, 즉 사회주의적 실험은 이전의 실험들과는 근본적으로 다르고 급진적으로 새로운 성격을 지닌다는 것과, 반(反)파시즘 속에는 신기원적 사고가 들어있다는 신앙 고백이 당 간부들의 이데올로기적인 성명에서뿐만 아니라 실제로 광범위하게 힘을 발휘하고 있었다. 이는 1990년을 전후로 해서 무수히 출판된 동독 지식인들의 자서전을 통해 알 수 있다.[6]

단적으로 말해보자. 시간적인 적법성이 확실히 민주적 적법성을 대체했다. 더 나은 표현을 하자면, 시간적인 적법성이 민주적 적법성을 몰아냈다. 왜냐하면 독재적으로 조성된 사회의 현실 지평 속에서는 시간적 적법성이 더욱 힘 있는 것으로 증명되거나 연출되었기 때문이다. 1930년대에 히틀러는, 민족사회주의는 "역사적 사명을 수행"해야 하며, 독일인들은 "가장 숭고한 의미에서 역사를 만드는 데에 운명적으로 선택되었다"고 주장했다.[7] 20년 뒤 독일민주공화국의 애국가는 독일인민주의Völkisch 유토피아를 인도했던 묵시록의 파편 더미 위에서 "잿더미로부터 일어서서 미래로 향하자"라고 노래

---

6) 예를 들어 훗날 '수정주의'로 인해 재판을 받은 문화 정책가이자 번역가였던 유스트 Gustav Just의 젊은 날의 일기를 보자. "우리는 진실로 새로운 해안에 서 있다. 지금은 우리를 덤불로부터 더 좋은 미래로 인도하는 길을 찾을 때다." Gustav Just, 《독일인, 1921년 생. 삶의 보고Deutsch, Jahrgang 1921. Ein Lebensbericht》(Potsdam, 2001), 63쪽. 구 동독 역사학자 클라인Fritz Klein의 1950년대의 회상도 이와 유사하다. Fritz Klein, 《안과 밖. 독일민주공화국의 한 역사학자. 회상들Drinnen und Draußen. Ein Historiker in der DDR. Erinnerungen》(Frankfurt a. M., 2000), 8쪽 이하.

7) Frank-Lothar Kroll, 《이데올로기로서의 유토피아. 제3제국의 역사관과 정치적 행위 Utopie als Ideologie. Geschichtsdenken und politisches Handeln im Dritten Reich》(Paderborn 등, 1999), 31쪽.

했으며, 공화국의 마르크스주의 당 이데올로기의 역사상은 "독일에서도 또한 역사 발전의 법칙성은 필연적으로 사회주의로 나아간다는 것을 우리 조국의 동·서 근로 대중에게 보여주기"를 원했다.

이 두 정권의 문화적인 시간 지평 속에서 과거, 현재, 미래의 세 차원이 특징적으로 합류되었다. 히틀러의 수사 속에서 '예언'과 '역사'는, 높은 파수대 위에서 정치 행위를 판결하고, 이른바 "역사적 사건들의 향후의 전개 과정에 대한 명료한 인식"을 보장해야 하는 동일한 심급에 대한 상호 교환적인 명칭이었다. "독일의 역사 앞에 설 수" 있다는 희망, 승리의 희망, 독일의 역사 앞에서 오스트리아의 독일 제국으로의 귀환을 '알릴' 수 있다는 희망이 집권 초기의 나치 권력자들의 정치적 소명 의식과 수사적인 자기 연출을 결정지었다. 마찬가지로 황소도 당나귀도 사회주의의 전진을 멈출 수 없다는 베벨August Bebel의 격언에 대한 확고한 믿음이 1989년 가을까지도 무기력해진 사통당 지도부를 위해 자체 붕괴를 막을 수 있는 최후의 안전판으로서의 역할을 했다.

마지막으로 양대 정권은 종말론적인 자기 이해를 갖고 있었다는 점에서 같았다. 양자 모두는 구속(救贖)사적인 구원으로 귀결될 역사 법칙에 대한 믿음에 입각해 있었다. 양 정권은 종말론적 관점을 가지고 스스로를 정당화했다. 이러한 관점에 의하면 역사는 계급 투쟁의 원동력을 통해 부르주아의 지배로부터 프롤레타리아의 독재를 거쳐 공산주의라는 최후의 역사 단계를 향해 사회주의로 이행된다. 혹은 역사는 인종 투쟁의 길 위에서 아리아인과 유대인 간의 최후의 투쟁으로 진행되며, 마침내 아리아인의 승리로 끝이 날 것임에 틀림없다.[8] 양 정권은 미래에 대한 자신들의 절대적 확신 면에서도 일치

---

8) 히틀러는 최후까지도 변함없이 이러한 관점을 지니고 있었다. Adolf Hitler, 〈정치

했다. 이러한 절대적 미래 확신은 마르크스주의적 사고에서는 원시 사회로부터 공산주의까지의 역사 발전의 법칙성에 대한 믿음으로 나타났고, 민족사회주의에서는 '제3제국'을 독일사의 대단원Telos 으로 보이게 했다.[9] 이 점에서 사회주의 국가는 나치 정권보다 더욱 강하게 미래성에 입각하여 자신을 정당화했다. 프롤레타리아의 혁명적 독재라는 현재를 전적으로 공산주의적인 자유의 미래를 향한 이행기로서 기꺼이 평가할 수 있게 해준 미래성이 그것이었다.[10]

시간이야말로 제1급의 정치-문화적인 정당화의 요소였다는 이와 같은 사실을 상세히 관찰해보면 양대 정권에서 취해진 시간 문화의 개별 차원들을 더욱 자세히 구별 지을 수 있다. 무엇보다 현재의 시간이 선전 차원의 질을 획득하고 있다. 새로 임명된 선전 장관 괴벨스는 1933년 3월 자신의 "선전 프로그램"인 "라디오방송에서의 근대적 속도"를 발전시켰다.[11] 나치의 고속도로 프로젝트의 미학적·정치적 기능과 호소력이 최근의 연구서들에 의해 빈번히 묘사되어 왔다. 교차로 없는 교통 도로의 아이디어는 이미 바이마르 공화국 당시부터 시작되었다거나, 자동차가 보급된 민족 공동체라는 현상 뒤에는 군사적 진격로라는 실제가 자리 잡고 있었다는 사실이 확인되었다고 해서 결코 나치의 고속도로 프로젝트의 미학적·정치적 측면이 무시될 수는 없다. 예를 들어 이미 1921년에 개통된 베를린

유언, 1945년 2월 3일*Politisches Testament, 3. 2. 1945*〉, Werner Master (ed.), 《히틀러의 서신과 메모들*Hitlers Briefe und Notizen*》(Düsseldorf, 1973), 66쪽.

9) Sabine Behrenbeck, 《죽은 영웅들의 숭배. 민족사회주의의 신화, 의례와 상징*Der Kult um die toten Helden. Nationalsozialistische Mythen, Riten und Symbole*》(Vierow bei Greifswald, 1996), 197쪽 이하.

10) Vladimir Ilich Lenin, 《국가와 혁명*Staat und Revolution*》(Berlin, 1918), 9쪽.

11) "이제 새로운 정부 부처에서 시작되어야 할 작업에 대해 장관은 다음과 같이 지시했다. 그는 라디오 방송을 지루하게 만들기를 원치 않으며, 방송에 최초로 근대적 속도를 부여하려 한다." 《베를린 뵈르젠쿠리어*Berliner Börsencourier*》(1933년 3월 15일).

자동차 시험 · 경주 도로AVUS나 함부르크 및 인근 도시들로부터 프랑크푸르트암마인을 경유하여 바젤로 가는 자동차 도로를 목표로 했던 하프라바 프로젝트HAFRABA-Projekt와는 달리 나치의 고속도로는 시간을 돈으로 환산하고, 더욱 신속한 생활의 대가로서 통과세를 지불하게 했던, 사회 · 경제적 엘리트의 훨씬 빠른 성장 활동을 위한 것이 아니었다. 나치의 새 도로는 인민의 재산이라는 후광에 둘러싸여 있었고, 민족적 평등화를 위한 것이었으며, 통과세를 부과하지도 않았다. 나치의 새 도로는 자동차세의 부분적 면제, '기쁨을 통한 힘KDF'-자동차, 즉 국민차의 이념과 궤를 같이했고, 따라서 빠른 전진 운동의 이념을 대중화했다. 그리고 이러한 이념은 로제마이어Bernd Rosemeyer와 카라치올라Rudolf Caracciola와 같은 자동차 경주 선수들의 기록 갱신을 통해 그 선전 효과를 가시화했다.

속도와 시간 소비는 현실사회주의에서도 역시 큰 역할을 했다. 1950년대 말 "사회주의의 승리를 향해 로켓의 속도로"라는 표어가 소련의 '스푸트니크'호 발사라는 자의식으로 무장한 사통당 국가에서 유행했다. 10년 뒤에는 시간 절약과 시간의 획득이 "시간을 위해 더 많은 시간"을 경제적으로 활용하는 "새로운 시대"의 중심적인 재현 형식이 되었고, 급속 조리 냄비나 급속 세탁기 및 전기 주방 기계가 사회주의의 우월성을 증명하는 지표로서 기념되었다. "전에는 30분 걸리던 것이 이제는 10분이면 된다."[12]

---

12) 모든 인용은 Rainer Gries, 《둥그렇게 둘러앉은 '생일들'Die runden "Geburtstage"》, 290쪽 이하 ; Rainer Gries 외, 《다시 태어난 자들. 독일민주공화국의 기념일의 역사 Wiedergeburten. Zur Geschichte der runden Jahrestage der DDR》(Leipzig, 1999).

2. 민족사회주의의 시간

양대 독재 체제하에서 시간이 체제의 정당화를 위해 중심적인 의미를 부여받았다는 것은 물론 특별히 자극적인 가설은 아니다. 더욱 흥미로운 것은 오히려 각각의 시간들이 '제3제국'과 사통당 국가 간의 지배의 정당화 방식 및 이에 따른 정치 문화상의 차이점을 보여줄 정도로 특징적 차이를 보이는가 하는 문제다.

자세히 관찰해보면 실제로 공산주의와 파시즘 사회의 시간 문화는 시간의 세 차원 모두에서 서로 현저한 차이점을 보여준다. 먼저 현재의 시간에 대한 문화적 코드화 과정을 보면, 사회주의 정권들은 그 어떤 확실한 속도의 미학도 형성시키지 않았다는 점이 눈에 띤다. 그들의 속도 개념은 본질적으로 노동의 세계에 한정되어 있었다. 그들의 속도 개념은 생산 속도와 스타하노프 캠페인 혹은 합리화의 목표 속에서 흔적이 발견된다. 파우에베VEB 필름 공장의 사회주의 연구 집단 볼펜Agfa Wolfen이 "사회주의를 향한 길 위에서 최대한 시간을 획득하면서 최상의 품질을"이라고 표현했듯이 말이다. 슐라이처 경주 코스에서 트라비 자동차들이 결투하듯이 벌인 자동차 시합은 구 동독에서는 매우 예외적인 현상이었고, 1970년대 말에 에너지 절약을 위해 시행된 지방도로에서의 시속 90킬로에서 80킬로로의 속도 제한은 동독 주민들 사이에서 별다른 불평 없이 받아들여졌다.

가속화와 리듬화를 통해 행해진 민족사회주의에서의 현재 시간에 대한 감정적 채색은 이와는 판이한 모습을 보였다. 좁은 의미에서 볼 때 스스로는 정치적이지 않으면서 정치적 영향력을 행사했던 민족사회주의적 지배가 지녔던 핵심 요소는 민족사회주의의 속도의 미학에서 드러난다. 전쟁 중에 완성된, 각 장면들의 빠른 연속으로 이루어진 주간 뉴스의 스타일이나[13] 일상적 커뮤니케이션이 취했던 군대식 간결성을 실례로 들 수 있다. 나치 정권은 특정한 방식으로 시간을 가속화하고 리듬화하면서 도약과 투쟁의 결단을 명확히 드러냈으며, 이를 통해 14년간의 바이마르 공화국의 과도적 지배를 특징지었던 시간적 규율성의 결핍과 구별되는 자기 고유의 운동이 지니는 혁명적 청년성을 강화했다.

그러나 이 점에서 속도가 모든 것은 아니었다. 오히려 그 반대로 민족사회주의적인 시간 문화는 '유선형' 속에서 최대치를 보았던 타협 없는 속도의 결과치를 스스로가 극복했다고 이해했다. 나치의 시간 문화 속에서는 바이마르 공화국을 특징지었던 속도와 정지 상태 간의 첨예한 대립이 지양되어야 했다. 일종의 "느릿느릿함의 미학"(에르하르트 쉬츠Erhard Schütz)이 최단 시간의 거리 이동이라는 기준을 대체했다. 이는 바이에른 알프스 지역의 이르셴베르크를 통과하는 망팔 다리와 거리 이동의 결정에서 잘 알려진 바와 같이 '가장 아름다운 결합'의 원리를 통해서 이루어졌다.[14] 자유주의적·자본주의적 시대의 조급함, 분주함, 불안함에 반대하여 민족사회주의적인 고속도로의 미학은 유기적인 전진 운동을 정립했으며, "자동차 편력 여행Autowandern"이라는 개념을 발명했다. 이 개념은 속도와 여가를 결합시킨 것으로서, 다름슈타트 지역의 고속도로 위에서 행해진 로제마이어의 세계 기록 달성을 위한 죽음의 질주는 이 개념과 조화를 이루었다. 마찬가지로 이 개념은 고슴도치와 자동차의 만남

---

13) Peter Longerich, 〈민족사회주의와 선전Nationalsozialistische Propaganda〉, Karl-Dietrich Bracher 외(eds.), 《1933~1945년간의 독일. 나치 시대에 대한 새로운 연구 *Deutschland 1933~1945. Neue Studien zur Ns-Zeit*》(Düsseldorf, 1992), 307쪽.

14) Hansjakob Becker, 《히틀러의 고속도로*Hitlers Autobahn*》; Hansjakob Becker, 《예배식과 시*Liturgie und Dichtung : ein interdisziplinäres Kompendium*》(St. Ottilien, 1983), 194쪽 이하.

이나 고속도로 한쪽에서 벌어지는 목가적인 소풍 장면을 담은 독일 고속도로 초상화가들의 무수한 그림들과 조화를 이루었다. 또한 나치 시대의 비행기에 대한 열광도 이러한 퓨전적인 이상을 담고 있어야 했다.[15] 예를 들어 연합국에 의한 (독일의) 무장 제한의 마지막 시기에 글라이더 비행을 찬양하는 찬송가에 만족하거나,[16] 1941년에 상영된 선전 영화 〈불시착 비행사 크박스Quax, der Bruchpilot〉에서 "독일인의 일상적 사생활 속에 비행을 상상적으로 통합하기"가 연출되었던 것처럼 말이다.[17]

이처럼 민족사회주의의 시간 미학은 단순히 속도의 숭배를 의미하지 않았다. 그것은 언제나 속도와 통제, 빠름과 숙달, 기록 달성과 확실성의 결합이었다. "얼음처럼 차갑게"와 "번개처럼 빠르게"는 독일의 소비자들을 상대로 차용된, 코카콜라 광고의 슬로건이었다.[18] 가장 빠름과 극도의 냉정함은 또한 전쟁 뉴스에서 히틀러의 군사 전

---

15) "비행은 고속도로와 함께 유기적으로 사고된 조화로운 근대라는 이상적인 프로젝트였다." Erhard Schütz, 〈콘돌, 독수리와 벌레들. 제3제국기 비행의 매력Condor, Adler & Insekten. Flug-Faszination im 'Dritten Reich'〉, Bernd Sösemann (ed.), 《연감Jahrbuch 1999》(Berlin, 1999), 49~69쪽(인용은 67쪽).

16) "글라이더 비행은 창공과의 숭고한 결합이라는 행복한 경험이다." Erhard Schütz, 〈콘돌, 독수리와 벌레들. 제3제국기 비행의 매력〉, 52쪽.

17) "비행을 독일인의 일상 속에 통합시킨다는 염원을 상징적으로 표현하는 것이 크박스가 자기 고향인 소도시의 시장통에 착륙하고, 이곳에서 다시 이륙하는 장면이다. 경이로운 비행이 소도시처럼 기분 좋고도 친근한 것이 되며, 소도시는 스스로를 변화시키지 않고도 근대에 편입하게 된다." Erhard Schütz, 〈콘돌, 독수리와 벌레들. 제3제국기 비행의 매력〉.

18) 이와 유사하게 1936년도 《우아한 세계Elegant Welt》(Nr. 17)에서 하노버 제작소는 민족사회주의적인 자동차 광고, 즉 "번개처럼 빠르게 다가와, 곧바로 걷는 속도에서 급행열차의 속도로, 산에서는 힘차게, 커브길에서는 무조건 안전하게——이것이 하노마크 '슈투름' 입니다"를 선전했다. Hans Dieter Schäfer, 《분열된 의식. 1933~1945년의 독일에서의 실제Das gespaltene Bewußtsein. Über die Lebenswirklichkeit in Deutschland 1933~1945》(München · Wien, 1981), 120쪽.

략상을 채색시킨 요소였다. 1940년 5월 《독일 알게마이네 차이퉁 *Deutsche Allgemeine Zeitung*》은 독일군의 프랑스에서의 전투를 보고하면서 "지도자는 번개처럼 빠르게 필요한 지점에서 군대의 진군 위치와 부대 편성을 변화시키며, 힘찬 타격을 가해야 한다고 생각하는 곳에서는 이것들을 하나로 모은다"[19)]라고 썼다.

이데올로기적인 확신과 의식적인 행위의 저변에 숨겨진 채 '제3제국'과 사통당 국가에서 형성된 각각의 시간 감각은 이 양대 독재의 정치적 지배 문화의 특징을 형성하는 데 기여했다. 하나의 예만 들자면 현재 시간에 대한 서로 다른 이해, 즉 나치 국가와 구 동독에서의 리듬이 강조된 시간이 강했다거나 약했다거나 하는 대립이야말로 어째서 민족사회주의자들의 스타카토적인 언어가 구 동독에서는 끝없이 이어진 문장 구성이라는 공식 만들기의 열정에 의해──이러한 변화가 적법성의 상실 없이──해체되었는가를 쉽게 설명해줄 수 있다. 이는 사람들이 다른 시간들 속에서 살았을 뿐만 아니라, 다른 시간 리듬 속에서 살았기 때문인 것이다. 민족사회주의의 정치문화는 사람을 황홀경에 빠트리는 시간 코드에 의해 각인되었는데, 이러한 시간 코드는 리듬과 시간의 긴장을 하나의 드라마 연출의 요소로 만들었다. 이러한 점은 히틀러에게서 가장 뚜렷하게 드러난다. 그는 규칙적으로, 더 이상 참을 수 없을 정도가 될 때까지 침묵했다가 다음 발언을 시작했는데, 이는 장기간의 열변이 끝난 다음 자신의 발언을 수사학적인 크레셴도로 상승시키기 위해서였다. 사회주

---

19) 《독일 알게마이네 차이퉁*Deutsche Allgemeine Zeitung*》 243(1940년 5월 21일). 셰퍼 Hans Dieter Schäfer는 심지어 이중의 의미 속에서 지배되었던 시간의 이러한 특징을 개인으로서 히틀러에게도 전가시킨다. '얼음처럼 차갑게'와 '번개처럼 빠르게'는 코카콜라와 자동차 광고의 표어만은 아니었다. 이는 스스로 자신의 행위를 해석하기 위해 기꺼이 이 둘의 특성을 사용했던 히틀러의 영적인 결빙 상태를 특징지었다. Hans Dieter Schäfer, 《분열된 의식. 1933~1945년의 독일에서의 실제》, 120쪽.

의 사회의 완전히 다른 '시간 세계'에서는 이와 같은 태도는 단지 웃음거리가 될 뿐이었을 것이다. 이 사회는 활용할 수 있게 만들어진 시간의 확실성에 근거한 합리적인 시간 코드에 의해 지배되었다. 시간이 더 이상 자율적인 외적 단위로 이해되지 않고 무제한적으로 지배할 수 있는 내적인 잠재력으로 이해되어, 작업의 실행과 성취를 '시간 소비 가치'와 '시간 규범 시스템' 및 '시간 규범 목록'에 따라 파악하는 것에 익숙해진 시간 지평에서는[20] 네 시간 동안 계속된 당 대회 연설이 뚜렷한 리듬의 구성 없이 발언되어도 정당한 가치를 차지했다. 혹은 구 동독의 뉴스 방송은 "국가평의회 의장이자 독일 사회주의통일당의 당수인 호네커"라는 천편일률적인 종지부로 끝나는 당과 정부 당국의 성명을 매 시간 예외 없이 내보낼 수 있었다. 우리가 보기에 '주요 시간'을 빼앗는 '시간 낭비'로 여겨지는 이러한 일이 사람들의 감정을 상하게 하지 않고 일어날 수 있었던 것이다.

양대 독재가 취하는 역사적 시간이 어떻게 코드화되었는지, 즉 과거와 미래의 영역이 어떻게 특징지어졌는지를 살펴보아도 마찬가지로 양자 간에는 근본적으로 다른 시간 문화가 있었음을 진단할 수 있다. 현실사회주의자들과는 다르게 민족사회주의자들에게는 시간(시대)의 전환이 새로운 시대를 향한 도약이 아니라, 무엇보다 갱신의 방식으로 수행된 옛것으로의 귀환, 즉 예전의 좀더 좋았던 상태의 재생을 의미했으며, 이러한 재생 속에서 그들은——과거에 대한 숙고를 의미했던——미래를 공명시켰다. 히틀러 자신은 권력 장악을 무엇보다 갱신으로서, 그리고 지나간 상태의 복원으로서 기념했다.

---

20) 치머만Hartmut Zimmermann에 의해 완성된 1985년도 《독일민주공화국 편람 *DDR-Handbuch*》에 의하면 '시간 규범'은 다음과 같이 정의된다. "시간 규범은 작업 성취의 실행을 위한 기술적·기술학적·조직적 조건들 및 필요한 시간 소비를 묘사한다." 제3판(1985), 1,534쪽.

이는 계속된 새로운 발언들에서 독일 제국의 "재상승", "재탄생", "재각성", "재도약", "재건설" 그리고 "재창조" 등으로 표현되었다.[21] 귀환으로서 그리고 수정된 과거로서의 미래는 무엇보다 바이마르 공화국과 관련지어져 이해되었는데, 공화국의 "체계적 시간"은 곧 "바이마르 공화국의 몰락 현상"을 의미했다. 권력 장악 이후 히틀러는 언제나 반복해서 베르사유 조약은 말소되어야 하며, 독일적 자유의 "재획득"[22]이란 "독일인의 자주적 보존 의지의 재창조"[23]를, 무엇보다 콩피에뉴[24]의 말소를 의미한다고 강조했다. 이러한 역사철학적인 시나리오의 뒤를 이어, 10여 년이 흐른 1940년 6월에 프랑스의 항복에 대한 연출이 이루어졌다. 독재자 히틀러는, 1918년 11월 11일에 에르츠베르거Matthias Erzberger가 독일의 항복 문서에 서명했던 바로 그 장소인 콩피에뉴의 특등 객실에서 패전한 적에게 항복을 강요했던 것이다. 이미 1933년 이전부터 최소한 히틀러의 개인적인 역사관 속에서는 제국의 갱신이라는 말은 더욱 많은 것을 의미했는데, 그것은 부르주아 시대의 형상 속에서 진행된 세속적 일탈 과정의 수정과 지난 기독교 천 년간의 오류로부터의 단절을 의미했다. 히틀러의 이상적 시대는 고대였다. "지구의 지배자를 지향하는 독일"이라는 그가 《나의 투쟁Mein Kampf》(438쪽)에서 표명한 망상은 직접적으로 세계 제국 로마를 염두에 둔 것이었다.

'과거에 따라 미래의 윤곽 그리기'에 대한 인상적인 예를 이미 제3제국의 선전용 대규모 행사가 보여주고 있다. 새로운 정부를 역사

---

21) Frank-Lothar Kroll, 《이데올로기로서의 유토피아. 제3국의 역사관과 정치적 행위》, 33쪽.

22) Adolf Hitler, 《나의 투쟁Mein Kampf》 2권, 144쪽.

23) Adolf Hitler, 《나의 투쟁》, 716쪽.

24) (옮긴이주) 콩피에뉴는 1차 세계대전에 패전한 독일이 항복 문서를 조인한 곳이다.

정책적으로 프로이센의 권력 국가 이념의 연속성 속에 위치시키려 했고, 이 점에서 역사적 유사성을 엮어내려 했던 이른바 '포츠담의 날'이 그것이다. 제국 의회 방화 사건으로 인해 제국 의회의 대피 구역 찾기가 불가피했는데, 이때 1919년의 바이마르를 향한 국민회의 Nationalversammlung의 대피 지점과 대립되는 대척점이 설정되었으며, 이는 '바이마르 독일'에 대한 '포츠담 독일'의 승리를 상징했다. 동시에 판 데어 루베Marinus van der Lubbe의 방화 사건은 1918/19년의 11월 혁명의 연속선상에 위치했으며, 이를 통해 히틀러 정부는 민족 혁명을 "11월 난동자들의 국제적 전복"에 대한 대척점으로서 연출시킬 수 있었다. 포츠담의 날은 또 다른 것과 관련돼 있었다. 즉 이날은 황제의 베르사유 선언과 관련돼 있었다. 이를 통해 제3제국의 탄생과 제2제국의 출현 간의 유사성이 강조되었다. 이에 원래 4월로 예정되어 있던 제국 의회 개회 날짜가 독일 제국의 제1차 제국 의회가 열린 1871년 3월 21일로 앞당겨졌다. 세 번째 역사적 연속성은 신임 선전 장관 괴벨스가 포츠담의 수비대 교회에서 새로 구성된 제국 의회의 개회를 민족적 화합의 기념제로 고양시킨, 격앙된 목소리의 〈독일 민족에게 고함〉을 통해 이루어졌다. 괴벨스는 이미 단어 선정에서 자신의 발언을, 1813년 1월에 일어난 나폴레옹에게 대항하는 봉기 및 1848년 3월에 있었던 왕좌와 봉기한 베를린 신민들 간의 화해를 목표로 했던 결정적인 순간의 프로이센 왕의 선언과 연관시켰다.

과거의 척도에 비추어 사유된 미래는 사회주의적인 미래관과는 전혀 반대로 결코 역동적이지 않았다. 그것은 정적인 특징을 내포하고 있었다. 그 미래의 기호는 변화 가능하고 개방적인 것이 아니라, 완결되고 최종적인 것이었다. 이러한 의미에서 다음과 같은 격앙된 선언이 나왔다. "1933년 3월 21일 화요일, 독일 민족에 의해 선출된 새로운 제국 의회가 포츠담이라는 신성한 땅 위에서 최초로 모인다. 의원들은 수비대 교회에 모인다. 이는 역사적으로 봉헌된 우리의 위대한 프로이센 왕들의 묘지에서 독일 민족과 제국의 통일과 자유를 위한 신앙고백을 하기 위함이다. 포츠담은 불멸의 프로이센이 독일 국민이 훗날 이루게 될 위대함을 위한 토대를 놓았던 도시다. 독일 민족이 역사를 시작한 이래 수백 년간 고통거리가 되어온 내적 분열이 오늘 이후로는 영원히 종식되어야 한다."

그런데 이러한 과거 지향적인 미래 개념을 단순히 과거로의 도피로만 이해한다면, 이는 이 개념이 지니는 적법성 부여의 능력을 오해하는 일이 될 것이다. 이 개념 뒤에는 훨씬 많은 것들이 내포되어 있었다. 즉 지금까지 있었던 것들과 앞으로 도래할 것들의 혼합, 그리고 자연과 기술 간의 대립을 조정하려는 모델이 숨겨져 있었다. 잿빛 교통도로 노선들의 민족적 통일 및 고속도로와 교량 건설에서 건설 양식과 재료들의 지방적 다양성의 민족적 통일을 강조했던 제국 고속도로 프로젝트[25]야말로 "유기적 근대"의 유토피아가 갖는 흡인력을 가장 확실히 보여준다. 기술과 자연, 냉철한 합목적성과 아름다움의 공생은 경주로를 흐르는 강물처럼 만든 신도로의 "나긋나긋한" 노선, 그때까지는 들어본 적이 없었던 환경적이고 풍경 계획 Landschaftsplan적인 관점에 대한 고려, 그리고 교통의 유토피아와

---

25) Erhard Schütz, 〈……피의 중심에 단단히 뿌리내려. 제국 고속도로─제3제국기 유기적 근대에 대한 중심적 비전"……verankert fest im Kern des Bluts". Die Reichsautobahn─mediale Visionen einer organischen Moderne im 'Dritten Reich'〉, Erhard Schütz · Hartmut Eggert · Peter Sprengel (eds.), 《유기적인 것의 매력─한 근대 범주의 유행 Faszination des Organischen─Konjunkturen einer Kategorie der Moderne》(München, 1995) ; Erhard Schütz, 〈잿빛 띠의 매력. 제국 고속도로의 유기적 기술에 대해 Faszination der blaßgrauen Bänder. Zur organischen Technik der Reichsautobahn〉, Wolfgang Emmerich · Carl Wege (eds.), 《히틀러-스탈린 시대의 기술 담론 Der Technikdiskurs in der Hitler-Stalin-Ära》(Weimar, 1995).

노동용 삽의 혼합이라는 선전을 통해 적절히 표현되었다. 이와 같이 연출된 유기적 근대와 화합하려는 노력 속에서 과거와 미래가 동시에 포괄되었으며, 진보는 그 파괴적인 위협성을 잃어버렸고, 전통은 그 낡은 한계성을 상실했다.[26]

따라서 어째서 나치 국가에서의 미래는 건축과 도시 건설을 제외하고는 놀라우리만큼 멀고도 추상적인 단위로 머물러 있었는지를 생생하게 알 수 있다.[27] "더 나은 미래를 향한 길을 자유롭게 하기 위해 굶주림과 빈곤, 그리고 몰락의 세계를 제거하는 것"이라는 이러한 보편적 구호가 갈색[나치의 색깔]의 권력 장악의 목표와 본질에 대한 선전에 담긴 표현이었다. 이는 또한 히틀러 지배의 1년을 회고하는 경제 주기 연구소Institut für Konjunkturforschung의 구호이기도 했다.[28] 민족사회주의의 선전에서 '미래'가 사실상 희미하고 실체가 없었다는 사실은 이미 1927~1928년에 슈트라서Otto Straßer와 같은 비판적인 나치 당원이 비난한 바 있다. 그는 더 나아가 심지어 권력 투쟁에 불을 붙였고, 히틀러 추종 집단에서 스스로 탈퇴하고 말았다.

우리가 결코 단일하지 않았던 나치 권력 엘리트들의 이데올로기

---

26) 파시스트 이탈리아 역시, 비록 동시에 미래주의에 의존했음에도, 이와 유사한 과거 지향적 미학의 적용을 각인하고 있다. Johannes Graf, 《필연적 여행 *Die notwendige Reise*》(Stuttgart, 1995), 137쪽.

27) "증오심의 대상이었던 공화국이라는 어둠의 나라에 대해, 빛을 발하며 단지 모호하게 해석된 미래와 히틀러에게서 의인화된 유토피아적인 구원의 기대가 반명제(反命題)로서 대립되었다." Peter Longerich, 〈민족사회주의의 선전Nationalsozialistische Propaganda〉, Karl-Dietrich Bracher 외(eds.), 《1933~1945년간의 독일. 나치 시대에 대한 새로운 연구》, 291~314쪽(인용은 296쪽).

28) Institut für Konjunkturforschung im Auftrag des Reichsverkehrsministeriums (ed.), 《구호 : 기동화(機動化). 민족사회주의적 자동차 교통의 증진*Parole : Motosierung. Ein Jahre nationalsozialistischer Kraftverkehrsförderung*》(Berlin, 1934), 6쪽.

표상들을 면밀하게 검토한다 하더라도 동일한 모습이 나온다. 정확히 로젠베르크 Alfred Rosenberg 같은 지도적인 나치 이데올로그들은 미래에 대한 그 어떠한 개념적 표상들을 공개적으로 갖고 있지 않았다.[29] 다레 Walter Darré나 힘러 Heinrich Himmler 같은 또 다른 사람들은 '미래'를 단지 복고적인 유토피아, 즉——물론 우랄 지방에서 대서양까지 이르는——농촌적 생활 세계로서 그렸는데, 이 세계에서 앞으로 다가올 것들과 이미 지나간 것들이 확실한 순환 주기로서 자연 법칙의 리듬 속에서 서로 용해되었다. 앞서 언급한 명백한 미래 관련성과는 구별되었음을 알 수 있게 해주는 히틀러의 세계상 자체에서도, 새로운 제국의 지배 질서에 대한 그의 모든 고려를 보면 "눈에 띄는 부족함"(크롤 Frank-Lothar Kroll)이 드러났다. 그의 고려는 그가 "제국의 내적 미래 문제에 대해 명백히 부차적인 관심"만을 가졌음을 드러내 보였다. 그것은 단지 과대망상과 임의성의 특징적 조합에 의해 유지되었다.[30] 이 제1의 독재자가 "내가 마지막까지도 생각하지 않는 미래의 문제들"[31]이라고 했을 때 이에 내포된 놀라운 공정함이 바로 이러한 점과 부합된다. 실제로 독일의 미래와 관련하여 히틀러가 발언한 "최후의 승리"에 대한 구체적인 언명들은 민족사회주의적인 세계관을 통해 기독교가 마침내 해체된 채 진행되는 "인종적으로 순수한" 민족사회주의적 민족 공동체의 형성에 한정되었고, 그 밖에는 독일 "커피 식민지"의 창출과 사투리의 폐지,

---

29) Frank-Lothar Kroll, 〈히틀러의 역사상에서의 '미래'라는 요소 Der Faktor "Zukunft" in Hitlers Geschichtsbild〉, idem (ed.), 《이념사의 새 길. 카를 클룩센 85세 생일 기념 논문집 Neue Wege der Ideengeschichte. Festschrift für Karl Kluxen zum 85. Geburtstag》 (Paderborn u. a., 1996), 391~409쪽.

30) Frank-Lothar Kroll, 〈히틀러의 역사상에서의 '미래'라는 요소〉, 401쪽.

31) John Lukacs, 《히틀러—역사와 역사 서술 Hitler—Geschichte und Geschichtsschreibung》 (Berlin : Ullstein, 1997), 220쪽.

그리고 강제적으로 시행되는 채식주의의 관철을 목표로 한 괴상한 계획들로 꽉 채워져 있었다. 또한 그의 프로그램적인 발언 속에서 미래는 거의 완전히 현재에서 출현했고, 동시에 과거의 완성을 향해 축소되었다. 아래에 인용한, 미래의 독일의 기동화(機動化)에 대한 1933년 2월 11일자 그의 발언이 이러한 점을 증명한다. "지난 세기의 전반기에 철도가 유례없는 승리의 질주를 시작했을 때, 교통의 외적인 혁명뿐만 아니라 내적인 혁명도 함께 일어났다. 교통 수단은 점차 봉사의 수단이 아니라 하나의 목적이 되어갔다. 철도로 인해 교통의 개별적인 자유가 중단되었다. 사람들에게 자신들의 명령에 순종하는 교통 수단을 주려는 올바른 이념이 실현되기까지는 수십 년이 걸렸다. 내연 기관에서 가장 이상적인 힘의 원천이 발견되었다. 철도가 성공하지 못했던 것, 즉 인간의 손에 의해 제작된 기계를 통해 동물적 견인력을 몰아내는 것이 이제는 완성된 듯이 보인다. 여행 시간표가 아니라 인간들의 의지가 인간에게 항상 복종하는 교통 도구를 이용하고 있다."[32]

나치 정권이 권력을 잡자마자 히틀러 개인을 통해 '미래가 사라진 지배'를 선전한 것도 이와 동일한 미래 차원의 실상에 들어맞는 것이다. 여기서 특징적인 것은 "시간을 달리게 하는 지칠 줄 모르는 추진자"로서의 최고위 독재자의 운동성이다. "왜냐하면 그가 의도했던 모든 것은 빠르게 돌진하는 행동과 대응의 마취적 영향력에 의해 생명력을 얻었기 때문"이었다.[33] 히틀러 자신은 우울증 환자였으며, 스스로 오래 살아서는 안 된다고 확신하고 있었다. 그는 늦어도 1936년 이후에는 유럽의 전쟁을 준비하는 데 몰두했는데, 이는 특히

---

32) John Lukacs, 《히틀러—역사와 역사 서술》, 6쪽에서 인용.

33) Gerd Koenen, 《청결함의 유토피아. 공산주의란 무엇이었는가?*Utopie der Säuberung. Was war der Kommunismus?*》(Frankfurt a. M., 2000), 295쪽 이하.

그가 죽기 전에 "시간을 더 이상 잃어버려서는 안 되며"[34] 세계의 새로운 질서를 완성해야 한다는 이러한 신념 때문이었다. 히틀러는 4년 안에 독일에 전쟁 수행 능력을 갖추어주려는 1936년 여름의 비망록에서 "이제 4년이라는 귀중한 시간이 지나갔다"라고 썼다. 전쟁이 끝날 무렵 최소한 히틀러의 기사들에게는 그의 세계상 속에는 문자 그대로 그의 생애를 넘어서 표상된 미래가 없었다는 사실이 밝혀졌다. 1945년 3월 28일자 편지에서 슈페어Albert Speer가 비난했듯이 "히틀러가 그의 전임자들과 달랐던 점은 그가 무엇보다 초개인적인 책임 의식과 봉사의 에토스를 결여하고 있었다는 것이다. 모든 역사에서 유례없는 자기 중심성 속에서 그는 나라의 생존 기간과 자신의 삶의 기간을 등치시켰다".[35] 제국 총리의 벙커에 갇힌 나치 독재자는 자신을 몰락시킨 근본적 원인을 우세한 적들의 강함이 아니라 부족한 시간에서 찾았다. "공간과 시간이 나를 이겼다."[36]

3. 공산주의의 시간

쾨넨Gerd Koenen에 의하면 히틀러의 맞수 스탈린은 이 점에 있어서 "완벽한 반대상"을 보여주었다. 스탈린의 시간은 소로킨Wladimier Sorokin의 말을 빌리자면 "유한한 존재의 시간과는 함께할 수 없는 특별한 시간과 특별한 고유 공간에 상응하는" 것이었다.[37] 이미

---

34) John Lukacs, 《히틀러—역사와 역사 서술》, 67쪽.

35) Joachim Fest, 《지도자의 벙커 Der Führerbunker》, Etienne François · Hagen Schulz (eds.), 《독일 기억의 터 Deutsche Erinnerungsorte》 I(München, 2001), 122~137쪽(인용은 133쪽).

36) Joachim Fest, 《몰락. 히틀러와 제3제국의 종말. 역사적 스케치 Der Untergang. Hitler und das Ende des Dritten Reiches. Eine historische Skizze》(Berlin, 2002) 참조.

레닌과 트로츠키Leon Trotsky는 자신들이 1918년 1월 브레스트-리 토프스크의 평화 조약에 서명했을 때, 소비에트를 위해 일하는 시간 과 동맹을 맺었다. 소련이 공격을 받았을 때 스탈린과 그의 군 지도 부는 이러한 시간과 동맹을 맺었고, 1945년에서 1949년 사이에 반파 시즘 연맹들과 이후 인민민주주의 체제가 등장했던 유럽 11개국에 서 공산주의자들은 이러한 시간과 동맹을 맺었다. 또한 소련군 점령 지역의 독일 공산당KPD은 1945년 가을 이후 자신과의 통합을 통한 독일 사회민주당Sozialdemokratische Partei Deutschlands(SPD)의 해체를 주도해나갔을 때 이러한 시간과 동맹을 맺었다. 마침내 울브 리히트 지도하의 사통당은 1960년대에 사회주의의 과도기를 고유한 시대의 위치로 격상시켰을 때 이러한 시간과 동맹을 맺었다. 이와 더불어 신경질적인 부단함이 있었다. 이러한 신경질적인 부단함 속 에서 먼저 소련의 독재자[스탈린]가, 다음에는 그를 따라 동독의 사 통당 간부들이 미래에 대한 작업을 항상 새롭게 호소했다. 예를 들 자면 10년 내에 서방 세계의 우위를 따라잡아야 한다는, 1931년에 생성된 압박감 속에서 미래 비관주의가 아닌 초개인적인 미래의 확 신이 신경질적으로 부단히 표현되었던 것이다. 이러한 미래의 확신 은 공산주의적인 구원의 확실성을 향한 길 위에서, 또한 역사적인 이성의 경로 속에서 한 개인의 생애의 짧음을 지양할 수 있었던 것이 다. 울브리히트는 1952년 7월의 제2차 사통당 회합에서 "사회주의적 인 발전의 길 위에서 우리 모두는 우리에게 주어진 어려움들을 극복 할 수 있을 것이다"라고 훈령을 내렸다.[38] 이러한 발언 뒤에는 1930

---

37) John Lukacs, 《히틀러─역사와 역사 서술》, 299쪽.

38) 《사회주의통일당 제2차 당 회합 회의록*Protokoll der Verhandlungen der II. Partei-konferenz der Sozialistischen Einheitspartei Deutschlands 9. bis 12. Juli 1952 in der Werner-Seelenbinder-Halle zu Berlin*》(Berlin, 1952), 58쪽.

년대에 소련이 차용한, 자신의 힘이 갖는 전능함에 대한 믿음이 깔려 있었다. 이 믿음은 엄청난 동원력을 지녔다. 이제 사회주의 건설이 시작되었다는 울브리히트의 선언은 대표자들 사이에서 결코 그치길 원치 않는 우레와 같은 박수갈채를 불붙게 했다. 그리고 이러한 폭풍과도 같은 박수 소리는 울브리히트로 하여금 스탈린식 진보의 사고가 지닌 유토피아적 전능함을 표현하는 또 하나의 문장을 말하게 했다. "우리는 '불가능'이라는 단어를 독일어 사전에서 삭제할 것이다!"[39] 오늘날의 시각에서 볼 때 이와 같이 괴상한 진보의 신념을 담지했던 자들은 스탈린식 진보 개념의 또 다른 특징을 결코 흔들리지 않고 깨지지 않는 자신의 미래상으로 확신했다. "독일민주공화국에서는 사회주의가 계획적으로 건설된다"는 1951년 7월의 제2차 당 회합의 결정 속에서 처음으로 진보와 계획이 혼합되어 등장했다. 이들은 계속해서 구 동독의 사회 발전, 그리고 특히 동독을 만든 사람들의 인식을 대중들에게 각인시켜야 했다. 진보에 대한 신념과 계획이라는 쾌감이 상상으로 이루어진 현실을 창조했다. 이러한 현실은 계획을 수정해야 한다는 항시적인 압박감이나, 시시때때로 생기는 계획의 구실과 실제 계획 간의 불일치에 의해 거의 흔들리지 않았다. 5년 뒤 열린 사통당의 제5차 당 대회에서 이러한 결정의 개진을 위해 '천 일 전투'가 선언되었을 때 나온 다음과 같은 성명은 그 사이 동질적인 발전 대신 일방적인 스탈린화, 인민 봉기, 그리고 새로운 노선의 반복이 일어날 것을 인지하지 못한 결과였다. "수년 내에 공화국의 사회주의 사회 질서가 서독의 제국주의 세력의 지배보다 우월함을 증명할 정도로, 따라서 우리의 근로 대중의 중요 식료품

---

39) Ernst Wollweber, 〈기억들로부터. 발터 울브리히트의 초상Aus Erinnerungen. Ein Porträt Walter Ulbrichts〉, 《노동 운동사 기고집Beiträge zur Geschichte der Arbeiterbewegung》 32(1990), 350~378쪽(인용은 357쪽).

및 소비재의 일인당 소비가 서독 전체 인구의 일인당 소비와 맞먹게 되고 더 나아가 그것을 능가할 정도로 독일민주공화국의 경제는 발전할 것이다."[40]

계획할 수 있는 진보라는 미래 확신은 무엇보다 구체적인 시간 구상 속에서 표현되었다. 15년 이내에 중국의 산업 생산이 영국을 추월할 것을 소련 공산당은 요구했다. 또한 울브리히트는 제5차 당 대회에서 당원 동지들의 열렬한 환호 속에서 "우리는 독일민주공화국의 노동 계급과 전체 근로 대중에게 1961년까지 설정된 경제적 주요 과제를 향후 3년 안에 해결할 것을 제안한다"고 외쳤다. 그런데 1년 뒤 경제적 주요 과제를 둘러싼 이 전투에서 동독은 지고 말았다. 그럼에도 불구하고 이러한 사실은 흥미롭게도, 기꺼이 예견 속에 자신을 구속시키려는, 복된 미래에 대한 희망이 낳은 마음가짐을 약화시키지 않고, 단지 그 희망이 실현될 수 있는 정확한 날짜에 대한 예견만을 바꿨을 뿐이다. 이제 1965년이 서독의 생활 수준에 도달할 수 있는 연도로 확정되었던 것이다.[41]

이와 상응하여 현실사회주의 지평 속에서의 '시간'은 급진적으로 단선적인 모습을 취했다. 이러한 시간은 그 어떤 반복도 몰랐으며, 따라서 정치 행위는 역사적 상승 운동의 법칙을 존중해야 했다. 민족사회주의의 순환적 미래관과는 정반대로 현실사회주의의 정당화의 틀은 하나의 현재적 상태는 결코 과거로 회귀할 수 없음을 통해 생명력을 유지했다. 1959년에 쾰른에 새로 봉헌된 유대인 회당 훼손 사건으로 국제적인 분노를 자아낸 것이 계기가 되어 《신독일 *Neus*

40) Walter Ulbricht, 《우리의 사회주의 건설의 변증법에 대하여 *Über die Dialektik unseres sozialistischen Aufbaus*》(Berlin, 1959), 94쪽.

41) Dietrich Staritz, 《독일민주공화국의 역사 *Geschichte der DDR*》(Frankfurt a. M., 1996), 176쪽.

Deutschland》은 "동독에서 중세적인 유대인 박해의 야만 행위는 완전히 제거되었다. 그러나 아데나워Konrad Adenauer가 다스리는 국가에서는 불타는 유대인 회당의 불길이 다시 솟아오를 것이다"라고 자신의 입장을 선전했다.[42]

물론 사통당 정권이 나치 국가와는 비교되지 않을 정도로 역사에 주목했다는 반론을 펼 수는 있다. 나치 국가에서는 프랑크Walter Frank[43]의 '신독일의 역사를 위한 제국 연구소Reichsinstitut für die Geschichte des neuen Deutschlands'가 단지 국외자적 지위를 차지했을 뿐이었고, 지배 시스템의 다원 체제Polykratie가 오히려 자신이 취한 여러 역사 해석들의 다원적 음향에 압도당했던 반면,[44] 구동독에서는 당 중앙위원회와 정치국이 개인적으로 그 정상에 있던 울브리히트 및 나중에는 호네커와 함께 사회주의적인 역사상을 위해 진력했던 것이다. 그럼에도 사통당 정권의 지배 담론에서는 과거가 전혀 독자적인 역할을 수행하지 못했다는 명제가 설득력 있게 논증될 수 있다. 먼저, 구 동독에서는 마지막 시기까지도 결코 전체 역사가 중요시된 적이 없다. 또한 1950년대 초반에 원래 헤게모니를 쥐고 있던 빈곤화 이론이 포기된 이후로는, 1970년대 후반까지 단지 노동 운동의 전통만이 지킬 가치가 있다는 이른바 양대 노선 이론이 타당한 이론이 되었다. 여러 곳에서 농가, 교회, 성(城)은 몰락의 희생 제물이 되거나, 심지어는 보존할 가치가 없는 봉건주의의 기념비로서 체계적으로 파괴되었다. 베를린과 포츠담의 여러 성들, 라이프

---

42) 《신독일*Neues Deutschland*》, 1959년 12월 28일.

43) (옮긴이주) 발터 프랑크는 대표적인 나치 역사가다.

44) 이 점에 대해서는 Frank-Lothar Kroll, 《이데올로기로서의 유토피아, 제3제국의 역사관과 정치적 행위》를 참조하라. 이 책에서 히틀러, 힘러, 다레, 로젠베르크, 그리고 괴벨스의 역사관을 비교하고 있다.

치히의 대학 교회와 포츠담의 수비대 교회의 폭파는 구 동독 지역을 넘어서 세간의 주목을 받았다. 그러나 과거를 처리하기 위한 이러한 역사정치적인 시도들은 과거의 말살이 아니라, 과거의 현재에의 적응을 보여주었다. 포츠담에서 수비대 교회를 프로이센의 군국주의의 표현으로 보아 공중 폭파한 것과 같은 사회주의적 건축 정책은 그 옆에서 불과 100미터도 떨어져 있지 않은, 전쟁으로 훼손된 니콜라이 교회——마찬가지로 프로이센의 성장을 위해 존재했던——를 복원하는 데서는 발견되지 않았다. 포츠담 도시 궁전의 경우와 같이 '봉건적 유물'이 제거되었는가, 아니면 프리드리히 2세가 세운 신궁전및 상수시 궁전, 혹은 비스마르크가 내각수상으로 임명된 바벨스베르크 성의 경우와 같이 남아 있었는가 하는 것은 이러한 것들의 현재적 의미보다는 현재를 위한 의미 때문에 결정된 것이었다. 한마디로 말해, 이러한 것들이 사회주의적인 오늘 속으로 깔끔하게 편입될 수 있었을 때에만 이전의 증거물들이 정당한 위치를 차지했던 것이다. 이러한 점을 호엔촐레른 성의 제4정문이 오늘날에도 가장 생생하게 보여주고 있다. 이 문을 통해 리프크네히트가 1918년 11월 9일에 사회주의공화국을 선포했고, 이러한 공로로 이 문은 파괴로부터 안전하게 살아남았다. 이 문은 해체되어, 새로 세워진 국가평의회 건물에 끼워 넣어졌던 것이다. 이에 못지않게, 거의 폭파될 뻔한 키프호이저 기념비와 같은 기억 공간들을 보존할 것인가 파괴할 것인가 하는 문제가 사통당 국가의 엄연한 비역사성을 상징화하고 있다.

　이러한 건축 정책적인 행위 뒤에는 한 차원으로서의 과거를 무력화한 문화적 지평이 존재했다. 나치 국가에서와는 반대로 사회주의적 의미의 세계에서는 과거에 일어난 것은 고유의 권리를 지닌 존재가 아니라, 단지 현재의 필요에 끊임없이 순응해야 하는 존재였다.[45]

정반대의 것이 반복되는 가운데 또한 '제3제국'의 미래 확신이 비교적 불확실한 것이었다면, 1945년 이후의 사회주의 사회의 미래 확신은 강화된 것이었다. 이러한 강한 미래 확신 속에서 사회주의의 우월성이 독일 대 독일의 경쟁에서도 체제 정당화의 기본 법칙을 위한 미래 비전이 되었다. 특히 전후 서독 사회의 정지된 미래상[46]과 대비되어 사통당 국가가 미래를 과거와의 타협 없는 단절로서 연출했던 급진성이 눈에 띄었다. 사통당 국가는 잘 다듬어진 계획 시스템의 모습 속에서, 또한 일상에서 선전을 통한 자기 묘사 속에서, 그리고 이른바 "공화국 생일들"이나 도시 기념제와 같은 역사적 회고를 통해서 미래를 지배하고 있음을 과시했다. 동독의 연출된 공론 속에서 최소한 1950년대와 1960년대에는 새로운 자동차 모델에 대한 표상이 미래의 신격화로 흐를 정도로 미래상이 현재의 생활을 각인시켰다. "우리의 지방도로와, 도시 및 농촌 마을들에 멋지고 빠른 신형 자동차가 등장했다. 그 자동차는 아이제나흐트 타입 311-0으로서, 제작자에 의해 '바르트부르크'라는 멋진 이름이 붙었다. 오래지 않아 인민의 소유인 독일 자동차 산업의 이러한 근대적 생산품은 단지 독일민주공화국에서만 볼 수 있게 될 것이다. 이미 내일이 되면 이

---

45) 스탈린의 소련에서도 이와 마찬가지였다. "레닌 시대의 공산주의에서처럼, 스탈린 영도하의 '제2의 볼셰비즘'에서도 역사란 보편적인 현재화 속에서 지양된 것으로 생각되고 그렇게 취급된다……과거와 역사는 이러한 새로운 세상에서는 단지 현재를 위해 가공되어야 하는 원료이자 재료에 불과하다. 지나간 것 자체는 더 이상 특별한 고유의 무게를 전혀 지니고 있지 않다. 각각의 현재가 이전에 존재했던 것을 이용한다." Wladislaw Hedeler · Nadja Rosenblum, 《1940년─스탈린의 행복했던 해 *1940─Stalins glückliches Jahr*》(Berlin, 2001), 186쪽.

46) 2차 세계대전 이후 서독에서는 "제로의 시간"이라는 표어가 등장했다. 그런데 "제로의 시간"이라는 말은 사회사나 문화사적 시각에서 볼 때 왜곡된 것이었다. 그러나 이말은 전쟁의 파국과 생존의 보장에 직면하여 시간의 차원들이 사라져버렸던 전쟁 직후의 시간 감각을 반영한다.

신제품의 수많은 장점이 서독에서도 증명될 것이며, '바르트부르크'는 전 유럽에서――그리고 나머지 세계에서도――자본주의적인 자동차 생산과 경쟁하게 될 것이다." 1956년 2월 12일자 《신독일》에 실린 신형 자동차에 대한 교통 기사는 이와 같이 시작되었고, 다음과 같이 미래에 대한 찬송으로 끝을 맺었다. "사회주의로의 길은 가장 현대적인 기술을 통하여 나아간다. 마치 높은 정상 위에서 밝은 미래를 널리 보았던 방랑자처럼 우리는 행복하게 고향으로 돌아간다. 모터, 터빈, 그리고 원자력이 우리의 다가올 생활을 결정한다. 독일민주공화국의 근로 대중은 이러한 것들에 잘 숙달될 수 있을 것이다."[47]

민족사회주의적인 시간 문화에서는 현재가 과거에 흡수되었던 것처럼, 현실사회주의에서는 '현재'가 자신의 고유한 존재를 위협받을 정도로 강하게 '미래'에 의해 형성되었다. "오늘 이미 내일도 함께 봐야 한다"라는 말은 단지 카바레 연극의 과장 섞인 대사에 나오는, 1950년대의 동독의 현실을 알려주는 핵심적 문장만은 아니었다.[48] 현재의 평가절하는 동독 사회에서 미래의 헤게모니를 위한 대가였던 것이다. 미래의 헤게모니는 새로운 인간의 창조를 프로그램 차원으로 격상시켰고, 1950년대가 시작된 이후로 모든 사회 영역에 대해 '계획'이 갖는 암시적인 전능함으로 표현된, 계량화된 진보 이데올로기에 충성을 맹세했다. 진보는 이러한 질서 체계에서는 어제에 대한 내일의 승리와 과거의 지양을 의미했다. 베를린 궁성으로부터 라이프치히의 대학 교회를 거쳐 포츠담의 수비대 교회의 예에 이르기까지 기념물들의 파괴는 이러한 시간의 이해 구조 속에서 비난

---

47) 《신독일》, 1956년 2월 12일.
48) Ernst Lange, 《개선될 수 있는 세계 *Die verbesserliche Welt*》(Stuttgart, 1968), 62쪽 참조.

받을 만한 백지 상태를 만드는 행위가 결코 아니었고, 생명력이 다한 것에 대한 근대적인 것의 승리를 과시하는 행위였다. 수비대 교회의 옛 제단 자리에는 후일 'E =mc²'이라는 공식이 새겨진 모자이크 벽이 세워졌다.

동독의 시간 지평 속에서 과거 자체는 매우 작은 비중만을 갖고 있었다는 것이 역설적으로 동독의 역사 서술에서 가장 강하게 드러났다. 동독 역사 서술의 역사적 현재주의는 정도가 지나쳐서, 피크 Wilhelm Pieck의 발언집의 한 판본을 위해 '현재적인 완성'이라는 기막힌 용어가 발명될 정도였다. 동일한 맥락에서, 1922년의 함부르크 봉기에 참가했던 어떤 사람의 무비판적인 발언을 참고했던 어떤 저술가는, 그가 인용한 보고자가 후일 독일 공산당에서 탈퇴한 것을 고려하지 않았다는 이유로, 사료 비판에 대한 기술적 결핍을 보여주었다고 비판받았다.[49] 동독의 과거 이해에 나타난 역사적 현재주의는, 사회주의적인 정통 역사 서술의 창출을 위해 소집된 권위 있는 대학 교과서 집필자 집단이 세 권으로 구성된 책 속에서 쿠친스키 Jürgen Kucyznski의 제안에 따라 '새로운 것' 지향적인 독일사의 시대 구분을 경전화했을 때, 또한 여기에서 단지 어떤 새로운 것이, 즉 지역적으로 새로운 것, 민족적으로 새로운 것, 혹은 국제적으로 새로운 것 중에서 어떤 것이 독일사의 시대 구분의 기준으로 작용해야 하는가 하는 문제를 놓고 분열되었을 때, 역사적 미래주의로 상승했다. 이와 동일한 역사적 미래주의는 또한 다른 형태의 과거 다루기

---

49) 같은 현상이 독일사 대학 교과서를 위해 사회주의적 정통 서술을 창출하는 데서도 드러난다. "역사의 진정한 창조자인 근로 대중에게는 과거를 조명하는 것이 중요한 문제다. 이를 통해 이들이 자신들의 오늘날의 투쟁을 혁명적 전통들과 연결하기 때문이다"라고 1955년도 교과서 프로젝트의 학술비서가 《신독일》지에 기고된 글에서 프로젝트의 과제를 요약하고 있다(SAPMP BArch, Dy 30, IV 2/9.04/108).

의 사례에서도 잘 입증된다. 아커만Anton Ackermann, 즉 하니슈 Eugen Hanisch는 1946년 2월에 쓴 〈사회주의를 향한 특별히 독일적인 길이 있는가〉라는 자신의 논문을 1948년 9월에 거창하게 진행된 자아 비판에서 철회해야 했다. 그런데 그의 논문의 관점들은 집필 당시에는 당의 지시에 의해, 즉 이제는 그의 고발자로서 앉아 있는 사람들의 요구에 의해 개진된 것이었다. 그러나 이러한 사실은 이제 아무런 역할도 하지 못했다.

4. 시간의 지평과 독재의 몰락

나의 견해에 의하면, 독일의 양대 독재에서 '시간'의 성격이 갖는 차이는 양자 간의 지배의 재현과 정당화에서 보이는 특징적인 차이, 즉 자기 연출에서의 차이, 또한——당 대회의 연출자인 당 지도자의 공적 출현, 그리고 리펜슈탈의 "의지의 승리"와 손다이크Andrew Thorndike의 "사회주의의 건축사"의 구성에서의 대조에 이르기까지——정치 미학의 차이들을 설명하는 데 도움을 줄 수 있다.

시간 분석에 입각한 담론의 비교가 실제로 어느 정도로 커다란 설명력을 갖는가 하는 것은 단지 더 제한적으로 측정된 비교의 장 위에서만 검토될 수 있다. 따라서 나는 이 세 번째 논증 단락에서는 한번은 외부로부터, 다른 한번은 내부로부터 나온 양 정권의 몰락을 주제로 다음의 문제를 논하려고 한다. 과연 앞에서 확정된 나치와 사통당 국가의 시간 문화의 차이점들이, 사통당 국가가 외부로부터의 압박보다는 무엇보다 자신의 사회적 수용의 침식으로 인해 몰락한 반면, 나치 정권의 정당화의 기반은 2차 세계대전 말기까지도 그 중심이 계속해서 건재했다는 명백한 현상을 설명할 수 있는 계기점이

되어줄 수 있는가?

2차 세계대전이 계속됨에 따라 조그만 섬 속으로 퇴각한 나치 국가의 종말이 모든 이에게 명백해졌을 정도로, 급진적인 의미에서 보자면 미래가 없는 지배라고 생각할 수 있을 정도로 '제3제국'의 정치적 미래 지평은 극도로 줄어들었다. 그러나 나치 국가는 내부로부터의 항의에 의해 흔들리지도 않았으며, 연합국이 기대했던 정당성의 붕괴가 초래되지도 않았다. 사태가 이러했던 데에는 많은 요소들이 역할을 했다. 전쟁 상대국들의 무자비함, 즉 무시무시한 공포를 불러일으키면서 진행된 동쪽으로부터의 점령과 남김없이 파괴하기, 즉 "햄버거로 만들기"까지 유린된 서쪽으로부터의 가차 없는 폭격, 또한 전쟁의 마지막 기간에 점차로 증가해갔던 내부를 향한 민족사회주의의 박해와 테러, 특히 스스로 "후방의 교량들을 파괴시켰을" 정도로 가혹했던 괴벨스의 냉소적인 계산 속에서 독일인들의 전의(戰意)를 고양시켰던 책임 의식 등이 그러한 요소들이다.

그럼에도 이처럼 미래 없는 사회가 기능했다는 것은 아직까지 설명하기 쉽지 않은 현상으로 남아 있다. 마찬가지로 정치적 지도층의 차원에서는 많은 저술가들에 의해 다루어진 아래와 같은 모순이 설명하기 어려운 현상으로 남아 있다. 즉 히틀러는 1941년 12월 이후, 그리고 모스크바 전선에서의 패배 이후 패전을 거역할 수 없음을 완전하게 의식했으나, 그럼에도 대량 학살이 더욱 무시무시하게 계속되었다는 모순이 그것이다.[50] 여기서 아마도 전쟁 중에 민족사회주의의 시간 문화 또한 특징적으로 변화했다고 생각하는 것이 도움이 될 것이다. 사회주의 유토피아의 급진적인 시간화와 상응하여, 제3제국에서는 급진적인 탈시간화가 나타났다. 이러한 현상은 나치 지

---

50) 할더Halder의 1941년 11월 18일자 전쟁 일기를 참조하라.

배가 계속됨에 따라 점점 더 강하게 표현되었지만 처음부터 있었던 현상이었다. 이미 권력 장악과 함께 나치 지도부에게 말하자면 '영원한' 지배의 확립이라는 생각이 떠올랐다.[51] 또한 '천 년 왕국'의 이념 속에는 영원함의 형태로 이루어지는 과거와 미래의 화해라는 생각이 숨겨져 있었다. 이는 군사적으로 패배한 독재자의 정치적 유언장에 있는 마지막 말 속에서도 관철되고 있다. "수백 년이 걸리긴 하겠지만, 마지막 결과에 대한 증오심에 책임감을 갖는 인민들이 언제나 다시 스스로를 새롭게 할 것이다……우리 병사들의 희생과 죽음에 이르기까지 이들과 공유하는 나 자신의 연대감은 민족사회주의 운동의 빛나는 재생과 이를 통한 진정한 민족 공동체의 실현을 위해 독일사에서 또다시 씨앗을 자라게 할 것이다."[52] 같은 필체로 쓰인 독일군 최고 사령부의 마지막 보고서 역시 초월적이지 않고 현세적인 영원성의 비전에 필사적으로 매달리고 있다. "모든 병사들은 ……우리 역사의 가장 어려운 시기에 우리 민족의 영원한 생명을 위해 용감하고 신실하게 일터로 향할 수 있다."[53] 이러한 사고방식 속에서 얼마나 솔직하게 시간성과 무시간성이 하나가 되었는지를 1945년 4월 18일 힐페르트Carl Hilpert 장군에게 표명한 히틀러의 말에서 또다시 알 수 있다. "사람들이 인내해야 하면 할수록, 마침내 영원한 독일의 재탄생이 경이로운 것이 될 것이다."[54]

이와 같은 영원으로의 도피를 단순히 군사적인 희망의 상실을 반영하는 것으로 해석하는 것은 잘못일 것이다. 이미 오래전에 민족사

---

51) Sabine Behrenbeck, 《죽은 영웅들의 숭배. 민족사회주의의 신화, 의례와 상징》, 199쪽.

52) Hans-Jochen Gamm, 《바른 지도와 그릇된 지도 : 민족사회주의의 교육학*Führung und Verführung : Pädagogik des Nationalsozialismus*》(Frankfurt a. M., 1984), 199쪽 이하.

53) Hans-Jochen Gamm, 《바른 지도와 그릇된 지도 : 민족사회주의의 교육학》, 202쪽.

54) John Lukacs, 《히틀러—역사와 역사 서술》, 265쪽.

회주의의 폐허와 영원의 건축Ruinen- und Ewigkeitsarchitektur에는 이러한 심성의 전조가 담겨 있었다. 폐허와 영원의 건축은 아직 폐허로서 '천 년 왕국'의 의미를 증언해야 하는 돌의 목소리를 목표로 삼았던 것이다. 따라서 제국 수도 베를린에, 히틀러의 말을 빌리자면, "천 년간의 역사적 · 문화적 과거를 지닌 채 천 년을 살아온 민족에게 앞에 놓인 먼 미래를 위해 지금까지와 같은 천 년간의 도시를 건축"해야 하는 임무가 주어졌다.[55] 조각상의 불변성 또한 나치당의 당 대회의 미학이었다. 히틀러의 결정에 의하면 당 대회는 언제나 변하지 않는 동일한 주변 환경에서 개최되어야 했다. "여기에서 우리는 네 번째 만난다······만약 우리의 오래된 원수들과 적들이 한번 더 우리를 공격하려고 한다면, 진군의 깃발이 높이 휘날릴 것이며, 그들은 우리가 누군지를 알게 될 것이다!······우리는 우리의 투쟁을 통해 결코 늙지 않았다. 우리는 이전처럼 젊다. 세월이 우리에게 준 것들을 우리의 이상주의가 우리에게서 다시 찾아간다······우리는 또한 모든 미래를 위해 존재한다!······그리고 나는 그대들에게 예언할 수 있다. 이 제국은 이제 겨우 자신의 청년기를 체험했다. 수백 년에 걸쳐 제국은 계속 성장할 것이다. 제국은 강하고 힘차게 될 것이다! 이러한 깃발들은 우리 민족의 언제나 새롭게 출현할 세대들에 의해 여러 시대에 걸쳐 유지될 것이다······나의 옛 동지들이여, 나의 인도자와 기수들이여, 그대들을 새로운 역사의 기수로서 환영한다. 그대들을 현재의 희망이자 우리 미래의 담보자들로서 환영한다."[56]

---

55) Adolf Hitler, 〈1937년 11월 27일 베를린 공대 방위기술 학부 건물의 머릿돌 놓기 행사에서 한 발언Rede bei der Grundsteinlegung zum Gebäude der Wehrtechnischen Fakultät der TH Berlin am 27. 11. 1937〉, Helmut Weihsmann, 《역십자 아래의 건축. 몰락의 건축학Bauen unterm Hakenkreuz. Architektur des Untergangs》(Wien, 1998), 295쪽.

56) 1936년 9월 11일 당 대회에서의 히틀러의 발언, Hans-Jochen Gamm, 《바른 지도와 그릇된 지도 : 민족사회주의의 교육학》, 195쪽 이하에서 인용.

이와 같은 영원성 숭배를 증언하는 것이 1935년 뮌헨의 쾨니히 광장에서 개최된, "운동의 전몰자들"을 "마지막 집합 신호 나팔"과 함께 "영원한 파수대"로 이장하는 기념 예배들이었다. 이 의식들의 이데올로기적 내용은 운동과 정지의 혼합이라는 시간 문화 모델을 따랐다. 이보다 앞서 이러한 시간 문화 모델을 나치당 및 제국 재정 담당 타게Schwarz Tage가 쾨니히 광장의 새로운 당 건축물의 상량식에 즈음하여 낱낱이 설명한 바 있다. "모든 것은 운동하고 계속 발전한다는 영원한 법칙에 따라 여러분은 지금 새로 만들어진 당 건축물들을 보고 있습니다. 이것들은 마력적입니다……이것들은 수백 년간 민족사회주의에 의해 각성된 독일 민족의 새로운 삶의 의지를 증언하는, 다른 무엇과도 비교할 수 없는 건축 기념비들입니다……운동을 여기에 이르기까지 인도한 것은 민족사회주의의 정신이며, 이정신은 여기에서부터 시작하여 영원히 계속 영향을 미쳐야 하는 그러한 것이 되어야 합니다."[57] 이러한 시간 문화 모델은 나치 권력자들에게 특징적이었던 역사적인, 더 정확히는 비역사적인 유사 비교로의 도피 속에서도 동일하게 표현된다. 비역사적인 유사 비교로의 도피는 제6군의 스탈린그라드 전투에서의 패배와 관련한 괴링 Hermann Göring의 레오니다스에 대한 발언과, 괴벨스와 히틀러가 루스벨트Franklin D. Roosevelt의 죽음을 프리드리히의 7년 전쟁 및 러시아 여제의 죽음에 의한 프로이센의 기적적인 구원과 비교한 데서 잘 드러난다. 그러나 이러한 비교가 처음이 아니었다. 이미 1937년의 이른바 호스바흐 회의록Hoßbachprotokoll은 나치 지도부가 자신들의 미래의 행동 지침을 역사적 유사 비교로부터 이끌어냈음을 명백히 증명하고 있다. "독일 문제를 해결하기 위해서는 폭력적 방

---

57) 《인민의 관찰자 *Völkischer Beobachter*》(1935년 11월 4일), 뮌헨 판.

법만이 유일할 것이다. 그리고 이 방법은 위험할 것이다. 프리드리히 대왕의 슐레지엔 전투와 비스마르크의 프랑스 및 오스트리아와의 전쟁은 미증유의 위험 가운데서 진행된 것이었다. 그리고 1870년의 프로이센의 민첩한 행동은 오스트리아가 참전할 여유를 주지 않았던 것이다."[58]

여기서 나는 미래에 대한 모든 조망의 상실에도 나치 사회가 보여준 놀라운 내구력 및 정치적 지도부의 저항력의 본질적인 원인을 발견한다. 양자 모두에게 해당되는 것은 베렌베크Sabine Behrenbeck가 "죽은 영웅들 숭배"에 대한 신기원적 연구에서 결론 내린 전쟁 후반기의 의식 상태다. 이에 의하면 그 누구도 "만들어낼 수 있는 미래에 대한 구체적 생각을 하지 않았다."[59] 과거와의 관계성이 강하게 지배하고 이와 같은 강도로 미래의 지평이 축소되어 있던 시간 문화에 물든 채, 대다수 인구에게 미래의 상실과 적법성의 상실이 공공연하게, 전후 세대인 우리는 거의 상상할 수 없는 방식으로, 따로 분리되어 진행되었다. 이 점에 있어서 슈퇴퍼Bernd Stöver의 1933년에서 1945년까지의 독일인들의 체제 합의적 태도에 대한 연구는 얼마나 강하게 "패전을 하면 이후로는 국가적인 미래도, 개인적인 미래도 없다는 견해가 (우세했거나) 지배적"이었는지를 보여준다.[60] 기본적으로 모든 체제에 치명적인 이러한 인상 및 1942~1943년 이후

---

58) 〈1937년 11월 5일자 히틀러의 국방군 최고 사령관 및 콘스탄틴 폰 노이라트와의 대화록Niederschrift über die Besprechung Hitlers mit dem obersten Führern der Wehrmacht und Konstantin v. Neurath am 5. Novemebr 1937〉, Steitz, 《사료Quellen》(Darmstadt, 2000), 125~134쪽(인용은 129쪽 이하).

59) Sabine Behrenbeck, 《죽은 영웅들의 숭배. 민족사회주의의 신화, 의례와 상징》, 575쪽.

60) Bernd Stöver, 《제3제국의 민족공동체 : 사회주의자 망명 보고서가 본 독일인들의 체제 합의적 태도Volksgemeinschaft im Driten Reich : Konsensbereitschaft der Deutschen aus der Sicht sozialistischer Exilberichte》(Düsseldorf, 1993), 423쪽.

의 일련의 군사적 패배를 '서서히 미래를 사라지게 함'을 통해 보상할 수 있었던 능력이야말로 최종적인 군사적 패배를 경험할 때까지 지속된 민족사회주의적인 시간 문화가 지녔던 의미를 잘 보여준다. 국가가 멸망하고 나치 사회가 직접적으로 몰락한 다음에야 자살자들의 숫자가 최고치에 달했다. 그 숫자는 네 곳의 모든 연합국 점령지에서 진행된 정치적 숙청 작업과 법률적 심판의 희생자들을 훨씬 능가할 정도로 극적인 규모에 달했다.

이와는 극단의 대조를 가장 강하게 보여주는 것이 1989년의 사통당 국가의 붕괴다. 비록 전쟁 말기의 나치 국가에서 나타난 '객관적인' 미래의 상실이 훨씬 더 극적이긴 했지만, 많은 관찰자들이 보기에 국제적인 통합을 위해 최상의 방식을 취했던 독일민주공화국에서도 도처에 미래의 상실감이 퍼져 있었고, 이러한 멍한 감정이 마지막 위기를 대대적으로 악화시켰다. 시간의 코드가 마지막까지 변하지 않은 채 지속되었던 '제3제국'과는 다르게, 동독에서는 1970년대 이후로는 시간의 세 차원 모두를 포괄하는 시간 문화상의 은근한 변화가 일어났다. 모이셸이 동독의 현실사회주의를 사통당 지배의 한 국면으로 정의한 것은 그다지 틀린 말이 아니다. 그에 의하면, 이 국면에서는 유토피아가 먼 미래로 밀려났고, 평등, 동질성, 안정과 같은 유토피아의 전제 조건들이 현재로 들어왔다. 사통당 지배의 "적법성은 이후로 더 이상 그것의 미래 잠재력으로 측정되지 않고, 더 나빴던 과거와 서방 세계의 동시대적 사회 질서와의 비교를 통해 유지될 수 있었다".[61] 이른바 "전통 유산 패러다임", "프로이센 르네상스"와 함께 동독에서는 과거가 돌아왔다. 그리고 이와 같은 정도

---

61) Sigrid Meuschel, 《정당화와 당의 지배 *Legitimation und Parteiherrschaft*》(Berlin, 1977), 26쪽.

로 미래는 동원력을 잃어버렸다. 1970년대에 또한 '진보'가 유토피아적인 동원력을 상실했다. 동시에 진보는 동독으로부터 망명하여, 표어적 의미 그대로 아마도 '지배'할 수 있는, 그러나 주의하지 않거나 노력하지 않으면 위협적인 적대자를 위해 성장하고, 동독이 자신의 마이크로칩 생산의 운명에서 경험한 바와 같이 자신의 후진성을 그대로 방치하게 되는, 전 지구적인 플레이어로 독립했다.

진보가 통제할 수 없는 외적 단위로서 독립함으로써 사람들 사이에서는 하인Christoph Hein이 1989년 《탱고 연주자Der Tangospieler》에서 말한, 시멘트처럼 단단한 미래에 대한 믿음이 널리 퍼졌다. "아마도……미래란 단지 과거에 일어났거나 결과된 것의 단순한 연장에 불과할 것이다. 뢰슬러Roessler는 단지 그가 이제까지 매일 매일 해왔던 것을 계속하면 된다. 그는 단지 의자 위에 앉아 있기만 하면 된다. 그의 미래는 확실하고, 밝고, 투명하다."[62] 사회주의 사회의 실험에서 미래가 사라졌다는 강력한 지표를 다음과 같은 역설적인 현상에서 읽을 수 있다. 2000년에 가까워질수록 동독 언론에서 이 해는 점점 덜 주목받았다. 울브리히트 치하에서 2000년에 대한 조망이 현재에 대한 조망과 별 차이가 없게 된 이후로는 2000년이라는 해는 1980년대에 사통당 지도부의 수사에서 거의 완전히 사라졌다.

점차로 미래에 대한 상실감이 늘어난 것과 상응하여 동독의 마지막 시기에는 현재가 정지해 있다는 감정이 커졌다. 1970년대와 1980년대의 일상생활에서 현재의 시간에 대한 무관심이 더욱 강해졌음을 보여주는 수많은 사례들을 찾을 수 있다. 예를 들어 검열의 물레방아는 천천히 작동했으며, 이로 인해 종종 수년이 걸린 수정 요구와 인쇄의 지연에 대한 작가 및 평론가들의 인내심이 고갈되었다. 이에 대

---

62) Christoph Hein, 《탱고 연주자Der Tangospieler》(Berlin, 1977), 37쪽 이하.

해 20년 전에 엔첸스베르거Hans Magnus Enzensberger는 "시간의 가치 상실"이야말로 사회주의 사회들의 특징이라고 적절하게 지적했다.[63] 이와는 반대로, 1989년 가을에 일어난 베를린 장벽의 붕괴와 관련해 한 동시대적 관찰자는 이 사건을 단어적 의미에서, 이전에 상실되었던 통시성Syn-Chronie의 재생으로 인식했다. "해방의 사회적 진행 과정에서 두 개의 완전히 다른 시간대 간에 흡사 물리적인 강제적 평형 상태가 사라진 것 같다. 장벽은 그 안의 사람들을 외부 세계와 단절시켰을 뿐만 아니라, 허약하고 넘쳐나는 시간 지대를 보호했다."[64]

결론적으로 말해, 독일의 양대 독재가 취했던 서로 다른 시간 문화들은 그 체제들의 붕괴 사태에 대한 공동의 책임자였다. '시간'은 근대 독재가 적법성을 획득하는 것뿐만 아니라 적법성을 잃어버리는 것에 있어서도 역할을 수행했던 것이다. 그리고 이 역할은 아래와 같은 소련 당서기의 말이 1989년의 혁명적 전환의 역사적 표어가 될 수 있었을 정도로 탁월했다. "너무 늦게 오는 자에게 삶이 벌을 준다!"

---

63) Hans Magnus Enzensberger, 〈저발전의 최후의 단계. 현실사회주의에 대한 하나의 가설Das höchste Stadium der Unterentwicklung. Eine Hypothese über den Real Existierenden Sozialismus〉, 《대서양 너머 *Transatlantik*》 7(1982) 참조.

64) Lothar Baier, 《시간 없는 민족. 조급한 조국에 대한 에세이 *Volk ohne Zeit. Essay über das eilige Vaterland*》(Berlin, 1990), 103쪽.

제3장 동아시아 • • •

가족주의, 사회주의, 북한의 정치 종교

찰스 암스트롱 :: 김지혜 옮김

1. 들어가는 말

김일성은 1998년 그의 사후 출간된 《자서전》 제8권에서 소비에트 연방이 강대국으로서 성공적으로 발전할 수 있었던 것은 스탈린의 현명한 영도력 덕분이었다고 평가했다. 불행히도, 흐루시초프Nikita Khrushchov 집권 후 모든 것이 어긋나기 시작했다. 소비에트 당에 현대 수정주의가 등장했다. 그리고 소비에트 인민들은 이데올로기적 폐해를 겪기 시작했다. (흐루시초프는) 그의 지도자들이 그에게 베풀었던 세심한 관심을 잊었고, 개인 숭배를 이유로 스탈린을 비방했다.[1]

찰스 암스트롱Charles K. Armstrong은 컬럼비아 대학 역사과 교수로 전공은 한국 근대사와 근대 동아시아의 국제관계사다. 《북조선 혁명 1945~1950 *The North Korean Revolution, 1945~1950*》과 《한국 사회 : 시민 사회, 민주주의, 국가*Korean Society : Civil Society, Democracy, and the State*》를 출간했다. 그 외에도 한국과 동아시아 역사에 관해 여러 편의 글을 썼으며 곧 출간될 《중심에 선 한국 : 동북아 지역주의의 역학*Korea at the Center : Dynamics of Regionalism in Northeast Asia*》의 공동 편집자다. 최근에는 북한의 외교관계사에 관한 책을 마무리하고 있다.

김지혜는 서강대 사학과에서 박사 과정을 수료하고 모교에서 강사로 활동하고 있다. 《영화로 본 새로운 역사》, 《영화, 역사》, 《역사 속의 매춘부들》 등을 옮겼다.

이런 진술이 수정되지 않은 북한 '스탈린주의'를 반영한 것이라고 본다면——그렇게 보려는 유혹을 순간적으로 느낄 수도 있겠지만——, 언어의 특정한 사용 자체를 무시하는 일이 될 것이다. 흐루시초프는 스탈린과 소비에트연방의 다른 지도자들에 의해 '양육'되었고 그들을 배신했다. 달리 말하자면, 흐루시초프의 크나큰 죄는 공경을 표하지 않은 것이다.

조선민주주의인민공화국의 지배 이데올로기는 마르크스-레닌의 사회주의에서 탄생했다. 특히 스탈린주의와 마오쩌둥 사상에서 영향을 받았다. 그러나 1940년대 후반 북한 정권이 수립된 시기부터 1960년대 중반 이후 그 기반이 확고해지고 성숙해지자 그들의 이데올로기는 가족 관계의 언어로 표현되었다. 특히 동아시아 혹은 '유교'의 효성과 모성애의 울림을 갖는 언어로 표현되었다. 정권 초기에 북한은 스스로를, 소비에트연방(그리고 스탈린 개인)을 가부장으로 하여 사회주의 국가들로 구성된 가족의 일원으로 묘사했다. 그러나 1960년대 이후 주체 사상이 북한의 주도적 정치 원리로 등장하면서 대가족 단위는 북한 민족에게만 적용되는 것으로, 특히 김일성을 말 그대로 민족의 아버지로 표현하는 것으로 변모했다. 물론 민족을 위한 메타포로서 가족은 사실상 모든 내셔널리즘에 공통된 수사다. 그러나 조선민주주의인민공화국은 이 가족의 언어를 다른 국가들보다 훨씬 더 밀고 나갔으며 성공을 거두었다. 북한의 공식적인 이데올로기의 수사에서 북한의 민족은 마찬가지로 자급적인 가족-민족 단위의 세계에 존재하는 핵가족의 집단적 표현이 되었다. 북한의 내셔널리즘은 이탈리아 농민들에 관한 밴필드Edward C. Banfield의

---

1) Kim Il Sung, 《세기와 더불어 : 회고 *With the Century : Reminiscences*》 vol. 8(Pyongyang : Foreign Languages Publishing House, 1998), 290~291쪽.

고전적 연구에서 묘사된 "부도덕한 가족주의"와 다르지 않다. 그것은 북한 사회가 내적으로 어떻게 작동하며 외부 세계와 어떻게 상호 작용하는지를 상당 부분 결정하거나, 최소한 그것을 정당화하는 에토스다.[2]

이 보고서는 오늘날에 이르기까지 북한 정권의 전 역사를 통해 북한의 이데올로기적 구성에서 상징, 언어, 의례의 발전을 분석함으로써 북한에서 가족주의가 일종의 정치 종교로 확립되었음을 주장하고자 한다. 부분적으로 이는 북한의 지배 구조에서 아버지-아들의 계승을 합법화하는 일과 관련이 있다. 좀더 일반적으로 북한의 가족적 내셔널리즘은 마르크스-레닌주의에서 자라났으며 사회주의의 좀더 추상적이고 계급적인 언어를 그에 걸맞게 좀더 쉽게 이해하고 확인할 수 있게 해주는 가족 관계, 사랑과 의무의 언어로 대체했다. 이 글에서는 북한 인민 대중이 그런 이데올로기를 어느 정도로 수용하고 확신했는지를 묻지는 않을 것이다. 그러나 최근 몇십 년 동안 북한의 지독한 정치·경제적 상황에도 불구하고 북한 정권이 보여준 장기 지속과 안정성은 강압과 독재 권력만으로는 설명할 수 없는 것으로, 가족의 상징과 메타포들을 거의 종교적으로 폭넓게 사용한 것에서 그에 대한 설명의 실마리를 얻을 수 있을 것이다. 달리 말하자면, 지배 이데올로기의 언어는 북한 사회 내의 대중적인 문화적 경향들을 반향하며 북한의 정치 체제 내 피지배자들의 동의도 어느 정도 반향한다.

---

2) Edward C. Banfield, 《퇴행하는 사회의 도덕적 기초 *The Moral Basis of a Backward Society*》(New York : The Free Press, 1958), 20 · 83쪽.

2. 김일성 가의 두 몸

김일성 사망 3주기인 1997년 7월, 평양 한복판에 거대한 오벨리스크가 세워졌고 "위대한 수령 김일성 동지는 우리 마음속에 영원히 살아 계신다"는 문구가 새겨졌다. 그 표어는 평양 시내 전역의 공공건물 입구에 내걸렸다. 그 해 10월, 즉 왕에 대한 한국의 전통적 3년상이 끝난 후에 위대한 수령의 아들 김정일이 조선로동당 총서기로 격상되었다. 그것은 그가 아버지의 후계자임을 지칭하는 첫 번째 공식 명칭이었다. 위대한 수령의 몸은 금수산 기념 궁전에 전시된 물리적 몸과 "영원히 살아 있는" 영혼으로 이원화되었으며, 북한의 표어에 따르면 결코 죽지 않는 김일성 사상의 요체로 표현되었다. 김일성의 불멸은 1998년 9월 최고 인민회의 10기에서 확인되었다. 대부분의 북한 전문가들이 예상했던 것과 달리, 김정일은 아버지를 대신하는 주석이 되지는 않았다. 그보다 김정일은 권한이 강화된 국방위원장이 되었으며 수정 헌법에서 그의 아버지는 "영원한 국가 주석"으로 선언되었다.[3]

중세 잉글랜드의 정치 신학에 관한 고전적 연구서인 《왕의 두 몸 *The King's Two Bodies*》에서 칸트로비츠Ernst Kantrowicz는 왕의 두 가지 법적 신체, 죽음을 맞는 육신과 불사의 정치적 몸을 설명한 바 있다.[4] 르포트Claude Lefort는 실제로 왕의 유약한 신체는 그의 형이상학적 신체의 휘광을 강화한다고 주장한다.[5] 북한 역사에 나타난

---

3) 〈김정일 신정 정치를 공식화하다Kim Jong-il Formalizes Theocratic Rule〉, 《유리한 입장Vantage Point》 vol. 21, no. 9(1998년 9월), 9쪽.

4) Ernst Kantrowicz, 《왕의 두 몸 *The King's Two Bodies*》(Princeton : Princeton Univ. Press, 1959).

5) Claude Lefort, 《민주주의와 정치 이론*Democracy and Political Theory*》(Minneapolis : Univ. of Minnesota Press, 1988). Slavoj Zizek, 《그들은 자기가 한 일을 알지 못하나이다

김일성 '숭배'나 그의 공적 이미지의 발전 과정에서도 정치 지도자의 신과 같이 빛나는 신체와 빈번히 '현장'을 시찰하는 현실의 육신으로서 김일성의 이런 이중적 성격을 엿볼 수 있다. 자신의 백성들과 악수를 나누는 왕, 김일성의 물리적 실체는 위대한 지도자로서 그가 지닌 초자연적 힘을 강화한다.

김일성은 또한 다른 의미에서도 이원화된다. 곧 김일성 자신의 신체와 그의 아들 김정일의 신체로 이원화된다. 1980년대 초부터 김정일은 아버지의 공식적인 후계자로 등장했으며 둘은 사진, 그림, 현장 방문에서 함께 등장하는 일이 잦았다. 해외 공관은 물론 북한의 관공서와 개인들의 집은 나란히 걸린 김일성 부자의 초상화로 장식되었다. 북한에서 권력의 세습은 다른 공산 국가들을 괴롭혔던 후계 문제를 해소했으며 김일성에게 생물학적 불멸성을 통한 "혁명의 불멸성"을 부여했다.[6] 그것은 스탈린이나 마오쩌둥도 부러워했을 만한 방법이다. 북한 정치의 신정적 측면은 특히 김일성 개인에게 집중되었으며 북한의 방문객들에게 충격을 주었다. 금수산 기념 궁전에 전시된 김일성 시신에 대한 경배는 레닌, 마오쩌둥, 호치민에 대한 경배를 떠올리게 한다. 그러나 그 규모와 의례에서 그들을 능가하며 유럽의 중세 신학, 일본의 천황 숭배, 유교의 왕권을 떠올리게 하는 요소들을 지녔다.[7] 그런데 지도력의 공적 '숭배'에는 또 다른

: 정치적 요인으로서의 향락For They Know Not What They Do : Enjoyment as a Political Factor》(London : Verso, 1991), 254쪽에서 재인용.

6) Robert L. Lifton, 《혁명의 부도덕 : 마오쩌둥과 중국의 문화 혁명Revolutionary Immorality : Mao Zedong and the Chinese Cultural Revolution》(New York : Random House, 1968) 참조.

7) 1997년에 평양을 방문한 경험을 토대로 한 것이며, 비슷한 경험을 언급한 사례로는 Stephen W. Linton, 〈북한에서 사후의 생Life After Death in North Korea〉, David McCann (ed.), 《한국 보고 : 재통합을 향해Korea Briefing : Toward Reunification》(Armonk, NY : M. E. Sharpe, 1997), 83~85쪽을 보라.

특징적인 면이 있다. 아버지에서 아들로의 권력 세습에 관해 많은 언급이 있어왔으며, 김일성의 어머니, 아내, 삼촌, 증조부에 이르기까지 김일성 일가에 대한 공경이 있다. 나는 이를 북한의 '가족 로망스'라 부를 것이다.

프랑스 혁명에 관한 연구에서 헌트Lynn Hunt는 프로이트Sigmund Freud로부터 '가족 로망스'라는 용어를 차용해 전혀 다른 의미로 사용했다.[8] 프로이트에게서 가족 로망스는 아이가 실제 부모를 환상의 대체물로 교체하는 신경증을 의미한다. 반대로 헌트는 프랑스 혁명 정치의 바탕이 된 가족적 질서의 이미지들을 설명하기 위해 그 용어를 환기한다. 나는 이 두 가지 의미를 모두 담은 것으로서 그 용어를 북한에 적용하고자 한다. 한편으로 북한의 가족 로망스는 '거짓' 부모를 '진정한' 부모로 교체하는 일종의 국가적인 집단적 대체를 통해 작동한다. 김일성은 처음에는 일본 천황을, 다음으로 스탈린을 대체한다. 다른 한편, 가족의 메타포와 북한 정치의 이미지들은 헌트가 논했던 것과는 전혀 다른 종류의 가족에 근거한다. 간단히 말하자면, 북한의 가족 로망스는 동아시아에 전형적인 효와 모성애에 관한 내러티브다.

서양의 정신분석, 특히 오이디푸스 콤플렉스가 동아시아 사회와 편안하게 조응할 수는 없어 보인다. 1930년대 초, 일본의 정신분석학자 고사와 헤이사쿠(古澤平作)는 일본에서 "일본 특유의 아들과 어머니의 일차적 융화"를 가로막는다는 이유로 일본의 '서구화'를 비난했다. 그의 해결책은 "'주체와 객체의 하나 됨으로부터의 소외'에 선행하는 오이디푸스 이전 상태로의 회귀"였다.[9] 고사와의 대안

---

8) Lynn Hunt, 《프랑스 혁명의 가족 로망스 The Family Romance of the French Revolution》 (Berkeley : Univ. of California Press, 1992), xiii쪽.

9) Peter N. Dale, 《일본의 고유성 신화 The Myth of Japanese Uniqueness》(New York : St.

은 '아자세 콤플렉스'였다. 갓 태어난 자신의 아들 아자세를 살해하고자 했던 아이다이케 여왕에 관한 불교의 전설에서 이름을 따온 것이다. 어른이 된 아자세는 그녀를 죽이려 하지만 실패한다. 죄의식으로 망가진 그에게 끔찍한 질병이 찾아오고 어머니만이 그의 곁에 다가갈 수 있다. 결국 둘은 서로를 용서하고 사랑으로 화합한다.[10]

북한의 사례와 관련해 특히 두 가지 지적이 타당하다. 첫째, 일본의 정신사회학적 발전은 서양의 경우와 달리, 부성의 원칙보다 모성의 원칙에 바탕을 두었다. 둘째, 이런 발전은 자율적인 개인보다 집합적이고 의존적인 일본인을 생산한다. 고사와에게 내셔널리즘은 아버지와 아들의 일체성과 동일한 것으로, 개인을 집합적 정체성에 종속시키는 것을 의미했다. 북한의 가족 로망스는 두 차원 모두에서 작동한다. 내적으로, 북한의 민족에 관한 공식 내러티브는 놀라울 정도로 친밀한 일단의 가족 메타포를 통해 작동했다. 가장 충격적인 것 가운데 하나가 모자의 사랑에 관한 메타포다. 외적으로, 북한의 민족에 관한 공식 내러티브는 오이디푸스의 작별 과정을 통해 전개되었다. 진정한 아버지로 거짓 아버지를 대체하는 것이다. 스탈린과 김일성 부자 팀에서 시작되어 김일성과 김정일로 이루어진 '진정한' 부자 팀으로 옮겨 간다. 김일성과 그 가족의 이미지는 북한의 성립 초기에 완성된 것이 아니라 네 단계를 거쳐 진화했다. 형성기인 1945~1950년, 재건되어 공고해지는 시기인 1960~1967년, 상대적으로 안정적인 시기인 1960년대 중반~1990년, 북한이 과도적인

Martin's Press, 1986), 215쪽. 후에 일본 정부는 고사와에게 그의 이론을 수정해 좀더 남성적인 군국주의와 제휴할 것을 강요했다.

10) Ann Alison, 〈일상의 위반 : 일본 민중 문화에서 모자 근친상간의 이야기들Transgressions of the Everyday : Stories of Mother-Son Incest in Japanese Popular Culture〉, 《입장들Positions》 vol. 2, no. 3(1995년 겨울), 484~485쪽.

'신전통주의'의 시기에 있는 것처럼 보였던 1990년대, 그리고 가족주의가 소위 '선군 정치'에 의해 부양되거나 최소한 보완되고 있는 오늘날로 구별된다.

상당한 미스터리의 주제이기도 했던 김일성의 역사적 배경은 문헌 증거들의 출현과 중국과 소련에서 그의 지인이었던 사람들의 개인적인 증언 덕분에 이제는 잘 알려져 있다.[11] 김일성은 평양 부근 망양대에서 태어났으며 '기독교적 민족주의'라 부를 수 있을 종교적이고 정치적인 환경에서 유년을 보냈다.[12] 이 두 요소 모두 북한 이데올로기, 구체적으로 김일성 숭배——겉으로는 민족주의이고 안으로는 어쩌면 기독교의 성격을 지닌——의 형성에 일조했다. 평양은 한국 개신교의 중심으로 알려져 있으며 망양대 지역은 전국적으로 기독교 교회들이 가장 많이 밀집한 곳이었다. 김일성의 어머니 강판숙은 장로교회의 집사였으며 교회 장로의 딸이었다. 김일성의 아버지 김형직은 평양에 있는 성실 선교 학교에 다녔다. 김형직은 1917년 항일 민족주의 조직인 조선민회에 가담했으며 내란죄로 체포되어 1926년 35세에 사망했다.

한국의 많은 빈농들이 그랬듯이 김일성 일가는 1920년대에 만주로 이주했고, 해방 직후까지 김일성은 2년을 빼고는 삶의 나머지 기간을 내내 그곳에서 보냈다. 만주에서 김일성은 중국 공산당원이 되

---

11) Dae-Sook Suh, 《김일성 : 북한의 지도자 *Kim IL Sung : The North Korean Leader*》 (New York : Columbia Univ. Press, 1998) ; 和田春樹, 《김일성과 만주 항일 전쟁(金日成と滿州抗日戰爭)》(東京 : 平凡社, 1992) 참조. 북한의 정규 출판물로는 Baik-Bong, 《민족의 태양 김일성 장군 *Kim Il Sung : Biography*》, 전3권(Beirut : Dar Al-Talia, 1973) ; Kim Il Sung, 《세기와 더불어 : 회고》 참조.

12) 김일성의 기독교적 양육에 관해서는 최용호, 〈김일성 생애 초기의 기독교적 배경 Christian Background in the Early Life of Kim Il Sung〉, 《아시아 개관 *Asian Survey*》 26(1986년 10월) 참조.

었으며, 1935년에 중국인과 한국인 게릴라들로 이루어진 동북 항일 연군에 가담했다. 1940년 가을, 주바오종(周保中)이라는 이름의 중국인 장군 휘하에서 김일성 무리는 소비에트의 극동으로 침투했다. 중국인과 한국인 공산당 전사들은 소비에트 제25극동군 특별 여단으로 재편성되었다. 김일성은 소련군에서 지휘관으로 임명되었으며 88여단 한국인 게릴라들의 지휘관으로 승진했다. 김일성은 1938년에 스탈린으로부터 지휘권에 대한 승인을 얻었으며, 해방 전 모스크바로 스탈린의 초대를 받았다.

1945년 12월, 소련 점령 당국은 평양 시민들에게 김일성 '장군'을 공식적으로 소개했다. 그는 그 해 12월 한국 공산당 북한 지부장이 되어서야 비로소 북한의 지도자로서 확실히 자리를 잡았다. 김일성을 둘러싼 성인전 서술은 1946년 봄과 여름에 열기를 띠기 시작했으며 그때부터 수직 상승했다. '김일성 숭배'의 초기 특징들은 주로 소설가 한설야에게서 비롯되었던 듯하다. 그는 1946년에 "우리의 태양"이라는 제목으로 김일성의 첫 번째 전기를 썼다.[13] 다른 글에서 한설야는 김일성을 "민족의 태양"으로 칭했으며, 그것은 1948년 이후 김일성의 일반적인 호칭이 되었다.[14] 태양왕의 이미지는 물론 유럽 지도자들의 성인전에서 일반적이며 여운형 같은 한국의 지도자들에게도 사용되었다. 좀더 직접적인 예는 일본의 황제였던 것이 분명하다. 그래서 김일성은 일본의 '태양'을 한국인들 자신의, 곧 우리의 태양으로 교체했을 것이다. 또 다른 중요한 전기 작가는 한재덕

---

13) 한설야, 《우리의 태양》(평양 : 북조선예술총동맹, 1946).

14) 한설야, 〈모자〉, 《문화전선》 창간호(1946년 7월), 198~215쪽. 이 소설은 김일성을 "민족의 태양"으로 지칭하고 스탈린을 "인류의 태양"으로 지칭했다. 소련 점령 당국은 한설야의 소설에서 붉은 군대의 한 병사가 부정적으로 묘사되었다는 이유로 《문화전선》 창간호의 유통을 금지했다.

이다. 그는 처음으로 김일성을 고구려의 호칭인 수령으로 불렀다. 북한 사람들은 1947년에 그 호칭을 "위대한 지도자"로 번역했다. 그 단어는 이전에는 스탈린에게만 사용되었던 것이었다.[15]

김일성의 초창기 전기는 현재까지 이어지는 북한 정치 신화의 중심이 되는 세 가지 주제를 확립했다. 첫째는 한국의 자율성과 독립, 역사의 주체로서 한민족을 두드러지게 강조한 것이고, 둘째는 민족의 구현체로서의 김일성의 이미지이며, 셋째는 북한의 혁명적 기원의 공간으로서의 만주라는 장소와 김일성의 항일 게릴라전이다. 어쩌면 의도적인 것인지도 모르지만 만주의 게릴라 경험은 중국의 공산주의 전설에 나오는 양안과 아주 유사했으며, 후에 북한 사회와 정치를 규정하게 될 모든 것이 해방 후 한국에서 제대로 탄생하기 전, 김일성의 망명 중에 고안된 공간이었다. 김일성의 만주 경험은 민족적 상실, 투쟁, 궁극적 부활에 관한 서사시로 표현되었다. 민족 해방 운동의 실제 중심이었을 뿐만 아니라 한국의 식민화와 복원에 대한 하나의 메타포였다. 1946년 7월에 출간된 《김일성 장군의 노래》는 "만주의 눈보라/숲 속의 기나긴 밤/시대를 초월한 빨치산, 비할 데 없는 애국자 누구인가?/ 노동 대중의 자애로운 해방자/ 민주적인 새 한국의 위대한 태양"을 노래했다.[16]

가사는 김일성의 장례식에 다시 등장했으며, 김일성과 그가 지휘한 만주의 게릴라 부대, 특히 1938년 일본의 토벌 작전을 피하기 위해 나섰던 110일간의 "고난의 행군"은 북한 사람들에게 최근의 식량 위기를 견디는 힘으로 삼도록 환기되었다. 북한의 건국 신화와 메타포로서 이런 경험에 의존하는 것은 와다 하루키(和田春樹)가 "게릴

---

15) 한재덕, 《김일성 장군 개선기》(평양 : 민주조선사, 1947).
16) 《문화전선》 창간호, 머리말.

라 결속 국가"라 부른 것을 창조한다.[17] 이제, 1세대 게릴라 지도자의 사망으로 북한은 뭔가 다른 것이 되고 있다. 어쩌면 신유교 사회주의 국가라 부를 수 있을지도 모른다.

3. 고난의 정치 질서

한국전쟁과 북한의 재건은 결과적으로 김일성과 그 무리들의 권력을 확고히 하고 김일성으로 대변되는 정체(政體)의 고유한 이미지를 발전시켰다. 일본의 정치과학자 스즈키 마사유키(鈴木正幸)는 이를 "수령제"라 불렀다. 그는 그것이 1960년대에 근본적인 모습을 갖추었다고 주장한다.[18] 이 이행기에 김일성의 성인전은 고난에 찬 민족과 망명 중의 김일성 자신의 고난을 강조했다. 르낭은 그의 19세기 민족주의 논쟁 〈민족이란 무엇인가?Qu'est-ce qu'une nation?〉에서 다음과 같이 말했다. "함께 겪는 고통은 기쁨보다 더 단단한 결속을 만들어준다. 슬픔에 관한 민족적 기억들은 승리보다 더 가치가 있다. 그 같은 기억은 의무를 부과하고 공동의 노력을 요구하기 때문이다."[19]

북한과 남한의 민족 내러티브는 모두 외세의 수중에서, 한국전과 계속된 분단을 통해서 한민족이 겪어야 했던 엄청난 고난을 강조한다. 남한에서 이는 한(恨)의 개념으로 예시된 듯하다. 남한 사회학자들과, 문화비평가들과 일반 대중에게 한은 한국 문화의 고유한 특징

---

17) 和田春樹,《김일성과 만주 항일 전쟁》.

18) 스즈키 마사유키,《김일성과 수령제 사회주의》, 유용구 옮김(중앙일보사, 1994).

19) Ernst Renan, 〈민족이란 무엇인가?What is a Nation?〉, Homi K. BhaBha (ed.),《민족과 서술Nation and Narration》(London : Routledge, 1990), 19쪽.

으로, 한국인이 된다는 의미의 심층적 구조를 형성하는 한 부분으로 여겨진다. 그럼에도 한국적 정체성에 대한 북한의 정의에서는 한이 중요한 역할을 하지 않는다.[20] 사실, 나는 북한의 저술에서 여태 한——한민족이나 하나의 민족으로서의 한국인들의 일반화된 특징인——에 대한 어떤 언급도 보지 못했다. 설사 개인들은 개별적으로 회한이나 분노의 감정으로서 한을 경험했을지라도 말이다.

반대로 북한의 지식서들은 한국사에서의 고난과 한의 중요성에 대한 남한의 태도를 신랄하게 비판해왔다. 1960년대 중반에 북한의 역사가들은 "비극적 사관"이 남한 역사가들의 과업이라고 규정했다.[21] 북한의 한국사는, 함의상 비극과는 반대되는 것이다. 역사 이론가 화이트Hayden White는 역사적 내러티브에 채용되는 네 가지 양식, 로망스, 코미디, 비극 그리고 풍자를 제안했다. 그리고 이 네 가지는 역사적 함축의 네 가지 양식, 무정부주의적인 것, 보수적인 것, 급진적인 것, 그리고 해방적인 것에 각각 상응한다.[22] 이런 체계에서 북한의 역사 내러티브는 확실히 로망스, 곧 완전한 승리의 이야기다. 북한의 기준에서 보면, 한국의 고난에 찬 과거에 대한 남한의 시각은 지나친 비탄이다. 북한은 고난에 대한 필연적인 반응으로서 적극적인 행동을 주장한다. 곧, 한국전과 1960년대 중반 사이에 북한은 고난을 국민 만들기 기획으로 고양시키는 방향으로 나아갔다.

---

20) 황동규, 〈한과 그 새로운 활용Han and its New Use〉,《월간 한국Korea Journal》 29 (1989년 8월).

21) 인문과학연구소,《"한국사" 비판》(인문과학사, 1966).

22) Hayden White, 〈역사의 해석Interpretation in History〉,《새로운 문학적 역사New Literary History》 vol. 4, no. 2(1972년 겨울), 307쪽.

4. 사랑의 공화국

1960년대 말에 이르러 주체 사상이 북한의 "유일 사상"[23]으로 공식 확립된 이후 김일성의 우상화는 김일성의 어머니 강판숙을 "조선의 어머니"로 우상화한 것을 시작으로 김일성 가계의 여성 구성원들에게까지 확대되기 시작했다. 가족 구성원의 메타포는 정권의 시작부터 존재했지만 친밀하고 모성적인 이미지를 환기한 것은 새로운 발전이었다.

문학비평가 바바Homi K. BhaBha는 탈식민 민족에게 "민족은 공동체와 친족이 뿌리 뽑힌 뒤에 남겨진 진공을 메운다. 그래서 그런 상실을 메타포의 언어로 바꾼다"[24]라고 했다. "공동체와 친족"의 메타포들은 북한의 민족 재현에서 중심이 되었다. 효과적인 내셔널리즘에서 늘 그렇듯이, 북한은 가족의 메타포를 일상화해 부계 친족의 개념이 더 이상 메타포가 아닌 실제로 여겨질 정도로 확장했다.

가족은 인간 관계의 가장 폭넓고 직접적인 상징으로서 세계 전역에서 민족적 소속을 위한 메타포로 기능한다. 그러나 동아시아의 내셔널리즘에서는 유교의 개념인 효가 특히 중요한 역할을 했다. 효는 말 그대로 가족에서 민족 단위로 전이될 경우에, 충성과 동일시의 확인 가능한 언어를 구사할 수 있다. 그러나 일본과 그 황실을 제외하면, 북한은 동아시아에서 유일하게 내셔널리즘의 효를 지도자 자신의 가계로 글자 그대로 옮겨 결과적으로 김일성을 보편적인 가부장으로 만든 경우다.

예를 들어, 한국전에서 유래한 군인들의 정치 교본은 김일성의

---

23) 스즈키 마사유키, 《김일성과 수령제 사회주의》, 76쪽.

24) Homi K. BhaBha, 〈서론 : 민족의 서술Introduction : Narrating the Nation〉, 《민족과 서술》, 291쪽.

"혁명적 가계"에 관한 설명으로 시작된다. 김일성의 아버지 김형직은 모범적인 혁명가의 한 사람으로 제시되었다. 그는 3 · 1운동에 가담했다. 그의 아저씨와 두 남동생 역시 항일 운동가였다(김일성의 어머니 강판숙은 "빈농의 딸"로만 언급되었다). 그렇게 해서 김일성은 "가정 환경 때문에" 위대한 지도자가 되었다.[25]

　해방 후 북한으로 돌아온 김일성은 자신의 고향 방문을 공적인 볼거리로 만들었으며, 할머니와의 눈물 어린 재회를 보여주는 것으로 무너지지 않은 효를 과시했다. 혁명가 아버지에 대한 어린 시절의 반항을 자주 언급했던 마오쩌둥과 달리, 김일성은 언제나 자신을 효성스러운 아들로 제시했으며 그것은 암묵적으로 그의 백성들에게 효를 요구하는 것이었다. 김일성의 진술이나 북한의 공식 이데올로기에서는 중국의 문화 혁명과 같은 것의 여지를 허용할 만한 것으로서 당이나 국가 당국 혹은 부모나 교사에 대한 반항이 정당화되지 않았다. 부모, 국가, 김일성에 대한 충성은 서로 연결된 것으로 제시되었으며 서로를 강화했다.

　그러나 김일성 숭배는 스탈린의 의상을 걸친 신유교적 가부장제를 훨씬 뛰어넘는 것이다. 사실 실제 숭배의 언어 가운데 많은 부분이 일차적으로 부성적이기보다 모성적이다. 1960년대부터 양친 모두를 의미하는 것으로 사용되어온 용어인 어버이로서의 김일성 자신이 어머니의 보호와 은혜에 연결되었다. 그리고 점차 아버지로만 인정되었다. 1953년부터 시작된 한설야의 《력사》는 김일성의 만주 게릴라 활동을 소설 분량의 허구로 다룬 최초의 책으로, 고아가 된 게릴라들의 자녀들에 대한 그의 어머니 같은 보살핌, "귀여운 보조개", "귀여운 덧니"를 가진 그의 부드럽고 둥근 얼굴 등 김일성의 모

---

25) RG 242, SA 20098/32. 《정치 교본》, n.p., n.d., 1~2쪽.

성적 이미지들로 채워졌다.[26]

싱가포르, 남한, 전쟁 전의 일본 같은 보수적인 동아시아 국가들에서 개개의 여성은 '미덕'의 모델로 대변되고 국가는 순전히 남성적인 용어들로 재현되었던 데 반해,[27] 북한은 거의 유일하게 국가, 지도자, 거의 모든 구성원이 남성으로 이루어진 당에 모성의 메타포들을 사용했다. 이는 아버지와 아이들의 관계보다 좀더 긴밀하고 깊이 자리한 관계를 통해 국민들로부터 충성을 이끌어내려는 국가의 시도를 대변하는 듯하다. 우리 모두를 사랑하는 위대한 지도자를 사랑해야 한다. 김일성은 지배하는 아버지인 동시에 완고한 유교적 아버지의 필연적 보완물인 친절하고 너그러운 어머니다. 그리고 후자의 역할이 훨씬 더 크다. 이 점에서 김일성의 이미지는 아버지로서의 스탈린, 근엄한 황제와 같은 마오쩌둥, 금욕적 아저씨 같은 호치민과는 전혀 다르다.

북한의 가족 로망스는 1960년대에 외세의 지배로부터의 독립과 국내의 내적 응집이라는 주체 사상의 이중적인 작용으로 그 독특한 모습을 갖추었다. 외적 차원에서 주체 사상은 북한이 국제적인 사회주의의 형제애에서 분리되어 북한의 자급적 가족이라는 자율적 개체가 된 것을 의미하며, 특히 아버지 스탈린에서 아버지 김일성으로 옮겨간 것을 의미한다. 김일성은 1967년에 '어버이'로 불리다가

---

26) Brian Myers, 《한설야와 북한 문학 *Han Sorya and North Korean Literature*》(Ithaca, NY : Cornell Univ. Press, 1994), 102쪽.

27) 물론 민족은 여성의 신체에 자주 비유되었지만 국가——강제와 통제의 정치 기구——는 거의 언제나 남성적인 것으로 표현되었다. '유교'를 국민적 정체성의 기본이자 국가 권력의 도구로 재해석한 싱가포르의 사례에 관해서는 Geraldine Heng · anadas Devan, 〈국부 : 싱가포르의 내셔널리즘, 성, 인종 정치State Fatherhood : The Politics of Nationalism, Sexuality, and Race in Singapore, in Andrew Parker〉, G. Heng · J. Devan 외 (eds.), 《내셔널리즘과 성 *Nationalism and Sexualities*》(New York : Routledge, 1992)을 참조하라.

1970년대 초에 이르면 차츰 '아버지'로 불리게 된다.[28]

　이런 이미지가 환기할 정서는 물론 국가에 대한 효다. 강판숙의 전기는 이를 분명히 하고 있다.

　　사실, 부모를 사랑하지 않고 공경하지 않는 애국자란 있을 수 없다. 애국자라면 모름지기 부모를 사랑하고 아내와 자식을 사랑한다. 이런 감정들은 가까운 사람들에게만 연결된 것이 아니며 그들은 모국의 운명과 긴밀하게 결속되어 있다.[29]

　이런 가족 숭배는 김정일이 김일성의 후계자로 지명된 1980년 조선로동당 6차 대회 이후 훨씬 더 확대되었다. 1980년 이후 김정일의 어머니이자 김일성의 첫 번째 아내로 1949년 출산 중에 사망한 김정숙은 국가적 공경의 대상이 되었으며, 그녀의 시어머니와 함께 '조선의 어머니'라는 명칭을 공유했다. 동시에 노동당은 '어머니 당'으로 지칭되었다. 《당 중앙》과 같은 북한 출판물들에 나타나듯이 당과 동일시된 이후 김정일은 이런 친밀한 모성 메타포들과 연결되었다. 이는 1930년대에 고사와가 탐구했던 어머니와 아들, 확대하자면 주체와 객체, 국민과 민족의 궁극적인 융화로 읽을 수 있다.

---

28) Thomas Hosuck Kang, 〈유교에서 공산주의로 북한의 인성 변화Changes in the North Korean Personality from Confucian to Communist〉, Jae Kyu Park · Jung Gun Kim, 《북한의 정치 The Politics of North Korea》(Seoul : Kyungnam Univ. Institute for Far Eastern Studies, 1979), 93쪽.

29) 《조선의 어머니 : 전기 소설 The Mother of Korea : Biographical Novel》(Pyongyang : Foreign Languages Publishing House, 1978), 108쪽.

5. 단군의 유골

북한의 국가 이데올로기에 또 다른 변화가 일어났다. 1990년대 초 김일성이 눈에 띄는 일이 적어지다가 마침내 죽음을 맞으면서, 부계와 전통적인 한국사(특히 뛰어난 통치자와 왕조의 시조들)를 강조하는 변화였다. 한 북한 관측자는 이를 가리켜 "가부장제의 정치에서 효의 정치로의 변화"라 했다.[30] 어떤 차원에서 이는 김정일이 죽은 아버지의 정치와 이데올로기들에 충성을 보여야 하며 공식적인 정치적 지위를 얻기 전에 공개석상에 나타나는 것을 삼가하고 오랜 애도와 공경의 기간을 보내야 한다는 것을 의미한다.

좀더 심층적인 차원에서 김일성 사후 북한은 다시 한국사, 가족, 덕 있고 관대한 지도력을 공공연히 강조하기 시작했으며 위대한 지도자와의 관계에서 상징적으로나 실질적으로 부계의 상속을 강조하기 시작했다. 그렇게 해서 북한의 언론 매체들은 김정일의 실제 조상들을 추적할 뿐만 아니라 과거의 위대한 지도자들과 김정일과 김일성을 연결 짓는 일종의 상징적인 조상들을 추적한다. 여기에는 마르크스, 엥겔스, 레닌, 스탈린, 마오쩌둥 같은 공산주의의 판테온은 물론이고 고려의 왕건과 조선의 이성계 같은 왕조의 시조들까지 포함된다. 이 과정의 논리적 귀결은 1993년 북한이 한민족의 신화적

---

30) Alexandre Y. Mansourov, 〈새로운 정체성의 추구 : 김일성 사후 북한의 전통적 정치와 근대화In Search of a New Identity : Revival of Traditional Politics and Moderniza-tion in Post-Kim Il Sung North Korea〉, Department of International Relations, Australian National Univ. Working Paper No. 1995/3(1995년 5월), 7쪽 ; Charles K. Armstrong, 〈우리식 사회주의 : 북한 공산 시대 북한의 이데올로기 'A Socialism of Our Style' : North Korean Ideology in a Post-Communist Era〉, Samuel S. Kim (ed.), 《탈냉전 시대 북한의 외교 관계North Korean Foreign Relations in the Post-Cold War Era》(New York : Oxford Univ. Press, 1998), 32~53쪽.

시조인 단군의 유골을 "발견"하는 것이 되었다.

1993년 10월 북한의 고고학자는 평양 부근에서 거의 원상대로 보존된 한민족의 신화적 시조 단군의 유골을 "발견"해 세계를 놀라게 했다.[31] 적어도 이 문제에 관심을 가진 사람들을 놀라게 했던 것은 분명하다. 단군의 유골과 함께 그의 아내의 유골이 발견되었으며 두 유골 모두 정확히 5,011년 된 것으로 밝혀졌다. 김정일은 1995년 직접 단군릉의 건축을 감독했으며, 그렇게 해서 한민족의 기원까지 이어지는 왕가의 계보에 자신을 위치시켰다.[32]

북한의 이데올로기는 정권에 대한 대중적 지지를 배양하기 위해 점차 민간의 신유교주의의 근간, 효, 연장자에 대한 공경, 도덕 교육에 의지했다. "혁명 선배들을 존대하는 것"이라는 표현은 이런 경향을 특징적으로 반영한 것이다. 이 문구는 1995년 크리스마스 전야에 김일성이 〈로동신문〉에 쓴 〈혁명 선배들을 존대하는 것은 혁명가들의 숭고한 도덕 의리다〉라는 기사에서 나온 것이다.[33] 그 기사는 김일성 사후 북한에서 이데올로기의 국가와 국가의 이데올로기에 관해 드러내고 있는 것으로 인해 좀 살펴볼 필요가 있다.

충격적인 것은 그 글이 '혁명'과 '사회주의'라는 용어를 자주 사용하고 있음에도 불구하고 사랑, 관용, 의무, 가족, 역사, 유교적 도덕의 언어와 이미지들로 도배되어 있다는 사실이다. 사회는 조화롭고 분해될 수 없는 것으로 재현되며 위대한 지도자를 중심으로 삼는

---

31) 남한에서도 단군의 역사성을 차츰 받아들이기는 하지만 남한의 역사가들은 그 발견에 주목하고 비판을 가했다. 이형구, 《단군을 찾아서》(살림터, 1994) ; 신형식, 《남북한 역사관의 비교》(솔, 1994), 19쪽에서 재인용

32) 리복희, 〈단군릉과 청류교Tomb of King Tangun and Chonryu Bridge〉, 《오늘의 조선 Korea Today》(1995년 11월), 17쪽.

33) 김정일, "혁명 선배를 존대하는 것은 혁명가들의 숭고한 도덕 의리다", 〈로동신문〉(1995년 12월 25일), 1~2쪽.

다. 중심의 사회적 가치는 집단주의이고 자주 등장하는 메타포는 가족, 특히 부모와 자식의 관계다. 지도자는 아버지고 당은 어머니며 인민은 자녀다. 혁명가의 최고 의무는 위대한 지도자를 경애하는 것이다. 선배와 후배의 관계는 부모와 자식 사이의 관계와 같아야 한다. "우리식의 사회주의"가 의미하는 것은 정확히 사람들이 "한 가족으로서 서로를 사랑하고 돕는 것"이다. 혁명가들의 목표는 "항일 혁명의 전통에서 자라난 도덕적 의무의 숭고하고 아름다운 모범을 만드는 것"이다.

그 글은 역사를 폭넓게 환기한다. "70년의 주체 혁명"은 1930년대의 항일 게릴라 투쟁까지 거슬러 올라갈 뿐만 아니라 한 "민족"의 전 역사로 거슬러 올라간다. "경애하는 김일성 동지"는 "인민을 하늘로 여기고 부모가 자녀를 사랑하듯 그들을 사랑하신 분"으로 "우리 오천 년 역사 제일의 위대한 지도자"였다.[34] 김일성과 조선로동당은 한국의 찬란한 과거의 위대한 업적들, 단군과 고구려의 동명왕과 고려의 시조 왕건을 포함하는 하나의 전통조차 무색게 할 정도였다. 당은 마르크스, 레닌, 스탈린의 전통에 근거했지만 김일성은 조선 혁명의 독특한 조건에 맞게 마르크스-레닌주의를 "창조적으로 적용했다".

그 글에서 중요한 또 다른 측면은 과거의 사회주의 블록에 대한 뚜렷한 비판이다. 그 글은 구체적인 어떤 국가를 지시하지 않은 채 "기회주의자들, 사회주의의 변절자들과 현대의 수정주의자들"을 공격

---

34) 김일성 사망 후 몇 주 만에 김정일은 '친애하는 지도자', '위대한 지도자'로 격상되었지만 김정일에게 사용되는 호칭은 령도자로 수령보다 한 급 아래이며, 수령은 여전히 김일성에게 사용된다. 두 호칭 모두 영어로 'leader'로 번역되고, 김일성과 김정일의 동등한 지위를 함축하는데, 한국어에서 두 호칭이 분명하게 구분되는 것과는 확연히 다른 점이다. 〈로동신문〉은 김정일보다는 김일성을 의미하는 것으로 수령이라는 표현을 자주 사용한다.

한다. 그 글에 따르면, 그들은 부르주아 개인주의 이데올로기로 마르크스 레닌주의를 오염시키고 왜곡했으며 전 세계적으로 사회주의의 명분을 후퇴시켰다. 그리고 이데올로기적 올바름을 유지하는 관건은 젊은이들의 교육이며 동유럽과 소련의 재앙은 바로 이데올로기적 올바름을 상실한 결과다. 그 글은 "역사는 우리에게 사회주의로 불리는 사회조차 젊은이들을 제대로 교육하지 못할 경우 그들이 혁명을 믿고 성장할 수 없으며 사회주의를 유지할 수 없다는 점을 가르쳐준다".[35] 젊은이들은 "혁명의" 1세대와 2세대로부터 제대로 된 유교식 교육을 받아야 한다. 학교 교육, 사회 교육, 가정 교육이 조화를 이루어야 한다. 교육은 강한 도덕적 요소를 지녀야 한다. 동시대 남한의 교육 과정도 분명 동의할 점이다. 젊은이들은 "효자"로 행동해야 한다. 그렇게 해서 사회의 도덕적 가치들이 세대에서 세대로 전해질 것이다.

이처럼, 북한 이데올로기에서 나타나는, 전통적 모티프로의 뚜렷한 회귀 현상은 그 공식적 이데올로기가 파산하면서 궁지에 몰린 한 정권의 절망적인 몸짓이라고도 볼 수 있다. 다른 한편, 근대의 정치조직과 한국 전통 문화에 깊이 각인된 요소들이 합병된 것은 어떤 의미에서 지난 50년간 진화했던 북한 이데올로기의 논리적 귀결이며, 사회주의 이후 내셔널리즘 이데올로기의 토대가 될 수 있을 것이다. 핵심 요소들을 유지하면서 그 헤게모니적 이데올로기를 수정하려는 시도인 것으로 볼 수 있다.

말할 것도 없이 북한은 그 공식적 이데올로기의 새로운 지도 원리로서 신유교를 직접 언급하지는 않는다. 그러나 토착적인 한국사로

---

35) 건국 이래 북한이 이데올로기와 교육을 통해 강조해온 가장 주목할 만한 상징은 아마도 전통적인 낫과 망치에 붓을 더한 조선로동당 상징일 것이다.

의 전환, "덕치"의 "전통",[36] 효와 충성의 강조, 내향적 성찰의 방식들은 최근 싱가포르와 중국 같은 곳에서 "전통적인" 동아시아 유교 문화가 근대적 국가의 정통성을 위한 근거로서 부활한 것과 유사성이 있다. 북한은 계속해서 문화적 내셔널리즘의 언어로 마르크스주의 수사(레닌주의의 조직 원리들은 아니지만)를 전복하는 과정에 있다.

6. 맺는 말 : 오늘의 북한과 '선군 정치'

새 천 년의 북한은 이데올로기적 수사에서 또 다른 변화를 증명했다. 2001년 이후 북한의 선동은 북한의 지도적 이데올로기를 "선군"으로 규정하기 시작했다. 이런 이데올로기적 전환은 여전히 초기 단계에 있다. 선군 정치 혹은 선군 사상은 북한이 이데올로기적으로 마르크스-레닌의 사회주의와 완전히 결별했음을 의미하는 것일 것이다.[37] 1960년대부터 1990년대까지 주체 사상 시절 북한의 가족주의에서 벗어난 새로운 출발을 의미하는 것일 것이다. 선군 사상은 특히 민족을 계급의 우위에 두고 조국을 이데올로기의 우위에 둔다. '사회주의'는 국가적 독립의 동의어이자 제국주의의 반의어로서 언급된다. 효와 모성애라는 친밀한 메타포는 군사적 지도력과 규율의

---

36) Alexandre Y. Mansourov, 〈새로운 정체성의 추구 : 김일성 사후 북한의 전통적 정치와 근대화〉, 13쪽.

37) 〈선군 사상은 우리 시대 자주 위업의 필승 불패의 기치이다〉, 《로동신문》(2003년 3월 21일), 1쪽. 이 새로운 이데올로기적 전환에 관해서는 Ruediger Frank, 〈사회주의의 종말과 신랑을 위한 결혼 선물? 선군 정책의 진의The End of Socialism and a Wedding Gift for the Groom? The True Meaning of the Military First Policy〉, http://www.nautilus.org/DPRKBriefingBook/transition/Ruediger_socialism.html(2003년 12월 11일).

딱딱하고 권위적인 언어에 자리를 내주고 있다.

실질적으로 가족주의가 북한의 왕조적 사회주의를 위한 컨텍스트를 만들었던 것처럼, 선군 사상은 북한 정권이 김일성 부자의 족벌 국가를 넘어 생존할 길을 마련해준 듯하다. 선군 국가는 더 이상 유사-사회주의나 신-전통주의적 왕조가 아니라 좀더 전형적인 권위주의적 근대화 정권이며, 고사와의 주체와 객체의 모자 융합이라기보다 1930년대 일본의 군사주의 국가에 가깝다. 북한이 경제에서 시장 지향의 개혁을 향하고 있는 것처럼 보이는 만큼, 좀더 적절한 또 다른 비유는 어쩌면 1970년대 남한의 박정희 정권일 것이다. 가족주의를 군사주의로 변모시킨 것은 북한의 변화가 좀더 일반적인 종류의 군사 독재로 향하는 것임을 가리키는 것인지도 모른다. 이것이 북한 인민들에게 이로운 것이 될지는 좀더 지켜볼 일이다.

독재와 상징의 정치
—나치즘과 일본 파시즘의 정치 종교

나인호 · 박진우

1. 20세기 대중독재의 비교 연구 개념으로서의 정치 종교

영국의 사회사가 홉스봄Eric Hobsbawm은 20세기를 "극단의 시대"라고 부른다.[1] 이 시대는 정치적으로 유럽에서 고전적인 의회민

나인호는 연세대 사학과와 동 대학원에서 서양사를 공부했다. 이후 독일에 유학하여 보훔 대학 역사학부에서 근현대사와 역사 이론을 공부했다. 박사학위 논문으로, 역사 속에서 인간들이 꿈꿔왔던 미래상을 재구성한다는 취지하에 독일 빌헬름 제국기의 자유주의자들의 집단적 미래관을 다룬 〈나우만 서클의 유토피아와 위기에 대한 표상, 1890~1903〉을 썼다. 귀국 후에는 서울대 서양사학과에서 박사후연수과정(post-doc.)을 마쳤다. 주 전공 분야는 사상 및 문화사를 중심으로 한 서양(독일) 현대사 및 역사 이론이며, 특별히 개념사와 역사기호학 연구에 몰두하고 있다. 〈독일 개념사와 새로운 역사학〉, 〈자본주의 정신 : 독일 부르주아지의 근대 문명 비판〉을 비롯한 다수의 논문이 있으며, 《혁명이냐 개혁이냐Sozialreform oder Revolution 1890~1903/04》를 독일에서 출판했다. 연세대, 한양대 등에서 강의했고 인천대 인문대 초빙교수를 역임했으며 현재 대구대 사회교육학부 교수로 있다.

박진우는 계명대 사학과를 졸업하고, 일본 쓰쿠바 대학 지역연구과에서 메이지 시대의 천황 순행과 민중의 관계를 연구하여 석사학위를 받았다. 히도츠바시 대학 사회학연구과에서 일본 민중 사상사 분야의 권위자인 야스마루 요시오 교수의 지도하에 사회학 박사학위를 받았다. 주 전공 분야는 일본 천황제를 중심으로 한 일본 근현대사이며, 최근에는 패전 직후 천황제 존속이 전후 일본의 역사 인식에 미친 영향과 문제점에 관해서 집중적으로 연구하고 있다. 영산대 국제학부 교수를 역임했으며, 현재 숙명여대 일본학과에 재직 중이다. 〈근대일본 형성기의 국가와 민중—근대 천황상의 형성과 민중〉 외 다수의 논문을 썼다.

주주의가 퇴조하고, 이탈리아의 파시즘, 독일의 나치즘 그리고 러시아의 스탈린주의와 같은 이른바 전체주의 체제가 등장하면서 시작되었다. 이미 1930년대에 오스트리아의 정치철학자 푀겔린은 이러한 새로운 형태의 독재 체제들이 발휘한 대중적 흡인력과 대중적 지지에 기초한 역동성을 응집력 있게 설명하기 위해 '정치 종교' 개념을 이론적으로 차용했다.[2] 이 개념은 비록 오늘날에 이르기까지 완전한 학술적 시민권을 얻지 못하고 있지만, 20세기의 전체주의적 정치 메커니즘의 이념형ideal-type을 구성하기 위한 최근의 논의들에서 또다시 집중적으로 조명받고 있다. 이러한 논의들은 이 개념을 양차 세계대전기에 등장했던 전체주의 정권들뿐만 아니라 더 나아가 20세기의 다양한 독재 체제들을 비교하기 위한 유용한 방법론으로 간주한다. '정치 종교' 개념으로 강조되는 것은 전체주의적인 체제들이 '정치의 신성화'(젠틸레)를 통해, 다시 말해 국가, 민족, 계급, 인종 등 여러 형태로 상상된 정치 공동체의 신격화 및 역사, 혁명, 자유 등 정치적 이념의 절대화, 그리고 신화와 상징 및 정치적 숭배cult와 의례를 통해 대중을 체제 내로 통합시켰고 스스로를 적법화했다는 사실이다.[3] 또한 이 개념은——심지어는 나치의 유대인 대학

1) 에릭 홉스봄, 《극단의 시대》 상하, 이용우 옮김(까치, 1994).

2) Eric Voegelin, 《정치 종교Die politischen Religionen》(Stockholm : Bermann-Fischer, 1939).

3) Hans Maier (ed.), 《전체주의와 정치 종교. 독재 체제 비교의 개념 Totalitarismus und Politische Religionen. Konzepte des Diktaturvergleichs》(Paderborn 등 : Schoningh, 1996) ; Hans Maier · Michael Schäfer (eds.), 《전체주의와 정치 종교. 독재 체제 비교의 개념》 제2권(Paderborn 등 : Schoningh, 1997) ; Emilio Gentile, 〈정치의 신성화 : 세속 종교와 전체주의의 문제에 관한 정의, 해석 및 성찰The Sacralisation of Politics : Definitions, Interpretations and Reflections on the Question of Secular Religion and Totalitarianism〉, 《전체주의 운동과 정치 종교Totalitarian Movement and Political Religions》 1(2000년 여름), 18~55쪽 ; Philippe Burrin, 〈정치 종교. 개념의 적절성Political Religion. The Relevance

살에 이르기까지——전체주의 체제가 자행한 폭력과 테러의 근저에 놓인 종교적 모티프와 이것의 대중적 호소력을 강조하기 위해 사용되기도 한다.[4]

물론 이 개념이 양차 세계대전기의 전체주의 체제들, 나아가 20세기에 나타난 다양한 독재 체제들의 비교 연구를 위해 얼마나 유용하고 적절한 것인가 하는 데는 아직 논란의 여지가 많다. 그럼에도 '정치 종교'는 정치 현상의 문화적이고 상징적인 차원에 집중함으로써, 무엇보다 독재 체제가 어떠한 문화적 메커니즘을 통해 (일시적으로나마) 대중들을 매혹시킬 수 있었고 어떤 방식으로 대중적 동의를 이끌어낼 수 있었는가 하는 점을 분석할 수 있는 연구 개념으로서 많은 잠재력을 지니고 있다. 물론 정치 종교 개념을 통해 대중의 동의에 의한 독재, 즉 대중독재가 지니는 문화적이고 상징적인 차원이 적절하게 분석되려면, 정치 종교를 단순히 대중의 내면 세계를 조작하기 위한 권력의 차가운 전략으로 보는 대신, 아래에서 자세히 논의될 것처럼 대중의 희망과 공포, 삶에 의미를 부여할 수 있는 믿음에 대한 열망, 또한 신화와 상징을 통해 표출되는 대중의 근원적 욕구에 대한 권력의 적극적 대응 현상으로 간주해야 할 것이다.

이 글은 정치 종교 개념을 여러 대중독재 체제들의 문화와 상징의 정치를 비교하기 위한 방법론으로서 부각시키기 위한 시도다. 그러나 이러한 목적을 위해 정치 종교 개념에 대한 기존의 논의들은 몇 가지 점에서 수정되어야 한다. 지금까지 정치 종교 개념은 본질적으

---

of a Concept〉, 《역사와 기억History & Memory》 9(1997), 321~349쪽.

4) 예를 들어 Michael Ley, 《인간 제물로서의 홀로코스트. 기독교에서 민족사회주의의 정치 종교까지Holocaust als Menschenopfer. Vom Christentum zur politischen Religion des Nationalsozialismus》(Münster 등 : Lit, 2002) ; Michael Ley, 《종말론과 근대. 정치 종교 논문집Apokalypse und Moderne. Aufsätze zu politischen Religionen》(Wien : Sonderzahl, 1997).

로 유럽사적인 맥락 속에서 논의되어왔다. 이와 관련하여 이 개념을 기독교라는 일신교에 의해 독점된 전통적인 종교 문화와 근대 시민 사회에서 나타난 세속화 현상에 의해 특징지어진 유럽사 혹은 유럽 문명의 맥락에서 분리시킬 수 없다고 보는 경향이 있다.[5] 그러나 정치 종교를 단지 유럽적인 현상으로만 간주하는 데는 이론의 여지가 많다. 또한 본격적인 비교사 연구를 위해 이 개념은 더욱 세밀한 범주들로 유형화될 필요가 있다. 이런 맥락에서, 획일성과 강력한 연대를 갖는 우애회적fraternalist 종교, 비교적 느슨하고 관용적인 민족형성Nation Bildung의 종교, 그리고 공산주의적 정치 종교라는, 브루커Paul Brooker가 시도한 정치 종교의 세 가지 유형화는 하나의 좋은 실례가 될 것이다.[6] 마지막으로 정치 종교를 전적으로 양차 세계대전기에 나타난 전체주의 체제의 고유한 현상으로 파악하려는 시각이 수정되어야 한다. 더 넓은 의미에서 정치 종교를 '대중의 국민화/민족화'(모스George L. Mosse) 과정에서 결정적인 역할을 수행한 정치적 숭배와 애국주의적인 도덕으로 이해한다면 정치 종교야말로 모든 근대 민족국가와 민족주의 운동을 위한 정치적 통합 요소로 기능했다고 할 수 있다.[7] 이러한 맥락에서 다양한 정치 종교들의 공통분모는——몇몇 경우를 제외한다면——민족주의적 종교라

---

5) 예를 들어 Mathias Behrens, 〈정치 종교—하나의 종교? 종교 개념에 대해 'politische Religion'—eine Religion? Bemerkungen zum Religionsbegriff〉, Hans Maier · Michael Schäfer (eds.), 《전체주의와 정치 종교. 독재 체제 비교의 개념》 제2권, 249~269쪽.

6) Paul Brooker, 《우애주의의 세 얼굴. 나치 독일, 파시스트 이탈리아, 제국주의 일본 *The Faces of Fraternalism. Nazi Germany, Fascist Italy, and Imperial Japan*》(Oxford : Clarendon Press, 1991), 1~8쪽.

7) George L. Mosse, 《대중의 민족화. 나폴레옹 전쟁에서 제3제국기까지의 독일의 정치 상징과 대중 운동 *The Nationalization of the Masses. Political Symbolism and Mass Movements in Germany from the Napoleonic Wars Through the Third Reich*》(New York : New American library, 1975) 참조.

고 할 수 있다.

　이 글은 독일의 나치즘과 일본 파시즘의 정치 종교를 비교하면서, 지금까지 언급한 한계점들을 극복하기 위해 먼저 양자 모두가 1920년대와 1930년대의 대내외적 위기에서 출현한 급진적 민족주의의 상징의 정치였음을 강조한다. 이를 통해 양국의 정치 종교가 공유하는 민족주의적 종교로서의 기능을 탈유럽사적 맥락에서 부각시키려고 한다. 둘째, 나치즘의 정치 종교를 새로운 배타적인 신조에 기초한 혁명적인 민족주의 종교로서, 한편 일본 파시즘의 정치 종교를 전자에 비해 비교적 관용적인 관례적 민족주의 종교로서 유형화하면서 양자의 차이점을 분석하려고 한다. 이른바 '민족 혁명'을 통해 바이마르 체제를 무너뜨린 나치즘의 정치 종교는 정치 종교로서의 민족주의가 혁명적이고 극단적으로 표현된 것으로서, 브루커가 말한 철저히 불관용적이고 전체주의적인 우애회적 종교의 전형이었다. 반면 일본 파시즘의 정치 종교는 실행상의 급진성에도 불구하고, 본질적으로 일본의 근대 민족국가 형성기인 19세기 후반 메이지 시대에 이미 성립된 민족주의적 종교가 연장된 것으로서, 여타의 애국주의적 도덕과 여러 전통적 하위 문화들을 성공적으로 통합하고 있었다. 그러면 그 자세한 내용을 살펴보자.

2. 급진적 민족주의의 상징의 정치

　나치즘과 일본 파시즘은 현존하는 민족국가가 국민을 보호하고 국민에게 안정을 주는 정치 공동체로서의 역할을 더 이상 수행하기 어려운 상황에서 출현했다. 1차 세계대전 이후 독일이 겪은 국내외적인 위기 상황은 잘 알려져 있다. 같은 시기의 일본 역시 바이마르

공화국에서와 유사한 정치, 경제, 사회 및 대외적 위기 상황에 봉착했다. 나치즘과 일본 파시즘은 이러한 위기 상황을 극복하기 위해 기존의 민족국가를 새로운 유형의 정치 공동체로 변형시키려 했다. 이러한 새로운 유형의 민족국가는 단순히 관료적 기구에 의해 유지되는 기능적 질서로서의 공동체가 아니라, 국민 대중이 통일적인 정치 규범과 집단적인 사회 도덕을 지닌 채 전체에 대해 진정한 헌신과 충성을 바치는 강력한 연대의 공동체, 다시 말해 정치적이면서 동시에 종교적인 '신자(信者) 공동체'가 되어야 했다. 나치즘과 일본 파시즘의 정치 종교는 국민 대중을 믿음의 공동체로 개종시키기 위한 상징의 정치였으며, 이를 통해 국민 각자는 새로운 인간으로 거듭나야 했다.

나치즘의 정치 종교는 무엇보다 새로운 종교적 신념에 기초하여 '민족 공동체Volksgemeinschaft'라는 전체주의적 유토피아를 절대화했다. 이른바 '인종 종교ethno-religion' (뷔랭Philippe Burrin)라고 불리는 새로운 신앙은 나치즘의 정치 종교에 응집성을 부여하는 통합 요소로서 기능했다. 이러한 새로운 신앙을 통해 나치는 유전학, 우생학과 같은 근대 과학의 언어들을 동원하여 기존의 민족주의를 독일 민족의 인종적 우월성에 대한 신앙 고백의 차원으로 심화시키려 했고, 기존의 반유대주의를 인종 투쟁의 원리에 입각한 신화적 역사관 속에 통합시키려 했다.[8]

일본 파시즘의 정치 종교는 그 기반을 천황제 이데올로기에 두었

---

8) Philippe Burrin, 〈정치 종교. 개념의 적절성〉; 〈정치 종교 : 세속화된 세계 속에서의 신화적이고 상징적인 것Die politische Religionen : Das Mythologisch-Symbolische in einer säkularisierten Welt〉, Michael Ley · Julius H. Schoeps (eds.), 《정치 종교로서의 민족사회주의Der Nationalsozialismus als politische Religion》(Mainz : Philo Verlag, 1997), 168~185쪽 참조.

다. 그러나 잘 알려진 바와 같이 천황제 이데올로기는 일본 파시즘이 새롭게 고안한 발명품이 아니었다.[9] 천황제 이데올로기는 이미 19세기 메이지 시대부터 메이지 헌법과 황실 전범의 제정, 국가신도(國家神道)의 정비, 그리고 교육칙어를 통해 제도화된 근대 일본 민족국가의 권위주의적인 정치 규범 내지 국가 이념이었다. 천황제 이데올로기는 민족 형성을 위한 여타의 정치 종교처럼 1930년대 이전까지는 비교적 관용적이었다고 할 수 있다. 서구의 개인주의나 자유주의 및 사회주의와 같은 다양한 정치 사상, 혹은 불교나 기독교와 같은 종교들은 천황제 이데올로기를 침범하지 않는 한 공식적으로 인정되고 있었다.

그러나 파시즘 시기에 들어와 천황제 이데올로기의 실행 방식은 좀더 급진적으로 변화되었다. 군부와 일부 관료로 구성된 파시스트들은 국민 대중의 정치 규범과 사회 도덕을 철저하게 천황제 이데올로기로 획일화하려 했다. 천황제 이데올로기의 독점화에 걸림돌이 되는 모든 정치 이데올로기들은 억압되었고, 비정치적인 성격의 종교들의 활동 공간은 심한 제약을 받았다. 그리고 천황제 이데올로기의 철저한 실행을 위해 무엇보다 국가신도와 천황제 이데올로기의 경전에 해당되는 교육칙어가 강조되었다.

그럼에도 일본 파시즘과 독일 나치즘의 정치 종교를 단순히 대중의 내면 세계를 구속하는 강제의 수단으로만 간주해서는 안 된다. 그것은 동시에, 대중의 동의를 효과적으로 창출하려는 메커니즘이기도 했다. 양자는 모두 '신자 공동체'로서의 민족국가를 가장 우월하고 모든 것을 포괄하는 영역으로 승격시키고, 이를 통해 절대적인

---

9) 천황제 이데올로기의 관념 요소의 특징과 형성 과정에 관해서는 박진우, 《근대 일본 형성기의 국가와 민중》(제이엔씨, 2004), 제1장 참조.

사명과 권위를 확립시키기 위해 무엇보다 전통적인 종교 문화를 이용했다. 전통적인 종교 문화를 이용한 이러한 민족국가의 신성화 과정은 곧 종교적인 것과 정치적인 것이 서로 뒤섞이게 되는 과정을 의미한다. 나치는 자신의 반유대주의와 '민족 공동체' 이데올로기를 표현하기 위해 기독교적 상징과 개념, 술어 및 의례들을 이용했다. 이러한 기독교적 전통들은 파편적으로 차용되었을 뿐만 아니라, 한편으로는 종말론으로, 다른 한편으로는 생물학적 인종주의, 고대적 도덕과 자연주의 등으로 구성된 인종 종교적 신앙이 결합된 나치 고유의 세계관적 틀 속에서 절묘하게 혼합되었다.[10] 이와 비슷하게 천황제 이데올로기는 고대 일본의 원시 종교에서 유래한 전통적인 민족 종교인 신사신도(神社神道)와 신정(神政)적이고 권위주의적인 국가 이념, 통합주의적 사회 도덕 및 신화적 역사관의 혼합물이었다. 특히 천황을 '현인신(現人神)'으로 보는 관념은 사람을 신으로 모시는 '고료(御靈) 신앙', 마레비토 신앙 및 이키가미 신앙과 같은 여타의 민속 신앙에 뿌리를 둔 것이었다.[11] 이러한 조합에 기반하여 천황제 이데올로기는 천황과 일본 국가/민족의 절대성을 강조하기 위한 정치 종교적 역할을 수행할 수 있었던 것이다.

뷔랭이 제시한 연구 모델[12]에 입각하여 분석해보면, 민족국가의 신성화 과정은 구체적으로 아래와 같이 세 가지 측면에서 전개된, 정치적인 것과 종교적인 것의 혼합에 의해 특징지어졌다.

---

10) Philippe Burrin, 〈정치 종교. 개념의 적절성〉 ; 〈정치 종교 : 세속화된 세계 속에서의 신화적이고 상징적인 것〉 참조.

11) 전통적인 민속 신앙과 천황 신앙의 관계에 관해서는 堀一郎, 《민간 신앙(民間信仰)》(岩波書店, 1949) ; 宮田登, 《이키가미 신앙(生き神信仰)》(塙書房, 1960) ; 宮田登, 〈천황 신앙에서 본 카리스마(天皇信仰に見るカリスマ)〉, 《현대종교(現代宗教)》(春秋社, 1980) 등 참조.

12) Philippe Burrin, 〈정치 종교. 개념의 적절성〉 참조.

첫째, 집단 정체성을 지속적으로 창출해내기 위해 전통이 (재)구성되었다. 예를 들어 민족 영웅과 순교자가 발명되고 민족적 기억의 전당에서 이들이 경배되었으며, 이들의 수난과 박해의 스토리가 경전화되었다. 독일의 경우 가장 전형적인 것이 '전몰한 나치 영웅들 숭배 의례Der Kult um die toten Helden'다. 이를 통해 죽은 나치 당원들의 정치적 삶이 고통받는 독일 민족을 위한 구원자의 삶으로 신화화되어갔다.[13] 일본의 경우 야스쿠니 신사를 비롯해서 죽은 민족 영웅들을 위한 호국 신사의 건립, '폭탄 3용사'의 영웅화를 비롯한 갖가지 '군국 미담'의 창출 등과 같은 국가적인 기억의 장, 상징, 신화에서 이러한 실례를 찾아볼 수 있다.[14] 2차 세계대전기에는 특히 전몰자를 '영령(英靈)'으로 합사(合祀)하는 야스쿠니 신사가 일본 파시즘의 상징 정치 가운데 가장 큰 비중을 차지하게 되었다. 이와 관련하여 '야스쿠니의 유아(遺兒)' 또는 야스쿠니 신사가 위치하는 '구단(九段)'이라는 지명을 따서 만든 '구단의 어머니'와 같은 표어가 등장했다. 이러한 표어들은 국민들로 하여금 육친을 전쟁에서 잃은 슬픔과 울분을 억제하고 '명예로운' 전사를 칭송케 하기 위한 것이었다.[15]

둘째, 지도자와 민족 공동체의 특별한 가치가 강조되었다. 지도자와 민족 공동체는 선과 악을 정의하고, 더 좋은 사회를 약속하며, 최

---

13) Sabine Behrenbeck, 《죽은 영웅 숭배 의례. 민족사회주의의 신화, 종교 상징 Der Kult um die toten Helden. Nationalsozialistische Mythen, Riten und Symbole 1923 bis 1945》 (Greifswald : SH–Verlag, 1996) 참조.

14) '폭탄 3용사'는 1932년 '상해사변'에서 중국군의 철조망을 파괴하는 작업에서 폭탄과 함께 전사한 3명의 병사를 '군신(軍神)'으로 미화한 것이었다. 이들의 구체적인 실태와 '군국 미담'의 창작 과정에 대해서는 中內敏夫,《국군 미담과 교과서(軍國美談と教科書)》(岩波書店, 1988) 참조.

15) 山科三朗,〈총력전 체제와 일본 내셔널리즘(總力戰体制と日本のナショナリズム)〉,《강좌 전쟁과 내셔널리즘(講座戰爭とナショナリズム)》(大月書店, 2004), 151쪽.

종 대의(大義)의 시스템을 제공하는 세계관을 구체화하는 선택된 주체로서 칭송되었다.

예를 들어 나치는 지도자와 독일 민족이 인종 투쟁의 세계사 속에서 지니는 예외적인 가치와 절대적인 사명을 다음과 같이 강조했다.[16] 독일의 국가Reich는 〈요한계시록〉에 나오는 '천 년 왕국'과 동일시되었으며, '하나의 제국', '하나의 민족', '한 지도자'는 세속화된 삼위일체로서 신성시되었다. 지도자 히틀러는 '치유자 내지 구세주Heilland'로 표현되었으며, 정치 의례에서 히틀러에 대한 기도문은 주기도문을 모방하여 작성되었다.[17] 독일 민족은 한편으로는 '빛의 세력', '신의 선민' 공동체 등으로 표현됨과 동시에 다른 한편으로는 '피의 공동체'로서 인종학적으로 다시 정의되었다. 독일 민족의 부활은 인종주의적 관점에서 피를 '깨끗이 함'과 동일시되었다. 이 점에서 때로는 인종 공동체로서 정의된 '민족 공동체'의 연대성을 강조하기 위해 '인종'과 '민족Volk' 양 개념에 대한 평등주의적인 이데올로기 조작이 행해지기도 했다. 슈트라이허Julius Streicher에 의하면 '인종'은 "육체적으로나 정신 및 영혼에서 평등한 인간들

---

16) 이하 기본적으로 Klaus Vondung, 〈민족사회주의의 묵시록Die Apokalypse des Nationalsozialismus〉, Michael Ley · Julius H. Schoeps (eds.), 《정치 종교로서의 민족사회주의》, 33~52쪽 ; Ernst Piper, 〈알프레트 로젠베르크―영혼의 전쟁의 예언자Alfred Rosenberg―der Prophet des Seelenkrieges〉, 《정치 종교로서의 민족사회주의》, 107~125쪽 ; Julius H. Schoeps, 〈구원을 향한 광기와 학살의 의지Erlösungswahn und Vernichtungswille〉, 《정치 종교로서의 민족사회주의》, 262~271쪽 ; Claus-Ekkehard Bärsch, 《민족사회주의의 정치 종교Die politische Religion des Nationalsozialismus》 (München : Fink, 1998) ; Klaus Vondung, 《독일에서의 묵시록Die Apokalypse in Deutschland》(München : Dt. Taschenbuch-Verlag, 1988) 참조.

17) 예를 들어 G. Hay, 〈발두르 폰 시라흐의 예를 통해 본 나치 시(詩)에서의 유사 종교 의례Religiöser Pseudokult in der NS-Lyrik am Beispiel Baldur v. Schirach〉, Hansjakob Becker 외 (eds.), 《예배식과 시Liturgie und Dichtung. Ein interdisziplinäres Kompendium》 I(St. Ottilien : EOS-Verlag, 1983), 857쪽.

의 공동체"로서 평등적 개념인 반면, 이전부터 많이 쓰이던 '민족'
은 정신적·육체적 다양성에 기초한 "불평등한 사람들의 공동체"로
서 평등하지 못한 개념이라는 것이다.

또한 독일 민족의 예외적 가치를 강조하기 위해 유대인이 독일 민
족의 대립자로서 악마화되었다. 유대인은 "세계를 파괴하는 자들",
"어둠의 세력", "적그리스도", 사탄 "루시퍼" 및 "더러움" 등으로 표
현되었다. 나치는 세계사를 독일 민족에게 체화된 '선'과 유대인에
게 체화된 '악'의 투쟁으로서 신화화했으며, 독일 민족이 경험한 현
대사의 고난을 유대인 탓으로 돌렸다. 이러한 신화적 역사관 속에서
또한 유대인과의 최후의 결전이 강조되었는데, 이를 통해 낡은 세상
은 곧 무너지고 마침내 새로운 천 년 왕국이 도래한다는 것이었다.

일본의 천황제 이데올로기 또한 이와 유사한 패턴을 보여준다. 천
황은 신화에 의거하여 '만세일계(万世一系)'의 황통을 계승하고 있
는, 따라서 황조신(皇祖神) 아마테라스의 "신령(神靈)"을 이어받은
'현인신'으로서 숭배되었다. 이러한 방식으로 천황의 절대적 권위
와 불변성이 신성시되었다. 천황의 신성화는 국가신도의 제도화를
통해 더욱 보강되었다. 국가신도는 전통적인 신사신도와 황실신도
가 통합·재편되어 형성되었으며, 1880년대 이후 불교, 기독교 등의
일반 종교와 분리되어 '국가의 제사'로서 특권적 지위를 확보하기
시작하면서 모든 종교의 상위에 군림하게 되었다.[18] 동시에 정부는
국가신도를 조직적으로 강화하고 천황에 대한 국민의 자발적인 숭

---

18) 메이지 시대에 일본 전국에 산재해 있던 신사의 수는 19만 3,000여 개였으나 정부
는 이를 국가신도 체제 아래 정리·재편하여 11만여 개로 줄였다. 패전 당시 신사의 정확
한 수는 10만 6,237개였다. '국가신도'는 처음부터 일본에서 사용한 용어가 아니고, 패전
후 점령군에 의한 'state shinto'의 번역어로서 일반화되었다. 패전 전의 일본에서는 '신
도', 또는 '국체' 등으로 불렀다. 《국사대사전(國史大事典)》(吉川弘文館, 1984), 889쪽
참조.

배를 이끌어내기 위해 천황의 조상신 아마테라스를 제신(祭神)으로 하는 이세신궁(伊勢神宮)을 정점으로 하여 전국적으로 다양한 유래를 갖고 있는 전국 신사에 서열과 격(格)을 정하고 황실의 궁중제사를 기준으로 모든 신사의 제사를 획일화했다.[19]

또한 천황제 이데올로기의 경전인 교육칙어는 '국체(國體)'[20]를 국민/민족 교육의 원칙으로서 강조했다. '국체'란 신성한 국가적 체제, 국가/민족적 총체, 국가/민족적 특질, 국가/민족의 정수 등으로 의역할 수 있는데, 한마디로 아마테라스와 제1대 진무(神武) 천황으로부터 내려오는 '만세일계'의 천황이 통치하는 신성한 일본 국가 혹은 일본 민족이라는 의미를 지니고 있다. 이와 더불어 교육칙어의 또 다른 교리는 유교적인 덕목과 조상 숭배라는 일본인의 종교적 전통을 결합시킨 '가족 국가관'[21]이었다. '가족 국가관'은 천황에 대한 '충(忠)'과 가정에서의 '효(孝)'를 결합시켜 이를 국가에 대한 '충'과 일체화했다. '가족 국가관'에 의하면 사회 전체는 가족에서부터 천황까지 포괄하는 하나의 대가족이다. 천황, 국가, 상급자에 대한 충성은 가족 윤리인 '효'에 기본을 둔다. 황실은 '본가(本家)', 각 가족은 '분가(分家)'로서 이해되며, 천황은 '가부장(家父長)'으로, '신민'은 천황의 '적자(赤子)'로 간주된다. 천황과 국민의 관계를 권력 지배 관계가 아니라 부모와 자식의 사랑에 의한 결합으로 이해하는 이러한 관념은 '충효일치(忠孝一致)', '충군애국(忠君愛國)', '멸사봉공(滅私奉公)'과 같이 국민 도덕을 효과적으로 강조하기 위해 만

---

19) 村上重良, 《국가신도(國家神道)》(岩波親書, 1970), 182~183쪽.

20) 당시 '국체'의 영역은 "the glory of fundamental character of Our Empire"로서 직역하면 '우리 제국의 근본적인 특질의 진수'라는 의미가 된다. 山科三朗, 〈총력전 체제와 일본 내셔널리즘〉, 136쪽 참조.

21) '가족 국가관'에 대한 선구적인 연구는 石田武, 《명치 정치 사상사 연구(明治政治思想史研究)》(未來社, 1981).

들어진 슬로건에 의해 구체화되었다. 이를 통해서 '만세일계'의 천황이 통치하는 '국체'가 국가의 최고 가치이자 절대적 기준이요 중심이 되었다.

국체 관념은 또한 일본 국가와 민족의 우월성과 특수성을 표현하는 데 사용되었다. 서구 열강에 의해 유발된 대외적 위기를 계기로 18세기 말부터 일본 민족주의자들에 의해 기초가 형성되기 시작한 국체 관념은 앞서 언급한 것처럼 만세일계의 천황이 일본을 통치한다는 것을 근거로 일본의 전통적 특수성과 우월성을 강조하면서 천황제 이데올로기의 신화적 역사관을 표현했다. 예를 들어 국체 관념을 이론적으로 체계화한 미토가쿠(水戸学)의 대표자 중 하나인 아이자와 세이시사이(会沢正志齊, 1781~1863)는 1825년, 일본 국체의 우월성의 근거로서 기기(記紀) 신화에 나타난 충효 도덕의 건국 이념, 그것을 지켜 국체를 유지해온 일본인의 역사적 도의성, 그리고 이에 의거하여 지속된 천황을 중심으로 한 제정 일치의 전통을 강조했다.[22] 파시즘기에는 일본 문부성이 간행한 《국체의 본의(國體の本義)》(1937)에 의해 국체 사상의 교의가 최종적으로 집대성되었다. 이에 의하면 만세일계의 '신칙(神勅 : 황조신의 계시)'을 받들어 천황이 일본국을 영원히 통치하는 영원불멸의 국체를 강조하고, 가족 국가인 일본에서는 신민이 천황을 섬기는 것은 의무와 힘에 대한 복종이 아니라 자연스러운 심정의 발로이며 충은 천황에 절대 순종하는 길이라고 설파하고 있다.[23]

국체 관념 이외에 '세계 지배의 사명'이라는 관념 요소 역시 일본

---

22) 会沢正志齊, 〈신론(新論)〉, 《일본 사상 대계 5 3 · 미토가쿠(日本思想大系 5 3 · 水戸學)》(岩波書店, 1973), 49~160쪽.

23) 文部省教學局, 《국체의 본의(國體の本義)》, 橋川文三 編, 《쇼와 사상집(昭和思想集)》 2(筑摩書房, 1978), 71쪽.

의 우월성과 특수성을 표현하는 데 중요한 역할을 했다. 국체 관념과 마찬가지로 '세계 지배의 사명' 또한 18세기 말 이후 대외적인 위기 의식이 고양되는 가운데 등장한 대항적인 내셔널리즘을 통해 출현했다. 후기 고쿠가쿠(国学)의 대표적인 인물 히라타 아쓰다네(平田篤胤, 1776~1843)는 아마테라스에서 현존하는 천황에 이르는 황통의 연면성만이 계층적 질서의 절대성과 불변성을 표상하고 있으며, 이러한 황통 신화의 우주론이 세계를 지배하는 원리가 될 때 비로소 계층적 질서의 절대성과 그 아래에서만 가능한 안온한 생활이 확보된다고 보았다.[24] 메이지 유신 이후 천황 신격화 정책의 근간을 이루게 된 후기 고쿠가쿠와 미토가쿠의 배타적이고 국수주의적인 사상은 '신국' 일본에 의한 세계 지배의 사명을 강조하면서, 일본의 이웃 아시아 국가들에 대한 차별과 멸시를 조장하고 대외적인 침략 전쟁을 정당화하는 데 중요한 이데올로기로 작용했다. 그러나 세계 지배의 사명이라는 관념이 노골적으로 강조된 것은 파시즘기에 들어오면서부터였다. 당시 일본은 현상 타파와 세계 신질서 건설의 정신적 지주를 《고지키(古事記)》와 《니혼쇼키(日本書紀)》의 신화에서 구하려는 경향이 강했다. 1940년, 일본은 기원전 660년에 1대 진무 천황이 즉위했다는 신화에 의거하여 기원 2,600년 제전을 대대적으로 거행했으며, 이를 계기로 등장하는 '팔굉일우(八紘一宇)'의 슬로건은 세계 지배의 사명을 한마디로 응축한 것이었다. 팔굉이란 원래 중국에서 전 세계를 나타내는 의미로 사용된 것으로 '팔굉일우'란 전 세계를 신성한 천황의 지배하에 둔다는 의도를 표현한 것이었다. 또한 '세계 지배의 사명'이라는 관념은 세계 평화라는 명분으로 탈바꿈하여 '대동아 공영권'의 논리로 발전하기도 했다. 나아가 이 관

---

24) 安丸良夫, 《근대 천황상의 형성(近代天皇像の形成)》(岩波書店, 1992), 108~119쪽.

넘은 "전쟁은 결코 남을 파괴하고 압도하여 정복하기 위한 것이 아니고, 도리에 따라 창조의 움직임을 이루는 대화(大和), 즉 평화를 가져오기 위한 것이어야 한다"[25]는 논리로까지 발전하여, 침략 전쟁을 '성전(聖戰)'으로 미화하는 도구로 쓰이기도 했다.

셋째, 대중을 향해 공격적으로 진행된 급진적인 의례화가 나치 독일과 파시즘기의 일본에서 일상화되었다. 사람들은 자신들이 제스처와 사인의 그물망 속에 묶여 있음을 경험했다. 이러한 의례화는 개인들을 공동체의 철저하고 배타적인 구성원으로 변화시키고, 이를 통해 일종의 초월적이고 신성한 후광으로 둘러싸인 지속적인 "감정적 공동체"를 창출하기 위한 것이었다. 이러한 맥락에서 연출된 나치 독일의 정치적 퍼포먼스는 새삼 언급할 필요가 없을 만큼 잘 알려져 있다. 무엇보다 대중 집회에서 의례화된 "승리Sieg!", "구원/치유Heil!", "하일 히틀러Heil Hitler!"의 구호 및 독일 인사Deutscher Gruss의 제스처가 대표적인 예가 될 것이다. 제3제국 당시 나치에 의해 부단히 지속되던, 일부 개신교의 부흥회를 방불케 하는 대중집회와 행진 그리고 축제 문화는 이러한 급진적인 의례화가 대중의 일상생활 속에 끊임없이 반복적으로 침투되었음을 잘 보여준다.[26]

일본의 경우에도 이와 유사한 많은 의례들이 있었다. 야스쿠니 신사 집단 참배, 경축일 행사 때 거행되는 천황과 황후의 사진을 향한 예배, 국가적인 행사에서 행하는 천황에 대한 만세 삼창, 집단적인 궁성요배(宮城遙拜), '황국신민의 서사(誓詞)' 낭독, 천황과 황후의

---

25) 橋川文三 編,《쇼와 사상집》2, 87쪽.

26) 예를 들어 Werner Freitag (ed.),《축제 속의 제3제국. 베스트팔렌에서의 지도자 신화, 축제 분위기 그리고 거부 Das Dritte Reich im Fest. Führermythos, Feierlaune und Verweigerung in Westfalen 1933~1945》(Bielefeld : Verlag für Regionalgeschichte, 1997). 이 책은 제3제국 시기의 축제 문화에 종교적인 성격이 강하게 각인되었음을 잘 보여준다.

사진을 보관한 봉안전(奉安殿)에 대한 경배 등이 이에 해당한다고 볼 수 있을 것이다. 특히 각 학교에서 행해진 교육칙어에 대한 봉독식(奉讀式) 의례를 인상적인 사례로서 언급할 수 있다. 봉독식의 목적은 교육칙어의 어려운 한문 내용을 아동들에게 이해시키는 데 있다기보다는, 장엄한 분위기 속에서 엄숙하게 진행하는 의례 행위를 되풀이함으로써 자연스럽게 천황에 대한 충성심과 외경심이 배양되도록 하는 데 있었다.

3. 새로운 혁명적 민족주의 종교 대 관례적 민족주의 종교

지금까지 언급한 바와 같이 나치즘과 일본 파시즘의 정치 종교는 각각의 역사적 맥락의 차이점에도 불구하고 새로운 민족 공동체에 대한 대중의 열광적 지지를 극대화하고 대중을 그 민족 공동체 안에 통합시키려는 정권의 문화·정치적 도구로서의 유사성을 갖고 있었다. 그러나 이러한 기능적 유사성은 단지 양자만에 한정된 것은 아니라고 할 수 있다. 이러한 종류의 민족주의적 정치 종교는 그 급진성의 정도를 별개로 한다면, 근대 국민국가 모두에서 일반적으로 발견할 수 있는 현상이라고 해도 과언이 아니다. 따라서 나치 독일이나 파시즘기의 일본을 특징지었던 정치 문화는 과연 무엇이었을까, 또한 정치 종교 개념을 통해 각각의 정치 문화의 고유성을 분석할 수 있을까 하는 문제가 남는다. 이러한 문제를 해결하기 위해서는 우선적으로 양자의 차이점이 무엇인지가 분석되어야 한다.

첫 번째로 지적될 수 있는 것은 나치즘과 일본 파시즘의 정치 종교가 취한 내용적(이데올로기적) 구성 방식에서의 차이점이다. 우선 현상적으로 볼 때 나치즘의 정치 종교는 일본 파시즘의 그것과 마찬가지로 전통적인 종교 문화를 이용하기는 했지만, 후자에 비해 훨씬 다양하고 이질적인 요소들로 구성되었으며, 그 결과 전통적인 요소와 이에 적대적인 새로운 요소들 사이의 모순이 표출되곤 했다. 뷔랭이 지적한 바와 같이[27] 나치즘과 기독교 전통은 매우 밀접하고도 복잡한 관계를 맺고 있었다. 나치는 부분적으로는 전략적으로, 부분적으로는 자신들의 희망과 공포를 상징화하기 위해서 기독교적 전통에 의존하면서도 원칙적으로 기독교에 대해 적대적이었다. 나치는 최종적으로 기독교의 소멸을 기대하면서, 과학적 인종주의와 자연주의 그리고 독일인민주의 운동의 전통에서 유래한 게르만 신화 및 고대적 도덕의 혼합물인 새로운 인종 종교를 자신의 정치 종교의 기반으로 삼으려 했다.

이러한 점으로 인해 나치의 정치 종교는 종종 스스로를 일관성 없는 절충주의로 드러나 보이게 했다. 예를 들어 나치의 반유대주의는 종말론적이기도 했지만 동시에 인종 투쟁의 법칙과 고대적 도덕에 입각한 것이기도 했다. 나치의 독일 민족의 우월성에 대한 신앙 고백은 "신성한 사명의 담지자로서의 독일 민족"과 같은 말에서처럼 성서의 언어를 차용하여 표현되기도 했지만, 동시에 유전학, 우생학과 같은 근대 과학의 언어들을 동원하여 표현되기도 했다. 또한 나치는 기독교 전통에서 유래한 종말론에도 경도되었지만, 동시에 과학적 우주관인 '우주빙하설Welteislehre'에도 경도되었다. 이러한 맥락에서 독일의 역사학자 몸젠Hans Mommsen은 나치가 과연 하나의 정치 종교적인 프로젝트를 지니고 있었는지를 의심한다. 그가 보기에 나치즘의 이데올로기에는 "일관성과 응집력"이 결여되어 있

---

27) 이하 Philippe Burrin, 〈정치 종교. 개념의 적절성〉, 〈정치 종교 : 세속화된 세계 속에서의 신화적이고 상징적인 것〉 참조.

었다.[28]

나치즘의 정치 종교를 특징짓는 이러한 불안한 절충주의는 기본적으로 나치즘의 새로운 혁명적 민족주의 종교로서의 성격 때문이다. 새로운 인종 종교적 신조에 입각한 나치즘의 정치 종교는 전통적 사회 도덕 및 종교에 기초한 기존의 애국주의 및 민족주의에 대해 배타적인 태도를 취하면서도 동시에 이것들을 자신 안에 통합시켜야 했다. 이러한 양면성은 무엇보다 앞서 언급한 나치즘과, 이미 독일 제국 시기(1871~1918)에 민족주의적 시민 종교로서 정치화되어 갔던 기독교와의 관계에서 잘 드러난다.[29]

더 나아가 독일 사회의 전통적인 종교 문화의 구조적 한계는 새로운 혁명적 민족주의 종교가 지닌 불안한 절충주의를 더욱 심화시켰다. 근대 유럽 사회의 세속화는 한편으로는 기독교의 힘을 약화시켰지만, 다른 한편으로는 역설적이게도 전통적인 기준에 따른 종교적인 것과 세속적인 것에 대한 구별 짓기를 어렵게 했으며, 이와 동시에 종교적 개인주의의 부흥을 야기시켰다. 그 결과──기독교적인 형태거나 세속적인 형태거나 간에──서로 경쟁하는 다양한 종교들이 출현했다. 다양한 기독교 종파들에서부터, 예를 들어 채식주의 운동이나 비학(秘學)occultism 혹은 정치적 종교에 이르는 다양한

---

28) Hans Mommsen, 〈정치 종교로서의 민족사회주의Nationalsozialismus als politi-sche Religion〉, Hans Maier · Michael Schäfer(eds.), 《전체주의와 정치 종교. 독재 체제 비교의 개념》, 173~181쪽.

29) Helmut Walser Smith, 《독일 민족주의와 종교 갈등. 문화, 이데올로기, 정치1870~1914German Nationalism and Religious Conflict. Culture, Ideology, Politics, 1870~1914》(Princeton : Princeton Univ. Press, 1995) ; Barbara Stambolis, 〈교황 전권주의화에도 불구하고 진행된 민족화 혹은 : 모든 것을 독일을 위해 그러나 독일은 그리스도를 위해 Nationalisierung trotz Ultramontanisierung oder : Alles für Deutschland. Deutschland aber für Christus〉, 《역사학보Historische Zeitschrift》 269(1999), 57~97쪽 참조.

세속 종교들, 유사 종교 및 대체 종교들이 범람하게 되었다. 이들 중 일부는 다양한 하위문화로 발전하거나 혹은 하위문화들을 확립시키는 데 기여했다. 각각의 종교적 하위문화들은 자기 고유의 세계관과 사회 도덕, 고유의 정치 규범과 태도, 나아가 부분적으로는 고유의 정치 정당을 지닌 채 서로 경쟁했다. 종교적 하위문화들 간의 경쟁과 갈등은 특히 독일에서 가장 강하게 나타났는데, 20세기에 들어와서는 그 어떤 정당이나 정치 운동도 다양한 종교적(혹은 사회문화적) 하위문화들을 통합하기가 매우 힘들어졌다.[30] 이러한 점이 바로 유럽, 특히 독일의 사회·문화적 특수성이라고 할 수 있다. 특별히 민족주의와 관련시켜서 보자면, 독일에서는 개신교와 가톨릭 양대 종파에서부터 다양한 하위 종파들 및 탈교회화된 여러 세속 종교들에 이르기까지 모두들 민족의 신성성 앞에 경배를 표했지만, 동시에 자신들의 고유한 도그마 및 신조credo에 따라 각자의 방식대로 민족주의를 종교화하고 있었다.[31] 나치 정권의 상징과 문화의 정치는 이러한 사회 문화적 배경 속에 조건 지어져 있었던 것이다.

독일 민족국가를 세계관적으로 통일된 공동체로 거듭나게 하기

---

30) Friedrich Wilhelm Graf, 〈낡은 정신과 새로운 인간. 1900년경의 종교적 미래관 Alter Geist und neuer Mensch. Religiöse Zukunftserwartungen um 1900〉, U. Frevert (ed.),《새로운 세기. 1900년경의 유럽인과 미래 설계*Das Neue Jahrhundert. Europäische Zeitdiagnosen und Zukunftsentwürf um 1900*》(Göttingen : Vandenhoeck Ruprecht, 2000) ; Lucian Hölscher, 〈시민의 종교. 19세기 시민적 경건성과 개신교회Die Religion des Bürgers. Bürgerliche Frömmigkeit und Protestantische Kirche im 9. Jahrhundert〉,《역사학보》 250(1990), 595~627쪽 ; Gangolf Hübinger,《문화 프로테스탄티즘과 정치. 빌헬름 시대 독일의 자유주의와 프로테스탄티즘의 관계에 대해*Kulturprotestantismus und Politik. Zum Verhältnis von Liberalismus und Protestantismus im Wilhelminischen Deutschland*》(Tübingen : Mohr, 1994) ; Thomas Nipperdey,《격변 속의 종교*Religion im Umbruch*》(München : C. H. Beck, 1988) 참조.

31) Heinz-Gerhard Haupt · Dieter Langewiesche (eds.),《독일사에서의 민족과 종교 *Nation und Religion in der deutschen Geschichte*》(Frankfurt 등 : Camups, 2001) 참조.

위해 나치는 이러한 사회 문화적인 구조적 한계를 극복하기 위해 노력해야 했다. 따라서 기독교 전통과의 복잡한 관계와 모든 가능한 요소들의 종합으로 특징지어지는 나치즘의 정치 종교의 절충주의는 기존의 종교적 하위 문화들의 벽을 없애고 이것들을 자신의 신조하에 통일시키려는 나치의 통합주의적 노력 때문이었다고 할 수 있다.

이와는 달리 일본 파시즘의 정치 종교는 굳이 전통적 종교 문화에 적대적이거나, 전통 종교에서 유래하지 않은 낯선 이데올로기적 요소와 결합할 필요가 없었다. 천황제 이데올로기는 전통적인 종교적 하위 문화들에서 유래한 여러 요소들을 일관성 있고 응집력 있게 조합하는 데 매우 성공적이었을 뿐만 아니라, 19세기 후반 메이지 시대 이후 이미 대중의 사회 도덕과 정치 규범을 통합할 수 있는 전통적인 민족주의 종교로서의 기능을 수행하고 있었다. 국가신도가 기반으로 하는 신도는 원래 일본의 오랜 역사 속에서 자연발생적으로 형성된 원시 종교로서, 고대 이래 불교, 유교, 도교 등의 외래 종교와 혼합되어 민중의 일상생활 속에 뿌리를 내려왔다. 현인신으로서의 천황이라는 관념과 천황 숭배는 앞서 본 것처럼, 귀인(貴人)이 1년에 한번 사람들에게 부와 장수를 가져다주고 그해의 행복을 담아주고 떠나간다고 믿는 '마레비토 신앙'에 근거한 민중의 비정치적이고 민속적인 천황 신앙과 조화를 이룰 수 있었다. 교육칙어 또한 앞서 언급한 바와 같이 전통적인 유교 윤리에 의존하고 있었다. 나아가 국체 관념이나 '세계 지배의 사명'이라는 관념은 1930년대에 사회주의 철학자 도자카 준(戶坂潤)이 "일본 민족 종교"[32]라고 명명했던 일본인들의 전통적인 민족적 특수성과 우월 의식에 기반을 두고 있었다.

---

32) 栗原彬, 〈일본 민족 종교로서의 천황제(日本民族宗教としての天皇制)〉, 《쇼와의 종언(昭和の終焉)》(岩波親書, 1990), 171~173쪽.

두 번째로, 나치즘과 일본 파시즘의 정치 종교는 실제적이고 정치전략적인 견지에서 볼 때도 상당한 차이를 보였다. 나치의 혁명적민족주의 종교는 기존의 다양한 종교적 하위 문화들의 갈등과 경쟁을 일소하고 이들을 자기 밑에 통합시키려 했지만, 이러한 목적을달성하는 데는 실패했다. 이는 나치즘의 혁명적 민족주의 종교에 각인된 강한 종교적 성격 때문이었다.

나치들 가운데는 자신들의 이데올로기와 운동을 정치적인 것이라기보다는 종교적인 것으로 이해하려는 경향을 가진 자들이 있었다.나치의 인종 종교적 개념과 의례주의ritualism에 대한 강조는 바로이러한 경향의 표현이라고 할 수 있다. 그러나 바로 이러한 점이 나치즘의 혁명적 민족주의 종교가 국민 대중을 통합할 수 있는 정치적수단으로서 원활하게 기능하도록 하는 데 방해물로 작용했던 것이다. 나치가 점점 더 반(反)기독교적인 인종 종교를 열망하고 의례주의를 강조할수록 사람들에게 더욱더 신흥 '이교도' 운동으로 비쳤고, 따라서 나치의 혁명적 민족주의 종교는 종교·종파적으로 중립적인 정치적 기제라기보다는 상호 경쟁하던 종교들 중 하나로, 더정확히 말해 전체 독일 인구 가운데 소수만을 차지했던 인민주의적운동의 하위 문화에 기반한 신흥 소수 종교들 중 하나로 전락할 위험이 커져갔다. 이러한 맥락에서 어째서 히틀러가 민족사회주의를 종교적으로 조형하려 했던, 로젠베르크나 힘러와 같은 자신의 정치적동지들과 추종자들의 모든 시도들을 경멸하고 비웃었는지 이해할수 있다. 히틀러는 민족사회주의가 종교가 아니라 정치임을 강조했다. 이러한 이유에서 히틀러는, 그 스스로도 반기독교적이었지만,기독교 교회에 대해 공개적으로 중립을 지키려는 태도를 견지했다.[33]

그러나 히틀러의 이러한 태도에도 아랑곳없이 나치는 독일 사회의 양대 종파였던 개신교와 가톨릭 교회의 종교적 하위 문화의 벽을 분쇄하는 데 성공하지 못했다. 히틀러에 의해 주도된 양대 기독교 교회와 그 하위 문화를 해체하기 위한 정부의 교회 정책은 실용적이고 신중했다. 그런데도 종파적 이해에 입각한 개신교 내의 고백 교회Confessing Church와 가톨릭 교회의 반발을 피할 수는 없었다. 박해를 받은 주요 기독교회의 나치 정권에 대한 태도는 종파적 이해 관계에 입각한 '수동적 불복종' 내지 '비공식적 저항'에 의해 특징지어졌다. 그리고 이는 나치의 의도와는 정반대로 자신의 혁명적 민족주의 종교가 기존의 종교적 하위 문화들을 오히려 강화하는 데 기여했음을 보여준다.[34]

반면 일본 파시즘이 이어받은 민족주의적 종교인 천황제 이데올로기는 앞서 언급한 바와 같이 국가신도의 정비기인 1880년대 이후로 스스로를 공식적으로 탈종교화시켰다. 정부는 국가신도가 종교가 아니라는 것을 강조하면서, 천황에 대한 숭배는 종교적 경배가

---

33) Hans Maier, 〈정치 종교. 개념의 가능성과 한계Politische Religionen. Möglichkeit und Grenzen eines Begriffs〉, Hans Maier · Michael Schäfer (eds.), 《전체주의와 정치 종교. 독재 체제 비교의 개념》 제2권, 307쪽 ; Richard Steigmann-Gall, 〈나치즘과 종교를 재고함 : '이교도'들은 얼마나 반기독교적이었는가?Rethinking Nazism and Religion : How Anti-Christian were the "Pagans"?〉, 《중부 유럽사Central European History》 36/1(2003), 75~105쪽 참조.

34) Paul Brooker, 《우애주의의 세 얼굴. 나치 독일, 파시스트 이탈리아, 제국주의 일본》, 115~126쪽 ; Shelly Baranowski, 〈합의와 이의 : 고백 교회와 보수주의자들의 민족사회주의에 대한 대항Consent and Dissent : The Confessing Church and Conservative Opposition to National Socialism〉, 《근대사 잡지Journal of Modern History》 59(1987), 53~78쪽 ; Kenneth Barnes, 〈지지, 순응, 혹은 수동적 불복종 : 개신교도들의 사고와 나치 국가Support, Acquiescence, or Passive Disobedience : Protestant Thought and the Nazi State 1933~1937〉, 《종교와 정신사 잡지Zeitschrift für Religions- und Geistesgeschichte》 40(1988), 151~169쪽 ; Thomas Fandel, 《종교와 민족사회주의. 팔츠 지방의 개신교 및 가톨릭 성직자Konfession und Nationalsozialismus. Evangelische und katholische Pfarrer in der Pfalz 1930~1939》(Paderborn : Schoningh, 1997) 참조.

아니라 '국민 도덕'이라는 명분을 내세웠다. 더 나아가 천황제 이데
올로기는 관례적으로 여타의 비정치적 종교들을 자기 밑에 체계적
으로 통합시켜왔다. 물론 천황제 이데올로기 역시 나치즘의 정치 종
교와 마찬가지로 성립 초기부터 여타 정치 이데올로기들과 타 종교
들에 대해 기본적으로는 배타적이었다. 그러나 그것의 제도적 표현
인 국가신도는 결코 기독교, 불교, 기타 교파 신도(神道)와 경쟁하거
나 투쟁하는 관계에 있지 않고, 이들을 자신이 '국가의 제사'로서 그
정점에 군림하고 있던 종교 의례의 위계 질서 속에 복속시켜왔다는
점이 중요하다. 물론 파시즘기의 천리교(天理敎), 금광교(金光敎),
대본교(大本敎) 등과 같은 민간 종교에 대한 탄압 사례에서 알 수 있
듯이, 비정치적인 종교들은 천황제 이데올로기의 틀 안에 머물러 있
을 때에만 존재를 인정받을 수 있었고, 그 틀을 벗어나면 직접적인
박해를 받았다.[35] 이처럼 일본 파시즘은 탄압의 수단을 적절하게 이
용해 자신 안에 여러 종교들을 통합시킬 수 있었던 민족주의적 정치
종교의 관례를 효과적으로 유지할 수 있었다.

세 번째로, 나치즘과 일본 파시즘의 정치 종교는 지도자의 권위가
어떻게 주장되었는가 하는 데서 차이점을 보였다. 나치즘의 혁명적
민족주의 종교를 구성했던 이데올로기적 요소들 중 가장 효과적이
었던 지도자 원리Führerprinzip는 전적으로 히틀러의 카리스마와 그
의 개인적 지도력의 신화에 의존했다. '히틀러 신화'야말로——최
근 몇몇 연구들이 지적하다시피——대중을 나치 지배 체제에 동원
시키고 통합시킬 수 있었던 결정적인 동력이었다. 평범한 독일인들
은 나치 치하의 일상 속에서 부딪쳐야 했던 긴장, 공포, 패배감에 대
한 보상을 다양한 내용으로 채색된 '히틀러 신화' 속에서 찾았다. 심

---

35) 村上重良, 《국가신도》, 199~201쪽.

지어 나치당과 정부 정책에 대해 반감을 가졌던 사람들에게서도 히틀러의 카리스마적 지도력에 대한 신뢰는 강력했다. 요컨대 히틀러 신화는 일상에서는 "불평불만"을 토로하면서도 체제 전체에 대해서는 동의하는 것을 가능하게 만들어주던 메커니즘이었던 것이다.[36]

반면 일본 파시즘은 천황의 카리스마적인 권위를 천황 개인의 카리스마가 아닌, 신화화된 전통에 의거하여 주장했다. 즉 천황의 카리스마적 권위는 황조신 아마테라스 이래의 '신령'을 계승하는 '현인신'이라는 주장을 통해 정당화되었다. 이러한 황통 신화에 근거한 천황의 신성한 권위는 신의 자손이 지배하는 일본은 세계에서 유례를 볼 수 없는 신성한 국가라는 의미에서의 '국체(國體)'의 절대성과 일체화되어 있었다. 따라서 천황에 대한 숭배는 히틀러 개인에 대한 숭배와는 다른 성격을 갖는다.[37] 즉 천황 숭배는 영웅적 개인에 대한 숭배라기보다는 천황제 자체 혹은 일본 민족국가 자체에 대한 숭배의 의미를 지니고 있었다. 이러한 차이점은 지도자 개인의 역할에도 그대로 반영되고 있다. 예를 들면 히틀러는 대중의 소망과 희망을 반영하고 나아가 그들을 체제 내에 통합하는 데 주도적인 역할을 했으나 일본의 경우 그러한 역할을 구체적으로 행한 주체는 아무도 없었다. 천황은 사실상의 '독재자'였으나 히틀러와 같은 정치적 주도권을 행사하지는 않았다.[38]

---

36) Ian Kershaw, 《'히틀러 신화'. 제3제국에서의 이미지와 실제 The Hitler Myth. Image and Reality in the Third Reich》(Oxford · New York : Oxford Univ. Press, 1987), 253~269쪽 ; 데틀레프 포이케르트, 《나치 시대의 일상사》, 김학이 옮김(개마고원, 2003), 94~115쪽.

37) 예를 들면 히틀러는 히로히토와 같은 '현인신'이 아니라 국가의 공적 지도자였다. 丸山眞男, 〈일본 파시즘의 사상과 운동(日本ファシズムの思想と運動)〉, 《증보 현대 정치의 사상과 행동(增補現代政治の思想と行動)》(未來社, 1984), 43쪽.

38) 물론 천황이 정치적 주도권을 행사하지 않았다고 해서 천황에게 정치적 책임이 없었다는 의미는 아니다. 최근에는 새로운 사료의 발굴에 의해 천황이 주체적으로 전쟁에

전통의 수명은 개인의 수명보다 길었다. 히틀러의 카리스마적 후광은 이미 동부 전선에서 독일의 패색이 짙어지자 퇴색하기 시작했으나[39] 신화적 전통에 의해 제도화된 천황의 신성한 권위는 일본의 패전 이후에도 강하게 존속되었다. 패전 직후 천황제 존속에 대한 여론 조사에서 90퍼센트에 가까운 국민이 이를 지지하고 있었다는 사실은 천황제 이데올로기가 얼마나 일본 국민의 내면 세계에 깊숙이 침투해 있었는지를 잘 말해준다.[40]

4. 평가

독일의 나치즘과 일본의 파시즘은 현존하는 민족국가를 하나의 정치적 신조에 의해 통일된 강력한 연대 공동체로 변화시키려고 했다. 이러한 급진적 민족주의의 유토피아에 대한 대중의 열광적인 지지를 끌어내기 위해 양국의 독재 정권이 실행한 문화와 상징의 정치가 정치 종교였다. 이처럼 이 글은 정치 종교를 무엇보다 일종의 세속 종교로 보아 정치 행위의 저변에 깔린 종교적 모티프에 주목하는 입장과는 달리, 정치 종교가 대중의 동의를 얻기 위한 독재 정권의 계산된 정치적 도구임을 강조한다. 이러한 맥락에서 볼 때 양국의

관여하고 있었다는 것이 밝혀지고 있다. 山田朗,《쇼와 천황의 전쟁 지도(昭和天皇の戰爭指導)》(昭和出版社, 1990) ; 山田朗,《대원수・쇼와 천황(大元帥・昭和天皇)》(新日本出版社, 1994) ; ハーバート・ビックス,《쇼와 천황(昭和天皇)》上下, 岡部牧夫・川島高峰 옮김(講談社, 2002) 등이 그 대표적인 연구다.

39) Ian Kershaw,《'히틀러 신화'. 제3제국에서의 이미지와 실제》 ; 데틀레프 포이케르트,《나치 시대의 일상사》 참조.

40) 1945년 12월에 실시된 일본 여론조사연구소의 조사에 의하면 천황제를 지지하는 사람이 94.8퍼센트, 반대하는 사람이 4.9퍼센트였다.《요미우리신문(讀賣新聞)》(1945년 12월 9일).

정치 종교는 이데올로기적인 내용과 역사적 배경에 있어서는 상이하면서도 기능적 측면에서는 무시할 수 없는 유사성이 있음을 보여주었다. 먼저 양자 모두는 대중의 사회 도덕과 정치적 규범뿐만 아니라 나아가 대중의 사고 패턴과 감정에 각인돼 있던 전통적인 종교 문화를 이용했다. 그리고 이를 통해 각자의 독재 정권과 급진 민족주의적 유토피아를 신성화했다.

그럼에도 나치 독일의 정치 종교와 파시즘기 일본의 정치 종교는 성격과 실행 방식에서 서로 다른 유형으로 구별될 수 있다. 전자가 특유의 단단한 정치 종교적 신조를 지닌 새로운 혁명적 민족주의 종교였다면, 후자는 이러한 배타적 신조 없이 본질적으로 근대 국가 성립기에 제도화된 관례적인 민족주의 종교를 계승한 것이었다. 구체적으로 나치즘의 정치 종교가 자신과 다른 사회 도덕 및 종교에 기초한 기존의 모든 애국주의 및 민족주의들과 상호 경쟁하는 관계에 있었다면, 일본 파시즘의 정치 종교는 파시즘에는 동의하지 않았던 민족주의자들까지 통합할 수 있었던, 일본의 유일한 민족주의적 정치 종교였다. 또한 전자가 자신의 고유한 종교적 신조, 즉 인종 종교적 신조로 인해 독일 사회의 다양한 종교적 하위 문화들과의 경쟁 및 갈등 관계를 벗어날 수 없었다면, 후자는 전통적인 신화와 종교 문화를 나치즘보다 더욱 성공적으로 이용하면서, 여러 종교적 하위 문화들을 자기 아래에 통합할 수 있었다. 마지막으로 민족 지도자에게 특별한 가치를 부여하기 위해 일본 파시즘의 정치 종교가 전통적인 신화에 의존했다면, 나치즘의 정치 종교는 혁명적 민족주의 종교로서의 성격에 걸맞게 히틀러라는 살아 있는 영웅의 신화에 의존했다. 그러나 살아 있는 개인의 신화는 위기의 극복이 실패한 경우에는 쉽사리 허구로 판명될 수 있었다.

이러한 비교를 통해 일본 파시즘의 정치 종교가 나치의 정치 종교보다 대중독재의 상징의 정치로서 더 효과적이었다고도 말할 수 있다. 그러나 섣부른 일반화는 위험하다. 더 중요한 것은 이러한 비교를 통해 나치 독일의 정치 문화와 파시즘 시기의 일본의 그것 사이에 커다란 차이가 있었음이 드러났다는 것이다. 그러나 양국의 독재 체제하의 정치 문화의 차이점을 상세하게 밝히기 위해서는 앞으로 더욱더 진지한 비교 연구가 필요할 것이다.

II
헤게모니와
동의의 문화

제1장 대중 매체와 동원의 미학 • • •

식민 후기 조선의 시각 문화에 나타난
전체 동원의 미학

마이클 김 ∷ 김지혜 옮김

1차 세계대전과 2차 세계대전 사이에 지구촌 곳곳에서 다양한 형태의 극단적 내셔널리즘으로 등장했던 하나의 세계사적 현상으로서 파시즘을 연구하는 것은 식민지 조선(1910~1945)의 지적 풍토를 이해하는 데 유용한 비교 근거와 전망을 제공할 것이다. 조선의 뛰어난 지식인, 언론인, 예술가들이 일본제국의 군사적 팽창의 열기를 선동하는 일에 가담했다. 일제의 마지막 10년 동안 특히 그런 현상

마이클 김은 1967년 서울에서 태어나 1974년에 미국으로 이민을 갔다. 캘리포니아주 LA 근처에서 초등학교부터 고등학교까지 마친 뒤, 1986년에 다트머스 대학에 입학해 역사를 전공했다. 학부 졸업 논문의 주제는 일본의 도덕 교육사였다. 1990년에 하버드 대학 동아시아학과 석사 과정으로 진학했다. 처음에는 일본사에 관심이 많았지만, 카터 에커트 교수의 권유로 박사 과정에서는 한국 역사로 방향을 바꾸었고 한국어를 배우기 시작했다. 원래 해방 이후의 근현대사, 특히 1950년대와 《사상계》 잡지 중심으로 박사학위 논문을 기획했지만 결국 포기했다. 기본 역사 서술 방법의 한계를 느꼈으며, 새로운 문제의식을 추구하기 위해 학위 논문 작성을 유보하고 서양사, 일본사, 중국사를 독학했다. 그래서 차츰 역사이론과 신문화사에 관심을 가지게 되었고, 2004년에 19세기 말부터 해방 직후의 출판 문화와 공공 영역 형성 과정의 연관성을 추적하는 박사학위 논문 〈이상적인 대중의 출현The Apparition of the Rational Public〉을 완성했다. 최근에는 관심 분야를 식민지 시절의 문예 비평, 문화 생산, 도시 문화, 일상생활의 변천사로 넓히고 있다. 현재 연세대 국제학대학원에서 조교수로 재직 중이다.

이 두드러졌다. 일본이 성공적으로 아시아 대륙의 심장부로 진출하고 태평양 전쟁에서 눈부신 성공을 거두자 조선의 일부 지식 계급은 나머지 조선인들에게 제국의 '일등 신민'으로 봉사할 것을 촉구했다.

조선의 협력자들이 일본 천황의 이름으로 전적인 희생을 열렬히 호소했던 사실은 해방 후 한국 사회를 곤란하게 할 유산을 남겼다. 한국에서 협력에 관한 역사 서술은 영웅적인 독립 운동가들과 국가의 반역자들을 극명하게 대비시키는 내셔널리즘 서사에 포섭되어 왔다. 그럼에도 불구하고 그런 마니교적(이분법적) 시각들은 태평양 전쟁이 절정에 이르렀을 때 조선 반도를 사로잡았던 지적 움직임의 복잡성을 제대로 파악하는 데 실패했다. 협력자들이 목표로 삼았던 것은 국민 공동체를 하나로 묶고 조선이 근대 국가 건설로 나아가는 데 가로놓인 장애물들을 극복할 새로운 사회 질서를 세우는 것이었다. 이런 점에서 일제의 팽창에 협력하는 일은 조선의 내셔널리즘 주창자들이 자신들의 사회를 다시 고안하고 식민 지배를 벗어나 조선의 근대성을 달성하기 위한 하나의 수단이었다고 이해할 수 있다. 일제의 후원 아래 식민지 조선의 대중 매체들에서는 국가의 재생에 대한 유토피아적 전망들이 쏟아져 나왔다. 따라서 식민 후기에 생산되어 여전히 남아 있는 시각적 재현들을 분석함으로써 조선 협력자들의 내적 논리와 상징 세계를 이해하는 데 중요한 통찰을 얻을 수 있을 것이다.

1. 파시즘과 조선의 협력

조선의 협력 움직임을 파시즘 운동이라는 개념 틀 안에서 해석하려는 노력은 한국학에서 이제 막 걸음마를 시작한 수준이지만, 조선의 식민지 지식인들이 지지했던 내셔널리즘의 동기는 몇 가지 점에서 다른 곳에서 발견되는 파시즘 운동들과 강한 유사성을 지닌다. 식민 시기 연구와 관련해 국문학자 김철이 말했듯이, "그러나 운동으로서의 파시즘이든 체제로서의 파시즘이든 한국의 파시즘에 관한 연구는 거의 전무한 상태라 해도 과언이 아니다".[1] 최근의 일부 연구는 유사 파시즘의 주제들을 분석하기 위해 식민 시기의 뛰어난 작가들의 작품에서 파시즘의 주제들을 검토했다. 그리고 그 같은 연구들은 이 현상을 이해하려는 선구적인 일부 연구를 대변한다. 동시에 파시즘에 관한 연구에서 도출된 의문들과 함께 식민지 조선을 검토하려는 시도에는 많은 문제점이 있다. 식민지 조선에는 독일이나 이탈리아의 경우와 달리 카리스마를 지닌 민중적 지도자가 없었으며, 극단적인 내셔널리즘 정책들에 대한 민초들의 지지를 이끌 대중 정당도 없었다.[2] 비교 대상으로는 나치 독일에 대한 프랑스인들과 프랑스 지식인들의 협력 사례가 좀더 적절하겠지만, 비시 프랑스조차 식민지 조선과는 전혀 다른 정치·사회적 컨텍스트를 표상한다. 조선인들에게는 반(半)자치적인 통치의 외형조차 없었으며 수십 년간

---

1) 김철, 〈파시즘과 한국 문학〉, 《문학 속의 파시즘》(삼인, 2001), 20쪽.

2) 1930년대와 1940년대 일본을 파시즘 정권으로 규정하는 것의 적설성에 관한 상당한 논쟁이 촉발되었으며 유사한 연구 노선은 식민지 조선에 그 같은 용어를 적용할 것에 관한 유사한 개념적 문제를 드러낼 수 있다. 간전기 일본에 파시즘 패러다임을 적용할 가능성에 관해서는 Miles Fletcher, 〈쇼와 초기 일본의 지식인과 파시즘Intellectuals and Fascism in Early Showa Japan〉, 《아시아 연구 The Journal of Asian Studies》(1979년 11월), 39~63쪽 ; Peter Duus · Daniel I. Okimoto, 〈전쟁 전 일본의 파시즘과 역사 : 어떤 개념의 실패Fascism and History of Pre-War Japan : The Failure of a Concept〉, 《아시아 연구》 (1979년 11월), 65~76쪽 ; Gregory J. Kasza, 〈밑으로부터의 파시즘? 일본 우익에 대한 비교 전망Fascism from below? A Comparative Perspective on the Japanese Right〉, 《현대사 저널 Journal of Contemporary History》(1984년 10월), 607~629쪽 참조.

직접적인 식민 통치를 경험했기 때문이다.

개념적 문제들이 존재하기는 하지만, 한반도의 다양한 역사적 경험들을 염두에 둔다면 파시즘 연구에서 발전한 해석 틀의 도움을 받을 수 있는 몇 가지 요소들을 식민지 조선에서 추출하는 일이 가능할 것이다. 특히, 파시즘을 민족이 급박한 위기를 겪는 동안 출현한 세속 종교로 보는 연구는 조선의 경우에 특별히 적합할 수 있다. 젠틸레의 말처럼, "신화, 의례, 상징을 통한 대중 동원과 통합의 수단을 지닌 파시즘은 세속 종교의 면모를 지녔으며, 그것은 근대의 다른 정치운동들에서 포착되고 인지되었던 '정치 종교'의 근본적인 특징들에 상응하는 것이었다".[3] 파시즘을 그 자체의 의례와 신화, 상징을 가지고 민족을 신성화하며 영적·정서적 차원에서 사회에 관여하는 하나의 세속 종교로 이해할 때, 파시즘의 관념들이 어떻게 광범위한 역사적 컨텍스트들 속에서 발견될 수 있는지를 이해할 수 있는 중요한 연구의 길이 열린다. 그렇게 해서 식민지 조선의 협력을 다른 곳의 파시즘과 비교하려는 시도는 많은 주의를 요하겠지만, 파시즘을 좀더 넓게 '정치 종교'로 이해한다면 왜 그렇게 많은 식민지 조선의 뛰어난 지식인과 예술가들이 일본제국의 군사적 팽창에 협력했는지를 살펴보는 데 중요한 전망을 얻을 수 있을 것이다.

협력자들의 내셔널리즘이 지닌 강한 종교적 색채는 이미 일본 식민 지배자들의 천황 중심의 신사 참배 관행을 수용한 데에서 분명하게 드러난다. 1937년부터 모든 조선인은 신사 참배를 해야 했으며 공적인 모임에서 일본 천황에 대한 절대적 충성을 서약해야 했다. 일본 식민 지배자들이 조선의 피지배자들에게 일본 국민의 완전한 특권을 부여하지 않더라도 조선의 일부 지식인들은 식민지 조선과

---

3) Emilio Gentile, 〈정치 종교로서의 파시즘Fascism as Political Religion〉,《현대사 저널》vol. 25, no. 2/3(1990년 5~6월), 230쪽.

내지(內地) 일본의 상징적 합일을 주장했으며, 일제의 슬로건인 내선 일체를 수용했다. 그러나 일본 천황 숭배에 집중되었던 협력자들의 내셔널리즘은 좀더 뚜렷하게 종교적 색채를 지닌 것이었지만, 협력자들의 내셔널리즘이 지닌 영적·정서적 호소력에 관해서는 거의 아무것도 드러내주지 않을 수도 있다. 일본 식민 지배자들은 신사 참배를 강요했으며, 조선 피지배자들에게 공개적으로 천황에 대해 충성심을 표할 것을 요구했기 때문이다.

식민 후기에 조선의 식민지 언론을 통해 확립된, 제국 참여를 독려하는 시각적 이미지와 저술들은 조선인 협력의 내적 논리를 이해하는 데 훨씬 더 유용한 자료들일 것이다. 협력자들의 이미지와 텍스트들의 중요성을 고려할 때 모스의 말은 유념할 만하다. "우리는 파시즘의 미학 자체가 동시대 사회의 요구와 희망을 반영했다는 사실을 간과했다. 곧, 우리가 소위 상부 구조로 미루어두었던 것이 현실에서 대부분의 사람들이 파시스트 메시지를 포착하는 수단이었으며 정치를 시민 종교로 변환하는 수단이었다는 사실을 보지 못했다."[4] 다른 곳의 파시스트 운동과 마찬가지로, 조선의 협력자들은 정치적 목적을 달성하기 위해 대중 매체의 잠재력을 십분 활용한 선구자들이었다. 식민 후기에 대중 매체를 지배했던 주제와 메시지들은 조선 사회의 급진적인 변화를 전망했던 극단적 내셔널리즘의 모더니즘 미학을 반영한다.[5] 조선의 협력자들은 민족의 운명이라고 주장되는

---

4) George L. Mosse, 〈파시즘 미학과 사회에 관한 단상들Fascist Aesthetics and Society : Some Considerations〉, 《현대사 저널》 vol. 31, no. 2(1996년 4월), 246쪽.

5) 이탈리아의 미래주의는 미학 운동과 유사 종교적 내셔널리즘의 열망 사이의 고리를 연구하기 위한 원형적인 모델을 제공한다. 젠틸레는 미래주의자들과 무솔리니 정권의 차이에도 불구하고 "그러나 그들 가운데 누구도 전체주의 국가의 근본적인 동기들, 신화적 사고의 우선성, 활력론적 사실주의, 국민 공동체의 신비주의적 고양, 영웅적이고 호전적인 교육, 제국적 야심, 혹은 새로운 사회의 선봉으로서의 이탈리아 민족에 관한 신화에 대

것을 장악하고 자신들의 신념 체계에 호전적인 에토스를 주입한 이데올로기를 통해 미, 순수, 진실의 개념을 다시 주조했다. 이 상징 세계에 생명을 불어넣고 협력자들의 극단적인 내셔널리즘 메시지들을 선동한 시각적 재현들은 식민 후기의 출판물들을 통해 우리에게 아직도 남아 있다. 그래서 그 내용에 대한 세심한 검토는 조선의 협력자들이 식민지인들에게서 일제에 대한 지지를 이끌어낸 메커니즘을 설명하는 데 도움이 될 것이다.

2. 식민 후기의 인쇄 문화와 태평양 전쟁

식민 시기의 대중 매체는 조선인들에게 제국 건설에 참여할 것을 촉구하는 가치와 관념들을 전파하는 중요한 수단이었다. 특히 라디오와 영화의 발전이 이데올로기의 선전에 중요한 창구를 제공했지만, 출판업은 식민 시기 내내 여전히 대중 매체의 핵심이었다. 1910년대에 식민 당국은 조선어 출판물들을 엄격히 검열하고 통제했다. 그러나 1920년대에 들어서자, 일제는 3·1운동에 따른 불안을 진정시킬 목적으로 도입한 문화 정치의 일환으로 조선어 출판 시장에 대한 제재 조치들을 완화했다. 일제가 검열법 일부를 해제하면서, 1920년대에는 식민 정부에 대한 신랄한 비판과 급진적 좌파 사상의 표현까지도 자주 눈에 띄었다.[6] 그러나 식민 통치 기간 중 다른 시기

해서는 묻지 않았다"라고 언급한 바 있다. Emilio Gentile, 〈모더니티의 정복 : 모더니즘적 내셔널리즘에서 파시즘까지The Conquest of Modernity : From Modernist Nationalism to Fascism〉, 《모더니즘/모더니티Modernism/Modernity》 1(1994년 9월), 79쪽.

6) 1920년대 식민 정부의 문화 정치와 그 영향에 관해서는 Michael Robinson, 《식민지 조선의 문화민족주의Cultural Nationalism in Colonial Korea》(Seattle : Univ. of Washington, 1988)를 참조하라.

에 비해 1920년대에 상대적으로 표현의 자유가 허용되었다고는 하지만, 출판물은 대부분 단명했으며, 폭넓은 독자를 얻을 수 있었던 것은 주로 값싼 민담들이었다. 그러나 출판업의 운명은 1930년대에 이르러 극적으로 변했다. 신문 보급률이 크게 증가했고, 많은 잡지들이 폭넓은 독자를 확보해 지속적인 출간이 가능할 정도의 재원을 얻었으며, 출판사들은 유례없는 수의 조선어 문학 작품들을 판매할 수 있었다.

그러나 식민 후기 출판계가 여러 면에서 거둔 의미 있는 성장은 일본제국을 찬양하고 식민 국가를 위한 개인의 희생을 촉구하는 이미지와 글들을 전파할 좀더 나은 매체를 제공했을 것이다. 이 점에서 대륙에서 발발한 전쟁은 식민지 조선에 뚜렷한 영향을 주었을 것이다. 일본에서 2차 세계대전은 종종 태평양 전쟁이나 15년 전쟁으로 불렸는데, 1931년 9월 일본의 만주 침공으로 교전이 시작되었기 때문이다. 1932년 만주국이라는 괴뢰 국가의 건설은 처음에 조선 지식인들에게 폭넓은 반향을 불러일으켰다. 일부 지식인들이 처음부터 일본의 군사적 팽창을 지지한 반면, 일본과 중국의 장기전이 결국 조선의 독립을 가져올 것이라는 생각도 있었다. 더욱이 한도연과 김재용이 지적했듯이, 조선 지식인들을 일제에 대한 적극적인 협조로 돌아서게 만든 중요한 전환점은 1938년 말 중국의 주요 도시들이 함락된 일이었을 것이다. 베이징, 상하이, 난징과 같은 중국 도시들의 갑작스러운 공습 소식을 전해 듣고 사진을 보았을 때, 식민 시기에 가장 널리 알려진 문학 비평가의 한 사람이었던 백철(1908~1985)은 "우리들의 시야가 시원하게 뚫리는 상이한 흥분이 내 일신을 전율케 하는 순간이 있다"라고 외쳤다. 그리고 그는 이 사건에 비판적이었던 조선 지식인들에 대해 지나치게 근시안적이라고 나무랐다. 백철은 이에 더해 다음과 같이 말했다. '다른 것은 고사하고 오직 그 봉건적인 성문들이 몰락한다는 사실 그것만을 가지고도 이번 정치에 하나의 사적인 의미를 붙여보는 데 족한 것이다."[7] 일본이 중국에서 거둔 눈부신 성공이 새로운 동아시아 질서의 출현을 의미한다는 이런 생각은 많은 조선인들에게 이제 저항이 무의미하다는 확신을 주었을 것이다. 더 많은 식민지 지식인들이 식민 국가에 대한 비판자가 되는 대신, 일제의 팽창을 적극적으로 지지하고 나섰다. 그리고 그들은 동아시아의 신체제를 건설하려는 일본의 전쟁 노력에 전 조선인을 동원시키는 데 가담하기 시작했다.[8]

1930년대 초 대륙에서 시작된 전쟁은 식민지의 출판물들에 중요한 영향을 미쳤을 것이다. 1930년대 내내 출판물의 수는 꾸준히 증가했지만 엄격한 검열로 표현에 큰 제약을 받았고, 상대적으로 자유로웠던 1920년대는 막을 내렸다. 1937년 두 번째 전쟁 발발로 한반도의 변화는 한층 더 가속화되었으며, 일제는 전쟁 노력에 식민지인을 전면적으로 동원하는 데 착수했을 것이다. 점점 더 심각해지는 종이 부족과 전시 검열 정책으로 1940년대에 개인 소유의 양대 조선어 일간지인 〈조선일보〉와 〈동아일보〉가 폐간되었다. 1920년대와 1930년대의 출판물들에서 찾아볼 수 있었던 다양성은 1940년대 초에 이르러 완전히 사라졌다. 소수의 조선어 잡지와 식민 국가의 공식 기관지였던 〈매일신보〉(1910~1945)만이 1945년 전쟁이 끝날 때까지 계속 발행되었다. 그러나 1940년대에도 출판물의 가짓수는 줄

---

7) 백철, "시대적 우연의 수리", 〈조선일보〉(1938년 12월 2~7일) ; 한도연 · 김재용, 〈친일 문학과 근대성〉, 김재용 외, 《친일 문학의 내적 논리》(역락, 2003), 37쪽.

8) 식민 후기의 조선인 동원에 관해서는 Carter J. Eckert, 〈식민 후기 조선의 총력전, 산업화, 사회 변동Total War, Industrialization, and Social Change in Late Colonial Korea〉, Peter Duus · Ramon H. Myers · Mark R. Peattie (eds.), 《일본의 전시 제국주의 1931~1945 The Japanese Wartime Empire, 1931~1945》(Princeton : Princeton Univ. Press, 1966), 3~39쪽.

었지만 출판물의 양은 여전히 상당해서, 일부 출판물은 앞선 수십 년 사이에 볼 수 있었던 수치를 훨씬 웃도는 보급 부수를 기록했다. 1930년대의 가장 유명한 대중 잡지 가운데 하나였던 《신동아》는 1931년에 창간호로 2만 부를 인쇄했다. 그 후 1936년 정간될 때까지 매호 1만 부 이상이 보급되었다. 그것은 당시로서는 유례를 찾을 수 없는 기념비적 기록이었다.[9] 더욱이 1940년대에 《반도지광(半島の 光)》(1941~1945)과 같은 일부 잡지들은 일본어 판과 조선어 판 모두 매달 거의 10만 부가 인쇄되었다. 〈매일신보〉는 1939년에 하루에 거의 11만 부씩 인쇄되었다. 그리고 그 수치는 민영 신문들이 폐간되자 80퍼센트까지 기록적으로 상승했다.[10] 전시의 종이 부족으로 각 출판물의 면수는 줄었지만, 많은 점에서 출판물 생산이 확고해지고 집중화되어 검열과 선동에는 훨씬 더 유리한 조건이 형성되었다. 1940년대에 지속적으로 출간되었던 주요 잡지들 가운데에는 《조광(朝光)》(1935~1944), 《동양지광(東洋之光)》(1939~1945), 《삼천리(三千里)》(1929~1942), 《신시대(新時代)》(1941~1945), 《국민문학(國民文學)》(1941~1945) 같은 것들이 있었다.[11]

결과적으로, 태평양 전쟁이 절정에 이르면서 등장한 것은 식민 국가의 선전 유포를 용이하게 할 수 있는, 철저히 통제되고 고도로 집중화된 대중 매체였다. 식민 후기에 재조직된 대중 매체는 한국의 협력 지식인들이 폭넓은 대중에게 접근할 기회를 제공했으며, 시각적 형식의 메시지 전달을 자주 했다. 많은 관찰자들이 주목했듯이,

---

9) 김근수, 〈문화 정치 표방 시대 전기의 잡지 개관 I, 1930~1936〉, 《아세아 연구》 (1969), 154쪽.

10) 정진석, 〈주식회사 매일신보의 설립과 경영〉, 《관훈 저널》(2003년 여름), 119~148쪽.

11) 식민 후기에 출간된 협력 잡지들에 관해서는 조성철, 《한국 잡지 백 년 3》(현암사, 2004), 400~429쪽 ; 이태호, 〈1940년대 초반 친일 미술의 군국주의적 경향〉, 《근대 한국 미술 논총》(학고재, 1992), 320~360쪽 참조.

《반도지광》(1942년 12월)

근대는 시각에 지배되며 파시즘은 최전선에서 이미지의 힘을 정치
적 목적에 활용했다. 모스는 다음과 같이 주장한다. "사실상 다른 정
치운동이나 정당들은 그렇지 못했지만, 파시즘은 19세기와 함께 유
럽이 시각의 시대, 국기나 국가와 같은 정치적 상징의 시대로 진입
했다는 사실을 감지했다. 대중 정치의 도구들이 그렇듯이 그것들은
다른 교훈적인 연설들보다 효과적이었다."[12] 마찬가지로, 식민지 조
선의 협력 지식인들은 시각적 이미지들을 정치적 목적에 활용하는
일을 개척하는 데 일익을 담당했다. 식민 후기 조선의 시각 이미지
들에 내셔널리즘의 동기들이 코드화된 것은 조금 새로운 일이었다.
식민 지배하에서 엄격한 검열 정책들은 내셔널리즘의 이미지들을
거의 허용하지 않았기 때문이다. 식민 시기의 시각 이미지와 관련해
가장 악명이 높았던 한 사건으로 인해 1936년에 〈동아일보〉의 발행
이 일시 중단되었다. 편집자들이 베를린 올림픽 마라톤 금메달 수상

---

12) George L. Mosse, 〈파시즘 미학과 사회에 관한 단상들〉, 247쪽.

자인 손기정(1912~2002)의 사진에서 일장기를 삭제했기 때문이었다. 그러나 협력자들이 시각 이미지를 사용해 일제의 전쟁 수행을 돕기 위해 민족 공동체를 동원하려 했을 때는 그런 제약이 가해지지 않았다. 그렇게 해서 많은 점에서 식민 후기는 정치적 목적을 위해 시각 이미지를 채용하는 시험대로 기능했다. 그리고 협력 지식인들은 조선인에게 자신들의 정치적 목적을 전달하기 위해 다양한 주제들을 말할 수 있는 상당한 자유를 누렸다.

3. 제국의 지정학적 공간과 제국의 테크놀로지

식민 후기의 시각 문화에서 자주 볼 수 있는 것 하나는 전쟁 수행을 통한 일본제국의 팽창과 일본의 진보를 묘사한 지도와 이미지였다. 특히 주목할 것은 조선과 일본의 지도들이 두 나라를 하나의 연속적인 지정학적 실체로 보여주며 조선을 일본제국의 나머지 지역과는 구별하는 경우가 자주 있었다는 점이다. 그렇게 해서 식민지와 내지의 뚜렷한 차이에도 불구하고, 지도는 조선인과 일본인이 모두 동일한 국가에 속했다는 생각을 고취하려 했다. 만주 지도와 이미지들은 식민 후기의 출판물들에서 특히 두드러진 위치를 차지했다. 그리고 조선인들에게 경제적 기회의 자리이자 한반도의 안전을 방어할 수 있는 공간으로서 '북방의 변경'에 대한 관심을 이끌어냈다. 만주를 향한 일본의 팽창은 1930년에 거의 100만, 1945년 150만에 이르는 조선인의 대규모 이주와 함께 이루어졌다.[13] 만주는 터전을 잃

---

13) 조선인의 만주 이주에 관해서는 Hyun Ok Park, 〈조선인의 만주국 : 영토 침탈의 인종주의적 정책들Korean Manchuria : The Racial Politics of Territorial Osmosis〉,《계간 남대서양 *The South Atlantic Quarterly*》(2000년 겨울), 193~215쪽 참조.

《반도지광》(1941년 7월)

은 조선인들에게 새 출발의 기회를 제공하게 될 것이었다. 특히 대
토지 소유자들에게 농지가 합병되고 일본의 이주 농민들이 조선으
로 유입되면서 자신들의 토지에서 내몰린 소작농들에게 새 출발의
기회를 제공할 것이었다.

　만주의 아름다운 풍경을 담은 그림과 사진들을 식민지의 출판물
들에서 찾아볼 수 있는데, 전반적으로 만주의 이미지들은 농업적으
로나 산업적으로 개척되고 있는 토지를 보여준다. 일례로《반도지
광》1941년 7월호에는 트랙터를 탄 농부의 사진이 실렸고 "開拓해
나가는 處女地"라는 설명이 붙었다.[14] 그 삽화에는 만주의 조선 의용
군 징집을 상세하게 적은 기사가 포함되었다. 만주국 건국 10주년을
기념하는《조광》1942년 10월호에 실린 사진 몽타주처럼, 만주 땅에

---

14)《반도지광》(1941년 7월).

서 일하고 있는 농부들의 이미지와 공장과 만주의 풍부한 자연 자원을 담은 사진들이 함께 발견되는 경우가 자주 있다.[15] 사진은 철강 노동자, 강을 따라 목재를 거두는 벌목꾼, 수확기를 탄 농부를 보여 준다. 만주의 풍요로운 자연 자원과 경제 발전을 담은 이미지들은 조선인들을, 그들 민족의 반도 경계를 넘어 경제 활동을 위한 대안의 장소를 상상하도록 부추겼다.

북방 변경을 조선인들이 행운을 찾을 수 있는 공간으로 재배치하는 일은 고대 고구려 왕국(기원전 37~기원후 668)에 대한 집합적인 기억을 자극했다. 그리고 한반도 역사와 만주 역사를 다시 연결 지었다. 조선 왕조(1392~1910) 동안 조선인들의 의식에서는 만주가 자신들의 무대였다는 기억이 사라졌다. 반면 식민지의 작가들은 조선 민족과 북방 영토 사이의 중요한 관계를 재발견하고자 했다.

滿洲는 我國의 大陸發展에 對한 門戶인 同時에 生命線이다. 滿洲國은 古昔부터 土地가 肥沃하고 産物이 豐富하며 氣候는 多少寒冷한 便이어서 幾多의 民族과 國家가 勃興한 것이다. 지금은 南下하야 純然한 半島人을 形成한 高句麗도 滿洲를 舞臺로 하야 勃興한 것이요.[16]

일본제국의 팽창은 북쪽 국경을 열어놓았으며, 조선인들 사이에 이 지정학적 공간을 민족의 현재 번영과 그 과거의 떼어낼 수 없는 한 부분으로 재규정하는 담론을 촉발했다. 조선인의 만주 기원은 하나의 강조점이 되었고, 조선의 협력자들은 조선인이 다시 한번 자신들의 고대 영토에 거주하고 있다고 주장했다. 한민족을 만주로 팽창

---

15) 《조광》(1942년 10월).

16) 柳光烈, 〈滿洲帝國建國의 意義〉, 《조광》(1942년 10월), 26쪽.

시키려는 그런 집합적 열망으로 조선인들은 일본군에 자원하는 일에 매혹되었다. 만주 주둔 일본군에 관한 어느 기사의 설명처럼.

여기에서 吾人의 注目을 끄는 事實은 靑年義勇隊의 一部에 朝鮮人의 參加를 容認하고 內地人靑年義勇隊와 共同訓練에 着意된 것이다. 이는 홀로 朝鮮人滿洲開拓民의 向上發展만을 意味할 뿐 아니라 內鮮一體라는 크다란 理想의 具現化에 一層의 拍車를 加한 것이라고 볼 수 있는 것이다.[17]

사람들이 일본군에 자원입대한 이유는 다양했지만, 군복무가 만주에 거주하는 조선인들의 지위를 향상시키는 중요한 수단으로 여겨졌던 것만은 분명하다. 어떤 의미에서 조선인의 만주 개척이 가능했던 것은 일본 군대의 존재 덕분이었으며, 이런 공생 관계는 《국민문학》 1942년 2월호에 실린 전쟁 시집 광고에서 가장 잘 포착된다. 그 광고는 멀리서 병사 하나가 보초를 서고 있는 사이 자신의 트랙터로 밭을 경작하는 한 농부의 모습을 보여준다.[18]

식민 후기 잡지의 지면에 묘사된 만주의 변모는 일본제국이 채용한 과학 기술들로 인해 가능했다. 그래서 일본의 기술적 우월성을 강조하려는 집중적인 노력이 있었다. 만주의 풍경을 변화시킨 기계와 공장의 이미지들은 일본의 기술력과 산업적 힘을 찬양하는 데 기여했다. 사진 몽타주는 산업 시설들을 부각시키고 조선인들에게 공장에서 일할 것을 권유했다. 《반도지광》 1941년 7월호에는 '科學技術 振興의 秋'라는 표제가 붙은 사진이 실렸다. 기계 조작자와 용접공의 모습을 담은 그 사진은 일제의 진보된 과학을 찬양했다.[19] 그

---

17) 尹相曦, 〈朝鮮人 滿洲開拓 靑年義勇隊에 對하여〉, 《반도지광》(1941년 7월), 15쪽.

18) 《국민문학》(1942년 2월).

19) 《반도지광》(1941년 7월).

《국민문학》(1942년 2월)

사진의 설명은 조선인들에게 과학과 기술력의 발전을 앞당기는 데
일조할 것을 촉구했다. 조선인들에게 공장에서 일할 것을 촉구하며
전쟁 노력의 필요를 부각시켰던 또 다른 사진은 《조광》 1944년 3월
호에서 찾아볼 수 있다.[20] 가동 중인 철강 공장을 보여주는 그 사진
에는 다음과 같은 설명이 실렸다. "敵의 밋는 最大의 武器《鐵量》에
우리들은 倍加하는 《鐵量》으로 應해야 한다." 그리고 "工場은 諸君
을 기다린다"라고 덧붙인다. 그 문구는 조선인들에게 공장에서 일하
는 것을 모든 조선인의 의무인 양 보여주며 공장에서 일할 것을 촉구
했다. 만주 개발과 산업 단지의 가동을 보여주는 이미지들은 조선인
들이 자신들을 민족의 가차 없는 기계화와 산업화를 통해 대륙의 부
를 정복하고 일본제국의 적들을 물리치려는 위대한 노력의 일환으

---

20) 《조광》(1944년 3월).

로 여기도록 독려했다.

4. 식민지 피지배자의 재창조

일본인의 통제 아래 이루어진 영토의 변화가 식민지 조선의 시각
문화에서 자주 묘사되었던 유일한 변화는 아니다. 식민지 지식인들
은 식민지 피지배자를 일본제국의 필요에 완전히 부합할 수 있는 개
인으로 재창조하는 데 많은 노력을 기울였다. 식민지의 피지배자를
다시 주조하는 일은 가장 근본적인 수준에서 신체의 이미지들과 함
께 시작되었다. 노동자들은 《신시대》 1941년 10월호에서처럼 종종
상의를 입지 않은 근육질의 몸매로 제시되었다. 이 이미지들은 강인
함과 남성성의 느낌을 표출했다.[21] 어쩌면 좀더 중요한 것은 그 이미
지들이 일반 노동자들을 제국 건설의 역량을 지닌 개인들로 묘사했
다는 점일 것이다. 남성은 또 군사 훈련장에서 훈련하고 있는 모습
으로 제시되고, 《조광》 1943년 8월호 표지에서처럼 역동적이고 강한
방식으로 제시되었다.[22] 건장한 남성에 대한 이런 집착은 일본 식민
당국이 실시하는 건강 검진을 받기 위해 늘어선 한국인들의 이미지
와도 깊은 관련이 있을 것이다. 여러 면에서, 일본제국에 봉사할 조
선인 피지배자의 건강을 측정하고 '체력'을 판단하는 일본 식민 지
배자들의 사진이 전하는 메시지는 '일등 신민'이 되기 위한 시험을
통과하려면 조선의 남성들은 일본인의 신체적 기준에 맞게 자신의
신체를 단련해야 한다는 것이었다.

일제는 조선 남성들에게 공장과 광산에서 일해 제국에 봉사할 것

---

21) 《신시대》(1941년 10월).

22) 《조광》(1943년 8월).

을 촉구했지만 그들이 궁극적으로 본받을 모델은 완전 무장을 한 군인이었다. 완전 무장을 하고 국민 수호를 위해 보초를 서는 군인들의 모습을 보여주는 사진들이 자주 눈에 띄었다. 식민 후기 조선의 시각 문화에서 흔히 볼 수 있는 주제는 《조광》 1943년 11월호에 실린 것처럼 전통적인 차림의 가족들 곁에 그들과 대조적인 모습으로 서 있는 군인들의 사진이다.[23] 그런 상징적 이미지들은 군인이 민족의 안녕에 헌신하는 새로운 근대적 정체성을 전제하는 신세대 조선인에 속한 '신남성'을 대표한다는 점을 강조했다.

남성들만이 식민지 피지배자로서 정체성의 변화를 겪고 있었던 것은 아니었다. 조선의 여성들은 식민 후기에 이중적 의무를 지고 있었다. 그들은 가계를 꾸리는 전통적인 이미지로 대변되는 한편, 그와 동시에 노동자가 되거나 전쟁 노력에 일조할 것을 요구받았다. 가정에서 자녀와 가계를 돌보는 것으로 전장의 군인들을 가정에서 후원하는 전통적인 역할을 수행하는 여성들이 자주 등장했다. 조선 여성의 전통적 역할을 강조하는 시각 이미지들은 그들에게 한복을 입히고, 일장기를 흔들거나 전쟁 노력을 위해 저축하는 모습을 보여주었다. 그러나 여성들은 공장 노동자와 군 간호원 등 비전통적인 역할로 재현되기도 했다. 여성성에 대한 기존 상징들이 유지된 한편, 식민 후기 여성들은 동시에 가정과 국가의 요구에 부합하는 역동적인 숙련된 개인으로 묘사되었다. 식민 후기 여성 교육에서 가장 중요한 측면은 더 이상 가정주부와 어머니로 기여하는 것만이 아니었다. 여성은 국가에도 헌신해야 했다. 《조광》 1942년 11월호는 여성들이 국민 공동체에 대해 자신들의 의무를 의식해야 한다는 점을 강조했다.

---

23) 《조광》(1943년 11월).

精神的으로, 將來生活은 내 個人을 爲한 것이 아니고 生活全部를 들어 國
家에 바친다는 覺悟를 갖도록 準備시켜야 할 것입니다. 그러므로 從來 女
子들이 卒業하면 어떻게 어떤 사람과 結婚하여 個人의 幸福을 圖謀하겠느
냐 하는 것을 생각한 代身 只今은 어떻게 어떠한 사람과 家庭을 이루어 國
家에 奉仕하겠느냐 하는 것을 생각해야 할 것입니다.[24]

　지구상의 다른 곳에서와 마찬가지로, 태평양 전쟁은 공장에서 일
할 남성 노동력의 부족을 낳았다. 그리고 이는 많은 수의 조선 여성
들이 공장에 투입되는 결과를 가져왔다. 이런 의미에서 식민 후기의
조선 신여성들은 노동력의 강제 동원을 통해 자신들의 전통적 역할
의 경계를 벗어나, 공장과 사회에서 일정한 수준의 여성 평등권이라
할 만한 것을 성취했다. 더욱이, 협력 지식인들은 식민 후기 여성들
이 그들의 개인적인 삶보다 더 큰 명분에 기여해야 한다는 것을 의식
하며 자신들의 새로운 의무를 수행할 때에만 진정으로 근대적인 자
아가 될 수 있다고 주장했다. 식민 후기 여성들에 대한 새로운 기대
를 열거한 예는 《가정지우(家庭之友)》 1941년 2월호에 실렸다.

　　— 도시와 농촌 부인들의 의복이 검소한 것
　　— 백화점에 사치품 진열을 볼 수 업는 것
　　— 농촌의 부인들의 노동이 남자보다 만흔 것
　　— 물품 부족에 대하야 불만 불평의 빗을 뵈이지 안는 것
　　— 부인들이 노동복 입은 것을 북그러워하지 안는 것
　　— 남자가 업슬 때 난 가정 책임이 주부에게 잇슴을 깨닷는 것
　　— 어려운 시국에 협동 생활을 하자난 빗치 뵈이는 것

---

24) 〈徵兵令과 女子敎育〉, 《조광》(1942년 11월), 69쪽.

— 녀학생들의 병식(兵式) 체조하는 것이 남학생들에게 지지 안는 것[25]

여성들은 남성들과 같은 역량을 지녀야 하며 공장에서 새로운 역할을 맡는 데 주저해서는 안 되었다. 동시에 그들은 가정을 꾸리는 일에도 책임을 져야 했다. 이런 면에서, 가정주부와 어머니로서의 전통적 역할에 갇힌 조선 여성들은 일본제국에 봉사할 수 없었다. 그렇게 해서 식민지 조선의 전체 동원은 전시 사회의 요구에 맞는 신여성의 재창조를 요구했다.

5. 제국 동원의 공적 볼거리와 일상의 파시즘

식민지 피지배자를 위한 새로운 기성 정체성의 창조는 공적인 삶과 사적인 삶의 재현에서 주요한 변화와 함께 이루어졌다. 전장으로 행군하는 조선 남성들의 사진과 그림들은 식민 후기의 가장 기억할 만한 이미지들 가운데 일부를 제공한다. 군대를 환송하는 대규모 집회가 많은 사진에 포착되어 조선인들에게 전 국민의 집합적 노력으로 전쟁을 지원하도록 촉구하는 데 사용되었다. 식민지 조선의 협력 운동을 대중 운동으로 보기는 어려움이 있을 것이다. 하지만 이 대규모 집회의 이미지들이 시사하는 것은 조선인 병사들의 징집이 군중을 정치에 몰아넣고 많은 개인들을 정치적 목적에 동원하는 공적 볼거리를 만들었다는 점이다. 식민 시기 내내 대중의 정치화는 엄격히 탄압되었지만, 제국에 대한 지지를 과시하기 위해 대중이 모였을 때에는 어떤 제재도 가해지지 않았다. 이런 의미에서 식민 국가는

---

25) 〈男性보다 무거운 女性의 짐〉, 《가정지우》(1941년 2월), 5쪽.

제국 건설에 참여할 것을 촉진하는 메시지를 전하는 한, 정치적 대중 집회의 공공 문화를 승인했다.

일본군은 태평양 전쟁 초기부터 조선인들을 받기 시작했지만 징병 체계를 확립한 것은 1943년이었다. 조선에서 의무병제가 시작되면서 조선인들에게 일본군 입대를 허용한 사실에 대해 많은 '감사'가 쏟아졌고, 그 사실을 기념하기 위해 대규모 공공 기념식이 개최되었다. 조선인 징병에 대한 지지를 이끌어내기 위해 다양한 시각 이미지들이 사용되었다. 〈매일신보〉는 1943년 여름 동안 "님의 부르심을 받들고서"라는 표제로 일련의 광고를 게재했다. 그 그림들은 식민 후기에 일반적이었던 여러 주제들을 담고 있다. 예를 들어 1943년 8월 6일자에는 전통 의상의 부모 곁에 서 있는 조선의 젊은 군인 사진이 게재되었고 1943년 8월 4일자에는 완전 무장을 한 강인한 공병의 이미지가 게재되었다. 조선인들을 동원하는 방법으로 가장 자주 사용된 것은 군대를 열렬히 환송하는 대규모 군중을 보여주는 사진들이었다. 《반도지광》 1943년 9월호에 실린 두 쪽짜리 몽타주는 "榮譽의 軍門 열린 거룩한 아츰"이라는 설명이 붙었으며,[26] 조선인들에게 부여된 영광을 열렬히 환호했다. 조선의 남성들이 이제 완전한 일본군의 일원으로 여겨졌기 때문이었다. 일단 '영예로운 문'의 문턱을 넘은 조선인은 일본인 황민(皇民)과 동일하게 여겨졌다. 문의 이미지는 《조광》에 실린 "校門에서 軍門으로"라는 표어에서 다시 볼 수 있다.[27] 본질적으로 군대의 문호 개방을 기념하는 공적 볼거리들은 식민지 피지배자가 식민 지배자가 생각하는 완성된 근대적 주체가 되기 위해 통과해야 하는 상징적 통과 의례로 기능했다.

---

26) 《반도지광》(1943년 9월).

27) 《조광》(1943년 12월).

《반도지광》(1942년 4월)

　징병을 지지하는 대중 집회가 조선인들의 공공 생활을 지배했다
면, 식민 후기의 시각 이미지들은 개인의 사생활에서 일어난 변화들
도 묘사했다. 식민 국가는 제국에 충성을 보이고 식민 사회의 군사
화를 환영하는 개인들을 묘사함으로써 그 피지배자들의 가정이라는
영역까지 통제하고자 했다. 일상생활의 재현에 일본제국의 상징들
이 침투했다. 《반도지광》 1942년 3월호에 게재된 사진이 일장기가
새겨진 전투기 장난감을 쥔 아이의 모습을 보여준 것은 그런 예 가운
데 하나였다.[28] 일상생활을 침범해 식민 국가를 환기하는 상징들은
식민 후기의 전체주의 문화를 정상화하고, 조선인들에게 일본제국
에 흡수되었을지라도 민족에 대해 애국심을 보일 것을 촉구했다. 특
히 어린이들은 식민 선전의 대상이 되었다. 식민 후기의 출판물들에

---

28) 《반도지광》(1942년 3월).

자주 등장하는 주제 가운데 하나는, 머리 위로 날아가는 전투기 사진과 장난감 비행기를 가지고 노는 어린이의 사진을 나란히 배치하는 식의 것이었다.[29] 어린이들과 어울리는 병사들의 사진과 날아가는 전투기를 바라보는 농촌 여성들의 사진은 일제의 군사적 팽창의 상징들이 어떻게 식민지 피지배자들의 평범한 일상생활의 일부로 묘사되었는지 보여주는 또 다른 예다.[30] 그렇게 해서 일본제국은 그 식민지 피지배자의 삶의 거의 모든 측면을 지배하고자 했으며, 전 인구의 동원은 식민 후기 조선에서 공적인 삶과 사적인 삶을 모두 재창조할 것을 요구했다.

6. 조종사와 가미카제의 미학

태평양 전쟁이 막바지에 이르고 상황이 점차 일제에 절망적으로 변해가면서 전적인 희생에 대한 요구가 강해졌으며, 식민지 조선의 대중 매체에서 새로운 종류의 국민적 영웅이 탄생했다. 여러 면에서 조종사라는 인물은 조선의 협력자들이 전쟁 수행의 다른 시각적 재현에서 발전시켰던 주제들을 집약적으로 보여준다. 조종사는 하늘을 정복해 패배의 위기에서 일본제국을 구원할 수 있는 신남성으로 제시되었다. 조종사는 또 일본의 병기 가운데 기술적으로 가장 고도화된 장치이자 일본의 기술적 우월성의 최고를 대변하는 전투기를 조작할 수 있었다. 그렇게 해서 조종사는 조선 남성들의 용맹을 보여주는 결정적 상징이 되었으며, 그 이미지는 식민 통치의 마지막

---

29) 《반도지광》(1942년 9월) ; 《신시대》(1941년 11월).

30) 《반도지광》(1942년 9월) ; 《반도지광》(1943년 7월).

몇 해 동안 식민지의 대중 매체를 지배했다.

궁극적으로, 조종사는 민족적 성인의 지위로 격상되었으며, 13세기에 몽골의 침략으로부터 일본을 지켜준 위대한 태풍의 이름을 딴 가미카제, 혹은 '신풍'으로 알려진 자살 특공대의 등장은 새로운 영웅 숭배를 탄생시켰다. 1944년 10월 레이트 만을 공략하는 전투에서 가미카제 전투 조종사의 첫 대열에 마쓰이 히데오(松井秀雄)로 개명한 한 조선인이 합류했다는 소식이 전해졌을 때, 식민지 조선의 언론 매체들은 열광적인 반응을 보였다. 언론에 오장 마쓰이가 알려지자 조선 민족을 위한 그의 희생을 환호하는 신문 기사가 봇물을 이루었다. 오장 마쓰이의 미소 짓는 사진이 《조광》 1944년 12월호에 게재되었다. 사진에 대한 설명은 가미카제 특공대의 용맹을 기술하고 다음과 같이 주장했다.

더구나 이 神鷲들 속에는 半島出身의 松井秀雄伍長이 섞여 있었던 것이다. 松井伍長의 뒤를 딸을 第二, 第三의 神鷲가 나올 것을 우리는 疑心치 않는다.[31]

기자들은 그의 가족을 취재했으며 조선을 대표하는 문인들이 그를 기려 글을 썼다. 조선의 유명한 시인 서정주(1915~2000)도 그 가운데 한 사람이었다. 그는 1944년 12월 9일자 〈매일신보〉에 마쓰이에게 바치는 송가를 썼다.

---

31) 《조광》(1944년 12월).

〈오장 마쓰이 송가〉

마쓰이 히데오!
그대는 우리의 오장(伍長) 우리의 자랑
그대는 조선 경기도 개성 사람
인(印) 씨의 둘째아들 스물한 살 먹은 사내

마쓰이 히데오!
그대는 우리의 가미카제 특별 공격대원
귀국 대원

귀국 대원의 푸른 영혼은
살아서 벌써 우리에게로 왔느니
우리 숨 쉬는 이 나라의 하늘 위에
조용히, 조용히 돌아왔느니

우리의 동포들이 밤과 낮으로
정성껏 만들어 보낸 비행기 한 채에
그대, 몸을 실어 날았다간 내리는 곳
소리 있이 벌이는 고혼 꽃처럼
오히려 기쁜 몸짓 하며 내리는 곳
쪼각쪼각 부서지는 산더미 같은 미국 군함![32]

서정주는 조선인이 엄청나게 강한 적을 파괴하기 위해 엘리트인

---

32) 서정주, "오장 마쓰이 송가", 〈매일신보〉(1944년 12월 9일자).

가미카제 특공대에 합류해 동족이 심혈을 기울여 만든 비행기를 조종했다는 데 감동을 받아 마쓰이를 위한 송가를 썼다. 협력 조선인들이 조선인 가미카제 대원들에게 느꼈던 엄청난 자부심과 민족 감정은 그들의 업적을 담은 시각적 재현에서 쉽게 드러난다. 가미카제 조종사들은 최종 임무를 위해 떠나기 전 미소를 짓고 손을 흔들며 충격적일 정도의 도전적인 자세로 등장했다. 후에 가족들의 인터뷰와 그들이 쓴 서한들이 그들을 추모하는 글들에 담겨 출간되었다. 많은 점에서 조선인 가미카제는 궁극적으로 기술적인 장치를 갖추고 가장 강한 적도 파괴할 수 있는 근대적 주체를 요약하는 것이었다.

이 特別攻擊隊 가운데는 半島出身의 神鷲들이 많이 參加하고 있어, 祖國의 繁榮을 빌면서 오로지 大義에 殉하고 있다는 것은, 半島民衆의 榮譽, 實로 此할 데 없다. 일즉이 우리는 支那事變當時의 李仁錫上等兵을 비롯하야 第一線에서 奮戰勇鬪하다가, 壯烈한 戰死를 한 護國의 英靈을 多數 내여왔지만, 이번, 紅顏의 靑少年으로 肉身과 飛行機가 한 덩어리 되야, 敵艦船에 肉彈突入하야 敵을 海底 깊이 장사 지냈다.[33]

이 글의 필자는 조선인 가미카제를 치켜세웠다. 그들은 민족을 위해 자신의 목숨을 희생했으며 일본 식민 지배자들의 눈앞에서 모든 조선인의 특권과 영예를 고양했기 때문이었다. 조선인들은 전에도 전장에서 죽어갔지만, 이 글의 필자를 매료시킨 것은 가미카제 미학이었을 것이다. 가미카제 대원들은 그들 자신을 근대적 자아의 탁월한 상징으로 변모시키고 기계와 한몸이 되어서 조선 민족의 영광을

---

33) 李昌洙, 〈必勝과 死生을 超越한 精神〉, 《조광》(1944년 12월), 18쪽.

성취할 기제를 갖춘 근대적 자아가 되었기 때문이었다.

종전까지 1945년 내내 가미카제 조종사의 공적이 〈매일신보〉의 지면을 채웠다. 오장 마쓰이에 대한 추모는 시간이 흐르면서 전 가미카제 조종사들에 대한 영웅 숭배로 규모가 커졌고, 수많은 기사에서 그들의 희생이 언급되었으며, 특히 그 기사들은 다른 조선인들에게 그들을 본받을 것을 촉구했다. 1944년 12월 4일자 〈매일신보〉는 "松井秀雄伍長의 情神을 補給에 半島處女熟汗"이라는 표제와 함께 일장기가 그려진 머릿수건을 두른 한 여성이 공장에서 작업하고 있는 사진을 게재했고, 한 조선인 여성이 마쓰이에 대한 기억으로 어떻게 더 열심히 일할 영감을 받았는지 기술했다.[34] 가미카제 조종사의 수가 많아지면서, 〈매일신보〉에는 여성 독자들이 가미카제 조종사들에게 보내는 편지와 선물들에 관한 기사가 실리기도 했다.[35]

7. 식민지 협력자의 유산

식민 후기에 남겨진 이미지들은 의지력만으로 새로운 영역을 정복하고 기술적으로 월등한 적을 물리칠 수 있는 하나의 민족에 대한 시각적 재현들이다. 식민 후기의 잡지 지면에서 도출된 이상화된 조선인은 새로 창안된 개인으로, 민족이 직면한 위기를 극복하고 지상낙원을 이룰 역량을 갖췄다. 조선인들에게 그들이 근대적인 주체가 될 수 있다고 전하는 이 고무적인 메시지의 핵심은 신남성과 신여성이 민족을 위해 모든 것을 달성해야 한다는 요구였다. 더욱이, 근대적 주체는 설사 그것이 일본 식민 지배자들의 이익을 도모하는 것이

---

34) 〈매일신보〉(1944년 12월 4일자).

35) 〈매일신보〉(1945년 7월 20일자).

될지라도 민족을 위해서라면 자기 삶을 기꺼이 희생해야 했다.

집합적 선을 위해 개인의 희생을 촉구하는 이 강력한 시각 이미지들은 민족의 이익에 최고의 가치를 부여하는 민족이라는 세속 종교의 상징적 우주를 반영한다. 조선의 협력자들이 일제의 후원 아래 민족의 목표를 달성할 수 있다고 믿는 한, 민족이 식민 지배하에 있다는 사실은 별 관계가 없었다. 조선의 협력자들은 그들의 메시지를 따르고자 하는 사람들에게, 일본이 아시아의 나머지 지역을 정복할 수만 있다면 반도와 나머지 아시아 대륙에 지상 천국을 건설할 수 있다고 약속했다. 이 지상 낙원을 달성하기 위해서 식민지의 지식인들은 동포 조선인들에게, 근대 사회를 달성할 수 있는 것은 개인이 자신의 육체와 정체를 재주조해 민족의 부름에 응할 수 있는 주체가 되는 일에 전념할 때에만 가능하다는 사실을 믿도록 요구했다. 여성에게는 가정주부로서의 전통적인 역할은 물론이고 경제적 생산에서의 좀더 큰 역할도 담당할 것이 촉구되었다. 남성들에게는 공장에서 일할 것과 군에 입대해 민족의 부름에 응할 것이 요구되었다. 식민지 지식인들의 논리 안에서, 징병 체계의 완성은 모든 조선 남성이 일본제국의 완전한 구성원이 되고 민족을 위해 자신의 생명을 희생하는 가미카제의 고위직에 가담해 성인의 지위를 획득할 수 있는 기회를 얻을 상징적 통로가 되었다.

그렇게 해서 식민 후기에 이르러 조선 사회의 특정 요소들은 내셔널리즘에 완전히 침윤되었다. 비록 그 내셔널리즘이 해방 이후 한국인들에게는 전혀 낯선 형태이기는 하지만 말이다. 일본의 전쟁 노력을 지지하지 않는 조선인들조차 식민 후기에 애족 의식을 주입하는 대규모 공공 집회에 동원되었다. 일제하 마지막 10년 동안의 시각 문화는 많은 점에서 정치적 과정에 대중의 참여를 촉구하는 여러 방식들을 시험하는 실험장이었다. 이전에는 식민지 조선에서 대중의 지지를 동원하기 위한 수많은 선전 기술들이 엄격한 검열을 받았지만, 그 기술들이 일본의 전쟁 노력에 사용되었을 때 조선인은 대체로 자유로운 권한을 누렸다. 비록 수많은 조선인이 강제로 공장에서 노동해야 했고 일본 군대로 끌려갔지만 그런 정교한 선동 메시지의 존재는 조선의 전체 동원에 또 다른 측면을 더한다. 일부 식민지 피지배자들은 민족의 구원이라는 약속에 이끌려 일제를 지지하게 되었을 것이기 때문이다. 식민 후기부터 내셔널리즘 기획에 대중의 참여를 촉구했던 시각적 상징들은 곧 다시 부상해 새로 독립한 북한과 남한 두 나라에 의해 채용되곤 했다. 그렇게 해서, 식민지 언론 매체에서 대중 동원을 위해 개발된 기술들은 식민 시기의 유산 가운데 하나로 아직도 제대로 평가받지 못했지만, 1945년 이후 남북한의 정치사에 뚜렷한 영향을 미쳤을 것이다.

두 가지 유형의 선전·선동?
—'제3제국'과 동독에서의 대중 매체 방송의 의미에 대한 고찰

크리스토프 클라센 :: 권형진 옮김

1. 20세기 독일의 두 독재 체제의 미디어 유산

1944년 가을, 독일제국의 영토를 최초로 점령한 직후 연합군 최고

크리스토프 클라센Christoph Classen은 1965년 독일의 노르트라인 베스트팔렌 주 하겐 시에서 태어났다. 1986년 함부르크 대학에 입학해 역사, 독문학, 심리학을 공부했으며, 1988년과 1991년 사이에는 독일 제1국영방송인 '전 독일 방송Allgemeine Rundfunk Deutschlands(ARD)'의 시사 프로 〈악투엘Aktuell〉의 보조원으로 활동했다. 1991년부터 함부르크 대학 부설 '한스 브레도브 언론매체연구소Hans-Bredow-Institut für Medienforschung'에서 연구 보조원으로 일했으며, 1995년에 석사학위를 취득했다. 1997년부터는 포츠담의 ZZF 연구소에 연구원으로 있으면서 박사 과정을 이수했다. 박사학위 논문의 주제는 '동독 정권 초기 라디오 방송에 나타난 파시즘과 반파시즘'이었다. 2000년에 박사학위를 취득했으며, 2003년부터는 ZZF 연구소에서 '(동독의) 사회주의 도시에서 전통과 진보. 1949~1989년 사이 동독에서 정치적 지배층의 문화적 조정과 경험에 관하여Tradition und Fortschritt in der sozialistischen Stadt. Zur kulturellen Vermittlung und Erfahrung politischer Herrschaft in der DDR 1949~1989'라는 연구 프로젝트에 참여하고 있다.

권형진은 서울에서 나고 중고등학교를 다녔다. 건국대와 동대학원에서 나치 집권기의 경제적 현상들에 대해 공부했다. 느지막하게 군대를 마치고 1990년 늦은 9월 독일의 뮌스터 시로 떠나 그곳에서 독일의 통일 현장을 목격했다. 나치 경제사를 가르쳐줄 스승을 찾아 빌레펠트로 학교를 옮겼고, 2001년 말 '대공황기의 고용 창출 및 경기 부양 정책'에 관한 논문으로 박사학위를 받았다. 귀국하여 방송통신대, 상명대, 건국대에서 시간 강사를 하다가 지금은 건국대에서 강의 교수로 있다.

사령관은 모든 언론, 방송, 영화에 종사하는 행위와 기존의 인쇄물, 영화, 녹음물의 판매를 금지하는 법령을 공포했다. 얼마 후 체결된 포츠담 조약은 나치가 제작한 국가 영상 자료를 전부 몰수할 것을 명문화했다. 모든 점령 지역의 검열 기준이 각기 달랐는데도 모든 영상 자료의 상영은 반드시 점령 지역 군사 정부의 허가를 받아야 했고, 실제로 정치적 이유로 많은 신청이 받아들여지지 않았다. 심지어 1949년부터 주권을 서서히 회복한 서독에서도 많은 나치 시대 제작물들은 (열어서는 안 될) 독극물 보관함 속에 갇혀 있어야 했으며, 그중 일부는 오늘날까지도 그곳에 보관되고 있다. 마찬가지로 히틀러의《나의 투쟁》을 판매하는 것은 아직까지도 금지되고 있으며, 제3제국 선전용 영화의 상업적 이용에 대해서도 오늘날까지 의견이 분분하다. 그러나 그러한 논쟁의 결말은 머지않았다. 나치 선전의 암시적인 힘에 대한 두려움은 지속적으로 남아 있을 것처럼 보인다.

　거의 반세기 만에 동서독 사이의 장벽이 무너지면서 독일민주공화국(이하 동독)의 공산 정권이 저항하는 시민들에 의해 붕괴되고 1990년 가을 독일 통일이 이루어졌을 당시에는 어느 누구도 상상조차 하지 못했던 일이 지금 벌어지고 있다. 과거에 동독의 당과 국가 통치자였던 울브리히트와 호네커의 연설과 저작들이 공개되었고, 다양한 기관들이 (구동독의) 독일영화회사DEFA가 제작한 영상물들을 보존하고 상업적으로 이용하기 위해 노력하고 있다. 1945년과 달리 독일영화회사의 영상물들은 상영 금지나 부분 삭제 처분을 당하지 않았을 뿐만 아니라 1990년 이후 제작 책임자가 사법적으로 고발되지도 않았다. 동독, 독일 사회주의통일당과 산하 대중 조직들의 상징물들은 금지되기는커녕 이미 오래전부터 청소년들로부터 많은 사랑을 받는 대상이 되었다. 독일이 분단되었을 당시 아직 어린아이였던 젊은 세대가 1940년대 말에서 1960년대 초에 걸친 스탈린 시기와 스탈린 사후에 동독 정권이 만들어낸 '극단적인' 선전용 제작물을 소유하려고 하는 것은 아무리 좋게 생각해도 사람들을 웃기려고 그러는 것 같다. 그러나 대부분의 경우는 몰이해 때문에, 혹은 무엇보다도 따분함을 해소하기 위해서 그렇게 한다. 그 대표적인 사례가 동독의 라디오와 텔레비전 방송에서 오랜 기간 책임 해설가로 활동했던 슈니츨러Karl-Eduard von Schnitzler의 경우다. 그는 통일 후 서독의 한 시사 풍자지로부터 고정 칼럼을 써달라는 부탁을 받았다. 이유는 모두에게 잘 알려진, 그의 유명한 이데올로기에 짜 맞추는 능력 때문이었는데, 잡지 편집자의 원래 의도는 이를 통해 사람들을 웃게 하는 것이었다. 나치 라디오 방송 해설자였던 프리체Hans Fritzsche의 경우에는 체제 전복 이후 이와 같은 변신은 꿈도 꿀 수 없었을 것이다.

　이것을 놓고 다음과 같은 이의가 제기되고 있다. 이런 차이는 완전히 상이한 역사적 상황에서 기인한다. 하나는 패전 이후 연합국의 독일 점령 상황에서 기인하고, 다른 하나는 동독에서도 불법 행위가 자행되었지만 나치의 행위에 비견될 만한 수준은 아니었다는 것이다. 그러나 민족사회주의적 선전과 현실사회주의적 선전 사이의 일반적인 차이가 결정적인 의미를 갖게 만들지는 않았을 수도 있다는 의문을 갖게 된다. 아무튼 전쟁 마지막 주까지 나치 정권이 획득한 동의는 지금도 부분적으로 효과적이었다고 생각되는 선전·선동과 그것의 암묵적인 힘으로 가능했다는 점에 주목해야 한다.[1] 동독의

---

1) Peter Reichel, 《제3제국의 아름다운 모습. 파시즘의 매력과 폭력*Der Schein des Dritten Reiches. Faszination und Gewalt des Faschismus*》(Frankfurt a. M. · Wien : Fischer-Taschenbuch Verlag, 1994) ; Ian Kershaw, 《히틀러 신화 : 제3제국에서의 이미지와 실체 *The 'Hitler Myth' : Image and Reality in the Third Reich*》(Oxford : Clarendon, 1987) ; Russell Lemmons, 《괴벨스와 '공격' *Goebbels and 'Der Angriff'*》(Lexington : Univ. Press of Kentucky, 1994). 그러나 여기서 지적하고 싶은 것은 최근 들어 민족사회주의 선전의

경우는 그 반대다. 체제 붕괴가 외부로부터 진행된 것이 아니라 내부로부터 진행되었기 때문에 대부분의 연구자들은 나치를 대할 때와는 정반대되는 입장을 보인다. 이 경우 (동독 체제 내에서) "그들 자신의 선전(정책)처럼 손상된 것은 없다"라고 한 연구자는 다소 과장된 주장을 하는 것이다.[2] 이렇듯 부정할 수 없고 포괄적인 평가에 스스로 동조할 수 없는 경우에도, 나치 시대와는 달리 정권의 안정에 거의 기여하지 못한 (동독의) 방송 정책이 전반적으로 실패했다는 인상은 여전히 남는다.

두 제도에 대한 평가는 이렇듯 아주 상이하게 나타난다. 그러나 선전 정책이 두 개의 상이한 정치 제도 내에서 한 곳에서는 사회 통합적이고 지배 체제를 안정시키는 방향으로 나아가고, 다른 한 곳에서는 정반대로 지배 체제를 점차적으로 분열시키는 방향으로 나아갈 수 있을까? 만약 이것이 실제로 가능했다면, 그 이유는 무엇이었을까? 이러한 질문에 대한 배경을 살펴보기에 앞서 지금까지의 초기 연구와 그에 따른 반응을 야기했던 다음의 생각들을 발전시켜보겠다.

대부분의 전체주의 이론에 입각한 시도들은 선전과 선전 기구의 존재를 전체주의적 독재 체제의 구조적 특징으로 평가한다. 따라서 첫 번째 단계로서 프리드리히Carl J. Friedrich, 브레진스키Zbigniew

---

의미를 상대적으로 일반화시키는 연구 결과들이 나오고 있다는 점이다. 이에 대해서는 다음을 참조하라. Gerhard Paul, 《그림의 반란. 1933년 이전의 나치 선전*Aufstand der Bilder. Die NS-Propaganda vor 1933*》(Bonn : Dietz, 1990). 연구 성과에 관해서는 다음을 참조하라. David Welch, 〈나치의 선전과 민족 공동체 : 민족 공동체의 구성Nazi Propaganda and the Volksgemeinschaft : Constructing a People's Community〉, 《현대사학보 *Journal of Contemporary History*》 39(2004), 213~238쪽.

2) Stefan Wolle, 《독재의 신성한 세계. 동독에서의 일상과 지배 체제 1971~1989*Die heile Welt der Diktatur. Alltag und Herrschaft in der DDR 1971~1989*》(Berlin : Links, 1998), 70쪽.

K. Brezinski, 아렌트Hannah Arendt의 전통적인 전체주의 연구에서 선전·선동의 평가에 대해 간단히 살펴보기로 하겠다. 그 다음으로 는 최근의 연구들에서 사용되고 있는 선전·선동 개념Propaganda- Begriff을 좀더 집중적으로 다뤄보아야 할 것이다. 물론 '선전·선 동'이라는 개념은 누구에게나 어렵지 않은 일상어적인 의미를 가지 고 있다. 그러나 독재 체제하의 사회에 대한 새로운 학술적 연구 성 과를 달성하기 위해서는 이 개념을 비판적 시각에서 돌아볼 필요가 있으며, 필요한 경우에는 다른 개념 또는 모델로 이것을 대체해야 할 것이다. 세 번째로는, 다양한 분야에서 나타나는, 민족사회주의 의 선전·선동과 현실사회주의의 선전·선동 간의 유사점과 차이점 을 간단히 요약해보도록 하겠다. 이러한 작업은 물론 철저한 사례 연구를 요구하지는 않는다. 이를 바탕으로 나치와 동독이라는 두 독 재 체제 내에서 사회 내적인 동의를 획득하는 데 선전·선동이 어떠 한 의미를 갖는지에 대해 간단한 결론을 이끌어 내보도록 하겠다.

2. 20세기 독재 체제의 구조적 특징으로서의 선전·선동 : 프리 드리히, 브레진스키, 아렌트

전체주의 이론들은 정보통신 독점체의 존재와 국가 또는 사상 기 관의 통제를 받는 방송 정책을 전체주의적 독재 체제의 핵심 특징으 로 설명했다. 이것은 프리드리히와 브레진스키가 설정한 전통적인 (전체주의 독재 체제의) 특징들을 보여주는데, 그에 따르면 공식적 인 이데올로기와 몇 개의 정당을 통합한 통일당Einheitspartei과 비 밀경찰의 존재, 그리고 중앙의 경제 통제와 함께 "기술적으로 거의 완벽한 통제가 이루어지고 언론·라디오·영화 같은 효과적인 대중 매체 등의 모든 수단을 당과 당 간부들이 장악하고 있는 독점 기관"[3]의 존재가 과거의 전제정과 확연하게 구분 짓는 전체주의 독재 체제의 가장 중요한 공통점이다.[4]

프리드리히와 브레진스키는 그들의 일반적 · 구조적인 접근 방법에 따라 국가와 당에 의한 엄격한 미디어 통제와 정권의 이익을 추구하는 일반적인 미디어 정책의 방향 설정을 전면에 부각시켰다. 그러나 나치 정권과 소련에서 대중 매체를 통한 선전 · 선동이 실제로 어떻게 진행되었는지를 파악하는 것에 대해서 두 이론가는 현실적인 어려움을 충분히 인식하고 있었다. 한 예로 괴벨스의 선전 도구에 대해서 그들은 계획과 배치, 그리고 국내외의 다양한 의견이 갖는 문제점을 지적하고 있다.[5]

또한 그들은 선전 · 선동의 효과에 대한 일말의 회의도 언급한다. 매체에 대한 철저한 통제는 공식적인 보도와 해설에 대한 국민들의 전반적인 불신감을 조장한다는 것이다. 이것은 결국 여론 형성에서 모든 중요한 정치 문제들이 유보되는 일종의 '진공 상태'를 만든다. 그러나 다른 한편으로 그들은 선전 · 선동의 영향력에 대해 부인하지 않는다. 오히려 전체주의 국가들은 정권의 반대자들로 하여금 종종 회피할 수 없게 하는, 고유한 '사고방식Denkstil'에서 나타나는 그러한 선전 · 선동의 항상성을 형성한다는 것이다.[6] 여기서 의미하는 것은 특정한 국제화된 정형, 적의 이미지, 가치관과 질서관을 채

---

3) Carl J. Friedrich · Zbigniew K. Brezinski, 《전체주의 독재 체제와 전제주의 독재 체제Totalitarian Dictatorship and Autocracy》(Cambridge : Havard Univ. Press, 1965), 10쪽.

4) Carl J. Friedrich · Zbigniew K. Brezinski, 《전체주의 독재 체제와 전제주의 독재 체제》, 107쪽.

5) Carl J. Friedrich · Zbigniew K. Brezinski, 《전체주의 독재 체제와 전제주의 독재 체제》, 110쪽.

6) Carl J. Friedrich · Zbigniew K. Brezinski, 《전체주의 독재 체제와 전제주의 독재 체제》, 115쪽.

용한다는 뜻이다. 프리드리히와 브레진스키에 의하면 이러한 것들은 다양한 계층에서, 그리고 언론과 방송, 특히 소련에서 두드러진 개인적 선동과 같은 다양한 매체를 통해서 계속 반복적으로 생산된다. 따라서 앞에서 언급한 제한 요인들에 대해 제기된 반론들에서 자유로운 사고와 판단을 억제함으로써 "전국적인 세뇌화 작업"과 "인간의 비인격화"가 이루어진다는 생각이 실질적으로 거의 허용되지 않는다.[7]

선전 · 선동의 중요성에 대한 가정을 어느 정도까지는 지키는 앞의 표현들에서 프리드리히와 브레진스키는 현실 세계를 하나의 고유한 가상 세계로 변화시키는 것이 전체주의 운동의 가장 중요한 특징 중의 하나라고 설명하는 아렌트의 주장을 받아들이고 있다. 그러나 두 사람과는 달리 아렌트는 선전 · 선동 개념에서 여론의 통제와 대중 매체의 독점화를 가장 중시한다. 그녀의 주장은 오히려 정반대여서, 그녀는 선전 · 선동은 사실상 소위 운동 기간의 현상이라고 주장한다. 수단으로서 선전 · 선동은 사실상 주로 전체주의 지배 체제가 아직 확고하게 자리 잡지 못한 시기에 의미가 있다는 것이다.[8] 선전 · 선동은 항상 '국외자', 즉 국민들 중에서 아직 (그들의 운동에) 확신을 갖지 못한 집단과 외국, 그리고 특정 상황에서는 지도적 엘리트 집단에 속한 구성원들을 목표로 삼는다는 것이다.

그러나 대부분의 경우 정권 획득 이후 전체주의 운동은 더 이상 선전 · 선동에 전적으로 의존하지 않게 되는데, 그것은 전체주의 고유의 특징적인 지배 방식이 테러이기 때문이다. 권력을 완전히 장악하

---

7) Carl J. Friedrich · Zbigniew K. Brezinski, 《전체주의 독재 체제와 전제주의 독재 체제》, 117쪽.

8) Hannah Arendt, 《전체주의의 기원 *The Origins of Totalitarianism*》(New York : Meridian, 1958), 341쪽 이하.

게 되고 적나라한 테러가 더 이상 지배하지 않게 되면 선전 · 선동으로 사상 교육을 하게 된다는 것이다.[9] 그럼에도 아렌트는 선전 · 선동에 높은 가치를 부여하는데, 특히 전체주의 운동의 성립과 성공에 중요한 의미를 지닌다고 주장했다. 그녀가 보기에는 마지막에 언급한 전체주의의 성공이 무엇보다도 대중 현상인데, 그 이유는 전체주의의 지도자는 본질적으로 광범위한 국민 계층의 지지에 의존하는데, 프롤레타리아나 엘리트와 달리 '비정치적인' 대중을 선전 · 선동 없이는 획득할 수 없기 때문이다.

아렌트에 따르면 전체주의적 선전 · 선동의 결정적 특징의 하나는 학문적 과장이고, 또 다른 하나는 미래를 예지하는 점이다. 민족사회주의뿐만 아니라 공산주의의 특징이었던 '학문성'에 대한 요구와 학문적 설명 방식과 모델에 대한 증거는 널리 퍼진 학문적 지식의 신성하고 구원적인 힘에 대한 단순하고 소위 신비로운 믿음에 기초하고 있다고 그녀는 주장한다. 그녀의 눈에는 미래를 예지하는 측면이 이와 밀접한 관련을 맺고 있는 것으로 비쳤다. 따라서 학문적 권위와 역사철학적인 예언의 결합은 근대적 인간의 중심적인 욕구를 충족시키는 것이었다. 신의 계시는 근대적 삶의 우연과 위험들로부터의 구원에 대한 약속보다 의미가 적지 않다. 근대의 우발적이고 복합적인 현실은 인간이 폐쇄적으로 스스로를 차단해버려 내적으로 핵심적인 이데올로기를 포기하도록 만든다. 근대적 독재 체제의 안정은 결정적으로 지배 이데올로기의 하위에 놓이는 이러한 내적 종속을 기반으로 한다.

---

9) "선전 · 선동이 아마도 전체주의가 그렇지 않은 세계와 관계하는 가장 중요한 수단이라면, 반면에 테러는 전체주의적 정부 형태에서 가장 핵심적인 것이다." "전체주의적 선전 · 선동의 진정한 목표는 믿음이 아니라 조직이다." Hannah Arendt, 《전체주의의 기원》, 344 · 361쪽.

아렌트에 따르면 여기서 악의적인 것은 미래에 대한 주장을 확고 부동한 검증 없이 행할 뿐만 아니라 전체주의적 정권들이 자기 예언 이 실제로 실현되도록 만든다는 것이다. 바로 그런 이유로 선전·선 동과 권력(힘)의 과도기적 성격에는 특별한 전체주의의 특성이 있 다. 즉 선전·선동이 작동되지 않으면 권력(힘)이 작동하여 내적 전 망이 거의 반영될 수 없는 폐쇄된 현실을 만들어내는 것이다. 그리 고 이러한 과정의 마지막 끝에서는 전체주의적인 독재 체제에서 정 통성에 대한 믿음의 근거가 되는 지도자의 절대적인 선견지명을 증 명하게 된다.

위의 두 가지 견해는 분명히 상이한 지적 전통에 뿌리를 두고 있 다. 프리드리히와 브레진스키에게 선전·선동은 무엇보다도 특별한 의사소통 방식의 하나로, 상업적인 목적의 선전에서 사용되는 방식 과 다르지 않다. 전체주의 체제에서 선전·선동은 방송 매체로의 통 로를 독점하고 정권의 이해관계에 절대적으로 하위 종속되어 이루 어진다. '공급 측면'에서 선전·선동을 주장함으로써 선전·선동은 지배 도구의 수준에 머물게 되는 것이다. 특이한 점은 선전·선동의 효과가 나타나는 곳에서 이러한 주장이 매우 상이하게 나타난다는 것이다. 여기서 선전·선동에 대한 인식은 공식적인 정보 정책에 대 한 광범위한 회의주의와 어느 누구도 실제로 회피할 수 없는 '자신 의 사고방식'의 각인이라는 두 축 사이를 오가게 된다.[10]

아렌트의 입장은 근본적으로 매우 사회적인 접근 방식이다. 즉 근 대에서 전체주의 운동과 정권은 광범위한 대중의 지지 없이는 생각

---

10) 지배 도구의 수준에 고정된 도식적인 설명에 더해 고정된 이 모델의 특성은 문헌을 통해 여러 차례나 증명되었다. 이를 총괄적으로 보여주는 다음의 글을 참조하라. Ralph Jessen, 〈동독의 역사와 전체주의 이론DDR-Geschichte und Totalitarismustheorie〉,《베를 린 토론 이니셜 Berliner Debatte INITIAL》 4/5(1995), 17〜24쪽.

조차 할 수 없는 것이며, 이러한 대중의 지지를 획득하기 위해 선전·선동이 필요하다는 것이다. 이를 통해서 선전·선동은, 학문적으로 의심스러운 실제 현실이 전체주의적 허구와 구분되는 것과 마찬가지로 오늘날의 관점에서 인정받기 힘든 실질 정치와 선명하게 구분되는 "아름다운 모습schöner Schein"(라이헬Peter Reichel)으로 축소되게 된다. 여기서 선전·선동은 많든 적든 간에 본래 정치의 실질적인 목표를 위장하고 단지 집권을 위한 임기응변적인 대용품으로서의 목적을 위해 의도적으로 조작된 광고와 같은 것으로 해석된다. 이를 통해 선전·선동은 하나의 조작된 전술의 수준으로 축소되며, 아렌트가 나치 시기의 주도적 인물들 중에서 선전·선동에 대한 자의식을 가지고 있던 사람들의 사례를 언급하고 있지만 여전히 몇 가지 의문은 그대로 남는다. 이러한 개념 이해가 너무 편협하지는 않은가, 또는 현실적으로 거의 증명되지 않은 실제적이고 사상적인 확신과 단지 전술적으로 한정된 선전 사이의 구분을 주장할 수 있는가 하는 의문이다. 그리고 특별하지 않을 뿐만 아니라 오히려 낡은 문명 비판적인 주장에 얽매인 것처럼 보이는 '대중'에 미치는 선전·선동의 영향에 대해 설명하는 이데올로기의 구원적인 잠재력에 대한 아렌트의 인식 또한 흥미롭다.

3. 선전·선동이란 무엇인가 : 문제의식을 내포한 구분법의 발견적 가치를 위한 짧은 고찰

선전·선동의 개념은 앞에서 언급한 '고전'에서 나타난 개념 이해의 어려움을 통해 한번 더 정확히 살펴볼 필요가 있다. 좀더 접근된 시각에서 살펴보면 개념 정의에 많은 문제가 존재하기 때문이다. 우선 무엇보다도 이미 아렌트의 경우에서 나타난 현저한 부정적인 개념의 내용을 살펴보자. 그녀는 개념의 내용에 대해 상당히 긴 기간에 걸친 역사를 통해 설명하고 있다. 계몽주의 시대에 이것은 가톨릭 교황주의의 반계몽주의적 공격을 위한 음모적인 관념과 결합되었으며, 이후에는 프랑스 대혁명의 추종자들로 이루어진, 의견 통일이 안 된 비밀 핵심 기관이 존재한다는 믿음으로 더욱 확대되었다.[11] '선전·선동'은 여론 형성을 위한 자체적인 전술을 완곡하게 '계몽' 또는 '홍보'로 언급하면서 적대자들의 전술을 지칭할 때 사용되는 용어였다. 이를 통해 선전·선동은 "고유한 과대평가, 즉 선전·선동의 악마화"의 방향으로 나아가게 되고, 거기에 (히틀러와 괴벨스를 포함해서) 수많은 '선전·선동가'들이 속하게 되었다.[12]

이러한 문제점은 두 번째 측면, 즉 놀라울 정도로 불완전한 개념 정의를 통해 더욱 확실하게 드러난다. 그것은 도대체 선전·선동은 어디에서 시작되고 어디에서 끝나는 것인가 하는 것이다. 개념을 분석적으로 더욱 생산적인 것으로 만들고자 하지만, 선전·선동을 어느 곳에나 존재하는 홍보, 토론, 선전과 교육의 설득력 있는 형태와 구별하는 것이 매우 어렵다는 문제에 봉착한다. 그렇다면 선전·선

---

11) Wolfgang Schieder · Christof Dipper, 〈선전·선동Propaganda〉, 《역사의 기본 개념들 *Geschichtliche Grundbegriffe*》 5권(Stuttgart : Keltta-Cotta, 1984), 69~112쪽. 여기서는 특히 71쪽 참조.

12) Ute Daniel · Wolfram Siemann, 〈선전·선동의 역사적 차원Historische Dimensionen der Propaganda〉, Ute Daniel · Wolfram Siemann (eds.), 《선전·선동. 1789~1989년의 의견 대립, 유혹과 정치적 의미 부여*Propaganda. Meinungskampf, Verführung und politische Sinnstiftung 1789~1989*》(Frankfurt a. M. : Fischer Taschenbuch Verl., 1989), 10쪽 ; Bernd Sösemann, 〈민족 공동체하에서의 선전·선동과 여론Propaganda und Öffentlichkeit in der "Volksgemeinschaft"〉, Bernd Sösemann (ed.), 《민족사회주의와 독일 사회. 입문과 전망 *Der Nationalsozialismus und die deutsche Gesellschaft. Einführung und Überblick*》(München : Dt. Verl.-Anst., 2002), 117쪽 · 124쪽 이하.

동을 이들에 포함시키지 않고, 확연한 구분선도 없이, 인간 생활방식의 일반적인 분류의 하나에 포함시켜 보자. 사회심리학자들과 대화언어학자들의 가르침과 같이 의사소통은 당연히 하나의 전술적인 요소를 가지며, 그러므로 또한 항상 흥미로운 것이다. 이렇게 함으로써 개념들의 진정한 핵심으로서 규범적인 부분이 증명된다.

이에 상응하는 구분선을 긋는 것은 매우 힘든 일이다. 선전·선동을 국가의 대중 선동으로 한정하는 것은 어느 정도의 자의성을 내포하는데, 이것은 '선전·선동'이라는 학술 언어적인 표현을 설명하기 위해 정당과 같은 비국가 기관들이 국가 기관들과의 접촉만으로도 충분한 면이 있는 반면에 비국가 기관들의 선전 전략과 같은 행위를 국가의 선전·선동에서 제외시킨다는 점이다. 이 밖에, 상품 선전과 정치 선전 사이에 공공연하게 존재하는 유사성과 교차성이 관점을 흐리게 만드는 면도 간과해서는 안 된다.

그럼에도 아무 의심 없이 이 개념을 하나의 역사적 현상으로 말하는 것은 다음과 같은 설명을 필요로 한다. 즉 이 개념은 프랑스 대혁명을 통해 정치 과정에 더 많은 사람들이 참여하게 된 18세기 말 이후 근대 정치의 '사회화Vergesellschaftung' 과정에서 나타난 여론의 통제와 각인을 의미하는 것이다. 동시에 계몽주의 시대 이후 지배층은 통치의 합법성을 증명해야 하는 압력을 받게 되는데, 이것은 신에 의해 주어졌다고 주장되던 선험적 범주로서의 '절대적인' 적법성이 쉽게 공격받게 된 것에 기인한다. 이러한 발전 과정으로 인해 지배층은 점점 더 광범위한 국민의 지지에 의존하고, 적어도 이러한 지지를 조작하고, 정치적 목적을 달성하기 위해 여론 형성에 효과적인 방법들을 사용해야만 하게 되었다. 그러한 과정에서 방어적인 검열 업무는, 20세기 들어 점점 더 늘어나는 대중의 정치 참여 요구와 무엇보다도 근대적 대중 매체의 발달로 더욱 강화된 적극적인 전술로 이미 보완되었다.

'선전·선동'이라는 개념은 선험적으로 전체주의 체제와는 관계 없는 이러한 과정을 통시적(通時的) 관점에서 설명하기에 적절해 보인다. 그러나 이 개념은 제도(기관)와 캠페인의 수취자인 청중에게만 초점을 맞추게 되고 선전 매체에 단순히 수동적인 역할을 배정한다는 단점이 있다. 관련 대중의 지지가 대부분 선전·선동 생산자의 집중적인 전술에 고정되어 있는 동안 전달된 언어는 더욱 쉽게 포괄적으로 사용되며, 이에 상응하는 전략이 실제로 그에 맞는 의미에서 각인되고 특정한 행동을 유발할 수 있을지도 모른다. 그러나 그것은 문제가 되지 않는다. 무엇보다도 '문화 연구cultural studies'가 자리 잡은 이후 대중 매체의 영향에 관한 연구는 대규모 대중 매체 운용의 핵심적인 구성 요소로서 대중들이 경도되는 과정을 평가하는 방향으로 넘어가고 있기 때문이다. 이러한 과정에서는 당연히 선전·선동의 수용자(소비자)가 중심적인 위치를 차지하게 된다. 자연과학의 이론 설정 방식에서 빌려온 '자극-반응 모델stimulus-response model'에 기초하고, 많든 적든 간에 인용된 전체주의 이론의 적용에서 명백하게 드러나는 단선적 작용의 가설은 이로써 전반적으로 진부한 것이다.

이 개념은 검열과 정보통신 정책의 행정 실무를 설명하는 데는 계속 사용할 수 있다. 그러나 그렇다고 해서 이것이 선전·선동을 위해 쏟는 노력의 실질적인 성과에 대한 근본적인 답변을 해주지는 않는다. 따라서 정치적 선전을 확대 해석하는 방식으로 문제를 이해할 것을 제안하고자 하는데, 그것은 다음의 네 가지 분석 영역으로 나눌 수 있다. 첫 번째는 대중 매체와 통신 매체의 제도적 구조다. 이 분야에 속하는 예는 인사 정책, 내용에 대한 검열과 통제, 조직과 법적 구조 및 대중 매체의 접근 방식에 대한 조작과 정보통신 정책의 계획들과 같은 '고전적인' 문제들이다. 두 번째 영역에서는 구체적인 내용과 구성적 특징이 전면에 부각되는데, 구체적으로 주제, 논증 모델과 그들의 표현과 극화(劇化), 그리고 내용에 대한 해당 매체의 영향 등을 내용으로 한다. 세 번째는, 일반 대중은 대중 매체와 그것이 전달하고자 하는 메시지를 가지고 무엇을 하는가 하는 문제다. 특히 세 번째로 지적한 부분은 전통적인 선전·선동의 개념으로는 포착되기 힘든데, 무엇보다도 사회적 동의의 형성에 관한 문제를 밝히는 데 적어도 공급의 측면과 마찬가지로 중요한 의미를 지닌다. 네 번째로는 사회적 전후 관계와 변화가 최종적으로 중요한 역할을 한다. 이러한 것들은 정치적 환경과 관련된 것으로 독재 체제하에서도 절대로 정적인 것이 아니고, 오히려 평화시와 전시 사이에 현저한 차이를 나타낼 수 있는 것이다. 다른 한편으로 이것은 대중 매체화, 대중 소비의 표출, 여가 시간의 증가와 같은 세속적인 변화 과정을 의미하는데, 이것은 정치적 간섭을 현저하게 배제하지만 동시에 사회적 전후 관계와 변화의 대상이 되는 사회와 정치에 상당한 정도의 반작용을 야기하는 것이다.

4. 붉은색(현실사회주의)과 갈색(민족사회주의)은 같다? : 동독과 민족사회주의하에서 대중 매체 방송 운용의 비교 측면

다음의 개요는 앞에서 제안한 네 부분의 연구 영역에 기초하여 철저히 검증된 비교 연구를 목적으로 하는 것은 아니다. 이러한 연구는 해당 연구 과제에 대한 사전 연구 부족으로 성과를 거둘 수 없다. 따라서 여기서는 오히려 독일 역사에 나타난 두 독재 체제의 대중 매체 운용상의 유사성과 차이점을 감지하고, 이를 통해 성급하게 이

둘을 동일시하는 것을 막으며, 다른 한편으로는 사회를 반영한 정보 통신에 관한 하나의 개념을 만들기 위한 가능성을 제시하는 데 목적을 둔다.

우선 좁은 의미에서 대중 매체의 구조와 정보통신 정책의 제도적 구조에 대해 살펴보면 많은 유사점을 발견하게 된다. 두 독재 체제는 민족사회주의하에서 '제국 민족 계몽 및 선전성Reichsministerium für Volksaufklärung und Propaganda(RMVP)'과 동독 시절의 선전 기관들과 같은, 대중 매체를 조정하고 통제하기 위한 거대한 관료 조직을 만들었다.[13] 멀게는 직접적인 사전 검열을 불필요하게 만든 언어 규정을 통한 지도(指導)의 형태에서도 비슷했다. 오히려 이들 두 정권하에서는 중요한 대중 매체와 정부의 대표들이 정기적으로 만나 주제와 내용에 대한 정확한 규정을 만들었다.[14] 이러한 방식 외에도, 이 두 정권은 대중 매체를 통한 공적 영역에서 여론 및 정보 부문에서 독점을 확보하고 대중 매체에 접근하는 통로를 강력히 통제했다. 이를 통해 해외 방송의 청취를 금지하는 것과 같은 체제 비판적인 여론 형성을 제어하기 위한 시도는 동독에서는 간접적인 억압과 사회적 비방을 통해, 그리고 나치 독일에서는 전쟁 기간 동안

---

13) 민족사회주의의 경우는 Bernd Sösemann, 〈민족 공동체하에서의 선전·선동과 여론〉, 123쪽 이하. 동독의 경우는 Gunter Holzweißig, 《검열 없는 검열. 독일 사회주의통일당의 정보 독재 체제Zensur ohne Zensur. Die SED-Informationsdiktatur》(Bonn : Bouvier, 1997), 17쪽 이하 참조.

14) 민족사회주의에 관해서는 Jürgen Hagemann, 《제3제국의 언론 통제Die Presselenkung im Dritten Reich》(Bonn : Bouvier, 1970) ; Kurt Koszyk, 《독일의 언론 1914~1945 Deutsche Presse, 1914~1945》(Stuttgart : Colloquium-Verl., 1975), 363쪽 이하 ; Josepf Wulf, 《제3제국의 문화. 제1권 : 제3제국의 언론과 방송Kultur im Dritten Reich. Bd. 1 : Presse und Funk im Dritten Reich》(Frankfurt a.M. · Berlin : Ullstein, 1989), 81쪽 이하 참조. 동독에 관해서는 Ulrich Bürger(Ulrich Ginolas의 필명), 《당연히 우리는 그렇게 말하지 않는다! 게겔 씨의 목요일 논평Das sagen wir natürlich so nicht! Donnerstags-Argus bei Herrn Geggel》(Berlin : Dietz, 1990) 참조.

자체적인 처벌 규정과 그에 대한 기소 제도의 형성을 통해 이루어졌다.[15] 결론적으로 두 체제의 대중 매체 시스템에 중앙화와 집중화 경향이 있었음을 분명히 관찰할 수 있다.[16] 이미 프리드리히와 브레진스키가 주장했듯이, 이러한 시도를 통해 독재 체제의 전형적인 특징대로, 공공 여론 부문을 최대한 독점하고 이를 정치 체제 하위에 오게 만들었던 것이다.

그러나 이러한 특징에는 제도적 또는 정치적 영역에서의 명백한 차이점도 존재했다. 이런 예로 무엇보다도, 1945년과 1952년 사이에 동독에서 진행된 인적 교체가 제국 문화원Reichskulturkammer (RKK)을 통제하기 위해 괴벨스가 기존의 인물들을 자신에게 종속시켜 충성하게 만들었던 나치 시대의 인사 정책에 비해 전체적으로 더 급진적이었다는 점을 들 수 있다.[17] 이 밖에도 나치 시대에는 대중

---

15) Michael P. Hensle, 《방송 범죄. 나치 독일에서의 적국 방송 청취*Rundfunkverbrechen. Das Hören von "Feindsenden" im Nationalsozialismus*》(Berlin : Metropol, 2003).

16) 나치의 언론 및 방송에 관해서는 Norbert Frei, 《나치의 지방 언론 점령. 바이에른에서의 강제 통합, 자발적 순응과 저항*Nationalsozialistische Eroberung der Provinzpresse. Gleichschaltung, Selbstanpassung und Resistenz in Bayern*》(Stuttgart : Dt. Verl.-Anst., 1980) ; Ansgar Diller, 《제3국의 방송 정책*Rundfunkpolitik im Dritten Reich*》(München : DTV, 1980), 76쪽 이하 참조. 소련 점령 지역과 동독의 언론 및 방송에 관해서는 Elisabeth M. Herrmann, 《소련 점령 지역 언론의 이론과 실제*Zur Theorie und Praxis der Presse in der sowjetischen Besatzungszone Deutschlands*》(Berlin : Colloquium-Verl., 1963) ; Wolfgang Mühl-Benninghaus, 〈방송사. 소련 점령 시기-동독-독일 통일기Rundfunkgeschichte. Sowjetische Besatzungszone-DDR-Die Wende〉, ARD/ZDF (ed.), 《여러분이 방송에 대해 알아야 할 것. 한 매체에 대한 이해를 위한 자료*Was Sie über Rundfunk wissen sollten, Materialien zum Verständnis eines Mediums*》(Berlin : Vistas, 1997), 369~394쪽, 특히 372쪽 이하 ; Konrad Dussel, 〈1950년대 동독 방송의 소련화. 국가 방송위원회의 조직과 지도 행위Die Sowjetisierung des DDR-Reundfunks in den fünfziger Jahren. Die Organisation des Staatlichen Rundfunkkomitees und seine Leitungstätigkeit〉, 《역사학보*Zeitschrift für Geschichtswissenschaft*》 45(1997), Heft 11, 992~1,016쪽 참조.

17) 나치 시대에 방송 부문에서 진행된 전체적으로 조잡한 숙청에 대해서는 Ansgar Diller, 《제3국의 방송 정책》, 108~133쪽 참조. 1950년 초반에 당내 숙청에 뒤이어 진

매체의 상당 부분이 민영화되어 있었으며, 당 기관지를 독점적인 위치에 세우려는 노력도 실제로 관철되지 못했다. 반면에 동독의 언론 및 출판 매체의 국유화는 이미 1950년대 상당히 진전되어, 당 기관지의 압도적인 우위가 극명하게 나타나기 시작했다. 어쩌면 더 의미심장한 것은, 대중 매체 통제와 선전·선동 분야에서 나타나는 권력의 혼란 상태와 권력의 암투가 나치 체제에서 특징적으로 나타난 "제도적 무정부 상태"(몸젠)에서 여실히 드러났다는 점이다. 괴벨스의 제국 민족 계몽 및 선전성이 이 분야에서 한번도 독자적인 지배 체제를 형성한 적이 없었을 뿐만 아니라, 특히 예술과 문화 정책 부문에서 야심에 찬 괴벨스는 로젠베르크, 힘러, 라이와 같은 다른 나치 지도자들로부터 자신의 전문 분야에 대한 도전을 받아야 했다. 그에 상응하는 동독의 관료 제도는, 1950년대 말 제도적 구조가 완성되고 마찰 없이 작동하기까지 10여 년의 시간이 소요되었지만 그후에는 아무런 문제 없이 계속 잘 작동했다. 그러나 적어도 장기적인 관점에서는 동독의 경우도 실제로는 더 강력하게 관료화되고 제도화된 구조에 근거하고 있었다고 할 수 있다. 나치 특유의 비공식적인 인사 정책과 함께 이런 요소들 때문에, 동독의 현실사회주의 체제하의 선전·선동 기구보다는 나치의 선전·선동 기구가 전체적으로 훨씬 유연하게 상황에 대처할 수 있었다고 말할 수 있다. 반면에 동독은 광범위한 관료주의적 계획 제도와 엄격한 중앙 집권을 수단으로, 국가의 전권 장악이 여전히 비자율적이고, 변화는 거의 모

행된 숙청에서 자체적인 동력이 발생하고 이로 인해 '자기편' 사람들에게 행해진 소련 점령기와 동독 시기의 숙청에 대해서는 Petra Galle, 《미군 점령 지역 베를린 방송과 베를린 지역의 방송 1945~1949. 냉전 초기 상황을 배경으로 한 방송 프로그램, 인적 구성과 조직에 나타난 특징의 발전 과정 *RIAS Berlin und Berliner Rundfunk 1945~1949. Die Entwicklung ihrer Profile in Programm, Personal und Organisation vor dem Hintergrund des beginnenden Kalten Krieges*》(Münster · Hamburg · London, 2003), 132 · 403쪽 참조.

든 경우에 상층 권력 기관(중앙위원회, 즉 정치국)의 제안에 의해서만 가능하고 실시될 수 있는 제도를 만들어냈다.

두 번째 비교 영역인 내용과 소재, 그리고 그것의 각색과 연출, 상징적 표현에서는 유사점이 상대적으로 매우 적게 나타난다. 여기서는 벤야민의 유명한 격언이 생각나는데, 그에 따르면 파시즘이 정치를 미학화한 반면 공산주의는 예술을 정치화했다.[18] 그러나 여기서도 최소한 하나의 공통점을 발견할 수 있는데, 바로 '단합된 열정 Pathos der Geschlossenheit'이다. 이것은 통일된 단일하고 절대적인 유효성을 연출함으로써 근대의 상이하고 역동적인 발전에 이의를 제기하는 질서를 수립한다는 것이다. 그리고 이것은 언제나 매체를 이용해 새로운 것으로 각색하려고 시도한다. 대규모 군중 집단을 통해 종종 연출되고 상징화되는 그와 같은 '단합된 열정'은 나치즘뿐만 아니라 공산주의에도 특유한 것이다. 그러나 나치즘은 정치 표현을 강조하는 측면이 있는 반면에 공산주의는 어느 정도 이데올로기의 핵심을 다루는 내용을 강조하는 측면이 있다.

정치의 미학화는, 나치즘의 가치 규범을 미학적으로 높이며 근대의 조형 요소들과 극적 수단들을 사용해 오늘날에도 감동을 주고 있는 리펜슈탈의 영화들에서 인상적으로 경험할 수 있다.[19] 이와 비교될 만한 것을 동독 체제에서는 찾기 어렵다. 동독 체제하에서 찾을

---

18) Walter Banjamin, 〈기술적 재생산 가능성 시대의 예술 작품Das Kunstwerk im Zeitalter seiner technischen Reproduzierbarkeit〉, Claus Pias 외 (eds.), 《매체예술론. 브레히트에서 보드리야르까지의 중요 이론Kursbuch Medienkultur. Die maßgeblichen Theorien von Brecht bis Baudrillard》(Stuttgart : Dt. Verl.-Anst., 1999), 18~36쪽, 특히 36쪽 참조.

19) Peter Reichel, 〈나치 체제하에서의 미학적 정치의 측면들Aspekte ästhetische Politik im NS-Staat〉, Ulrich Hermann · Ulrich Nassen (eds.), 《나치즘의 조형적 미학. 전체주의적 미학적 지배와 통치의 목적과 매체, 그리고 실행 형태Formative Ästhetik im Nationalsozialismus. Intentionen, Medien und Praxisformen totalitärer ästhetischer Herrschaft und Beherrschung》(Weinheim · Nasel : Beltz, 1993), 13~31쪽 참조.

수 있는 것은 단지 현실적인 정치적 어젠다를 확고하게 정착시키는 직접적인 의미들을 동원한 대본 및 라디오 방송 작가와 문필가들의 시도들뿐이다. 그들은 작품에서 대중을 동원하고 때로는 소위 국민 경제적 차원에서 측량 가능한 효과를 노리면서 사회주의 건설을 강요하고 있다. 물론 이런 시도들은 대부분 시도 단계에서 실패하고 말았다.

두 번째 사례는 연예·오락 부문이다. 이 부문에서도 역시 나치 시대가 더 세속적인 대중독재 체제였음이 증명되었다. 영화에서든 화보화된 언론에서든 간에, 적어도 외관상 다소 비정치적이고 손쉽게 소비 가능한 형태인 연예·오락에 대한 욕구가 광범위한 계층에서 묵인되었다. 이를 통해 연예·오락은 민족 공동체가 '올바른' 정치이며 사상임을 전달하는 선전·선동적인 이해와 자연스럽게 연계되었는데, 이들은 수많은 연설, 논평, 주간 소식과 특별 보도 과정에서 슬쩍 지나가면서 내비쳐지거나, 껍질을 한 겹 벗거나, 완전히 공개적인 형태로 이루어졌다. 그러나 선전·선동에서 연예·오락 부문이 차지하는 비중은 독일의 패색이 점점 짙어지면서 점차 감소했다. 나치의 정권 장악 직후 괴벨스에 의해 이데올로기적이고 정치적인 방송 실험으로 신속하게 전환되었던 라디오 방송 부문에서도 상황은 비슷했다. '가벼운' 음악 프로그램에 대한 광범위한 요구가 이전에는 상상할 수 없을 정도로 확산되어 있었다.[20]

반면에 동독에서는 이와 같은 요구가 표출되는 것이 매우 어려웠다. 동독에서는 연예·오락 부문은 오랫동안 '쓸모없고', '부르주아적이고 퇴행적'이라고 평가받았다. 정치국 중앙위원회에서 대중 매

---

20) Inge Maßolek, 〈독일의 라디오 방송 1923~1960. 한 방송 매체의 사회사Radio in Deutschland 1923~1960. Zur Sozialgeschichte eines Mediums〉, 《역사와 사회 Geschichte und Gesellschaft》 27(2001), Heft 2, 207~239쪽, 특히 217쪽 참조.

체는 '민주주의적 대중 교육의 기구'로 인식되었다. 1950년 5월 중앙위원회에서 대중 선전 담당 위원이었던 악센Hermann Axen은 저널리스트들의 표어는 "노동, 노동-교육, 자력 교육과 인민의 교육"이어야 한다고 선언했다. 동독의 책임자들은 단지 라디오 방송에서 정치적 언어의 사용을 아주 천천히 줄여갔을 뿐 정권 붕괴 때까지 자신들의 교육 강령을 최후의 단계까지 몰아가지는 않았다. 특히 1970~1980년대 들어 통치를 위해 국민을 진정시키는 데 도움이 되는 모든 수단이 요구되면서 동독 정권은 정치 선전의 사용을 대폭 축소하게 된다.

이들 두 체제 내에서의 차이는 결론적으로 대중 매체의 가치 기준에서의 차이를 반영하는 것이기도 했다. 동독뿐만 아니라 모든 공산주의 국가에서 당의 언론이 중심적인 매체였던 반면에, 괴벨스는 일찍이 '민족 공동체'와 그 약속의 감동적 연출을 위해 생방송 매체로서 영화와 무엇보다도 라디오가 공간과 시간의 초월적인 극복을 위해 매우 적합하다는 것을 알고 있었다.

여기서는 세 번째 영역인 청중에 대해서만 간단히 다루어보겠다. 방송을 수용하는 것이 전통적인 선전 · 선동 연구에서 자주 그래 왔듯이 방송 매체의 이용이 방송 매체의 공급에 대한 개개의 효과를 보여주는 직접적 추론을 가능하도록 만드는 단순한 소극적인 단계가 아니라는 것은 이미 지적했다. 그러나 여기서는 사료를 통해 파악하기 매우 어려운 과정을 다루고 있다는 것을 어느 정도 인정해야 한다. 그럼에도 확실한 것은, 나치 시대에 잘 활용되었던 오락적이고, 표면적으로 '비정치적'이고, 미학적이고, 감정에 호소하는 방식의 방송이 사회주의 시절의 합리적으로 자신을 표현하는 방식보다는 훨씬 더 청중에게 잘 받아들여졌다는 사실이다.

1948~1953년 스탈린주의가 절정에 달했던 시기에 동독에서는 방

송 매체를 당의 노선에 따르게 만들고 '사회주의 의식'의 실현을 위해 일종의 '학습 독재 체제Erziehungsdiktatur' 속으로 끌어들이려는 시도가 이루어졌다. 그 결과, 이데올로기화되고 부분적으로는 서투른 선전·선동 의도가 너무 드러나 재미없는 방송에 대해 많은 사람들이 등을 돌리고 대신 서방의 경쟁 매체에 귀를 기울이게 되었다.

이 시기에 의식 있는 청중은 1930~1940년대의 성공적인 오락 프로그램들이 취했던 방식으로 라디오 방송이 진행되어야 한다고 계속 주장했다. 1930~1940년대의 프로그램들이 대부분 이데올로기를 선전하는 내용을 거의 전달하지 않았던 반면에 이 시기 동독의 선전·선동은 적어도 실질적인 사회적 동의를 창출하는 것을 목적으로 했다. 동독의 청중은 바로 이러한 이데올로기적 선명성과 개인의 사상·가치관·경험을 결합시키는 데 큰 어려움을 겪었다. 반면에 대부분 이데올로기적으로 훨씬 색깔이 선명하지 않고 종종 기존 청중의 취향에 맞추는 나치 시대의 방송 프로그램들은 청취 집단의 특성이나 개인적인 성향에 맞춘 방송을 하는 것이 비교도 되지 않을 정도로 손쉬웠다. 나치 정권이 몰락한 후에 나타난 우주영화주식회사 UFA의 지속적인 대성공은 이러한 전후 관계를 선명하게 보여준다고 하겠다.

5. 요약 : 독재 체제하에서 충성과 동의를 얻기 위한 두 방송의 스타일과 의미

이상을 종합하면 우리는 잠정적으로, 민족사회주의와 동독에서 대중 매체의 형태가 두 가지 서로 상이한 모습을 보였다는 결론을 내릴 수 있다. 두 독재 체제는 대중 매체를 통제하고 그것을 넘어 전체적으로 공적 영역을 통제하는 것을 요구했다는 점에서는 차이가 없지만, 그러한 유사성이 있으면서도 민족사회주의의 방송 형태는 '감정을 자극하는emotional' 것이었다고 말할 수 있는 반면에 공산주의의 방송 형태는 '대중을 설득하는persuasiv' 것이었다고 말할 수 있다.

물론 이와 같은 형식적인 구분이 실제에서 항상 선명하게 나타나는 것은 아니다. 실제로 우리는 한 체제 안에서도 두 가지 형식을 모두 발견할 수 있지만, 그렇다고 두 체제 간의 근본적인 차이에 대해 의문이 제기되지는 않을 것이다. 민족사회주의에서는 이데올로기를 내용으로 하는 전통적인 선전·선동이 대중 매체의 한 부분을 차지하지도 않았으며 오락적이고 외견상 비정치적인 것에 비해 중요시되지도 않았다. 이에 그치지 않고, 전쟁 기간에 접어들어서는 괴벨스가 지원한 '낙관적인 대중가요'와 같은 형식으로 대중의 기호에 더욱 강하게 호소하는 오락물이 증가했고, 그것은 정권의 가치와 이익에 기여했다. 이런 가운데 내용과 사상의 일치가 최우선 목표는 아니었다. 오히려 긍정적인 분위기를 만들어내고, 그 분위기를 통해 나치 운동과의 감정적 일체감, 독일인들의 민족 공동체 의식, 전시의 항전 의지 같은 것들을 촉진하거나 괴벨스가 특유의 냉소주의에서 말한 대로 "전쟁 수행을 위해 좋은 기분을 유지하는 민족"[21]을 갖는 것이 더욱 중요했다.

이와 반대로 동독에서는 실질적인 내용상의 확신이 결정적인 역할을 했다. 동독에서 사회적 욕구는 일단 거의 아무런 역할도 하지 못했다. 국민들은 정치적 지도자들(과 모스크바에서 그들을 조종하

21) Konrad Dussel, 《독일의 라디오 방송. 정책, 프로그램, 청취자(1923~1960) *Hörfunk in Deutschland. Politik, Programm, Publikum(1923~1960)*》(Potsdam : Verlag für Berlin-Brandenburg, 2002), 223쪽에서 재인용.

는 자들)의 사상, 정치적 가설들을 이성적 · 논증적으로 이해해야만 했다. 1953년 6월 17일에 동독 체제가 거의 붕괴할 뻔한 위기가 있고 나서야 비로소 인간의 흥미를 완전히 무시할 수는 없다는 인식이 서서히 확산되었다. 말할 것도 없이 이러한 인식이 '학습 독재 체제' 동독의 기본적인 교양 요구에 대해 변화시킨 것은 아무것도 없다. 다른 모든 체제에서는 사실의 인정이 문제였지만 동독에서는 사상적 · 정치적 설득(세뇌) 작업이 여전히 중심이 되었다.

상이한 두 방송 스타일의 배경과 원인에 대해서 약간 더 언급할 부분이 남았을 수 있다. 이는 매우 주의 깊게 살펴보아야 한다. 결정적인 것으로 생각되는 점은 공산주의가 계몽주의, 특히 19세기의 근대화 열병에서 아직도 헤어나지 못하고 있었다는 것이다. 신념과 논증 그리고 진보 등을 통해 '낙후된 의식rückständiges Bewusstsein'을 극복할 수 있으며, 이로써 올바르게 인식된 긍정적인 합의에 도달하게 된다는 믿음이 지배하고 있었다. 그러나 '낙후된 의식'이 극복되지 못했을 때, 이러한 합의에 대한 과중한 부담을 안고서 외부 행사에 참석하게 된 공적 대표들은 경직되고 만다. 그와 같은 경향은 이미 마르크스주의적 주장에 포함되었던 것으로, 1917년에 레닌은 장래는 일단의 직업적 혁명가들의 수중에 있다는 소위 "아방가르드 개념 Avantgarde Konzeption"[22]으로 낙후된 인식을 실천적으로 강화했다. 이로써 사회는 기성 사회에 대해 변화를 요구하는 목적의 대상이 되었다.

---

22) Gerd Koenen, 〈볼셰비즘과 나치즘. 역사 표상과 사회 설계Bolschewismus und Nationalsozialismus. Geschichtsbild und Gesellschaftsentwurf〉, Matthias Vetter (ed.), 《20세기의 테러 독재 체제들. 민족사회주의와 스탈린 지배의 구성 요소들Terroristische Diktaturen im 20. Jahrhundert. Strukturelemente der nationalsozialistischen und der stalinistischen Herrschaft》(Opladen : Westdt. Verl., 1996), 172~207쪽, 여기서는 특히 181쪽 이하 참조.

민족사회주의의 경우에는 그 배경이 이와는 완전히 다르게 나타났다. 여기서는 사회적으로 이미 오래전에 히틀러가 절충적으로 점차 대중화시킨, 제도화되고 널리 퍼진, 민족주의적·반유대주의적·반근대적 담론들이 있었다. 이러한 배경에는 마르크스나 엥겔스의 이론과 같은 완성된 이론적·학문적 모델이 존재한 적이 한번도 없었다. 의미는 종종 막연하여 상이한 설명이 가능했다. 정치에서 실질적인 측면이 항상 중시되었으며, 따라서 민족사회주의자들 자신들의 사상에 반하는 결정이 내려지는 것도 드문 일이 아니었다. 무엇보다도 사회 정책 부문에서 히틀러는 공공 여론에 민감하게 반응하는 '즉흥적인 정치가'로 행동했다. 민족사회주의는 전체적으로 대중적이었으며, 민족사회주의는 사회와 소통하면서 살아가는 '기생충'이었다.

민족사회주의가 사회적 동의를 생산하는 데 있어서 적어도 독일에서는 현실사회주의보다 많은 부분에서 훨씬 성공적이었다는 사실은 역사적으로 증명되었다. 그러나 이미 언급했듯이 이러한 사실은 의도적인 선전·선동 전략 이상의 더욱 근본적인 문제들과 관련된 것이었다. 상이한 방송 스타일은 각각의 이데올로기적 배경에 의해 결정되었을 뿐만 아니라 민족사회주의와 공산주의 운동의 역사적 발생 과정에 기인한 것이었다.

이제 마지막으로 이 글을 시작하면서 던졌던, 선전·선동의 중요한, 그리고 중요하지 않은 영향력에 대한 질문을 생각해보면, 그 질문이 올바로 제기되지 않았다는 점이 확실하다. 상이한 선전·선동, 또는 더 정확히 말해 방송 스타일은 매우 상이한 정치·문화적 전통을 자기들 방식으로 표현한 것이기 때문이다. 여기서 결정적인 것은 내적 단결력을 창출해내는 두 정권 각각의 능력이었다. 물론 대중 매체를 통제하는 의도된 전략과 구조적 측면이 여전히 중요하지만,

선전·선동의 의미를 과대평가하거나 구조적 유사성 때문에 이들을 동질적인 것으로 생각하는 위험에 빠지지 않기 위해서 이러한 역사적·문화적 관계를 설명할 수 있는 또 다른 문화사적 관점이 요구된다. 내가 보기에 독재 체제의 사회적 단결력에 대한 문제에 더 가까이 접근하기 위해서는 그런 종류의 확대되고 관련화된 방송·통신 개념이 훨씬 효과적이고 분석적인 카테고리인 것 같다.

제2장 민족주의, 인종주의 •••

고삐 풀린 세대
―제국보안사령부 지휘부에 관한 연구

미하엘 빌트 :: 이진일 옮김

1. 문제의 제기

1946년 1월 3일, 뉘른베르크 전범 재판의 증인이자 피고였던 올렌도르프Otto Ohlendorf는——아직 30대 후반의 나이로——자신이

미하엘 빌트Michael Wildt는 독일 함부르크에 있는 사회문제연구소 연구원을 거쳐 현재는 훔볼트대학 사학과 나치즘 강좌 교수로 있다. 지금까지 독일 나치 정권의 유대인 정책과 관련해 제국보안사령부에 대한 연구 등, 주로 홀로코스트의 가해자에 관한 연구에 집중해왔다. 《제국보안대의 유대인 정책, 1935~1938》이라는 사료집을 편집했으며, 그 밖에 영화 〈신들러 리스트〉에 대한 평가를 다룬 〈상상해낸 것과 실제, 한 영화에 대한 역사 서술적 주석〉, 〈50년대 소비와 근대화〉, 〈최종 해결책의 전 단계―국가보안대의 유대인 정책, 1935~1938〉, 〈제국보안사령부―한 기구의 과격화〉 등의 논문을 발표했다. 또한 2002년 하노버 대학의 교수 인정 논문을 정리하여 《고삐 풀린 세대 : 제국보안사령부 지휘부》를 출간했으며, 최근에는 나치즘하에서 행해진 여러 형태의 폭력에 관한 연구에 집중하고 있다.

이진일은 성균관대 사학과에서 석사 과정을 마치고, 독일 튀빙겐 대학에서 바이마르 시대 독일 노동조합의 교육 정책에 관한 연구로 2002년 박사학위를 받았다. 귀국 후에는 관심을 나치 시대로 옮겨, 소위 '민족 공동체'의 실제적 작동 메커니즘을 규명하는 데 몰두해왔다. 발표한 논문으로는 〈나치 시대의 비스마르크 숭배〉와 〈전후 독일의 기억 문화―그 연속과 단절〉 등이 있으며, 현재는 빅토어 클렘페러Victor Klemperer의 일기를 통해 본 그 이웃들의 '민족 공동체'적 삶에 대한 논문을 준비하고 있다. 한양대 연구 교수를 거쳐 현재 성균관대 사학과 강사로 활동하고 있다.

'기동투입조Einsatzgruppe'D의 대장으로서 소련에서 1941~1942년에 약 9만 명의 사람들을 살해하는 데 직접적인 책임이 있음을 거리낌 없이 털어놓아 듣는 이들을 경악하게 했다. 이 재판의 담당 검사였던 테일러Telford Taylor는 50년 후 올렌도르프를 기억하면서, 젊고 잘생기고 부드러우면서도 대단한 정확성과 지성을 겸비한 사람이었다고 기술했다. 차갑고 감정이 절제된 그의 증언에 뒤이었던 재판정에서의 침묵을 테일러는 너무도 잘 기억할 수 있었다. 올렌도르프의 증언은 가해자의 심적 상태에 관하여 우리에게 무엇을 이야기해주고 있는가?

전범 재판 50년 후, 골드하겐Daniel Goldhagen은 자신의 책《히틀러의 자발적 집행자들Hitler's Willing Executioners》에서 핵심적인 문제를 제기한다. 대부분의 나치 가해자들에 관한 연구나 그들의 행위에 대한 해석들은 "평범한ordinary" 독일 사람들을 인종 학살Genocide에 참여하도록 이끈 여러 가능한 동기들을 찾아왔고, 또한 계속 찾고 있다. 평범한 사람들이 그처럼 믿어지지 않는 범죄를 저지를 수 있었던 배경에는 도덕적 방어벽이나 문화적 경계를 무너뜨린 여러 요소들이 있었던 게 분명하다. 골드하겐이 제기한 문제는 이런 것이다. 과연 가해자들은 자신들의 행위를 강요당했나, 아니면 자발적으로, 나아가 열성적으로 유대인들을 박해하고 말살한 것인가? 이들은 자신들이 해야만 한다고 생각했기에 그들을 살해했나, 아니면 단지 살해가 허용되었기에 저지른 것인가?

물론 이 질문에 대하여 어느 한편만, 혹은 그 반대편만을 지지해서는 답변을 얻을 수 없다. 분명 간단히 대답할 수 있는 답, 혹은 모호하지 않은 답은 없다. 하지만 그러한 질문의 제기는 타당하다. 사실 나치 가해자들에 관한 상(像)은 다양하다. 우선 부헨발트 강제 수용소에 수용되었던 코곤Eugen Kogon에 의해 전쟁 직후 기술된 나치

친위대SS의 이미지가 있다. 그는 그들을 잔인하고 무식하고 야만적이며, 시민 사회에서 정상적인 직업을 구하기 힘든, 사회적으로 일탈된 개인들로 그렸다.

뉘른베르크 재판에서 독일의 엘리트들이——법률가, 물리학자, 장교, 기업가——집단적 살인과 인종 학살에 깊이 연루되었다는 것이 드러났지만, 대부분의 독일인들은 1945년 이후에도 여전히 이들을 오도되어 범죄에 가담했던 소수의 예외적 범죄자로 믿고 싶어 했다. 나아가 냉전이 시작되면서는, 이들 전범자들을 공산주의에 대항하다 부당하게 유죄 판결을 받았으며, 곧 감옥에서 풀려나야 할 사람들로 보는 시각까지 생겨났다.

나치 범죄 가해자에 관한 두 번째 이미지는 예루살렘 법원의 방탄유리 곽에 들어 있는 아이히만의 상이다. 아렌트의 책과 그녀의 악의 범상성banality of evil에 관한 언명이, 그 후 십수 년간 나치 가해자의 이미지를 형성해왔다. 이는 그녀의 논리와 탁월한 문체의 영향 때문만이 아니며, 동시에 사회과학 내에서 진행된 관심 이동의 결과이기도 하다. 나아가 이것은 이 당시 홀로코스트에 관해 유명한 책을 쓴 힐버그Raul Hilberg에 의해 다시 한번 확인된 사실이기도 한데, 그 역시 인종 학살에 대한 책임의 일부를 정상적이고 유연하게 기능하는 근대적 관료주의에 돌리고 있다. 힐버그는 자신의 연구에서 행정이나 관료 체제, 진행 절차, 구조 등에 집중한 만큼 개인들에게는 관심을 쏟지 않았다. 그는 나우만Franz Naumann의 제자인데, 나우만은 전체주의적이면서 어느 정도 익명적 사회 구조가 갖는 여러 측면들에 대하여 특히 강조했던 프랑크푸르트 사회조사연구소 Frankfurt Institut for Social Research와 긴밀한 관계를 맺은 바 있다.

1950년대와 1960년대 사이, 서양의 사회과학자들은 점차 구조주의자들의 이론과 개념에 관심을 가졌고, 이러한 변화는 역사 서술에도 영향을 미쳤다. 독일에서는 상당수의 역사가들이 역사적 사회과학historical social science의 개념을 지지했고, 역사 주체에 관한 자신들 작업의 초점을 역사의 행위자에서 비인격적 사회 구조, 계급, 사회적 지위, 이익 집단 같은 거시적 사회 현상과 경제 발전에 관한 엄청난 양의 자료 분석으로 이동시켰다. 이러한 사회 과학으로의 현대적 접근은 또한 민족사회주의와 홀로코스트의 역사 서술에도 영향을 미쳐, 나치 정권과 나치 사회의 구조적 측면에 관한 연구를 촉진시켰다.

오랫동안 (그리고 지금도 여전히) 행정 관료, 기술 관료, 탁상 집행자armchair culprit 같은 상들이 나치 범죄자들에 관한 지배적인 이미지였다. 이 가해자들은 자신들의 의무에 충실했으며, 자신들에게 부과된 행정적 임무들을 받아들였고, 궁극적인 결과에 대한 책임 의식 없이 주어진 임무들을 정확하고 성실하게 실행에 옮겼다. 간단히 말하여 그들은 스스로를 자신들이 제어하지 못하는 거대한 기관의 작은 톱니바퀴로 받아들였다. 이러한 이미지는 수많은 가해자들이 행한 변론과 일치하는 것일 뿐 아니라, 노동의 명확한 분업이 이루어진 현대 관료 사회의 수많은 개인들이 겪는 일상적 경험과도 어울린다. 인종 학살은 생산 라인식의 산업화된 형태의 살인으로 받아들일 수 있다. 행정 관리들은 "감정이 배재된 기술 관료의 권력"을 획득한 죽음의 기술자로서, 도덕적 양심이나 작업 전체가 갖는 인간 살해의 의미에 관한 생각으로 스스로를 소모함 없이, 절멸의 거대한 기구 속에서 자신에게 맡겨진 몫을 유지시키며 효과적으로 활용했다.

역사가들이 이데올로기나 목적의 문제들에 관하여 논구할 경우, 그들은 오직 히틀러, 괴벨스, 힘러 등 나치 지도부 중에서도 최고위층 수준에만 초점을 맞춘다. '의도주의자들intentionalists'과 '기능주의자들functionalists' 간의 오래된 논쟁과 같은 것은 불평등한 논쟁이다. 왜냐하면 기능주의자들은 사회과학 내에서 세력 있고 주도권을 쥔 주류의 일부이며, 의도주의자들은 나치 정권에 관한 이미 한물간 견해를 방어하도록 강요받았기 때문이다. 정치학에 뿌리를 둔 '제3제국' 에 관한 후자의 개념은 최고위층에 있는 한 명의 극단적인 반유대주의자가 사회 전체로 하여금 인종 학살을 저지르도록 이끌 수 있다는 전통적인 독재 개념의 하나다.

1980년대와 1990년대의 학문적 돌파구는 한편으로는 일상생활, 젠더, 문화, 인종적 차이 등과 같은 사회과학 내 논제에 관한 관심의 이동과 관련되어 있으며, 이들 분야에 관한 연구는 구조주의 이론들에 대해 진지하게 도전했다. 다른 한편, 1989년 이후 개방된 동유럽 문서고의 사료들을 기반으로 한 최근의 경험적 연구들은, 수많은 중급의 SS 장교, 점령지 행정 담당 관료, 집단 학살에 책임이 있는 군 장교, 게토Ghetto의 참혹한 상황, 그리고 유대인 희생자들의 학살 수용소로의 이송 등에 관한 새로운 정보들을 제공하고 있다. 나치 학살자에 관한 이런 좀더 최근의 연구들은, 할 일을 스스로 결정할 수 있고 작업의 이러저러한 방식들을 선택할 수 있었던 개인들에 관해 밝혀내고 있다. 알리Götz Aly와 하임Susanne Heim의 연구들, 특히 헤르베르트Ulrich Herbert의 베스트Werner Best에 관한 탁월한 연구는 이들 개인 중 다수가 고등 교육을 받은 학자들이었고, 주변적이거나 예외적인 소수가 아니라 독일 사회 중심부 출신으로서 주류의 일원이었음을 보여준다.

그러나 새로운 성과들이 있음에도 골드하겐의 질문에는 여전히 답변이 이루어지지 못하고 있다. 인종 학살을 계획하고 발전시키고 더 나아가 집행까지 했던 이들 학자들은 과연 강요에 의해 그렇게 한 것인가, 아니면 그렇게 할 수 있도록 승인을 받은 것인가? 최근에 우리는 나치 가해자들에 대한 기존의 상을 여러 급진주의자들과 급진주의의 다양한 단계 등으로 확대시킬 수 있었지만, 여전히 급진화의 과정에 대해서는 거의 아는 것이 없다.

우리가 인종 학살의 자행이 유전적 결함의 결과라는 가정을 거부하고, 많은 나치 당원들에 관한 전기가 강조하듯(특히 히틀러의 생을 다루는 전기에서) 이들이 교양 있는 계급이라는 설명을 믿지 않는다면——이러한 전기들에 따르면 나치 가해자들은 인종 학살을 일찍부터 계획했고 자신들의 의도를 실현시키기 위해 최적의 시기만을 기다렸다——우리는 평범한 대학 졸업자들이 인종 학살을 저지르기까지의 과격화 과정을 설명하기 위하여 새로운 가설들과 방법론적인 접근을 개발할 수밖에 없다. 후일 제국보안사령부(이하 RSHA) 내에서 지도적 역할을 한 젊은이들 중에는 유럽 내 유대인들의 체계적인 학살을 계획한 사람이 없었는데 이 당시 그들은 대학생이었기 때문이다. 후일 그들이 SS 소속의 보안대Sicherheitsdienst와 비밀경찰Gestapo에 참여했을 때에도, 이들에게서 인종 학살 계획에 대한 어떠한 징표도 발견할 수 없었다. 그럼에도 궁극적으로 그들은 인종 학살에 참여했을 뿐 아니라, 기동특공대Einsatzkommando와 기동투입조의 지휘관으로서 실제로 계획을 실행에 옮겼다. 미래의 연구는 가해자들만의 특별한 유형이라는 가정에 의지해서는 안 될 것이며, 다양한 주도자들과 기관들 사이의 연관 관계뿐 아니라 학살에의 의지와 구조적인 조건들 간의 관계, 이데올로기와 기능 간의 관계, 개인적 의도와 상황에 따른 폭력의 급진화 간의 관계 등을 분석해야 한다. 나는 RSHA 지휘부에 관한 연구를 통하여 이러한 문제에 기여해보고자 한다.

2. RSHA 지휘부의 특징적 요소들

베를린의 RSHA에는 비서와 하급 관료들까지 포함하여 대략 3,000명의 인원이 고용되어 있었다. 그 중 전문 연구원, 조장, 부서장 등약 400명의 남성이 (한 명의 여성과 더불어) 최고위급에 포진해 있었다. 나는 이들 중 RSHA에 지속적으로 소속된, 지휘부를 대표할 수있는 221명의 개인들을 선택했다. 이 RSHA 지도자들의 전기를 점검해보면, 이들이 대단히 유사한 세대적 특징을 갖는 집단임을 발견할수 있다. 즉 이들 중 77퍼센트가 1900년 이후에 태어난 사람들이었고, 대부분이 중하 계급의 가정 출신으로서 가족 중 처음으로 대학에 입학한 사람들이었다. 실제로 RSHA 집단의 3분의 2가 학위를 획득했으며, 3분의 1(혹은 대학에서 공부한 전체 인원의 약 절반 정도)이 박사학위를 갖고 있었다.

1차 세계대전 당시 어린이나 청소년이었던 이들은, 자신들의 시각에서는 전선에서 자신을 입증해 보일 수 있는 호기가 거부된 채 예비군에 편입된 사람들이었다. RSHA는 이들로서 자신들의 지휘부를 구성했는데, 이 젊은이들은 자신이 용감한 전사임을 입증할 기회를 박탈당함으로써, 자신감의 측면에서 상처를 견뎌내야 하는 세대가 되고 말았다. 그리고 이러한 상황은 이들로 하여금 앞으로 언젠가는 자신들이 용감한 전사임을 입증해 보여야만 한다는 감정에 사로잡히게 만든다. 이들 젊은 세대들이 2차 세계대전에서 그처럼 냉혹하고 잔인한 장교들이 된 것도, 아마 과거에 어떠한 전쟁터도 경험하지 못하고, 아버지나 형들처럼 군인도 되지 못함으로써 군인다운 남성성의 이미지가 부족했던 그런 환경과 연관 있을 것이다.

1차 세계대전 중 특별히 본토로부터 멀리 떨어진 곳에서의 전투소식은 신문을 통해 집까지 전달되었고, 하루에 세 번씩이나 공표되었으며, 전쟁은 게임처럼 보드판 위에 주석으로 만들어진 군인들을 통하여 묘사되었다. 이들 군인들은 승리의 행진을 하거나 전략적으로 중요한 구릉들을 접수했고, 전선 정열의 전략적 목적하에 일시적으로 후퇴하기도 했다. 이들에게서 전쟁은——새롭게 알려진 독일 저널리스트 하프너Sebastian Haffner(1907년생)의 글에 따르면—— 매일 진행되는, 진지하기는 하지만 실제로 몸이 부딪는 것은 아닌 거대한 게임이었다. 전쟁은 놀이터지 싸움터가 아니었고, 여러 나라가 한데 얽힌 경쟁의 장이었으며, 피나 죽음, 고통 등이 따르지 않고 파괴되는 그런 곳이었다. 이들은 시민 사회 내의 젊은 도박꾼이자 무신앙의 세대였다. 이들 청소년들이 직접적으로 경험한 사회란 1차 세계대전 당시의 소위 고향전선Heimatfront이 아니라, 전후의 궁핍, 정치적 변동, 혁명, 폭력, 증오와 같은 것들이었다. 1923년 극한에 이른 인플레이션이 시민 사회를 완전히 뒤집어놓음으로써 그들은 전후의 경제적 파산 속에서 살았다. 그들을 설명하는 데는 이 점이 가장 중요한 요소다. 그들은 이런 환경 아래 노동, 근면, 절약과 같은 시민적 가치들을 무가치하게 여기게 된 것이다. 이러한 시대에 산다는 것은 곧 시민적 가치를 경멸하게 됨을 의미하며, 시민 사회에 대한 약속은 일종의 사기와 같이 되어버렸다.

과거와의 단절과 미래에의 집중은 이들 세대의 특징이 되었다. 이들 세대는 자신들의 젊음을 20세기 독일의 다른 어떤 세대와도 다르게 이끌어나갔지만, 이들의 '젊음'은 일반적으로 내려오는 세대 간의 갈등이라는 의미에서의 '젊음'이 아니었다. 이들의 계획은 과거의 세상을 붕괴시키고자 하는 비타협적 요구에 기반하고 있다는 점에서, 새로운 세상의 건설을 의미했다. 젊음이란 과거의 전통적이고 부패한 세계로부터 등을 돌리는 것이며, 동시에 밝은 미래와 마주하는 것이었다.

후일 RSHA 지휘부의 일원이 되는 이 젊은이들의 삶에서 대학 시절은 가장 결정적인 시기였다. RSHA 지휘부의 약 4분의 1만이 대학 교육을 받은 가정 출신이었다. 60퍼센트는 중하층 계급 출신으로, 소상인, 기술자, 장인, 그리고 무엇보다 중간 정도 위치의 공무원 자식들이었다. RSHA는 사회적 상승을 꾀하는 이들을 위한 기구였던 것이다. 더 중요한 것은 RSHA 지휘부의 4분의 3 이상이 고졸 이상이고, 앞에서 언급한 바와 같이 3분의 2가 대학에 다녔으며, 거의 3분의 1이 박사학위를 취득했다는 점이다. 이처럼 RSHA의 지휘부는 결코 인간적 패배자들의 집단이 아니었다. 그들은 사회의 주변인들이 아니라 대학 교육을 받은 엘리트 시민 계급의 일부분이었다.

대학 졸업자의 절반 이상이 법학이나 정치학을 전공했으나, 요직에 있는 사람의 약 22퍼센트는 주로 독문학이나 역사학, 신학, 언론학, 언어학 등 인문학 전공자들이었다. RSHA의 최고위직들은 법률가, 역사가, 언어학자 혹은 언론학자로 채워졌으며, 국가보안대는 대부분 법률 이외의 것을 전공한 사람들로 구성되었다.

RSHA 중 다수는 민족사회주의 독일학생연맹NSDStB의 활동가 출신이었다. 1933년 이전에 연맹의 회원이었고 후일 SS 요원이 된 사람들의 전기를 살펴보면 단지 연맹의 회원이었던 것만으로는 SS 요원이 되기에 부족했고, 실제로 중요한 것은 그들이 조직 안에서 어떤 일을 담당했는가였다. 1933년 3월 8일, 잔트베르거Martin Sandberger와 엘링거Erich Ehrlinger는 튀빙겐 대학의 주요 인사들이 참석한 가운데 나치 깃발을 게양했다. 이어지는 다음 시기들은 문화 혁명과도 같은 것이었다. 유명한 철학자 하이데거Martin Heidegger의 지원을 받은 이 학생 활동가들은 자신들을 소위 '민족적völkisch' 원칙에 따라 대학을 근본적으로 개조하는 운동의 혁명적 핵심으로 인식했다. 그들은 정치적으로 자유주의적이거나 좌파 교수들, 특히 유대인 교수들의 추방을 요구했다.

　반면에 그레페Heinz Gräfe가 주도한 라이프치히 학생 그룹은 자신들이 나치가 아님을 분명하게 표명함으로써 라이프치히 학생연맹의 공격을 받았는데, 그럼에도 이들 세대가 갖는 이념적 지형을 전형적으로 드러내고 있었다. 다양한 테마를 다루는 학회나 발표회 등에서도 이들 그룹은 법 체제로서의 민주주의나 의회 공화국의 실제 정치 문제에 관해서는 논하지 않았다. 그들은 국가와 민족, 혹은 국민과 국가 간의 관계와 같은 근본적인 문제에 관해 토론했다. 여기서 민족Volk이란 국가를 구성하는 사람들이라기보다는, 여전히 정치적 조직의 적절한 형태를 찾고 있는 '혈연 공동체Blutsgemeinschaft' 혹은 '운명 공동체Schicksalsgemeinschaft'로 정의되었다. '민족이 국가의 주체가 되어야 한다"는 것이 1929년 이들 모임의 모토였다.

　그들은 스스로를 미래의 지도적 엘리트로 인식했다. 그들은 시민이 아니라 지도자, 선거자가 아니라 피선거자, 즉 민족의 타고난 엘리트가 되는 것을 목표로 삼았다. 이들 젊은 법학도와 정치학도들이 구상했던 법과 국가의 모델은 바이마르 헌법이나 프로이센의 철학자 헤겔의 이론과는 공통점이 전혀 없는 것들이었다. 그들의 통솔력에 관한 개념은 법이나 제도적 원칙이 아니라 역사와 행위에 기반하고 있었다.

　지도력, 행위, 이상——이러한 것들이 이들 젊은 집단의 정치적 사고를 지배하던 요소였다. 지도력은 자연과 인간의 유기적 발전에 관한 지식에 바탕을 두며 행위들에 의해 유지되었다. 지도자는 자신의 행위의 탁월성과 성공을 통해 스스로를 입증한다. 오직 성공, 그것만이 인정되어 행동과 이상을 정당화해준다. 이들 세대의 세계관Weltanschauung은 특별한 정치적 내용물들보다는 정치 사상의 특별한 구조에 의해 특징지어졌다. 정치란 늘 의지의 극적이고 절대적이며 무제한적 표현으로 이해되었고, 일반적 규범이나 도덕률에 예속되지 않았다.

이들 세대에서의 국가와 민족, 세계관 등에 관한 학문적 토론에서 중요한 것은 이론과 실천, 이념과 정치 사이의 관계다. 자신들이 미래의 새로운 독일제국의 엘리트가 될 것으로 생각했던 이들 젊은 학위 소지자들 가운데 그 누구도 스스로를 지식인이나 학자로 생각하지 않았다. 학문을 하는 행위란 정치적일 수밖에 없었다. 세계관은 실천을 통해 스스로를 증명해 보여야 했다. 사고는 행위로서만 가치를 인정받았다. RSHA 지휘부를 구성한 이들은 책벌레나 학자가 되고자 한 것이 아니라, 새로운 계획과 개념들을 구상하고 그것들을 실천에 옮길 수 있는 "일종의 정신적 지도자"가 되고자 했던 것이다.

문화적 반유대주의cultural antisemitism 또한 이들 젊은 학위 소지자 집단이 갖는 특징 가운데 하나였다. 이 점에서 이 집단은 이 시대의 다른 독일 학자들의 세계와 다르지 않았다. 앞에서 언급한 라이프치히 그룹의 태도도 여러 측면에서 나치 이데올로기와 동일했다. 그렇지만 나의 목표는 이 세계관의 특별한 구조를 추적하는 것이다. 이 세계관의 궁극적 목표는 전반적 유토피아whole utopia를 실현하는 것이었으며, 타협이 불가능했고, 논의가 아니라 행위로써 스스로를 입증하고자 했다. 옳고 그름은 오직 성공 하나로 결정되었다. 이런 무제한적인 과격한 이념, 이념과 정치 사이의 상호 제약하지 않는 관계는 이미 나치 집권 이전부터 유대인 교수뿐 아니라 독일 대학의 모든 자유주의적 혹은 민주주의적 교수와 학생들에게 하나의 위협으로 판명되었다. 그렇지만 이 특별한 이데올로기가 의도적으로 어떠한 제한도 두지 않도록 설계된 그런 제도와 결합하면서 두 과격한 요소는 역동적인 급진화의 과정을 이끌어간다.

3. 나치 제도의 새로운 형태로서의 RSHA

RSHA의 후기 지도자들의 직업적 경로를 점검해보면 한 가지 지속적으로 반복되는 정치 경력상의 선택의 순간을 관찰할 수 있다. 예를 들어 엘리히Hans Ehlich나 바인만Erwin Weinmann과 같이 사회적 존경과 높은 소득, 가정을 갖고 있는 물리학자들에게도 그들의 생에서 직장을 그만두고 SS에 가입함으로써 자신의 정치적 비전을 실현시키는 것을 결정해야 하는 때가 온다. 정책을 입안하고 유럽 내의 새로운 정치 질서를 창조해낸다는 의미에서 정치란 늘 그들의 삶에서 심각한 선택사항이었다. 그러나 민족사회주의의 정치적 승리는 그들에게 나치 정권에서 가장 강력한 기관 중 하나인 정치 경찰에 참여할 기회를 제공했다.

정치적 변혁의 시대에 젊은 정치적 행동주의자들이 바깥에서 지켜보기보다 사건에 뛰어들 기회를 잡으려고 애쓰는 모습은, 사실 이 시기의 특별한 역사적 상황과는 거의 상관이 없다. 이 경우 특별한 점은 그들이 참여한 기관들의 특징이다. 1936년 나치 내부의 경찰 지휘권을 둘러싼 투쟁에서 힘러와 하이드리히Reinhard Heydrich가 승리한 결과, 경찰과 국가보안대는 자신들이 원래 수행했던 역할, 즉 나치 정권에 반대하는 조직에 테러를 가하는 일보다 훨씬 더 많은 일들을 다루는 기관으로 발전했다. SS의 인종주의적 시각을 유지하면서 경찰과 국가보안대는 훨씬 더 많은 분야를 관장하게 된다. 1937년 힘러가 썼듯이 "독일 국민을 하나의 통일된 유기체로 보고, 그 생명력과 기관들을 붕괴와 부패로부터 보호했다". 또한 힘러는 "그러한 임무를 수행하는 경찰의 권한을 제한하는 형태로 해석되어서는 안 된다"고 덧붙인다.

나치 정치 사상의 중심에 놓인 것은 국가가 아니라 '민족 공동체

Volksgemeinschaft', 즉 독일인으로 구성된 인종 공동체와 아리아 종족이다. 히틀러 스스로도 《나의 투쟁》에서 반복하여 지적했듯이, 국가는 단지 종족과 민족을 위한 도구일 따름이다. 민족사회주의자들이 세우려는 새로운 정치 질서는 인종주의적 민족 공동체, 즉 혁명적이고 이상주의적이며 파괴적인 질서이지, 구식의 독재 체제가 아니다. 소위 나치의 이데올로기적 적대자로 불리는 집단, 특히 그 중에서도 유대인으로 상징되는 '반인종', '반민족'의 화신들과의 '운명을 건 투쟁'에서 경찰은 이 같은 세계관의 전쟁에서의 승리를 위해서라면 그 어떤 방식에 의지하건 완벽히 자유였다. 1935년 가을 《검은 군단 Das Schwarze Korps》이라는 잡지에 실린 한 기사에서 하이드리히는 다음과 같이 적고 있다. "만일 우리가 너무도 객관적이고 또한 너무도 인간적이어서 우리의 역사적 의무를 다하지 못한다면, 누구도 상황이 더 좋아지게끔 기다릴 것을 허락하지 않을 것이다. 그들은 단지 우리가 역사에 대한 우리의 책임을 다하지 못했다고 쓸 것이다."

그 차이는 중요하다. 민주주의적 질서가 아니더라도, 국가의 지배가 억압적이고 권위주의적인 것으로 받아들여지는 곳에서도 국가의 제 기관들이 법률과 규정, 법적 질서들을 존중하는 것을 발견할 수 있다. 이러한 법률들은 억압적일 수 있으며, 개인을 억압하거나 탄압하기 마련인 독재 체제하의 제도들도 법률에 의지할 수 있다. 질서는 국가 질서 속에 포함된다. 만일 정치 질서가 인종과 민족에 기반을 둔다면, 인종과 민족이란 법질서에 의해서보다는 정치적으로 정의 내릴 수 있는 유동적 용어이기 때문에, 누구도 규정과 규율의 시스템으로 제한하거나 확정시킬 수 없다. 정치 질서로서의 인종주의적 '민족 공동체'의 탄생은 독일의 시민 사회가 파괴되었음을 의미할 뿐 아니라, 정치 행위가 지켜야 할 한계도, 어떤 제한도 더 이상 존재하지 않음을 의미한다.

　1939년 9월 27일, 비밀경찰과 치안 경찰, 국가보안대 등을 합쳐 만든 RSHA는 따라서 국가 기관들과 나치 당 조직을 혼합한 것으로서, 프로이센적 행정의 관점에서는 경찰 기관police authority이 아니었다. 이것은 나치 조직들 가운데 독특하고 새로운 형태로서, 민족 공동체라는 나치의 개념 및 나치 국가 조직과 직접 연관되어 있다. RSHA는 그것이 감독체라는 의미에서 경찰 기관이 만들어낸 것이며, 도처에서 인종 차별적 통제를 업무로 하는 조직이다. 여기에서 경찰은 범죄 예방이나 범죄자 징벌 등을 담당하는 기구가 아니며, 전체주의적 인종국가의 수립과 정권의 적들에 대한 제거를 목표로 한다.

　총괄적 의미에서 정치적이던 이런 경찰 기관이라는 개념은 과거의 전통적인 의무를 제외한다면 새로운 정치 질서를 만들어내려는 이데올로기적 의지에 상응하는 것이었다. 그 결과 자신을 분명한 나치로 생각하지 않았던 사람들도 RHSA 내에서 적극적으로 활동하는 일이 가능해졌다. 왜냐하면 RHSA가 세계관과 제도 사이에, 그리고 새 정치 질서를 만들어내는 일에 참가하려는 의지와 이 질서가 만들어낼 구조 사이에 연결 고리를 제공해주었기 때문이다. 자신들 스스로를 새로운 독일제국의 엘리트로 간주했던 이들은 자신들의 유토피아를 실현시킬 기구를 발견했다고 믿었다. 한계를 설정하기보다 과거의 한계를 넘어서는 세계관으로 무장하는 것이 RSHA 같은 새롭고 과격한 기구들의 특징이었다.

　RSHA는 유연한 조직이었다. 엄밀하게는 하이드리히가 요구했던 바와 같이 "투쟁하는 정치적 행정 기관"과 같은 곳이었다. 새 부서를 확장·축소·신설·해체할 수 있었고, 우선권을 변경·제정·수립하고 새로운 업무의 관장을 주도하는 권한을 갖고 있었다. 행정 진행이 느리게 돌아가는 일은 RSHA와 같은 독자적 기구에서도 마찬가지로 전형적으로 나타나지만, 그럼에도 이들은 자신들의 정치적 목표를 실현시키기 위한 새롭고 역동적인 단계에 들어갈 수 있었다. 정치 경찰과 국가보안대 둘 다 많은 변화와 재조직의 과정을 겪어야만 했다. 이 두 기관은 정권의 지도자들과 권위 있는 기관들 내의 정책 입안자들 손에서 끊임없는 변화를 겪어야 했다.

예를 들면 점령 지역을 책임질 새로운 '그룹들'이 만들어진다. 비밀경찰의 대장이었던 뮐러Heinrich Müller조차도 1939년 가을, 다양한 집단과 부서들을 계획할 때에 이러한 기관을 생각해내지는 못했다. 크기와 중요성에서 한 독립 부서와 맞먹는 규모였던 아이히만의 IV B4는 유럽 전체의 유대인들을 이동시키기 위한 중앙 관청이었다. 이 새로운 핵심 부서인 아이히만의 기구나 IV D의 중요 그룹은 더 이상 바이마르 공화국 시대에 경찰 훈련을 받은 적이 있고, 반 볼셰비키적 열정으로 인해 비밀경찰이 된 그런 치안 경찰류의 인원을 선발하지 않았다. 이제는 현저히 젊은 사람들로 충원되었는데, 그들 중 일부는 행정법 전문가들이었고, 일부는 국가보안대 요원들이었으며, 나머지 대부분은 RSHA 내의 행정 부서에서 자리를 얻기 전후에 '적극적 업무 수행'을 해왔던 사람들이었다.

RSHA는 또한 기동성 있는 조직이었다. 베를린으로부터 하달되는 작전만을 임무로 한정하지 않고, 행정 요원들과 그 상사들은 책상에 앉아 열심히 서류 처리를 하고 다른 이들이 수행해야 할 일들을 하달했다. 그 분명한 예로서 블루메Walter Blume 박사를 들 수 있다. 1906년 도르트문트에서 태어난 그는 교사의 아들이었고, 개신교 가정에서 자라났다. 그는 법학을 전공했고, 우익 그룹의 회원이었으며, 스물일곱 살이던 1993년에 도르트문트 정치 경찰의 우두머리가 되었다. 1년 후에는 비밀경찰 본부의 요원이 되어 베를린으로 전출되었으며, 그 몇 달 후에는 할레의 비밀경찰 책임자가 되었고, 다시 하노버의 동일한 지위로 이동했다. 1939년 베를린 비밀경찰의 책임자가 되었으며, 다시 RSHA 내에서 비밀경찰과 치안 경찰 전체의 인사 문제를 담당하는 자리로 이동했다. 1941년에는 소련에서 수천 명의 유대인을 죽인 특공대 7a의 책임자가 되었다. 1941년 가을, 그는 다시 RSHA로 돌아오는데, 1년 후에는 다시금 오스트리아로 보내져 민병대와의 전투를 담당했으며, 그곳에서 뒤셀도르프의 지역 경찰 책임자로 전출되었다. 1943년에는 점령 그리스의 경찰 총수가 되었다가 1944년 후반에 RSHA로 되돌아왔다. 블루메는 베를린의 책상에 앉아서건, 소련의 처형 담당자로서건, 혹은 점령 그리스 전체의 독일 경찰 총수로서건, 할당된 모든 역할을 똑같이 잘 처리했던 전형적인 인물이었다. RSHA는 그러한 사람들로 유지될 수 있었다. 유연하고 활동적이며 열정적인, 어느 곳에서나 자신의 임무를 완수할 수 있는 그런 사람들 말이다. 그들은 행정 관료나 기술 관료는 아니었지만, 자신들의 일이 이데올로기적이며, 베를린이 아닌 지역에서 진행되는 프로젝트에 참여하더라도 자신들이 작업의 한 부분임을 잘 인식하고 있었다. 그들은 베를린 중앙 관청의 작업과 다른 지역의 실제적 작전 사이를 연결시켰다. 그들은 단순히 자신들의 점령지를 공포의 도가니로 몰아넣는 규정과 법령을 만들어내기보다는 테러의 실제 행위에 참여했다. 기관으로서의 RSHA는 동적이며 유연했다. 그 중심에는 베를린의 사무소가 있었지만 전체 권력과 잠재적 권력이 실현되는 곳은 지방 단위에서였다. RSHA를 구상했던 이들의 계획에 따르면, 이상적인 것은 정치적 주도권과 문제의 분석, 작전상의 조직과 기구 등이 모두 하나의 기관 아래 통합되는 것이었다. 어떤 행정적 혹은 법적 법규도 이 기관을 제한할 수 없었다. 1942년 6월 25일 힘러가 지시 내렸듯이, 장소에 상관없이 그 어느 곳에서나,

"SS가 관장하는 모든 정치적 업무의 통일적 진행을 위하여" 가능한 모든 수단이 이들에게 허용되었다.

4. 권한 부여의 계기가 된 세계대전

전쟁은 RSHA의 지속적인 발전을 위하여 필요한 환경을 만들어냈다. 전쟁은 일상적 실천 가운데 사람을 죽이거나 살인자로 만드는 일을 용이하게 했다. 보험, 재산권, 재정상의 동의 등 RSHA의 작전을 방해할 수 있는 시민 사회의 법적인 여러 규제들이 점령 지역에서는 모두 사라졌다. 법과 규율을 지지하며 골치 아프게 문제를 제기하는 사무원이나 관료도 없었고 시민권과 형법 등도 존재하지 않았다. RSHA는 어떤 제지나 정치적 고려 없이 자기가 편한 대로 행동할 수 있었다.

폴란드와의 전쟁은 이러한 상황으로 가는 결정적인 분수령이 되었다. 일반적으로 기동투입조의 지휘관들은 곧 RSHA의 지도적 위치로 올라서게 되는데, 이들이 벌이는 작전은 과거에 이들이 비밀경찰이나 국가보안대의 지휘관으로 있을 당시 저질렀던 테러 행위들보다 훨씬 더 잔혹했다. 1939년 가을에 기동특공대는 일련의 처형을 집행했는데, 살해 방법과 희생자의 수에서 후일 소련 점령 지역에서 행해진 집단 학살과 비슷했다. 후일 RSHA 내에서 책임 있는 자리에 오를 SS의 많은 지도급 인물들은 폴란드에서의 이 작전 기간 동안 대규모적이고 모든 시민 사회적 한계를 뛰어넘는, 소위 '최종 해결책 Final Solution'의 사고방식을 배운다. 1939년 가을 폴란드에서 자행된 인종 학살은 어느 면에서 RSHA 활동의 실제적 정착에 중요한 계기가 되었다.

폴란드 점령 후 나치 정권은 폴란드의 서부 지역을 합병해 독일화하기로 계획을 세운다. "민족적 경지 정리Völkische Flurbereinigung" 혹은 "인종 청소ethnic cleansing"가 히틀러가 이 작업에 붙인 명칭이었다. 이 작업에 RSHA보다 더 적합한 기관이 있었겠는가? 1939년 10월 말, 힘러는 유대인과 폴란드인을 합쳐 100만의 인구를 서부 폴란드에서 '총독부Generalgouvernement'로 불리던 폴란드 중부로 추방할 것을 지시한다. 이 대규모의 추방에는 이들을 실어 나를 기차와 이들을 수용할 구역, 숙소, 식량(비록 실제 목적이 이들을 굶어 죽게 만드는 것이었다 하더라도) 등이 필요했다. 독일은 프랑스 전선으로의 군대 이송 때문에 기차가 부족했다. 또한 총독부 내의 행정부는 숙소와 식량, 기타 일용품들의 부족을 이유로 수십만의 추방자들이 자신들의 지역으로 진입하는 것을 금지했다. 그 결과 이송해야 할 인원이 줄어들었으며 이송 날짜 또한 연기되었고, 마침내는 전체 이송 계획 자체가 포기될 상황이었다. 그러나 RSHA의 지도자들에게는 이 모든 지극히 현실적인 장애들도 합병된 지역을 독일화하고 제국 전체를 유대인 없는 지역으로 만드는 작업에 진정한 방해가 되지는 못했다.

1940년의 프랑스에 대한 군부의 승리는 유럽의 유대인들을 마다가스카르 섬으로 추방하려던 과거의 반유대주의적 계획을 재고하게 만들었다. 이 계획은 오직 독일이 대서양의 제해권을 쥐었을 때에만 가능한 것이었다. 블루메가 지적했듯이, 영국에 대한 승리 없이는 이 계획은 하나의 환상일 뿐이었다. 그럼에도 독일 외무부와 RSHA는 유대인들을 마다가스카르 섬으로 추방시킬 구체적 계획을 수립했다. 히틀러가 영국보다 소련을 공격하기로 계획을 굳히기 이전에는 나치 지도부 내에서 이 계획이 심각하게 논의되었다. 마다가스카르 계획의 실현 가능성에 관한 후일의 학문적 토론과 상관없이, 사건의 실체는 이 대안이 RSHA 내에서 적극적으로 추진되었으며, 마다가스카르 섬으로 추방하기로 예정되었던 유대인의 수가 300만 이상이었다는 것이다.

RSHA는 100만의 유대인과 폴란드인들을 폴란드 서부에서 추방하고자 했던 작전이 실패로 돌아갔음에도, 다시 한두 달 후, 이보다 세 배나 더 큰 대규모 이송을 계획한다. 이 계획에서 RSHA는 이송 대상을 독일과 폴란드 서부에서 추방된 유대인뿐 아니라 전 유럽에서 추방된 유대인으로 확대시킨다.

이 계획의 또 다른 측면 또한 중요하다. RSHA의 활동가들은 물론 마다가스카르 섬이 공간적으로도 충분하지 못하고, 식량과 물도 300만 명의 추가 인구를 충족시킬 만큼 충분치 않음을 인식하고 있었다. 수만의 인구가 기아나 전염병으로 죽으리라는 것은 분명했다. 즉 1940년 여름의 계획대로라면, 마다가스카르 계획은 명백한 인종 학살이나 집단적 살해를 목적으로 한 것은 아니었다 하더라도, 분명히 인종 학살적인 측면을 갖고 있었다. 따라서 이 계획의 실패가 곧 이러한 계획을 만든 사람들의 의도 자체가 종결되었음을 의미하는 것은 아니었다.

히틀러는 유대인들을 추방할 장소가 없기 때문에 유대인 문제를 단지 영토의 문제로는 해결할 수 없다고 투덜거렸다. 따라서 소련과의 전쟁은 RSHA 내의 인종 문제 입안자들에게 희망과 기대를 불러일으켰다. 이들에게는 마침내 모든 문제가 해결되는 것 같았다. 유대인들을 동쪽으로 추방할 수 있기 때문이었다.

이 새로운 기대는 좀더 가공할 계획을 세우도록 한다. 1940년 12월, 힘러는 추방되어야 할 유대인의 수를 거의 600만으로 추산했다. 이 숫자는 RSHA 내의 아이히만 부서에서 준비한 계획에 의거한 것이었다. 이는 서유럽 유대인뿐 아니라 아직 나치가 점령하지 못한 남동유럽의 유대인까지 계산한 숫자였다. 1년 안에 잠재적으로 이송시켜야 할 유대인의 숫자가 100만에서 600만으로 늘어나고, 추방시켜야 할 지역도 서부 폴란드에서 전 유럽으로 확대된 것이다.

1940년 후반까지 이 가공할 계획은 전혀 실천되지 못했지만, 여러 방해물에도 불구하고 RSHA는 독일과 유럽 내 점령지로부터 유대인을 몰아내고, 전 대륙에 걸쳐 새로운 인종 질서를 만들어내려는 계획을 포기하지 않았다. 이 모든 계획들이 실패했음에도, RSHA는 그 계획 자체를 재고하거나 수정하려 하지 않는다. 계획은 그 어떤 희생과 장애를 감수하더라도 실행에 옮겨져야 했다. 만일 어려움이 늘어나면 그 해결책을 단지 과거보다 더 과격한 방식으로 계획하는 것에서 찾았다. 이제 되돌아갈 수는 없었고, 오직 더 급진적으로만 되어갈 뿐이었다. 따라서 만일 유대인들을 추방시킬 땅이 없다면 이들 민족을 다른 방법으로 축소시킬 방법이 강구되어야 했다.

소련과의 전쟁은 이러한 딜레마에서 다시금 명백하고 근본적인 해결의 길을 열어놓는다. 예상대로의 빠른 승리 이후 유럽 내의 유대인들은 동쪽으로 이송된다. 동시에 세계관 간의 전쟁에서 '유대적-볼셰비즘Judeo-Bolshevism'의 제거를 위하여 RSHA 내의 기동투입조는 소련 공산당과 국가의 고위 간부, 지식인들을 살해하라는 급진적 업무를 부여받는다. 1941년 봄, 히틀러는 힘러에게 '지도자가 하달하는 특수 임무'를 전달한다. 이로써 기동투입조는 상당 정도의 집행권과 군부를 무시하지 않는 범위 내에서 전권을 행사할 수 있는 정치적 토대를 갖추게 되며, SS와 경찰 지휘부는 유대인 출신의 볼셰비키 지식인과 관련된 업무에 관해서는 완전히 독자적으로 결정할 수 있게 되었다.

기동투입조가 군을 뒤쫓아 소련의 내부로 진격할 때 하달받은 다양한 명령들은 모호하고, 역사 서술에서 다양한 해석을 가능하게 한다. 그러나 분명히 확인할 수 있는 사항은 하이드리히가 명시적으로 지역의 기동특공대 지휘자에게 처형 대상에 관한 결정을 일임했다는 점이다. 처형당해야 할 집단에 대한 지정은 단지 일반적 지침일 뿐이었다. 다양한 기동투입조의 행위들 간의 차이에 관한 학문적 논의에서는 이들 명령이 갖는 실질적인 특징이 그 무엇보다 권한의 위임에 있었음을 간과하고 있다. 한 장소에서 동일한 시간에 명령을 주고받은 극히 드문 경우에만 명령의 실행에 관하여 잘못 해석될 여지가 없었으며, 대부분의 나머지 경우에는 명령들이 변형되거나, 특수한 상황에 맞게 내용이 첨가되었다. 기동특공대의 지휘자는 특별히 RSHA가 임명했는데, 왜냐하면 이들은 완벽하고 정확한 결정을 내리기 어려운 상황에서도 하이드리히의 의도에 맞는 적절한 결정을 내릴 수 있어야 했기 때문이다.

1941년 '유럽의 유대인 문제에 관한 해결책'과 관련하여 하이드리히 지휘하의 RSHA는 정치적으로 우선적 결정권을 쥐고 있었으며, 유대인 이송과 관련해 나치 정권이 내리는 결정에서 지속적으로 결정적인 역할을 했다. 하이드리히는, 1941년 10월 파리의 경우에서도 그러했듯이, 특정 지역에서의 유대인에 대한 학대와 동부로의 유대인 이송을 합리화시키는 수단으로서 그들에 대한 잔인한 공격을 계획하는 일에 전혀 머뭇거림이 없었다. 전쟁이 여전히 진행되는 1941년 9월, 독일과 오스트리아 유대인을 폴란드와 소련의 점령지로 강제 추방하라는 결정이 내려짐으로써, 전면적 인종 대학살은 그 마지막 관문을 통과한다. 열악한 위생 상태와 불충분한 식량을 견디며 살아야 했던 과밀한 게토에서, 질병이나 전염병처럼 자체적으로 생겨난 병으로 인해 노동이 불가능한 유대인에게 '짐짝 같은 존재 Ballastexistenzen'라고 판정을 내리는 행위는, 가해자들에게 인종 학살을 통한 '문제 해결'이라는 정당성을 부여했다. 강제 이송 계획의 실패는 나치로 하여금 목표를 바꾸도록 하지 않고, 오히려 모든 방법을 동원해 이전보다 훨씬 더 과격하게 목표를 실현시키도록 자극하는 계기가 된 것이다.

후일 RSHA에 참여했던 이들이 나치 정권 초기부터 인종 학살을 염두에 두고 있었던 것은 아니었지만, 인종 학살은 그들의 사고 속에 하나의 가능성으로 잠재되어 있는 요소였다. 동부에서의 전쟁은 과격화의 과정 속에서 인종 학살로 확대될 수 있는 지리적 공간을 제공했다. RSHA가 극복해야 할 수많은 법적·행정적 장애물들이 제국 영토 내에 존재했다. 하지만 이런 시민 사회의 제도적 특징들이 동부에는 존재하지 않았다. 관료화나 사회적 상호 교류에 관한 규정의 증가 등으로 의미되는 근대화 개념은 동부에서 벌어진 나치 정권의 실제 행위 앞에서 그 적용성을 상실하게 된다. 제한에서 벗어난다는 의미는 곧 규제의 철폐, 결정 과정의 개인화 등과 함께 탈관료화를 의미한다. 에스토니아, 리투아니아, 우크라이나, 크리미아 등지에서는 독일의 형법도 행정법도 통하지 않았다. 기동특공대의 지휘관으로 복무하던 젊은 대학 졸업자들은 모든 결정을 스스로 내렸으며, 베를린의 중앙 지휘부로부터 멀리 떨어져 나와 자신이 생사여탈권을 거머쥔 지역의 지배자가 되었다.

5. RSHA의 지휘관과 히틀러의 역할

RSHA 요원들은 스스로를 상아탑 안의 학자나 단순한 사색가로 생각하지 않았다. 그 반대로 이론의 성공이 실천을 통해 증명되어야 했다. 인종주의와 반유대주의는 전 유럽에서 발견된다. 그러나 독일에서 이러한 사고는 19세기의 인간적 유토피아human utopia와 역사적 신화 등으로 형성된 세계관과의 독특한 결합에 들어간다. 항상 극적이고 무자비하고 제약도 없는 그런 전체를 지향하는 이 세계관은 세계를 파괴의 불바다로 만드는 것도, '새로운 인간형New Man'을 키워내는 것도 마다하지 않았다. 독일 내에서뿐 아니라 전 유럽에서 새 '인종'과 새로운 인종적 질서를 창조해내려는 이 계획은, 단지 멋진 신세계에 대한 설계를 넘어서 그것을 공포에 찬 현실로 바꾸려는 시도였으며, 지식인과 인문학자, 과학자들을 한데 묶어 나치 정권의 준비된 지지자로 유도하려는 것이었다. 그 결과 철학자들은 자신들이 권력을 쥐고 있다고 믿었고, 물리학자들은 자신들에게서 인간 생명의 통제받지 않는 설계자의 역할을 발견해냈으며, 역사가들은 스스로가 세계의 역사를 만들어내는 위치에 있다고 믿었다. 나치 범죄에 대한 이들 지식인 엘리트들의 참여와 가해자로서의 그들의 역할이, 전후에 그들이 세상에 납득시키고자 했던 것만큼 전적으로 기능주의적이고 합리적이며 기술적이었던 것은 아니었다. 만일 사람들이 합리성의 가면 뒤에 숨은 이들의 열정을 보지 못한다면, 이들 가해자들이 가졌던 에너지나 뜨거움을 발견하지 못할 것이다. 이들은 결코 거대한 파괴적 기구의 작은 바퀴에 불과한 적이 없었으며, 자신들의 좁은 업무만을 바라보는 기능공도, 상부로부터의 명령만을 따르는 행정 관료도 아니었다. 대규모 살해와 인종 학살을 이끈 개념을 만들고, 구성하고, 기구를 작동시킨 존재들이 바로 이들인 것이다.

이 모든 일이 히틀러 없이 벌어질 수 있었을까? 히틀러의 역할에 관한 문제는 말할 것도 없이 핵심적인 사항이며, 이를 지나쳐 갈 수는 없다. 물론 히틀러의 중요성에 대해서는 부인하지 않지만, 그러나 나의 목적은 히틀러의 중요성을 논하기 이전에, 이들 집단과 RSHA로 대표되는 독창적이고 새로운 기구가 가졌던 특별한 세대적 경험과 이데올로기의 윤곽을 그려내는 것이다. 내가 지적하려는 점은, 이들의 이데올로기가 나치의 이데올로기, 좀더 구체적으로 말하자면 히틀러의 이데올로기와 반드시 완벽하게 일치하는 것은 아니었다는 것이다. 그러나 스스로 자신들이 나치가 아니라고 공언했던 라이프치히 학생 그룹의 경우가 보여주듯이, 이데올로기상의 심각한 차이가 존재한다 하더라도 민족사회주의와 연결되는 수많은 고리가 존재했다. 예를 들어 의지와 행위 개념의 우월성, 그리고 자유주의, 타협, 관용 등에 대한 경멸과 같은 것이 그것이며, 자신이 문화적 엘리트에 속한다는 생각과 자신을 인종적으로나 혈통적으로 엘리트로 생각하는 인식 사이에는 사실 거의 차이가 없었다.

독일을 새로운 인종주의적 정치 질서의 국가로 전환시키려고 한 측면에서 보자면, 히틀러의 역할은 결정적이었다. 히틀러 없이는 힘러가 독일 경찰을 인수하는 데 결코 성공하지 못했을 것이다. 히틀러 없이는 RSHA와 같은 새로운 기관이 결코 설립되지 못했을 것이다. 또한 히틀러 없이는 나치 지휘부에서 가장 극단적인 반유대주의를 표방한 기관이던 RSHA의 점진적 과격화가 이루어지지 못했을 것이다. RSHA처럼 사악하고 위험한 기관도 타 기관과 권력들에 의하여 제지당했을 것이다. 그럼에도 히틀러가 그들의 의도와 실행을 지원함으로써 RSHA는 극단화되었고 극단화를 만드는 기관이 되었다.

그렇기는 하지만 이러한 종류의 극단화의 구조를 형성하는 과정에서 히틀러가 본질은 아니었다. 궁극적으로 오직 나치 정권 외부의 강제에 의해서만 멈출 수 있었던 이 극단화의 과정 속에는 세 가지 요소가 통합되어 있었다. 첫 번째는 1차 세계대전 이후의 일련의 특수한 경험과 현실에 대한 이념적 인식으로 무장된 급진적인 세대다. 이 이념적 인식이란 나의 견해로는 프랑스적 공화국 사상이나 앵글로색슨의 실용주의와는 정반대되는, 19세기에 형성된 독일만의 독특한 이데올로기다. 두 번째는 아무런 법적 제약 없이 유지되게끔 명확한 의지를 갖고 입안된 기관institution이다. 세 번째는 전쟁과 같이, 그 와중에서 이러한 개인과 기관들이 권력을 획득할 수 있었던 예외적 상황이다.

6. 1945년 이후 : 이 세대에게 어떤 일들이 벌어졌는가

나치 정권이 무너지자 RSHA 내에서 단지 소수의 인원만이 자살을 시도했다. 수많은 사람들은 지하로 숨어들거나 탈출에 성공한다. 몇몇은 자신들의 범죄로 재판정에 섰고, 판결을 받았다. 실제로 진행된, RSHA 범죄 행위자들을 대상으로 하는 대대적인 재판은 1947~1948년에 열린 기동특공대에 관한 재판이 유일했다. 그럼에도 우리는 나치 시대 지휘관들을 대상으로 전쟁 직후에 열린 재판의 중요성에 대해 과소평가해서는 안 된다. 뉘른베르크 전범 재판에서 연합군은 나치 범죄에 책임 있는 자들을 '반인류적 범죄crimes against humanity'에 근거해 기소함으로써 처벌 의지를 명확하게 드러냈다. 연합국은 이들의 범죄 행위가 갖는 예외적인 차원들을 법적으로 포괄하기 위해 새로운 국제법의 제정에 착수했다. 재판은 엄청난 규모의 문서화된 증거물들을 갖고 대단히 면밀하게 진행되었기 때문에, 수용소의 그 누구도 자신들의 행위가 발각되지 않은 채 남겨지리라고 확신할 수 없었다. 재판관들은 사형 선고를 내리고 집행하는 일에 주저하지 않았다.

1947~1948년의 올렌도르프와 기동투입조의 지휘관들이 회부된 뉘른베르크 전범 재판의 대부분은 RSHA 요원 출신이었으며, 전체 뉘른베르크 전범 재판에서 가장 많은 사형 선고가 내려진 것도 바로

이들이었다. 이 시기에는 RSHA의 지휘부 사람들이 가까운 장래에 풀려날 가망은 거의 없었다. 그들은 자신들의 생명이 걸린 준엄한 재판과 마주해야 했다.

반히틀러 동맹의 결렬, 동·서독 간의 대립과 분단 등은 미래에의 전망을 근본적으로 변화시켰다. 미국과 소련이 동·서독을 가능한 빠른 시일 내에 각자 자신들의 정치적 블록에 통합시키려 한 것은, 그 이후 탈나치화 과정을 지속시키는 일이 더 이상 시기적절한 것이 아닌 듯 보이게 했다. RSHA 요원들에 대한 1947~1948년의 일반 재판은 실제로 뉘른베르크 재판만큼 엄격하지는 않았다. 오히려 정치적으로 새로운 시작의 과정은 이제 나치 범죄 가해자들의 오명을 씻기는 데 명백히 봉사하게 된다. 이는 말할 것도 없이 과거 RSHA 지휘관들에게는 가장 조용했던 시기였다. 독일연방공화국(서독)의 의회와 정부는 과거의 나치들에 대한 사면과 통합에 적극적으로 나선다. 전범들을 연합군 교도소에서 석방한 것은 서독의 재무장을 위한 사전 작업이 된다. 비록 미국은 올렌도르프, 폴Oswald Pohl, 블로벨 Paul Blobel과 다른 세 명을 처형하면서(1951년 6월) 다시 한번 연합군 전범 재판의 정당성을 강조했고, 영국도 히틀러 선전상의 비서였던 나우만Werner Naumann에 의해 주도된 나치 수뇌부들의 모임을 적발하고 지하에서의 정치 활동을 관용하지 않을 것을 공언했지만, RSHA의 지휘관들은 시대의 징후들을 읽어내는 데 어려움이 없었다. 그들은 이제 분명히 더 이상의 소추를 두려워할 필요가 없었다.

나아가, 새로운 국가와 새롭게 기능할 사회를 재건하기 위해 과거의 엘리트 간부들이 필요했다. 비밀경찰에 참여하기 이전에 치안 경찰직을 맡아 훈련받았던 사람들이 과거의 자신들의 위치로 되돌아가는 것은 더 쉬운 일이었다. 과거의 나치 경찰들은 자신들의 업무를 범죄와 싸우는 단지 기능적인 작업으로 진술함으로써 비밀경찰로서의 범죄를 지워버릴 수 있었다. RSHA 내에서 치안 경찰 업무를 담당했던 대부분의 사람들은 계속해서 새 공화국에서도 치안 경찰로 고용되었다. 고위직에 있던 사람들도 얼마 후에는 마찬가지였다.

정치 경찰, 혹은 치안 경찰 중에서도 통제관commissar이 아니라 사정관assessor으로 국가보안대에 참가했던 과거의 비밀경찰 요원들에게는 사정이 간단하지 않았다. RSHA 내의 행정직 법률가들 중에서 전후 공무원으로 돌아온 경우는 치안 경찰들의 경우보다 현저히 적었다. 대부분의 법률가들은 공적인 일을 담당하는 직업을 찾는 대신 반쯤 공적인 분야에서 일했다. 즉 대조직의 간부나 보수 많은 개인 사무실, 혹은 개인 회사의 변호사로 고용되었다. 비록 그들 전원이 상층 경영자 군으로 올라선 것은 아니나, 발전해가는 독일연방공화국에서 안락하고 조건 좋은 자리를 찾는 데는 그들 모두가 성공적이었다.

과거 국가보안대 요원으로서 공무원도 아니었고, 행정법 전문가로 교육받지도 않았던 사람들의 상황은 가장 다양하다. 이 그룹 중 예외적인 경우는 국가보안대 외국 지부의 요원들로, 이들은 후일 서독의 정보 업무를 담당하거나, '동구 문제 전문가'로서 다른 서방 국가의 정보 요원으로 취직한다. 슈타임레Eugen Steimle의 경력에서 볼 수 있듯이 집단 학살 가담자로서 유죄 선고를 받고도 사립학교에서 독일어와 역사를 가르치는 교사가 된 것은 예외적인 경우다. 전후 대학 교수가 되는 일도 쉽지 않았는데, 이들은 RSHA로의 정치적 선택을 함으로써 대학에서의 경력을 포기했기 때문이었다. 많은 이들은 다시금 언론이나 출판 분야로 돌아갔고, 또 다른 이들은 중간 정도 크기의 회사에 취직했다.

1945년 나치 정권이 몰락했을 때 이들 중 '제2의 기회'가 오리라고 기대한 사람은 거의 없었다. 그들은 전후 독일 사회에서 조용하게 이러한 기회를 잡으려 했고, 은밀하게 자신들의 자리를 찾은 것은 분명하다. 그럼에도 우리는 이들이 민주주의자가 되었다고, 정반대의 결론을 끌어내어서는 안 된다. 1962년에 어느 판사는 섬뜩해하면서, 블루메는 여전히 "나치 확신범이다"라고 기록했다. 그는 뉘른베르크의 기동투입조원 재판에서 한번 유죄 판결을 받은 후 더 이상은 기소되지 않았으며, 그 후로는 이와 같은 일이 비교적 자연스러운 관행으로 이어졌다. 블루메는 하이드리히의 학살 명령을 "유익했다"고 언급했을 뿐 아니라, 자신은 "유대인 문제의 해결"이 단지 전후까지 연장된 것일 뿐으로 본다는 견해를 드러냈다.

이러한 자기 확신, 무지, 자기 성찰의 부족 등은 여전히 과거의 이념적 우월성과 '지배적 인종Herrenmenschen'으로서의 오만의 흔적을 담고 있었고, 1960년대까지도 흔들리지 않았다. 이 시기부터 독일 사회의 풍토는 변화하기 시작하는데, 아이히만 재판의 충격의 여파가 뚜렷했고, 마지막으로, 그러나 대단히 중요한 것으로서, 한 지방 변호사 그룹의 끈질긴 작업 끝에 마침내 RSHA 지휘부에 소속되었던 이들의 범행을 재판정으로 끌어내는 일이 일어났다. 과거 RSHA의 엘리트들이 걱정 없이 편안하게 살던 시기는 이제 지나갔다. 이들에게 내려진 형량이 지나치게 적은 것엔 문제가 있었지만, 그럼에도 피셔 슈베더Fischer-Schweder, 필베르트Albert Filbert, 비드만Albert Widmann, 엘링거와 또 다른 이들에 대한 재판은 과거 RSHA의 요원들이 서독에서는 그 죄과를 따지는 심판대 위에 서야만 한다는 것을 분명하게 보여주었다. 특히 1963~1969년에 베를린 재판부에서 일하던 일군의 그룹에 의해 준비된 대대적인 RSHA 재판은, RSHA의 활동에 초점이 맞추어진, 전후 나치 범죄 행위에 관한 일련의 독일의 재판 중에서는 가장 대규모였다. 한편, 이들에게는 더 이상의 사면도 없었고, 이에 따라 더 이상의 평화도 없었다.

도덕적 입장이나 희생자의 입장에서 보자면, 과거 RSHA 지휘관들이 일반 시민의 삶으로 대단히 쉽게 복귀할 수 있었다는 사실은 말할 것도 없이 스캔들일 수 있다. 나아가 이들에 대한 사실상의 선고 정지가 가져온 충격은 전후 서독이 입헌민주주의 국가로 발전하는 데 심각한 부담으로 작용했다. 이들 가해자들은 1935년에 제정된 뉘른베르크 인종법의 주석을 직접 썼을 뿐 아니라, 연방 수상실의 후기 우두머리였던 글로프케Hans Globke의 경우처럼, 이러한 개념들의 과격한 실천에도 동일하게 책임이 있었다. 그들이 1960년대 이전까지 살인죄나 살인방조죄로 고소되지 않았다는 것은 독일 사회가 민주주의적 제도를 받아들임에 따라 치러야 했던 정치적 대가였음이 드러났다. 이 대가가 너무 비싼 것이었는지는 다른 자리에서 더 논의되어야 할 사항이다. 그럼에도 민주주의적 헌법으로 구성된 체제가 인간성에 반하는 범죄의 행위자들을 사회에 통합하기 위해서, 그 법률의 기본적이고 보편적인 효력을 보류시켰다는 것은 전후 독일 시민 사회의 허약함을 드러내는 것이었다.

민족 문제와 폴란드 공산주의 체제의 전술 —유대인 정책

펠릭스 티흐 :: 하영준 옮김

1. 들어가는 말

지금까지 역사가들은 2차 세계대전 이후 중부와 동부 유럽에 수립된 공산주의 체제 속에서 소련의 군사적·정치적 후원 아래 진행된 정치적 이식(移植)만을 보아왔다. 티토Josip Broz Tito의 유고슬라비아를 제외하고는 이들 유럽의 공산주의 체제 가운데 어느 것도 자유선거를 통해서 수립될 수 없었다는 것은 분명하다. 전쟁 직후 유럽 대륙에 영향을 끼쳤던 사회적 급진화의 물결을 고려한다 하더라도 말이다.

그러나 이들 공산당 정부가 국민으로부터의 어떠한 정당성 확립

펠릭스 티흐Feliks Tych는 폴란드 과학원 산하 역사연구소와 노동운동연구소에 재직하다가 1987년 정치적 이유로 해직된 후 프리랜서로 일하거나 연구 및 강의 활동을 해왔다. 괴팅겐 대학, 다름슈타트 대학, 프라이부르크 대학 등의 객원교수, 바르샤바 소재 유대인역사연구소 소장을 지냈다. 19~20세기 초 유럽 사회사, 폴란드의 유대인 학살 등에 관해 연구해왔다. 최근 저작으로는 《길게 드리운 홀로코스트의 그림자》, 《나치의 인종 말살 마주하기 : 유럽의 비유대인과 유대인》, 《홀로코스트 기간과 이를 전후한 폴란드계 유대인의 기억과 역사》 등이 있다. 2015년 2월 사망했다.
하영준은 서양 현대사를 전공했으며 현재 한양대 사학과 강사로 있다. 〈레온 트로츠키와 러시아 일상생활의 변혁—트로츠키의 《일상생활의 문제들》을 중심으로〉 등의 논문을 썼다.

민족 문제와 폴란드 공산주의 체제의 전술 301

도 필요로 하지 않는 모스크바의 꼭두각시였다고 간주하는 것은 문제를 다소 단순화하는 것이다. 모스크바는 종심(終審)에서만 존재했다. 1953년 동독, 1956년 헝가리, 1968년 체코슬로바키아에서 소련이 개입한 경우와, 그리고 1956년과 1980년대 초에 폴란드에서 소련이 계획적으로 군사적 개입을 한 경우는, 이들 정부와 소련의 관계가 위기라는 예외적인 상황에서 어떻게 작동하는지를 보여주는 것이다. 소련의 개입이 요구됐다는 사실 자체는 오히려 이들 동유럽 국가가 어느 정도 자율성을 가지고 있었다는 것을 반증하는 것이다. 물론 그러한 개입은 이들 국가가 지닌 자율성의 한계 또한 보여주었지만, 그러나 반세기 동안 단 세 번 일어난 일일 뿐이었다. 이들 국가는 체제상 소련의 고문들로 둘러싸여 있었고 소련의 보호 아래 있었던 것이 사실이지만, 일상에서는 혼자 힘으로 국가를 꾸려나가야만 했다. 그러므로 자신의 국가적 정당성을 고려해야만 했다.

폴란드의 경우, 공산주의 체제가 자신을 정당화한 두 가지 주요한 수단은 사회 변혁과 민족 문제였다. 여기서 고찰할 것은 후자의 문제이고, 주로 하나의 사례, 즉 '유대계 폴란드인과의 관계Polish-Jewish relations'라는 매우 중요한 사례를 기초로 하여 고찰이 이루어질 것이다.

2. 역사적 배경

천 년 동안 폴란드는 다민족 국가였다. 1918년부터 1939년까지 폴란드 공화국에서는 소수 민족이 전체 인구의 3분의 1을 차지했다. 여기서 가장 큰 집단은 우크라이나인(전체 인구의 약 15퍼센트), 유대인(약 10퍼센트, 도시에서는 평균 40퍼센트), 벨로루시인(약 6퍼센트), 그리고 독일인(약 2.5퍼센트)이었다. 이 전간기(戰間期)의 폴란드에서 지배적인 정치 담론 요소로 떠오른 것은 민족주의였다. 민족주의는 소련과 독일로부터의 위협이 존재하는 폴란드의 대외 정세와, 지배 민족이 소수 민족들에게 노골적으로 근거 없는 불신을 드러내던 상황에서 조건 지어졌다. 소수 민족에 대한 불신은 특히 유대인과 관련되어 있었다. 그들이 폴란드에 어떠한 위협도 가하지 않았음에도 말이다. 유대인에 대한 불신은 무엇보다도 종교적인 근원에서 비롯된 것이었지만, 사회의 다른 모든 영역으로, 우선 정치·경제 분야와 연결되었다. 가장 일반적으로 받아들여졌던 정치적 신화 가운데 하나는 폴란드 공산당이 유대인적 특성을 지니고 있다는 것이었다. 대부분의 폴란드인들은 폴란드 공산당을 불구대천의 적인 소련의 하수인으로 간주했다(이것은 폴란드 공산당이 합법 정당의 지위를 확보할 수 없었던 이유 가운데 하나였다). '유대 공산주의Żydókomuna'는 유대인에게 이방인이라는 인상을 부여하는 용어로서 반유대주의 선전에 널리 사용됐다. 사실 작고 허약하고 불법화된 공산당 내에서 유대인은 전체 구성원의 반 이상을 차지하고 있었다. 그러나 유대계 폴란드 주민 전체를 볼 때 공산주의자들은 0.5퍼센트를 조금 넘을 뿐이었다. 오히려 유대계 폴란드인 가운데 압도적 다수는 다소 보수적인 사회적 선택을 하는 경향이 있었다. 그럼에도 '유대 공산주의'라는 슬로건은 국가적 정당성을 추구하는 공산당을 당황스럽게 했다. 앞에서 언급된 다른 모든 것처럼, 이러한 문제는 폴란드 역사 가운데 공산주의 시기 동안만이 아니라 1989년 이후에도 중요한 '사후적posthumous' 역할을 수행하게 된다. 그리고 실제로 오늘날까지 그러하다.

3. 2차 세계대전 이후의 민족 문제

전후 폴란드 소수 민족의 비율은 약 2퍼센트로 극적으로 감소했다. 이것은 2차 세계대전으로 인해 폴란드 서부 국경이 이동하고, 1941~1944년에 독일 점령자들이 유대인의 90퍼센트(약 300만 명)를 학살하고, 1945~1947년에 폴란드의 새로운 국경으로부터 수백만에 달하는 독일인들이 추방된 결과였다. 그러나 민족 문제라는 것이 폴란드인의 의식에 가장 호소력이 있었기 때문에, 공산주의자들은 사회적 지지를 획득하기 위해서 민족주의를 이용했다. 얼마 전까지만 해도 공산당은 국제주의를 자신의 이데올로기적인 지주 가운데 하나로 간주했고, 소수 민족의 평등을 위해서 싸웠다. 그랬던 공산당이 이제 폴란드가 역사상 처음으로, '마침내' 한 민족 한 국가가 됐다는 사실을 자신의 정치적 성과로 내세웠다.

그러나 그것이 무엇의 대가인지는 언급되지 않았다. 즉 이러한 전후 폴란드의 새로운 인종 구성이 독일의 유대인 학살과 폴란드 영토에서 독일인을 잔혹하게 추방한 결과라는 것은 전혀 언급되지 않았다. 독일인이 추방된 영토는 그들이 수백 년 동안 살아왔으나 전후 폴란드 국경 내로 새롭게 편입된 곳이었다.

이러한 정치 게임의 결과로서 많은 사람들이 공산당으로 쏟아져 들어오기 시작했고, 이 가운데는 전쟁 전에 가장 큰 우파 민족주의 정당이었던 민족민주당의 과거 추종자들이 끼어 있었다.

공산당 정부가 자신의 신뢰성을 이런 민족주의 수사학에 의해서 쌓아 올리고자 할 것이라고 추측할 수 있었던 사람은 전쟁 전에 거의 없었다. 뭐라고 해도 이 정부를 구성한 공산당은 과거에 '프롤레타리아 국제주의'를 자신의 기치에 이데올로기적 토대로서 새겼던 조직이었다. 게다가 공산당은 제2공화국 시기(1918~1939)에 있었던 폴란드 정당 중에서 유일하게 평등주의에 근거해 유대인을 조직에 받아들였고, 유대인 지식인들로 지도부가 구성되어 있었다. 그랬던 공산당에 이러한 의미심장한 변화가 생긴 데는 중요한 이유가 있었다. 그것은 권력을 유지하려는 의지였다.

4. 유대인과 관련된 난제

전후 폴란드의 지배자들은 '유대인'과 관련된 광범위한 주민층의 태도와 도덕에 영향을 미치는 세 가지 난제에 직면했다.

첫 번째는 독일이 폴란드 점령지에서 행한 유대인 절멸 정책에도 불구하고 전쟁 전에 대부분의 폴란드인이 지니고 있었던 반유대주의는 치유되지 못했다는 것이다. 오히려 많은 폴란드인들은 홀로코스트라는 독일의 처벌받지 않은 범죄가 어쨌든 전후의 폴란드에 이익이 될 것이라는 생각을 갖게 됐다. 전쟁 전의 폴란드에서 매우 영향력이 있었던 민족당은 '유대인 없는 폴란드'를 위해서 오랫동안 활동해왔고, 1930년대의 폴란드에서 민족주의적 슬로건을 빈번하게 사용했었다. 물론 폴란드 민족주의 정당들은 학살이라는 나치의 방법보다는 유대인을 강제로 이주시키는 방법을 선호했다. 그러나 학살이 유대인 문제를 해결해주었고, 그 학살을 저지른 것은 타국 권력이었다. 따라서 폴란드인은 그것에 책임질 필요가 없다고 생각했다.

독일 점령기에 많은 폴란드인이 위험을 무릅쓰고 유대인을 구출하는 데 참여했지만, 국민의 대다수는 독일의 유대인 학살에 무관심했고, 심지어 어떤 집단은 그 범죄에 찬성하기도 했다. 그리고 이러한 태도는 전후에도 지속됐다. 홀로코스트에서 살아남은 소수의 유대인 생존자가 집으로 돌아왔을 때 주민 상당수의 반응은 노골적 적의는 아닐지라도 많은 경우에 냉담한 것이었다. 폴란드인 다수가 사실상 '유대인 없는 폴란드'라는 전후의 전망을 받아들이고 있었던 것은 분명했다.

두 번째로 중요한 문제는 첫 번째와 밀접하게 연관된 것인데, 독일이 유대인 재산을 몰수한 데 따른 문제였다. 돈, 금, 보석, 그리고 다른 재화들은 독일로 보내졌다. 그러나 공장, 주택, 토지와 관련해서는 그럴 수 없었다. 이 모든 것은 전후에 폴란드 재산이 되었고, 개인의 손으로 넘어가거나, 국유화되거나, 지역 당국에 인수되는 방식으로 국가의 손으로 넘어갔다. 정책에 대한 대중의 지지를 모으는 데 어려움을 겪고 있던 공산당 정부는 유대인의 주택, 아파트 또는 유대인 수공업자의 작업장을 차지한 새로운 소유자들이나 점유자들과 적대 관계에 놓이기를 원하지 않았다. 결과적으로 공산당과 폴란드 국민의 유력층 사이에 일종의 공모(共謀)가 이루어졌다. 이것은 공산당 체제의 정당화를 위한 중요한 경로가 됐다.

유대계 폴란드인에 대한 공산당의 정책과 관련된 세 번째 문제는 외부적인 요소와 연관되어 있었다. 특히 유대인 문제에 대한 스탈린의 태도와 연관되어 있었다. 스탈린의 잘 알려진 반유대주의적 편집증은 전후 시기에 소련에서 살고 있던 유대인의 상황에 큰 영향을 미쳤을 뿐만 아니라 동방 블록의 모든 국가들에도 영향을 주었다. 1941~1943년 독일 점령 기간에 소련 내에서만도 수백만의 유대인이 홀로코스트의 희생자가 되었지만, 이 문제는 미디어에서 별로 다루어지지 않았다. 그 문제는 정치 담론에서 사실상 금기시되었을 뿐만 아니라 교육 커리큘럼에도 존재하지 않았다.

이러한 세 가지 요소가 전후 폴란드에서 유대인에 대한 공산당 정책의 전체적인 틀을 구성했다.

5. 정치 게임의 규칙

전쟁 직후의 폴란드 공산당은 사실상 정당이라기보다는 오히려 작은 당파에 불과했다. 그것은 독일군 테러에 의해 공산당원이 많이 죽었기 때문이었다. 따라서 공산당은 실제적인 딜레마에 빠졌다. 당은 효과적으로 행정적·정치적 하부 구조를 창출하기 위해서 급속하게 확장된 과업을 책임질 정치 활동가들을 절실히 필요로 했다. 유대인 생존자를 포함해서 좌파와 연관된 모든 자원자들이 동원됐다. 그러나 유대인으로 인원을 충원하거나 유대인 문제를 다루는 것은 다소 까다로운 일이었다. 한편으로, 그 시기에 진정한 공산주의자가 매우 드물었다는 단순한 이유에서 유대인 출신의 공산주의자들이 불가피했다. 그러나 다른 한편으로, 그 나라는 여전히 '유대 공산주의'라는 낡은 신화에 사로잡혀 있었고, 그것은 주민에게 여전히 생생한 기억으로 남아 있었다. 따라서 '유대인적'이라는 비난을 피하기 위해서, 공산당은 반유대주의 문제를 다루는 것을 포기해야만 했다. 또한 공산당은 사실상 홀로코스트 문제에 대해서도 저자세를 취해야만 했다. 왜냐하면 대다수의 폴란드인이 이 문제에 관해서 분명한 태도를 가지고 있지 않았기 때문이다.

폴란드 공산당 일인자인 고무우카Władysław Gomułka의 1945~1947년 연설과 저작들을 조사해보면, 그가 홀로코스트에 대해서 한마디도 하지 않았다는 것을 알게 될 것이다. 독일이 저지른 학살에 대한 기억이 여전히 생생했고, 학살된 300만의 유대계 폴란드인이 폴란드 전체 인구의 거의 10퍼센트를 차지했으며, 단연 독일 점령의 가장 큰 희생자였음에도 불구하고 말이다.

이렇게 도덕적으로 논란거리가 된 정치 게임에 불과했던 것, 즉 '원하는 것'과 '가능한 것' 간의 타협이자 전술적·일시적 선택이었던 것은 시간이 감에 따라 대다수의 당 활동가들과 당 기구의 정신 상태에 깊게 뿌리내린, 체계의 영구적인 일부분part of a permanent scheme이 됐다. 그 이유는 단순했다. 당의 급속한 성장(1944년에 약 1만 5,000명이던 당원이 1945년 봄에 30만 명, 그리고 1948년 가을에 100만 명을 넘었다)으로 인해, 반유대주의적 태도를 용납하지 않는 국제주의 정신을 교육받은 과거 공산당의 베테랑들은 신참자들에 포위된 소수 집단이 되어버렸기 때문이었다. 공산당에 가입한 신참자들 상당수는 주민들에게 여전히 생생하게 남아 있던 반유대주의 선입관의 보균자들이었다.

최초로 당 안팎에서 반유대주의가 공공연하게 거대한 규모로 분출하게 된 시기는 1955~1957년의 정치적 해빙기였다. 1953년의 스탈린의 죽음, 그리고 소련 공산당 20차 전당 대회에서 스탈린의 범죄에 대한 흐루시초프의 유명한 비밀 연설이 초래한 정치적 위기는 폴란드에서 매우 심각했으며, 단기간이었지만 공산당 지도부는 당내 활동에 대한 엄격한 통제력을 상실했다. 이 시기에 당 모임은 다양한 분파와 입장을 가진 당원들을 위한 자유로운 연단이 되어갔는데, 여기에는 반유대주의도 포함돼 있었다. 당 정치국원의 다수는 스탈린주의가 저지른 모든 범죄를 유대인에게 돌리고자 했다. 탈스탈린주의 시기에 정치적으로 살아남기 위해, 그리고 새로운 국가적 정당성을 추구하기 위해, 정치국원들은 스탈린 시대의 범죄들의 속죄양이자 주범으로서 유대인을 선택했다. 유대인들은 '이방인'이고, '우리'가 아니라 '이방인'이 더러운 짓을 했다는 것이었다. 이러한 정치적 책략은 효과적이었을 뿐만 아니라 생명력이 길어서, 공산주의 체제의 종말까지, 아니 그 몰락 이후까지도 지속됐다. 유대인은 공공장소에서 공공연하게 괴롭힘을 당했으며, 그들 아파트의 대문은 반유대주의적 상징과 슬로건으로 덧칠해졌다. 많은 유대인들이 일자리를 잃었으며, 수천 명의 유대인이 폴란드를 떠났다.

반유대주의를 공개적으로 표명하는 물결은 1957년에야 공산당 지도부에 의해서 억압됐다. 그 시기에 (소련과 달리) 폴란드의 공산당 정치국은 특히 당내에 존재하는 공공연한 반유대주의를 기분 나쁜 병폐 가운데 하나로 간주했다. 분명, 공산당 엘리트 전체가 폴란드에 반유대주의가 존재하는지에 대해, 그리고 어떤 것이 반유대주의를 감소시키기 위해 수행되어야 하는지에 대해 무관심했던 것은 아니었다. 반유대주의를 걱정하는 사람들은 반유대주의 출판물의 금지가 여전히 지속되고 있던 1968년까지 자신을 위안할 수 있었다. 그러나 단순한 검열 조치에 의해서, 즉 다른 말로 회피에 의해서 사회가 반유대주의 선입관으로부터 치유될 수 있다는 그 가정은 유토피아적임이 드러났다.

전후 몇십 년 동안 유대계 폴란드인과의 관계에서 발생한 모든 문제는, 전후 폴란드 내에 존재하는 반유대주의의 흔적을 공개적으로 다뤄야 한다는 생각, 그리고 교육 체계 전체에서 홀로코스트의 문제를 제기해야 한다는 생각을 포기한 데 따른 결과였다. 공산당 지도부에게는 유대 공산주의라는 신화에서 스스로를 분리하고 반유대주의자들과 적대하지 않으려는 바람이 정치적 도덕을 지키는 문제보다 더 중요했다. 독재에 대한 대중의 지지를 얻는 것이 절대적인 우선권을 지녔기 때문이었다.

1957년 이후에는 유대인 문제가 명백히 경감됐다고 오해하기 쉽다. 그러나 1960년대 초부터 공산당 내부에서도 장관급 인물이 포함된 반유대주의적이고 유사파시스트적인 분파가 출현하기 시작했다. 내무 장관인 모차르Mieczysław Moczar는 그 대표로서, 당과 국가 기관 내에서 점진적으로 영향력을 넓혀갔다. 폴란드의 경기 침체는 일종의 사회적 불안을 창출하면서 모차르 분파의 계획을 용이하게 했다. 정치적 위기가 서서히 감돌았다. 모차르 분파의 목적은 공산당의 전후 세대가 당과 정부 내에서 지도적 위치를 완전히 넘겨받고, 모든 지위로부터 유대인을 추방하는 데 그 위기를 이용하는 것이었다. 반유대주의는 쿠데타를 위한 정치적 매개물로 선택됐다. 유대인을 제거하자는 비공식 슬로건은 이중의 목적을 지녔다. 모차르 분파로 하여금 유대인들의 지위를 넘겨받게 하는 것, 그리고 무엇보다도 좀더 젊은 세대의 정치국원들에게 새로운 정당성을 제공하는 것이었다. 당과 정부 구조 내에서 유대인을 관용해왔던 이전 지도부가 아니라 바로 이들이 폴란드 국민에게 더욱더 봉사할 수 있는 사람들이라고 정당화되었다. 유대인을 증오하는 것은 모차르 도당의 신분 징표이자 암호였다. 비밀경찰이 폴란드 주민의 실제 마음 상태가 어떤지에 대해 수집한 모든 정보를 수중에 넣고 있었던 모차르는, 자신의 행동에 대해서 폴란드 국민의 유력층이 우호적으로 반응할 것이라고 인식했다. 또한 실제로 그러했다. 반유대주의는 폴란드에서 여전히 인기가 있었고, 유대 공산주의의 유령은 여전히 폴란드를 사로잡고 있었다. 대다수의 폴란드인에게, 폴란드인 공산주의자가 유대인 공산주의자보다 더 나은 존재였다.

공개적인 반유대주의 공세는 1968년 3월에 시작됐다. 그 시기에 이미 당 기구 내에서 지배적 위치를 확립한 모차르 분파는 공세의 명분으로서 소련과 폴란드 공산주의 체제 내에 존재했던 정치적 불안을 이용했다. 이러한 정치적 불안은 1967년에 중동에서 일어난 6일 전쟁의 결과로서 생겨났다. 소련이 무기와 군사 고문을 제공했던 이집트와 시리아 군대가 이스라엘에 패한 것은 모스크바가 '반시오니즘적인' 그러나 사실상 반유대주의적인 반응을 보이도록 만들었다. 그러나 모차르 분파는 유대인과 유대인이라고 추정되는 사람들을 공격하는 데 그쳤던 소련의 미디어보다 훨씬 더 나아갔다. 이 시기의 폴란드 신문들은 몇몇을 제외하고는 공산주의 출판물보다 1930년대 독일 나치의 반유대주의 신문 〈슈튀르머Der Stürmer〉를 더 닮아 있었다. 폴란드 신문들은 시오니즘에 대한 일반적인 비난만을 포함하고 있지 않았다. 유대계 폴란드 공산주의자들이 갖고 있다고 추정되는 시오니즘은 체제 내에서 자유주의적이고 민주주의적인 경향을 대표하는 사람들과 반대파를 맹렬히 공격하기 위한 명분으로 사용됐다. 매일 새로운 이름들이 일종의 추방자 목록으로서 신문에 등장했다. 민주적인 학생 운동과 작가 동맹의 활동가들은 특별한 표적으로 선택됐다.

모차르 분파는 반유대주의적 입장을 공공연하게 표명함으로써 자신들이 계획한 쿠데타에 대해 모스크바가 청신호를 보내줄 것을 기대했다. 그러나 모스크바는 모든 중요한 직위에서 유대인을 쫓아내는 것을 호의적으로 방관하면서도, 모차르가 민족주의적 수사학을 통해서 지금보다 더 많은 영향력을 획득하는 것은 달가워하지 않았다. 반유대주의 공세는 얼마 후 멈췄지만, 모차르파는 당과 행정부의 구조 내에 입지를 굳히고 이미 '거기에' 있었다. 1970년대의 폴란드 반공산주의적 반대파와, 1980년대의 연대자유노조Solidarność 운동이 직면해야 했던 주요한 장애물은 공산당 기구와 내무부 정치 경찰의 구조 내에서 입지를 굳히고 있던 이들 모차르 분파였다.

그러나 진정한 문제는 반유대주의 분파 도당이 체제의 성격을 바꾸기를 원한 것이 아니었다는 사실이다. 그들은 단지 권력을 장악하고자 했다. 반유대주의는 그들이 이러한 목표에 도달할 수 있게 하는 정치적 매개물이었다.

이러한 정치적 책략 가운데 그 어느 것도, 공산주의 체제의 시작부터 종말까지 홀로코스트를 금기시하는 원리가 계속되는 것을 중단시키지는 못했다. 이와 함께, 전후 폴란드의 서부 국경 문제, 반유대주의에 대한 침묵, 폴란드 유대인의 절멸은 극좌파와 극우 민족주의자 간에 진정한 합의와 효과적인 동맹이 존재하는 아마도 유일한 영역이 됐다. 산 자든 죽은 자든, 유대인을 대가로 하는 동맹 말이다.

제국적 내셔널리즘과 소수자들에 대한 비교의 전망

사카이 나오키 :: 김지혜 옮김

9·11 이후 정치-문화적 혼란으로 우리는 파시즘 개념 전반에 내재한 취약성에 관해 많은 것을 깨닫게 되었다. 또한 우리 중 많은 사람들이 1920년대와 1930년대에 유럽의 안팎에서 파시즘을 선언하게 했던 절박감을 거의 이해하지 못했다는 사실을 깨닫게 되었으며, 동아시아에 거주하는 많은 지식인들이 지역의 정치적 난관이 지닌 성격을 개념화하기 위해 파시즘이라는 용어를 폭넓게 채용했던 이유를 거의 이해하지 못하고 있었다는 사실을 깨닫게 되었다. 지난 30년 동안, 미 국내외 뉴스의 정치 전략이나 보이지 않는 위험에 관해 막연한 불안감을 갖는 대중의 심리를 조작하는 매체 기술들, 민중의 정서적 삶에서 대중독재로 지칭할 수 있는 것 등 많은 점들이 우리에게, 파시즘이라는 용어가 묘사하고 요약하고자 했던 현실을 어떻게 이해해야 할지에 대해 다시 연구할 것을 촉구했다.

사카이 나오키Sakai Naoki는 코넬 대학 아시아학과 교수다. 현상학을 비롯한 현대 철학, 모더니즘, 언어학에 관한 연구뿐 아니라 민족주의와 인종주의, 문화와 번역 이론, 18~20세기에 이르는 동아시아 지성사 등의 분야에 관심을 가지고 연구를 진행하고 있다. 대표적인 저서로는 《과거의 목소리 : 18세기 일본 담론에서 언어의 지위 Voices of the Past : The Status of Language in 18th-Century Japanese Discourse》 등이 있다. 국내에서는 임지현 교수와의 대담집 《오만과 편견》을 출간했으며, 한국어 판으로도 나오는 다언어 잡지 《흔적 Traces》의 편집위원이기도 하다.

특히 미국 학계의 일본사 분야에서는 '파시즘'이라는 용어의 결함들이 너무도 분명하게 단언되어, 일본을 연구하는 역사가들 가운데는, 냉전이 종식될 때까지 전후 세대 학자들이 했던 것처럼 그 용어가 일부 비정상적이거나 일탈적인 구조에만, 곧 미국의 역사적 상황과는 전혀 무관하게 전간기 태평양 서안의 섬 제국(일본), 이탈리아, 독일에만 국한된 것인 것처럼 일본의 파시즘이나 극단적 내셔널리즘에 관해 계속 서술할 수 있다고 믿는 이는 거의 없다. 달리 말하자면, 일본 파시즘을 직접 연구해온 사람이라면 누구라도 현재 미국의 극단적 내셔널리즘의 등장에서 데자뷔의 느낌을 피할 수 없을 것이다. 그러나 매카시즘 시절 이래, 역사가들이 고수해야 한다고 기대되었던 역사 연구의 엄숙주의라는 미명 아래 일본의 파시즘과 미국의 극단적 내셔널리즘 사이의 유사성은 체계적으로 거듭 부인되어왔다. 아시아태평양 전쟁이 끝나자마자, 1930년대 일본의 정치 구조를 파시즘으로 부를 수 있는지를 두고 논쟁이 이어졌다. 반세기 동안 그 지역의 동시대 지식인들이 1930년대에 일본에서 파시즘의 이름 아래 분석하고 비난했던 것이 정말 파시즘의 한 유형이었는지를 둘러싼 무익한 논쟁이 되풀이되었다. 곧 일본의 파시즘에는 제대로된 파시즘의 정의와는 분명히 모순되는 특질들이 있는데 과연 그것을 파시즘의 한 유형으로 규정할 수 있을지에 대한 논쟁이 되풀이되었다. 소위 볼거리의 사회를 살아가는 우리 모두에게 악의 일상성이더 이상 절박한 문제가 아니라고는 하지만, 용어 사용의 엄숙주의는 정치적 경고와 비평이 시급하다는 사실을 외면했다.

그럼에도 불구하고, 악의 일상성에 대한 아렌트의 연구에서 영감을 받아 저술한 사회-역사 연구서《근대성과 홀로코스트*Modernity and the Holocaust*》[1]의 2000년판 후기에서 바우만Zygmunt Bauman이《자발적인 히틀러의 집행자들*Hitler's Willing Executioners*》[2]에 나

타난 골드하겐의 홀로코스트 평가 방식을 요약한 것과 그 같은 부정
(否定)의 양상 사이에 기묘한 유사성이 드러난다. "독자들은 어렵지
않게 홀로코스트가 일어났을 때의 독일인들이 '우리와 다소 달랐
기' 때문이라는 결론에 이를 수 있을 것이다." 이어 바우만은 다음과
같이 말한다.

> 그리고 '다르다는 것'은 대칭적 관계이므로 그 다음 결론 역시 쉽게 얻
> 을 수 있다. 우리 나머지 사람들 모두 '독일인들과 어느 정도 다르기' 때
> 문에 다른 어느 곳에서 다른 누구도 홀로코스트식 학살을 자행할 수 없
> 다. 홀로코스트는 독일인의 문제였고, 그들의 문제이며, 그들의 문제로 남
> 을 것이다. 그래서 세계의 나머지 사람들은 두려워할 것이 없다. 나머지
> 에 대해 양심적일 수 있고 괴로움을 벗어버릴 수 있다. 달리 말하자면 홀
> 로코스트로 불리는 사건에서 우리가 배울 수 있는 것은 독일인의 죄일 뿐
> 이며, 그 사건은 우리 자신에 관해서나 우리가 살아가는 세계에 관해 아
> 무것도 가르쳐주지 않는다.[3]

미국 내의 대중 매체에서 파시즘이라는 용어는, 독일은 물론이고
일본과 이탈리아, 그리고 그 밖의 라틴 아메리카와 동유럽 국가들에
까지 좀더 폭넓게 적용되었지만, 홀로코스트와 같은 방식으로 취급
되었다. 이런 예외주의의 핵심은 바로 '다르다는 것'이 대칭적 관계
라는 데 있다. 그리고 미국 대중 매체의 파시즘 운동에 대한 수많은

---

1) Zygmunt Bauman, 《근대성과 홀로코스트*Modernity and the Holocaust*》(Ithaca, New
York : Cornell Univ. Press, 2000).
2) 물론 쟁점이 되는 책은 Hannah Arendt, 《예루살렘의 아이히만―악의 일상성에 관한
보고*Eichmann in Jerusalem―A Report on the Banality of Evil*》(London · New York : The
Penguin Books, 1994)이다.
3) Zygmunt Bauman, 《근대성과 홀로코스트》, 243쪽.

대중적 묘사들에서 그런 대칭 관계는 독일과 나머지 세계 사이가 아니라, 추축국(좀더 최근 판으로는 '악의 축')과 서방, 소위 미국과 그 동맹국들 사이에 있다. 이런 구도에서 '서방'이라는 용어는 논리적으로 터무니없이 부정확한 것임에도 불구하고, 파시즘을 독일이나 일본의 문제로 고정시키는 것은 사실상 미국의 예외주의에서 파생된 피할 수 없는 결과다.[4] 파시즘의 그런 예외성을 미국 이외의 다른 사회나 국가에만 귀속시키는 일이 더 이상 불가능해지는 순간, 곧 그 문제가 부메랑이 되어 자기 면죄부의 도덕적 위안에서 벗어날 출구를 요구하는 순간, 파시즘을 다루는 일 자체가 불가능해진다. 일본을 연구한 전공자들이 무비판적으로 미국 내셔널리즘의 예외주의적 특징들을 내면화하는 한, 일본 파시즘 연구에서 소위 파시즘 정권 아래서 일어났던 일과 현재 일어나고 있는 일을 비교할 수 없으리라는 점은 충분히 예측할 수 있다. 미국의 내셔널리즘이 선험적으로 다민족 보편주의라고 주장되는 데 반해, 일본의 파시즘은 그 복잡성을 연구하기보다 하나의 전형적인 인종적 배타주의로 일축되어야 할 어떤 것으로 상정되었다. 그러므로 파시즘과 다민족 보편주의의 역사적 실제에 대한 어떤 진지한 연구도 차단되거나 고의적으로 방해받았다. 근대화론의 지지자들이 자주 호소하곤 했던 보편주의와 배타적 이분법이 이런 종류의 예외주의적 요구들도 충족시켰음은 말할 나위도 없다.

파시즘의 용어를 일본의 경우에도 적용할 수 있는지를 둘러싼 의문은 곧바로 2차 세계대전 이후 이런 종류의 예외주의적 충동과 뒤섞였다. 그러나 쟁점은 일본의 파시즘이 정말 얼마나 열광적이었는지를 가늠해보는 것도 아니고 파시즘에 대한 정확한 정의를 확립하

---

4) 폴 길로이Paul Gilroy는 유사한 집합을 분석한다.

는 것도 아니다. 그보다, 지구상의 많은 부분에서 역사적으로나 지역적으로 다양한 경험들이 파시즘의 이름으로 요약되어왔다는 사실을 놓치지 않으면서 파시즘에 관한 우리의 지식을 효과적으로 동원해 오늘날 우리가 직면한 문제를 판단하는 것이 중요하다. 1920년대 이래, 파시즘은 단지 유럽의 지식인들이 유럽에서 발생하고 있던 일들을 기술하는 데에만 사용할 수 있는 용어는 아니었다. 그 용어는 이미 전간기 동아시아에서 폭넓게 통용되고 있었다.

9·11 테러 이후 '테러리스트'로 규정된 개인들을 제거하는 것이 미국 내 정치의 궁극적 목표가 되었다. 그러나 테러리스트라는 개념은 시대의 정치적 풍토에 따라, 어느 인종, 어느 민족, 어느 종교, 어느 정치적 집단의 사람들에게도 적용될 수 있을 만큼 일관성 없고 기회주의적인 명칭이다. 오늘날 테러리스트들에 대한 집단 편집중은 파시즘 치하의 반유대주의의 역사적 궤적을 따르는 듯하다. 더욱이, 파시즘 연구의 융통성 없는 용어 사용을 따르는 것으로는 파시즘과 관련해 우리가 축적한 지식의 관점에서 현 상태를 진단할 수 없다.

특히 마음에 걸리는 점은, 미국 정부의 국제 정치와 아랍인, 이슬람교도, '불량 국가들'과 그들이 테러리스트로 상상하는 것들에 대한 미국 대중의 파렴치한——그리고 뚜렷이 인종 차별적인——태도에 대한 해외 관측자들의 비판에 미국의 주류 언론들이 조금이나마 관심을 보이기까지 너무 오랜 시간——거의 2년——이 걸렸다는 것이다. 사담 후세인에게 9·11 테러의 책임을 물을 근거가 거의 없다는 사실이 거듭 입증되었음에도, 설문 조사에 따르면 미국인의 40퍼센트 정도는 여전히 이라크의 독재 정권과 알 카에다 사이에 긴밀한 연관이 있다고 믿고 있으며, 9·11 테러가 최후의 제국주의 열강에 맞선 문명 전쟁이자 종교 전쟁이며 인종 전쟁의 선언이라고 여긴다. 집단 편집중의 징후인 이들 미국의 보수주의자들은 모든 아랍인과 이슬람교도가 서방의 중심이자 백인 그리스도교 문명의 중심이라 여겨지는 미국에 맞서 전면적인 대항을 시작하려 한다는 사실을 확인하고자 한다. 그들의 공상에서 만들어진 시나리오에서는 이슬람 세계에 서로 다른 민족 집단, 정치적 움직임, 서로 다른 많은 역사가 폭넓게 존재한다는 사실이 인정되지 않는다. 결국 문제가 되는 것은 우방과 적의 선명한 대비, 서방·백인·그리스도교도로서 그들 자신의 정체성을 입증하는 데 도움이 되는 이분법인 듯하다.

9·11 비극의 충격파로 전 세계에서 미국인들에 대한 동정과 자살 공격을 선동한 자들에 대한 한결같은 비난이 촉발되었다. 한동안 세계의 여론은 명백히 미국의 편에 선 듯했다. 그리고 미국 안팎의 많은 사람들이 세계의 많은 지역에서 미국 정부가 행했던 폭격과 비밀 군사 작전의 오랜 역사에서 발생한 민간인 희생자들에 대해 미국인들이 동정심을 갖게 되기를 희망했다. 또한 미국인들이 전 지구적으로 왜 그토록 큰 미움을 사는지에 대해 그들 스스로가 이해하게 되기를 바랐다. 요컨대, 전 세계의 많은 사람들이 미국 주류 여론에서 일말의 자기 성찰을 보게 되기를 바랐고, 그래서 미국인들과 자신들이 친밀하게 연결되었다고 느낄 수 있는 얼마간의 인간적 면모를 발견할 수 있기를 바랐다. 그러나 세계는 곧 미국 정부가 9·11 이후의 잇따른 정서적 혼란을 이용해 민중주의적 호소를 확고히 하고 맹목적인 애국주의적 태도와 의로운 척하는 태도를 드러내며 일방적인 선점 전략을 선언하려 한다는 것을 알게 되었다. 뻔뻔스럽게도 이제 부시 행정부에 훌륭한 정치적 기회를 제공하고 있는 이 모든 "미국의 우방들"——사담 후세인, 후에 알 카에다로 돌변한 무자헤딘——을 만들어내고 부양한 것은 미국의 정책과 군사·재정적 원조였다는 사실을 외면한 채, 부시 행정부는 일말의 수치심도 없이 조야하지만 친숙한 제국주의자의 자기 정당화의 수사를 구사했다. 오늘날

과거 '미국의 우방들'은 미국에 대해 적대적이지만 이 적대 행위를 통해 부시 행정부를 강화하고 있다. 그들은 새로운 방식으로 미국과 공모하고 있다. 나는 이를 雙形상화 도식schema of co-figuration이라는 용어로 분석하고자 한다.[5]

그러나 부시 행정부의 근본주의적 태도와 일방주의가 반드시 미국의 여론과 모순되는 것은 아니었다. 미국 대중 매체의 공개적 어휘에서 '제국주의'라는 말이 삭제되면서 언론인들은 아주 기본적인 것을 지적하는 데에도 실패했다. 영미의 군대가 아프가니스탄과 이라크에서 벌이고 있는 일은 점령을 위한 군사 행동, 반식민주의 반란의 탄압, 괴뢰 정부 수립 등 제국주의 강대국들의 가장 전형적이고 친숙한 행동을 되풀이하는 것이라는 점을 지적하는 데 실패한 것이다. 1930년대에 중국에서 일본인들이 벌였던 일을 생각해보라. 미국의 이라크 지역 점령에 관한 신문 보도에서는, 과거 영국의 이라크 식민 통치가 1920년대에 지역적 저항에 직면해 반식민 운동을 분쇄해야만 했었던 사실에 관한 정보조차 정교하게 배제되어왔다. 그래서 미국의 대중은 여전히 그 지역과 관련해 오늘날 자국의 역사적 위치를 평가하는 데 필요한 역사적 지식을 박탈당하고 있다. 더욱 실망스러운 것은 미국의 대중이 부시 행정부의 '성전'이라는 수사를 애호하며 패트리어트 법으로 알려진 법안을 압도적으로 지지했다는 점이다. 이 법은 국가 안보의 이름으로 시민의 기본권 일부를 포기하도록 요구한다. 분명 이 모든 일은 미국인들의 경제적 미래, 백인성, 젠더의 지위에 관한 근심을 가중시키는 전 지구적 변화라는 배경에 맞서 일어났다.

---

5) 雙形상화 도식에 관한 폭넓은 설명을 위해서는 나의 책 《번역과 주체 *Translation and Subjectivity : On "Japan" and Cultural Nationalism*》(Minneapolis · London : Univ. of Minnesota Press, 1997) [후지이 다케시 옮김(이산, 2005)]의 서문과 제2장을 보라.

현재 미국의 정치적 풍토를 기술하는 데 파시즘이라는 용어를 피하기는 어려워 보인다. 현재 우리의 정치적 상황에 대한 관심을 표현하기 위해 파시즘이라는 용어에 의지하는 것이 역사적으로나 정의의 문제에서나 얼마나 불편한 일인지 알지만, 감히 파시즘을 폭넓게 재정의하지는 않을 것이다. 나의 시험적인 작업 가설은 조심스러운 것이다. 파시즘은 편집증적 형태의 내셔널리즘이다. 그것은 내부의 이방인으로 인식된——반유대주의의 경우처럼 이방인의 기준이 자의적이며, 그래서 반유대주의는 인종 차별주의 일반의 전형이다[6]——특정 요소들을 국민 공동체를 위협하는 것으로 간주할 만큼 국민적 연대가 취약하다는 점을 강조했다. 국가 안보의 망상은 시민들의 기본적 인권을 임의로 제한하는 구실로서 호소력을 갖는다. 논리적으로 말하자면, 국가 안보라는 개념은 그 편집증적 성격으로 인해 끊임없이 지속되는 복지와 명확히 구별되지 않는다. 국민의 일체성——소위 전통적 가치들, 문명의 사명, 종교적 결연성, 가부장적 지도력——을 뒷받침한다고 주장되는 미학적 추측들은 헌법을 대신해 정치적 합법성의 근거로 인용되는 집합적 원리로 격상된다. 거기서 비상시와 예외라는 명분으로 점점 더 의회민주주의의 통치를 외면하거나 압도하는 경향이 나타난다. 적에 맞선 우방이라는 수사가 일상생활의 너무 많은 영역에 확산되어, 결국 국민의 일체성에 위협이 되는 개인들을 완전히 제거하는 것이 국민의 사명으로 결정될 것

---

6) 에티엔 발리바Étienne Balibar의 〈인종주의와 내셔널리즘Racism and Nationalism〉[《인종, 국민, 계급*Race, Nation, Class*》, Chris Turner (trans.) (London · New York : Verso, 1991), 37~67쪽]에 따르면, 미국의 아프리카계 미국인들에 대한 인종 차별주의에서 전형적으로 발견되는 내적 차별과, 일제의 조선인 차별과 같이 인종적 차이의 차원에서 토착인들을 축출하는 것에 기반한 식민주의의 차별 사이의 문제성 있는 통로로 진입할 입구를 찾아야만 한다. 국민국가의 국경을 포함해서 식민주의의 차별 기구들이 점점 더 지리멸렬할 때, 식민주의의 배제에서 내적 배제로의 이행을 분명하게 볼 수 있다.

이다.

여러분 가운데 많은 사람이 알고 있듯이, 쿠바의 관타나모 기지 안에는 미 국내법에 따른 범죄자도 아니고 국제법이 규정하는 전쟁 포로도 아닌 '적 전투원'을 수용하기 위한 집단 수용소가 여전히 존재한다. 1935년의 뉘른베르크 법(특히 제국 시민법)에 의해 권리와 국적을 부정당했던 유대인들과 마찬가지로, 관타나모의 수감자들은 2005년 6월 미 대법원의 판결이 나올 때까지 사법권에 항소할 법적 권리도 없이 무기한 수감되어 사법 절차에서 완전히 배제되었다. 그리고 주목할 것은, 국가 안보의 이름으로 집단 수용소가 만들어진 것이 미국사에서 처음 있는 일도 아니라는 점이다. 이 점에서, 아감벤Giorgio Agamben이 주장했듯이 "모든 사법권과 정상적인 사법 질서의 모든 준거에서 절대 독립이 지속적으로 재확인되었던" 집단 수용소는 근대 "육체의 정치biopolitics"의 패러다임적 규범이다.[7] 1942년 루스벨트 대통령은, 자신과 그의 전쟁부 장관이 일본계 미국인들이 첩보원과 파괴 공작원이 될 수 있다고 믿었던 까닭에, 일본

---

7) Giorgio Agamben, 《호모 사케르*Homo Sacer*》, Daniel Heller-Roazen (trans.) (Stanford : Stanford Univ. Press, 1998), 169쪽. "수용소는 예외의 상황이 상례가 되기 시작할 때 열리는 공간이다. 수용소에서, 국가의 실제 위험에 근거해 한시적으로 법치가 유예되었던 예외의 상황은 이제 영속적인 공간적 배열로 간주된다. 그러나 그것은 여전히 정상적인 질서 밖에 남아 있는 것이다"(168~169쪽. 강조한 부분은 원문대로). " '예외ex-capere', '밖으로 보내진' 이라는 용어의 어원적 의미를 따르자면, 수용소에서 배제된 것은 그 자체의 배제를 통해 포함된다. 그러나 모든 것에 우선해 법적 질서로 취해진 것은 예외의 상황 그 자체다. 예외의 상황이 '의지에 의한' 것이라면, 그것은 규범이 예외와 구별되지 않는 새로운 법적·정치적 패러다임의 효시다. 그렇게 해서 수용소는 예외의 상황──주권이 결정 가능성에 기반을 둔──이 정상적으로 실현되는 구조다"(170쪽). "수용자들이 모든 정치적 지위를 박탈당하고 거의 벌거숭이의 삶으로 환원되는 한, 수용소는 지금껏 실현되었던 것 가운데 가장 절대적인 육체의 정치가 행해지는 공간이다. 그곳에서 권력은 삶 자체를 제외한 어떤 것과도 대면하지 않으며 중재는 없다. 정치가 육체의 정치가 되고 호모 사케르가 사실상 시민과 혼동되는 지점에서 수용소가 정치적 공간의 패러다임 자체가 되는 것은 이 때문이다"(171쪽).

계 미국인들이 집단 수용소에 억류시키는 행정 명령을 내렸다. 40여
년 후인 1988년의 시민 자유법은, 정부는 조상이 적국 출신인 미국
인들을 수용하기 위한 집단 수용소 체계 전체가 위헌이었음을 선언
하고, 이를 폐지하게 했다. 그럼에도 불구하고 다시 한번 안보 위기
는 죄 없는 사람들을 억류하거나 설사 죄가 있더라도 단지 국가 안보
에 위협이 된다는 의심만으로 사람들을 억류할 수 있는 초법적 통로
를 여는 구실이 되었다. 국가가 위협받는다고 인식될 때마다, 미국
정치에서 집단 수용소라는 발상이 거듭되면서 마음을 놓을 수 없게
한다.[8]

---

8) 미국 소수자 정치의 지배적인 특성은 20세기 인간과 시민, 토착민과 국민 사이의 연
속성, 근대적인 것과 삶의 정치의 연속성이 단절된 데에서 특징적으로 드러난다. 말하자
면, 그것은 "시민권이 스스로 가치 있음을 입증해야 하는 어떤 것이고 그래서 언제든 의
문에 부쳐질 수 있는 어떤 것이 되는" 원칙에 따라 작동된다(Giorgio Agamben, 《호모 사
케르》, 132쪽). 그렇게 해서 소수자 정치는 시장의 자본주의적 합리성을 구현했으며 마르
갈리트Avishai Margalit가 상상된 백인의 우월성을 향한 '자부심'이라 부른 것을 둘러싼
경쟁의 장이 되었다['자부심'이라는 말은 '자존심'과는 구별된다. Avishai Margalit, 《관
용의 사회 The Decent Society》, Naomi Goldblum (trans.) (Cambridge, Massachusetts ;
Harvard Univ. Press, 1996), 44~48쪽을 보라]. 이런 소수자 정치를 미국에 고유한 것으
로 믿을 사람도 있겠지만, 사실 그것은 1차 세계대전 이후 국민국가와 근대적 주권의 전
지구적 위기를 조건으로 탄생했다. 전간기에 이런 전 지구적 위기가 일본에 가장 심각한
영향을 주었음을 언급하고자 한다. 아감벤은 근대 주권의 위기를 언급한 바 있다. "1차 세
계대전 이래 더 이상 출생-국민이라는 연결이 국민국가 내에서 합법적인 기능을 수행할
수 없었다. 그리고 그 둘은 돌이킬 수 없이 서로에게서 분리되는 모습을 보이기 시작했
다. 이런 관점에서, 가장 의미심장한 현상 가운데 하나는 유럽에서 망명객과 무국적자의
수가 엄청나게 증가한 것이다. 그리고 다른 하나는 현대 유럽의 많은 국가들이 대량의 거
주민들에게서 대대적으로 시민권과 국적을 박탈할 수 있게 하는 법적 절차들을 확립한
것이다." 1942년의 미국 대통령 선거 이전에 이미 적국 출신 국민들의 시민권과 국적을
박탈하는 사법질서가 1915년 프랑스에서 등장했고, 1922년 벨기에에서, 1926년 이탈리아
에서, 1933년 오스트리아에서 차례로 등장했으며, 1935년 독일의 뉘른베르크 법으로 집
약되었다. 아감벤은 한 마디 덧붙인다. 관타나모 기지에서 부시 행정부의 실적 보고에 비
추어보면, 상당한 의미를 갖는다. '최종 해결책'의 과정에서 나치가 지속적으로 집착했던
몇 안 되는 규칙 가운데 하나는, 국적이 완전히 박탈된(뉘른베르크 법 이후 그들에게 남아

영미의 이라크 점령이 조지 부시의 정책과 세계관에 내재한 몇 가지 오류들을 드러내기 시작할 때까지 9 · 11 이후 2년 이상의 기간 동안, 그는 미국 내 내셔널리즘이 최고조에 이른 호기를 누리고 있었다. 맹목적인 애국심에 기인한 포격과 잠재적 추방의 위협 때문에, 정부의 입법 부서와 주류 언론에서 미국이 국제 세계에서 얼마나 지방적이고 고립적인지를 솔직히 말하는 사람은 거의 없었다. 미국 대중의 순응적이고 그보다 훨씬 더한 인종차별적 성격이 지난 2년보다 더 분명했던 적은 없었다. 헌팅턴Samuel P. Huntington, 후쿠야마Fransis Fukuyama 같은 널리 알려진 보수주의자들은 물론이고 엘시타인Jean Bethke Elshtain, 월처Michael Waltzer 같은 진보 성향의 학자들까지 포함된 60명의 뛰어난 지식인들이 서명한 〈우리는 무엇을 위해 싸우고 있는가 : 미국에서 보내는 편지What We're Fighting For : A Letter from America〉라는 공개서한[9]이 2002년 2월 유럽의 주요 일간지들에 발표되었을 때, 맹목적 애국주의는 더 이상 백악관과 일부 보수 진영에만 국한된 것이라 할 수 없게 되었으며, 대학 캠퍼스, 장학 기관, 연구 재단을 지배했다.

유럽인들에게 보내는 이 공개서한에서 미국 내셔널리즘의 자찬 분위기는 너무나 뚜렷했다. 또한 그 편지는 종교적 · 인종적 다양성에서 보편주의와 평등에 대한 미국인의 헌신을 강조한 반면, 미국이 제국주의 강대국으로서 세계 전역에서 다양한 형태의 불평등과 식민 관계를 유발했던 역사에 대해서는 이해하고 있지 못했다.

국내에서 보편적 인간의 가치를 존중한다는 자찬은 사실 해외에서의 제국주의적이고 신식민주의적인 병력 배치를 수반한다. 미국

있던 시민권조차 박탈되었다) 후에만 유대인을 절멸 수용소로 보낼 수 있다는 것이었다.

9) 2002년 2월 12일 처음 발송된 그 편지는 미국적 가치를 위한 연구소의 웹사이트에서 찾아볼 수 있다. http ://www.americanvalues.org.

의 전 지구적 군사 지배를 배경으로 국내 전선에서는 기본적인 인권, 이민, 귀화의 문제에서 민주적이고 반인종차별적인 원칙들이 부식(잠식)되는 일이 지속되고 있다. 그렇게 부시 행정부의 행동과 미국 내셔널리즘의 선전에서 우리는 민주적·의회주의적 원칙들에 가해진 파시즘의 공격과 사실상 세계의 모든 곳에서 미국의 군사적 선점을 가능하게 한 전례 없는 미국의 군사적 역량의 종합이라 할 만한 것을 목격했다.

자찬은 미국 내셔널리즘의 악명 높은 특질이라고 자주 이야기된다. 그것은 이주민 사회에서 동화의 이데올로기적 수단으로 기능한다. 이주민 사회의 시민들은 배제될 것에 대한 절박한 두려움 때문에 미국민으로서의 자긍심을 얻기 위해 '미국적 가치들'에 대한 자신의 충성심과 의무를 공개적으로 과시하는 경향이 있다. 그 결과, 미국의 국토안보부와 같은 기관들로부터 안보 위기를 유발한다고 의심받는 민족 집단들 사이에서 위와 같은 특징이 가장 두드러지는 사태를 피할 수 없었다. 9·11 이후 몇 개월 동안 아랍인과 중동인들로 보이는 일부가 괴롭힘을 당하고 폭행을 당했다는 보고를 고려할 때, 아랍계 이름을 가졌거나 이슬람교도이거나 이란, 파키스탄, 인도, 인도네시아 같은 국가 출신의 검은 피부를 지닌 많은 학생들이 부모에게서 반전 시위 같은 반정부 집회에 절대로 나가지 말고 숙소 앞에 성조기를 내걸라는 당부를 들었다는 것은 결코 놀라운 일이 아니다.

그러나 국내의 순응주의적 내셔널리즘과 해외에서의 파렴치하고 뻔뻔스러운 제국주의적 무력 사용의 결합은 미국만의 특징이 아니다. 역사적으로 비교해볼 가치가 있는 몇 가지 사례가 있다. 그 가운데 하나가 1930년대와 1940년대 초의 일제다. 일본 파시즘 연구에서 간과되었던 것은 정확히, 정치적 반대자들——반식민을 외치는 민족적 내셔널리스트들과 공산주의자들——에 대한 폭력적 탄압과 보편주의에 대한 이상주의적 헌신의 결합이다. 한편으로는 다민족적 다양성을 인정하면서 다른 한편으로는 서로 다른 인종 집단들을 일본 국민으로 통합하려는 노력을 가속화한 사실, 한편으로는 멈출 수 없는 군사적 팽창과 중국 민간인에 대한 무자비한 학살을 자행하면서 다른 한편으로는 조선과 타이완의 식민지인들을 국민으로 완전히 동화시키려는 전망에 따라 통합 정책을 시행했다는 사실이 간과되었다.

단순히 현재 미국의 제국주의와 과거 일본의 제국주의가 유사하다고 주장하려는 것이 아니다. 역사와 지역을 뛰어넘어 수많은 제국주의들 사이에서 많은 유사성을 찾을 수 있지만 많은 차이점을 볼 수 있는 것 또한 사실이다. 내가 추적하고자 하는 것은 유사성과 차이의 끊임없는 유희가 아니다. 그보다 일본의 제국주의와 미국의 제국주의의 특징들 가운데 일부를 서로 연결 지어 설명함으로써 '제국 내셔널리즘' 아래 있는 소수자들의 관점에 대한 우리 자신의 관점의 변화를 추적하고자 한다. 비교는 윤리적 의무를 수반한다. 그리고 이런 점에서 예외주의의 작용에 개입하는 것은 역사적 행동이다. 내 기획에서 비교는 당연히 서로 다른 제국 내셔널리즘들을 포함시킬 것이다. 군사적 무력으로 정복된 사람들을 국가는 어떻게 달랠 수 있을까? 인종 차별, 경제적 계급 분할과 그 밖에 다른 불평등의 영역들에 존재하는 그 많은 단층선들로 인해 국민들이 고통받을 때 제국은 어떻게 국민적 연대를 공고히 하려 시도할 수 있을까? 이런 것들이 소수자들의 문제이며, 제국주의에 대한 내 비교 연구에 필수적이다. 소수자는 국민 공동체와 전 지구화 과정에서 드러난 단층선을 표시하는 사회정치적 범주들이기 때문이다. 인종차별주의는 자연화된 생물학적 특징이나 문화적 특징들의 차원에서 소수자들을 규정한다. 그러나 소수자들의 범주는 결코 자연적으로나 비역사적으로 결정될 수 없으며, 언제나 강압적으로 부당하게 외부에서 부과된 정체성이라는 의미에서 조건적이다.

이 문제들을 제기하는 과정에서 우리는 곧 일본 제국주의자들과 미국 제국주의자들이 모두, 그 문제들에 효과적으로 대응하고 정복된 개인을 국가의 충성스러운 주체로 만드는 여러 정책들을 시행해야 했다는 사실을 발견하게 될 것이다. 그렇게 해서 주체 형성의 과정에 초점을 맞춤으로써 소수자인 개인이 어떻게 국민 공동체의 완전한 구성원으로 인정받고자 하는지, 그리고 목숨을 건 군복무를 자원하도록 설득당하는지 연구할 수 있다.[10] 타이완 산맥의 주민들은 일본 식민 당국으로부터 가장 심각한 탄압을 받았는데도 그중 많은 수가 1940년대 초에 일본제국 군대의 지극히 애국적인 병사였다. 일본계 미국인 병사들로 구성된 442연대 전투 부대의 이야기 역시 2차 세계대전 중 미국민을 위해 죽어감으로써 미국민이 되고자 했던 그들의 용기와 결단을 들려준다. 이 이야기들에서 볼 수 있는 것은 제국 내셔널리즘 담론에서 소수자들이 어떻게 이용되는지와, 인종 차별과 식민 차별로 고통받는 개인을 제국에 충성하는 주체로 만드는 특정한 기술이다. 분명 미국 내셔널리즘에서 자찬의 경향은 여기서 윤곽이 드러난 주체 형성의 체제와 일치한다. 이 시기 일본의 철학

---

10) 예견되는 자신의 죽음에 대해 소수자들이 보이는 결연한 태도의 분석에 관해서는 내가 쓴 다음 글들을 보라. 〈주체와 토대 : 일본의 제국적 내셔널리즘Subject and Substratum : on Japanese Imperial Nationalism〉, 《문화연구 *Cultural Studies*》 vol. 14, no. 3·4(2000), 462~530쪽 ; 〈일본인이 된다는 것 : 다민족 국가의 국민적 주체 구축의 문제와 하지미 다나베의 '종의 논리'(日本人であること : 多民族国家における国民的主体の構築の問題と田辺元の '種の論理')〉, 《사상(思想)》 no. 882(1997년 12월), 5~48쪽 ; 〈다민족 국가의 국민적 주체 제작과 소수자의 통합(多民族国家における国民的主体の制作と少数者の統合)〉, 《근대 일본의 문화사 7 총력전하의 지식과 제도(岩波講座 近代日本の文化史 7 総力戦下の知と制度)》(岩波書店, 2002), 1~60쪽.

은 주체에 관한 깊이 있는 논의를 위해 주목되어야 할 것으로, 일본 제국을 위해 이런 종류의 지배 기술을 창조하는 데 많이 투자되었다.

　종종 미국의 좌파들은 미 제국주의의 모든 악을 국가 안보 상태——국가 기구의 거대한 복합체, 군산 복합체, 미국을 긴박한 위협으로부터 보호하기 위해 설립된 전 지구적 첩보 기구와 치안 기제 등——의 탓으로 돌린다. 반면 '미국민'의 내셔널리즘에 대해 의문을 제기하지 않는다. 그러나 제국주의가 내셔널리즘과 쉽게 분리될 수 있을까? 소수자의 관점에서 제국주의와 내셔널리즘의 구별은 이해되지 않는다. 소수자 개인은 충성스러운 국민의 일원이 되고자 하는 자발적 결단에서 제국주의 병사의 역할을 수용할 것을 강요당한다. 그리고 국가에 대한 그들의 애국심과 헌신에서 '제국의 더러운 일'——민간인 살해, '적 전투원'의 고문과 학대, 각종 잔학 행위 가담——을 위한 구실과 동기를 발견할 것을 강요당한다. 제국의 희생자들이 폭력을 저지르는 제국의 가해자로 변화되는 것은 제국 내셔널리즘 담론 안에서다. 여기서 국민적 주체는 '억압의 전이'[11]와 연속된 것이다. 국민적 주체는 소수자 희생자들을 제국의 가해자로 변화시키는 과정에서 형성된다.

---

11) 마루야마 마사오(丸山眞男)는 〈현대 정치의 사상과 행동(現代政治の思想と行動)〉, Iavn Morris (ed.), 《현대 일본 정치의 사상과 행동 *Thought and Behaviour in Modern Japanese Politics*》(London : Oxford Univ. Press, 1963), 18쪽에서 이를 다음과 같이 규정했다. "하층에 있는 사람들에 대해 임의로 권력을 행사함으로써 사람들은 위에서 오는 억압의 의미를 아래로 전달할 수 있다. 그렇게 해서 전체의 균형을 유지한다." 그러나 마루야마는 억압의 전이와 주체 형성 사이의 긴밀한 관계를 완전히 간과했다. 그는 자신의 아버지가 조선에서 일본어 신문을 위해 일했던 지도적인 언론인의 한 사람이었음에도 식민지배에서 작동하는 억압의 전이를 볼 수 없었다. 더욱이, 군 장교의 한 사람으로서 그는 전쟁 중 조선에 주둔해 있었다. 그의 학문적 이력을 통틀어 그는 일본 파시즘의 문제에 관심을 가졌지만 일본의 식민주의와 국민 정체성의 관계를 문제 삼지 않았다.

미국의 군사 기지망, 첩보 기구와 군사 산업의 연결망이 사실상 전 지구를 포괄할 때, 미국의 내셔널리즘은 더 이상 미국민만의 문제가 아니다.[12] 그것은 나머지 세계의 운명과 복지에도 영향을 준다. 우리 모두 미국 내셔널리즘의 수중에 있다. 오늘날 인문학과 사회학의 지식인들에게는 미국의 제국적 내셔널리즘을 객관적으로 분석하고 그 강박증과 구조화의 욕망, 그리고 세계를 사회·경제적으로 틀 짓는 일에 미친 영향을 평가하는 것이 시급한 일이다.

예를 들어, 동아시아의 제국주의 유산과 비교함으로써 일본이 영국에서 얼마나 많이 배웠는지, 미국인들이 일본인들에게서 남한과 타이완의 식민주의 관료 체제, 광범위한 군대 매춘의 연결망 등 얼마나 많은 식민 전략들을 계승해 변형시켰는지를 드러낼 수 있을 것이다. 동시에, 비교의 관점은 세계 다양한 지역의 사람들이 그들의 고통과 투쟁에서조차 역사적으로 서로 연결되고 결합되어 있다는 것을 볼 수 있게 할 것이다. 우리는 지역을 초월해 다중의 외국인들 multitude of the foreigners 사이의 협력 가능성을 보고자 한다.[13] 이런 목적을 위해 소수자들의 근본적인 역할에 관심을 기울이며 비교의 관점을 추구하는 것은 미국의 제국적 내셔널리즘의 작용과 그것의 전 지구적 영향에 대한 분석의 첫발을 내딛는 일이 될 것이다.

---

12) 미국의 군사주의와 군사 기지에 바탕을 둔 전 지구적 통치에 대한 탁월한 진단으로는 Chalmers Johnson, 《제국의 비애 *The Sorrow of Empire*》(New York : Metropolitan Books, 2004)를 보라.

13) "다중의 외국인들multitude of the foreigners"이라는 표현에 관해 좀더 설명이 필요하다면, Naoki Sakai · Jon Solomon, 〈서론 : 다중의 외국인들, 푸코의 울림Introduction : Addressing the Multitude of Foreigners, Echoing Foucault〉, 《혼적 *Trace*》 4(근간, 한국어판은 문화과학사에서 출간될 것이다) 참조.

제3장 영웅 숭배 • • •

'제3제국'에서의 영웅화와 악마화

피터 램버트 :: 이진일 옮김

1. 들어가는 말 : 영웅의 재등장

적어도 최근 영국의 역사 문화와 정치 문화에서 새롭게 등장해 유
행처럼 번지는 장르는 아마도 전기(傳記)일 것이며, 이 과정에서 영
웅은 그 재등장에 성공했다. 새롭게 편찬된 국가 인명사전은 일련의
영웅을 주제로 한 강연과 학술 공동 토론을 통해 더욱 보강되었다.[1]
보수당의 정책 자료는 학교 커리큘럼의 핵심을 16세기까지 확장시
킴으로써, 영국사의 영웅들을 새로운 역사 서술 보급의 중심에 놓을

피터 램버트Peter Lambert는 지금까지 20세기 독일의 역사, 특히 나치즘하의 보
수적 역사 이론들, 독일 역사가들, 독일의 민족주의, 독일 통일 후의 독일인들의 정
체성 형성 과정 등에 관하여 연구했다. 발표된 논문으로는 〈특별한 길 닦기—랑케
이후의 독일 민족주의와 역사 서술〉(1998), 〈지적인 전이와 심적인 봉쇄—역사 서술
상의 영독 대화〉(1999) 등이 있다. 현재 웨일스 대학의 교수로 있는 그는 최근 스테
판 버거와 함께 《역사가들의 대화—1750~2000년 독-영 간 문화적 교환 속의 역사,
신화 그리고 기억》을, 그리고 필립 셔필드와 함께 《역사 만들기 : 역사 연구 입문》 등
두 권의 책을 편집 · 출판했으며, 현재는 나치 시대의 대표적 역사가인 요하네스 할
러의 보수주의 연구와 바이마르 시대 말기 노동자들의 투표 경향에 관해 연구하고
있다.

---

1) 자세한 내용은 Philip Carter, 《옥스퍼드 국가 인명사전 *The Oxford DNB on tour*》,
www.oup.com/oxforddnb/info/news/newletters 참조.

것을 제안하고 있다. 야당의 교육 담당 책임자인 콜린스Tim Collins는 "다음 세대에게 과거 우리의 민족 영웅들에 대해 존경심을 고취시키는 이야기를 전해주지 않으면, 그들은 다른 어떤 권위 있는 인물들에 대해서도 가치를 인정하려 하지 않을 것이다"[2]라고 적고 있다. 보수당이 그러한 의도를 성공시키기 위해 위협을 가하고자 한다면, 나는 '우리의 진정한 민족 영웅이 누구인가' 라는 뜨거운 문제로 논의를 확대하고자 한다. 그래서 그들의 어떤 특징들을 학생들이 깊이 생각해야 하는지, 그들을 따라하는 것을 기대해도 되는지, 아니면 선택된 '위대하고 선한' '영웅적' 특성들에 단지 감탄만 해야 하는 것인지에 관하여 살펴보고자 한다.

2. 악마화와 영웅화 사이에서

이 장은 나치 독일하의 영웅에 관한 탐구에서 시작한다. 이를 분명히 나타내기 위해 우선 악마화demonization의 문제를 짚어보고자 한다. 영웅화heroization를 단지 학교의 역사 교육에서뿐 아니라 정책적으로도 우선시했던 정권이 있었다. 바로 나치 정권인데, 물론 나치는 전체주의적 체제였으므로, 누가 어떤 근거에서 존경받거나 숭배되어야 하는지에 관해 어떠한 공식적 토론도 거의 없었다고 볼 수 있다. 설사 논의가 있었다고 해도 대단히 제한적인 범위의 사람들에 의해, 특정한 용어와 맥락에서 진행되었다고 봐야 한다.

그럼에도 '제3제국' 의 맥락 안에서 영웅화를 논한다는 것은, 학문

---

2) 보수당Conservative Research Department 연구부, 《역사의 미래—요약본 *The future of history—a summary. Protecting history teaching in our schools*》(2005년 1월). 콜린스Tim Collins의 2005년 1월 27일 연설. 전문은 education.guardian.co.uk/schools/story 참조.

적 주류에 속하는 의제에서 본다면 여전히 색다른 주제라 할 수 있다. 왜냐하면 역사가들은 제3제국에서의 정권의 숭배 대상보다는 악마적 정권과 그 정권의 두려움이나 비방의 대상에 대해서 훨씬 더 많이 연구했기 때문이다. 나치의 이데올로기와 프로파간다, 문화적 생산물 등 가운데 증오의 대상에 관한 문건들은 나치즘의 적들에 대한 목록만큼이나 많다.

나치 이데올로기와 문화적 산물에 관한 역사 서술이 주로 다루는 대상들만 봐도, 이미 어느 정도 나치 자체가 갖고 있던 부정성과 파괴성이 솔직하게 드러남을 알 수 있다. 나치즘이 고유의 유토피아적 열망을 갖고 있었으므로, 나치는 이 유토피아를 이미 명확히 정의 내려진 디스토피아나 공포의 이미지들에 대응시켜 발전시켜 나가고자 했다. 이는 나치 이념의 형성 과정과 성숙 과정 모두에서 확인된다. 히틀러 자신에 따르면 《나의 투쟁》은 그 자신에게 가해진 유대인들의 공격에 대한 대응의 형태로서 구성된 것이다. 이 책은 독자들을 다가올 천 년 왕국의 이상으로 이끌어줄지는 몰라도, 장밋빛 미래의 구체적인 상을 그려내는 데는 결정적으로 실패했다. 히틀러는 자신의 글에서 긍정적인 것보다는 부정적인 것을 제시하는 것을 의도적 전략으로 추구했다. 예를 들어 민족사회주의의 '철학과 조직'이라는 장(章)을 그는 다음과 같은 경고로써 시작하고 있다. "첫 번째로, 민족국가가 어떤 모습을 띠어야 하는지에 관하여 아는 것만으로는 충분하지 않다. 두 번째로, 그런 국가는 결코 오늘날의 상황에서 쉽게 등장할 수 없다." 이 짧은 서문격의 문장은 1차 세계대전 이후 독일을 '실질적으로 이끄는 요소들'에 관한 설명들인데, 즉 "언제나 유대인"이 문제임을 지적하고 있다. 그에 따르면, 첫 번째 임무는 민족국가 개념의 창조가 아니라 무엇보다 현존하는 모든 유대적 요소들을 제거하는 것이다. 그러고는 불행하게도, 그처럼 새로운 이념을 위해 싸우는 것이 중요한 만큼 이에 긍정적인 강조를 두는 것이 아니라, 무엇보다도 투쟁의 부정적인 부분을 일관되게 강조하고 있다. 잘 알려진 바처럼 반명제로서 시작하는 것이 《나의 투쟁》에서 히틀러가 일반적으로 구사하는 서술법이다. 《나의 투쟁》 제1권의 제목만 봐도 '청산(清算)A Reckoning'으로, 증오의 대상에 집중할 것을 역설하고 있다. 제2권의 제목은 '나치 운동'으로서, 좀더 긍정적인 측면에 집중하는 것처럼 보이는 표제에도 불구하고 1권과 동일한 패턴을 밟고 있다. 그 첫 장인 〈철학과 당〉은 실제로는 거의 부르주아 정치가들의 결점과 마르크스주의자 및 유대인 등의 적들에 대한 글이다. 이와 달리 히틀러가 예고한 "근본적 중요성을 갖는 새로운 철학"에 관해서는 여기서 전개되지 않고 있다. 제2장 〈국가〉는 "우리의 젊은 운동"을 부르주아들이 공격하는 것에 대해 항의하는 것으로 시작된다. 마찬가지로 "붉은 전선과의 투쟁"과 같이 좀더 직접적인 접근을 해야 하거나, "빨갱이들"과 맞서 싸우는 영웅적 나치 투쟁가들에 대한 직접적인 서술이 필요한 부분도, 그 대신 부르주아 시위의 치욕스러운 해산으로 시작되고 있다.[3]

당연히 《나의 투쟁》의 주된 소재는 히틀러의 연설에서와 마찬가지로 유대인과 마르크스주의자들이다. 흔히 사람들은 소위 "숙주인 아리아인"은 "기생체인 유대인"과의 관계를 빼놓으면 정체가 모호해진다고 생각하기 쉽다. 분명 히틀러는 무능이 투쟁을 야기하며, 이를 통해 "죽은 구조"가 "살아 있는 조직"으로 대체된다고 보았다.[4] 나치의 반유대주의론에 따르면, 유대인들은 확실히 많은 파멸적 특성을 갖고 태어났다. 이 기생체들은 아리아인이 생산한 것들을 가로채며, 그들의 순수 혈통을 오염시키는 것이다. 독일인들의 삶은 이

---

3) Adolf Hitler, 《나의 투쟁 Mein Kampf》(London : Hutchinson, 1969), 339쪽 이하.
4) Adolf Hitler, 《나의 투쟁》, 362쪽.

처럼 유대인들의 죽음과 불가분의 관계에 있다. 또한 가해자의 입장에서 본다면, 유대인 말살은 그 자체로서 영웅적인 일이며 승리를 의미한다. 다윈주의를 인간관계에 적용한 나치의 이론에 따르면, 파괴의 능력은 우월성의 증거다. 이 테마는 사실 나치즘뿐 아니라 독일 고유의 민족 사상에서는 일반적인 것이다. 그러나 이것은 사회진화론을 일정 부분 왜곡시켜 놓은 것이다. 약자는 적자생존이라는 자연 상태에서 약자의 지위를 초래하는 위험에 스스로 빠지는 것이 아니다. 약자를 난관에 빠트림으로써 스스로의 강함을 확인하는 것은 강자의 손에 달려 있다. 이런 배경 아래, 융Edgar Jung이 명명한 '부정적 선택negative selection'이라는 용어가 1920년 독일을 지배했다. 이 용어는 사회에서 가장 약한 자들이 강자의 비용에 의한 잘못된 자선과 오히려 해가 되는 복지 정책에 의해 인위적으로 지탱된다는 의미를 담고 있다. 인간의 행위는 우연적이며 시간의 흐름에 따라 변화하는 것이지, 몇몇 진보의 철칙을 따르는 것은 아니다.[5] '자연적' 선택이 되살아나기 위해서는 우선 긍정적인 행위들이 필요하다. 약자에 대한 보호는 강자에 대한 악행이며, 동시에 강자와 이들집단의 형성에 방해되는 일이기 때문에 근절되어야 한다. 사람들은 원칙적으로 영웅이 장애물 없이 산에 오르는 일을 상상하지 못한다. 영웅은 분명 강력하고 수많은 적들이라는 장애물로 인해 더욱 강하게 키워진다.

히틀러와 그를 둘러싼 숭배에 대한 연구는 오늘날 주류에서 벗어나 한구석에 밀려나 있으며, 나치즘하의 영웅에 관한 문헌은 비교적 많지 않다. 나치 선전 정책에 관한 훌륭한 연구를 남기고 나치와 유

---

5) Ulrich Herbert, 《베스트. 급진주의에 관한 전기적 연구, 세계관과 이성, 1903~1989 *Best. Biographische Studien über Radikalismus, Weltanschauung und Vernunf, 1903~1989*》 (Bonn : J. H. W. Dietz, 2001), 91~93쪽.

대인 문제에 관해 연구했던 웰치David Welch는 그의 독자들에게 "나치즘에게 적이 필요했듯이 또한 영웅들도 필요했다"라고 지적한다. 그리고 이제 자신의 연구 소재가 다 떨어졌다는 듯이 관심을 직접적이고도 전적으로 '히틀러 신화' 쪽으로 돌린다.[6] 지난 15년 동안 나치의 영웅화 작업을 대상으로 한 포괄적인 연구는 오직 두 개밖에 없었다. 1990년 베어드Jay W. Baird가 나치의 신전에 모셔진 영웅들에 관해 발표한 획기적인 연구와, 그것과 착상은 비슷하나 더욱 비판적이고 균형 잡힌 연구인 베렌베크Sabine Behrenbeck의 글이 그것이다. 둘은 모두 기본적으로 나치 영웅 숭배와 관련된 두 측면을 다루었는데, 하나는 나치가 스스로 영웅적 인간상으로 제시한 인물들에 대한 숭배적 추모cultic celebration의 측면이고, 다른 하나는 이들 영웅들의 기본적인 기여가 모두 죽음을 통해 이루어졌다는 사실, 즉 그들이 운동을 위해 싸우다 희생되었다는 측면이다.[7]

바이마르 시대, 나치 특공대SA의 투쟁 시절, 거리에서의 이들의 투쟁은 특히 나치로 하여금 끊임없이 장례식을 치르게 했으며, 무덤과 추모 기념물들은 영웅화의 초점으로 작용했다. 즉 이는 영웅을 만들어내는 일종의 생산 라인과 같은 것이었다. SA 대원들이 거리에서의 투쟁을 통해 죽음에 이르는 부상을 당한 것은 나치로 하여금 자신들만의 지속적인 세습 산업heritage industry을 만들어내게 했다. 제3제국 시대에는 추모 여행객들이 죽은 이들의 무덤이 표시된 섬뜩

---

6) David Welch, 《제3제국 : 정치와 선전 정책 The Third Reich : Politics and Propaganda》 (London : Routledge, 1993), 82쪽.

7) Jay W. Baird, 《조국을 위해 죽다. 나치 판테온의 영웅들 To Die for Germany. Heroes in the Nazi Pantheon》(Bloomington : Indiana Univ. Press, 1990) ; Sabine Behrenbeck, 《죽은 영웅들에 대한 숭배 : 나치의 신화, 의식, 상징들, 1923~1945 Der Kult um die toten Helden : Nationalsozialistische Mythen, Riten und Symbole 1923 bis 1945》(Vierow bei Greifswald : SH-Verlag, 1996).

한 여행 계획서를 갖고 독일의 수도를 다니며 곳곳의 나치 순교자들을 참배했다.[8]

이 글은 베어드와 베렌베크가 논했던 주제들에만 머물러 있지는 않을 것이다. 왜냐하면 나치의 망자 숭배만으로 제3제국에서 영웅화의 수단들이 모두 소진되지 않았다는 것은 분명 중요하기 때문이다. 나는 나치 독일의 영웅의 전당(판테온) 건설이 갖는 문제점과 모순을 제시할 것이다. 이 글은, 과연 나치의 영웅에 관한 숭배와 의식이 독일의 정치 문화가 갖고 있던 영웅화의 성격을 근본적으로 변화시켰는가, 또 그렇기 때문에 나치의 숭배 행위들이 다른 국가들의 민족적 정치 문화가 갖고 있던 영웅 형태들의 목록과 구분되며, 그래서 오랜 기간 동안 유지될 수 있었는가 하는 물음으로 시작한다. 제3제국하에서 영웅화된 몇몇 경우들을 보면 전혀 특별한 점이 없다. 예를 들면, 스포츠 영웅과 전쟁 영웅은 흔히 존재하는 일정한 패턴을 벗어나지 않았다. 순교 행위나 죽음의 숭배와 관련된 집착 그 자체도 나치즘만의 독특한 것은 아니었다. 나치의 의식은 이 점에서 노동 운동과 좌파 당원들이 죽음의 피에 탐닉하던 애처로운 모습들에서 영향을 받았다. 영국 노동당 축가의 시작 구절(민중의 깃발은 진한 핏빛이며/그것으로 종종 우리의 순교적 죽음을 덮는다/그들의 사지가 점차 굳고 차갑게 되기 전에/그들 심장의 피는 모든 주름마다 스민다)을 생각하면 된다. 이는 또한 예수를 감금하고 십자가에 매다는 유형이 낭자한 시각적 이미지, 그리고 성인(聖人)들의 고문과 같은 로마가톨릭의 좀더 섬뜩한 유산들이기도 하다. 만일 나치즘이 새로운 유형의 영웅을 만들었거나, 혹은 영웅화에 특별히 관심을 갖고 몰두했다면, 히틀러를 영웅으로 만들어낸 고유한 특징들에 관

---

8) Rudy Koshar, 《독일의 여행 문화 *German Travel Cultures*》(Oxford · New York : Berg, 2000), 134쪽 이하.

한 연구에서 시작하는 것이 합리적일 것이다. 히틀러 주변의 보좌관들은 자신들 스스로를 영웅으로 드러내기를 시도한다. 그러나 그들이 실제로 인기가 없었음은 분명했고, 이는 그들을 더욱 '지도자 Führer'에 종속되게 만들었다. '히틀러 신화Hitler Myth'가 제3제국의 지속을 위해 다른 모든 독일의 영웅들을 뒷전에 놓은 규모를 생각한다면, 나치의 영웅 숭배에는 분명 대단히 특별한 무언가가 있음을 짐작할 수 있다. 그러나 논의는 여기서 그치는 것이 아니며, 내 생각으로는 여기에 세 가지 어려움이 숨어 있는 것 같다.

첫 번째로, 메이슨Tim Mason과 커쇼Ian Kershaw가 특히 설득력 있게 논했듯이, 히틀러에 관한 영웅적 신화는 궁극적으로 히틀러 본인이 아니라 그 추종자들의 작품이다. 나아가, 히틀러는 권력을 쥐었음에도 자신이 어떻게 행동해야 하는지에 대해서는 이미 정착되어 있는 '지도자' 개념의 제한을 받았다. 이런 의미에서 메이슨이 지적했듯이 히틀러는 "지도자의 역할"이라는 기능에 맞게 스스로를 변화시켜 나갔다.[9] 강한 자는 멀리 떨어져 외롭게 있으며 여성들로부터 어떤 영향도 받지 않는다는 사고방식에서부터, 다른 권력 있는 지도자들과의 협상에서 신의를 지키는 정치가로서의 이미지까지, 그는 지도자로서의 요구를 충족시키기 위해 주변의 여러 전형적인 생각들을 따라야만 했다.[10] 그를 무조건 따르는 주변의 추종자들조차도 히틀러에게 기대를 갖고 집단적 압박을 가했으며, 히틀러를 받

---

9) Tim Mason, 〈의도와 설명 : 나치즘의 해석에 관한 최근의 논쟁Intention and Explanation : a current controversy about the interpretation of National Socialism〉, Gerhard Hirschfeld · Lothar Kettenacker (eds.), 《지도자 국가 : 신화와 현실Der Führerstaat : Mythos und Realität》(Stuttgart : Klett-Cotta, 1981), 23~42쪽. Tim Mason, 《나치즘, 파시즘, 노동계급Nazism, Fascism and the Working Class》(Cambridge : CUP, 1995), 212~230 · 224~225쪽 재수록.

10) Ian Kershaw, 《히틀러 신화 : 제3제국하의 이미지와 현실The 'Hitler Myth' : Image and Reality in the Third Reich》(Oxford : Clrarendon Press, 1987).

들면서 동시에 그를 압도했다. 히틀러가 자신만의 신화로 녹아 들어가는 것이 너무도 완벽하여, 커쇼는 자신의 기념비적 작품인 히틀러 전기에서 오직 "비인간unperson"이라고 서술할 수밖에 없었다.[11] 어떤 의미에서는 나치의 선전 문구가 다시 나치 자신에게 반향을 일으켜 실제화되기도 했다. 이처럼 지도자는 "세계사적 개인world historical individual"으로 선전되었는데, 왜냐하면 그는 독일 민족성이 갖는 최고의 가치의 표현이며, 그것이 '그의 내부에서 그리고 그를 통해' 전 독일 민족의 역사적·정치적 이념과 형식으로 구현되기 때문에, 제국은 직접적으로 강력하고도 대표성을 갖춘 인격을 획득하게 된다.[12] 이러한 가운데 민족적 대표성은 아무 저항 없이 자연스럽게 국민으로부터 지도자에게로 옮겨 간다. 그러나 오직 지도자만이 기존의 있는 것들을 드러내는데, 그것들의 창조자로서가 아니라 그것들을 통과시키는 파이프와 같은 역할로서다. 왜냐하면 제국은 행위, 인격, 대표성과 같은 "세계사적 개인"과 관련된 특성들을 필요로 하는 구조이기 때문이다.

두 번째로, 나치는 자신들의 전사자 명단 중에서 히틀러에게 바쳐진 여러 덕목들과는 완전히 다른 덕목들을 갖춘 영웅들을 찾아낸다. 어느 면에서는 히틀러의 '영웅주의heroism'와 나치 평당원이 갖는 영웅주의 사이에 현격한 차이를 강조하는 일이 필요했다. 히틀러의 영웅주의는 그의 지휘력에 의해 검증받았고, 히틀러 추종자들의 영웅주의는 히틀러의 뜻을 따르는 그들의 절대적인 복종에 의해 검증받았다. 그러나 시간이 흐름에 따라 다른 차이들도 드러나기 시작한

---

11) Ian Kershaw, 《히틀러. 1888~1936 : 오만*Hitler. 1888~1936 : Hubris*》(London : Penguin, 1998), xxv쪽. 여기서 커쇼는 대표적인 히틀러 전기 서술자인 요아힘 페스트의 예를 따르고 있다.

12) Paul Ritterbusch, 〈들어가는 말Zum Geleit〉, Fritz Hartung (ed.), 《제국과 유럽*Das Reich und Europa*》(Leipzig : Koehler und Amelang, 1941), xii쪽.

다. 뮌헨의 맥줏집 반란 사건에서 죽음을 당한 나치 간부들에 대한 추모는 소위 그들의 "투쟁 기간years of struggle" 동안만이 아니라 나치 시대 내내 진행되었다. 그들은 비록 어처구니없는 싸움 속에 죽었지만, 자신들의 주장을 위해 생명을 희생했기 때문에 영웅으로 받아들여졌다. 이 사건을 부각시키기 위해 히틀러는 자신에게도 이 사건은 사느냐 죽느냐의 문제였다고 분명히 밝힌다. 그가 이 사실들을 밖에 알리기 위해 살아났다면, 그는 그 사건에 대해 달리 설명할 것이 없게 된다. 그가 만일 자신의 추종자들과 똑같은 운명이 되는 것을 피하고자 도망가 숨었다면, 무슨 면목으로 그가 "순교한" 동료들의 추모식을 집전할 수 있었겠는가? '히틀러 신화'가 점점 강화되면서 그는 영웅주의의 다른 기준을 만들어내었고, 이를 1923년 11월의 행위에 소급해서 적용했다.

그의 경우에는 죽지 않는 것이 진정한 희생이었다. 그럼으로써 그는 자신의 생명을 독일 국민에게 바칠 수 있었다. 2차 세계대전의 마지막 단계에서는 좀더 커다란 차이가 드러난다. 괴벨스의 선전 기구가 독일인들을 마지막까지 싸우도록 이끌면서, 싸우면서 죽지 결코 스스로 목숨을 끊지 말 것을 열정적으로 강조했지만, 히틀러에게는 ——물론 이번에도 독일을 위한 위대한 행위로서——자살만이 유일한 선택이었다. 베렌베크가 날카롭게 환기시켰듯이 히틀러의 추종자들은 "'의무를 가장 신뢰성 있게 완수하는 확실한 예'로서 그가 분명히 보여준 선례를 결코 따라 하지 않았다".[13]

세 번째로, 히틀러는 자신만의 영웅과 영웅주의에 관한 생각들을 갖고 있었다. 이는, 예를 들어 역사를 만드는 능력에 초점을 맞추는 전통적인 '위인'에 대한 정의에서처럼, 여러 면에서 대단히 상투적

---

13) Sabine Behrenbeck, 《죽은 영웅들에 대한 숭배 : 나치의 신화, 의식, 상징들, 1923 ~1945》, 586쪽.

이었다. 칼라일Thomas Carlyle의 어떤 제자도 이에 대해 이의를 제기하기 힘들 것이다.[14] 히틀러가 존경하는 인물들이 독일 민족사에서 대표적인 인물들이었다는 것도 상투적이다. 틀림없이 여기에는 선전 정책뿐 아니라 이념도 작용했을 것이다. 히틀러는 독일의 구(舊)엘리트들의 도움이 필요하자 일찌감치 힌덴부르크Paul von Hindenburg와 호엔촐레른Hohenzollern 왕가에게 공개적으로 존경을 표했다. 다른 한편, 특히 프리드리히 대제에게는 나치당 초기부터 자신에게 영감을 주는 원천으로서 높은 존경심을 표했다. 2차 세계대전의 패배에 직면하면서 히틀러로서는 결심을 끝까지 버텨내는 것이 필요했다. 전쟁 초반의 승리와는 달리 후반의 패배는 재앙에 가까웠지만 7년 전쟁에서 프리드리히 대제가 보여주었던 승리는 지도자의 요구를 충족시키는 역할을 했다. 나치에 의해 만들어진 새로운 영웅들이 독일 민족주의의 옛 영웅들을 밀어내는 데 전적으로 성공한 것은 결코 아니다. 또한 그것이 나치의 의도도 아니었다. 결국 나치는 자신들의 과거 지향적 성향에 자부심을 가졌다. 그렇지만 나치는 자신들이 존경하는 대상에 자신들을 끼워 넣음으로써 경우에 따라서는 심각한 문제점을 야기하기도 했다. 끼워 넣고 싶은 영웅들이 너무 많이 흘러넘침으로써, 그들은 스스로가 꺼리던 모습인, 열정과 개인적 감상으로 색칠된 자유주의적 민족주의자로 비쳤다.

나아가 과거를 존경과 모범의 대상의 원천으로 재구성하는 일과 관련해 나치의 문화와 선전의 생산자들은 영웅 선정에서 독점적이지 못했고, 선정 결과에 있어서도 자신들끼리 의견 일치를 이루지 못했다. 전문 역사가들도 지속적으로 민족의 영웅을 정의 내리고, 국민들에게 이를 설명하는 일에 일정 역할을 한다. 이에 대해서는

---

14) Thomas Carlyle, 《영웅론, 역사에서의 영웅 숭배와 영웅성 On Heroes, Hero-Worship and the Heroic in History》(London : Cassell, 1842).

다음에 다시 설명할 것이다.

이미 이러한 것들만으로도 또 다른 어려움이 내포돼 있다는 것이 분명해졌다. 나치가 악당이라는 타고난 종자에 집착하는 버릇을 가지고 있었듯이, '민족적völkisch' 사상가들은 영웅의 특징들에 개인적 요소들뿐 아니라 혈통과 인종, 나아가 인종적으로 정의 내려진 종족 그 자체까지 포함시키려 노력했다. 그들은 집단화된 익명의 적 전체를 역시 익명화된 우방과 대비시켰다. 이러한 일반적인 구도 속에서, 민족이라는 전체 범주 가운데 노동자, 기업가, 농민, 여성 등이 찬송의 대상으로 선택되었다. 물론 여기서도 나치즘은 부정적인 것으로 시작하는 습관을 드러낸다.

3. 영웅의 국유화

계급 의식, 국제주의자, 마르크스주의자와 같은 이미지들에 반하여 나치는 바르고 애국적인 독일 노동자의 긍정적인 상을 꾸며낸다. '투쟁 기간'에 제시했던 희생자로서의 독일 노동자상에서 벗어나, 파울Gerhard Paul이 보여주었듯이 호소력 있는 영웅적 노동자상을 제시한다. 나치의 포스터에는 늦어도 1932년 초가을까지는 '노동자 프로메테우스Arbeiterpromethius'라는 이름의 근육질의 상이 대단히 자주 등장한다. 그들의 자세는 스탈린주의자들의 표현과 거의 다를 바가 없어서, 부르주아 유권자들을 이탈시킬 위험까지도 있을 정도였다. 1932년 11월 선거의 준비에서는 '마르크스주의의 아성'을 부수기 위해 노동자들의 지지를 얻는 데 전례 없이 노력을 기울임으로써, 실제로 노동자들로부터 새로 얻은 표보다 훨씬 더 많은 부르주아 표를 상실한다. 그럼에도 어떤 의미에서 그들은 자신들의 후방을 든든히 하고자 했던 것이다. 이미 계급 투쟁에서 패배했다고 느끼는 프롤레타리아들에게 나치는 영웅적 노동자들의 순응적 상을 통해, 노동자들이 차선책으로 민족 공동체 안에서 협력함으로써 새롭게 시작할 수 있음을 설득했다.[15] 부르주아와 지방의 개신교도 투표자들과는 달리, 과거의 마르크스주의 노동자들은 결국 자신들의 사회-윤리적 공동체socio-moral milieu가 제공하던 기준들을 떠나, 나치가 제시하는 길을 따라갔다. 그들이 그 대가로 얻은 것은 '자본가' 사회가 결코 그들에게 지불해주지 않았던, 존경의 잣대들에 대한 약속이었다.[16] 라이Robert Ley의 노동전선Arbeitfront은 노동자들이 생산 과정상의 기여를 통해 얻을 수 있는 자존심을 "게르만 노동의 명예honour of German work"로 선포함으로써 이를 국유화nationalised 했다.[17] 그는 이를 통해 부르주아들 속에서 두려움 없이 사는 영웅적 노동자상을 찾고자 했다. 노동자들은 이제 완전히 계급 없는 사회를 향한 열망을 포기해야 했고, 계급 구분이 감소되는 추세에서 어느 정도 위안을 삼아야 했으며, 부르주아는 노동자를 대함에 있어서 자만의 태도만 직접적으로 드러내지 않으면 되는 것이었다. 그럼에도 그 어떤 독일 숙련 노동자도 탁월한 개인적 귀감으로서 드러내놓고 칭송되지는 않았다. 제3제국은 또 다른 스타하노프Stakhanov

---

15) Gerhard Paul, 《상들의 반란. 1933년 이전의 나치 선전 정책*Aufstand der Bilder. Die NS-Propaganda vor 1933*》(Bonn : J. H. W. Dietz, 1992), 244~246쪽.

16) Joachim Bons, 《나치즘과 노동자 문제. 1933년 이전의 나치 노동자 정책의 동기와 내용, 효과의 원인들*Nationalsozialismus und Arbeiterfrage. zu den Motiven, Inhalten und Wirkungsgründen nationalsozialistischer Arbeiterpolitik vor 1933*》(Pfaffenweiler : Centaurus, 1995), 84쪽.

17) Alf Lüdtke, 〈노동의 영광 : 산업 노동자와 나치하의 상징의 힘The "Honor of Labor" : Industrial Workers and the Power of Symbols under National Socialism〉, David Crew (ed.), 《1933~1945년의 독일 나치즘*Nazism in German Society, 1933~1945*》(London · New York : Routledge, 1994), 67~109쪽.

를 만들지 않았다. 또한 욕심 많고 이기적인 노동의 '착취자'는 자본가로 폄하되었고, 그가 자신의 노동자 앞에서 관습에 따라 모욕당함으로써 진짜 독일적 자본가상을 만들어냈으며, 이로써 민족 공동체가 지속적으로 형성되어감을 널리 선전했다.

나치 이론가들이 'farmer(농민)'라는 영어 단어를 사용할 때는, 이 단어에서의 농민성Bauerntum을 마치 고급 모피에 있는 건강하지 못한 얼룩처럼 여기는 뉘앙스가 담겨 있었다. 'farmer'는 농촌적 산업 자본가의 동의어로서 국가와 공동체 내의 냉혹한 착취자였다. 이에 반해 독일어 단어인 'Bauer(농민)'는 특별히 존경받고, 나치 사회의 명예의 서열에서 탁월하게 높은 지위를 차지한다. 이들은 단지 특별한 신분 의식만 표명하지 않으면 되었다.

나치 세계관의 한 극단에 남성을 유혹하고 변덕스러우며 남성을 유약하게 만드는 (비록 피는 섞여 있지 않더라도 유대인과 같은 성격을 가진) 여성상이 있다면, 그 다른 한편에는 어머니이자 가정의 설계자이며 보호자로서의 여성상이 있다. 그러나 나치 치하의 여성에 관한 최근의 연구들은 제3제국에서의 여성성에 대한 긍정적인 상을 가부장제의 기본적인 요소들 가운데 하나로 축소시킬 수 없음을 보여준다. 1920년대부터 부르주아 여성 운동가들과 보수적이고 민족적인 여성 운동가들 내에서도 여성의 역할에 대한 좀더 호전적이고 독단적이며 다양하고 의욕적인 정의가 만들어졌다. 하비Elizabeth Harvey가 지적했듯이, 특히 폴란드 동부에 살던 외지 출신의 독일인들을 중심으로, 여성들이 스스로 자신들의 운명을 개척하고, 독일인들이 살 새로운 삶의 공간을 확장하는 일을 돕는 운동이 벌어졌다. 이러한 여성 행동주의의 최전방에는 이곳에서의 직접적인 경험을 종종 자신들의 박사학위 논문의 테마나 전거로 사용하던 대학생들이 있었다. 그들의 열정은 선교사의 열정, 혹은 그들 자신이 남긴 기록들에 따르면 성지 순례자의 열정에 비견될 수 있으나, 그보다는 오히려 중세적 식민지화medieval colonization의 성취와 좀더 유사하다고 할 수 있다. 여성들은 일반적으로는 발트 해 주변 독일인들의 용감성과 폭력성, 특별하게는 튜턴 기사단의 남성적 수사(修辭)를 흔히 사용했다. "아득한 옛 조상"이 가졌던 전사로서의 운명에는 20세기 독일 여성을 새롭게 불러일으키고 공유시킬 그 무언가가 있었다. 이러한 맥락에서, 전통적인 여성의 역할과 그들의 소규모적 노동은 하비의 용어에 따르면 "커다란 중요성"을 획득한다. 이들 여성들과 1900년대에 태어난 새 세대의 대부분, 그리고 잡화상 운영의 질서를 훨씬 뛰어넘어 행동주의적 이념을 가졌던 이들은 스스로를 엘리트로 간주했다.[18] 그리고 국경 분쟁의 선봉에서 그들은 분명히 대부분의 남성들보다 앞서 있었다. 영웅적 테마에 관한 엘리트적 변종인 이들은 처음에는 민족주의 우파의 '보수적 혁명주의자'상을, 그 다음에는 SS의 관료적 지식인상을 빌려왔다.[19] 이들의 엘리트적 이미지는 나치 영화를 통하여 유사 민주화를 경험하기도 한다. 폭스Jo Fox가 제안했듯이, 어머니상은 나치 전쟁기의 선전 영화에는 거의 등장하지 않는다. 이들 영화는 기본적으로 여성을 겨냥한 것이었고, 여성을 결연한 정치적 활동가로서의 여성 영웅으로 그리고 있다.[20]

땅은 영웅화의 능력을 갖고 있다. 땅은 독일을 방어해내는 이들의

---

18) Elizabeth Harvey, 《여성과 동유럽의 나치 : 독일화의 담당 부서들과 목격자들 *Women and the Nazi East : Agents and Witnesses of Germanization*》(New Haven · London : Yale Univ. Press, 2003), 26쪽 이하. 32~33쪽 인용.

19) Ulrich Herbert, 〈나치 경찰국가 지도력의 이념적 정당화와 정치적 실천Ideological Legitimization and Political Practice of the Leadership of the National Socialist Police State〉, Hans Momsmen (ed.), 《비전과 현실 가운데의 제3제국, 1918~1945년 독일사의 새로운 시각들*The Third Reich Between Vision and Reality. New Perspectives on German History 1918~1945*》(Oxford · New York : Berg, 2001), 95~108쪽과 본 책에 실린 미하엘 빌트 Michael Wildt의 글 〈고삐 풀린 세대―제국보안사령부 지휘부에 관한 연구〉 참조.

피를 통하여 한번 이념적으로 비옥해지면 곧 "신성하게" 된다.[21] 이
에 관하여 나치즘은 유사한 많은 이론적 동조자들을 끌어 모을 수 있
었다. 바이마르 공화국 시대에 씌어진, 민주주의에 경도된 한 지리
정치학 옹호론은 다음과 같이 쓰고 있다.

　　비록 우리가 이 모든 진보를, 과거의 훨씬 순진했던 시절처럼, 위대한
개인의 개입의 결과로 돌릴 수 없고, 그래서 더 이상 영웅적 세계관을 아
무 거리낌 없이 주장할 수 없다 하더라도, 우리는 세상 자체를 정상에 오
른 영웅으로 표현할 수 있으며, 그 정상이란 사람들이 정복하기 위하여
싸우고, 결국 그 위에서 서로 의지하며 생존해나가는 그런 단단한 기반이
라고 생각할 수 있다.[22]

4. 신화 속의 영웅들

　　영웅적 개인의 역할에 관한 히틀러의 모든 강조에도 불구하고, 나
치즘은 자신의 영웅들을 익명화하려는 경향이 있었다. 학문적으로
독일 민족사Volksgeschichte를 전파하는 전도사들과 '영웅적 객관

---

20) Jo Fox, 《제3제국에서의 영화 속의 여성들Filming Women in the Third Reich》
(London · New York : Berg, 2000).

21) 로젠베르크는 "그 거주자들의 피로 지켜진 독일 곳곳의 성스러운 땅"으로 표현한
다. Alfred Rosenberg, 〈첫 번째 30년 전쟁Der erste Dreißigjährige Krieg〉, 《이념의 형성,
피와 명예 II. 1933~1935 연설과 논문 모음집Gestaltung der Idee. Blut und Ehre II. Band.
Reden und Aufsätze von 1933~1935》(Munich : Zentralverlag der NSDAP, Franz Eher
1935, 10th ed. 1939), 107~115 · 111쪽 참조.

22) David T. Murphy, 《영웅적 땅, 바이마르 독일의 지정학적 사상, 1918~1933 The
Heroic Earth. Geopolitical Thought in Weimar Germany, 1918~1933》(Ohio : Kent State
Univ. Press, 1997)에서 인용.

성'을 제안해낸 관료 겸 행동주의자들, 그리고 SS 내의 가해자 집단 가운데는, 헤르베르트가 지적한 것처럼, 논의의 중심 카테고리를 개인에서 민족으로 바꾸고자 하는 '사고방식'이 부상했다.[23] 이는 물론 현재와 과거가 갖는 간격을 생각해보면 더욱 확실해진다. 원시적인 독일의 숲도 민족적인 것들에 대한 광신자들의 이목을 끌게 된다. 힘러에서 괴링에 이르는, 히틀러 주변에 포진한 일군의 대리자들에게는 아마도 산림청의 우두머리 직은 그들이 차지한 다양한 자리들 가운데 심정적으로 중요한 자리였을 것이다. 고대의 숲은 바그너 오페라의 신화적 영웅에게 대단히 중요한 원천이다. 이런 의미에서 신화는 나치를 정신적으로 고무시켰지만 나치는 게르만족 영웅주의에 대한 분명한 증거를 원했다. 타키투스가 이러한 욕구를 만족시키기 위하여 먼 길을 돌아왔다. 타키투스의 《게르마니아 Germania》의 여러 판본 가운데 가장 오래된 판본을 찾으려는 힘러의 바람은——샤마 Simon Sharma에 의해 지나치게 과장된 채 재해석되었다——1943년 가을에 SS 분견대를 파견해 전 이탈리아를 뒤지게 했다.[24] 고고학자들은 좀더 구체적인 기여를 한다. 슐레스비히 홀슈타인의 하이타부에서는 SS의 감독과 진행 아래 전문 고고학자인 얀쿤 Herbert Jankuhn이 전사의 무덤을 발굴했다. 무덤의 소장품 중에는 도끼만 있을 뿐 방패가 없었다. 이 전사는 너무도 남성적이어서, 단지 스스로를 방어하기 위해서만 무기를 사용한 것이 아니라는 추측이 바로 도출되었다. 그러나 다른 몇 개의 무덤에서 나온 갑옷과 투구 장비들은 이 어색한 사실을 간단히 설명해버렸다. 즉 이런 장비들은 단지 그들이 귀족임을 증명해주는 상징일 뿐이라는 것이었

---

23) Ulrich Herbert, 〈나치 경찰국가 지도력의 이념적 정당화와 정치적 실천〉, 105쪽.
24) 이 사건은 지나치게 확대 해석되었다. Simon Sharma, 《풍경과 기억 Landscape and Memory》(London : Harper-Collins, 1995), 75~81쪽.

다.[25] 히틀러는 고대 문명을 찬미하는 송가들에 완전히 경도되었고, 독일 부족들의 원시적 삶과 표현 양식에 대해서는 경멸적인 시각을 갖고 있었다. 그럼에도 최근의 미스Bernard Mees의 주장, 즉 히틀러도 과거에 대한 숭배에 무관심했다는 주장은 사실과 거리가 먼데, 그의 가장 가까운 주변 인물들이 모두 독일의 과거에 대한 열렬한 숭배자들이었기 때문이다.[26]

이러한 영웅들에 대한 집단화와 익명화 취향에 있어서도 마찬가지로 나치즘은 독일의 문화적 민족주의의 오래된 경향을 대변하는 선구자들을 갖고 있었고, 나치도 이를 전적으로 의식하고 있었다. 아마도 과거보다는 덜하겠지만, 최근에도 개개의 영웅들을 밝혀내려는 역사가들의 노력은 가끔씩 있을 법하지 않은 결과를 만들어낸다. 샤마가 우리를 설득하고자 했던 바, 17세기의 전쟁에 의한 황폐화의 여파는 작센의 신화적 인물인 '이르민술Irminsul'을 반복적으로 튜턴족 전체의 영웅적 모델로 암시하고 있다.[27] 샤마는 '다른' 사료 해석에서 "독일 숲은 인공적인 것이 아니다. 이는 역사 그 자체다"[28]라고 쓴 것을 일반화하는 데 좀더 주의를 기울여야 했다. '이르민술'은 작센의 영웅(널리 신화화되었거나 이와 유사한)이 아니라 나무둥치의 이름인 것이다.[29] 이것이 작센의 부족들에게 실제로 일

---

25) W. J. McCann, 〈민족과 게르만 정신 : 나치 독일의 과거 서술Volk und Germanen-tum : the presentation of the past in Nazi Germany〉, P. Gathercole · D. Lowenthal (eds.), 《과거사 정책 The Politics of the Past》(London : Routledge, 1994), 74~88쪽. 여기서는 81~83쪽.

26) Bernard Mees, 〈히틀러와 게르만 정신Hitler and Germanentum〉, 《현대사 저널 Journal of Contemporary History》 39(2004년 2월), 255~270쪽.

27) Simon Sharma, 《풍경과 기억》, 109~110쪽.

28) Simon Sharma, 《풍경과 기억》, 100쪽.

29) 혹은 크고 장식이 없는 목재 기둥. Malcolm Todd, 《독일인의 선조 The Early Germans》(Oxford · Cambirdge, Mass. : Blackwell, 1992), 107쪽 참조.

체감 형성의 유일한 근원으로 기능하기는 했으나, 772년 작센인들이 반란을 일으켰을 때 카를 대제가 이들을 학살하고 재정복하는 과정에서 불타버린다.

자연과 그 익명의 거주자들에 대한 영웅화 작업이 결코 이름을 가진 영웅 개개인을 밝혀내고, 그들을 칭송하는 작업을 없애지는 않았다. 오히려 이러한 영웅화의 두 형태가 영구히 해결되지 않는 긴장을 갖고 나란히 발전했다. 나치 내부에서 스스로 솔직하고 열린 대화를 하지 않는 한은, 자신들의 모순된 충동들에 늘 대처해나갈 수 있었다. 신화나 역사적 사실들이 영웅을 개인적으로 적당히 칭송할 수 없게 만든 경우에도, 나치는 다른 유혹들과 반복적으로 마주친다. 자신들의 전체주의적인 욕구에도 불구하고 나치 정부는 영웅 숭배의 대상으로서 누가 선택되어야 하며, 누가 어떤 근거에서 악당으로 비난받아야 하는지를 늘 반복적으로 선택해야만 했다.

독일의 몇몇 민족주의자들은 바그너Richard Wagner의 오페라에 정통했으며, 그들이 지크프리트를 영웅으로, 하겐을 악당으로 분류하는 일은 은유적 표현상으로는 간단하고 분명한 일이었다. 자신의 세대에서 가장 많이 팔린 역사책을 쓴 사람인 할러Johannes Haller는 예를 들어 '비수의 신화Dolchstoß' 사건——1차 세계대전에서의 패전은 독일군이 등 뒤에서 칼을 맞은 격이었다는 우파의 논리——을 과장해 평가하는 부분에서 그런 은유를 쓴다. 그는 전선에서 돌아온 학생들에게 독일은 적어도 패배에 대해 남성으로서 부끄러워할 일은 없고, 명예로운 결말을 얻기 위해 끝까지 싸웠다고 강연한다. 그러나 "고향으로부터 날아온 정치적 독가스가 전방에 도달했고, 몸과 마음을 마비시켰다. 가장 결정적인 순간에 고향에서 전사들의 등에 비수를 꽂지 않았다면 우리는 가장 나쁜 결과는 피할 수 있었을 것이다. 오직 이 때문에 자랑스러운 나무는 쓰러졌고, 하겐

에 의해 지크프리트가 쓰러졌던 것처럼, 오직 이 때문에 독일군은 패배했다".[30]

그러나 줄거리를 이루는 명확한 구성의 틀이나 영웅과 악당을 구분하는 기준을 제공할 수 있는 것은 신화만이 아니다. 바그너에 대한 히틀러 자신과 나치의 심취에도 불구하고 지크프리트와는 완전히 다른 하겐 역시 제3제국 내에서 명성을 획득했다. 도둑이자 비겁한 암살자로서의 하겐의 일면은 사라지고, 제Klaus von See가 지적했듯이, 하겐이 하나의 모델로 기능하도록 나치가 길을 내주었다. 1937년에 발표한 한 논문에서 제는 "이상주의적 독일 젊은이들이 냉혹한 살인자이며, 사랑을 거부했던 하겐과 견고한 신뢰와 비밀스러운 사랑의 관계로 묶여 있다"고 선언했다. 남성적 신뢰에 광적이었던 힘러(그의 추종자들은 SS의 지도자인 그에게서 하겐이 다시 태어난 것으로 여기기도 했다)에 따르면, 이 또 다른 하겐은 자신만의 이익을 위해 행동한 것이 아니라 부르군트의 전사들 가운데 절대적 충성파의 일원으로서 행동했다. 이러한 전형적인 논리에 따르면, 하겐은 자신이 섬기는 가문에게 지크프리트가 치명적인 위협이 될 수 있음을 알았고, 냉혹한 논리에 따라 지크프리트의 제거가 필요하게 되었다는 것이다.[31] 나치는 하겐에 대한 판단에 있어서 바그너의 해석보다 더 많이 중세적 전통에 기대고 있다. 바그너가 신화를 잘못 해

---

30) Johannes Haller, 《독일 민족의 죽음과 부활에 관하여 *Von Tod und Auferstehung des deutschen Volkes*》(Tübingen, 1919). 후일 《할러, 역사와 정치에 관한 연설과 논문 모음집 *Reden und Aufsätze zur Geschichte und Politik*》(Stuttgart : J. G. Cotta, 1934), 328~343쪽에 재수록.

31) Klaus von See, 〈니벨룽겐의 노래 : 민족 서사시?Das Nibelungenlied : ein Nationale-pos?〉, 《야만족, 게르만족, 아리아인. 독일인의 정체성 찾기 *Barbar, Germane, Arier. Die Suche nach der Identität der Deutschen*》(Heidelberg Universitätsverlag C. Winter, 1994), 83~134 · 130쪽.

석했다는 것이다.[32] 독일의 신화 〈니벨룽겐의 노래Nibelungenlied〉에서는 지크프리트에 대한 살해를 비열한 행위이기는 하지만, 그럼에도 품위 있는 사람에게 떠맡겨진 일로 나타내고 있다. 일반적으로는 여전히 비겁한 행위였을 암살 행위조차도 품위 있는 일로 받아들임으로써, 나치는 과도한 집단 충성심의 체제라는 맥락에 강조를 두었고, 말할 것도 없이 이는 불가능한 일을 꾀하려는 것이었다. 하겐이 충성을 맹세했던 집단이 살아남았음은 이미 그가 해야만 했던 행위들이 무엇인지를 알려주고 있다. 일단 그는 위험을 (정확히) 인식했고, 모든 수단을 사용해 그 위험을 제거해야 했다. 하겐이 다른 어떤, 겉으로는 좀더 명예로운 길을 찾았다 하더라도, 그것은 결국 철저한 배반으로 귀결되었을 것이다.

만일 〈니벨룽겐의 노래〉의 해석에서 나치가 중세의 문건들에 대한 다소간의 신뢰도를 바탕으로 하겐을 독일의 전형적인 민족주의적 상과는 상반되는 반(反)영웅으로 끌고 갔다면, 나치는 역사적 영웅들을 선택하고 확정하는 일에서 또 다른 종류의 어려움에 처하게 됐을 것이다. 로젠베르크는 지난 시대 독일의 영웅들에 대한 정확한 식별은 오직 독일에서의 나치즘의 승리를 통해서만 가능하게 되었다고 주장했다. 나치 국가의 성립 결과 "독일은 그 고유의 특성으로 돌아왔으며", 이로써 독일에서는 과거에서 현재까지 세 명의 결정적인 인물이 부상했다. 우선, 헤르만Herman the Cheruscan이라는 인물로서 그는 로마의 속주화에 대항해 승리한 인물이었다. 그리고 거의 800년 후, 비두킨트Widukind가 피와 땅을 위해 비극적으로 패배하는 두 번째 전사로 등장한다. 그리고 그 천 년 후, 헤르만과 비두킨

---

32) A. T. Hatto (trans.), 《니벨룽겐의 노래 *The Nibelungenlied*》(Penguin : Harmondsworth, 1965/1969). 여기서는 서문 7쪽.

트의 업적을 직접적으로 이어받은 사람으로서 히틀러가 등장했다. 그는 동시에, "카를 대제가 가졌던 정치 권력의 상속자"이기도 했다.[33] 그러나 이 히틀러 앞의 세 명의 인물을 영웅으로서 나치의 판테온에 아무 문제 없이 끼워 넣기 위하여 이들의 분명하고도 능력 있는 선구자적 기능을 주장하기에는 개인적으로든 집단적으로든 문제가 있었다.

헤르만의 경우에는, 로젠베르크의 요구가 있었음에도, 1933년에서 1945년 사이에 영웅화의 시도가 비교적 적었던 것이 분명하다.[34] 하지만 나치는 제국을 위해 그를 영웅으로 치켜세울 수도 있었다. 나치의 문제는 두 가지였는데, 우선 헤르만은 독일 부르주아 민족주의자 세대의 식민지 역사화의 대상이어서, 나치는 그를 기억하는 일을 쉽게 승인할 수 없었다. 두 번째로, 헤르만이 과연 로젠베르크가 기술한 대로, 절대적으로 인종적으로 검증된 로마 제국의 저항자로서 기념될 만한 인물인지에 대해서는 논의가 더 필요했다. 어쩌면 그의 업적은 독일 부족들이 로마 문명으로의 접근을 허락받은 가운데 얻어낸 것일 수도 있다. 이것이 잠복되어 있는 문제의 핵심이다. 즉 독일 민족에게 무엇이 고유의 것이며, 그 의미는 무엇인가?

"무장한 예속 제도Gefolgschaftswesen"라는 현상이 결코 독일 종족만의 고유한 특징이 아니었고, 갈 지역에서 온 사람들로부터 배운 것이었음을 인정한다고 하더라도, 독일 부족이 갈 지역의 운명을 벗어난 것은 아르미니우스Arminius의 업적이라고 힐러는 주장했다(그는 이름의 로마화된 형태에 집착한다). 이처럼 독일 부족이 "역사로

---

33) Alfred Rosenberg, 〈첫 번째 30년 전쟁〉, 110~111쪽.

34) Werner M. Doyé, 〈아르미니우스Arminius〉, Étienne François · Hagen Schulze (eds.), 《독일의 기억의 공간들Deutsche Erinnerungsorte》(Munich : C. H. Beck, 2001), 587~602쪽.

진입"하는 과정에서 독일적 충성Treue은 가장 건강하고 젊은 특성들 가운데 하나가 되었다. 할러의 "무장한 예속 제도"가 의미하는 바는 명확하다. 바로 권위적 구조를 의미한다. 이는 지도자에게 충성함을 의미하며, "그의 명예를 위해 싸우며, 죽든 살든 그와 운명을 함께 나눌 것에 대한 동의를 포함하고 있다……궁지에 몰려 있는 자신의 지도자를 떠나는 자는 불명예스러운 자다……오랜 평화는 참을 수 없다……독일 부족의 일원으로서 전쟁은 자연스러운 상태이며, 누구든지 전사가 되어야 한다".[35] 아르미니우스가 "오늘날의 독일 민족이 빚지고 있는 영웅들의 서열에서 우두머리"가 된 것은 분명히 로마화의 경험 덕분이었다.[36] 그는 독일 부족을 로마의 정복으로부터 구해냈고, 필연적으로 로마화되는 과정에서 안정적 위치를 지켜냈고, 로마와 타협했다. 로마 치하에서의 민족적 연속성은 게르만 부족이 독일인으로 중세적 전환을 쉽게 이룰 수 있도록 도왔다. 이처럼 할러의 아르미니우스와 헤르만에 대한 옹호의 근거는 로마와 그의 모든 업적을 부정했던 로젠베르크의 해석과는 근본적으로 대치되는 것이었다.

나는 이미 나치의 숭배 대상으로의 이르민술의 의미를 어느 정도 축소시켰다. 그러나 죽은 나무등치라는 상태는 다른 이유에서 제3제국 내에서 논란의 대상이었다. 카를 대제는 신성모독 행위뿐 아니라 작센에 대한 집단 학살까지 저지른 프랑스인으로서 악인이었는가? 아니면 독일의 부족들을 통합시킨 건축가이자, '유럽의 새로운 질서'를 향한 이정표를 제공한 군사적·정치적 천재로서 찬양받을 만한 인물인가? 이는 나치의 이론가들과 전문 역사가들이 모두 고민한 문제들이었다. 나치 독재의 초기 시절, 작센의 대학살자들Sachsen-

---

35) Johannes Haller, 《할러, 역사와 정치에 관한 연설과 논문 모음집》, 22~23쪽.
36) Johannes Haller, 《할러, 역사와 정치에 관한 연설과 논문 모음집》, 27쪽.

schlaechter을 고발하는 민족적 요구들이 매체를 통해 제기되었다. 타락하고 로마화된 프랑크족은 이제 한창 프랑스인이 되는 중이었으며, 그들을 프랑스인에게 맡겨두는 것이 최선이었다.[37] 그들은 단지 교황의 도구였으며, 농민을 비굴한 노예의 상태로 축소시키는 방법을 찾던 사람들일 뿐이었다. 로젠베르크는 1934년 6월, 작센의 비두킨트 공을 작센뿐 아니라 프랑스의 권력 정치에 대항해 싸운 독일 전체의 영웅으로서 추앙하고, 작센에서의 카를 대제의 희생자들을 추모하기 위해 니더작센 지방을 순례했다.[38]

1935년에 일곱 명의 전문 역사가들이 카를 대제의 평판을 수호할 것을 생각해낸다.[39] 그들은 여러 비난의 꼬리들을 서로 연결시켜본다. 그들과 그들의 동료들의 개입은 역사가들의 자의성으로부터는 벗어날 수 있었으나, 카를 대제의 '복권Rehabilitierung' 이라는 용어는 적절한 것이 아니었다. 그러나 복권이라는 것이 정권과 관련되어 제기된 단순한 한 가지 행위나 선언만 가지고 이루어지는 것은 아니다. 오히려 그것은 반복과, 궁극적으로는 나치즘 내에서의 기준의 변화에 의해 이루어지는 것일 것이다. 나치 당원일 뿐 아니라 튀빙겐 대학의 중세사 교수이기도 했던 단넨바우어Heinrich Dannenbauer 는 로젠베르크의 신화화에 반대해 학문적 역사학의 정통성을 지키려는 사람이었다. 그래서 그는 1936년 초, 괴벨스가 카를 대제를 "복권"(단넨바우어의 표현)시키려 하자 안도의 숨을 쉰다.[40] 그렇지만

---

37) 실제로 카를 대제를 얻어내기 위해 오랜 기간 동안 프랑스인들이 관심을 보였다. Robert Morrissey, 《샤를마뉴와 프랑스, 천 년간의 신화 *Charlemagne and France : A Thousand Years of Mythology*》(Notre Dame : Univ. of Notre Dame Press, 2002) 참조.

38) Alfred Rosenberg, 〈첫 번째 30년 전쟁〉, 112쪽 이하.

39) Hermann Aubin 외, 《카를 대제인가 샤를마뉴인가? 독일 역사 연구가의 여덟 가지 대답 *Karl der Große oder Charlemagne? Acht Antworten deutscher Geschichtsforscher*》(Berlin : E. S. Mittler & Sohn, 1935).

처음에는 로젠베르크의 카를 대제에 대한 "작센의 대학살자"라는 묘사와 1930년대 중반에 괴벨스가 공개적으로 허락한 카를 대제에 관한 긍정적인 이미지가 비두킨트에 대한 숭배와 함께 나란히 유포되었으며, 카를 대제에 대한 숭배가 비두킨트에 대한 숭배를 대체하지는 못했다. 실제로 비두킨트 숭배는 카를 대제에 대한 숭배와의 경쟁에 거의 영향을 받지 않고 확산되었으며, 1939년 엥겐에 비두킨트 기념소가 지어짐으로써 그에 대한 추모는 정점에 달한다. '전쟁 영웅'으로서의 비두킨트에 대한 추모비는 사실 교회의 바로 우측에 붙여 세움으로써, 부지 선정에서부터 엥겐 지역의 1차 세계대전 전몰자 추모와 연관되어 있었다.[41] 로젠베르크로서는 한편으로는 자신을 방어해야 하고, 다른 한편으로는 카를의 비난자들을 인정하지 말아야 하는, 즉 오래된 적대 관계인 카를과 비두킨트를 모두 추모해야 하는 쉽지 않은 상황에 직면한다. 그는 제3제국 내의 두 숭배 경향에 대한 일종의 변증법적 합의 방식을 찾는다. "천 년간의 카를 대제에 의해 육화된 통치 이후에는 니더작센의 옛 정신이 독일을 주도하게 되었다." 작센의 '정신'이 카롤링거 왕조의 원칙을 대체하는 것이 아니라, 오히려 강화하리라는 것이다. 그렇지만 로젠베르크의 화해 시도는 곧 무너진다. 그것은 논리의 내적 개연성이 부족해서가 아니라 제3제국의 성격과 이를 담당하는 부서의 이념적 위계상에 변화가 생겼기 때문이었다.

2차 세계대전 중에 고조되었던 나치의 영토 확장에 대한 야망은 비두킨트를 제3제국의 중요한 지위에서 물러나게 했다. 그 대신 쓸모 있게 사용할 수 있는, 또 다른 신화의 원천이 확실하게 떠올랐다.

---

40) 코블렌츠 연방 문서 보관소, 〈요하네스 할러 서류 19번 : 단넨바우어가 할러에게 보낸 1936년 12월 13일자 편지〉.

41) www.widukind-museum-enger.de/mythset/main/nazis.htm 참조.

민족적 사고는 나치의 팽창주의를 합법화하는 데 더 이상 충분하지 않게 되었다. 비두킨트의 부족 지도력은 이제 하잘것없는 것이 되었으며, 그가 가졌던 관심은 편협한 것이 되어버렸다. 그에 비해, 카를 대제의 제국은 이전의 그 어떤 것보다 더 이 시기에 적절한 그 무언가를 소유한 것처럼 보였고, 마치 나치의 '유럽의 새로운 질서'에 이정표를 제시해줄 수 있을 것 같았다. 많은 나치의 사상 가운데 독일 민족주의는 유럽 사상Euroapgedanke에 항상 자리를 내주거나 최소한 유럽 사상 내에 포함되었다. SS는 초기에 로젠베르크와 함께 비두킨트와 카를 대제에게 저항했던 작센을 기념하는 데 일조했지만 이제 더 이상 이들을 내세우지 않았다. 말하자면 1942년의 관점에서 카를 대제는 그의 위업에 걸맞은 칭송을 받을 만한 위인이었다. 그의 탄생 1,200주년을 기념하면서, 제국은 그에 대해 다시 한번 입장을 바꾸어 찬양하기 시작했다. 젊은 역사가 브란트Ahasver von Brandt는 카를 대제의 명예 회복이 공식적으로 이루어진 것에 대하여 대단히 고무적인 일이라고——사실 본심과는 달랐지만——언급했다.[42]

카를 대제에 대한 성공적인 옹호는 이전의 카를 대제에 대한 견해의 판도를 바꿔놓게 되었다. 과거나 현재에 카를 대제를 비난했던 사람들은 이제 피고인석으로 가야만 했다. 몇몇 카를의 반대자들이 작센의 대량 학살에 유감을 표했다면, 다른 이들은 학살당한 사람들이 반독일적 반역 행위에 대한 값을 치른 것이라고 주장하면서 비난받을 대상은 작센이지 위험을 무릅쓰고 작센을 로마화한 카를 대제가 아니라고 역설했다. 카를 대제에 대한 옹호는, 너무나도 자연스럽게 찬양으로 발전했다. 나아가 그는 초기 독일의 구술 전통을 보

---

42) 뤼벡 시 문서 보관소, 〈프리츠 뢰리히 서류 66번 : 브란트가 뢰이히에게 보낸 1942년 4월 28일자 편지〉.

존한 민속 음악 수집가로 묘사되었다. 항상 왕이자 자신이 통치하는 왕국의 농민으로서 고대 프랑크의 농민 의상을 입고 카를이 등장했다. 그는 철저하게 아리아인화되고, 완전히 민속적인 모습으로 나타나 이전까지의 많은 비판들을 잠재웠다. 독일 민족주의 역사 서술의 베테랑인 할러는 "작센의 전복 없이는 오늘날의 독일은 존재하지 않았을 것"이라는 사실을 잊지 말 것을 당부했다.[43]

그렇다면 히틀러의 외관상 철저히 전통적인 '위인' 숭배와 영웅주의 개념이 결합하여, 나치의 집단화된 영웅 숭배의 범주에서 벗어나지 않으면서 개인을 영웅화하는 형태가 창출된 것일까? 코샤Rudy Koshar는 이에 대해 확실하게 긍정적인 대답을 한다. 그에 따르면 제3제국의 영웅화 현상에는 영웅의 생애에 세밀히 주목하는 차원이 있으며, 바로 이러한 면 때문에 체제의 전체주의적 요구에도 불구하고 나치의 순교 역사는 많은 부분 개인적인 특징을 중시하는 부르주아적 전기 서술의 전통에 좌우되었다고 충분히 결론 내릴 수 있다는 것이다.[44]

카를/샤를마뉴 옹호자들의 연구는 나의 의문에 대해 시종일관 긍정적인 답을 하는 것 같다. 함페Karl Hampe는 카를 개인에 대한 연구서에서 다음과 같이 서술했다.

역사 서술에서 환경을 지나치게 중요하게 과장했던 시기가 끝나고, 우리는 하인리히 폰 트라이치케Heinrich von Treitzchke, 프리드리히 니체, 슈테판 게오르게Stefan George 등을 거쳐, 이제 세계사의 위대한 지도자, 항상 두려운 마음으로 경외심을 갖고 다가가야 하는 지도자에게 분명

---

43) Johannes Haller, 《독일인의 역사의 등장*Der Eintritt der Germanen in die Geschichte*》 (Berlin : Walter de Gruyter, 1939), 87쪽.

44) Rudy Koshar, 《독일의 여행 문화》, 147쪽.

하게 관심을 돌리게 되었다.

니체 연구자들에게는 이러한 지적이 해당되는 이야기일지도 모른다. 그렇지만 그것이 민족 영웅에 대한 숭배가 갖는 19세기적 특징들로의 회귀를 의미하지는 않는다. 부르주아의 영웅화 작업은 항상 숭배의 대상을 자율적 개인으로 묘사하려고 했다. 이런 전통에서 영웅은 결점이나 인간적인 연약함을 보이기도 하고, 자신감을 상실하기도 하고, 심지어 사생활도 누린다. 이러한 면이 영웅의 자유 의지 행동으로 표현됨으로써 영웅주의를 명확히 했다. 분명한 것은 영웅의 개성은 타고 나는 것이며, 그들의 시간에 따른 발전은 기록되었다. 따라서 전통적 전기 서술이란 영웅 만들기가 가능한 적합한 요인들을 찾아내어 시험하고 조사하는 것이었다. 이와는 완전히 대조적으로 함페는 카를 대제를 '거대한 조각상'이나 '화강암'에 비유했다.[45] 이런 점에서 함페는 본질적으로 나치의 영웅화 양식에 견고하게 기반을 두고 있다고 볼 수 있다. 함페가 그리는 영웅은 살아 약동하는 인물이 아니라 거칠고 대충 다듬은 돌 속에 안치되어 있는 인물이다. 영웅적 인간은 기념물이 된다. 개인적 특성이 완전히 제거된 카를 대제는 바로 민족적 전형으로 재분장되었고, 현실 세계에 구체화된 모습으로 나타난다.

나는 나치의 영웅 숭배를 이해하는 데에는 이상과 같은 점이 근본적인 것이라 여겼다. 사실 나치 영웅화의 풍경은 거대한 바위와 돌이 여기저기 산재해 있는 모습이다. '작센의 학살 현장'인 베르됭의 들에만 4,500개의 바위가 전사자들을 기념하기 위해 세워져 있다.[46]

---

45) Karl Hampe, 〈카를 대제의 성격Die Persönlichkeit Karls〉, Hermann Aubin 외, 《카를 대제인가 샤를마뉴인가? 독일 역사 연구가의 여덟 가지 대답》, 9~29 · 9쪽.
46) Alfred Rosenberg, 〈첫 번째 30년 전쟁〉, 115쪽.

심지어 초상화의 모델도 사람이 아니라 거석 혹은 철이었다. 제는 그로스Hans Gross의 1939년 프레스코화 속의 하겐에 대한 묘사를 매우 적절히 설명했다. 이 그림에는 "단단하고 금속적인" 느낌이 있으나, 이것은 일종의 "새로운 객관성neue Sachlichkeit"이라 할 수 있다는 것이다.[47] 이러한 특성은 SS가 스스로 꾸며낸, "객관적 영웅"이라고 불리는 완고하고도 빈틈없는 기능주의와 맥락이 닿아 있다.

5. 맺는 말

나치 이론가들은 부르주아식 영웅 서술의 저속한 감상주의를 혐오했다. 《독일 경찰Die Deutshe Polizei》이라는 잡지에 실린 SS의 수장이었던 하이드리히의 사망을 다룬 기사에서 그를 주관적 영웅으로 칭송하는 모습은 찾아볼 수 없었다. 그의 생애에 관한 이 전기적 서술은 결코 그의 업적을 인정하거나 그의 가치를 설명하는 것으로 시작하지 않고, 세계사에서 아직 누구도 밟지 않은 영역으로 들어가는 사람에게나 해당되는, 대단히 드문 모범적 사례였다는 것만 적고 있다. 개인적으로 뛰어나면 뛰어날수록 전기적 접근의 적절성은 점점 줄어든다. 따라서 하이드리히의 사망 담당 기자는 그의 가족적 배경이나 출생 장소 · 날짜 등과 같이 하찮은 것으로 독자들을 괴롭히는 것을 자제한다. 짧고 불분명한 초기 해군 경력이 그가 SS 요원으로서 1931년 나치에 가담하기 전의 유일한 약력이다. 그처럼 그는 "제국을 위한 결단"을 내리게 된다. 그러나 유일하게 그것이 사망 기

---

47) Klaus von See, 〈니벨룽겐의 노래, 민족 서사시?〉, 130쪽. 커다란 하겐의 초상화는 131쪽 참조.

사 작성자가 부여한 임의성의 계기다. 그 이후 그의 삶을 관장한 것은 제국이었고, "패배한 적의 무기력"이 "투쟁의 방법을 결정하게" 했으며, 그는 투쟁을 지휘하러 나선 것이었다. "악의 산물"인 이 적들은 "저급한 교활함"을 충분히 보여주었고, "속임수와 배반, 신뢰의 파괴, 의심의 씨앗의 유포, 모든 고상한 것들에 대한 비웃음" 등에 의지했다. 이러한 적들을 한 걸음씩 퇴치시킬 수 있는 방법은 오직 한 가지뿐이었고, 하이드리히는 그 빛 없는 암흑과 같은 길을 밟아 올라갔다. 그는, 자신의 침묵을 대중들에게 인정받기 위해 결코 말로써 떠벌리지 않고 철저히 싸우는, 자신과 비슷한 일군의 신뢰할 만한 사람들 가운데 선도자였다. 하이드리히 암살은 제국의 비겁한 반대자들에게 좋을 게 없는 일이었다. "왜냐하면 이는 제국의 순교자들로부터 발산되는 특별한 형태의 힘이 될 것이기 때문이다. 인간적 요소들은 물러날 것이고, 오직 그리고 더욱 강력하게 역사적 개인이라는 시각으로 평가받게 될 것이다. 사람과 그의 업적이 역사적 필연성과 조화를 이루었다. 다른 사람들은 자신들의 외로운 개척자가 갑자기 사라져버린 것에 두려움을 느낄지도 모른다. 그의 무덤에서 독일 민족은 더욱 엄격한 시련의 요구만을 듣는다." 이리하여 하이드리히의 권력은 무덤을 넘어서 미래 세대에게 자신의 '영웅적 삶'을 본받으라고 호소할 것이다. 이 기사는 무기명으로 썼고, 누가 찍었는지 모르는 사진으로 끝을 맺었다.[48] 비록 그들이 기자의 이름을 밝혀 존경을 표했다 하더라도 나치는 아마 이를 비인격화, 탈문맥화, 탈인간화했을 것이다.

영웅화에 대한 이러한 무단 삭제의 형식이 제3제국 내에서 동의를

---

48) Reinhard Heydrich, 〈SS 총책 겸 경찰 총수, 제국을 위한 삶SS-Obergruppenführer und General der Polizei Reinhard Heydrich. Ein Leben für das Reich〉, 《독일 경찰Die Deutsche Polizei》 vol. 10, no. 12(1942년 6월 15일).

생산해내는 데 실제로 얼마나 기여했는가? 히틀러의 이미지는 정권의 근간이 되는 중요성을 지녔고, 바로 그 요소들이 나치 정권을 지속시켰음은 여러 면에서 분명하다. 그러나 독일 사회를 가능한 한 일반화해 분석하자면, '카리스마적 권위'는 오직 히틀러에게만 바쳐진 것으로 보인다. 물론 히틀러의 경우는 그 자신의 고유한 노력과 선전 정책, 그를 영웅화하려는 '아래로부터'의 욕구 등이 조화를 이루어 영웅적 위치에 올라서게 된 것이었으며, 다른 어떤 나치 지휘자도 이처럼 '카리스마적 권위'가 분명하게 형성됨으로써 탁월한 인기를 누린 경우는 없었다. 우리는 히틀러 이외에 그러한 결합이 과거에 결코 만들어진 적이 없었다고 절대적으로 확신하지는 못한다. 원칙적으로 연구의 부족이나 적절한 증거의 결핍이 영웅 숭배에 관하여 우리가 지식을 얻고자 하는 원인이다. '독일 보고서SOPADE'의 상황 기록이나 SS 보안 요원의 보고서와 같이 정부의 선전 정책이 어떻게 받아들여졌는가에 대한 일반적인 증거물로서 가치가 있는 자료들도, 영웅 숭배에 관한 정보를 얻어내는 데에 특별히 풍부한 자료를 제공해주지는 못한다. 따라서 분명한 결론을 유추해내기는 어렵다. 그러나 몇몇 예비적인 추측은 가능하다.

첫 번째로, 나치즘은 내부의 이념적 적들이 숭배했던 영웅들을 말살하는 데 전적으로 성공하지는 못했다. 1936년 9월, 독일 사회민주당의 관찰자들은 젊은이들 가운데서는 호전성이, 나이 든 세대에서는 절망과 피곤함, 정치적 무관심 등이 증가하고 있음을 보고한다. 그러나 '또 다른 음색들'도 들을 수 있다. 1919년부터 1933년까지 독일 사회민주당의 의원이었고, 독재 초반기에 나치에 대한 저항으로 몇 번의 감옥행을 겪어야 했던 봄 슈흐Clara Bohm-Schuch의 장례식이 있었고, 1만여 명의 조문객이 참석했다. 이는 곧 "막강한 시위"로 번진다.[49] 테러에 시달리고, 흩어진 채 남겨진 프롤레타리아 마르크스주의자들은 정확히 자신들의 개인적 지도자들이 추모되고 애도되는 바로 그곳에서 다시 뭉친다. 마르크스주의적 집단주의는 늘 개인적 영웅화를 동반했으며, 이는 제3제국하에서도 지속되었다.

두 번째로, 독일 내에 널리 퍼져 있던 전쟁 발발에 대한 공포는 1930년대 중반과 말까지 지속되었고, 이는 정권에 대해 지속적으로 두려움을 갖게 만드는 요인이었다. 이러한 것들은 나치가 제시한 영웅적 행위를 따르는 것의 한계를 파악할 수 있는 지표다.

나치의 영웅주의 숭배는 전적으로 나치의 엘리트들에 의해, 그리고 이 엘리트들을 위해 가장 잘 작동한 듯이 보인다. 이처럼 홀로코스트 범죄자들의 자기 영웅화self-heroization는 오직 자신들의 필요에 따른 것이다. 이는 그들로 하여금 스스로를 아리아인 중에서도 선택된 사람들로 생각하도록 만들었고, 아무도 헌신하지 않으려는 일에 스스로 헌신할 수 있게 했다. 독일인들은 일반적으로 자신들의 행위에서 사적인 내용들을 숨겨야 한다고 생각한다. 하비는 젊은 여성 활동가들을 "스스로를 거의 신에 가깝게 느낄 수 있는 상황"에 흠뻑 빠진 열정적 소수와, 자신들의 경험에 대해 무비판적 맹종, 죄의식, 곤혹감과 회피 등의 반응을 드러내는 그보다 훨씬 더 많은 수의 여성들로 구분한다.[50] SA의 거리 투쟁과 관련되어 죽은 이들에 대한 숭배는 전사한 이들에 대한 광범위한 칭송으로 이어져, SA 자체 내의 계급 서열을 훨씬 뛰어넘어 확대된다. 베렌베크는, 아직 동부 전선에서 급격하게 사망자 수가 늘어나기 이전에 독일의 전사 군인 수가 증가하자, 나치는 그들을 영웅화하려는 위험을 감수하려 하지 않

---

49) Bernd Stöver,《독일 상황에 관한 보고. 1933~1936년 '새로운 시작' 집단의 제3제국 상황 보고서Berichte über die Lage in Deutschland. Die Lagemeldungen der Gruppe Neu Bginnen aus dem Dritten Recih 1933~1936》(Bonn : J. H. W. Dietz, 1996), 697쪽.

50) Elizabeth Harvey,《여성과 동유럽의 나치 : 독일화의 담당 부서들과 목격자들》, 14・296쪽에서 인용.

360 헤게모니와 동의의 문화

았다고 썼다. 몇몇 말단 행정 지역에서는 전사자들의 공식적인 추모가 엄격히 금지되었다. 사람들이 전사자의 규모에 대해 관심을 갖게 되는 것이 두려워 나치는 처음에는 반응을 보이지 않았다. 유족들은 추모하기를 원했으나 나치는 추모식을 영웅화에는 도움이 안 되는 감상과 허약의 표현으로 보았다. 따라서 유족들은 나치에게 버림받았다고 생각했고, 이런 감정을 있는 그대로 드러내고자 했다. 평범한 독일인들은 개인적으로라도 추모하기를 원했다. 최후의 승리를 획득하기 전까지는 그들의 죽음이 영웅화될 것을 기대했다. 전사자들의 가족들과 교회 신자들은 교회를 통해 추모의 여러 형태들을 시도하면서 교회가 위안의 원천이 되고자 했다. 교회가 정부의 무반응의 최대의 수익자라는 우려가 제기되고 나서야 비로소 정부는 추모식에 관심을 보인다. 교회의 예식들을 모방하면서, 곧 정부가 교회와 경쟁해야 한다는 것을 알게 되었으며, 전사자들의 영웅화를 통해 그 가족들에게 위안과 인정을 제공했다.[51] 나치 선전 정책의 지도자들은 "인간적인 접촉과 개인적인 기록을 통하여 추모하는 사람들과 교통할 수 있었다. 그러나 프로파간다로서는 통하지 않는다"고 썼다.[52] 이름을 밝히지 않은 하이드리히 사망 기사 작성자는 나치의 영웅화가 인간적 요소들을 뒷전으로 돌리는 일이 필요했음을 보여주었다.《독일 경찰》잡지의 얼마 안 되는 독자들은 이 점을 받아들였을 것이다. 총력전total war이라는 조건하에서는 그러나 대중들의 욕구를 총족시킬 방책들이 부족했다. 그러한 상황에서는 단지 두 가지 선택, 즉 나치의 추모 행위가 더 많은 대중들과 타협해 인간적 요소

---

51) Sabine Behrenbeck, 《죽은 영웅들에 대한 숭배 : 나치의 신화, 의식, 상징들, 1923
~1945》, 492~498쪽.

52) Sabine Behrenbeck, 《죽은 영웅들에 대한 숭배 : 나치의 신화, 의식, 상징들, 1923
~1945》, 500쪽.

들을 다시 전면에 내세움으로써 어느 정도의 성공을 거두거나, 아니면 대중들을 완전히 무시함으로써 실패를 기대하는 것 외에는 남아 있지 않았다.

항공 영웅들과 독재 체제하의 민족사
—포르투갈과 리투아니아

리나스 에릭소나스 :: 이관수 옮김

파시스트 역사관에 대한 저술에서 포구Claudio Fogu는 자유주의
나 공산주의와 마찬가지로 파시스트 이데올로기 역시 독특한 역사 이
해에 근거한다고 주장했다. 포구는 특히 젠틸레가 "가장 강력하고 활
동적인 파시즘의 지적 조직자"(교육부 장관, 파시스트 지식인 선언의
저자, 파시스트 문화 연구소의 창립자 등)로서, 그의 현재주의actura-
lismo는 무솔리니 정권에 현재적 역사 이해를 제공했다고 말했다.[1]
젠틸레는 역사를 먼 과거의 것으로 보는 실증주의적 역사 이해에

리나스 에릭소나스Linas Eriksonas는 웨일스 글래모건 대학의 연구원으로 유럽과
학재단의 〈과거의 표현들 : 유럽의 민족사들〉 프로젝트의 코디네이터로 활동했고,
현재는 리투아니아 LITEK 클러스터 코디네이터로 활동하고 있다. 북유럽의 민족 건
설과 국가 전통을 주로 연구했다. 프라하의 카렐 대학에서 석사 학위를, 스코틀랜드
의 에버딘 대학에서 박사 학위를 받았다. 《민족 영웅과 민족 정체성 : 스코틀랜드,
노르웨이 그리고 리투아니아》를 집필했고, 〈노르웨이와 리투아니아에서의 이름, 민
족주의 그리고 이름 짓기〉, 〈영웅 전통 : 스코틀랜드와 노르웨이의 비교〉, 〈기독교
전통주의의 이론과 실재 : 노르웨이의 사례 연구, 1905년경부터 1930년까지〉 등을
발표했다. 《민족주의 백과사전》에 리투아니아 관련 항목을 썼다.
이관수는 서울대에서 물리학을 공부하다 과학사로 전공을 바꾸어 20세기 중반의
물리계산기술의 역사에 관한 연구로 박사 학위를 받았다. 통계 역학 및 관련 계산 기
술과 표현 양식의 변천이 주요 연구 분야이고, 통신-운송 기술의 사회적 영향에도
관심이 많다. 가톨릭대 교양교육원에서 수리적 표현 양식에 대한 교과목을 개발했
고 현재는 동국대 다르마칼리지 교양학부 교수로 활동하고 있다.

반대하여 역사란 현재하는 것으로 느껴야 한다고 주장했다. "우리는 반대의 역사관, 즉 전적으로 현재적이며 **구성** 행위에 내재하는 역사라는 현재적 역사관을 지향할 때만 역사의 역사성을 이해할 수 있다."[2] 포구에 따르면 이러한 사상은 가톨릭 문화 덕분에 비옥해진 이탈리아에 뿌리내렸다. "역사를 (시각적으로) 현재화하려는 라틴-가톨릭적 열망 덕분에 현재주의 역사철학이 이론화되고, 역사를 이용한 파시스트들의 정치 행위가 만개한 역사 문화로 구현되었다."[3] 더욱이 이탈리아의 1차 세계대전 경험(특히 1917년 10월 24일부터 11월 12일 사이의 카포레토 전투에서의 패배)은 대중이 현재주의를 더 잘 받아들이도록 한 중요 요인이 되었다.[4]

1. 파시스트 역사관

포구는 무솔리니 정부가 1932년 파시스트 10년Decennale Fascista,

---

1) Claudio Fogu, 〈파시즘과 철학 : 현재주의의 사례Fascism and Philosophy : The Case of Actualism〉, 유럽학 회의, 〈유럽과 세계 : 통합, 상호 의존, 예외주의Europe and the World : Integration, Interdependence, Exceptionalism〉(Univ. of Chicago, 2004년 3월 11~13일).

2) Giovanni Gentile, 〈정치와 철학Politica e filosofia〉. 포구의 〈파시즘과 철학 : 현재주의의 사례〉에서 재인용.

3) Claudio Fogu, 〈현재주의와 파시스트 역사 심상Actualism and the Fascist Historic Imagery〉, 《역사와 이론*History and Theory*》 42(2003년 5월), 196~221쪽.

4) (옮긴이주) 북부 이탈리아 전선에서 오스트리아령 트리에스테 전방 약 10km까지 진출했던 이탈리아군은 카포레토 전투에서 총체적인 전선 붕괴를 겪어 30만 명의 병력(90%가 포로)을 잃고, 약 100km를 후퇴하여 베네치아 북방에 간신히 방어선을 구축했다. 헤밍웨이의 《무기여 잘 있거라》의 배경이기도 한 이 패배로 이탈리아 내 대중평화운동은 사실상 소멸했다. 이탈리아군은 독자적인 작전을 포기하고 영국, 프랑스와 함께 최고전쟁평의회를 구성했다. 이 전투 이후 이탈리아에서 '카포레토Caporetto'는 '참혹한 대패'를 뜻하는 관용구가 되었다.

즉 '파시스트 혁명' 10주년 축하와 연계해 조직한 가리발디Giuse-
ppe Garibaldi 기념 축전에 대한 분석을 통해 자신의 주장을 펼쳤다.
재통일Risorgimento 이후 등장한 가리발디에 대한 자유주의적 영웅
숭배는 19세기 내내 이탈리아의 공민-민족 건설자들과 유럽의 다른
자유주의 민주주의적 개혁 운동을 구별하는 이데올로기적 변별점
역할을 했다.

1932년, 포구에 따르면 "1932년 파시스트 혁명 전시회에서 볼 수
있듯이 파시스트적 역사 상상력이 정점에 달한" 해에 무솔리니 정권
은 자신들의 현재주의적 구상을 가리발디 숭배에 새겨 넣을 기회를
잡았다. 이 해의 경축 행사들은 영웅 가리발디 대신에, 브라질 출신
인 그의 (첫) 아내 아니타 리비에로Anita Riviero를 중심으로 진행되
었다. 그녀의 유해를 제노바에서 로마로 이장했고, 이장 자체를 기념
하는 기념물이 만들어졌다. 아니타 가리발디를 파시스트판 가리발
디 숭배garibaldinismo의 중심으로 삼음으로써, 파시스트 정권은 가
리발디의 역사 전통에서 원래의 자유주의 이데올로기적 내용을 제
거했고, 그렇게 함으로써 이 모든 행사를 현재의 경험, 즉 장래의 가
리발디 행사들의 기반이 될 새로운 역사적 순간으로 변화시켰다. 그
리고 더욱 의미심장하게도 가리발디 기념행사들은 비행 이벤트를 배
경으로 진행되었다. 1931년 5월 발보Italo Balbo 장군이 이끄는 수상
비행기 12기가 브라질 왕복 대서양 횡단 비행을 마치고 돌아온 것은
몇 백만의 상상력을 자극했다. 이 일을 계기로 가리발디 기마상과
새로운 파시스트 기념비를 비행기가 연결하는 우표도 발행되었다.

1933년 시카고 세계박람회에 무솔리니 정권이 이룩한 진보를 드
러내 보이기 위해 발보는 22기의 수상비행기 대편대를 세심하게 편
성하여 로마에서 시카고로 날아갔다. 이런 장거리 비행은 추억할 만
한 이벤트를 확실하게 만들어냈으며, 항공인들을 무솔리니 정권이

홀륭하게 펼쳐질 새 시대의 출발점에 서 있음을 상징하는 데 일조한 영웅들로서 투영했다.[5] 발보의 독창성 덕분에 이탈리아는 숨 막히는 비행 쇼를 기획하는 일에 있어서 다른 나라를 능가하긴 했지만, 그런 종류의 사업을 이탈리아가 처음 시작한 것은 아니었다.[6] 발보가 이용한 브라질행 비행 경로나 남대서양 횡단 비행 착상 자체는 그의 창안이 아니었다. 이미 1920년대에 포르투갈이 수상비행기를 이용

---

5) Colin Cook, 〈신화적 비행사와 파시즘으로의 비행The myth of the aviator and the flight to fascism〉, 《오늘의 역사History Today》 Vol. 53, no. 12(2003년 12월), 36~42쪽.

6) 파시스트 정권과 관련된 발보Italo Balbo의 비행에 대해서는 Claudio G. Segre, 《이탈로 발보 : 파시스트의 삶Italo Balbo : A Fascist Life》(Berkeley : Univ. of California Press, 1990)를 참조하라.

(옮긴이주) 악명 높은 파시스트 행동대원 출신인 발보는 1926년 공군 차관에 임명된 후, 처음으로 비행기를 접하고 조종술을 배웠다. 1928년부터 1934년까지 공군 장관으로 있으면서 대규모 비행 이벤트를 직접 이끌었다. 1933년의 22기 대편대 비행은 항공관계자들에게도 깊은 인상을 남겨 오늘날에도 대편대 비행은 가끔 'Balbo'라고 불린다. 발보는 1934년 리비아 행정 장관으로 밀려났고, 독일과의 동맹을 반대해 무솔리니와 충돌했다. 1940년 아프리카 전선에서 직접 정찰 비행 후 귀환하다 아군의 대공포화에 격추되어 사망했는데, 그의 미망인은 무솔리니가 암살 지령을 내렸다고 주장했다. 발보가 이탈리아 공군을 이끌던 시기는 이탈리아 항공 기술의 최전성기였다. 그가 대륙 간 비행에 사용한 대형 비행정 사보이아 마르케티Savoia-Marchetti 55(전장 16.8m, 전폭 24m, 자중 5,750kg)는 한때 세계에서 제일 유명한 비행기였고, 이탈리아제 비행기는 여러 차례 국제비행속도 경연에서 우승했다. 현재 각국의 공군이 곡예비행단을 운용하는 것도 이 무렵 이탈리아 공군이 시작한 관행을 따른 것이다.

신화적인 항공인으로서 발보는 대중문화에도 많은 영향을 끼쳤다. 발보는 미야자키 하야오(宮崎駿)의 애니메이션 〈붉은 돼지〉(1992)의 주인공 포르코의 모델로도 거론되며, 실제로 극중에서 발보를 직간접적으로 연상시키는 요소들이 다수 등장한다. 하지만 전쟁과 파시즘을 혐오하며 과거를 회한하고 현실 회피적 속성을 지닌 포르코와 파시스트로서 발보의 행적은 정반대라고 할 수 있다.

한편 1930년대 전반 이탈리아는 하늘과 바다 모두의 대서양 항로에서 명성을 떨쳤다. 이탈리아의 대형 여객선 렉스Rex(전장 269m, 5만 1천 톤)는 1933년부터 1935년까지 평균 시속 28.9노트(시속 53.6km)의 기록으로 최고속 대서양 횡단 여객선에게 수여되는 블루리본 Blue Riband을 보유하고 있었다. 즉 이 시기의 이탈리아는 이탈리아인이 설계하고 제작하여 운용하는 대형 비행기와 대형 선박으로 대서양 횡단 경쟁에서 명성을 누리고 있었다.

한 장거리 비행을 개척했고, 리투아니아에는 1933년 뉴욕-카우나스 간 논스톱 비행을 시도하다가 사망한 조종사를 민족 영웅으로 추대한 사례도 있었다.

2. 비교 사례 : 포르투갈과 리투아니아

물론 이러한 사실만으로 포르투갈과 리투아니아의 사례를 검토하려는 것은 아니다. 유럽의 양쪽 끝에 떨어져 있는 이 두 나라는 이탈리아 외부의 파시스트 역사 문화를 세밀히 검토하기에 좋은 시험장이다. 두 공화국, 즉 포르투갈(1910년부터 공화제 시작)과 리투아니아(1918년부터)가 다른 유럽 국가들에 비해 1차 세계대전의 참화를 덜 겪은 것은 사실이지만, 많은 리투아니아인들은 차르군에서 많은 전투 경험을 쌓고 귀향했다. 그들은 처음에는 독일군, 나중에는 적군(赤軍)에 대항한 참호전에 참가했다. 1916년부터 포르투갈은 아프리카에서 독일과 싸웠고, 유럽에서는 1917년 초 10만 명을 동원했는데, 그들 중 7천 명 이상이 서부전선에서 전사했다. 그러므로 두 나라 모두 대전쟁의 참화를 상당히 겪은 편이고, 실로 많은 비통을 겪었다.

하지만 이보다 더 중요한 것은 두 나라 모두 보수적인 라틴-가톨릭적 전통에 물들어 있었다는 것과 1926년에 군사 쿠데타로 들어선 권위주의 정권에 굴복했다는 것이다. 양국 모두에서 이러한 정권 교체는 가톨릭교회의 암묵적인 지지를 받았지만, 이들은 공공연하게 파시즘을 추구하지는 않았다. 게다가 많은 학자들은 그들을 전형적인 파시스트 정권이라기보다는 우익 권위주의 정권으로 보는 경향이 있다.[7]

그렇다면 왜 파시스트 역사 문화를 살펴보기 위해 포르투갈과 리투아니아를 논해야 할까? 전간기 유럽에는 이들보다 가톨릭의 영향을 더 많이 받았고, 전쟁의 피해도 더 많이 겪었으며, 경제적으로 곤궁한 나라들(예를 들면, 헝가리)이 있었다. 이들도 극우로 기울어 어떤 면에서는, 칼리스Aristotle A. Kallis의 용어를 빌리면, '초파시스트적'이라고 할 수도 있었다.[8] 하지만 포르투갈과 리투아니아는 자주 거론되는 다른 경우들보다 훨씬 일찍, 그리고 인접 국가인 스페인이나 폴란드보다 훨씬 더 직접적으로, 하지만 눈에 덜 띄는 방식으로 민주주의에서 멀어져 갔다. 더 중요한 점은 이탈리아의 파시스트들이 1920년대 말부터 이 두 나라를 조합국가를 건설하고 새로운 종류의 사회를 조성한 '전체주의 국가'로 여겼다는 점이다. 포르투갈은 1926년 5월 18일에, 리투아니아는 같은 해 12월 15일에 민주주의를 잃었다. 1920년대 말에 두 나라의 정권은 자국 인민에 대한 장악력을 강화했다. 1933년 1월 포르투갈은 신(新)국가Estado Novo라는 명칭을 채택함으로써 마침내 공화주의적 유산과 결별했는데, 이 명칭은 1969년까지 국가의 정식 명칭으로 사용되었다. 1936년 리투아니아에서는 모든 정치결사가 금지되어, 집권당인 국민주의자 연합Tautininku Sajunga이 유일 정당이 되었다. 대통령 겸 국가지도자

7) 포르투갈의 민주주의 역사에 대해서는 Kenneth Maxwell, 《포르투갈 민주주의의 형 The Making of Portuguese Democracy》(New York : Cambridge Univ. Press, 1997), 리투아니아의 경우에는 Stanley Vardys · Romuald Misiunas, 《발트 국가들의 전쟁과 평화, 1917~1945 The Baltic States in Peace and War, 1917~1945》(University Park : Pennsylvania State Univ. Press, 1975)를 참조하라.

8) Aristotle A. Kallis, 〈파시즘, 초파시즘 그리고 파시즘화 : 세 개념 범주의 유사성에 대하여Fascism, Para-fascism and Fascistization : On the Similarities of Three Conceptual Catego-ries〉, 《계간 유럽 역사European History Quarterly》 vol. 33, no. 2(2003), 219~249쪽. 또한 Aristotle A. Kallis, 〈파시즘 정권 모형 : 유형론The Regime-Model of Fascism : A Typology〉, 《계간 유럽 역사》 vol. 30, no. 1(2000), 77~104쪽도 참조하라.

Tautos Vadas인 스메토나Antanas Smetona가 1928년부터 국민주의
자 연합을 이끌었는데, 그는 이 정당의 목적이 '젊은(새로운) 리투아
니아Jaunoji Lietuva'의 창조라고 선언했다.[9]

　1934년 무솔리니 치하의 유력지 〈코리에레 델라 세라Corriere
della Sera〉는 후일 단명했던 파시스트 공화국과 운명을 함께한 열성
당원의 한 명인 파볼리니Alessandro Pavolini를 파시즘적 성향을 띠
는 국가들, 즉 '전체주의 국가pasesi totalitari'들을 답사하도록 파견
했다.[10] 그의 첫 답사 여행의 목적지는 발트 4국이었다(핀란드도 발
트 국가로 간주되었다). 1934년은 발트 지역 정치사의 분수령이 되
는 해로서 에스토니아와 라트비아의 민주주의가 무너졌고(두 나라
모두 극우 과격파의 위협을 받은 수상이 모든 정치 활동을 정지시키
고 대통령의 기능을 접수함으로써 의회민주주의를 종식시켰다), 핀
란드에서도 유사한 형태의 대통령 중심 권위주의 정권이 들어서려
는 참이었다.[11] 이로써 나치 독일과 소비에트 러시아 사이에 긴 유럽
의 북동부 구석에 조합국가의 새로운 새벽이 밝아 오는 것처럼 보였

---

9) 'Jaunoji Lietuva'는 '리투아니아의 청년'과 '리투아니아 역사의 새 시대' 둘 다를 뜻한
다.

10) (옮긴이주) 밀라노에서 발행되는 〈코리에레 델라 세라Corriere della Sera〉는 이탈리아
의 현존 유력지 중 가장 오래된 신문으로, 1925년 무솔리니 정부의 압력으로 발행인이 교체
된 후 친파시스트 신문으로 전락했다. 파볼리니Alessandro Pavolini는 1939~1943년 대중문
화 장관을 지냈고, 무솔리니가 1943년 북부 이탈리아 독일 점령 지역에 선포한 이탈리아 사
회주의공화국의 집권당인 파시스트 공화당을 이끌다가 1945년 4월 무솔리니와 함께 처형되
었다.

11) 1934년 3월 12일 에스토니아의 수상 패츠Konstantin Päts는 계엄령을 선포하고 정치
활동을 정지시킴으로써 의회민주주의를 종식시켰다. 나아가 5월 15일 패츠의 쿠데타 성공
에 고무된 라트비아의 수상 울마니스Karlis Ulmanis는 의회를 해산하고 모든 정당(자신이 속
한 농민연합을 포함하여)을 금지해 사실상 독재자가 되었다. 두 정권에 대한 비교 연구로는
Andres Kasekamp, 〈북동 발트 연안의 급진 우익 운동Radical Right-Wing Movements in the
North-East Baltic〉, 《현대사 저널Journal of Contemporary History》 vol. 34, no. 4(1999), 587~
600쪽을 참조하라.

고, 〈코리에레 델라 세라〉지는 이를 목격하도록 파볼리니를 특파한 것이었다.

그가 방문한 전체주의 국가 중 첫 번째 기착지는 리투아니아였다. 리투아니아의 민주주의는 1926년 12월 16일 스메토나가 주도한 음모로 사회민주주의 정부가 권좌에서 축출된 이래 정지되어 있었다. 비록 스메토나가 공개적으로 파시즘에 동의하지는 않았지만──그는 학구적인 삶을 선호하는 소심한 독재자였고, 이점에서 살라자르 António Salazar와 유사하다(둘 다 전직 대학교수였다)──그의 측근들은 공공연하게 파시즘을 탐구했고 대체로 무솔리니의 주장에 공감했다. 〔리투아니아 정권이〕 파시스트 이탈리아에 매료되었다는 점은, 무솔리니 치하 이탈리아의 성취와 자유민주주의에 비해 조합국가가 지닌 장점을 유포하는 많은 대중 출판물들이 정부 보조로 인쇄된 사실에서도 확연하게 드러난다.[12] 그러므로 파볼리니가 리투아니아에서 여러모로, 예를 들어 이탈리아의 사례에 근거한 동업조합을 육성함으로써 이탈리아를 모방하려는 유망한 조합국가 후보를 발견한 것은 놀라운 일이 아니었다.[13] 발트 국가들과 독일을 답사한 이후 1936년에 방문한 포르투갈에서도 파볼리니는 조합국가의 발달

---

12) 스메토나Antanas Smetona가 1920년대에 편집한 국민주의 정기 간행물 《바이라스(방향타)Vairas》는 이탈리아의 파시스트 정권이 "이탈리아에 진정한 해방을 가져오고, 이탈리아의 국제적인 위신과 경제적 복지를 신장시킨" 것으로 서술했다. Juknevičius P., 〈파시즘 Fašizmas〉, 《바이라스》 1(1924), 14쪽. 1926년 이후 리투아니아 정권은 일반 대중은 물론 농부들까지도 겨냥한, 이탈리아식 조합국가의 이점을 강조하는 더욱 대중적인 저술들을 출판했다.

13) 신문기사 스크랩을 보여주고 여러 통찰들을 제공한 토리노 대학의 브리케토Enrica Bricheto 박사에게 감사한다. 그녀의 〈1930년대 저널리즘의 간극 : 전체주의 국가에 대한 파볼리니와 안살도의 리포트Un percorso nel giornalismo degli anni' 30 : *reportages* di Pavolini e Ansaldo *dai paesi totalitari*〉, 《피에몬테 현대 사회 및 레지스탕스 역사 연구소〔저널〕Instituto piemontese per la storia della Resistenza e della societa contemporanea》 vol. 13(1999~2000), 182~215쪽을 참조하라.

에 대해 마찬가지의 긍정적인 인상을 받았다. 살라자르는 파볼리니가 인정했듯이, '마지못한 독재자dittatore involontare'였지만, 포르투갈 정권은 진실로 '전체주의적'이었다. 충직한 파시스트 당원인 파볼리니의 눈에 리투아니아와 포르투갈은 호칭이야 어떠하든 이탈리아와 유사한 전체주의 국가였다.

3. 사례 1 : 포르투갈

그럼에도 불구하고 포르투갈과 리투아니아 사이에는 한 가지 중요한 차이가 있는데, 포르투갈의 공화주의의 경험이 더 견실하다는 것이다. 포르투갈은 1910년부터 1926년까지 의회민주주의를 경험했다. 공화국으로의 국체 변화는 1910년 10월 5일에 일어났는데 이날 군주제가 폐지되고, 1640년부터 포르투갈을 지배한 브라간사 왕조가 왕좌에서 쫓겨났다.[14] 반면 리투아니아나 이탈리아는 이러한 공화주의적 경험을 겪지 못했다. 포르투갈의 독특한 공화주의의 핵심에는 민족국가와 제국(帝國)이 동일하다는 이해가 있었다. 1911년 선포된 포르투갈의 신헌법은 "§1 통합 국가로 조직된 포르투갈 민족국가는 공화정을 채택한다", "§2 포르투갈 민족국가의 영토는 공화국 선언 당시의 영토로 한다"고 선언했다. 그러므로 헌법은, 포르투갈 민족국가Nação Portuguese는 기존 국경 내에서 통합국가Estado Unitário로 구성되어야 한다고 고무했다. 그러나 실제 상황은 최소한 한 가지 점에서 달랐다. 공화주의 정권은 포르투갈과 해외 식민지를 모두 민족국가의 영토로 선언했는데, 헌법에서 '민족'이라는 단어

---

14) Douglas Wheeler, 〈포르투갈 혁명The Portuguese Revolution〉, 《근현대사 저널 *The Journal of Modern History*》 vol. 40, no. 2(1972년 6월), 172~194쪽.

가 암시하는 문화적 의미에서 이들 식민지들은 전혀 포르투갈적이지 않았다.[15] 공민 민족공화국civic nation-republic은 여전히 창설되어야 할 것이었다.

포르투갈의 민족 정서는 주로 루이스 데 카몽스Luís de Camões 찬양을 중심으로 형성되어 있었다. 그가 바스코 다 가마Vasco da Gama의 인도 발견을 서술한 16세기의 서사시 《우스 루시아다스Os Lusíadas》(1572)는 "포르투갈인들의 기억의 장소였고, 그 시구들은 기념식마다 낭송되었다".[16] 공화국 성립 이래 이 책은 지금도 다양한 판본으로 거의 매년 출판되고 있다. 또한 이 책은 전국 각지의 수많은 축제들에서 찬양받는 이름들의 전거(典據)였다. 1차 세계대전은 그런 이름들이 불러일으키는 매력을 증대시켰고, 1920년대 초부터는 기념행사에 아낌없는 노력이 기울여졌다. 주앙Maria Isabel João이 지적했듯이,[17] 1926년 이전 발견의 시대의 역사적 영웅들을 환기시키는 중요한 세 차례의 백년제(祭)——페르낭 데 마가양스Fernão de Magalhães 사망 사백 주년과 카몽스 탄생 사백 주년(둘 다 1921년), 그리고 1924년의 바스코 다 가마 사망 사백 주년——가 거행되었다.[18]

---

15) 포르투갈의 1911년 헌법의 1조 및 2조는 다음과 같다. "§1 A Nação Portuguesa, organizada em Estado Unitário, adopta como forma de governo a República." "§2 O território da Nação Portuguesa é o existente à data da proclamaçao da República." 당시 공공 담론에서 '민족nação'은 이 단어의 인종적 측면을 뜻하는 '인종raça'으로 자주 대체되었다.

16) Maria Isabel João, 〈포르투갈의 공공 기억과 권력(1880~1960)Public Memory and Power in Portugal(1880~1960)〉, 《포르투갈학 연구Portuguese Studies》 vol. 18, no. 1(2002), 104쪽. 1925년 카몽스의 사망 추정일이 '포르투갈 축일Festa de Portugal'로 선포되었고, 지금까지도 이날을 기념하고 있다.

17) Maria Isabel João, 〈포르투갈의 공공 기억과 권력(1880~1960)〉, 97쪽.

18) (옮긴이주) 마가양스는 우리가 흔히 알고 있는 마젤란Magellan의 포르투갈 이름이고, 페르난도 데 마가야네스Fernando de Magallanes는 스페인식 이름이다. 그는 포르투갈 출신

하지만 가장 큰 감격을 준 것은 1922년 코티뉴Gago Coutinho와 카브랄Sacadura Cabral(1881~1924)이 수상비행기로 리스본에서 리우데자네이루까지 간 최초의 남대서양 횡단 비행이었다. 이 사건은 "포르투갈에서는 민족 감정의 거대한 파도를 만들어냈고, 브라질에도 엄청난 감명을 남겼다".[19] 이 비행은 브라질 독립 백주년을 맞이하여 '자매국'에 대한 포르투갈의 문화적, 역사적 유대감의 표현으로 기획되었다. 수상비행기 루시타니아호(포르투갈의 고대 명을 따라 명명되었다)에 실린 다른 상징물들과 아울러, 조종사들은 카몽스의 역사적 전승을 상기하고 감사하는 뜻으로 1670년 판 《우스 루시아다스》한 권을 휴대했다.[20] 이 비행을 기념하는 우표 16종이 1923년에 발행되었는데, 우표의 중앙에 캐러벨선과 수상비행기(수상비행기는 캐러벨선의 현대적 현신으로 간주되었다)가 있고, 그 위에 두 조종사, 그리고 좌우측 상단에 브라질과 포르투갈의 대통령 초상화가 도안되어 있는 것이었다.[21] 조종사들과 대중 모두 이 비행을 브라질의 현대적 재발견인 동시에 포르투갈 탐험가들이 세계를 발견한 영광스러운 시대를 상기시키는 기념비로 간주했다.

으로 스페인 함대를 이끌었다.

19) Maria Isabel João, 〈포르투갈의 공공 기억과 권력(1880~1960)〉.

20) Sérgio Campos Matos, 〈최초의 남대서양 횡단 비행(1922)—위기에 처한 포르투갈의 대속(代贖)A primeira travessia aérea do Atlântico Sul(1922)—redenção de um Portugal em crise〉(in manuscript). 원고를 보여준 저자에게 감사한다.

21) Carlos Kullberg, 《포르투갈의 우표 : 앨범 II(1910/1953)Selos de Portugal : Álbum II (1910/1953)》(Clube Nacional de Filatelia, 2003). [이 책은 http://www.caleida.pt/filatelia /fp/ebook/bfd004_p.pdf에서 PDF파일로 볼 수 있다. 해당 우표들은 13~14쪽에 실려 있다.] 포르투갈에서 우표는 역사에 대한 정부 측의 시각적 표현을 전국적으로 퍼트리는 데 중요한 역할을 했다. 특히 살라자르 치하에서 [국민] 정체성의 구현체가 되었다. Igor Cusack, 〈민족주의와 식민지 간행 우표 : 포르투갈[본토]과 포르투갈령 아프리카 및 아시아의 우표 Nationalism and the colonial imprint : the stamps of Portugal and Lusophone Africa and Asia〉(in manuscript). http://www.psa.ac.uk/cps/2003/ Igor%20Cusack.pdf에서 열람 가능.

1922년 비행을 주동한 카브랄은 해군 비행대장 겸 리스본 해군 항공대 편대장이었는데, 미해군 리드Albert Reed가 1919년 비행정으로 대담하게도 뉴펀들랜드에서 아조레스 제도를 거쳐 리스본까지 비행한 것에 고무되어, '자매국 브라질'을 연결하는 남대서양 횡단 비행을 구상해왔다. 1922년 브라질 연방공화국의 대통령 당선자 페소아Epitácio Pessoa가 포르투갈을 국빈 방문했을 때 카브랄은 대서양 횡단 비행을 양국 정부에 제안했는데, 두 정부 모두 그의 계획을 지지했다. 카브랄은 후일 이 일화를 회고하면서 자신의 원래 계획은 "이 여행에 두 자매 국가의 관심을 이끌어내 각각 포르투갈인과 브라질인이 조종하도록 최소한 두 대의 비행기를 확보하고, 브라질과 포르투갈 해군의 협력을 얻어 횡단 비행을 시도하려는 것이었다"고 설명했다. 그의 생각은 다음과 같았다.

　　……이 협력은 두 나라 사이에 줄곧 존재해온 유대를 강화하는 최선의 방법일 뿐만 아니라 두 나라의 상호 호감을 표현하는 자연스러운 방법이 될 것이다. 동시에 포르투갈과 브라질 시민에게는 두 나라가 사실상 한 나라라는 것을——왜냐하면 그들은 지리적 분리와 독립국이라는 지위에도 불구하고 같은 언어, 같은 민족적 기원, 사상, 감정을 공유하기 때문에——실천적으로 승인하는 것이다.[22]

　　포르투갈 정부는 재정 지원을 승인하고 심지어 비행이 성공적으

---

　　22) Sacadura Cabral, 〈비행기로 리스본과 리우데자네이루를 연결하려는 구상The Idea of Uniting Lisbon to Rio de Janeiro by Air〉(a report). http://www.vidaslusofonas.pt/sacadura_cabral2.htm에서 인용.

　　(옮긴이주) 리드Albert Reed의 1919년 비행은 사상 최초의 대서양 횡단 비행이었다. 유명한 린드버그의 1927년 뉴욕-파리 간 비행은 최초의 무착륙 대서양 횡단 비행이다.

로 완수되면 2만 에스쿠도의 상금을 수여할 것이라고 발표했다. 이 비행에 참가하려 했던 브라질 조종사 바루스João de Barros가 말한 바와 같이, 대서양 양안에서 애국주의가 이런 구상의 원동력이었다는 점은 틀림없다.

만일 우리가 이 유일무이한 행사를 이용하지 않는다면, 즉 우리가 경험하고 있는 특별한 순간——브라질과 함께 경제적, 상업적, 예술적, 문학적인 상호 이해, 다시 말해서 다른 국가에게 독립적이고 자율적인 두 민족국가 사이에 현존하고 약동하는 포르투갈어 사용 공동체의 실재성을 보여주는 이해를 창조하는 순간——을 흘려보낸다면, 만일 우리가 오늘의 승리를 내일의 승리를 위한, 그리고 무엇보다도 우리의 재탄생의 굳건한 기초를 위한 불굴의 추동력으로 활용하지 않는다면, 이 항공인들의 위대한 행위는 영원히 상실될 것이다.[23]

브라질 정부가 이 계획에 대한 지원을 철회했지만 카브랄은 포기하지 않았다. 한편, 1920년 10월 20일 파이스Brito Pais와 베이레스 Sarmento de Beires가 포르투갈에서 마데이라 제도까지 비행하려 했으나 실패했다. 하지만 1921년 3월 22일 카브랄은 다른 비행사들과 함께 리스본에서 마데이라 제도의 푼샬까지 비행하는 데 성공했고, 리스본에서 마드리드까지 또 다른 시험 비행을 했다.

1922년 카브랄은 코티뉴와 함께 케이프베르데 제도와 세인트 폴 암초에 중간 기착한 후, 마침내 남대서양을 횡단했다(그들이 사용한 비행정은 현재 리스본 해양박물관에 전시되어 있는데, 이는 포르투갈의 초기 항공 활동이 해양 전통의 일부로 간주된다는 것을 보여준

---

23) Sacadura Cabral, 〈비행기로 리스본과 리우데자네이루를 연결하려는 구상〉.

다). 자신들이 15세기 탐험가들의 영광스러운 발자취를 따른다는 인상을 강화하기 위해, 카브랄과 코티뉴는 대항해 시대의 기념물이 풍부한 리스본 근교의 토레 데 벨렘에서 이륙했다. 브라질에 도착한 후, 코티뉴는 기자들에게 조종사들은 스스로를 항해가들의 후예로 생각한다고 설명했다.

이 비행은 우리의 캐러벨선이 적도를 통과한 지 사백 년이 지난 후에 이룩한, 포르투갈이 사상 최초로 해낸 또 하나의 사건이다. 또한 우리 날개에는 카몽스가 노래했듯이, 우리의 항해가들이 '그 바다들'과 '존귀한 항해왕 엔리케가 발견한 새로운 대기들'로 진출했을 때 게양했던 바로 그 예수의 붉은 십자가가 그려져 있다.[24]

포르투갈로 귀환했을 때, 조종사들은 '영웅'으로, 포르투갈은 영웅들의 나라nação de heroes로 추앙받았다.

1922년의 비행은 포르투갈의 다른 항공인들에게 나아갈 방향을 보여주었다. 과거와 현재의 포르투갈 해외 식민지를 목적지로 하는 그런 비행들은 포르투갈 본토와 도처에 산재한 영토를 연결하려는

---

24) 〈브라질행 베라크루스호 선상에서 가구 코티뉴와 토론하며Gago Coutinho in conference aboard the ship Vera Cruz travelling to Brazil〉. http://www.vidaslusofonas.pt/sacadura_cabral2.htm에서 인용.

(옮긴이주) 여기서 코티뉴가 지적하지 않은 것은 캐러벨선은 포르투갈에서 최초로 개발되고 건조된 선종(船種)인 반면, 카브랄과 코티뉴가 사용한 수상비행기 Fairey III D Mk.2는 영국제라는 점이다. 이 기종은 전장 11.25m, 전폭 18.9m, 자중 1,861kg의 소형 수상비행기였다. 포르투갈 공군과 해군 항공대는 영국, 네덜란드, 독일 등지에서 개발 · 제작된 비행기를 사용했다. 카브랄과 코티뉴의 뒤를 이어 계속된 포르투갈의 장거리 비행에서도 수입된 소형 비행기가 사용되었다. 단 항법사이자 역사가로도 이름 높았던 코티뉴가 남대서양 횡단 비행을 위해 개발한 코티뉴식 육분의는 장거리 해상 비행용으로 적합하여 2차 세계대전 이후까지도 사용되었다.

목적을 지니고 있었는데, 헌법에 따르면 그 해외 영토들은 모두 '포르투갈 민족국가'의 일부였다. 1924년 베이레스와 파이스는 고베이아Manuel Gouveia의 협력으로 알렌테주의 빌라 노바 데 밀폰테스에서 출발해 시리아와 미얀마, 홍콩을 거쳐 마카오까지 비행했다. 1925년 실바Sérgio da Silva가 이끄는 비행대원들은 리스본에서 기니의 볼라까지 비행했다. 그들의 원래 계획은 모잠비크의 로렝소마르케스(현재의 마푸토)까지 비행하는 것이었지만, 비행 허가를 얻지 못해 볼라에서 멈췄다. 포르투갈의 비행 열기는 이렇게 달아올랐고, 1926년 독재 정권이 들어선 다음에는 그런 비행을 기획하고 선전하는 일에 국가가 직접 개입했다.[25] 비행의 목적도 변질되었다. 1926년 이전에는 포르투갈 본토와 식민지 및 옛 해외 영토들을 연결하는 것을 목표로 했다면, 독재하에서는 원정 비행의 대다수가 역사적 사건을 재현하는 것이었다.

과거의 사건을 모방함으로써 현재의 사건을 역사적 사건으로 만들려는 경향을 보인다는 면에서 살라자르의 역사 이용 방식과 파시스트 역사철학은 유사하다. 신국가는 카몽스의 역사 전승에서 선별한 영웅들의 역사를 기리는 것이 아니라, 역사적인 기념행사를 치르는 방식으로 이들을 기념하는 일을 계속 해나갔다. 영웅들보다 백년제들 자체가 시간의 상징적인 이정표로 기능했다.[26] 마가양스가 주요한 역사적 영웅의 하나였고(카몽스는 그를 단 한 명의 훌륭한 포

---

25) '비행 열기Air-mindedness'는 프리체Peter Fritzsche의 용어를 빌린 것이다. Peter Fritzsche, 《비행가들의 나라 : 독일 항공[발달]과 대중적 상상력*A Nation of Fliers : German Aviation and the Popular Imagination*》(Cambridge, Mass. : Harvard Univ. Press, 1992).

26) 그런 기념행사의 전형적인 사례가 1940년의 이중 백년제Duplo Centenário of 1940였다. 주앙에 따르면, 이 행사는 "포르투갈 탄생 및 광복Fundação e a Restauração de Portugal[건국 800주년 및 독립 300주년]을 구실로 했지만, 실제로는 제국주의적 민족 개념의 재확인이었다". Maria Isabel João, 〈포르투갈의 공공 기억과 권력(1880~1960)〉, 100쪽.

르투갈인으로 지목한 바 있다), 그의 사백 주기는 1921년 카몽스 탄생 사백 주년과 함께 치러졌다. 이 당시는 두 영웅이 애국심의 원천으로 강조되었다. 하지만 1927년 새 정부는 과거의 전통에서 새로운 역사적 사건을 만들어내기 위해 마가양스의 서사시적 항해를 모방하는 세계 일주 비행을 계획했다. 베이레스 대위와 카스티유Jorge de Castilho 대위는 영광스러운 선조들처럼 적도를 두 번 통과할 예정이었지만, 실제로는 기술적 결함 때문에 세계 일주에 실패했다. 브라질로 가는 도중 그들은 수리를 위해 기니에 기착할 수밖에 없었는데, 아프리카에 좌초한 조종사들은 독재자 카르모나Carmona 장군 휘하의 리스본 지휘관 도밍게스Lopes Domingues로부터 "명성, 조국, 그리고 항공 기술이 이번 비행에 달려 있다"는 이유로 리우데자네이루로 향할 것을 명령하는 전보를 받았다.[27]

또한 이런 비행들은 해외의 포르투갈인 공동체와 본국의 유대를 강화하려는 시도도 반영했다. 1928년 라모스Pais de Ramos, 비에가스Oliveira Viegas, 에스테베스 안토니우Esteves Antonio와 마누엘 안토니우Manuel Antonio 형제는 리스본과 로렝소마르케스를 연결했다. 1930년 크루스Humberto da Cruz와 블레스크Carlos Bleck는 리스본에서 앙골라의 벵겔라까지 비행했고, 카르도수Moreira Cardoso와 피멘텔Sarmento Pimentel은 리스본과 인도의 고아를 연결했다. 1933년 발레Torre do Vale와 아라우주J. G. de Araujo는 로렝소마르케스에서 카이로를 거쳐 리스본에 도착했다. 1934년 블레스크는 고아까지 단독으로 비행했다. 크루스와 로바투Lobato는 같은 해 티

27) 《'아르고스'적인 최초의 남대서양 횡단 비행 : 50주년 축하 1927~1977 The "Argos" Flight on the First South Atlantic Crossing : Commemoration of the 50th anniversary 1927~1977》 (Lisbon : TAP, 1978), 28쪽. 사실 1928년의 비행은 살라자르 치하에서 결코 기념되지 못했다. 그 이유 중에는 베이레스Sarmento de Beires가 정권에 적대적이었기 때문에 군에서 축출된 탓도 있다. 그는 죽기 2년 전인 1972년에서야 대령 계급을 회복했다.

모르에서 마카오와 고아를 거쳐 포르투갈로 귀환하는 데 성공했다. 각각의 비행은 '조국pátria'의 각지를 하나의 전체로 연결한 조종사들을 환영하는 인파가 넘치는 이벤트가 되었다. 이런 비행은 이민자들의 상상력을 사로잡으려는 목적도 있었다. 파울루Heloisa Paulo가 기술한 바에 따르면 다음과 같다.

> 이민자를 국가의 '부재 시민'으로 전화시키는 것은 그/그녀에게 신국가 프로젝트에 수동적으로 참가할 가능성을 제공하는 방법이었다……이런 맥락에서 신국가는 이들 이민자 집단과 그들의 고국 사이의 유대를 자극하고 싶어 했다. 그 결과, 정부는 '민족 정체성'의 정의를 장려했다. 1935년 새 법안에 따라 외무부가 재구성되었으며, 그 법안은 국가에게 해외 이민자에게 적절한 보호를 제공하는 새로운 임무를 부여했다.[28]

이에 따라, 1935년 '식민지 순회 비행'이 아프리카에서 두아르테 Cifka Duarte 대령이 이끄는 9대의 비행기로 조직되었다. 건강과 장비의 문제 때문에 쿠냐Pinho da Cunha 소령, 카르도수 대위, 그리고 발타자르J. Baltazar 대위가 조종하는 3대의 비행기만이 귀환 비행에 참가했다. 그러나 인상적인 항공 기예로 대중의 상상력을 사로잡으려는 반복적인 노력에도 불구하고, 포르투갈에서 항공인들은 민족 영웅으로 완전히 인정받지는 못했다.[29] 국제곡예비행대회에서 포르투갈을 대표했던 아브레우Plácido de Abreu 대위만이,《항공 영

---

28) Heloisa Paulo, 〈"여기에도 포르투갈이!" 살라자르주의와 브라질의 포르투갈인 사회 "Portugal is Here Too!" Salazarism and the Portuguese Community in Brazil〉,《유럽 밖의 파시즘 : 세계 파시즘 확산 과정에서 각국 국내 사정에 유럽이 가한 충격Fascism outside Europe : The European Impulse against Domestic Conditions in the Diffusion of Global Fascism》, Stein Ugelvik Larsen (ed.)(Boulder, Co. : Social Science Monographs, 2001), 153~154쪽.
29) 사실 그들 중 다수는 앞에서 언급한 베이레스처럼 살라자르 정권에 반대했다.

웅 플라시도 데 아브레우의 기억에 바치는 헌사*Homenagem à memó-ria do heroico aviador Plácido de Abreu*》(1934), 《영광스러운 항공인 플라시도 데 아브레우의 불운한 미망인*A malograda viúva do glorioso aviador Plácido de Abreu*》(1936) 등 그를 추념하는 출판물의 제목에서 볼 수 있듯이, 1930년대 살라자르 치하에서 공공연히 영웅으로 인정받는 데 근접했을 뿐이다.[30] 1922년 비행의 영웅인 코티뉴는 우상과 같은 지위를 확보했지만(그는 퇴역 후 해군 원수로 승진했다), 그 자신은 대항해 시대의 민족 영웅들에 대한 숭배를 장려하는 역할에 주력했고, 1959년 사망 이후 정부가 그를 추념하는 자료들을 대량으로 찍어내기 시작한 이후에야 경배의 대상이 되었다.[31] 1969년 그의 탄생 일백 주년 기념행사가 포르투갈과 그 식민지(앙골라, 모잠비크)에서 열렸다. 독재 정권의 마지막 시기에는 코티뉴와 카브랄의 비행은 거의 매년 기념되기에 이르렀다. 포르투갈 제국이 다 붕괴될 무렵에 이르러서는, 두 조종사를 기리는 출판물이 갑자기 쏟아져 나왔다. 남대서양 횡단 비행 오십 주년을 축하하는 1972년(《우스 루시아다스》 출판 사백 주년이기도 했다)에 이르러 두 항공인의 이야기가 온갖 찬미를 받으며 공적 담론으로 복귀했다.[32] 심지어 영웅들의 이

---

30) Júlio Guimarães · Manuel Rodrigues de Sá Esteves, 《항공 영웅 플라시도 데 아브레우의 기억에 바치는 헌사*Homenagem à memória do heroico aviador Plácido de Abreu*》(Lisboa : [d.n.], 1934) ; 《영광스러운 항공인 플라시도 데 아브레우의 불운한 미망인*A malograda viúva do glorioso aviador Plácido de Abreu*》(n.p., 1936).

31) 마리뉴José Luís Teixeira Marinho의 기념 팸플릿 《가구 코티뉴 제독*O almirante Gago Coutinho*》을 1943년에 리스본의 식민 총국Agência Geral das Colónias이 출판한 것은 정부가 그의 영웅적 지위를 승인한 신호로 볼 수 있다.

32) 《가구 코티뉴와 사카두라 카브랄이 1922년 실현한 최초의 리스본-리우데자네이루 간 비행 50주년*Cinquentenário da primeira travessia aérea lisboa-rio de janeiro realisada em 1922 por gago coutinho e sacadura cabral*》(Lisboa : Dir. de Obras Públicas e Comunicações, 1974) ; Oliveira de Maurício, 《반세기 전의 위대한 모험 : 가구 코티뉴와 사카두라 카브랄*A grande epopeia de há meio século : Gago Coutinho e Sacadura Cabral*》(Lisboa, 1972).

야기를 대중에게 널리 퍼뜨리기 위해 대중적인 시집《대중 시 속의 가구 코티뉴와 사카두라 카브랄*Gago coutinho e sacadura cabral na poesia popular*》이 출판되기까지 했다. 그리고 1974년 독재 정권이 몰락할 때까지 이 비행가들을 기리는 축제가 계속되었다.[33]

하지만 포르투갈의 비행가들은 영웅주의의 눈부신 정점에 결코 도달하지 못했다. 이는 비행기와 독재가 포르투갈에 도착했을 때는 이미 민족 영웅들이 풍부하게 있었기 때문이었다. 비록 식은 비슷하지만, 공화주의적 기념 축전과 살라자르 치하에서 계속된 기념행사들은 내용이 다르다는 점에 주목할 필요가 있다. 공화주의적 축전들은 영웅들과 그들의 업적에 함축된 도덕적·공민적 의미를 풀어내려는 것이었던 반면, 독재 체제하에서는 이탈리아의 경우에 대해 포구가 서술한 바와 마찬가지로 몇 백 주년 기념행사들 자체를 역사적 사건처럼 보이도록 하는 데 중점을 둔 것이었다. 포르투갈에서 모방된 것은 카몽스와 대항해의 전통이었다. 그것은 가리발디 숭배 전통보다 더 풍부할 뿐만 아니라 제국주의적인 전통이어서 신국가가 조율하기 쉬웠다. 살라자르 치하에서 식민지로의 비행은 포르투갈인들에게 새로운 의미의 역사를, 즉 저 하늘 위에서, 바로 그들의 눈앞에서 벌어지는 사건으로서의 역사를 만들어내는 매개체가 되었다.

4. 사례 2 : 리투아니아

불행하게도 리투아니아에 민족 영웅들이 많지 않았던 이유는 간

---

33) Orlando Courrége,《오스카 다 실바가 가구 코티뉴와 사카두라 카브랄을 기념하는 콘서트를 조직하다*Oscar da Silva organiza um concerto em honra de Gago Coutinho e Sacadura Cabral*》(Porto : [s.n.], 1974).

단하다. 리투아니아는 단지 1918~1920년 사이에만 공화국이었기 때문이다.[34] 1795년부터 1915년까지 리투아니아는 전제적인 차르의 통치 아래 신음했고, 그 이전에는 폴란드-리투아니아 연합왕국 (1569~1795)의 일부였다. 이런 상황에서 민족 영웅은 나타날 수 없었고, 지배자의 이미지만이 존재했다.[35] 그러므로 리투아니아가 독립한 이후, 과거의 영웅적 인물들(주로 1569년 이전 시기의 리투아니아 대공들)을 국가적 규모로 기념한다는 착상이 떠오를 때까지는 10년 이상의 세월과 권위주의적 정권이 필요했다. 그나마 첫 번째 주요 기념행사라고 할 만한 것을 거행할 계획은 스메토나 정권이 신뢰성 위기에 직면한 1920년대 말에 마련됐다. 1919년부터 1938년까지 리투아니아는 빌노(Wilno, 폴란드명) 또는 빌뉴스(Vilnius, 리투아니아명)를 놓고 폴란드와 법적인 전쟁 상태에 있었다. 1926년 쿠데타로 집권한 새 정권은 리투아니아의 전통적인 수도인 빌뉴스를 놓고 폴란드와 벌인 전쟁 또한 스스로를 정당화하는 근거로 사용했기 때문에 리투아니아 내에서 호전적인 선동이 증가했다. 반폴란드 선동의 분위기에서 역사가들이 '적 폴란드'로부터 리투아니아를 지킨 영웅적 방어자로 그려낸 중세 시대의 비타우투스Vytautus 대공은 민족 영웅으로 내세우기에 적합한 간판으로 보였다.[36]

---

34) 1920년 5월 15일 리투아니아의 제헌의회Seimas는 "리투아니아 독립 국가 수복에 대한 독립법령"을 통과시켰는데, 이 법령은 "제헌의회는 리투아니아 인민의 의지에 따라 리투아니아 독립 국가가 그 민족적 경계 내에 다시 성립되었음과 리투아니아 독립 국가는 타국과 관련해 부과되었던 모든 공식적 의무로부터 자유롭다는 것을 선언한다"고 했다.

35) 리투아니아의 영웅 전승에 대해서는 Linas Eriksonas, 〈제3부 리투아니아Part Three : Lithuania〉, 《민족 영웅과 민족 정체성 : 스코틀랜드, 노르웨이 그리고 리투아니아National Heroes and National Identities : Scotland, Norway and Lithuania》(Brussels : P.I.E./Peter Lang, 2004)를 참조하라.

36) Alvydas Nikžentaitis, 《리투아니아와 폴란드 사회에서의 비타우투스와 야기에우오의 이미지Vytauto ir Jogailos įvaizdis Lietuvos ir Lenkijos visuomenėse》(Vilnius : Aidai, 2002).

1928년 스메토나와 절친한 민족주의 이데올로그인 투마스Juozas Tumas 신부가 1930년을 비타우투스 대공 서거 오백 주년으로 기념할 것을 제안했다. 이 제안은 폴란드와의 대치 상태에서 국민의 지지를 이끌어내고자 했던 당국의 찬성을 얻었다. 비타우투스 사망일인 10월 27일이 비타우투스의 날로 선포되었고, 1929년 비타우투스 위원회가 기념행사를 계획하기 위해 설립되었다. 매주 국영 라디오에서는 1930년 '비타우투스의 해' 경축 준비 상황에 대한 최신 소식이 방송되었다. 역사 교사들이 전국 각지로 파송되어 기념행사의 의미를 설명하는 강연을 했다. 1929년 12월 31일 정부는 '비타우투스 대공' 기념행사를 규정하는 법률을 반포했다. 이 법률에 따르면 비타우투스 대공은 국가와 민족의 상징으로 선언되었다. 정부는 세부 사항에까지 세심한 주의를 기울였으며, 비타우투스 위원회는 현장에서 축하 행사를 진행하는 방법에 이르기까지 세세한 지시 사항을 공표했다. 이는 정치 선동의 바탕 직물에 옛 전통을 짜넣어 기념행사 자체를 역사적 사건으로 만들려는 목적을 담고 있었다.

기념행사의 정치적 성격은 국경 경비대가 국경을 따라 비타우투스의 초상화를 운반하자는 제안을 내놓았을 때 뚜렷해졌다. 비록 폴란드와의 국경 분쟁 때문에 계획이 원안대로 진행되지는 못했지만, 비타우투스의 초상화가 전국을 순회했다. 새 계획은 초상화를 모든 군 단위 지역까지 봉송한 후 7월 15일의 그룬발트 전투[37] 기념행사를 위해 임시 수도 카우나스로 가져오는 것이었다.[38] 리투아니아의 공공연한 적 폴란드에서도 같은 날이 기념일이라는 점을 생각하면

37) (옮긴이주) 1410년의 그룬발트 전투는 야기에우오Jagiełło가 이끄는 폴란드군과 비타우투스가 이끄는 리투아니아군이 연합하여 튜튼 기사단을 패퇴시킨 전투이다. 쌍방이 동원한 기병만 3만 내지 4만 5천기로 추산되는 중세 최대의 전투이다.

38) 기념의 해의 진행 상황은 호화로운 사진첩으로 출판되었다. 《비타우투스 대공의 영광을 위하여 1430~1930 : 비타우투스 대공 기념 출판 사진첩 *Vytauto Didžiojo garbei 1430~*

이 계획은 기묘한 선택이었다.[39] 하지만 독재 체제하에서는 기념행사가 역사를 만드는 것이었지, 역사에 따라 기념행사를 치르는 것이 아니었다.

비타우투스의 초상화는 7월 7일 여행길에 올랐다.[40] 지역 조직의 대표자들로 구성된 행렬이 마치 릴레이 경주를 하는 것처럼 도보로 초상화를 운반했다. 이는 되도록 많은 사람들이 봉송 의식에 참가하도록 하기 위해서였다. 비타우투스의 초상화가 경유하는 각 마을과 읍은 다음 마을이나 읍에 초상화를 전달해야 했다. 낮에는 초상화 뒤에 정부를 지지하는 지역민들의 시위대가 따라 붙었고, 밤에는 국경 경비대의 보호 아래 초상화가 텐트 속에서 '잠을 잤다'. 비타우투스 위원회의 지역 활동가들이 봉송 행렬을 환영했는데, 그들은 "비타우투스여, 우리를 빌뉴스로 인도하소서Vytaute, vesk mus į Vilnių!"나 "비타우투스여, 그대가 이끈 기사들의 혼을 우리 속에서 불러일으키소서Vytaute, atgaivink savo karžygių dvasią mumyse"와 같은 호전적인 깃발을 들고 있었다. 뿐만 아니라 지역 당국자들은 비타우투스의 초상화와 함께 운반되는 특별한 '보고서'에 서명함으로써 그들의 충성심을 증명해야 했다. 관리들이 서명하도록 요구받은 이 책은 기도서의 세속 판본을 방불케 하는 것이었다(이는 젠틸레의 '종교로서의 파시즘 테제'와 합치된다).[41]

1930 : Vytautui Didžiajam pagerbti jubiliejinis leidinys》(Kaunas, 1930).

39) 흥미롭게도, 리투아니아에서 비타우투스 기념행사가 반폴란드 시위로 전화되었음에도 불구하고 폴란드 정부 또한 비타우투스의 전승을 기념했다. Alvydas Nikžentaitis, 《리투아니아와 폴란드 사회에서의 비타우투스와 야기에우오의 이미지》, 32쪽을 참조하라.

40) 전해 내려오는 비타우투스 초상화가 없었기 때문에 당국은 근대에 상상하여 그린 초상화에 만족할 수밖에 없었다.

41) Emilio Gentile, 〈정치 종교로서의 파시즘Fascism as Political Religion〉, 《현대사 저널 *Journal of Contemporary History*》 vol. 25, no. 2/3(1990년 5~6월), 229~251쪽.

리투아니아의 군주, 비타우투스 대공이여, 그대의 천재적이고 영광스러운 행적은 우리 조국에 위엄과 영광의 화환을 놓았소. 당신을 통해 우리 민족의 생존 의지가 집결하고 헌신했소, 비루테와 케스투티스의 아들이여!
……리투아니아의 창조자여, 우리는 머리를 조아려 당신의 후계자라는 이름에 부끄럽지 않을 것을 그리고 예속당한 빌뉴스를 해방할 것을 맹세하나니, 리투아니아의 심장인 빌뉴스는 당신과 우리의 투쟁과 승리의 폭풍으로 자유와 창조의 태양이 될 것이오. 리투아니아의 영원한 이야기인 빌뉴스의 옛 탑과 발트 해, 우리 또한 용맹한 왕 비타우투스 당신처럼, 그것들 없이는 살지 않을 것이오. 이것이 우리 기도의 마지막 말이오.[42]

초상화는 해안으로 운반되어 비행사들에게 전달되었는데, 그들은 초상화를 싣고 리투아니아 국토를 순회 비행한 후에 지상으로 돌아왔다. 계속된 비타우투스의 해 기념행사가 대중에게 남긴 거대한 영향은 당시 태어난 아이들의 이름에서 찾아볼 수 있다. 1930년에 태어난 사내아이들의 1/4 이상이 비타우투스라는 이름을 갖게 되었다.[43] 스메토나는 비타우투스의 현신으로 그려졌는데, 그의 초상화는 대개 영웅적인 대공과 함께 있는 모습으로 그려졌다. 하지만 매년 비타우투스 서거일을 기념하려는 시도는 그다지 지지를 얻지 못했고, 매년 비타우투스의 날을 정례화하는 일은 성사되지 못했다. 정권은 '대중'의 상상력을 사로잡는 일을 해내기는 했지만, 그것을 한 해 이상 유지할 능력은 없었다. 비극적인 대서양 횡단 비행이 일

---

42) 《비타우투스 대공의 영광을 위하여 1430~1930 : 비타우투스 대공 기념 출판 사진첩》, 16쪽.
43) Linas Eriksonas, 《민족 영웅과 민족 정체성 : 스코틀랜드, 노르웨이 그리고 리투아니아》, 280쪽.

련의 사건을 불러오기 전에는 말이다.

　1927년에 리투아니아계 미국인으로 1920년부터 리투아니아 공군에 복무했던 다리우스Stephen Darius 대위는 가족을 방문하기 위해 무급 휴가를 얻어 시카고로 갔다. 리투아니아에서 그는 헌신적인 애국자로 알려져 있었다. 다리우스는 1923년에 일어난 메멜 봉기(리투아니아에서는 클레이페다 봉기라고 한다)의 조직자 중의 하나였고, 이 봉기로 인해 독일에 속해 있던 이 지역은 리투아니아 관할로 들어왔다.[44] 그는 스메토나를 권좌에 올린 군사 쿠데타에도 참여했다. 다리우스가 미국으로 돌아간 공식적인 목적은 가족과 함께 지내기 위한 것이었지만, 그는 곧 재미(在美) 리투아니아인 집회에 참석해서 스메토나 정부를 대표해 이민자 집단에게 두 당파[가톨릭계와 사회주의계]의 차이를 잊고, '젊은 리투아니아Jaunoji Lietuva' 건설에 동참하도록 권유하는 연설을 하기 시작했다.[45] 다음 해, 여전히 미국에 머물러 있던 다리우스는 공식적으로 은퇴했다. 그는 또 다른 리투아니아계 미국인 조종사 기레나스Stanley Girenas와 함께 대서양 횡단 비행을 기획하고 자금을 모금하기로 결심했다. 리투아니아행 비행은 리투아니아계 미국인들과 그들의 조국 사이의 긴밀한 '정신적 유대'를 강조하고, 리투아니아의 새 정권에 대한 그들의 지지를 과시

---

　44) (옮긴이주) 인구의 상당수가 독일계였던 발트 해 연안의 항구도시 메멜은 베르사유 조약에 따라 독일에서 분리되어 프랑스가 임시로 위임통치하고 있었으나, 마르크화가 통용되는 지역이었다. 1923년 리투아니아는 프랑스군을 축출하고 메멜을 리투아니아 내의 자치 지역으로 편입시켰다가 1939년 독일의 압력으로 독일에 무혈 할양했다. 메멜은 1947년 리투아니아 소비에트 공화국에 합병되어 현재는 리투아니아의 클레이페다 시이다. 1920년대 중반 리투아니아 국민총생산의 30% 정도가 메멜에서 산출되었다.

　45) 1928년 2월 16일 리투아니아 독립 10주년을 기념하여 시카고에서 개최된 한 모임에서 다리우스Stephen Darius의 연설은 다음 문구와 함께 선전되었다. "참석자들은 리투아니아의 발전을 설명하고 신문 기사와 정당 지도자들이 알려주지 않는 현 상황을 올바르게 설명해주는 무료 소책자를 제공받을 것임."

하기 위한 것이었다. 리투아니아 이민자 사회는 가톨릭계와 사회주의자들로 분열되어 있었고, 두 집단 모두 스메토나 정권을 의심하거나 심지어는 증오의 눈으로 바라보았다. 다리우스와 기레나스의 1933년 비행 이전에 새 정권은 이민자 사회에서 폭넓은 지지를 얻지 못했다. 전 세계 리투아니아인의 40%가 이민자들이었기 때문에, 이는 '민족의 지도자'로서의 스메토나에게 골칫거리였다. 새 정권은 리투아니아 민족의 이름으로 스스로를 정당화했기 때문에, 이민자들에게도 영향력을 행사해야 했다. 앞서 보았듯이, 살라자르 치하의 포르투갈도 이 시기에 이와 유사한 정책을 추구했다.

리투아니아 공사관의 도움으로 시카고, 뉴욕, 브루클린 등지에서 비행 후원 위원회가 조직되었고, 이들이 기금 모금 캠페인을 벌였다. 1932년 비행기를 구입해 리투아니아다움이라는 뜻의 '리투아니카'라고 명명했다. 조종사들은 그들의 마지막 '유언'으로 발표된 공개서한에서 비행의 의미를 다음과 같이 묘사했다.

젊은 리투아니아여! 그대의 정신에 고취되어, 우리는 스스로 선택한 목적을 성취하기 위해 고투할 것이다. 우리의 성공이 그대의 힘과 능력에 대한 스스로의 신뢰와 기백을 강하게 하기를!

……리투아니카호의 성공이 리투아니아의 젊은 아들들의 정신을 고양하고, 새롭고 더 고귀한 공적을 이룩하도록 그들을 격려하도록 하라.

……리투아니카호의 패배와 대서양 해저로의 침몰이 젊은 리투아니아인들에게 불굴의 의지와 결의를 가르치도록, 그리하여 창공을 나는 리투아니아인이 위험하고 믿을 수 없는 대서양을 정복하고 리투아니아의 영광으로 날아오르도록 하라……이제 우리는 이 비행을 그대에게 봉헌하[고 희생물로 바치]노니, 젊은 리투아니아여![46]

리투아니카호는 1933년 6월 17일 뉴욕 시 플로이드 베넷 비행장에서 이륙했다(원래의 계획은 카우나스를 거쳐 빌뉴스에 대한 리투아니아의 영유권 주장을 지지하는 표시로서, 빌뉴스로 비행하는 것이었다). 하지만 북대서양을 성공적으로 횡단한 후에, 리투아니카호는 독일의 졸딘[47] 근교에 추락했다. 조종사들은 모두 사망했는데, 이 미완의 비행은 당시까지 두 번째로 긴 무착륙 비행이었다.[48]

조종사들의 시신은 보존 처리된 후 유리관에 담겨 카우나스로 운구되어 비타우투스 대공 전쟁박물관 내의 역사적 보물들 곁에 건립한 영묘 내에 안치되었다. "그들의 영혼은 떠났지만 그들은 우리들 사이에서 영원히 살 것이다." 정부의 결정에 따라 리투아니아 항공클럽은 추락 지점에 얼마간의 땅을 100년간 임대하여 1937년에 기념비를 세웠다. 그 기념비의 명문은 "여기 리투아니아의 대서양 횡단 비행사들이 영웅이 되어 잠들다"였다.

추념 행사는 계속 이어졌다. 그들의 고향 마을은 그들의 이름을 따

---

46) 위 인용문의 영역은 Edmundas Jasiunas, 《다리우스와 기레나스 1933~1983 : 그들의 대서양 횡단 비행 50주년 *Darius-Girenas 1933~1983 : 50th Anniversary of Their Transatlantic Flight*》(Chicago : Darius-Girenas Album Committee, 1984), 12~13쪽에서 인용했다.

47) (옮긴이주) 현재는 폴란드 서북부.

48) (옮긴이주) 다리우스와 기레나스의 비행은 린드버그 이래 일곱 번째 무착륙 대서양 횡단비행이었고, 그들이 이륙한 플로이드 베넷 비행장은 각종 기록 수립 비행이 이루어진 곳으로 앞서 언급된 발보도 귀국길에 이곳에 기착한 바 있다.

그들이 사용한 기종은 Bellanca CH-300으로 전장 8.5m, 전폭 14.1m, 자중 1,032kg에 불과한 소형 기체였지만, 뛰어난 비행 성능으로 1920년대 말부터 1930년대 중반까지 각종 장거리 비행 기록 수립용으로 가장 널리 개조・사용된 기종이었다. 1932년의 무착륙 태평양 횡단 기록도 이 기종으로 수립되었다. 이 기종의 제작자인 벨랑카Giuseppe M. Bellanca는 시칠리아 태생으로 1909년 이탈리아인이 설계하고 제작한 비행기를 이용한 최초의 비행에 성공했고, 1911년 미국으로 이주하여 비행기 제작과 비행술 교습에 종사했다. 1925년 라이트 형제가 설립한 라이트 항공회사에 들어가 신형 엔진을 개발하고 이 엔진을 이용하여 CH-300을 비롯한 고성능 기체를 다수 제작했다. 그는 이탈리아와 미국 두 나라에 걸친 항공 선구자로 유명하다.

라 새로 명명되었다. 루비스케는 다리우스 카이마스(다리우스의 마을)가 되었고, 비타갈라는 기레노 카이마스(기레나스의 마을)가 되었다. 1934년 말까지 리투아니아 내 도로 300군데, 교량 18개, 광장 24군데, 그리고 학교 8개가 다리우스와 기레나스의 이름을 따라 명명되었다. 리투아니아계 미국인들도 조종사들이 살던 곳 가까이에 있는 시카고의 오번 대로를 리투아니카 대로로 개명하는 데 성공했다. 브루클린에서도 광장 한 곳을 리투아니카 광장으로 개명하려는 시도가 있었고, 조종사들과 리투아니카호의 모습을 담은 우표도 발행되었다.

예술가들도 기념 프로젝트에 착수했다. 한 농부는 기념비 건립을 위해 2헥타르의 농토를 내놓았다고 알려졌고, 다른 농부는 기념비 기금 모금을 위해 자신의 장서를 팔았다고 보도되었다. 하프 반주에 맞춰 낭독된 조종사들의 '유언'이 음반으로 녹음되었다. 많은 노래들이 작곡되고 불려졌다. 1933년 빌뉴스 해방 연합Vilniui Vaduoti Sajunga은 7월 17일을 미국인의 날로 선포했고, 이날은 리투아니아 이민자들의 날이 되었다. 해외 각지의 리투아니아 공사관은 다리우스와 기레나스의 비행 덕분에 이민자들의 리투아니아 방문이 증가했다고 보고했다. 비록 그들의 비행이 불행한 결과로 끝났지만, 빌뉴스 수복 전쟁을 위해 정부를 지지하도록 국내외의 리투아니아인들을 동원하려는 애초의 목적은 달성되었다.

정부는 조종사들의 장례식을 엄청난 정치적 볼거리로 변모시켰다. 집권당인 국민주의자 연합 이외의 정치결사는 장례 행렬에서 배제되었고, 오로지 정권을 지지하는 조직들만이 행렬에 이름을 올릴 수 있었다. 통틀어 80여 조직을 대표하는 6만 명이 장례 행렬에 참가했고, 약 3만 명이 행렬이 지나가는 길을 따라 운집했다. 이 행사는 전간기 리투아니아에서 최대의 인파가 모인 것이었다.

스메토나의 매제인 투벨리스Juozas Tubelis 수상이 비행사들의 모범을 따라 스스로를 희생하도록 리투아니아인들에게 촉구하면서 장례식의 분위기를 고조시켰다.

고결한 이상 없이는 생명력을 잃고야 마는 인체와 같이, 그 아들들의 헌신 없이는, 민족의 안녕과 영광을 위한 희생 없이는, 위대한 업적 없이는, 한 민족은 더 강한 민족의 바다에서 사라지고 멸망하게 된다. 우리 민족의 역사는 가장 오래된 과거로부터 민족의 아들들의 업적이 보여준 헌신으로 빛나고 있다. 다리우스와 기레나스는 이를 알고 있었다.

……그들의 용감한 성취와 생명으로써 그들은 리투아니아 민족의 정신에 더 위대한 업적을 향한 열망을 새겨 넣었다. 그들은 조국의 아들들에게 창공을 정복할 뿐만 아니라, 다른 위대한 업적들을 성취하고, 우리 이웃이 우리를 배신함으로써 차지한 우리의 땅을 해방시킬 것을 요청하고 있는 것이다. 그대들의 혼은 리투아니아 민족의 영혼 속에 영원토록 살아 있을 것이다.[49]

정권은 다리우스와 기레나스의 장례식을 기념비적인 사건으로 만들어냈으며, 조종사들을 비타우투스 대공의 후계자로 그려내고 그들을 중세 영웅과 시각적으로 관련시켜, 그들의 장례식을 1930년의 비타우투스 기념행사와 연결시켰다. 그들이 조종한 비행기의 잔해는 비타우투스 대공 전쟁박물관에 전시되었다.

하지만 조종사들의 시신은 계속해서 중요한 상징적 역할을 수행

---

49) Petras Jurgėla, 《창공의 리투아니아인 다리우스와 기레나스 : 그들의 삶과 리투아니아 최초의 미국-리투아니아 간 대서양 횡단 비행Sparnuoti lietuviai Darius ir Girėnas : jugyvenimas ir pirmasis lietuviuskridimas per Atlantaš Amerikos Lietuvon》(Chicago : V. Stulpin and J. Jurgėla, 1935), 271~272쪽의 리투아니아 원문을 필자가 번역했다.

했다. 1933년 여름에 시신이 카우나스에 도착한 이래, 조종사들의 시신은 성물(聖物)로서 새로운 생명을 얻었다. 우선 시신은 보존 처리되어, 보존 처리가 시행된 의학 아카데미의 예배당에 보관되었다. 1937년 시신은 카우나스 중앙 묘지에 건립된 영묘에 임시로 안치되었다. 장래의 다른 '영웅들'이 사후에 안식할 국립 판테온을 건설할 계획이었지만, 이 계획은 실현되지 못했다. 대신 추락 지점과 카우나스에 각각 기념비를 세우기 위해 많은 노력을 기울였다.[50] 카우나스 기념비의 초석은 1939년 전국체전 개막식 때 놓였는데, 이는 대중 스포츠 이벤트를 과거의 전통과 연결하는 파시스트적 방식으로 새로운 역사적 사건을 창출하려는 또 하나의 이벤트였다. 1935년에는 다리우스와 기레나스의 비행을 재현함으써 또다시 새로운 역사적 사건들을 만들어내려는 시도가 있었다. 바이트쿠스Felix Waitkus가 조종하는 리투아니카 2호는 대서양을 건너는 데 성공했지만, 아일랜드에 비상 착륙할 수밖에 없었다.

다리우스와 기레나스 영웅 숭배의 '전체주의적' 성격은 소비에트가 진주한 1940년에 분명해졌다. 그들은 이들에 대한 숭배를 폐지하지 않고, 오히려 기꺼이 다리우스와 기레나스를 스타하노프 노력영웅Stakhanovite들이나 1930년대 소비에트 대중문화에서 인기를 끌었던 츠칼로프Valerii Chkalov[51] 같은 항공 영웅들이 망라된 새로운 소비에트 인간형의 반열에 올려놓았다.[52] 버그먼Jay Bergman이 홍

---

50) Vytautas Landsbergis, 〈다리우스와 기레나스의 추억Dariaus ir Gireno atminimui〉, 《리투아니아의 날개Lietuvos Sparnai》 3(1935), 15~16쪽.

51) (옮긴이주) 츠칼로프Valerii Chkalov는 새로운 곡예 비행술을 다수 고안했고, 모스크바에서 밴쿠버까지 북극 횡단 비행에 성공했다.

52) 월간 《리투아니아의 날개》는 영웅적인 소비에트 조종사들에 대한 기사와 다리우스와 기레나스에 대한 기사를 나란히 게재하면서 소비에트 정권을 맞이했다. 《리투아니아의 날개》 15(1940년 7월)를 참조하라.

미롭게 관찰했듯이 소비에트 연방의 첫 번째 영웅들은 남녀 조종사들이었고, 스탈린 치하에서 항공은 대체로 정부로부터 상당한 호의를 누렸다.[53] 비행 신기록을 세운 소비에트의 조종사들은 새 사회의 귀감으로 여겨졌다. 소비에트 러시아에서 선전의 영향력은 스메토나 치하의 리투아니아에서만큼이나 심대했다. 1939년 츠칼로프 사망 이후 그의 고향 바실리예보에서 가장 가까운 대도시인 고르키 시에서는 남자 신생아의 30%가 이 비행 영웅을 따라 발레리라고 명명되었다.[54] 리투아니아에서도 1930년 비타우투스의 해에 비타우투스라는 이름이 비슷한 비율로 관찰된다. 비록 다리우스의 경우에는 유사한 결론을 내릴 수 있는 자료는 없지만, 조종사의 이름이 리투아니아에서 이름을 짓는 패턴에 상당한 효과를 발휘했고, 그 영향이 지금도 계속되고 있다는 증거들이 있다.[55]

나치 독일 점령기(1941~1944) 동안 리투아니아의 문화 활동은 얼어붙었지만 완전히 정지되지는 않았다. 일찍이 1933년 두 조종사를 기념하기 위해 설립된 다리우스와 기레나스 위원회는 활동을 계속했다. 1943년 위원회는 두 조종사의 두상과 그들 '유언'의 문장을 리투아니아에서 제일 큰 바위인 푼투카스Puntukas에 새기도록 한 조각가에게 의뢰했다.[56] 1945년 이후에는 조종사들의 이름이 옛 정권

---

53) Jay Bergman, 〈발레리 츠칼로프 : 소비에트적 신인류로서의 소비에트 조종사Valerii Chkalov : Soviet Pilot as New Soviet Man〉, 《현대사 저널》 vol. 33, no. 1(1998년 1월), 135~152쪽.

54) Jay Bergman, 〈발레리 츠칼로프 : 소비에트적 신인류로서의 소비에트 조종사〉, 137쪽.

55) 리투아니아인들이 이름을 짓던 패턴에 대해서는 Linas Eriksonas, 〈노르웨이와 리투아니아에서의 이름, 민족주의 그리고 이름 짓기Names, Nationalism and Naming in Norway and Lithuania〉, 《'타자 만나기' : 비교사 연구 *"Meeting the Other" : Studies in Comparative History*》(Prague : Karolinum, 2004, forthcoming)를 참조하라.

56) (옮긴이주) 이 바위에 얽힌 리투아니아 전설은 http://www1.omnitel.net/sakmes/puntukas-e.html을 참조. 다리우스와 기레나스의 두상이 조각된 모습은 http://www.

과 너무 밀접하게 연관되어 있다고 간주되어 그들의 이름이 공공 영역에서는 허용되지 않았지만, 완전히 금지되지는 않았다. 흐루시초프 시대에 조종사들은 완전히 '복권' 되었는데, 이는 우주 탐사 경쟁을 주도하는 초강대국이 되려는 소비에트 연방의 목표와 관련된 조치였다.

1957년 7월 17일에 이미 공영 언론에 '소비에트 리투아니아가 다리우스와 기레나스를 기념하고 그들의 추억을 기리다' 라는 믿기지 않는 제목과 함께 리투아니아 조종사들을 기념하는 기사가 실렸다.[57] 1961년 4월 12일 가가린Yury Alekseyevich Gagarin의 우주 비행 이후, 비행사들은 대체로 우주인의 선구자로 여겨지게 되었다. 1963년 대서양 횡단 비행 삼십 주년에는 축하행사가 널리 개최되었고, 다리우스와 기레나스의 무덤에는 헌화되었다.[58] 그들의 시신은 놀랍게도 1963년 카우나스 의학 아카데미의 지하실에서 기적적으로 재발견되어, 1964년 소비에트 군인 묘지에 다시 매장되었다. 놀라운 상징조작 끝에 공식 선전물들에서 이들은, 스메토나 정권에 의해 강탈당했지만 이제는 완전한 영광을 되찾은 인민의 영웅으로 묘사되었다. 1960년대에 소비에트 우주인들에 대한 이야기 덕분에 조종사들에 대한 영웅 숭배는 부분적으로 부활했다. 청소년을 위한 영웅적인 조종사들에 대한 이야기들이 만들어졌고, 노래가 불렸으며, 신설 도로에 그들의 이름이 명명되었다. 1970년에는 소년단 지부에 다리우스와 기레나스의 이름이 붙기도 했다. 그러므로 1970년대 초의 포

---

baranauskas.lt/baranausko/paveikslai/puntukas.jpg에서 볼 수 있다.

57) "대서양 정복자를 기념하여Atlanto nugaletojams pagerbti", 〈진실Tiesa〉(1957년 7월 17일자), 2면.

58) 1963년 7월 17일 리투아니아 공산당 일간지 〈진실〉에 대서양 횡단 비행에 대한 특집 기사가 실렸고, 1963년에 거행된 추념 행사가 보도되었다.

르투갈과 리투아니아를 비교한다면, 두 나라는 모두(하나는 군사 독재하에, 다른 하나는 공산 정권하에 있었음에도) 새로이 발견한 옛 비행사들, 즉 포르투갈에서는 코티뉴와 카브랄, 리투아니아에서는 다리우스와 기레나스를 민족 영웅으로 열렬히 찬양했다.

하지만 이런 유사성은 1970년대 초에 사라졌다. 포르투갈은 곧 민주주의로 전환한 반면, 소비에트 리투아니아에서는 1972년 카우나스에서 터져 나온 반공산주의 시위 이후 정권이 인민에 대한 통제력을 강화했다. 1974년 KGB는 한 중등학교 교사가 지역 사회의 골동품을 모은 학교 박물관에 1933년 다리우스와 기레나스의 시신을 담았던 관을 보관해온 사실을 발견했다. 조종사들을 기념하는 물품들이 1930년 축전 당시에 제작된 영웅 비타우투스 대공의 초상화, 그룬발트 전투 기념화, 그리고 다른 시각적 형상물들과 함께 보관되어 있었다.[59] 이러한 상징적 공예품들은 조종사들이 여전히 이전 정권이 만들어낸 역사 문화의 일부로 간주되었으며, 새 독재 정권도 이 문화를 완전히 뜯어고치지는 못했다는 점을 분명히 보여주었다.

5. 맺는 말

파시스트적 역사관이 이탈리아 밖에서도 발견된다는 점은 분명하다. 논의된 사례들 간에는 몇몇 차이점들이 있지만, 이 차이점들은

---

59) 이 사건의 주인공인 반체제 인사이자 교사였던 드루츠쿠스Andrius Dručkus는 현재 오벨리아이Obeliai 역사 박물관 관장이다. 그의 이야기는 《'스테포나스 다리우스의 활동과 다리우스 기념 연구의 문제점' 학술회의 자료집 : 1996년 12월 10일Konferencijos "Stepono Dariaus veiklos bei jo atminimo Įamžinimo tyrinėjimuproblemos" medžiaga : 1996. 12. 10.》 (Vilnius : Plieno sparnai, 1996), 24~28쪽에 실려 있다.

국민 정체성이 형성된 방식의 차이로 설명될 수 있다. 포르투갈의 경우에는 과도하게 확장했던 옛 제국이 남긴 부담이 국민국가 겸 제국의 여러 지역들을 신국가로 통합하려고 악전고투하는 독재 정권에 중요한 장애가 되었다. 그 때문에 독재 정권은 발견의 역사에 매혹되었고, 항공을 이용해 그 시대의 분위기를 재현하려고 했다. 리투아니아의 민족 정체성은 본질적으로 주변 여러 나라들에 대항하여 형성된 반제국주의적이고, 민족적ethnographic인 것이었다. 따라서 독재권은 역사 전통을 단순화함으로써, 그리고 앞서 본 바와 같이, 비극적 비행을 이용해 역사적 이벤트를 창출함으로써 좀더 성공적으로 인민 대중에게 즉각적 영향을 미칠 수 있었다. 포르투갈과 리투아니아의 사례가 독특한 것이었을까? 항공 민족주의와 독재 체제의 관계가 상상에 불과한 것이 아닌지 혹은 특정 상황에 국한된 것인지를 이해하기 위해서는 유사한 형태의 정권들을 살펴볼 필요가 있다. 카사Gregory J. Kasza는 전간기 일본의 우익 운동[Kakushin, 혁신(革新)]에 대한 분석에서 권위주의 정권에 대한 비교표를 제시한 바 있다. 그는 리투아니아, 에스토니아, 루마니아, 그리스, 폴란드, 그리고 일본에서 비교할 만한 '보수적, 권위주의적 경향이 결합된 군사-관료적 정권들'을 발견했다.[60] 또한 라트비아, 헝가리, 그리고 브라질을 거론했다. 독재 정권과 항공 영웅 숭배 사이의 상관관계를 확립하기 위해서는 아직 더 많은 연구가 필요하다. 하지만 바르가스Getúlio Vargas 치하의 브라질의 경우, 정권의 이미지를 구축하는 데, 브라질의 항공 선구자인 산투스두몬트Alberto Santos-Dumont 숭배가 중요한 역할을 담당했음을 쉽게 감지할 수 있다.[61]

---

60) Gregory J. Kasza, 〈위로부터의 파시즘? 비교사적 관점에서 본 일본의 우익 혁신 운동 Fascism from Above? Japan's *Kakushin right in Comparative Perspective*〉, 《유럽 밖의 파시즘 : 세계 파시즘 확산 과정에서 각국 국내 사정이 유럽에 가한 충격》, 183~232쪽.

전간기에, 특히 1930년대에 세계 각지의 여러 국가에서 항공 진흥은 국가 건설 프로그램의 일부였다. 하지만 비민주적 정권들이야말로 자신들의 목적을 위해, 즉 민중이 새 지배자의 상징적 힘과 실질적 권력을 경외하도록 하고 새 정권하에서 각국이 이룩한 기술적 진보를 세계에 과시하기 위해 새로운 기술을 사용하기 일쑤였다. 아시아, 라틴 아메리카 또는 동유럽의 저개발 국가들은 이 새로운 기술 문화에 특히 민감했는데, 이 문화는 자주 이들 국가의 군사 정권을 강화하는 데 보조를 맞췄다. 영Edward M. Young은 저서《항공 민족주의 : 태국 항공의 역사Aerial Nationalism : A History of Aviation in Thailand》에서 순회 비행단을 통해 1911년 태국에 소개된 항공 기술을 태국 정부가 어떻게 진흥했고, 1932년의 쿠데타 이후에는 어떻게 항공 기술이 민족주의를 고양하고, 프랑스 제국이 남긴 잔해에서 민족국가를 만들어내려는 정권의 시도의 중심에 자리하게 되었는지를 기술했다.[62] 전간기에 독재에 굴복한 라틴 아메리카의 여러 국가에서도 유사한 상황이 전개되었다. 아르헨티나와 브라질 모두, 조종사들이 전국적으로 찬양받을 수 있도록, 또 고질적인 경제난과 서구의 공업 중심지로부터 멀리 떨어져 있는 악조건 속에서도 국민국가를 건설하는 데 도움이 될 수 있도록 자국의 항공 기반을 창설하고, 대

---

61) 예를 들면, 산투스두몬트Albert Santos-Dumont의 심장은 브라질 항공 박물관에 국가의 성스러운 유물로 보관되어 있다. Paul Hoffman, 《광기의 날개 : 알베르투 산투스두몬트와 비행의 발명Wings of Madness : Alberto Santos-Dumont and the Invention of Flight》(New York : Thea, 2003), 312~316쪽을 참조하라.

(옮긴이주) 프랑스 파리에서 활동하다가 은퇴 후 브라질로 귀국한 산투스두몬트는 1906년 파리에서 세계 최초로 대중 앞에서 동력 비행을 시연했다. 라이트 형제는 지적 재산권 보호를 위해 비밀리에 비행을 거듭했기 때문에 미국 바깥에서는 한동안 산투스두몬트가 최초로 비행기를 실현했다고 여겨졌다.

62) Edward M. Young, 《항공 민족주의 : 태국 항공의 역사Aerial Nationalism : A History of Aviation in Thailand》(Washington : Smithsonian Institution Press, 1995).

중에게 이를 선전하고, 조종사들에게 용감한 모험 비행을 해내도록 격려하는 데 열중했다. 유럽에서는 베르사유 체제에 새로 편입된 국가들——발트 국가들, 특히 농업 위주의 저개발국 리투아니아——뿐만 아니라 여전히 더 부유한 다른 유럽 국가들을 따라잡고 있던 이베리아 반도의 국가들이 유난히 창공을 정복하려는 열망을 드러냈다. 그리고 항공 발달을 위한 이들 국가들의 지원은 의회민주주의가 무너지고 권위주의 정권이 자신들의 행위와 결정을 민족과 민족의 미래라는 이름으로 정당화해야 했을 때 더욱 강력해졌다.

III

한국의 대중독재 논쟁—진보 담론 인가 보수 담론인가

3부에 실린 글은 2004년 여름부터 2005년 봄까지 《역사비평》과 《교수신문》에 실린 대중독재 논쟁을 모은 것이다.

박정희 시대의 강압과 동의―지배 · 전통 · 강압과 동의의 관계를 다시 생각한다*

조희연(성공회대 사회과학부 교수)

1. 들어가는 말

이 글은 지배의 성격을 강압과 동의의 새로운 관계 파악 속에서 재성찰해보고자 하는 것이다. 박정희 시대 연구와 관련하여 우리는 다음과 같은 질문들에 직면하고 있다. 박정희 신드롬은 박정희 체제에 대한 국민적 동의가 광범위했음을 의미하는가. 박정희 시대의 반공주의와 개발주의는 국민들 사이에 동의 기반을 얼마나 광범위하게 가지고 있었는가. 박정희 시대에 대해 순응적 동의를 한 국민들은 박정희 시대의 공범자가 아닌가. 박정희 시대 혹은 일제 시기를 극단적 억압과 전투적 저항으로 분석하는 것이 과연 타당한가. 과연 한 지배 체제에서 강압과 동의는 어떤 관계를 갖는가. 독재 체제의 폭력성과 대중적 동의는 어떤 관계를 갖는가. 이런 많은 질문들이 우리의 지적 성찰을 기다리고 있다.

나는 이 글에서 최근 관심을 끌고 있는 대중독재론이나 일상사적 관점에서 일제 시기와 박정희 시대를 분석하는 논의를 출발점으로 하여, 이러한 논의가 기존의 논의에 주는 성찰적 문제 제기와

---

*《역사비평》 67(2004)에 실렸던 글이다.

그러한 분석이 갖는 문제점을 메타이론적 수준에서 지적한 후, 임지현의 대중독재론이나 안병직의 일상사의 문제의식을 진보적 관점에서 수용하는 새로운 분석 틀을 구성하고, 그에 기초하여 한국 현대사를 다시 분석해보고자 한다. 특별히 식민지 지배와 박정희 지배 체제에 대한 기존의 논의와 그에 대한 최근의 도전들을 염두에 두면서 어떻게 진보적 관점에서 현대사에 대한 더 확장된 이론적 · 실제적 분석을 행할 것인가 하는 과제에 응전해보고자 한다.

2. 대중독재론과 일상사의 문제의식에 대한 평가

(1) 문제 제기의 긍정성

최근 식민지 시기와 박정희 시대를 보는 새로운 논의들이 제기되고 있다. 독일 일상사적 연구를 수용하여 "일제 시대의 민중들의 삶을 일제의 착취와 저항으로만 양극화하는 시각의 문제점"을 지적하면서 '일상의 정상성을 인정함으로써 동시에 그러한 일상이 실상 극단적인 인종 범죄와 마치 동전의 양면처럼 결합되어 있었다는 점을 인식함으로써 체제에 대한 지지와 반대, 협력과 저항 사이에 회색 지대'를 적극적으로 분석하고자 하는 안병직과[1] "대중독재는 시민 사회에 군림하는 '딱딱한 지배 지향적' 권력임과 동시에 '부드러운 헤게모니 지향적 권력'"이었으며 "파시즘의 뒤

---

1) 안병직, 〈과거 청산과 역사서술―독일과 한국의 비교〉, 《역사학보》 제177집(2002), 240쪽. 그의 문제의식은 《오늘의 역사학》(한겨레출판부, 1998)에서 이미 표출되고 있다. 이를 둘러싼 논란에 대해서는 박찬승, "'친일파 청산' 논쟁―안병직 교수를 비판함", 〈한겨레〉(2002년 8월 31일자) ; 이진모, "'과거청산' 독일과 맞비교는 위험", 〈한겨레〉(2002년 9월 14일자) 참조.

에는 대중이란 동조자가 있었다"는 임지현의 대중독재의 논의[2] 등이 대표적이다. 대중독재론과 일상사론은 각기 다른 시기를 다루고 있고 분석 방법론이나 목표가 상이하지만, 한국적 논의 맥락에서 동일한 질문들로 수렴되고 있다고 생각한다. 그것은 식민지 지배, 독재, 파시즘같이 후대 역사에 의해 부정적으로 규정되고, 그에 대한 투쟁이 '영웅화'된 체제에 대한 평가가 일면적이었다는 것이다. 특별히 억압과 수탈, 그에 대한 저항으로 단색화(單色化)될 수 없는 또 다른 측면, 예컨대 그 시대에 대한 대중의 동의와 순응, 일상적 삶이 존재했다는 것이다.

  사실 이러한 논의들은 기존의 구조주의적 분석이나 진보적 분석에 대한 '해체주의'적 담론의 다양한 형태들이라고 할 수 있다. 이는 기존의 '주류적' 논의 혹은 민족주의적 논의, 나아가 진보적 논의의 일면성을 지적하고 있다는 점에서 수긍되는 점이 많다. 실제 식민지 지배와 파시즘적 지배에 대한 기존의 논의를 보면 다분히 정식화된 틀로 경직되어 있었고 총체적 분석에 포함되어야 할 다양한 측면들——예컨대 독재에 대한 대중의 순응 등——을 분석에서 아예 배제시켜버리곤 했다. "식민지 시기와 파시즘 시대에는 극단적인 수탈과 억압만이 존재하여, 대중은 계속 못살고 경제적으로도 고통받고 신음하는 상태에 있었다. 그 결과 대중은 적극적으로 저항했다"는 식의 고정된 이미지가 연구자나 학생들의 인식에 존재했던 것도 사실이다. 안병직이 지적하는 것처럼 체제에 대한 협력과 저항이라는 양 극단 사이에 존재하는 '다양한 명도의 회색' 지대, 권력의 통제가 미치지 않았던 일상의 영역, 강압 통치

---

  2) 임지현과 그 연구 집단은 자신들의 대중독재론적 연구를 임지현·김용우 엮음,《대중독재—강제와 동의 사이에서》로 출판했다.

로만 환원될 수 없는 체제 동의의 측면 그리고 그 근거를 이루는 식민지 시기나 파시즘적 시기 대중의 일상의 '긍정'적 경험, 식민지 시기 혹은 파시즘적 시기에 대한 대중의 태도의 복합성, 한 개인의 인식에서 복합적인 측면들을 적절하게 분석하지 못했던 것은 사실이다. 이런 점에서 나는 기존의 다양한 분석에서 일정하게 드러나는 경직화와 일면화를 성찰할 계기를 제공한다는 점에서 긍정적으로 받아들이고 싶다.

다음, 진보적 분석에서 왕왕 나타나는 것으로 운동론적 서술과 분석적 서술 간의 '거리'를 간과해버리는 경우가 많았다. 어떤 점에서 투쟁 현장에서 사용되는 투쟁 대상에 대한 규정과 언급이 학술적 분석과 반드시 일치하는 것은 아니다. 그러나 실제 운동적 철저성을 견지하고자 하는 진보적 분석에서 왕왕 '운동의 언어'가 '분석의 언어'와 동일시됨으로써 총체적 분석을 막는 경우도 많이 있었다. 투쟁 슬로건 속에서는 "국민의 정부는 전두환 정부보다 더 나쁜 정권이다"라고 매도될 수 있다. 그러나 그것이 곧 객관적인 분석을 의미하는 것은 아니다.

(2) 대중독재론과 일상사적 분석의 성찰 지점

이러한 긍정적 성찰의 계기를 제공하고 있고 식민지 시기와 박정희 시대를 연구하는 비교사회적 분석 거울로 더욱 많은 연구가 이루어져야 하지만, 그 시각들을 한국에 적용하는 데 여러 가지 성찰 지점이 존재한다고 생각된다.

먼저 이들은 비판 과정에서 식민지 시기와 파시즘적 시기에 대한 기존의 논의 자체를 일면적으로 규정하고 있다. 즉 기존의 논의는 식민지 지배나 파시즘적 지배의 억압성을 강조하고자 한 것이지, 대중의 동의적 측면이나 억압과 투쟁으로 환원될 수 없는 다양한 측면들을 분석에서 원천적으로 배제하는 것은 아니었다고 생각한다. 예컨대 파시즘적 지배 시기에 적극적 지지층이 있었다는 점이나 대중의 침묵과 중간층의 동조 같은 문제들이 논의의 영역 안에 있었다. 따라서 임지현의 표현대로 좌파의 분석에서 "보통 사람들을 파시스트의 공범자로 단죄"했다고 보는 것은 적합하지 않다. 단지 그것들은 비판 대상으로 설정되고 있을 뿐 분석 대상으로 설정되지 않았다는 한계를 갖고 있을 뿐이다.

둘째, 이들은 저항으로 환원되지 않는 대중의 '일상적' 삶이나 비저항적 혹은 묵종적 태도를 지배 헤게모니라고 일반화해버릴 우려가 있다. 즉 식민지 지배와 파시즘적 지배에 대한 대중의 동의를 기존의 억압적 측면과 함께 종합적으로 고려하는 방향으로 가기보다 식민지와 파시즘적 지배의 헤게모니적 측면을 강조하는 방향으로 흐를 소지가 있다는 것이다. 안병직은 "일제 시대 식민 체제에 대한 순응과 협력 행위는 사회 전반에 걸쳐 광범위하게 나타났던 현상"이라고 표현하고 있다. 임지현 역시 사악한 그들 vicious 'they'과 죄 없는 우리innocent 'we'로 구분하는 이원론을 비판하면서 대중독재론 속에서 근대적 독재 체제는 강압의 내면화를 통해 독재 체제에 자발적 순응을 하는 대중이 존재함으로써 가능한 것이고, 그런 점에서 '위로부터의 독재'는 '아래부터 독재'화한다고 보고 있다. 이는 기존의 분석에서 포괄하지 못하는 대중의 동의라는 측면을 지적하는 것이지만, 강압의 내면화를 통한 적극적 동의 대중을 상정함으로써 파시즘 자체의 헤게모니를 당연시하는 오류로 발전할 수 있다. 이는 일상사론의 문제의식을 한국적 맥락에서 속류화하고 이를 보수적으로 위치 설정하는 것일 수 있다. 나는 이것을 "일상사와 파시즘론이 우익화할 위험"이라고 표현하고 싶다. 전두환 체제의 폭력성과 억압성을 지적하는 것이 그 시대 모든 민중이 전두환에 대한 강력한 저항자였다거나 전두환 정권에 대한 지지층이 전혀 존재하지 않았다는 것을 의미하는 것은 아니다.

셋째, 이들이 기존의 보수적 논리와 진보적 논리를 양비론적으로 규정, 평가하는 점에 나는 우려를 가지고 있다. 예컨대 임지현은 기존의 분석이 범하고 있는 오류를 '도덕적 이원론', 즉 '찬양 일변도의 박정희 인식'과 '비판 일변도의 좌파적 박정희 인식'이라는 식으로 규정하고 있다. 이는 사실 현재도 왕왕 거론되는, 민주화 세력과 산업화 세력을 대립시키고, 전자는 민주주의를 성취하는 데 공이 있었고 후자는 경제 성장을 달성하는 데 공이 있었으니 둘 다 긍정적 평가를 받아야 한다는 논리와 유사하다. 이는 현상적으로 맞는 것 같지만, 사실 산업화 세력의 변형 논리 혹은 보수적 논리의 현대적 버전일 수 있다. 우리가 식민지 지배에 대해, 식민지 지배는 경제적 근대화의 공로가 있었고 독립 운동 및 민족 해방 운동은 정치적 독립에 기여했으므로 이는 양시론적으로 파악되어야 한다고 보는 논리가 성립되지 않는 것과 같다. 이는 탈맥락화와 과잉 상대화의 위험이라고 표현하고 싶다.

넷째, 한국 일상사론과 대중독재론의 경우 지배에 대한 동의를 강조하는 과정에서 '누가 누구를 탓할 수 있나', '모두가 공범자', '큰 친일과 작은 친일이 무슨 차이가 있는가' 같은 식의, 식민지 지배와 파시즘 지배에 대한 문제의식, 즉 과거 청산적 문제의식을 희석시킬 가능성이 있다. 경직된 도덕주의적 분석을 비판하는 것이 도덕적 허무주의와 상대주의를 정당화하는 것은 아니다. '절대적' 기준을 가상하고 진행되는 경직된 과거 청산에 대한 비판이 곧 한국과 같은 '과소' 과거 청산을 정당화해서는 안 된다. 일상사론의 경우 '전 국민적 성찰'이 요구되는 가해 민족의 사례인 독일 파시즘의 경우와 '피해 민족'으로서 식민지 민족의 경우를 준별하지 않는 오류가 있다고 생각된다. 대중독재론의 경우 독재에 침묵하고 순응적 태도를 견지했던 민중과 독재라는 가해자의 구분을 모호하게 할 소지가 있다. 지구화 시대에는 경직된 민족주의와 국가주의를 전제로 한 경직된 과거 청산의 위험성을 지적하는 것이 정당하다. 그러나 한국과 같이 과소 과거 청산 사회에서는 과거 청산의 문제의식 자체를 희석시키는 논리로 활용될 소지가 있다.

흥미로운 것은 대중독재론과 한국적 일상사론이 독일의 파시즘과 박정희 체제의 유사성을 전제로 하여 주로 독일 파시즘론의 성찰적 요소들을 한국에 대입하는 형태로 논리 전개를 하고 있다는 점이다. 이 점에서 히틀러 체제와 박정희 체제의 동일성과 차이성을 더욱 심도 있게 고민해야 한다. 후술하겠지만 히틀러 체제의 경우 박정희 체제와 달리 권력 형성의 정당성에 크게 시달리지 않았고, 내부에서는 권력 행사의 폭력성과 억압성에 대한 도전에 직면하고 있었지만 한국과 같이 광범위한 내적 저항에 직면하지 않았다는 점도 들 수 있다. 이는 체제에 대한 민중의 동의 정도가 현저히 달랐다는 것을 말해준다.

더구나 히틀러 체제는 타민족을 억압하는 제국주의적 국가로 작동했고, 더 나아가 반유대주의와 같은 반문명적 범죄를 자행하면서 재생산되었다. 그런 점에서 박정희 체제는 자국 민중에 대한 억압과 폭력 체제라는 성격이 주된 것이라면, 히틀러 체제는 그런 성격을 가지면서도 오히려 타민족에 대한 가해적 민족의 성격이 중요하게 존재한다고 말할 수 있다. 이것은 대중독재론과 한국적 일상사론이 논지를 전개하면서 핵심으로 삼고 있는 '가해적 권력 엘리트'와 민중들의 공범적 일체 관계가 박정희 체제에 무매개적으로 적용할 수 없음을 의미한다. 히틀러 체제에 대한 상대적 일체 관계――물론 레지스탕스 운동 등을 염두에 두면서도――가 성찰의 지점을 단순히 히틀러 세력에게로만 수렴시키지 않고 확장하려는 문제의식으로 나타난다고 생각된다. 즉 반유대주의적 학살 및 제국주의적 침탈에 대한 책무로부터 대중이 자유롭지 않은 지점들이 일정하게 존재하는 것이다. 박정희 체제 혹은 광주 학살이 자행된 1980년대 초에 대해서도 물론 유사한 성찰을 제시할 수 있다. 그러나 히틀러 체제의 성찰 지점과는 차이가 있다는 점을 직시해야 한다. 식민지 시기나 박정희 시대에 대중의 순응적 침묵과 특정 측면, 혹은 일부 집단에서 자발적 참여가 있었다. 그러나 히틀러 시대 대중에게 묻고자 하는 '공범적 책무'를 식민지 시기나 박정희 시대의 대중에게 일반적으로 물을 수 없다고 생각한다. 박정희 시대에 '아래로부터의 독재'를 이야기하는 것이 은유적 의미 이상으로 실제적 의미에서 가능한지 묻고 싶다.

다섯째, 우리의 친일 청산이나 독재 세력 극복과 관련된 과거 청산이 '과잉' 상태에 있는가 하는 점이다. 이 점에서 명백한 '과소' 과거 청산 상태에 있다고 생각된다.[3] 예컨대 친일 세력을 청산하기 위한 '친일청산규명법'이 만들어지고 있지만 그것이 왜곡되어 있는 상태이며 독재 시대의 대표적 고문 범죄자인 정형근이 지역주의 속에서 4선 의원으로 활동하고 있는 것이다. 이런 점에서 한국 사회는 과거 청산을 둘러싼 현재적 투쟁이 전개되고 있는 상태

---

3) 일상사론과 대중독재론은 과거 청산 문제와 긴밀하게 연관되어 있다. 이러한 쟁점은 문부식(《잃어버린 기억을 찾아서 : 광기의 시대를 생각함》(삼인, 2002))을 둘러싼 논쟁으로 전개된 바 있다. 이에 대해서는 조희연, 〈'과잉' 과거 청산인가 '과소' 과거 청산인가〉, 《경제와 사회》 55호(2002년 가을) ; 조정환, 〈활력의 윤리와 폭력〉, 《경제와 사회》 55호(2002년 가을) ; 김진석, 〈위험한 근본주의에 빠진 일상적 파시즘론과 비폭력주의〉, 《사회비평》(2002년 가을) ; 김진호 외, 〈문부식 논쟁의 재성찰〉, 《황해문화》 37호(2002) 참조.

이고, 여기서 친일이나 친독재와 연속성을 갖는 세력이나 개인들이 지금 제도적·비제도적 권력을 가지고 과거 청산을 제약하는 상황이라고 보인다. 이 점에서 안병직이나 임지현은 다른 시대 인식을 할 수도 있을 것이다. 나는 대중독재론이나 한국 일상사론이 소수 친일파나 독재 부역자 규명 작업의 과거 청산에 한정되지 않고 식민지 시기와 파시즘 시기에 대한 진정한 성찰의 계기로 작용해야 한다고 생각한다.

(3) 유석춘과 복거일의 친일 담론 및 친독재 담론

여기서 나는 대중독재론과 한국 일상사론의 양면성을 지적하는 것이지, 이 논의들이 완전한 보수 논리로 규정될 수 있음을 주장하는 것은 아니다. 기존의 거대 담론적 분석 혹은 기존의 구조주의적 분석에 대한 비판 담론이라고 할 수 있는 대중독재론이나 한국 일상사론이 자신들의 정치적 착지(着地)positioning와 관련하여 성찰적 고민이 있어야 한다는 말이다. 주지하다시피 사회주의 붕괴나 지구화 등과 같이 20세기 후반에 가시화된 심층적 변화는 기존의 국민국가적 틀을 전제로 한 분석, 냉전적 대립 구조를 전제로 한 분석, 거대 담론적 중심의 논의 틀에 대한 새로운 '해체'적 담론을 등장시켰다. 이러한 논의들에 대해 일각에서는 포스트모던이라는 말로 통칭해서 그 보수성을 지적하는 것으로 끝나는 경우가 많았다.

그러나 나는 이러한 해체적 담론에는 양면성이 있다고 생각한다. 보수적 해체 담론과 진보적 해체 담론이 있고, 또한 '해체주의적' 해체 담론이 존재할 수 있다. 국민국가적 지형 내에서 과거와 같은 보수-진보의 구도가 해체되어가고 있다는 점을 인정하더라도, 또한 국민국가적 담론 속에 있는 억압성이나 저항 담론 자체의 일면화 등을 이야기하더라도 그것이 포스트-사회주의 시대에 그리고 지구화 시대에 새로운 진보적 담론으로 설정되어야지, 그것이 보수적 담론으로 착지해서는 안 된다는 것이다.[4] 예컨대 국민국가적 담론의 해체가 진보적 글로벌리즘으로 가야지 신자유주의적 세계화에 부응하는 친자본적 담론으로 귀속되거나 기존 보수논리의 변형된 강화로 귀결되어서는 안 된다는 것이다. 다양한 해체적 담론들 내부에도 이념적 분화가 존재해야 하며, 새로운 진보성의 의미에서 해체적 담론을 적극화하고자 하는 경우 정확한 착지 지점에 대한 고민이 필요하다는 것이다. 이런 고민은 한국 식민지 시기와 박정희 시대가 히틀러 시대와 다르게 드러내는 차별성과 특수성을 적극적으로 인정하고 분석하고자 하는 시각——양자를 '동일시하는 시각'을 넘어서서——에서 이루어져야 할 것이다.

이런 고민을 하게 되는 이유는 임지현이나 안병직의 학문적 논리를 징검다리로 하여 유석춘[5]이나 복거일같이 식민지 친일과 친독재적 태도를 적극적으로 정당화하는 논리로 제기되기 때문이

---

4) 임지현도 "'대중의 합의와 동의'가 자칫 독재 체제를 정치적으로 합리화하려는 우파의 담론과 '기묘하게' 연결될 가능성"이 있음을 인정한다. 임지현의 비판적 논의의 현실 정치적 착지와 관련하여 문제점을 지적하는 것은 다음과 같은 대목들이다. 즉 노무현 대통령의 '재신임'도 대중독재의 한 사례라고 하는 대목이나〔〈문화일보〉(2003년 10월 27일자)〕, "진보 진영은 스스로 진보라고 규정 짓는 강박관념 때문에 반기업 정서도 생기는 것"이라며 "기업이 경제 윤리를 지키지 않았을 경우에 비판받아야지 경제 프로세스에서 돈을 버는 합리적 계산이 비판받아서는 안 된다"〔〈헤럴드경제〉(2004년 4월 21일자)〕는 발언 등이다. 그의 '창조적 해체'〔《민족주의는 반역이다——신화와 허무의 민족주의 담론을 넘어서》(소나무, 1999), 335쪽〕 노력이 보수 담론의 확장이 아니라 진보 담론의 확장이 되어야 한다고 생각한다.

5) 유석춘은 다음과 같이 말한다. "미당을 부정하고 조선과 동아를 부정하고 서울대학을 부정하고 이승만과 박정희를 부정하고 삼성과 현대를 부정하는 악령들이 우리에게 남겨줄 유산은 과연 무엇인가." "'악령'들의 문화혁명", 〈조선일보〉(2001년 7월 7일자).

다. 나는 임지현·안병직과 복거일·유석춘은 다르다고 생각한다. 전자는 학문적 분석을 하는 것이고 후자는 정치적 주장을 하고 있는 것이다. 유석춘이나 복거일은 박정희 시대와 식민지 시기에 저항적으로 살지 않은 것이 과연 죄인가, 박정희 시대와 식민지 시기의 친일적 삶이나 친독재적 침묵은 그 시대의 불가피한 생존 양식 아니었던가 하는 논리를 제기한다. 이는 식민지 지배와 파시즘적 지배 자체를 정치적으로 정당화하는 단계로 나아가는 것을 의미한다. 이들의 논리 왜곡은 민중의 순응적 삶——그것을 동의라고 해도 좋다——과 침묵을 친독재적·친제국주의적 삶을 산 권력 엘리트들의 행위를 정당화하는 방향으로 '비약'하고 있다. 임지현과 안병직의 학문적 논의를 유석춘, 복거일[6]은 정치적으로 자신들의 역사관을 정당화하는 방향으로, 또한 권력 엘리트들의 친독재적·친일적 삶을 정당화하는 방향으로 활용하고 있다는 것이다. 파시즘 비판 논리의 확장이 아니라 파시즘 정당화 논리의 징검다리로 활용된다.

이 점에서 과거 진보적 담론의 협애성을 지적하는 것 자체가 '진보성'을 담보하는 것은 아니라는 점을 인식해야 하며, 진보적 담론의 한계성을 비판하는 논의가 보수적 담론의 일부로 편제되지 않도록 하는 적극적인 고민이 필요할 것이다.

나는 대중독재론이나 한국 일상사론의 논리 구조에 대한 세부적 비판보다, 그러한 분석이 기존의 진보적 분석에 제기하는 공백 영역을 어떻게 진보 분석의 확장을 통해 포괄할 수 있을 것인가 하는 문제의식에서 이 글을 쓰고자 한다. 특별히 식민지 시기나 파시즘

---

6) 복거일, 《친일을 위한 변명—21세기 친일문제》(들린아침, 2003). 이에 대해서는 박찬승, 〈서평 : 친일파를 위한 변론—사실 인식부터 오류〉, 《교수신문》(2003년 9월 26일자) ; 고종석, 《인물과 사상》(2003년 11월) 참조.

시기에 대중의 순응적 태도와 그 시기 변화에 대한 대중의 '유보적 수용'이나 '긍정적 경험'을 지배와 '동의consent'의 문제로 파악하고, 그 동의가 기존 분석에서 부각하는 '강압'과 어떤 관계를 갖는가, 그 양자를 어떻게 종합적으로 파악해야 하는가를 정치사회학적 논의의 틀 속에서 접근하고자 한다.

3. '지배에서 강압과 동의'를 분석하기 위한 이론 틀

이러한 메타이론적 비판을 전제로 한다 하더라도, 애초 임지현과 안병직이 제기한 기존 분석의 '도덕적 이원론'적 한계를 진보적 분석이 어떻게 넘어설 것인가 하는 과제는 여전히 남아 있다. 이런 점에서 임지현과 안병직의 문제 제기가 갖는 일면적 긍정성을 어떻게 기존 분석의 확장 속에 포괄할 것인가 하는 점을 고민해야 한다.

나는 임지현과 안병직의 문제 제기를 다음과 같은 질문으로 받아들이고자 한다. 지배에서 강압과 동의의 관계는 무엇인가, 이것은 허위의식의 문제인가 이데올로기의 문제인가, 식민지 지배와 파시즘적 지배에 과연 헤게모니적 요소가 있었는가, 대중은 일제 식민지 지배와 파시즘적 지배에 동의했는가, 현존했던 침묵과 동의 행위를 어떻게 해석하고 설명할 것인가, 현재도 일각에 존재하는 박정희 신드롬, 박정희에 대한 민중의 동의, 심지어 저항하는 사람들 속에도 존재하는 박정희 망령을 어떻게 볼 것인가 등이다.

(1) 강압과 동의의 복합물로서 지배

위의 구체적 쟁점들을 해석하기 위해서는 기존의 분석 틀을 넘어서는 확장된 이론적 틀이 필요하다. 나는 이러한 분석 틀을 구성하는 것에서 출발하여 현대사에 대한——대중독재론이나 일상사의 문제 제기까지 포함하는——새로운 해석을 시도하고자 한다.

먼저 지배라는 것이 강압과 동의의 복합물이라고 한 점에서 출발하고자 한다. 통상적 분석에서 지배에 대한 이미지는 완전한 강압이나 완전한 동의로 그려지는 경우가 많다. 한 개인에게도 지배 권력에 대한 태도는 강압에 의한 것과 자발적 동의에 의한 것이 복합되어 있다. 통상 거의 완전한 강압이라고 생각되는 국가, 예컨대 전두환 정권의 경우에도 순수하게 폭력에 의해서만 유지되는 것은 아니었다. 전두환 정권에도 반공주의에 의한 이데올로기적 동의 혹은 지역주의에 의한 동의 등이 존재했다. 1980년대 '인민의 국가'인 사회주의하에서 완전한 동의가 존재했던 것처럼 상정했던 것을 상기해보자. 이런 점에서 운동론적 전략에서건 비판의 극단화 과정에서건 혹은 대중적 이미지에서건 간에, 지배 자체를 완전한 강압이나 완전한 동의로 형상화하는 것은 적절치 못하다.

ㄱ. 그람시의 강압과 동의

주지하다시피 그람시는 기존의 국가에 대한 인식을 확장하는 방식으로 지배의 양면성을 부각시켰다. 그는 헤게모니론을 통해 강압으로만 본 기존의 국가 인식을 혁신했다. 이 논의에 따르면 국가와 지배는 강압에만 의존하는 것이 아니라 시민 사회에서 헤게모니 창출을 통해 강압적 국가로부터 '윤리적 국가'로 자기 확장된다. 이로써 그람시는 기존의 이데올로기적 분석이나 허위의식론을 뛰어넘는 지배의 복합성에 대해 논의의 지평을 열었다.[7]

---

7) Antonio Gramsci, *Selections from the Prison Notebooks*, Quintin Hoare (trans.) (New

그러나 그람시의 논의가 속류화하면서 강제와 동의가 양분법적으로 구분된 점이 존재한다. 그람시의 논의는 주로 강압에 의해 유지되는 부르주아적 지배가 어떻게 시민 사회에서 동의를 형성하여 자신을 보강하는가를 강조하는 이론으로 수용되어왔다. 이로써 강제가 동의에 의해 보강되고, 동의가 강제에 의해 보강되는 점이 강조되었다.[8] 그람시가 '강압에 의해 보강된 헤게모니hege-mony armoured by coercion', '헤게모니에 의해 보강된 강압'이라고 했을 때의 진정한 문제의식은 바로 이것이라고 생각한다. 만일 이 문제를 그람시의 한계로 접근하게 되면, 이는 시민 사회를 통한 동의의 생성을 순수한 자발성의 영역으로 설정하여 접근하고 있다는 것이다. 즉 강압과 동의를 상호 배제적인 것으로 보는 시각이 내재되어 있다. 그람시는 강제를 통한 지배의 구성에 동의가 어떻게 결합되는지, 동의 형성을 통한 지배의 구성에 강압이 어떻게 작용하는지에 주목하지 못했다고 생각한다. 여기서 우리는 지배(광의의 국가라고 표현해도 좋다)를 강압으로만 구성되는 것으로 보는 시각을 극복해야 함은 물론, 그람시의 논의를 확장하여 강압과 동의의 내재적 상호 관계에 주목해야 한다.

여기서 나는 동의의 강제적 기반 또는 강제의 동의적 기반을 강조하는 방향으로 그람시의 논의를 확장하고자 한다. 즉 지배를 강압과 동의의 복합물로 보아야지만, 지배의 성격이 완전한 강압(좌측)에서 완전한 동의, 동의적 강압, 강압적 동의(우측)에 이르기까

York : International Publishers, 1971)〔그람시,《그람시의 옥중수고 1 : 정치편》, 이상훈 옮김(거름, 1999)〕.

8) 그람시는 강제력과 동의의 복합성을 발견했다는 점에서 긍정적이나, 양자 간의 관계에 대해 정치한 분석을 내놓지는 않았다. 그의 기본적 문제의식은 실천적 개입 전략의 문제였기 때문이다.

지 다양한 형태가 존재함을 알 수 있다. 그러나 사실 완전한 강압과 완전한 동의란 현실에서 존재하지 않는다고 봐야 한다. 모든 지배에는 강압과 동의가 복합되어 있다고 했을 때 현실의 지배는 동의적 강압consentient coercion과 강압적 동의coercive consent 두 가지 유형으로 나눌 수 있다. 이처럼 지배를 동의적 강압과 강압적 동의로 대별할 때, 동의적 강압은 강압을 지배적으로 하면서 동의적 요소가 복합된 유형이라고 한다면, 강압적 동의는 상대적으로 동의를 지배적으로 하면서 강압적 요소가 복합된 유형이라고 할 수 있다. 강압과 동의는 상호 작용한다. 동의라는 것이 강압에 의해 보증되고 제도적 강압에 의해 보증된다고 해야 할 것이다. 반대로 임지현은 강압 일변도의 분석에 대해 도덕적 이원론이라고 비판하는데, 이 경우 대중의 동의에도 강압이 내재되어 있다고 봐야한다. 강압과 동의는 양분법적 선택의 문제가 아니다.

지배를 구성하는 강압과 동의를 '제로섬'적인 것으로 보면 안된다. 즉 강압의 양이 많으면 동의가 적어지고 강압의 양이 적어지면 동의가 커지는 것은 아니다. 하버마스적 의미에서 '이상적 담화 상황'이라면 강압과 동의는 제로섬이라고 할 수 있다. 그러나 현실적 담화 상황 자체는 강압을 내적 구성 요소로 하고 있다. 그런 점에서 일정 시기의 지배에는 일정한 강압이 존재한다. 문제는 강압에 대한 동의의 정도가 상이하다는 것이다. 여기서 합법성이라는 표현보다 정당성이라는 표현을 사용하는 것은, 적법한 절차를 통해 강제가 행사되느냐 하는 것보다 그것이 피지배자에게 '정당한' 것으로 인식되느냐가 더 중요하기 때문이다. 정당한 것으로 인식될수록 강압은 전면적 강압에서 동의적 강압으로, 나아가 강압적 동의로 인식될 가능성이 커진다. 이러한 분석을 설정하는 이유는, 강압과 동의를 배제적인 것으로 보는 인식이 강압 일변도의 지배와 동의 일변도의 지배를 상정하고 분석하는 오류로 이어지기 때문이다. 강압 일변도의 분석을 비판하는 대중독재론 속에서 사실 '동의 일변도'의 사고가 깃들어 있다는 생각이 든다. 후술하는 바와 같이 박정희 시대에 동의를 인정하는 것이 박정희 시대 지배 일반에 대한 전면적 동의를 상정하는 것이어야 할 필요는 없다.

여기서 강압의 정당성에 따라 일정한 동의가 형성될 수는 있지만, 그것은 수동적 동의에 불과하다. 동의적 강압과 강압적 동의는 동의의 수동성/능동성의 정도에 따라 차이가 존재한다. 강압의 정당성과 부당성은 동의의 수동성/능동성을 결정하는 여러 요인들 중 하나라고 할 수 있다. 문제는 이러한 강제성이 피지배자에 의해 얼마나 동의적으로 수용되느냐 하는 것이다. 이 동의에는 수동적(마지못해 하는) 동의가 있고 능동적(적극적) 동의가 있다. 이렇게 보면, 동의적 강압은 강압이 지배적인 경우이지만 그 강압의 정당성이나 부당성에 의해 다양한 편차가 존재한다고 할 수 있다. 여기서 동의적 '강압'이 강압적 '동의'로 전환하기 위해서는 일정하게 능동적 동의가 요구된다. 수동적 동의가 능동적 동의로 전환하는 데는 강압의 정당성이 필요하다고 표현할 수 있다. 이상의 논의는 다음과 같이 표현될 수 있다.

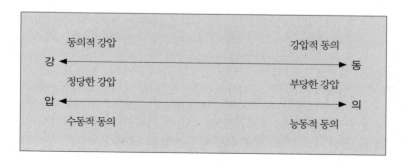

ㄴ. 강제와 동의의 구체적 내용

강제와 동의는 지배라는 현실의 양면적 측면이다. 여기서 강압이란 위로부터의 행정적 명령이나 절차를 통한 시행, 다양한 제도적·법적 강제, 비제도적 폭력, 사적 수단을 통한 위협 등을 포함한다. 강압에서는 위수령이나 계엄령, 긴급조치 같은 것을 연상하게 되나, 강압이 제도를 통해 개인이 선택할 여지가 없는 형태로 주어질 때 우리는 그것을 강제라고 이야기할 수 있을 것이다. 동의라고 할 때 그것은 분명 개인의 자발적 선택을 의미한다. 그것이 허위의식에 의한 것이건 다른 계기에 의해서건, 최소한 개인의 심리 과정 속에 자발성이 내포되어 있어야 한다.

(2) 지배 전략과 저항 전략의 상호 작용 속에서 구성되는 지배

다음으로 지배를 강압과 동의의 복합물로 본다고 할 때, 그 내용과 경계는 '정태적'인 것이 아니라 지배 '전략strategy'과 저항 전략의 역동적 상호 작용 속에서 부단히 '구성'·재구성되는 것으로 파악해야 한다. 이러한 급진적 성격의 구성론적 관점은 마르크스주의 국가론자인 풀란차스Nicos Poulantzas, 톰슨E. P. Thompson, 제숍Bob Jessop의 논의에서도 찾아볼 수 있을 것이다. 지배와 저항의 이러한 구성적 성격은, 풀란차스가 계급투쟁은 정치적으로 구성되는 것이며 국가는 생산 관계 및 계급투쟁 속에 '내재'한다고 말한 의미와도 상통한다. 풀란차스의 관계론적 국가론은 국가 혹은 지배를 사회적 관계의 총체적 반영으로 재해석하고 있는데,[9] 이는 국가에 대한 도구론적·객체론적 관점을 넘어 국가와

---

9) Nicos Poulantzas, *State, Power and Socialism*(London : Verso, 1978)〔풀란차스, 《국가, 권력, 사회주의》, 박병영 옮김(백의, 1994)〕.

지배의 구성적 측면을 지적하는 것이라고 할 수 있다. 제솝은 풀란차스의 통찰력을 확장하여 전략-관계론적 국가론에서 국가 혹은 지배는 사회적 관계에서 규정되면서 동시에 다양한 계급적 · 사회적 행위자들의 전략적 선택에 의해 매개되는 것이라고 파악한다.[10] 제솝에 따르면, 다양한 사회적 관계는 전략적 · 구조적 선택이 작용하는 장(場)이 된다. 이런 관점을 더 확장하면 지배와 저항은 지배 블록과 저항 블록의 전략적 선택을 매개로 구성되고 재구성되는 것으로 파악되어야 한다. 지배와 국가라는 것이 고정된 도구나 사회적 관계의 바깥에 존재하는 것이 아니라 부단히 구조적 · 계급적 관계에 매개되면서 구성되는 것이라고 파악될 수 있다.

ㄱ. 누드 권력

'지배는 구성된다'는 견지에서 볼 때, 지배는 적나라한 강압에 기초한 지배에서——이것을 '누드 권력nude power'이라 부르고자 한다——동의를 갖는 지배로 부단히 스스로 구성되어가는 과정이라고 할 수 있다. 누드 권력에서 화려한 옷으로 치장한 권력으로 자신을 구성해간다는 것이다. 지배의 동의 기반을 강화하는 화려한 '옷'은 종교, 신화, 전통, 문화, 인종, 각종 관념, 안보, 인종 갈등 등 다양한 요소가 될 수 있다. 현존하는 모든 역사적 · 현재적 조건들, 정치적 · 경제적 · 문화적 · 지적 요소들은 여기에 동원되는 자원resources이자 요소가 된다. 지배는 지배 블록이 기존의 다

---

10) Bob Jessop, *State Theory : Putting the Capitalist State in Its Place*(Cambridge : Polity, 1990)〔제솝, 《전략관계적 국가이론》, 유범상 · 김문귀 옮김(한울, 2000)〕 ; 손호철, 〈밥 제솝의 '전략-관계적' 국가론——맑스주의 국가론의 최후의 보루?〉, 《근대와 탈근대의 정치학》(문화과학사, 2002) 참조.

양한 문화적·사회적 자원을 동원하면서 구성되는 과정이라고 봐야 한다. 이런 점에서 "권력은 언제나 적나라하지 않다". 또 "누드로 존재하는 권력은 없다". 즉 언제나 화려한 옷을 걸치고 있다. 누드 권력은 화려한 옷으로 치장한 권력으로 자신을 부단히 재구성해간다.

ㄴ. 구성적 실천의 각축 과정

이처럼 구성적 실천 과정이라고 파악하게 될 때, 지배는 지배 블록이 기존의 다양한 문화적·사회적 자원을 동원하면서 이루어지는 전략적 실천의 과정이 된다. 지배 블록의 구성원들은 지배의 동의 기반을 창출하기 위해 부단히 정책과 행위를 수행하게 되고, 이를 위해 다양한 전략을 구사하게 된다. 이런 점에서 지배의 과정은——현존하는 다양한 자원을 활용하는——지배에 대한 동의를 형성하기 위한 지배 블록의 구성적 실천 과정이다. 물론 저항은 지배의 동의 기반을 해체하기 위해 다양한 전략을 구사하게 된다.

이런 점에서 지배의 구성을 둘러싼 지배 블록과 저항 블록의 투쟁 과정은 역동적인 계급적·사회적 투쟁 과정이 된다. 이러한 투쟁에는 현실 정치 투쟁, 담론적 투쟁, 이데올로기적 투쟁 등 다양한 차원이 포괄될 수 있다. 지배의 구성적 실천에서 담론 투쟁이나 이데올로기적 투쟁은 특별한 의의를 갖는다. 왜냐하면 이 양자는 그 자체가 지배를 '정의'하는 투쟁, 지배를 구성하는 다양한 층위의 지배 행위(정책 포함)를 '해석'하는 투쟁이기 때문이다.

지배의 구성 전략이라는 측면에서 볼 때 '동원mobilization'이란——지배 전략과 저항 전략의 각축 속에서——지배의 동의 기반을 형성·확장하기 위해 지배 권력이 행하는 다양한 구성 전략의 하나로서 더 체계화된 목적의식적 전략 행위라고 해야 할 것이다. 동원은 기본적으로 지배의 헤게모니를 창출하기 위한 지배 전략이자 지배의 구성적 행위, 혹은 지배의 구성적 전략이라고 볼 수 있다.

(3) 강압과 동의의 경계를 변화시키는 지배의 전략적 실천과 그 내적 모순

ㄱ. 강압과 동의의 경계 변화

이처럼 (동원을 포함하는) 지배의 구성적 실천이 서로 각축한 결과, 지배의 구성 요소인 강압과 동의의 경계는 부단히 변화한다. 경계가 변화한다는 것은 지배에서 강압과 동의의 구성, 혹은 지배를 구성하는 강압과 동의의 구성 배분이 달라지는 것을 의미한다. 더 구체적으로는 동의적 강압과 강압적 동의의 경계 변화, 동의에서 수동적 동의와 능동적 동의의 경계 변화, 강압의 정당성에 대한 인식의 경계 변화를 의미한다. 예컨대 특정 시기의 강압(동의적 강압)은 다음 시기의 동의(강압적 동의)로, 혹은 그 반대의 이동으로도 나타나게 된다. 한 시기에 동의로 규정되었던 것이 강압으로 재규정되기도 하고, 한 시기에 강압이던 것이 다음 시기에는 동의 영역으로 이동하기도 한다. 이런 점에서 동의냐 강압이냐 하는 것은 정태적이 아니라 역동적으로 변화하는 것으로 봐야 한다. 저항적 실천의 결과 동의(강압적 동의) 영역에 있던 것이 강압(동의적 강압) 영역으로 전치(轉置)되기도 한다. 한 시기에 동의로 여겨지던 것이 후에 강압이 될 수도 있다. 한때 강압이 동의가 되기도 하고(박정희 집권), 동의가 강압이 되기도 했다(새마을운동). 한 시기에 수동적 동의에 있던 것이 능동적 동의로 전환되기도 한다. 이렇게 볼 때 지배의 구성 요소인 강압과 동의의 경계는 지배 블록

과 저항 블록의 전략적 실천의 결과 부단히 변화하는 것이라고 봐야 한다.

ㄴ. 강압과 동의의 경계 변화의 요인들

지배의 과정을 지배와 저항이 서로 각축하는 부단한 구성적 실천 과정이라고 했을 때 지배의 구성적 실천 전략이 성공적으로 작동하는 경우, 동의적 강압이 일정하게 '강압적 동의'로 변화할 수 있으며, 수동적 동의가 더 적극적인 능동적 동의로 변화할 수도 있고, 강압이 이전에 비해 더 정당한 것으로 대중에게 인식될 수도 있다. 여기서는 동의적 기반을 창출하기 위한 지배의 구성적 실천, 동원 전략의 실제적 과정에서 보이는 여러 변수들과 상황을 검토해보기로 하자.

첫째, 특정 국면에서 강압에 의해 민중의 인식 지평 자체가 제한되고 그 결과 지배에 대한 민중의 수동적 동의가 확장되는 경우를 들 수 있다. 여기서 강압 자체가 합리적인 것으로 투영될 때 동의 기반은 더 확장될 수 있을 것이다. 푸코가 이야기하는 '자연화 naturalization'는 바로 그러한 예가 될 수 있는데, 이는 인식 지평의 제한 자체가 강제력을 배경으로 하지만 그것이 '주어진' 것으로 수용되는 경우 지배의 헤게모니적 공간이 확장될 수 있다는 것이다.

때로 권력의 폭력성과 강압성에 대한 공포, 그로 인한 순응이 곧 지배에 대한 동의 혹은 지배의 헤게모니로 해석되는 경우가 있을 수 있다. 그러나 공포는 대안적 지평을 제약하는 방식으로서 동의의 기반으로 작용하기도 하지만, 반대로 거대한 공포가 어떤 계기에 의해서건——용감한 전위들의 투쟁에 의해서건——극복되고 나면 바로 과거 그러한 행위들이 급속하게 강압에 의한 묵종으로 재인식되고, 그 결과 지배의 동의 기반이 급속히 축소될 수 있다.

둘째, '대안 부재'가 현존하는 (강압적인) 지배의 동의 기반을 확장하는 것으로 나타날 수 있다. 특별히 지배에 대한 수동적 동의를 형성·확장하는 데 기여할 수 있다. 대안 부재는 '다른 희망의 소멸'을 의미한다. 이때 다른 희망이란 단기간을 염두에 둔 것이다. 현존하는 지배 외에 다른 대안이 없다고 느낄 때, 또 인식 지평 속에서 다른 대안이 인지되지 않을 때 대중은 현존하는 지배에 동의를 표하게 된다.

앞서 이야기한 대로 지배에 대한 구성주의적 시각에서 볼 때, 대중은 언제나 다양한 기획들이 경쟁하는 상황에 놓이게 된다. 자신에게 해방과 권리의 진전 및 안정된 삶을 가져다준다고 '공약'하는 다양한 기획들 속에——특별히 근대 이후 삶에서는——살게 된다. 포이케르트의 표현을 따르면, '정상성에 대한 희구(希求)'[11]가 진보적 기획에 의해 성취되는 것이 불가능하다고 인식될 때 현존 지배의 '보수(保守)'에 경도된다.

사실 대중이 현존 (지배) 질서를 동의에 기초하여 받아들이느냐 받아들이지 않느냐는 대안의 가능성과 그 대안의 현실적 가능성이 대단히 중요한 요소로 작동한다. 바로 이 점을 식민지 지배에 앞선 조선 시대의 권력, 박정희 지배에 선행하는 좌파적 세력, 파시즘적 지배에 앞선 진보적 세력들이 희망을 보여주고, 진보적 대안을 통해 더 나은 삶이 가능하다고 하는 비전, 정상성의 희구를 충족시킬 수 있다고 하는 대안, 그리고 그것이 실현 가능한 대안이라고 하는 인식을 대중에게 줄 수 있느냐가 파시즘적 지배 혹은 식

---

11) 데틀레프 포이케르트, 《나치시대의 일상사—순응, 저항, 인종주의》, 김학이 옮김 (개마고원, 2003). 일상사에 대한 일반론으로는 알프 뤼트케 외, 《일상사란 무엇인가》, 나종석 외 옮김(청년사, 2002) 참조.

민지 지배에 대한 대중의 동의를 차단할 수 있는 중요한 근거였다고 생각한다. 총을 들고 '내전적 투쟁'을 벌였던 1945~1950년대 남한 민중과 1960년대 박정희 체제에 침묵했던 민중은 동일한 민중이다. 대안이 부재하다는 것은 기존의 지배적 현실을 비판적으로 볼 근거가 상실되는 것이다. 그렇게 되면 수동적 동의가 크게 확장될 수밖에 없다. 이런 점에서 지배의 동의 기반이 각축하는 과정에는 '희망을 둘러싼 각축'이 내재되어 있다고 할 수 있다.

셋째, 지배와 저항의 구성적 각축 과정에서 지배의 동의적 기반, 즉 헤게모니는 지배의 '특수' 지향이 얼마나 시대를 대변하는 '보편' 지향이 될 수 있느냐에 달려 있다. 때로 강압을 행사하는 지배 권력 자체에도 이것은 적용된다. 박정희 체제에 대한 수동적 동의는 박정희의 개발이 당시 '진보적인' 근대주의적 개발의 가치를——정치적 정당성 부재에 따른 경제적 정당성을 강화하는 목적에서였다고 하지만——일정하게 슬로건화하고 추진했기 때문이다. 한 세력이 사회 '진보'의 방향을 담지하는 경우 지배 블록의 권력을 장악한 '특수' 집단의 이해는 보편화된다. 그리고 그것은 그 세력에 대한 국민적 동의 기반을 확장하게 된다. 저항 세력이 지배 세력으로 전환되는 경우 이런 의미에서 특정 시기에 요구되는 보편적 요구를 담지하는 방식을 통해 새로운 지배의 동의 기반을 확보하게 된다.

넷째, 지배의 구성에서 강압과 동의의 관계는 그 물적 토대에 영향을 받는다. 즉 지배의 동의 창출 기반은 물적 토대에 의해 거시적으로 규정된다. 경제적 기반 없이 순수하게 정치공학적 전략만으로 동의를 창출할 수는 없다. 동원에도 물적 기반이 있는 경우와 그렇지 않은 경우 그 효과가 크게 차이 날 수 있다. 수동적 동의의 지속에서는 특히 물적 토대가 대단히 중요하다. 물적 토대는 객관적인 산업화 같은 것을 의미할 수도 있고 분배를 통한 포섭 같은 것을 의미할 수도 있다.

물론 지배의 동의 기반과 관련하여 물적 토대가 곧 동의의 확장을 의미하는 것은 아니다. 경제적으로 성공하지 못한 지배 권력도 동의 기반을 광범위하게 가지면서 존재할 수 있다. 북한이나 쿠바, 리비아의 공산 정권을 생각해보자. 그러나 일반론적으로 물적 토대는 동의 기반의 충분조건은 아니지만, 물적 토대가 없이는 지배의 동의 기반을 유지하기 훨씬 어려워진다는 점을 인정해야 한다. 그런 점에서 수동적 동의를 지속함에 있어 물적 토대는——분명 '충분조건'은 아니지만——'필요조건'의 성격을 일정하게 갖는다고 할 수 있다.

ㄷ. 성공적인 지배의 내적 불안정과 모순

그러나 성공적이라고 평가되는 지배의 구성적 실천도 그 자체에 내적 불안정과 모순을 지니고 있음을 인식할 필요가 있다. 앞서 서술했듯이 완전한 자발적 동의 위에 재생산되는 지배란 없다. 어떤 수준에서건——'공권력'이라는 이름의——강압이 필요하다. 지배와 지배 대상으로서 민중 사이에는 완전한 일치가 존재하지 않기 때문에 강압을 동반한 지배에 대한 동의는 언제나 불안정성을 갖게 된다. 동의를 창출하기 위한 전략적 행위 자체도 강압을 동반하지 않을 수 없고, 이는 내적 모순을 내장하고 있다. 동의가 강력하게 존재하는 헤게모니적 상황이라 하더라도 그것이 지속적 안정성을 담보하는 것은 아니다. 그런 점에서 지배는 언제나 불안정한 균형 상태에 있다고 해야 할 것이다.

앞서 서술한 바와 같이 지배의 동의 기반을 창출하는 성공적 전략 실천들조차 그 반대의 경향성을 내재하고 있다. 먼저 강압에 의해 민중의 인식 지평이 제한되는 경우를 보자. 이 경우 새로운 정보 유입 등으로 인해 민중의 '자연화된' 인식 지평이 균열될 때, 제한된 인식 지평을 전제로 하여 조성된 동의 기반은 균열될 수 있다. 다음으로 진보적 대안들이 실패로 돌아가고 희망이 소멸한 대안 부재의 현실이 일정 기간 유지될 수 있으나, 대안을 형성하기 위한 아래로부터의 저항적 실천이 이어지면서 새로운 대안이 형성되어갈 수도 있고, 설령 대안이 가시화되지 않더라도 현존 지배 질서의 정당성이 균열되면서 동의 기반이 약화되는 경우도 생각할 수 있다. 예컨대 사회주의 붕괴 이후 지구화 확산 과정에서 이른바 TINA(대안은 없다There is no alternative) 증후군이 지배적으로 존재했으나, 1999년 시애틀 투쟁 이후 비록 대안이 가시화되지는 않았으나 이른바 "대안은 무수히 많다(TATA : There are thousands of alternative)"는 식의 주장적 저항들이 등장하는 것을 보더라도, 대안 부재에서 연유하는 지배의 동의 기반 자체가 항구적인 것이 아님을 알 수 있다.

특수적 이해가 보편화되는 과정을 통해 확보된 지배의 동의 기반 자체는 상당한 지속성을 갖는 것이기는 하다. 그러나 이 경우에도 보편화된 이해가 '주어진' 것으로 받아들여지면서, 그것이 지배의 동의 기반을 지속시켜주는 것으로 작용하지 않게 되는 경우가 많다. 더구나 지배 블록의 양보·타협·희생을 통해 확보된 지배의 동의 기반도 양보·타협·희생이 철회될 경우 균열 가능성을 갖게 된다. 다음으로 지배의 동의 기반을 확장하는 필요조건으로서 물적 토대라는 것도 불안정성과 변동에 의해 본질적으로 불안정성을 내포한다고 할 수 있다. 더구나 물적 토대는 그 자체가 충분조건은 아니기 때문에 지배가 갖는 본질적인 '불안정한 균형'을 벗어날 수 없다. 더구나 물적 토대는 그 자체가 변화하면서(예컨대 경제 성장 같은 경우) 새로운 모순을 잉태하는 방식으로 지배의 위기를 조성하게 된다. 이때 이러한 새로운 위기적 요소를 포괄하는 새로운 동의 구성 전략을 구사해야 하고, 그렇지 못할 때 지배의 균열이 나타나게 된다.

(4) '지배의 전통화'와 '민중의 주체화'

지배와 저항의 각축 과정에서 지배의 동의 기반을 결정하는 거시 역사적 변수로서 나는 지배의 전통화와 민중의 주체화를 주목한다.

ㄱ. 지배의 전통화, 과거의 전통화와 현재의 전통화

먼저 지배의 구성을 이야기했을 때 그것은 매 순간 재구성되는 것이지만, 한 시기의 지배 구성이 성공적으로 진행되어 강압적 동의의 영역에 존재하고, 그것이 지속되어 역사적 현상이 되는 경우 우리는 '지배의 전통화traditionalization of domination'를 이야기할 수 있다. 특정 시기 지배의 구성 요소——왕이라든가——자체가 '전통'의 범주에 들어갈 때 지배의 동의 기반은 전통이라는 이름으로 확보된다. 베버가 이야기한 '전통적 지배'란 지배가 전통이 됨으로써 지배의 정당성이——현재 인간들에게 '당연한 것으로 주어지는given'——전통 속에서 구해지는 것을 의미한다. 그러나 베버의 지배 유형 구분에서 보듯, 전통적 지배는 합리적이고 합법적인 현대적 지배로 전환된다.[12] 그러나 현대적 지배 자체에도 전통적 지배가 내재화된 요소로 존재한다고 할 수 있다. 엄밀하게는 전통적 지배의 요소를 갖지 않는 현대적 지배는 없다고 할 수

---

12) 막스 베버, 《경제와 사회 (1)》, 박성환 옮김(문학과지성사, 1997), 4장.

있다.

이런 전제 위에서 우리는 현대적 맥락에서 '전통화한 지배tradi-tionalized domination'와 전통화하지 않은 지배를 구별할 수 있다. 전자의 경우 지배의 동의 기반을 현재적으로 구성함에 있어 과거의 전통이라는 이름으로 '먹고 들어가는' 영역이 있음을 의미한다.[13] 지배를 둘러싼 지배 세력과 저항 세력의 구성적 각축 과정에서 과거의 지배가 '단절'되었는가 '연속'되었는가 하는 것은 중요한 의미를 갖는다. 특별히 전근대에서 근대로 이행하면서 과거의 지배 전통이 단절된 경우와 연속된 경우는 현재적 맥락에서 지배에 대한 동의의 폭에 결정적으로 작용한다. 이러한 지배의 연속이나 단절 때문에 개별 나라들에서는 근대적 체제가 다양하게 귀결된다. 예컨대 입헌군주제를 유지하는 나라도 있고 완전한 공화제 형태를 도입한 나라도 있다. 같은 입헌군주제라 하더라도 태국 같은 경우 인근 나라들이 모두 식민지화되는 와중에서도 독립을 유지했는데 이는 군주제의 일정한 동의 기반을 광범하게 유지시킨 결과다. 그래서 태국에서는 왕이 가장 존경받는 인물이 되는 역설이 성립한다. 인도에서 네루와 간디 가문의 경우도 생각해보라.

ㄴ. 민중의 주체화

거시 역사적 측면에서 지배의 동의 기반을 결정하는 변수로는 민중의 주체화self-empowerment of people를 들 수 있다. 나는 지배 전략과 저항 전략 자체의 효과 여부에도 불구하고 지배와 저항의 관계에서 민중의 주체화가 진전된다는 것을 거시적 흐름으

---

13) 여기서 전통화는 피터 버거가 말한 사회 구성 과정에서의 침전화sedimentation와 유사한 의미다. P. Berger · T. Lickmann, 《실재(實在)의 사회적 구성 *The Social Construction of Reality*》(London : Allen Lane, 1967).

로 지적할 수 있다. 지배를 바라보는 민중의 시각이 비판적이 되고, 민중들 자신의 권리 의식이나 생존권 의식이 성장하게 됨으로써 지배 구성에서 강압과 동의의 상호 관계는 변화한다. 예컨대 이전에는 '주어진' 것으로 받아들이던 권위가 새롭게 의식 발전을 경험한 민중에게는 비판적으로 인식된다. 이러한 민중의 주체화 과정에는 유기적 지식인의 역할도 있을 것이고 전위적 인자들의 헌신적 투쟁도 있을 것이다. 강압적 폭력에서 발생하는 희생이 민중의 주체화를 촉진시키는 경우도 있다. 예컨대 동의 기반을 확장하기 위해 전두환 정권이 '유화 조치' 같은 정책을 취하더라도 반독재 운동을 통해 대중의 의식이 높아졌기 때문에 그러한 정책들이 비판적 저항 의식을 약화시키지 못하게 되는 것이다.

(5) 동의 구성 전략의 작위성과 부작용

다음으로 동의 창출의 구성적 실천, 그 목적의식적 형태인 '동원'에서 왕왕 '작위성(作爲性)'이 강화되고, 그것이 대중에게 노정되면서 역으로 민중의 주체화를 가속화시킬 수도 있다. 동의의 구성 전략이 대중에게 작위적으로 인식되는 경우, 역으로 동의를 축소하는 방향으로 동의와 강압의 경계를 변화시키게 된다. 이는 구성 전략을 추진하는 지배 블록이 자신의 정치적 안정성을 제고하기 위해 특정 구성 전략이나 동원 전략(정책이나 혹은 새마을운동 같은 동원적 운동)을 더욱 정치적으로 긴밀하게 연결시키는 경우와 구성 전략의 '정치화'가 나타나게 되는 경우에 많이 나타난다. 앞서 동의 창출을 대중의 인식 지형을 제약하는 방식으로 '간접적으로' 수행하는 경우와 달리, 더 '직접적'인 정치적 지지로 연결시키려는 시도 같은 것들이다. 특별히 한 정권이 정치적 위기에 직면하는 경우 위기 만회 전략으로 그러한 정치화 혹은 정략화를 시도하게 된다. 그러나 이는 장기적 관점에서 동의 기반의 창출 효과를 약화시키고 지배의 동의 기반을 오히려 축소시키는 것으로 나타나는 경우가 많다. 새마을운동 같은 동원 전략이 초기에는 일정한 동의 기반을 가졌으나, 지배의 위기를 보완하기 위해 정치적 목적과 동원 전략을 결합시키면서 동원(혹은 넓은 의미에서 동의 확장을 위한 구성적 실천)의 정략성, 작위성이 오히려 역효과를 가져온 데서 그 예를 찾을 수 있다.

지배의 전통화가 지배의 동의 기반을 확장하는 방향으로 작용한다면, 민중의 주체화는 지배의 동의 기반을 축소하는 방향으로 작용한다. 또한 지배의 전통화가 지배의 특정 성격을 '비(非)의문'의 영역으로 넣는 것을 의미한다면, 저항 전략은 전통화한 지배에 의문을 제기하는 것이다. 그래서 '먹고 들어가는' 지배의 동의 기반을 '해체'한다고 할 수 있다. 민중의 주체화 과정은 바로 이러한 전통화한 지배의 동의 효과를 해체하려는 저항 전략을 훨씬 용이하게 한다고 할 수 있다. 지배의 구성을 둘러싼 지배 블록과 저항 블록의 현재적 각축 과정은 바로 이처럼 거시 역사적인 두 가지 흐름——지배의 전통화와 민중의 주체화——에 의해 규정되면서 전개된다고 말할 수 있다.

4. 한국 현대사 분석

이제 이상과 같은 논의 위에서 해방 이후 한국 현대사 과정을 검토해보기로 하겠다.

(1) 전후 한국 사회 지배 구성의 역사적 조건

1960년대 이후 박정희 체제의 성격을 지배 구성적 관점에서 분석함에 있어 두 가지 전제적 논의를 하고자 한다. 하나는 한국의 포스트–식민지적 지배는 '전통화한 지배'의 단절이라는 조건 속에서 구성되었다는 점이다. 한국은 전근대 사회에서 근대 사회로 이행하는 과정에서 전통적 지배의 철저한 단절이 이루어졌다. 조선 왕조 권력은 식민지 지배로 이행하면서 그 연속성이 단절되었고(주지하다시피 3 · 1운동은 왕조적 전통의 단절이자 아래로부터의 공화주의적 전통의 지배화를 의미한다),[14] 더 나아가 식민지 시기에서 포스트–식민지 시기로 이행하면서 역시 철저한 단절을 경험한 '예외적인' 나라다. 즉 과거 지배의 자원으로 작용하던 유교적 전통이나 왕조 사관 등이 식민지 시기를 거치면서 현저히 약화되었고, 해방 이후 신생 독립국의 지배 세력은 자신의 정당성과 지배의 동의 기반을 새롭게 구축하지 않으면 안 되는 조건에 놓여 있었다. 많은 나라에서 식민지 체제로의 이행이나 넓은 의미에서 근대로의 이행 과정에서 전통, 그 일부로서 전통적 지배가 어떤 형태로든 살아남아 포스트–식민지적 지형을 규정하고 있다는 점을 고려할 때, 한국은 대단히 '예외적인' 경우라고 할 것이다. 비록 과거 왕조와 같은 상층 구조적 지배 구조는 파괴되더라도 그 지배를 정당화했던 종교, 이데올로기, 신화, 인종 의식 등 다양한 자원들은 존재하는 것이 보통인데——더구나 전통적 지배가 상당 부분 종교적 · 민족적 · 인종적 관념들과 그 유제(遺制)들로 구성되어 있는 점을 감안하면——한국은 그러한 관념들과 유제의 영향이 대단히 적은 나라라고 할 수 있다. 특별히 전통적 지배의 종교적

---

14) 3 · 1운동에서 왕정 복고적 지향이 주변화되는 것을 의미한다.

기반들이 붕괴하면서 종교의 다원화가 정착되었다고 하는 점도 전통적 지배가 단절되는 데 일조했다고 생각한다. 그런 점에서 해방 이후 남한 사회는 '지배의 전통의 단절' 위에서 새롭게 지배의 기반을 구축해야 하는 '신생(新生)' 지배의 성격을 띠고 있었다고 할 수 있다. 이 점은 현재의 지배 구성에서 '전통화한 지배'의 기반이 대단히 작기 때문에 신생 지배의 동의 기반 자체가 취약할 수밖에 없다는 것을 시사한다. 여기서 과거 전통적 지배와 얼마만큼 단절적으로 혹은 얼마만큼 연속적으로 지배가 재구축되느냐 하는 것이 새로운 지배의 동의 기반을 결정하는 중요한 근거가 된다. 물론 전통화한 지배의 단절이라는 조건이 신생 지배의 동의 기반을 구축하는 데 훨씬 불리한 조건이라는 것은 말할 필요도 없다.

한국의 경우 전통적 지배와 상당히 단절된 형태로 새로운 지배가 구축되어간 유형으로 파악할 수 있다. 한국전쟁 이후 일련의 정치 변동 과정이 대단히 역동적인 것은, 역설적으로 어느 하나의 지배 권력이 안정적 동의 기반을 확보하지 못했음을 반증한다. 특별히 근대적 지배는 합리적·합법적 절차에 의해 지배의 동의 기반을 확보해야 하는데, '전제에 속하는' 영역들이 크게 존재하지 않는 상태에서 지배의 동의 기반을 구성해야 하기 때문에 지배의 안정적 동의 기반을 구축하기란 대단히 어려웠다는 것이다. 그런 점에서 한국에서는 포스트—식민 지배의 동의 기반 자체가 취약한 채로 출발했다는 점이 강조되어야 한다. 이것은 역설적으로 한국 정치 체제의 불안정, 한국 사회 운동의 전투성과 역동성을 설명하는 요인이기도 하다.[15] 이런 점에서 박정희 시대를 분석하는 많은 논

15) 우리에게 한국 사회 운동의 전투성과 역동성은——물론 이것이 약화되고 있지만——'당연한' 것으로 인식되고 있다. 그러나 비교사회적 견지에서 보면 왜 한국의 사회 운동은 지속적으로 전투적일 수 있는가라고 물어야 한다. 이에 대한 여러 해답 중 하나가

의들이 그 자체에만 한정하여 분석함으로써 박정희 정권에 대한 지지가 있었느냐 없었느냐의 차원에서 분석하는 것은 대단히 왜소한 분석이라고 할 수 있다.

다음으로 지배 동의 기반을 분석함에 있어 고려해야 할 중요한 전제적 논의는, 한국에는——비교사회적 견지에서——역사적 · 언어적 · 인종적 · 문화적 동질성으로 인해 강력한 평등주의적 전통이 존재한다는 것이다. 이것은 첫 번째 요인의 결과이기도 하고 이 자체가 하나의 별도 요인이기도 하다. 많은 아시아 사회를 보면 종교적 · 문화적 · 인종적 이질성이 강고하게 존재하고 이것이 어떤 형태로든 현존하는 계급계층적 위계화(예컨대 인도의 카스트)를 정당화하는 계기로 작동하는데, 한국에서는 강력한 평등주의적 지향이 존재하고 있다. '사촌이 논을 사면 배 아프다'는 속담은 자조적으로 사용되기는 하지만, 이것은 한국 사회의 강력한 평등주의를 시사하는 것이기도 하다. 물론 동질성이라는 요인이 반드시 평등주의적 지향으로 자리 잡아야 하는 인과적 요인은 없다. 그것이 불평등주의적 지향으로 결합될 가능성도 논리적으로는 배제할 수 없다. 그러나 한국의 경우 결과적 관점에서 볼 때 강력한 평등주의적 전통이 존재하고, 이는 지배의 동의 기반을 축소하는 요인으로 작용했다고 생각한다.

이러한 전제 위에서 박정희 지배 체제의 성격을 분석하는 나의 관점을 분명히 드러내는 것이 좋겠다. 박정희 지배 체제의 성격 역시 이러한 전통화한 지배와 평등주의적 전통 때문에 지배의 동의 기반이 취약했다는 점이다. 앞서 지적한 대로 지배의 전통이 단절

바로 전통화한 지배의 단절과 그 결과로서 포스트-식민지 지배의 근원적 불안정을 들 수 있다.

된 상태에서 포스트-식민지적 지배의 동의 기반이 재구축되어야
하는데――바로 그 이유 때문에――포스트-식민지적 지배 권력이
안정적 동의 기반을 향유한 적이 없었고 민족적·인종적 동질성
에 기인하는 강력한 평등주의적 전통(이것 자체가 지배의 단절을
반영하는 것이기도 하다)의 영향으로 박정희 지배 체제의 동의 자
원이 대단히 적었다는 것이다.

　이런 역사적 조건에서 박정희 정권은 '선방(善防)'했다고 표현
함이 적절할 것이다. 적극적 동의를 광범위하게 창출함으로써 정
권을 안정적으로 유지했다기보다는, 포스트-식민지 지배 자체의
원천적 불안정과 자신의 정치적 정당성 부재 등으로 대단히 큰 정
치적 위기 속에서 지배를 유지해야 했음에도 불구하고 반공주의
적 동원과 개발주의적 동원을 통해 그나마 잘 '버텼다'고 보는 것
이 나의 기본적인 해석이다.[16]

　이는 박정희 신드롬 같은 유제적 현상에 기대어 박정희 지배 체
제의 동의 기반을 '과잉 인식'하는 것이 적절하지 않음을 의미한
다. 일상사론이나 대중독재론의 경우에도 박정희 시대의 현실에
대한 전제적 인식에 문제가 있다는 점은 앞서 지적한 바 있다. 박
정희 시대는 정치적 위기의 연속 상황 속에서, 후술하는 바와 같은
반공주의적·개발주의적 동원으로 지배에 대한 동의를 부단히 창
출하기 위해 노력했고, 그것으로 그나마 정권을 유지할 수 있었
다. 그러나 그 과정에서의 작위성이 역으로 후술하는 바와 같이 정

---

16) 이와 관련하여 이병천은 "개발독재의 정당성을 일회적으로 주어진 확정된 정당성
이 아니라 잠정적이고 불안정한 정당성, 역사적 과정 속에서 부단히 시험받는 '쟁투적
정당성contestable legitimacy'으로 파악하는 것이 결정적으로 중요하다"고 말한다. 이병
천, 〈총론 : 개발독재의 정치경제학과 한국의 경험〉, 《개발독재와 박정희 시대》(창작과
비평사, 2003), 39쪽.

권의 위기를 가속화하고, 그 결과 박정희 체제가 막을 내리게 되었다. 박정희 시대 18년 동안 위수령과 계엄령 같은 강압적 수단이 동원된 해를 보면(〈표 1〉 참조) 1963년, 1967년, 1969년, 1972년, 1974년, 1975~1979년의 전 기간이 정치적 저항과 강압적 통제의 연속이었음을 엿볼 수 있다. 이는 통상적인 공권력, 즉 경찰력 등이 아닌 군대와 같은 예외적 공권력을 활용한 시기를 말해주는 것이기도 하다. 이처럼 18년에 걸쳐 국가 강압력의 최후 보루인 군대를 '일상적'으로 사용하는 체제에 대해 우리는 동의를 말하고 있다. 물론 나는 임지현의 지적대로 동의를 말할 수 있다고 생각한다. 그러나 그 상태를 히틀러 체제하의 대중 동의나, 정권에 대한

〈표 1〉 박정희 지배하의 강압적 조치 시행 연도와 내용

연도	조치
1961. 5	군사쿠테타
1961. 5 ~ 1962. 12	비상계엄
1963. 10	전국 비상계엄령
1964. 6	비상계엄(6 · 3사태)
1965. 8	서울 위수령
1971	교련 반대 시위 및 대학 휴업령
1971. 10	서울 위수령. 10개 대학에 무장군인 진주
1971. 12	국가비상사태 선포
1972. 10	10월 유신 선포. 전국 비상계엄
1974	긴급조치 1호와 4호 선포
1975 ~ 1979	긴급조치 9호
1979. 10	부산 비상계엄 및 마산 · 창원 위수령
1979. 10. 26	박정희 시해사건

자발적 지지가 폭넓게 존재한 다른 사례처럼 인식해서는 안 될 것이다.

나아가 박정희 체제의 유산이 지배의 전통, 전통화한 지배의 요소로 정착한 것이 거의 없다는 점에서도 나의 이러한 분석은 보강될 수 있다. 박정희 신드롬 같은 '향수'로 부활하고 있을 뿐, 박정희 지배의 정치적 유산이 지배의 전통이 되어 포스트-박정희 세력의 동의 기반을 구성하는 예는 없기 때문이다.

그러면 박정희 체제의 성격을 지배에 대한 이론적 논의 위에서 어떻게 개념화하고 분석할 것인가. 나는 1950년대 체제는 반공 동원 체제로, 1960년대 이후 박정희 체제는 '권위주의적 반공·개발 동원 체제'로 개념화하고자 한다. 물론 1950년대의 지배 블록은 반공 블록의 성격을 갖고, 1960년대 이후 지배 블록은 반공·개발 블록의 성격을 갖는다고 볼 수 있다. 1960년대 이후 반공·개발 동원 체제는 1950년대 지배 블록인 반공 블록의 형성과 내전 종결에 따른 독특한 반공 동원 체제 위에서 그것을 계승·혁신하는 방식으로 성립되었다고 본다. 1960년대 이후 권위주의적 반공·개발 동원 체제는 한편에서 1950년대 이후의 반공주의적 조건을 계승하고 체계화하고 증폭하면서, 다른 한편에서 새롭게 개발주의적 동원을 하게 되고 그것을 통해 지배의 동의 기반을 확충하려는 노력을 하게 된다고 파악한다.

여기서 1950년대 체제와 1960년대 이후 체제를 동원 체제로 파악하는 것은 일반적 지배 블록과 저항 블록 간에 지배의 동의 기반을 둘러싼 구성적 실천이 전개되는 통상적 국면이 아니라, 지배의 기반이 취약한 상황에서 또 내전 이후 상황이라는 독특한 조건 위에서 지배의 동의 기반을 구성·확대하기 위해 대단히 목적의식적인 강력한 전략적 실천, 즉 동원 전략이 구사되는 체제라고 생각하기 때문이다. 1950년대 체제와 1960년대 이후 체제가 모두 대단히 예외 국가적 성격을 갖고 있고, 그만큼 지배 블록에 의한 목적의식적 동원이 강하게 나타나는 임시 동원 체제적 성격을 강하게 갖고 있었다고 생각한다. 사실 1950년대 반공 동원 체제가 내전 이후 준(準)전시 체제로 운영되고 있었다면, 1960년대 이후 박정희 체제는 의사(擬似) 전시 체제적 성격을 갖는다고 생각한다.[17] 즉 1950년대 체제는 휴전 상태에서 북진 통일론이 제기되는 등 전쟁의 긴박성과 대결성이 상존하는 체제였다고 할 수 있다. 그러나 1960년대 박정희 체제는 이러한 긴박성과 대결성이 일상성으로 전환되고 있고, 지배 블록의 독특한 동원 목적 때문에 의사 전시 상태를 가정한 국가 운영이 이루어지던 체제라고 할 수 있다. 이런 점에서 보면 1950년대 체제와 1960년대 박정희 체제는 '예외 국가'적 성격을 띠고 있고, 그런 속에서 준전시 혹은 의사 전시적 동원 체제라는 차이를 갖고 있다고 판단된다.

(2) 1950년대 반공 동원 체제의 성격

먼저 1950년대 반공 동원 체제의 형성과 성격에 대해 살펴보자. 앞서 동원이란 적극적으로 지배의 동의 기반을 구성하기 위한 지배 블록의 전략이라고 규정했다. 이런 점에서 반공 동원은 지배의

---

17) 나는 제솝이 사용하는 서구의 케인스주의적 복지국가Keynsian welfare state나 신자유주의적 국가(슘페터주의적 근로국가)라는 개념과 구별하여(Bob Jessop, 〈포스트 포디즘으로의 이해와 슘페터적인 근로국가The transition to post-Fordism and the Schumpeterian workfare state〉, R. Burrows · B. Loader (eds.), 《포스트 포디즘적인 복지국가를 향하여?*Towards a Post-Fordist Welfare State?*〉(London : Routledge, 1994)〕, 리스트주의적 준전시 국가Listian warfare state라는 표현을 사용한다. 조희연, 〈동아시아 자본주의발전과 국가변화 : 분석을 위한 이론적 모형 구성〉, 김대환 · 조희연 엮음, 《동아시아 경제변화와 국가의 역할전환》(한울아카데미, 2004), 100~103쪽.

전통이 단절된 조건에서 포스트-식민지적 상황과 내전 이후 상황에서 지배의 동의 기반을 확장하기 위한 목적의식적 전략으로서 위치한다. 이런 의미에서 1950년대에는 지배의 동의 기반을 구성하기 위한 강력한 자원으로서 내전의 상처로 존재하는 '원초적 반공' 의식이 존재했다. 이 원초적 동의의 자원을 적극 활용하면서 1950년대 지배 블록은 반공주의적 동원을 조직하게 된다.

적나라한 전면전으로 전개된 내전 이후 ① 남한 사회에서는 지배(지배적 담론 포함)에 저항할 수 있는 일체의 조직적 세력이 소멸했고, ② 내전의 결과 생존한 남한 체제에 도전하는 일체의 세력에 대해서는 이른바 백색 테러리즘white terrorism이라는 가혹한 폭력이 가해졌으며, ③ 그 결과 반공주의에 대한 일체의 공개적 저항이 불가능해졌다고 평가된다. 이것은 지배 블록에게는 극단적으로 좋은 조건이지만, 저항 블록에게는 극단적으로 불리한 조건이라고 할 수 있다. 반공을 표방하지 않는 한 어떤 사회 조직도 공적인 저항을 하는 것이 거의 불가능한 상황이 조성되었다. 이는 전통화한 지배에서 단절되어 새롭게 지배를 구성해야 하는 새로운 지배 블록에게는 동의 기반을 재구축하는 데 더없이 좋은 조건이라고 할 수 있다. 이런 점에서 해방 이후 새로운 지배 블록은 반공 블록으로 스스로 정렬화해가면서 내전이라는 처절한 경험과 기억을 반공주의로 재구성하여 지배의 동의 기반을 확대하고자 노력하게 된다. 여기서 반공(정확하게는 반북)은 국민적 의사 동의 혹은 합의처럼 존재하고, 반공주의를 통해 국민을 규율하고 통제하는 상황이 되었다. 즉 '반공 규율 사회'[18]적 상황이 된 것이다.

---

18) 이러한 사회 구성을 나는 반공 규율 사회로 개념화한다. 이런 점에서 1950년대 남한 사회는 '반공 규율 사회'로 표현될 수 있다. 반공(혹은 반북)이 국민적 의사(擬似) 동의처럼 존재하고 반공주의가 국민들이 규율되고 통제되는 가장 기본적인 이데올로기가

여기서 우리는 1950년대 반공주의의 폭력성과 '의사' 합의에 가까운 것으로 평가되는 반공주의의 성격과 1950년대 백색 테러리즘에 가까운 폭력적 상황을 어떻게 종합적으로 판단할 것인가 하는 쟁점을 제기해볼 수 있다. 앞에서 말한 이론적 논의의 연장선에서 분석해보도록 하자.

앞서 지배가 강압과 동의의 복합적 구성물이라고 할 때 그 관계는 제로섬이 아니라고 지적했다. 그런 점에서 1950년대 반공주의는 대단히 강압적이었고 때로 폭력적 강압의 성격을 지녔다고 할 수 있다. 아무도 폭력적 강압에 저항할 수 없었고 폭력적 강압을 전면화할 필요도 없는 상황이었을 뿐, 폭력적 강압이 부재한 시기는 아니었다. 사실 내전 이후 우익적 공동체로 전화되고 우익 아닌 사람들도 우익으로 위장하지 않으면 생존할 수 없는 상황, 좌익일 가능성만 있어도 죽임을 당하거나 극단적 형벌을 각오해야 하는 상황은 대단히 폭력적 강압이 작동하는 체제라고 규정해야 한다. 그런 점에서 내전 이후 1950년대 상황은 적나라한 원초적 공포의 시대였다고 할 수 있다. 조금이라도 친북적 성격을 갖는 개인, 집단, 이념에 대해서는 가혹한 폭력적 강압이 주어졌다. 제1야당 당수가 '친북적' 연계를 가졌다는 이유로 사형을 당하는 공포의 시대였다. 예컨대 '좌익적' 입장에서 저항적 행위를 하는 경우 그 처벌의 가혹성을 고려한다면 이때의 지배는 반공에 관한 한 극단적 폭력 체제였다고 규정해야 할 것이다. 실제 한국전쟁 전후 군부의 규모와 군사적 억압력의 규모가 8만에서 50만 명으로 변화한 것을 연상해보자. 그렇다면 이러한 성격의 강압에 기초한 1950년대 지

___

되는 사회라고 할 수 있다〔조희연, 《한국의 국가 · 민주주의 · 정치변동》(당대, 1998), 제
2장〕. 반공주의에 대해서는 김정훈, 〈한국전쟁과 담론정치〉, 《경제와 사회》 20호(2000)
참조.

배에 대한 동의의 정도는 어떠했을까. 공포로 인해 일체 반대할 수 없는 상황, 반공에 대한 일체의 저항이 없는 상황, 즉 강압이 두드러진 상황에 대해 우리는 동의를 말할 수 있겠는가 하는 물음을 갖게 된다.

앞서의 개념적 논의를 전제로 하여, 나는 이를 강압에 대한 일정한 수동적 동의가 존재했다고 평가할 수 있다고 본다. 강압과 동의를 상호 배제적인 것으로 파악한다면 이런 논의 자체가 불가능하지만, 앞서 지적한 바와 같이 강압이 어떻게 동의 구성과 결합되느냐에 따라 극단적 강압과 동의의 통합적 인식이 가능하다고 생각한다.

나는 1950년대는 내전 이후 상황에서 반공주의적 지배에 대한 수동적 동의가 존재했다고 평가한다. 1950년대는 능동적 동의가 존재했던 체제라기보다 내전의 공포로 인해 일체의 공적 저항이 불가능했던 조건에서 나타났던——강압적 '동의'가 아니라——동의적 '강압'의 현 실태였다고 생각한다. 이렇듯 능동적 동의로 발전할 수 없었던 것은 반공주의가 그 자체에 내적 모순을 갖고 있었기 때문이다. 반공이 민족 공동체의 다른 일방을 적대시하는 지향이라고 할 때 그 속에는 민족주의적 딜레마가 존재하고 있기 때문이다. 즉 동일한 민족이 단일한 민족국가를 이루면서 사는 근대적 가치 지향에서 볼 때, 민족의 다른 일방을 적대시하는 것은 민족주의적 긴장을 내장하는 것이었다. 북을 적대시하지만, 단일 국가를 이룩하기 위한 통일의 과제가 민족주의적 정서 속에서 존재함으로써, 반공은 그 자체가 내적 모순을 내포하고 있었다고 할 수 있다. 물론 당시에는 이러한 내적 긴장이 전혀 표면화될 수 없었으나, 반공이 수동적 동의를 넘어 능동적 동의로 가는 것을 저해했다고 생각한다.

1950년대 말까지 내전 이후의 반공 동원 체제는 준전시적 임시 동원 체제로 존재했다고 할 수 있다. 사실 이것이 어떠한 지속적인 내적 체제로 구조화하느냐를 둘러싼 투쟁이 4·19혁명이자 5·16 군사쿠데타였다고 할 수 있다. 일종의 임시 체제에서 '정규' 체제로의 전환을 둘러싼 갈등이라고 할까.

(3) 1960년대 권위주의적 반공·개발 동원 체제와 강압 및 동의

앞서 나는 1960년대 박정희 체제를 권위주의적 반공·개발 동원 체제라고 규정했다. 왜냐하면 1950년대 반공주의적 동원을 계승하면서 그것을 근대적 개발주의와 결합하는 방식으로 지배의 동의 기반을 확충하기 위한 전략을 구사했기 때문이다. 그렇다면 1950년대 반공 동원 체제가 1960년대[19]의 권위주의적 반공·개발 동원 체제로 전환되면서 지배의 동의 기반은 어떻게 변화하게 되는가.

먼저 박정희 지배 체제 초기 단계의 동의 문제를 다루어보자. 박정희 세력의 '권력 형성'[20]의 취약성은 박정희 지배 체제의 동의 기반을 줄곧 근본적으로 제약했다고 할 수 있다. 쿠데타로 집권한 군부 세력은 비록 민정 이양을 통해 선거로 집권하기는 했지만 ——부정 선거 시비 등은 차치하고——집권의 정당성이 취약했기

---

19) 1960년대의 전반적인 변화에 대해서는 한국정신문화연구원 엮음, 《1960년대 정치사회변동》(백산서당, 1999)을, 1960~1970년대의 기본 정보를 위해서는 김인걸, 《한국현대사강의》(돌베개, 1998)를, 박정희 시대의 경제적·정치사회적 변동에 대해서는 이병천, 《개발독재와 박정희 시대》를 참조.

20) 강정구는 권력 뿌리 정당성, 권력 창출 정당성, 권력 행사 정당성으로 나누고 있다〔〈역대 정권의 정통성과 정당성〉, 《역사비평》(1996년 겨울)〕. 강정구가 이야기하는 것처럼 권력의 정당성이 갖는 여러 기준 중에서 권력 형성의 취약성은 지배의 동의 기반의 취약함이 가장 결정적인 요소임을 알 수 있다. 이것은 반대로 저항 진영이 지배의 동의 기반을 공격하는 데도 대단히 용이하다.

때문에 어떻게 지배의 동의를 확충할 것인가 하는 점이 지속적인 과제로 존재했다.

ㄱ. 반공주의적 동원을 통한 동의 기반의 확충

이러한 취약한 동의 기반을 보완하기 위한 구성적 실천은 어떤 방향으로 나타났는가. 먼저 군부 세력은 새로운 지배의 동의 기반을 1950년대 반공주의를 계승하고 그것을 증폭시키는 방식을 통해 확보하고자 했다. 이는 5·16군사쿠데타에서 제1혁명공약이 '안보 강화'였던 데서도 잘 드러난다. 정치적 정당성이 없는 정권으로서는 반공 사수를 지배의 정당성으로 전면화하지 않을 수 없었다.

이러한 전략이 일정 부분 지배의 새로운 동의 기반을 확충하는 방향으로 나타난 것은 4·19혁명 이후 '진보적 기획'의 실험이 있었기 때문이다. 앞서 서술했듯이 보수적 기획의 동의 기반 확장은 진보적 기획의 '실패'를 전제로 한다. 물론 여기서 '실패'란 적절하지 않을 수 있다. 오히려 4·19혁명 이후의 상황을 '혼란'으로 규정하는 군부 세력의 구성적 실천이 일정하게 대중적으로 수용되었다고 표현함이 적절할 것이다. 물론 이것은 대중의 자연적 인식 자체에만 기인하는 것은 아니었다. 지배 블록의 적극적인 동원 시도가 작용했다. 즉 군부 세력은 4·19혁명 이후 '혼란'을 부각시키면서 자신들을 안보의 적극적 수호자로 이미지화하고자 했다. 이는 과거의——자기 식으로——적극적인 재해석을 통한 지배의 동의 기반 창출 시도라고 할 수 있다. 즉 5·16쿠데타 이후 박정희 세력은 4·19혁명 후의 다양한 욕구의 분출을 혼란이자 안보 위기로 규정하고 새로운 쿠데타 권력에 대한 동의 기반을 구성하기 위해 노력하게 된다. 1980년 신군부 정권의 등장 때도 그러했듯이 적극적으로 과거를 재규정하고 그에 따라 새로운 지배의 동의 기반을 창출하려는 시도가 나타나게 된다. 4·19혁명 이후 1년 동안의 상황, 그에 대한 대중의 우려를 반동적 방향으로 맞추어 재규정하는 방식으로 자신들의 지배 동의를 창출하고자 했다. 파시즘 출현의 일반적 조건과 비교해본다면 경제 위기와 불황, 정치 체제의 불안정, 경제 위기 속에서의 실업 및 일자리 축소, 생활 조건의 하락 같은 상황이 조성되고, 여기에 진보적 실험이 '실패'한 상황에서, 대중들은 보수적 기획에 대해 수동적 동의를 하게 되었다고 할 수 있다.

여기에 박정희 과거 이력이 군부 세력을 '민족주의'적 세력으로 오인하게 함으로써 진보적 세력 내부에서조차 그에게 기대하는 상황이 나타났다. 한 예로 박정희 체제에 대해 서울대 학생회가 지지 성명을 냈던 사례를 들 수 있다. 이는 군부가 새로운 지배 세력으로서 자신의 민족주의적 요구를 접합하는 방식으로 지배의 동의 기반을 재구성할 가능성을 시사하는 것이기도 하다.

그러나 1960년대의 반공주의는 이미 4·19혁명 경험의 흔적이 남아 있고, 앞서 지적한 바와 같이 북을 적대시하는 것과 대립하는 통일을 지향하는 민족주의적 지향이 공존하고 있었기 때문에 반공주의가 능동적 동의로 전화되기 어려웠다고 생각한다. 단지 1968년 1·21사태나 뒤이은 남북 간의 적대적 충돌은 1950년대 내전 이후의 원초적 반공 의식을 구세대들에게 강렬하게 고양시키고, 전후 세대들에게 이념화된 반공을 주입시킬 수 있는 좋은 계기를 제공했다. 남북 간의 '적대적 공생'이라는 표현에서 나타나는 바와 같이, 이 시기 남북 간의 충돌과 적대는 양 체제의 내적 모순과 긴장을 역으로 통제하고 규율하는 계기로 작용했다고 할 수 있다.

물론 반공주의적 동원에서는 강압이 중요한 기제로 작용했다. 1960년대 후반부터 박정희 체제가 향토예비군을 창설한다거나 (1968년 4월 1일), 고교 이상 각급 학교에서 군사 훈련을 시키기로 하는[21] 것 등이 대표적 예라고 할 수 있다.[22] 1960년대 말이 되면서 박정희 체제는 전 사회적으로 반공주의적 동원이 가능한 제도적 조건을 강화해갔다. 특히 1968년 1·21사태 발생 이후 국민들의 경각심을 반공주의적 동원의 제도적 장치를 완성해가는 수단으로 삼았다고 본다.[23] 이러한 제도적 수단을 활용하면서 이루어지는 1960년대 반공주의를 통한 동의의 창출은 1950년대와 같은 수동적 동의의 범주를 넘지 않았다고 판단된다.

ㄴ. 개발주의적 동원을 통한 수동적 동의의 능동화 시도

1960년대 박정희 세력의 지배에 대한 동의를 확충하기 위한 전략은 '근대적' 개발주의를 활용하고자 하는 전략으로 나타났다. 새롭게 개발주의를 전면화하고 동시에 그것을 이전의 반공주의적 동의 기반과 결합함으로써 지배에 대한 수동적 동의를 능동화하고자 했다. 4·19혁명과 그 이후의 진보적 실험이 '실패'함으로써 새로운 보수적 기획에 대한 군부 세력의 수동적 동의가 조성되었다고 한다면, 박정희 세력은 새로운 개발주의적 비전을 통해 수동적 동의를 능동화하려고 했다는 것이다.

이는 특정 지배 블록의 특수 이해를 당시 사회가 요구하는 진보

---

21) 1969년 11월 29일 계획 발표. 1971년 2월 23일 각의에서 대학 교련을 필수로 하는 교육법 시행령 개정안 의결. 이 결과 광범위한 교련 반대 시위가 나타났다.

22) 1971년 12월부터는 민방위 훈련이 실시되었다.

23) 1968년 8월 24일 통일혁명당 지하 간첩단 사건 역시 이러한 전 사회적인 반공주의적 동원의 계기로 삼는다.

성을 담지하는 방식으로 보편화하는 것이었다. '근대화'라는 것이 포스트–식민지에서 신생 독립국들의 보편적 과제로 인식되고 있는 상황에서 근대화의 과제를 전면화하는 방식으로 지배의 동의 기반을 확장하려 한 노력이었다고 할 수 있다. 전통화된 지배 유산이 없이 '누드 권력'으로 출발한 남한의 지배 권력은 반공주의의 옷을 갈아입었으나 그것의 화려함이 퇴색해가는 시점에, 새롭게 군부 세력이 전면에 나서면서 반공주의의 옷을 다시 채색하고 동시에 개발주의의 화려한 옷을 덧입는 것이라고 표현할 수 있다. 지배 블록이 민중의 요구를 위로부터 담지하는 방식으로 변화가 나타나는 것을 그람시적 의미의 수동 혁명이라고 한다면, 1960년대 개발주의의 전면화는 수동 혁명적 성격을 지니고 있다고 할 수 있다. 박정희 체제의 개발주의적 정책 자체에 대해서는 수동적 동의를 넘어 일정한 능동적 동의가 존재했다고 인정할 수 있다.

여기서 우리는 개발주의의 반공주의 강화 효과를 들지 않을 수 없다. 1950년대의 지배가 반공주의에 기초하여 지배의 동의 기반을 일면적으로 확충하고자 했다면, 1960년대의 지배는 새롭게 개발주의로 동의 기반을 재확충하려는 노력을 하게 된다. 이는 북을 적대시하고 반대하는 반공주의라는 부정적 가치 중심에서 근대화와 잘사는 사회를 성취한다는 적극적인 가치 중심으로 전환함을 의미하는데, 이는 역설적으로 반공주의의 균열을 통제하는 한편 반공주의 효과를 강화하는 측면도 있었다. 1960년대 지배의 '혁신'은 바로 이 지점에 존재한다. 1960년대 박정희 체제는 북한과의 준전시적 대립 관계를 개발주의를 통해 경제 성장을 둘러싼 경제적 경쟁 혹은 경제 전쟁으로 치환할 수 있게 된다. 준전시적 대립의 기조를 유지하면서도 그것을 개발주의적 경제적 대립으로 치환함으로써 반공주의의 동의 효과를 극대화하는 한편, 반공주의의 동력을 개발주의의 동력으로 전환시키는 일석이조의 효과를 거둘 수 있었다. 앞서 1950년대를 준전시 체제라 표현하고 박정희 체제를 의사 전시 체제로 표현한 바 있는데, 이것이 바로 그러한 의미라고 할 수 있다.

여기에 군부 세력은 다양한 방식으로 동의 창출을 위한 전략적 실천들을 행하게 된다. 군부의 이미지를 통치자의 이미지로 전환하기 위한 노력 중에는 군부가 갖는 일사불란과 과단성을 사회 부패 일소와 사회 정화의 과단성으로 이미지화하는 것이다. 5 · 16 이후의 정화 조치는 그 한 예가 된다. 화투 등 투기적 행위에 대한 처벌, 재벌에 대한 제재, 댄스 등 사회문란 행위에 대한 조치, 깡패 제재 등이다. 시민 사회의 자발적 '정화 불능'을 부각시키면서 군부의 물리력을 배경으로 시행한 것이다.

이를 통해 박정희 지배 체제가 본질적으로 지니고 있는 전면화된 강압은 일정하게 정당성을 갖는 것으로 대중에게 인식된다. 군부는 지배의 강압의 핵심이라고 할 수 있는 군사적 물리력을 대표하는 집단이라고 할 때, 군부 세력이 지배 블록의 전면에 나선다는 것은 지배에서 강압이 전면화함을 의미한다. 문제는 1950년대의 폭력적 강압이 반공주의에 의해 '정당성'을 갖는 것으로 인식되었던 것처럼, 1960년대의 군부적 강압은 반공주의와 더불어 새로운 개발주의에 의해 정당성을 갖는 강압으로 인식된다. 이는 1960년대적 강압 지배에 대한 수동적 동의가 존재하게 됨을 의미한다. 적나라한 폭력 정권으로서의 성격을 더욱 잘 보여줄 수 있는 군부 정권이 역설적으로 반공의 보루이자 경제 성장의 '가장 강력한' 추진자로서 이미지를 형성하게 된 것이다. 이는 대단히 역설적이다. 이는 한 지배 블록이 자신의 이미지를 어떻게 지배 자원화하느냐를 보여주는 것이기도 하다.

ㄷ. 동의의 물적 토대

앞서 지배의 동의 기반을 설명하면서 지배의 물적 기초가 중요하다고 지적했다. 박정희 신드롬이 일정한 자기 기반을 갖고 경제적 불황이나 침체기에 계속 재생산되는 것은 어떤 형태로든 경제 개발——자체의 내적 모순에도 불구하고——자체가 결과적 성과를 냈다는 점과 연관된다. 박정희 시대의 경제적 성과라는 것도 사실 결과적 측면에서는 대단한 성공으로 보이지만, 대단한 위기의 연속이었다. 그럼에도 박정희 시대에 권위주의적 리더십이 경제 성장의 한 견인 요인이었다는 것을 부인할 필요는 없다. 단지 그것이 지배에 대한 동의 자체의 필요조건이지 충분조건은 아니라는 점이다. 지배의 동의 기반을 확장하기 위한 구성적 전략에서 경제 성장이나 경제 부흥은 중요한 자원을 이룬다. 그러나 그것은 충분조건이 아니다. 비록 충분조건은 아니었지만, 또한 정치적 위기의 연속이었음에도 불구하고 1960년대 중후반부터 나타나는 경제 성장과 노동 시장을 포함한 시장의 절대적 팽창은 1960년대 박정희 체제가 강압적 지배의 동의 기반을 확충하는 데 유리한 조건으로 작용했다고 할 수 있다.

ㄹ. 1960년대 체제의 성격

전통화된 지배 기반이 취약한 상태에서 1960년대 박정희 세력이 지배의 동의 기반을 확충하기 위한 구성적 실천은 반공주의와 새로운 개발주의를 통해 이루어졌고, 이를 목적의식적으로 강화하기 위해 반공주의적·개발주의적 동원이 시도되었다. 이것이 취약한 지배의 동의 기반을 확충하면서 1960년대 박정희 '체제의 위기' 가능성을 차단하면서 지배를 재생산할 수 있었다. 앞서 나는 임지현이 '도덕적 이원론'으로 표현하는 바의 상태가 아니라 현실에서 지배는 완전한 강압과 완전한 동의로 구성되지 않는다는 점을 지적했다. 지배를 앞서 '동의적 강압'과 '강압적 동의'로 유형화했는데, 이에 따르면 1960년대 박정희 체제는 동의적 강압의 유형으로 볼 수 있다. 동시에 1960년대 박정희 체제하에서는 반공주의에 의한 수동적 동의가 존재했음도 지적했다. 그리고 박정희 지배의 개발주의적 성격에 대한 일정한 능동적 동의가 창출했음도 인정했다. 그러나 박정희 지배 일반에 대한 능동적 동의로 발전하지는 못했다. 박정희 시대는 포스트–식민지 상황에서 과거와 단절된 지배의 전통 위에서 지배를 구성한다는 점에서 신생 지배의 취약성을 갖고 있었는데, 여기에 더하여 권력 형성의 정당성마저 부재했기 때문에 지배에 대한 능동적 동의를 확보할 수는 없었다. 더구나 권력 형성의 정당성 부재가 권력 행사의 정당성을 끊임없이 위협했다. 정당성 없이 형성된 권력이 권력 행사의 정당성을 획득하는 것은——논리적으로는——가능하겠지만, 1960년대 박정희 체제하에서는 실현되지 않았다. 이는 권력 행사의 정당성마저 저항 운동에 의해 끊임없이 도전받았기 때문이다. 이는 박정희 시대는 실질적으로 정치적 위기의 연속이었으며, 폭력적 강압력이 사용되고 그에 대한 저항이 부단히 이어졌다는 점에서 확인된다. 이런 점에서 박정희 시대는 광범위한 동의가 형성된 것으로, 나의 표현으로는 강압적 동의 혹은 전면적 동의가 존재했던 것으로 파악될 수는 없다. 앞서 서술한 바와 같이 박정희 시대에 동의가 있었다고 하는 논의 속에서는 박정희 시대가 폭력적 강압의 시대가 아니었던 것처럼 오인하는 이미지가 만들어지는데, 이는 이론적으로나 현실적으로 타당하지 않다.

(4) 1970년대 반공 · 개발 동원 체제의 균열과 강압 및 동의

1970년대, 특히 1972년 유신 체제 이후 시기는 권위주의적 반공 · 개발 동원 체제의 균열기로서 성격을 갖는다고 할 수 있다.[24] 1960년대 박정희 체제는 (개발주의와 결합된) 반공주의적 동원을 통한 수동적 동의의 유지 재생산, (반공주의와 결합된) 개발주의적 동원을 통한 일정한 능동적 동의의 창출을 통해 지배의 동의 기반을 확충하고자 시도했다. 그러나 이런 시도에도 불구하고 저항 운동의 확산을 막을 수 없었다. 앞서 지적한 대로 전통화된 지배가 부재하고 저항 운동의 역동성이 강력하게 존재하는 상황에서, 반공주의적 · 개발주의적 동원을 통해 이러한 저항 운동의 도전을 통제하면서 지배의 동의 기반을 유지할 수 있었다. 그러나 역설적으로 개발이 동반하는 새로운 모순, 저항 운동의 도전에 따르는 위기의식 등으로 인해 박정희 체제는 1960년대 말 3선 개헌 시도를 거쳐 1972년 박정희 종신 체제로서 유신 체제를 구축하게 된다. 본래 집권 과정에 정당성이 없는 경우 장기 집권을 지속하는 것 자체가 지배의 동의 기반을 현저하게 축소하고, 여타 동원에서도 동의는 축소된다.

이런 동의의 축소를 보완하기 위한 지배 블록의 전략은 강압성을 전면화하는 것이었다. 1970년대는 권위주의적 반공 · 개발 동원 체제가 강압성을 더욱 전면화하면서 반공주의적 동원과 개발주의적 동원을 체계화 · 작위화하는 시기로 파악될 수 있다. 그러나 지배 구성 전략에서 강압의 전면화는 그 정당성이 민중에 의해 수용되지 않을 때 균열이 확대되는 것으로 나타날 수 있다. 1970년

---

24) 1970년대의 전개 과정에 대해서는 강준만, 《한국현대사산책》 1~3권(인물과사상사, 2002) ; 한국정신문화연구원 엮음, 《1970년대 전반기의 정치사회변동》(백산서당, 1999) 참조.

대 박정희 체제는 바로 이러한 악순환을 경험하는 시기로 평가될 수 있다. 또한 박정희 체제가 지배의 동의 기반을 확장하고자 시도 했던 동원 전략도 그 작위성이 노정되면서 역으로 지배의 동의 기반을 축소시키는 것으로 나타났다고 평가된다.

1970년대 유신 체제의 등장은 지배의 강압적 성격과 동의적 성격의 혼합에서 중요한 변화를 촉발하게 된다. 그것은 강압의 전면화 체제였기 때문이다. 반공 체제에서 반공-개발 체제로의 혁신에도 불구하고 1970년대 초를 경과하면서 지배의 위기에 처하게 되는데, 유신 체제의 등장은 바로 강압을 전면화한 지배의 재구성이라고 할 수 있다. 1960년대 박정희 체제의 등장에는 그 강압성을 일정하게 정당한 것으로 인식시킬 수 있는 계기들이 존재했고, 그것이 일정하게 작동했다. 그러나 1972년 박정희 체제의 대전환이 되는 유신 체제에서는 지배의 강압성을 정당화할 수 있는, 즉 정당한 강압으로 인식시킬 수 있는 근거들이 부족했다. 예컨대 1961년 쿠데타의 경우 경제 성장이라는 새로운 동의의 담론이 있었으나, 이때는 혼란 극복, 통일 시대의 준비라는 모호한 담론만이 존재했다.

앞서 서술했듯이 1960년대의 개발주의는 일정한 능동적 동의를 형성했다. 그러나 역설적으로 개발이 일정하게 성취되고 그 모순이 출현하는 상황에서 이제 개발주의적 동의는 이미 구시대적인 것이 되어버렸다. 여기에는 개발주의 담론을 넘는 지배의 동의 창출 근거가 필요했다. 그러나 10월유신 성립 과정에는 이것이 없었다. 오히려 개발의 모순에 대한 도전을 물리력으로 억압하는 적나라한 누드 권력으로 돌아갔다.

ㄱ. 새로운 동의 창출 전략 시행의 가능성―분배 혹은 남북 대화?

사실 지배 블록이 저항의 요구와 이해들을 포섭·접합함으로써 새로운 동의 기반을 확충한다는 점을 고려한다면, 당시로서는 두 가지 가능성이 존재했다고 할 수 있다. 하나는 성장과 대립되는 것으로 또한 성장 전략에 의해 주변화된 분배와 같은 새로운 동의 가치를 포섭하는 것이었다. 유신 무렵에는 '분배' 같은 가치들이 선전 수준에서 활용되는 정도였으며, 이것이 지배의 지향을 반영하는 정책으로 관철되지는 못했다. 1960년대 산업화의 딜레마를 고려한다면 당시 분배와 같은 요구를 정식화하는 것은 물적 토대상 불가능한 일이었다. 결국 강압을 향해 달려 나가는 일종의 '경로 의존적' 상황에 놓여 있었다고 생각한다. 이 점이 바로 5·16 체제와 유신 체제의 결정적 차이를 이룬다.

또 다른 가능성은 반공주의의 이면이라고 할 수 있는 남북 화해 정책의 추구였다.[25] 어떤 점에서 유신이라는 강압의 전면화 체제를 정당화하고 그 동의 기반을 확충하기 위한 지배의 새로운 구성 전략은 남북 대화일 수 있었다. 이는 반공주의에 의해 억압되어 있는 민족주의적 요구를 가시화하는 것이었다. 실제 유신 체제로 전환하면서 지배의 동의 기반을 혁신하기 위한 새로운 조치가 나오는데, 그것은 바로 남북 대화였다. 앞서 지적했듯이, 지배의 동의 기반을 확충하기 위한 전략의 핵심 내용은 저항 블록이나 소수자 집단의 요구와 이해를 양보·타협·희생을 통해 포섭·접합하는 것이라고 할 수 있다. 남한 사회에서도 정치적 격변기마다 그 지배 주체가 변화함에 따라 이전 시기 저항 블록의 요구를 포섭·접합

---

25) 1970년대 초반 남북 화해 정책에 대해서는 배긍찬, 〈1970년대 전반기의 국제환경 변화와 남북관계〉, 《1970년대 전반기의 정치사회변동》 참조.

하는 방식으로 자신들의 지배의 동의 기반을 확충하게 된다. 남북 대화는 바로 그런 것이라고 할 수 있었다.

그러나 남북 대화는 반공주의가 북한을 적대시하는 것과 정반대로 북을 민족 공동체의 일부로 수용하는 것을 의미한다. 따라서 박정희 체제 지배의 동의 기반 창출 방법을 전면적으로 전환해야 했다. 즉 반공주의적 기조를 전환하는 것이었다. 그러나 남북 대화와 유신 창출 악용의 역사를 고려한다면, 반공주의적 기조 전환은 전혀 고려되고 있지 않았으며, 남북 대화 조치에도 불구하고 북의 호전성에는 변화가 없다고 하는 반공주의의 근거를 재확인하여 오히려 반공주의를 강화하기 위한 '전술적' 활용의 의미에서 남북 대화가 진행되었다. 결국 유신 체제의 '허구적' 정당성——특히 반공주의의 근거 강화——을 강화하기 위한 임시적 조치일 뿐이었다.

ㄴ. 강압의 전면화와 민중의 주체화

지배의 성격 변화와 1970년대 지배의 구성이라는 점에서 유신 체제의 등장은 중대한 전환의 의미를 띤다. 첫째, 지배의 강압적 구성과 동의적 구성에서 강압의 비중이 극단적으로 강화됨을 의미한다. 둘째, 이러한 강압의 전면화는 반대로 강압을 전면화하지 않으면 안 될 정도로 민중의 주체화가 진전되고, 그 결과 지배의 정치적 위기가 조성되었기 때문이라고 할 수 있다. 이런 점에서 1960년대적 동원에도 불구하고 민중의 주체화 과정이 진행되었음을 눈여겨볼 필요가 있다. 앞서 남한에서는 전통화된 지배의 단절, 지배 동의 기반의 취약함이 저항 운동의 좋은 조건을 형성한다는 점을 지적했다. 1960년대 반공주의적·개발주의적 동원은 저항 운동이 체제 위협 수준으로 성장하는 것을 제약했지만, 지속적

으로 체제 도전적 세력으로 존재하거나 성장하는 것을 저지할 수는 없었다.[26]

1960년대 전 과정을 통해 민중의 주체화가 진행되었는데, 여기에는 다음과 같은 요인들이 작용했다. 하나는 개발주의의 동의 창출 효과가 약화되었다는 점이다. 사실 절대 빈곤 상태에서 성장의 가시화는 농촌을 기준으로 살아온 많은 사람들, 노동자들에게 일정한 '진보적 만족'을 주었다. 농촌의 삶에서 도시적 삶으로의 전환, 농업 노동에서 산업 노동으로의 전환은 지배에 대한 수동적 동의, 나아가 일정한 능동적 동의를 표시할 수 있는 근거를 제공했던 것이 사실이다. 농촌 배후지를 떠나 도시 산업 지대에 취업한 '여공'들은 출신 배후지와의 비교를 통해 도시적 삶에 만족하며 지배에 동의를 표하는 단계를 지나, 이제 자신의 삶의 조건에 대해 회의하게 된다. 점차 개발의 '신선함'은 '주어진' 것으로 인식되었다. 개발을 성취하기 때문에 강압적 권력이 정당하다는 인식도 점차 약화되었다. 1970년대 박정희식 개발에 순응했던 여공들은 민주 노조 운동의 전사(戰士)로 전환된다.[27] 이는 민중의 적극적인

26) 1970년대 반독재 민주화 운동의 성장에 대해서는 박현채 외, 《청년을 위한 한국 현대사》(소나무, 1992) ; 조희연 엮음, 《한국사회운동사》(한울, 1990) 참조. 특히 긴급조치 하에서의 반독재 민주화 운동의 성장에 대해서는 강준만, 《한국현대사 산책―1970년대 편 2》(인물과사상사, 2002), 5장 참조.
27) 한 노동자의 말은 이런 변화를 잘 보여준다. "저는 그냥 노동 운동을 알게 된 것을 진짜 행복이라고 생각을 해요. 저는 좀 10년 전이나 지금이나 똑같이 내가 이것밖에 잘할 수 없어서 하는 것 같은 느낌도 들고요. 노동 운동이 저한텐 삶을 완전히 바꿔놓는 건데, 갈등의 기회도 거의 없었어요. 많은 활동가들이 옆에 와서 사회를 변화시켜야 된다고 하다가 1, 2년 하다가 떠났는데, 그 사람들은 이념 때문에 시작을 한 거라면, 저는 삶 때문에 시작을 했기 때문인지는 모르겠어요. 세상이 바뀌지 않았다, 여성 노동자들이나 노동자들의 삶은 그대로인데 왜 네가 떠나야 되냐, 그런 게 제 주제였어요. 물론 사회주의나 이런 거 꿈꾸는 사람들은 이 사회가 더 이상 희망이 없다고 생각하는지는 모르지만, 저는 제가 해야 될 일은 있다고 생각을 했던 거고요. 그리고 저한테는 세상을 보게 되는 눈을

비판성과 저항성을 현재화하는 계기로 작용했다. 결국 개발주의적 동원의 경우 동의를 확충하는 중요 기반이었는데, 개발의 모순, 개발의 성공, 그에 근거하는 개발 희생자 집단의 저항이 나타나게 되면서 1979년 YH 사건에서 보는 바와 같이 동원 자체에 균열이 나타나게 되고, 최종적으로 박정희 체제의 붕괴로 이어지게 된다.

다른 하나는 반공주의의 통제 효과가 그 반복성으로 인해 점차 약화되었다는 점이다. 반공주의의 '한계 효용 체감의 법칙' 같은 것이 작용하게 되었다고 할 수 있다. 반공주의는 기본적으로 북을 적대적으로 간주하는 점에서 내적으로 민족주의적 딜레마를 갖고 있는데다가, 반공주의 자체가 '부정적 반복성'을 가지고 다가감으로써 점차 반공주의적 인식 때문에 민중의 행위가 통제되는 정도가 상대적으로 약화되어갔다고 할 수 있다. 이것이 1960년대 민중의 주체화를 장기적으로 촉진한 요인이었다고 생각한다.

바로 이러한 흐름 속에서 유신 체제와 같은 폭력적 강압의 가시화는 민중 주체화가 일대 비약하는 전기가 되었다. 강압의 전면화는 민중 주체화에 '불에 기름을 붓는' 효과를 가져왔다. 지배를 행사함에 있어 폭력적 강압의 표출은 저항의 약화를 초래할 수도 있지만, 민중 주체화의 고양과 정치적 저항의 격화를 초래할 수도 있다. 유신 체제 이후 상황은 바로 이러한 예라고 할 수 있다. 박정희 세력이 10월유신과 같은 형태로 '예외적' 강압을 일상적으로 사용하게 되면서 지배의 동의 기반은 급속히 축소되고 저항의 동의 기반 역시 급속히 확산되었다. 이러한 민중 주체화의 촉진으로 대안

광장히 획기적으로 만들어줬고요. 앞으로도 뭐 죽는 날까지 그냥 이 길을 갈 수밖에 없을 것 같아요." 김지선, 《좌담 : 노동운동과 나》(성공회대 노동사연구소, 2002년 11월 21일).

부재 상황이 일정하게 극복되어갔기 때문이다. 많은 희생을 동반한 반독재 민주화 투쟁은 4·19 공간에서의 진보적 기획과 다른 의미에서 박정희식 권위주의적 반공·개발 동원 체제를 대체하는 대안적 비전의 가능성을 제공했다. 1960년대 박정희 개발 체제가 갖는 동의 기반은 1970년대를 거치면서 대중의 인식 지형 자체가 확대되고, 대안적 인식 가능성이 존재하게 됨으로써 헤게모니적 성격을 상실하게 되었다. 이제 '민주주의가 밥 먹여주냐'고 하던 민중들이 '밥만 먹고 살 수 없다'고 말하게 된다. '빵 대신에 민주주의'를 요구하게 된 것이다. '타는 목마름으로' 민주주의를 갈망하는 층이 점차 확산되어갔다.

1960년대에는 개발이 '대안적 가능성'으로 존재했다면, 1970년대에는 민주주의가 대안적 가능성으로 보이게 된다. 이는 개발주의에 의지하는 지배의 동의 기반을 현저히 축소시켰다. 반대로 민주주의 회복을 요구하는 주장이 국민적 담론이 되어가고, 박정희 체제를 대체하는 대안으로 부상하게 된다. 이처럼 민주주의 담론의 국민화, 나아가 민주주의 담론의 '대안화'는 강압적 지배에 대한 수동적 동의를 약화시키는 계기로 작용한다. 1960년대 박정희 개발 체제가 갖는 헤게모니는 1970년 이후 인식의 지형 자체가 확대되고, 대안적 인식 가능성이 존재하게 됨으로써 헤게모니적 성격을 상실하게 된 것이다. 그만큼 지배는 강압의 계기에 더욱 의존하지 않으면 안 되는 상황으로 달려가게 된다.

민중 주체화와 관련하여 이러한 동원 효과가 약화되는 것이 간접적 효과를 갖는다고 한다면, 일부 선도적 집단의 희생과 그로 인한 '공포'의 극복이 민중 주체화의 가속 요인이 되었다고 이야기할 수 있다. 1970년대 이후 반독재 민주화 운동이 확산되고 이에 대한 폭력적·법적 처벌이 강화되었지만, 이에 굴하지 않는 반독재 민주화 운동의 확산으로 국가 권력의 압도적 강제력과 폭력성이라는 공포와 위협에 묵종하던 민중이 그 공포를 극복하는 계기로 작용했다고 생각된다. 여기에는 많은 선구적 투쟁가들의 희생과 특히 한국에서는 '죄 없고 순수한' 학생들의 희생이 뒤따랐다.[28] 선도적 인자들의 희생은 민중이 공포를 극복하는 계기가 되었고, 또한 대안의 물적 기초가 존재한다는 것을 몸으로 보여주었다. 대중이 공포를 극복하고 지배에 대한 허구적 동의를 철회하게 되는 데는 '희생양'이 필요했던 셈이다. 이러한 과정은 공포와 강압에 의해 보지 못하던, 혹은 볼 엄두를 내지 못하던 대안에 대한 인식을 획득하게 되는 것과 같이 간다고 생각한다. 예컨대 민주주의적 사회, 민주주의가 실현된 사회를 가능한 대안으로 인식하게된 것이다.

ㄷ. 작위적 동원의 역설

이러한 상황에서 박정희 체제는 1960년대의 동원을 더욱 목적의식적으로 확장하고 체계화하고 강압에 의해 보증하는 '작위적' 방식으로 진행하게 된다. 1970년대 지배의 동의 기반을 창출하기 위한 구성 전략으로서 박정희 체제의 동원은 기본적으로 반공주의적 동원과 개발주의적 동원으로 나눌 수 있다.

반공주의적 동원과 관련하여 박정희 체제는 반공주의를 더 제도화된 방식으로, 국가적 제도로서 시행하고자 시도한다. 중고등학교와 대학교에 교련 교육을 도입한다거나, 학도호국단을 창설한다거나, 또한 국정 교과서 개편을 통해 반공 이념을 더욱 체계적으

---

28) 국가 폭력과 희생에 대해서는 조희연, 《국가폭력 · 민주주의투쟁 그리고 희생》(함께읽는책, 2002) 참조.

로 작동하게 하는 등의 방법으로 체계적인 제도적 방법으로 반공
주의를 재생산하고자 시도한다. 원초적 경험으로서 반공은 이제
지배 권력에 의해 훨씬 더 '정식화'되고 '해석'된 이념화된 반공
으로 더욱 체계적인 국민 교육을 하게 된다. 반상회와 학교, 각종
사회화 기관을 통해 반공은 더욱 작위적으로 주입되고, 그를 통해
지배의 동의 기반을 확충하게 된다.

ㄹ. 새마을운동의 자발성?

개발주의적 동원은 다양한 방식으로 전개되었지만, 가장 조직적
인 형태는 새마을운동[29]이었다. 농촌 새마을운동을 시작으로 하여
공장 새마을운동, 직장 새마을운동, 학교 새마을운동 등 전 사회
영역을 망라한 동원 방식으로 일반화되었다. 동원에는 통상 여러
가지 요소가 복합적으로 작용하게 되는데, 새마을운동의 경우 강
압의 요소와 동의의 요소, 제도적 수단과 비제도적 수단, 정치경제
적 전략과 문화적 전략 등이 복합적으로 작용했다.[30]

---

29) 새마을운동은 1970년 4월 22일 당시 대통령 박정희가 전국지방장관회의에서 새마
을가꾸기운동을 제창하면서 시발되어 1971년부터 전국적으로 확대되었다. 이 운동은 환
경 개선, 소득 증대를 통한 낙후된 농촌 근대화, 생활 자세 혁신 등을 목표로 하여 박정희
체제에 의해 위로부터 추진되었다. 농어촌 새마을운동에서는 환경 정비 사업으로 지붕
개량, 주택 개량, 농로 개설, 마을 도로 확충, 하천 정비, 전기화 사업 등을 실시했다. 예
컨대 겨울철 농한기를 이용하여 전국의 이(里)·동(洞)에 시멘트를 무상 지급함으로써
각 마을의 환경 개선 사업을 추진하도록 하고, 볏짚 지붕을 슬레이트로 대체한다거나 담
장 보수, 마을 진입로 정비 등을 실시했다. 1972년부터는 새마을 지도자를 발굴하는 방
식으로 동원 기간 요원을 육성하기도 했다. 반면에 도시에서는 이른바 10대 구심 사업 중
심으로 진행되었는데, 물리적 환경 개선 같은 가시적 측면보다는 법 질서 준수, 건전 소
비 풍토 조성, 도시 녹화, 뒷골목과 가로 정비, 시민 의식의 계발, 새마을 청소, 생활 오물
분리 수거 같은 방식으로 전개되었다. 박정희 사후 이 운동은 형식적으로 1980년 새마을
운동중앙본부의 설립과 함께 민간 주도로 전환되었다.
30) 박정희 체제의 동원은 단일한 방식으로 작동하지 않았다. 박정희 시대의 동원은 강

새마을운동[31]은 1960년대 개발주의적 동원의 동의 창출 효과가 축소되고 개발 자체가 '기정 사실'이 되어가는 것에 대응하여, 새로운 전략적 고려하에서 전 사회층을 박정희 체제의 지지자로 전환하고자 하는 것이었다. 물론 여기서 핵심적 동원 영역은 농촌 새마을운동이었다. 주지하다시피 박정희 체제의 주요 정치적 지지 기반은 농촌이었다. 사실 박정희 체제의 개발 전략은 기본적으로 도시 편향적urban-biased이었지만, 그럼에도 불구하고 이른바 '보나파르티즘'적 성격과 같이 주된 지지 기반은 농민들에게서 구해지고 있었다. 1970년대를 거치면서 도시에서 박정희 체제의 지지 기반이 축소되어가는 속에서, 농민의 지지를 지속시키는 것은 사활적 의의를 갖는 일이었다. 여기서 농촌의 인프라를 개발하거나 주택 개량 사업, 도로 등 물적 인프라 확충 등에서 일정한 혜택을 제공하고, 동시에 농민들의 자기 개발 동력을 촉진시키기 위한 농촌 새마을운동이 강력하게 전개된다. 1970년대 새마을운동이 전 사회적 영역으로 확산된 것은 농촌 새마을운동의 일정한 '성공'――동의 기반의 확장과 아래로부터 개발 동력의 추동 등――에 고무되어, 이를 전 사회 영역――특히 도시 영역――으로 확산함으로써 개발주의의 확산과 그를 통한 정치적 동의 기반의 확산을 목표하였기 때문이다.

여기서 새마을운동은 위로부터의 동원인가 아래로부터의 자발성과 일정하게 결합했는가라는 질문을 던져볼 수 있다. 새마을운

압이라는 보증이 있고, 거기에 물질적 유인을 제공하고, 여기에 민족주의나 반공주의와 같은 이데올로기적 정당화를 하는 방식으로 작동했다.

31) 새마을운동에 대해서는 한도현, 〈국가권력의 농민통제와 동원정책〉, 한국농어촌사회연구소 엮음, 《한국농업문제연구(2)》(연구사, 1989) ; 유병용 · 최봉대 · 오유석, 《근대화전략과 새마을운동》(백산서당, 2001) 참조.

동은 대표적인 개발주의적 동원 프로젝트였다. 이 운동은 1960년 대 시작될 때는 분명 위로부터의 동원의 성격이 강했지만, 동시에 개발에 대한 대중의 자발적 동의와 능동적 행위를 끌어낸 점도 있었다. 특히 여러 가지 정치적 고려를 하겠지만, 마을 공동체의 인프라 개발, 적극적인 경제 활동 동력 등을 끌어내고 자발적 참여를 촉진하는 데 일정한 성공을 거두었다고 생각한다. 농촌 새마을운동은 위로부터의 동원과 아래로부터의 역동성이 결합된 경우라고 할 수 있다. 새마을운동은 한편에는 행정 기구를 통한 위로부터의 '강압적 동원'이, 다른 한편에는 위로부터의 강압만으로 환원될 수 없는 대중 참여적 일면이 존재한다. 후자와 관련하여 마을 인프라 개발을 둘러싼 경쟁을 촉진한다거나(일종의 경쟁 원리 도입) 주체적인 마을 환경 개선 운동 등을 시도하고 있다. 어떤 점에서 경제적 유인을 제공하고 있으며, 새마을운동의 성과로 구체적으로 마을 전체의 삶과 개인의 삶에 일정한 변화가 유도되도록 하는 방식으로 지배의 동의 기반을 확장하려는 노력을 강구했다고 볼 수 있다.

앞서 우리는 강압과 동의를 대립시키는 시각에 반대했다. 오히려 새마을운동에서 위로부터의 강압적 동원이 얼마나 동의 기반을 확보하게 되는가, 그리고 강압적 동원 자체가 정당성을 갖는 것으로 인식하는지가 중요하다. 이런 점에서 새마을운동은 위로부터의 강압에 의해 촉발되기는 했으나, 농촌 주민들의 개발 욕구와 맞물리면서 일정한 자발성이 결합된 일면이 있다.[32] 여기에는 새

---

32) 황병주에 따르면, "국가의 발전주의는 대중의 '잘살아보겠다', '잘살고 싶다'는 욕망과 결합되었으며 수동적으로 따라가기만 한 것이 아니라 적극적 · 능동적으로 참여하기도 했다. 그 과정은 대중의 평등주의적 열망이 국가의 발전주의와 결합하는 양상을 띠기도 했다". 황병주, 〈박정희 체제의 지배 담론과 대중의 국민화〉, 임지현 · 김용우 엮음,

마을운동의 추진 전략이 자발성을 부추기는 그리고 발전에 대한 열망에 불붙이는, 그리하여 마을마다 경쟁이 부추겨지는 일종의 시장 원리가 작동된 데 연유하는 면도 존재한다.

ㅁ. 농촌 새마을운동과 도시 새마을운동의 차이

농촌 새마을운동에서는 수동적 동의와 그것을 넘는 일정한 능동적 동의, 자발성의 요소가 있었음을 인정할 수 있다. 위로부터의 강압적 동원을 농촌 주민들의 여러 요인들──인식 지평의 제한 등──로 인해 동의로 받아들인 일면이 있었다고 생각한다. 행정적 강압이 작동하지만, 개인에게 그리고 자신이 속한 마을 공동체에 일정하게 혜택이 돌아오고 가시적 변화가 나타난다는 인식이 있었다.

그러나 새마을운동이 지배의 동의 기반을 지속적으로 확장하는 식으로 작용하지 못한 데는 이유가 있다. 첫째로, 상대적으로 동의 기반을 확보한 농촌 새마을운동을 전 사회적 운동으로 확산해가는 과정에서 저항을 받게 되었다. 농촌 새마을운동의 전 사회적 확산 과정이 위로부터의 '작위적' '정치' 동원으로 받아들여지게 되었다. 농촌 새마을운동의 경우 개발의 소외에 대한 물질적 보상을 동반한 측면도 있고 농민들이 스스로 동원에 개재하는 강압성을 정당한 것으로 인식한 측면도 있지만, 도시 새마을운동의 경우 개발주의적인 '위로부터의' 동원 자체에 대한 비판 의식이 존재하는 데다가 물질적 보상의 측면보다는 정치적 동원의 성격이 강했기 때문에, 동의 기반을 확장하기보다 축소하는 방향으로 작용하게 되었다. 그리고 이것이 역으로 농촌 새마을운동의 동의 기반에도

《대중독재─강제와 동의 사이에서》, 514~515쪽.

영향을 미치는 식으로 나타났다.[33]

ㅂ. 물적 토대

앞서 우리는 지배 구성에서 강압과 동의를 결정함에 있어 물적 토대의 중요성을 강조했다. 1960년대 절대 성장이 지속되면서 개발주의적 동원의 동의 기반 자체가 일정하게 유지되었던 것과 반대로, 1970년대의 경제 위기, 산업 구조 전환에 따른 경제적 어려움은 동의의 물적 기초를 축소하는 방향으로 나타났다. 예컨대 1972년 8·3조치의 경우 1960년대 외자 기업들과 수출 기업들의 경제 위기를 보전해주기 위한 '경제적 폭력' 조치의 성격을 지닌다. 외자 기업 및 수출 기업 등 기업에 자금을 대출해준 중간층, 이자 생활자들의 경우 재정적 파산을 경험하지 않을 수 없는 조치로서, 기업의 경제적 부담을 중간층과 서민층에 전가시키는 기업 부담의 폭력적 사회화 조치라고 할 수 있다.[34] 8·3조치 이후 자살한 사람들이 속출했던 것도 이러한 상황을 압축적으로 보여준다. 자본의 위기 자체가 대중의 경제적 압박을 초래하는 상황이었기 때

---

33) 박정희 체제의 정치적 위기가 증대됨에 따라 새마을운동을 스스로 정치적 지지와 과도하게 연결시키는 '새마을운동의 정치화', '정략화'가 나타나게 되면서 1970년대 후반 이후 새마을운동에 대한 동의적 측면은 급속히 하락된다. 새마을운동이 비정치적 프로젝트로 진행되었더라면 박정희 체제의 정치적 유동과 궤를 같이하지 않을 수도 있다. 그러나 박정희 체제가 정치적으로 몰리게 되면서 새마을운동을 자신의 정치적 지지를 보강하는 데로 직접 연계시켰기 때문에 이는 더욱 강력하게 나타났다고 생각한다. 그리고 이것이 결과적으로 박정희 체제의 동의 기반을 축소시키고 새마을운동 자체에 대한 존재론적 동의 자체도 결정적으로 침식하는 결과를 가져왔다. 앞서 서술한 바와 같이 초기에 일정한 동의 기반을 갖는 전략적 실천 혹은 동원 전략이 지배의 위기를 보완하기 위한 정치적 목적과 과도하게 연결되는 경우 동원의 작위성과 정략성이 두드러지게 되고, 결과적으로 지배의 동의 기반 창출 목적에 역행하게 되는 예를 여기서 발견할 수 있다.

34) 8·3조치에 대해서는 이성형, 〈국가, 계급, 자본축적―8·3조치를 중심으로〉, 《한국자본주의와 국가》(한울, 1985) 참조.

문에 동의의 물적 토대는 그만큼 취약했던 것이다. 1970년대 중화
학 공업화의 위기가 1980년대 초반 3저 호황 같은 세계 경제의 호
조건에 힘입어 극복되고 경제적 안정 국면으로 진입했는데, 이는
박정희 체제 붕괴 이후의 일이었다.

더구나 1960년대부터 증대된 인플레이션이 한국 경제의 구조적
특성으로 자리 잡으면서 대중의 경제적 불만도 증대하게 된다. 일
정하게는 1960년대 이후 고도 성장 전략 자체가 인플레이션을 감
수하고, 그에 따른 기업의 부가적 이익을 전제로 한 체제였다. 그
런데 인플레이션은 성장이 절대적으로 지속되는 속에서는 저항을
받지 않으나, 절대 성장 자체가 정체되는 조건에서는 저항 요인으
로 작용하게 된다.

이러한 취약성은 1970년대 중화학 공업화가 한국 경제의 제반
여건을 고려할 때 1960년대보다 더욱더 산업 구조의 집중화와 은
행 자본을 포함한 경제적 자원의 일부 재벌로의 집중을 전제로 한
체제였다. 그만큼 대중의 경제적 저항 가능성을 시사하는 것이라
고 할 수 있다.

더구나 대중의 경제적 기대 자체도 1960년대에 비해 대단히 증
가한 상태에 있었다. 1960년대의 성장을 전제로 한 경제적 기대 자
체가 국민들 사이에 일반화되어 있었기 때문에 물적 기반 자체를
보는 주관적 인식도 높아졌다고 볼 수 있다. 이런 점에서 동의의
필요조건의 하나라고 할 수 있는 물적 토대는 1960년대와 달리 대
단히 취약한 상태였다고 생각된다. 이는 강압에 대한 비판적 감수
성을 더욱 높이고 강압의 합리성을 더욱 축소 인식할 가능성을 시
사해준다.

1970년대 유신 체제는 1960년대 박정희 체제의 지배 위기를 극
복하기 위해 폭력적 강압을 전면화한 체제였는데, 강압의 전면화

에 따른 동의 기반 축소에 대응하여 반공주의적 · 개발주의적 동원을 더욱 작위적으로 전개했던 체제라고 볼 수 있다. 이러한 동원의 작위성은 역으로 지배의 동의 기반을 축소하는 결과를 가져왔고, 동의 기반 축소는 지배의 위기를 촉진하고 이에 대응하여 강압을 더욱 강화하는 악순환 속에서 붕괴했다고 볼 수 있다.

5. 맺는 말

더욱 자세히 논지를 살펴보게 되면, 나는 이 글에서 대중독재론과 일상사론이 식민지 지배와 파시즘적 지배에 대한 기존의 논의가 다분히 정식화된 틀로 경직되어 총체적 분석에 포함되어야 할 다양한 측면들——예컨대 독재에 대한 대중들의 순응 등——을 분석에서 주목하지 못하는 것에 대해서 성찰적 문제 제기를 했다는 점, 또한 체제에 대한 협력과 저항이라는 양극단 사이에 존재하는 '다양한 명도의 회색' 지대의 존재, 권력의 통제가 마치지 않았던 일상의 영역, 강압 통치로만 환원될 수 없는 체제 동의의 측면, 그리고 그것의 근거를 이루는 식민지 시대나 파시즘적 시기 대중의 일상의 '긍정'의 경험, 식민지 시대 혹은 파시즘적 시기에 대한 대중들의 태도의 복합성, 한 개인 인식에서의 복합적 측면들에 대한 분석 등 기존의 분석이 포괄하지 못한 연구 지점에 대해 문제 제기를 했다는 점, 기존의 진보적 분석에 왕왕 나타나는 바 운동론적 서술과 분석적 서술 간의 '거리'를 간과해버리는 경우가 많은 문제점을 지적하고 있다는 점에서 긍정적이라는 점을 지적했다.

그러나 동시에 이러한 논의들이, 기존의 분석 자체를 강압 일변도의 분석처럼 일면적으로 규정하고 있는 점, 저항으로 환원되지 않는 대중들의 '일상적' 삶이나 비저항적 혹은 묵종적 태도를 지배의 헤게모니로 일반화해버리는 문제, 민주화 세력과 산업화 세력을 대립시키고 전자는 민주주의를 성취하는 데 공이 있었고 산업화 세력은 경제 성장을 달성하는 데 공이 있었으니 각각 긍정적인 평가를 받아야 한다는 논리와 유사하게 보수적 논리와 진보적 논리를 양비론적으로 규정하고 평가하고 있다는 점, 일상사론과 대중독재론의 경우 지배에 대한 동의를 강조하는 과정에서 식민지 지배와 파시즘 지배에 대한 '과거 청산'적 차원에서의 문제의식을 실종시킬 가능성, 독일 파시즘 사례와 박정희 사례의 기계적 유비, 한국에서의 친일 청산이나 독재 세력 극복과 관련된 과거 청산이 '과잉' 상태에 있다고 하는 인식 등에서 문제점을 드러내고 있다고 비판했다.

이러한 논의를 통하여 대중독재론과 일상사론이 보수적 담론의 확장으로 착지할 수도 있고 진보적 담론의 확장으로 착지할 수도 있는 양면성이 있음을 지적하고 후자로 나아가야 한다는 점을 지적하였다. 이런 지적을 하는 이유로서, 임지현이나 안병직의 학문적 논리를 징검다리로 하여 유석춘이나 복거일과 같이 식민지 친일과 친독재적 태도를 적극적으로 정당화하는 논리가 '비약'적으로 제기되기 때문이라는 점을 지적했다.

이런 전제적 논의 위에서, 나는 식민지 시기나 파시즘 시기의 대중의 순응적 태도, 그리고 그 시기의 변화에 대한 대중의 '유보적 수용'이나 '긍정적 경험'을 파악하고, 즉 정치사회학적 논의 틀 속에서 지배에서의 동의consent의 문제를 파악하고 그 동의가 기존 분석에서 부각하는 강압과 어떤 관계를 갖는가, 그 양자를 어떻게 종합적으로 파악하여야 하는가 하는 식으로 접근하고자 했다.

이러한 새로운 분석 틀의 출발점은 먼저 기존의 지배에 대한 인식, 즉 완전한 강압과 완전한 동의를 전제로 하는 인식을 비판하면서 기본적으로 지배란 강압과 동의의 복합적 구성물이라는 것을 지적했다. 이렇게 볼 때 지배는 완전한 강압에서부터 동의적 강압, 강압적 동의, 완전한 동의에 이르는 다양한 스펙트럼에 걸치는 현상으로 이해될 수 있다. 그러나 완전한 강압과 완전한 동의가 현실적으로 불가능하다는 전제 위에서 볼 때, 현실의 지배는 언제나 강압적 '동의'와 동의적 '강압'의 현상으로 나타나게 된다. 이 글은 박정희 지배에 대해서 강압을 중심으로 하는 분석 틀——임지현이나 안병직의 논리로 하면 기존의 좌파적 분석들——을 동의를 배제하는 분석 틀로 규정하고 비판하는 것에 대한 재비판이다. 나는 여기서 한 체제에 대해서 동의를 말한다고 그것이 강압을 배제하는 것이 아니라는 점을 지적했다. 왜냐하면 박정희 시대에 대해서 '동의'를 이야기하는 사람들은 기존의 진보적 분석이 동의라는 현상을 원천적으로 배제하는 것처럼 상정하고 비판하고 있기 때문이다. 박정희 시대의 지배는 강압과 동의가 복합된 현상이다.

여기서 더 나아가서 지배를 강압과 동의의 복합물로 보는 전제 위에서, 지배라는 것이 지배 전략과 저항 전략의 역동적 상호 작용 속에서 부단히 구성되고 재구성되는 현상이라고 보았다. 이런 시각을 나는 마르크스주의적 구성주의로 개념화하고자 했다. 이런 관점에서 지배의 구성적 실천은 동의적 강압을 강압적 동의로 만드는 실천, 그리고 강압의 정당성을 제고하는 과정 및 수동적 동의를 능동적 동의로 전환시키는 과정으로 표현될 수 있다. 동원이라는 것은 바로 이러한 구성적 실천을 목적의식적인 기획으로 실천하는 것을 의미한다고 할 수 있다. 동원을 포함하여 지배의 구성적 실천은 '동의적 강압'을 강압적 동의로 만드는 것인데, 이는 강압을 정당한 것으로 인식하도록 하여 지배의 구성에서 동의를 확대하고 나아가 그러한 동의를 수동적 동의를 능동적 전환하고자 하는 행위로 정의했다.

동원을 포함하는 지배의 구성적 실천 전략이 성공적으로 작동하게 되는 경우, 즉 동의적 강압의 강압적 동의화의 변화가 나타나는 경우, 더 구체적으로는 수동적 동의가 보다 적극적인 능동적 동의로 변화하며 강압이 더욱 정당한 것으로 대중에게 인식된다. 지배의 구성에서 강압과 동의의 경계를 변화시키는 요인으로서, 먼저 강압의 효과가 민중들의 인식 지평의 제한을 통해서 지배의 동의 기반을 확장하는 경우가 있음을 지적했다. 다음으로 진보적 기획이 실패하는 등의 계기에 의해서 대안의 부재 상황이 조성되는 경우 지배의 동의 기반이 확장될 수 있음을 지적했다. 다음으로 지배 블록이 자신들의 특수 이해를 보편화하는 경우에 지배의 동의 기반이 확장될 수 있으며, 나아가 지배의 물적 기반이 존재하는 경우 이를 필요조건으로 하여 지배의 동의 기반이 재생산될 수 있음을 지적했다. 그러나 성공적이라고 평가되는 지배의 구성적 실천은 그 자체가 내적 불안정성과 내적 모순을 지니고 있다는 점도 지적했다.

그런데 이러한 여러 상황과 변수들은 거시 역사적 흐름에 의해 규정된다고 볼 수 있는데, 그런 점에서 나는 지배와 저항의 각축 과정에서, 지배의 동의적 기반을 결정하는 거시 역사적 변수로서 지배의 전통화와 민중의 주체화를 지적했다. 전통화된 지배가 연속되는 경우 현재적 지배의 동의 기반은 확대된다는 점을 지적했다. 그러나 장기적으로 볼 때 민중들이 지배에 대한 비판적 시각을 획득해가고 권리 의식이 신장해감으로써 지배의 동의 기반 자체는 불안정화된다는 점을 지적했다.

이런 전제 위에서, 나는 해방 이후 한국의 지배의 성격을 분석하고자 했는데, 여기서 두 가지 논의를 전제했다. 첫째는 한국의 경우는 전통적 지배와 상당히 철저하게 단절된 형태로 새로운 지배가 구축되어간 유형이라는 점이다. 이는 해방 이후 지배, 박정희의 지배를 포함하여, 지배의 안정적인 기반 자체가 취약하다는 것을 말해준다. 이것을 강조하는 것은, 박정희 시대를 분석하는 많은 논의들이 박정희 시대 자체에만 한정해서 분석하게 됨으로써 박정희 정권에 대한 지지가 있었느냐 없었느냐의 차원으로 분석을 왜소화시키고 있기 때문이다.

다음으로 역사적 · 언어적 · 인종적 · 문화적 동질성으로 인해서 강력한 평등주의적 전통이 존재하고, 이는 또한 지배의 동의 기반을 안정적으로 확보하는 것을 어렵게 만들고 부단히 지배의 혁신이 이루어지게 만드는 요인이 된다는 점을 지적했다. 이런 각도에서 드러나는 것은, 박정희 체제가 적극적 동의를 광범위하게 창출함으로써 정권을 안정적으로 유지했다기보다는, 한국에서의 포스트-식민지 지배 자체의 원천적인 불안정과 자신의 정치적 정당성의 부재 등으로 인하여 대단히 큰 정치적 위기 속에서 지배를 유지해야 했는데, 그럼에도 불구하고 반공주의적 동원과 개발주의적 동원을 통해, 위기를 통제하는 불안정한 지배로서 존재했다는 것이다.

이런 전제적 논의 위에서 박정희 체제를 분석했는데, 박정희 체제는 기본적으로 한국전쟁 이후의 반공주의에 기초하여 지배를 구성하게 된다는 점에서 1950년대 반공주의의 성격을 분석했다. 1950년대에는 지배의 동의적 기반을 구성하기 위한 강력한 자원으로 내전의 상처로 존재하는 '원초적 반공' 의식이 존재했고, 지배 블록은 스스로 반공주의적 라인업을 하면서 이 원초적 동의 자원을 적극적으로 활용하면서 반공주의적 동원을 조직화하게 된다. 앞서 지배의 구성 요소로서의 강압과 동의는 제로섬적인 관계를 갖지 않는다는 점을 지적했다. 기본적으로 1950년대의 반공 상황은 공포에 의해서 일체의 반대도 할 수 없는 상황, 반공에 대한 일체의 저항이 없는 상황으로서 폭력적이기까지 한 강압을 특성으로 하고 있는데, 문제는 이러한 강압에 대한 수동적 동의가 존재했다는 점이다. 이는 조직적 저항 세력이 철저히 궤멸된 상황, 내전 이후 우익적으로 공동체로 전화된 상황은 반공과 관련된 강압의 정당성에 대해서 의문을 제기할 수 없는 조건을 형성했고, 나아가, 대안 부재 상황, 혹은 희망의 소멸 상황은 지배, 특별히 폭력적 강압에 의해 유지되는 지배에 대한 수동적 동의 기반을 확장했기 때문이라고 생각된다.

이런 성격의 반공주의 위에서, 박정희 체제는 지배를 구성하게 된다. 나는 박정희 체제를 '권위주의적 반공 · 개발 동원 체제'로 개념화했다. 동원 체제라는 것은 예외 국가하에서 전형적으로 나타나는 지배의 목적의식적인 구성 행위라고 볼 수 있는데, 1950년대 체제는 내전 이후의 준전시적 체제라는 점에서, 1960년대 이후의 박정희 체제는 의사 전시적 체제라는 점에서 예외 국가적 특성이 강하게 드러나고 있고, 정상 국가에서의 지배의 구성을 뛰어넘는 동원적 성격이 있다는 점에서 동원 체제로 정의했다. 박정희 체제는 지배의 동의 기반을 확장하기 위하여 반공주의적 동원과 개발주의적 동원을 핵심적인 동원의 축으로 삼게 된다. 이러한 동원 전략은 담론적 차원에서부터 법적 · 제도적 · 행정적 동원 등에 이르기까지 광범위하게 수행되었다.

1960년대에는 반공주의적 동원 자체가 수동적 동의를 확보하고, 개발주의적 동원이 수동적 동의를 넘어 일정하게 능동적 동의를 결합해내는 단계로까지 갔으나, 1960년대 지배 일반에 대한 동

의를 확보하지는 못했다. 이러한 반공주의적·개발주의적 동원에
도 불구하고 민중의 주체화에 기초한 저항 운동의 성장으로 인해
박정희 체제의 위기가 증폭되었고 이에 대응하여 폭력적 강압을
전면화한 유신 체제로 전환된다. 그러나 이처럼 폭력적 강압이 전
면화되는 만큼 동의 기반은 축소되어 나타날 수밖에 없었다. 박정
희 체제는 이를 보완하기 위하여, 반공주의적 동원과 개발주의적
동원을 더욱 작위적이고 체계적으로 진행하게 된다. 1970년대의
개발주의적 동원은 새마을운동으로 총화된다고 할 수 있는데, 농
촌 새마을운동이 전 사회적 새마을운동으로 확산하는 과정에서
개발주의적 동원 자체에 대한 저항을 받게 된다. 농촌 새마을운동
과 같은 개발주의적 동원은 일정하게 대중의 자발성과 결합하는
동의적 성격을 지니고 있는데, 그럼에도 불구하고 농촌 새마을운
동이 도시 새마을운동으로 확산하는 과정에서 그 '작위성'이 폭넓
게 드러나고 이는 역으로 새마을운동을 통한 지배의 동의 기반을
축소하는 식으로 나타났다고 생각된다. 또한 반공주의적 동원은
반복성과 작위성으로 인하여 본격적인 저항을 받는 단계로 가지
는 않았으나, 동의 창출 효과가 극소화되는 단계로 이행했으며, 반
공주의적 동원에 의한 동의 기반이 더욱 축소되는 것으로 나타났
다고 생각된다. 이런 속에서 이제 개발주의적 담론 대신에 민주주
의적 담론이 대안 담론으로 부상하면서 대안 부재에 대한 수동적
동의 형성이라고 하는 1960년대적 조건이 극복되게 된다고 보인
다.

　나는 박정희 체제는 기본적으로 '동의적 강압'의 유형이라고 생
각한다. 이와 함께 1960년대에는 반공주의와 새로운 개발주의를
통해서 수동적 동의, 부분적인 능동적 동의를 확보했다는 것도 인
정했다. 그러나 지배 일반에 대한 능동적 동의를 확보한 것은 아니

었다. 1970년대에는 이러한 수동적 동의를 능동화를 위한 동원적 실천의 작위성이 노정되고 그에 따른 민중의 주체화가 진전됨으로써 오히려 지배에 대한 동의 기반이 축소되고 체제의 붕괴로 이어지게 된다.

(1) 박정희 지배는 일정하게라도 '전통화' 되었는가

이 글의 핵심적 논지를 몇 가지 제시한다면, 먼저 대중독재론이나 일상사론은 기존 진보 분석이나 민족주의적 분석의 일면성을 적절히 지적하고 긍정적 성찰의 계기를 제공하고 있지만, 히틀러 시대의 연구 분석 방법과 시각을 한국 식민지 시기와 박정희 시대에 적용할 때 양자를 '동일시하는 시각'에서 적용하는 것은——양자의 보편적 동일성을 추적하는 연구에서 왕왕 나타나는 것인데——잘못된 인식을 촉발할 수 있다는 것이다. 히틀러 시대와 다른 차별성과 특수성을 적극적으로 인정하고 분석하고자 하는 시각 위에서 논의가 전개되어야 한다. 일상사론이나 대중독재론이 은연중에 박정희 시대나 식민지 시기에 대중의 순응적 삶과 동의를 분석하는 과정에서 양 시대에 지배 일반에 대한 광범한 동의를 상정하는 것으로 보이는데 이는 사실에 부응하지 않는다. 나는 식민지 시기나 박정희 시대에 대중의 순응적 침묵과 특정 측면 혹은 일부 집단에서 자발적 참여가 있었지만, 히틀러 시대 대중에게 묻고자 하는 '공범적 책무'를 식민지 시대나 박정희 시대의 대중에게 일반적으로 제기하는 것에 대해 의문을 제기했다.

이런 취지에서 단순히 비판이 아니라 기존의 진보적 분석 틀을 확장하는 새로운 분석 틀을 구성하여 박정희 시대를 새로운 관점에서 분석하고자 했다. 이러한 분석 속에서 대중독재론이나 일상사론과 다른 분석적 내용들로서는 다음과 같은 점을 지적할 수 있다.

먼저 지배를 전면적 강압 혹은 전면적 동의로 보는 시각을 넘어서기 위해 지배는 모든 경우에 강압과 동의의 복합물이라는 점, 즉 동의적 '강압'이나 강압적 '동의'의 형태로 존재한다는 것을 지적했다. 이것은 강압 일변도의 시대 인식——임지현이나 안병직이 비판하고자 하는 기존의 분석들——이나 동의 일변도의 시대 인식——내가 임지현이나 안병직에게 '혐의'를 두고 있는 점—— 은 일면적이라는 것이다. 또한 지배의 전통화와 민중의 주체화의 상호 관계 속에서 대중의 태도는 고정되어 있지 않고 부단히 변화한다는 점도 지적했다. 이런 점에서 박정희 시대의 대중의 태도 역시 변화해간 궤적을 추적했다.

그런 점에서 독일 파시즘 시대의 대중독재나 일상사적 문제의식을 박정희 시대에 투영하는 것 역시 많은 고민이 필요하다. 방법론적으로 중요한 시사를 줄 수 있으나 탈맥락화하는 방식으로 한국의 박정희 시대와 동일시하는 것은 전혀 사실에 부합하지 않는다. 박정희 시대에 엄청난 동의의 기반이 존재한 것처럼 묘사하는 것은 적절치 않다. 사실과도 부합하지 않는다. 박정희가 체제의 2인자라고 할 수 있는 중앙정보부장에게 암살된 사건은 민중의 저항이 강화되면서 내부 균열이 대단히 극단적으로까지 나아갔음을 의미한다. 이것에 대해 엄청난 동의가 존재한 것처럼 이해해서는 안 된다. 4·13호헌조치에 대해서도——지금은 아무도 그러했다고 이야기하지 않지만——당시에는 많은 단체와 개인들이 이를 지지하는 태도를 취했다. 박정희 시대의 동의를 전면적인 것으로 확대해서 그 동의를 신화화하는 것은 객관적 사실에 부응하는 것이 아니라고 생각한다.

나는 여기서 박정희 시대의 농촌 새마을운동이나 개발주의적 동원 자체에 수동적 동의가 있었음을 인정했다. 박정희 시대 전 기간에 걸쳐 반공주의적 동원의 동의 창출 효과는 감소되어갔으나 반공주의 자체에 대한 전면적 폐기는 일어나지 않았으며, 이는 반공주의에 기초한 박정희 체제의 동의 창출 시도가 전혀 기반이 없었음을 의미하는 것은 아니라는 것을 말해준다. 또한 1960년대 개발주의적 동원을 통해 일정하게 능동적 동의의 요소도 있었음도 인정한다. 그럼에도 불구하고 이는 박정희 시대의 지배 일반에 대한 전면적이고 지속적인 동의를 말하는 것은 아니다. 또한 박정희 시대의 동의를 이야기할 때 강압의 부재를 연상하는데 이는 강압과 동의를 제로섬으로 파악하는 오류라는 점도 지적했다. 박정희 시대 전 기간은 앞서 서술한 대로 국가 강압력의 최후 보루인 군대를 수시로 동원하지 않으면 안 되는 국민적 저항과 정치적 위기의 연속이었다.

한 시기의 동의를 논할 때는 그 복합적인 면을 보아야 할 것이다. 박정희 체제의 반공주의적 성격에 대해서는 수동적 동의가 존재했고, 그 개발주의적 성격에 대해서는 일정한 능동적 동의도 존재했지만 그것이 박정희 시대 지배 일반에 대한 능동적 동의로 발전한 것은 아니었다. 정치적 측면에서 전면적 강압에 가까운 억압과 그에 대한 저항으로 얼룩졌다고 할 수 있다. 그나마 박정희의 지배——반공주의적 개발주의적 측면——에 대한 동의라는 것도 역동적으로 변화해갔으며, 결국 암살 사건으로 박정희 체제가 붕괴되는 결과에 이르렀다고 생각한다. 이런 점에서 박정희 체제를 일면적으로 전면적 억압과 저항의 관계로만 환원해서는 안 되지만, 그 반대로 박정희 시대의 일부 국민, 특정 영역의 수동적 동의를 확대하여 박정희 시대 지배 일반에 대한 능동적 동의를 가상해서는 안 된다.

결론적으로 나는 지배의 전통이 단절된 상태(지배의 전통화 부재)에서 포스트-식민지적 지배의 동의 기반이 재구축되어야 했는데——바로 그 이유 때문에——포스트-식민지적 지배 권력이 안정적 동의 기반을 향유한 적이 없었고, 민족적·인종적 동질성에 기인하는 강력한 평등주의적 전통(이것 자체가 지배의 단절을 반영하는 것이기도 하다)의 영향으로 박정희 지배 체제의 동의적 자원이 대단히 적었다고 생각한다. 이런 지배의 역사적 조건 위에서 박정희 정권이 '선방'했다는 표현이 적절하다고 지적했다. 적극적 동의를 광범위하게 창출함으로써 정권을 안정적으로 유지했다기보다 한국에서의 포스트-식민지 지배 자체의 원천적 불안정과 자신의 정치적 정당성 부재 등으로 인해 대단히 큰 정치적 위기 속에서 지배를 유지해야 했으며, 그럼에도 불구하고 반공주의적 동원과 개발주의적 동원을 통해 정치적 위기를 만회했다. 이는 박정희 신드롬과 같은 유제적 현상에 기대어 박정희 지배 체제의 동의 기반을 '과잉 인식'하는 것이 적절한 인식이 아니라는 것을 의미한다. 박정희 지배 체제는 집권 18년의 전 기간에 걸쳐 국가 강압력의 최후 보루인 군대를 '일상적'으로 사용하는 체제였는데, 이러한 정치적 위기 상황 속에서, 반공주의적·개발주의적 동원으로 지배에 대한 동의를 부단히 창출하기 위해 노력했고, 이것으로 그나마 정권을 유지할 수 있었다. 1970년대에는 이러한 동원 과정의 작위성이 정권의 위기를 가속화했고 그 결과 박정희 체제는 막을 내리게 되었다. 이러한 박정희 체제에 대해 기존의 진보적 분석을 강압 일변도의 분석으로 일면화하고 반대로 전면적 동의를 가상하여 논의하는 것은 적절치 않다고 생각한다. 박정희 체제는 대중의 동의나 정권에 대한 자발적 지지가 폭넓게 존재한 다른 사례와 동일시될 수 없다.

(2) 부분적으로 능동적 동의를 획득했으나 지배 일반의 위기는 지속

결론적으로 박정희 시대 지배의 성격을 '전통화'라는 관점에서 평가해보자. 앞서 서술한 대로 내전 이후 한국의 지배 체제는 전통적 지배로부터 단절된 조건에서 포스트-식민지적 지배의 동의를 구성해야 하는 조건에 있었다. 이것은 포스트-식민지적 지배의 동의 구성 조건 자체가 어렵다는 것을 의미하는데, 이러한 조건에 있었던 박정희의 지배는 과연 '전통화' 되었는가. 이는 박정희 지배의 동의 기반을 측정하는 중요한 경험적 지표이기도 하다. 이 점에서 박정희 시대의 지배는 결코 전통화되지 않았다는 것이 나의 생각이다. 이는 박정희주의자들이 집단적 사회 세력으로, 집단적 정치 세력으로 존재하지 않는다는 점에서도 단적으로 확인된다.

김종필 세력과 같이 '유신 본당'이라고 주장했던 세력도 있었다. 현재의 한나라당은 물론 소급하면 박정희 정당과 연속성을 가진다고 주장할 수 있을 것이다. 그러나 박정희 시대 지배의 전통에 기대어 현재적인 지배의 동의 기반을 구축하려고 하지는 않는다. 단지 박정희는 민주주의 이행의 혼란 국면에서 경제적 침체와 불안정 국면에서 '향수'로 부활하곤 한다. 향수로 부활하는 것이지 전통화된 지배로 현존하지는 않는다고 볼 수 있다.

앞서 서술한 것처럼 박정희 권력은 자기 지배의 동의 기반을 구축하기 위해 다양한——동원 양식을 포함하여——전략을 구사했으나 박정희 체제 전 기간을 통해 안정적인 정치 기반을 향유한 적이 없었다고 볼 수 있다. 그만큼 지배의 동의 기반이 취약했음을 의미한다. 박정희 신드롬은 그 '죽음의 비극성'에 영향 받는 바 크다. 죽음의 비극성이 개발 드라이브 전략의 일정한 성과와 결합되면서 그의 신화를 구성하는 요소가 된 것이다. 그러나 이는 박정희

주의를 정착시킬 정도는, 즉 지배 전통의 일부로 정착시킬 정도는 아니라고 봐야 한다. 그만큼 박정희 시대에 대한 동의의 뿌리는 깊지 않다고 봐야 할 것이다. 더 넓은 역사적 콘텍스트에서 보면, 박정희 역시 지배의 단절 속에서 신생 지배의 동의 기반을 확보하는 대열에 서지 못했음을 의미한다.

사실 많은 사람들이 한국 성장의 중요 견인차를 박정희의 리더십에서 찾는다. 성장의 여러 요인으로 박정희의 리더십을 이야기할 수는 있다. 그러나 경제 성장의 모든 공을——성장주의에 대한 비판은 차치하더라도——박정희에게 돌리는 것은 일종의 환원주의적 방식이라고 할 수 있다.

정작 한국 성장의 동력은 박정희도 벗어나지 못했던 한국의 지배 전통의 단절과 그 결과 자본주의적 발전에 대한 과거의 질곡이 대단히 '취약'했던 상황이라고 해야 할 것이다. 과거의 봉건적 질곡이 제거되고 사회주의 세력과 진보적 세력이 통제되는 '천혜(天惠)'의 정치사회적 조건이 바로 한국 자본주의 발전의 중요한 토대였다고 생각한다.[35]

과거에 얽매이지 않는 사회가 새로운 실험의 현장이 될 수 있고, 전근대 유산과 전통에 얽매이지 않는 사회가 근대적 도약을 향해 달려갈 수 있다고 생각한다. 비록 전통의 유산이 적은 것, 전통이 단절된 것, 그 한 구성 요소로서 지배의 단절이 근대적 성장 드라이브가 펼쳐질 수 있는 천혜의 정치사회적 조건을 형성했다고 봐야 할 것이다. 이처럼 과거의 질곡이 적은 천혜의 정치사회적 조건

---

35) 박정희가 향유했던 막강한 자율적 국가개입주의는 독특한 계급적 · 사회적 조건 위에서 가능한 것이었다. 조희연, 〈한국의 경제성장과 정치변동— 반공규율사회'와 '국가주의적 발전동체제'의 형성, 균열, 위기 및 재편의 과정〉, 《성공회대학논총》 13호 (1999), 12~18쪽.

이 박정희 체제로 하여금 개발주의적 참여와 동원을 조직하는 데 좋은 조건을 제공했으나, 반대로 지배의 불안정성과 대중적 저항이 출현하는 데 좋은 조건을 제공했다.

사실 1987년 6월 민주항쟁 이후 한국 사회는 15여 년의 민주주의 이행 과정을 겪고 있다. 민주주의 사회로의 이행과 정착 과정이다. 이것은 민주적 지배의 구축 과정이라고 해야 할 것이다. 그런데 이 이행 과정은 역동적이고 혼란스럽기까지 할 정도로 개방적으로 전개되고 있다. 여기에는 과거 권위주의 세력이나 성장주의 세력이 갖는 정치적 지배력도 제한되어 있다. 이는 과거 유산에 상대적으로 더 적게 얽매인 사회이기 때문이다.

마지막으로 이 글에서 풍부한 사실적 분석들이나 박정희 시대에 관한 많은 풍부한 연구들을 포괄하지 못하였고 이론적 프레임에 기초하여 기존 사실들을 종합적으로 재해석하는 데 초점을 맞추었기 때문에, 풍부한 사실적 기초의 보완은 추후로 미루어야 한다는 점을 지적해두어야 할 것 같다. 또한 강압과 동의에 대한 내 나름의 새로운 분석에도 불구하고 이것을 박정희 시대의 순응적 침묵 등으로 성격 지어지는 '회색 지대'를 분석하는 데 어떻게 적용할 것인가 하는 점은 여전히 과제로 남는다.

대중독재와 포스트 파시즘
─조희연 교수의 비판에 부쳐*

임지현(서강대 사학과 교수) · 이상록(국사편찬위 편사연구사)

1. 냉전 담론과 '악마론'

독재 권력에 대한 한국 사회의 이해는 참으로 소박하다. 좌/우의 첨예한 정치적 대립에도 불구하고, 한국의 전통적 좌파와 우파는 근대 독재 체제를 이해하는 데 소박한 악마론demonology적 코드를 공유한다. 그것은 악마적 지배 권력의 억압성과 수탈성, 반민족성과 반민중성을 강조하고 선량한 민중의 고통과 저항을 그것의 대립항으로 배치하는 단순한 이항 대립적 회로판에 근대 권력의 복합적 현실을 가두어버린다. 한반도의 현대사와 독재 권력을 이해하는 좌파와 우파의 차이는 인식론적 코드가 아니라 악마론적 코드의 단순 회로판에 꾸겨 넣는 현실의 대상인 것이다. 전통 우파가 북한의 유일 체제나 동유럽의 현실사회주의를 대상으로 삼는다면, 전통 좌파는 파시즘과 나치즘 그리고 박정희의 개발독재 체제를 겨냥할 뿐이다. 냉전의 논리가 강요하는 정치적 진영의 입장

---

* 《역사비평》 68(2004)에 발표되었던 글이다. 이상록이 한국 현대사를 다룬 3절을, 임지현이 나머지 절을 분담 집필했다. 임지현과 이상록은 각각 자신이 집필한 부분의 원고에 대해 일차적인 책임이 있으나, 원고에 대한 최종적인 책임은 임지현에게 있다.

에 따라 우파 독재와 좌파 독재를 억압과 강제의 단순 논리에 꿰어 맞추기 위해서는 권력에 대한 악마론적 시각이 불가피하다. 그것은 불가피한 정도가 아니라 자신의 정치적 입장을 정당화하기 위한 개념적 소도구로 적극 활용된 측면도 없지 않다. 냉전 담론에 포박되어 좌/우 독재에 대한 악마론적 해석을 고수하는 이들에게 대중독재 패러다임의 문제 제기가 불편하게 느껴지는 것은 어찌 보면 당연하다.

물론 이것은 한반도에만 고유한 현상은 아니다. 시야를 한반도에서 20세기 세계사로 넓혀보면, 20세기 독재에 대한 한반도의 주류 담론은 세계사적인 냉전 구도 속에 편입되어 있다는 점이 뚜렷하게 드러난다. 먼저 북한과 현실사회주의에 대한 전통 우파의 악마론적 해석은 파시즘과 현실사회주의를 한데 묶어 자유민주주의의 역사적 정당성을 확보하려 한다는 점에서 '전체주의'의 패러다임에 많이 기대고 있다. 전체주의는 개인의 자유와 자율성을 보장하는 자유민주주의 체제에 대한 반동으로, 국가의 테러와 폭력 그리고 억압으로 일관된 강압적 정치 체제라는 것이다. 다른 한편으로 박정희 체제나 파시즘에 대한 전통 좌파의 해석은 다양한 변종에도 불구하고 기본적으로는 위기에 빠진 독점자본주의 혹은 금융자본주의의 반동적 발현이라고, 파시즘을 해석하는 마르크스주의의 시각을 공유한다. 이 해석은 사회주의 대 자본주의라는 대립 구도를 사회주의 대 파시즘이라는 대립 구도로 뒤바꾸어 놓음으로써 현실사회주의의 역사적 정당성을 강조하는 이데올로기로 전화한다. 자신의 정치적 대립물을 파시즘과 한데 묶어 정치적 악마로 차치하고 반사적으로 자신의 정치적 정당성을 확보한다는 점에서, 전체주의 패러다임과 마르크스주의 패러다임은 닮은꼴이다. 이 닮은꼴은 여전히 이데올로기적 냉전 논리에 사로잡혀 있는 한반도의 전통 우파나 전통 좌파에게서도 그대로 재현된다.

세계사적 차원의 탈냉전에도 불구하고, 한반도에서는 근대 독재에 대한 냉전 담론의 악마론적 서사 구조가 여전히 건재하다. 북한을 악의 축으로 믿는 부시 행정부의 기조나 북한에 대한 인도주의적 원조마저 악마 살찌우기로 보는 남한 극우 보수 세력의 담론이 그 한 축을 이룬다면, 유신 체제에 대한 대중의 동의를 지적하는 '대중독재'론에 대해 민중을 파시스트로 돌리고 적으로 간주하며 극우와 '내통'하는 논리라는 남한의 전통 좌파들의 강변 또한 다른 한 축을 구성한다. 냉전 담론을 구축했던 두 적대적 이념이 부딪치는 첨예한 갈등의 이면에는 악마론의 한 지붕 아래서 펼쳐지는 기묘한 동거 구조가 자리 잡고 있는 것이다. 그러므로 1990년대 중반 폴란드의 극우 반공 지식인들이 현실사회주의 체제에 대한 대중의 지지와 동의를 지적하는 연구에 퍼부은 히스테리와 대중독재 패러다임에 대한 남한의 이른바 좌파 지식인들의 비판적 수사가 일치한다고 해도 새삼 놀랄 일은 아니다. 강제와 억압을 일방적으로 강조하는 악마론적 코드를 공유하는 한, 남한의 좌파와 폴란드의 우파는 이념의 장벽을 뛰어넘어 근대 독재를 이해하는 동일한 논리를 구사할 수 있는 것이다. 또 반대로 골드하겐 논쟁에서 드러났듯이, 나치즘의 역사적 이해에서 이스라엘의 시온주의자들과 독일의 교조적 좌파들이 평범한 독일인들의 동의와 공범성을 일방적으로 강조하는 담론적 틀을 공유하는 것도 같은 맥락에서 이해된다.[1]

---

1) 골드하겐 논쟁에 대해서는 이진모, 〈나치의 유대인 학살과 평범한 독일인의 역할〉, 《역사비평》 42(1998) 참조. 골드하겐의 테제에 대한 보다 신랄한 비판은 N. G. Finkelstein · R. B. Birn,《재판정에 선 민족 : 골드하겐 테제와 역사적 진실A Nation on Trial : The Goldhagen Thesis and Historical Truth》(New York, 1998)을 보라.

근대 독재에 대한 악마론적 코드의 특징은 국가 기구의 폭력을 통한 강제와 억압에 일방적으로 초점을 맞추고 있다는 점이다. 그것은 '소수의 사악한 가해자'와 '다수의 선량한 피해자'라는 이분법과 짝을 이루면서 민중은 순결한 희생자이자 영웅적인 투쟁과 저항의 주체여야 한다는 영웅주의적 코드와 결합한다. 우파보다는 좌파의 악마론에서 더 잘 드러나는 이 영웅적 민중주의에는 저항과 투쟁을 포기하고 파시즘의 헤게모니에 포섭된 민중이 자리할 데가 없다. 이들은 진정한 민중이 아니라 '의식이 성숙되지 못한', '지배 계급에 포섭된', '즉자적' 민중으로 배제되고 타자화된다. 즉 선험적으로 규정된 올바른 민중상이 있고, 그 상에 어긋나는 민중은 기껏해야 계몽의 대상으로 보거나 계몽조차 불가능하다면 배제해버리는 엘리트주의의 위험성이 존재하는 것이다. 그것은 20세기 대중사회의 도래와 더불어 역사 무대의 전면으로 등장한 대중을 '지배'의 수동적 객체로 전제함으로써, 사실상 위로부터의 시각을 대변할 뿐이다. 악마론적 코드에서 벗어나지 못하는 한, 좌파적 해석은 그 선명한 민중주의의 기치에도 불구하고 내용적으로는 반민중주의로 전락할 위험성을 안고 있는 것이다.

이들의 기대와는 달리 대중독재 패러다임이 파악하는 역사 현실의 민중은 유동적이다. 민중의 일상적 삶은 국가 권력이 침투하지 못하는 자율적 일상 세계와 '생활 세계의 식민지화'로 표현되는 권력의 '내적 식민지'의 경계를 넘나드는 유동적인 것이다. 이 유동성이야말로 곧 민중이 세계를 전유하는 방식이며, 그것은 숭고한 민중주의의 기치 아래 좌파 엘리트들이 기대하고 믿는 민중의 추상적 행동 양식과는 다를 수밖에 없다.[2] '강제와 동의' 혹은 '억

2) 민중주의의 반민중성에 대해서는 임지현, 〈일상적 파시즘 다시 읽기〉, 《이념의 속살》(삼인, 2001), 89쪽.

압과 저항'의 이분법에 대한 대중독재의 비판적 시각은 바로 이러한 민중적 삶의 유동성을 비판이나 계몽의 대상으로 보지 않고 있는 그대로 끌어안으려는 노력의 산물이다. 그것은 "일상에서의 저항이 체제 전체에 대한 동의와 공존하기도 하고, 나치(독재)를 지지하는 원천으로서의 근대성이 저항의 동력이 되기도 하는 등 지배에 포섭된 저항과 저항을 낳는 지배의 복합적 현실"[3]에 주목한다. 왜냐하면 그 복합적 현실이야말로 "소비자면서 동시에 생산자인 대중의 양면성이 만들어내는 (역사의) 역설"[4]이기 때문이다. 좌파의 악마론이든 우파의 악마론이든 선악의 도덕적 이분법으로 근대 독재를 재단하는 한, 현실 속에서 살아 움직이는 민중적 삶의 역동성이 만들어내는 복합적 현실은 결코 파악할 수 없는 것이다.

2. '혐의'의 정치학과 '오독'의 논리학

조희연의 비판은 대중독재론을 '진보적 관점에서 수용하는 새로운 분석 틀을 구성'[5]하려는 의도에서 출발한다는 점에서 일단 고무적이다. 텍스트 분석도 없이, 심지어 읽지 않아도 다 알 수 있다는 식인, 일부 좌파의 이미지 비판과는 지적 성실성 면에서도 질을 달리한다. 기존의 진보 담론에서 '운동의 언어'가 '분석의 언어'와 동일시되어 총체적 분석이 이루어지지 않았다는 자기 성찰

---

3) 임지현, 〈'대중독재'의 지형도 그리기〉, 임지현·김용우 엮음, 《대중독재—강제와 동의 사이에서》, 23쪽.

4) 임지현, 〈'대중독재'의 지형도 그리기〉, 23쪽.

5) 조희연, 〈박정희 시대의 강압과 동의—지배·전통·강압과 동의의 관계를 다시 생각한다〉, 《역사비평》 67(2004), 136쪽.

이나 다양한 명도의 회색 지대와 체제 동의의 측면, 대중의 복합성 등에 대한 그의 언급은 소박한 도덕주의가 제공해주는 자기 위안에서 벗어나 긴장된 역사적 현실에 직면하고자 하는 한 지식인의 의지와 용기를 잘 드러내준다. 남한의 개발독재에 대한 그의 주장은 많은 좌파 지식인들이 공유했던 악마론적 시각에서 벗어나 복합적 현실을 두껍게 읽으려는 시도로서 일단 주목된다. 이러한 자기 성찰의 바탕 위에서 다양한 성찰의 지점들을 친절하게 제시하고 나 스스로의 생각을 되돌아볼 수 있는 기회를 제공해준 데 대해서도 깊이 감사한다.

　그럼에도 끝내 좁혀질 수 없는 간격은 있다. 그것은 조희연이 대중독재 패러다임에 걸고 있는 정치적 혐의다. 조희연의 표현을 빌리면, 그것은 "파시즘 자체의 헤게모니를 당연시하는 오류"와 "우익화할 위험"이다.[6] 그래서 그의 글은 "(대중독재론이) 기존의 진보적 분석에 제기하는 공백 영역을 어떻게 진보 분석의 확장을 통해 포괄할 수 있을 것인가 하는 문제의식"[7]에서 출발한다. 대중독재론의 문제 제기를 우익화할 정치적 위험성에서 건지겠다는 그의 정치적 선의는 일단 감사하지만, 대중독재론의 우익화에 대한 정치적 혐의는 수긍하기 어렵다. 근대 독재에 대한 기존의 좌파 해석이 갖는 한계와 문제점에 대한 대중독재론의 지적이 우파 지식인들에 의해 "파시즘 비판 논리의 확장이 아니라 파시즘 정당화 논리의 징검다리로 활용"[8]되었다면, 그것은 텍스트의 문제가 아니

---

6) 조희연, 〈박정희 시대의 강압과 동의―지배 · 전통 · 강압과 동의의 관계를 다시 생각한다〉, 139쪽.

7) 조희연, 〈박정희 시대의 강압과 동의―지배 · 전통 · 강압과 동의의 관계를 다시 생각한다〉, 143~144쪽.

8) 조희연, 〈박정희 시대의 강압과 동의―지배 · 전통 · 강압과 동의의 관계를 다시 생각한다〉, 143쪽.

다. 조희연 자신이 지적하듯이 그것은 '논리의 왜곡과 비약'일 뿐이다.[9] 설사 그렇다 해도 이미 저자의 손을 떠난 텍스트를 독자들이 어떻게 읽는가는 그들의 자유에 속하는 문제다. 독자들의 다양한 독해 방식에 대해 저자의 책임을 물을 수는 없는 일이다. 그러나 문제는 우파 지식인들의 아전인수 격 독해만이 아니다. 악마론의 주술에 사로잡혀 독재 권력에 대한 소박한 도덕적 비판에 안주해온 '보수적 좌파'의 이론적 불성실이 문제를 부추긴 면도 있다. 대중독재론에 대한 좌파의 독해는 '우경화'의 정치적 혐의에서 출발함으로써, 사실상 우파 지식인들의 독해 방식을 추인하고 있는 것이다. 속류 마르크스주의자들의 구구한 해석에 대해 "나는 마르크스주의자가 아니다"라고 선언할 수밖에 없었던 마르크스의 속사정이 새삼 절실하게 이해될 뿐이다. 마르크스의 패러디를 용서한다면, "나는 대중독재 패러다임의 창안자이지만, 조희연이 이해하는 대중독재론자는 아니다".

새삼 "저자는 죽었다"라는 선언을 되풀이하자는 것은 아니다. 조희연이 대중독재에 대해서 걸고 있는 '혐의'의 정치학이 지니는 문제를 짚어보자는 것이다. '진보' 혹은 '좌파'의 명분을 스스로 선점한 자가 자신과 다른 견해에 '보수' 혹은 '우파'라는 딱지를 붙임으로써 지식-권력을 행사하는 전통 좌파의 상투적 관행이 그의 '혐의'의 정치학에서 느껴지기 때문이다. 사회주의 운동사에서 흔히 목격되는 전통 좌파들의 이 독특한 권력 행사 방식은 자신만이 올바른 이성을 독점하고 있다는 착각으로 실천의 리얼리즘을 실천의 형이상학으로 왜곡시킨다는 점에서도 묵과할 수 없다. 전

---

9) 조희연, 〈박정희 시대의 강압과 동의―지배·전통·강압과 동의의 관계를 다시 생각한다〉, 143쪽.

통 좌파의 지식 권력을 관통하는 이 혐의의 정치학은 텍스트를 혐의에 묶어두기 위해 '오독'의 논리학을 낳는다는 점에서, 논쟁의 생산성을 위해서도 짚고 넘어가지 않을 수 없다. 조희연이 제시한 다양한 성찰의 지점들이 텍스트에 대한 오독 때문에 그의 고민만큼 가치를 발하지 못한다면, 그것은 오독의 문제일 뿐만 아니라 그 오독을 낳은 혐의의 문제이기도 한 것이다. 물론 "진보적 담론의 한계성을 비판하는 논의가 보수적 담론의 일부로 편제되지 않도록 하는 적극적인 고민이 필요할 것"[10]이라는 조희연의 지적은 극히 온당하다. 그 고민은 나 자신이나 조희연 자신, 그리고 진보적 담론을 구축하고자 하는 모든 이들에게 주문하는 것으로 받아들이겠다. 앞서 언급했지만, 대중독재론에 대한 조희연의 비판 자체가 이미 그러한 고민의 일단을 내비치고 있어 고무적인 것이다.

그러나 그의 이 건강한 고민은 대중독재론에 대한 혐의의 정치학에 포박됨으로써, 더 생산적인 논의의 장으로 전진하지 못하고 대중독재 텍스트에 대한 의도적(?) 오독을 낳은 것이 아닌가 한다. 더 정치하고 발전된 논쟁의 장으로 들어가기 위해서는, 우선 가장 기본적이고 기초적인 텍스트 분석과 비판을 통해 단순한 오독을 바로잡는 것이 필요할 것이다. 이 글에서는 먼저 비판의 출발점이라고 할 수 있는 대중독재론의 분석의 성찰 지점에 대한 조희연의 분석을 주로 대중독재 텍스트의 직접 인용을 통해 재검토하고, 텍스트에 대한 그의 오독을 지적하고자 한다. 그의 비판이 텍스트에 대한 명백한 오독에서 출발하고 있다면, 그가 대안으로 제시한 '지배에서 강제와 동의를 분석하기 위한 이론 틀'에 대해서는 굳

---

10) 조희연, 〈박정희 시대의 강압과 동의—지배 · 전통 · 강압과 동의의 관계를 다시 생각한다〉, 143쪽.

이 언급할 필요를 느끼지 못한다. 대중독재론에 대해 조희연이 걸고 있는 정치적 혐의를 벗겨놓고 보면 별반 새롭지도, 크게 다르지도 않기 때문이다. 조희연의 건강한 고민을 부정하자는 것이 아니라 혐의의 정치학과 오독의 논리학이 맺고 있는 공범의 고리를 깨트림으로써, 그와 나의 고민이 앞으로 진보적 담론을 구축하는 데 더 생산적인 논의로 발전했으면 하는 바람이 이 반비판의 출발점이다.

비판 1 : 조희연은 기존의 좌파적 논의가 "지배의 억압성을 강조하고자 한 것이지, 대중의 동의적 측면이나 억압과 투쟁으로 환원될 수 없는 다양한 측면들을 분석에서 원천적으로 배제하는 것은 아니었다"고 주장한다. 단지 "대중의 침묵과 중간층의 동조 같은 문제들이……비판 대상으로 설정되고 있을 뿐 분석 대상으로 설정되지 않았다는 한계를 갖고 있을 뿐"이라는 것이다.[11]

반비판 1 : 대중의 동의에 대한 분석이 전제되지 않은 비판은 기존의 좌파적 해석이 선험적 도덕론의 포로였음을 스스로 인정하는 것이다. "민중은 투쟁과 저항의 주체이자 순결한 희생자라는" '숭고한 민중주의'가 이 선험적 도덕론의 밑바닥에 자리 잡고 있다. 여기에는 권력을 거부하는 자율적 일상 세계와 권력의 '내적 식민지'의 경계를 넘나드는 민중의 일상적 삶을 이해할 수 있는 여지가 극히 제한되어 있다. 권력에 대한 저항이나 순응 모두 민중이 세계를 전유하는 방식이라는 밑으로부터의 시각 대신, 좌파 엘리트들이 만들어낸 저항하고 투쟁하는 민중상에 입각한 위로부터

---

11) 조희연, 〈박정희 시대의 강압과 동의—지배・전통・강압과 동의의 관계를 다시 생각한다〉, 138~139쪽.

의 시각이 지배적인 것이다. 따라서 저항과 마찬가지로 세계를 전유하는 방식으로서의 순응과 동의는 비판의 대상이 될 수밖에 없다. 위로부터의 시각이 만들어낸 당위적 민중상에 맞지 않는 민중적 삶의 방식은 '즉자적 민중' 등의 용어로 배제되고 타자화되는 것이다.[12] 대중의 침묵과 동조 등의 문제가 분석 대상이 아니라 비판 대상일 뿐이었다는 조희연의 고백이 무엇보다도 이 점을 잘 입증해준다. 내가 '(기존) 좌파의 분석이 보통 사람들을 파시스트의 공범자로 단죄했다고 본다'는 조희연의 주장은 잘못된 것이다.[13] 근거도 없이 과감하게 직접인용 부호를 붙인 의도가 무엇인지는 모르겠지만, 내 글 어디에서도 그런 구절은 찾지 못할 것이다. 내가 주장한 것은 저항하고 투쟁하는 주체로서의 당위적인 민중상에 사로잡혀 있을 때, "권력에 갈채를 보낸 민중의 역사적 책임을 묻는다거나 그들을 역사의 법정에 고발하겠다는 식의 엘리트주의적 발상"[14]의 위험성이 존재한다는 것이다. 대중의 동조나 침묵이 분석 대상이 아니라 비판 대상이었다는 조희연의 자기 성찰은 기존의 좌파적 해석이 가진 바로 이러한 위험성을 잘 입증해준다.

　비판 2 : "저항으로 환원되지 않은 대중의 '일상적' 삶이나 비저항적 혹은 묵종적 태도를 지배 헤게모니라고 일반화해버릴 우려"와 "강압의 내면화를 통한 적극적 동의 대중을 상정함으로써 파시즘 자체의 헤게모니를 당연시하는 오류로 발전할 수 있다"는 조희연의 우려가 기우임을 대중독재 텍스트가 잘 말해주고 있다.[15]

---

12) 임지현, 〈일상적 파시즘 다시 읽기〉, 89쪽.
13) 조희연, 〈박정희 시대의 강압과 동의―지배 · 전통 · 강압과 동의의 관계를 다시 생각한다〉, 139쪽.
14) 임지현, 〈파시즘의 진지전과 합의독재〉, 《이념의 속살》, 43쪽.

반비판 2-1 : 《대중독재—강제와 동의 사이에서》의 프롤로그 〈 '대중독재' 의 지형도 그리기〉에서 나는 이렇게 쓰고 있다. "사실상 대중은 독재 체제의 헤게모니적 공세에 수동적으로 포섭되는 존재는 아니다. 체제의 헤게모니에 대한 대중의 수용 방식은 체제와 자신을 일체화하는 적극적이고 전면적인 동의에서부터 수동적 동의, 부분적 · 선별적 수용, 타협적 순응, 무의식적 순응에 이르는 다층적인 모습을 나타낸다. 또 체제에 포섭된 것처럼 보이는 파시즘의 일상 세계와 동의의 구조 속에도 다양한 저항의 지점들이 파편적으로 존재한다. 혁명은커녕 저항의 여지조차 없어 보이는 '총체적으로 관리된 사회' 에 흩어져 있는 저항의 지점들은 지배와 저항의 이분법으로 찾아낼 수 있는 것이 아니다. 대중이 권력에게 보내는 갈채와 동의의 다양한 양상들을 해체하여 '복수화(複數化)' 할 때 오히려 지지와 동의 속에 잠재된 저항이 드러나는 것이다. 정치적 실천의 경험적 범주로서의 공개 표명된 동의consent와 체제 작동 원리로서의 합의consensus, 일상생활에서의 비순응적 저항Resistenz과 체제 전복적 정치 저항Widerstand, 실존적 저항과 이데올로기적인 지향을 갖는 저항이 구분되는 것이다. 대중독재 연구에서 '아래로부터의 역사' 의 시각과 방법론이 요구되는 것은 바로 이러한 이유에서다."[16] 그것은 조희연이 대안으로 제시한 '동의적 강압' 과 '강압적 동의' 라는 두 가지 유형보다 훨씬 복합적이고 분화된 분석 틀이다. 또 나는 같은 글에서 "우연한 군중을 특정한 방식으로 구조화하고 획일화하려는 권력의 욕망과 자신의 개별적인 고유성을 지키면서 상호 소통을 통해 공통성을 만들어가

---

15) 조희연, 〈박정희 시대의 강압과 동의—지배 · 전통 · 강압과 동의의 관계를 다시 생각한다〉, 139쪽.
16) 임지현, 〈 '대중독재' 의 지형도 그리기〉, 22쪽.

려는 '다중(多衆)'의 욕망이 부딪치는 전선이 곧 '대중'이라는 집합체 내부에서 형성되는 것이다"는 점을 분명히 밝힌 바 있다.[17] 그것이 조희연처럼 강압과 동의를 '양분법적 선택의 문제'나 상호 '배제적인 것'으로 읽을 수 있는지의 여부는 독자들이 판단할 일이다.

반비판 2-2 : 대중독재에 대한 비판과 동시에 《당대비평》에 발표한 다른 글에서 조희연은 남한 국가 권력의 노동자 계급에 대한 '탈주체화적인 해체 전략'을 언급하면서 "발전주의적 근대화 프로젝트가 전 국민적인 헤게모니 프로젝트로 일반화된다"고 쓰고 있다.[18] '헤게모니적 근대화 프로젝트'가 '일반화된다'는 조희연의 표현과는 달리, 나는 '지지와 동의 속에 잠재된 저항'을 어떻게 찾아낼 것인가에 대한 고민을 위의 글에서 토로한 바 있다. 나와는 대조적으로 조희연은 같은 글에서 1960년대의 노동자 계급을 '순응적 정체성'으로, 1970년대의 노동자 계급을 '저항적 감수성'으로 유형화하여 설명함으로써, 저항과 순응의 복합적 관계를 기계적으로 단순화시키고 있다.[19] 동의와 저항을 양분법적 선택의 문제나 상호 배타적인 것으로 보는 것은 오히려 조희연의 글이 아닌가 한다. 조희연의 논리대로라면, 지배 헤게모니를 일반화하고 파시즘의 헤게모니를 당연시하는 오류로 발전할 수 있는 위험성은 사실상 조희연의 글이 더 크지 않은가 한다. 물론 그의 논리를 따르면 그렇게 해석할 수 있다는 것이지, 조희연의 의도가 그렇다고 믿을 만한 근거는 없다. 한편 파시즘의 헤게모니를 직시하려는 노

---

17) 임지현, 〈'대중독재'의 지형도 그리기〉, 23~24쪽.

18) 조희연, 〈반공규율사회와 노동자 계급의 구성적 출현〉, 《당대비평》 26(2004), 202쪽.

19) 조희연, 〈반공규율사회와 노동자 계급의 구성적 출현〉, 207쪽.

력과 '당연시'하려는 시도는 전혀 다른 의미를 지닌다. 파시즘의 헤게모니를 극복하는 것은 우선 그것이 어떻게 관철되고 작동되는가, 또 어디에서 저항에 부딪치는가 하는 문제를 직시할 때 비로소 가능한 것이다. 파시즘의 헤게모니에 포섭된 대중을 단순한 비판의 대상으로 차치해버리는 순간, 그 헤게모니의 작동 메커니즘을 이해하거나 극복할 수 있는 가능성은 사라지는 것이다. 대중독재를 우경화하는 협의의 정치학에서 스스로의 의식을 해방시킬 때, 조희연에게 대중독재 텍스트는 새롭게 다가오지 않을까 한다. 그럴 때 비로소 대중독재론이 제기하는 진보적 분석의 공백 영역을 진보 담론의 생산적 구축을 위한 계기로 삼고자 하는 조희연의 문제의식도 실현될 수 있을 것이다.

비판 3 : "기존의 보수적 논리와 진보적 논리를 양비론적으로 규정 평가하는 점"에 대한 조희연의 우려는 대중독재 텍스트에 대한 그의 오독이 단순한 논리학의 문제가 아니라 협의의 정치학의 문제가 아닐까 하는 의심을 더 증폭시킨다. 더구나 "임지현은 기존의 분석이 범하고 있는 오류를 '도덕적 이원론', 즉 '찬양 일변도의 박정희 인식'과 '비판 일변도의 좌파적 박정희 인식'이라는 식으로 규정하고 있다"[20]는 대목에 이르러서는 정치적 혐의가 증거의 왜곡으로 발전하는 것이 아닌가 한다.

반비판 3 : 20세기 독재 체제에 대한 전체주의적 해석이나 마르크스주의적 해석에 대한 나의 비판은 둘 다 역사 현실을 이론의 볼모로 삼아 각각 자유민주주의와 현실사회주의를 정당화하는 체제

---

20) 조희연, 〈박정희 시대의 강압과 동의─지배 · 전통 · 강압과 동의의 관계를 다시 생각한다〉, 139~140쪽.

정당화의 논리라는 데 있다. 냉전의 구도에서 보면 전체주의적 해석=보수적 논리, 마르크스주의적 해석=진보적 논리라는 등식이 성립할지 모르겠지만, 사실은 양자 모두 체제 정당화의 논리라는 점에서 보수적 논리인 것이다. 내 논지는 보수적 논리와 진보적 논리 둘 다 잘못되었다는 양비론이 아니라, 양자 모두 체제 정당화의 보수 논리라는 것이다. 첨예한 이념적/정치적 대립 구도에도 불구하고, 두 해석이 모두 악마론의 한 지붕 아래에서 공생 관계에 있는 것도 그러한 이유에서다. 내가 기존의 분석 틀이 도덕적 이원론에 기초하고 있다고 비판한다는 조희연의 지적은 정확한 독해라고 생각된다. 그러나 그 도덕적 이원론의 내용이 '찬양 일변도의 박정희 인식과 비판 일변도의 박정희 인식'으로 규정되는 것은 명백한 사실의 왜곡이자 논리의 비약이다. 도덕주의적 이분법에 대한 나의 비판은 그것이 근대 독재 권력에 대한 악마론적 이해를 낳는다는 데 있다. '소수의 나쁜 그들과 다수의 결백한 우리'라는 그 이분법은 대중독재의 헤게모니와 그에 포섭된 대중의 동의라는 현상에 눈을 감아버린다는 데 문제가 있다는 것이 나의 문제 제기인 것이다. 내 표현을 그대로 빌리면, "20세기의 독재를 이해하는 데 중요한 것은 독재에 대한 인민의 지지를 비난하거나 그것에 눈을 감는 것이 아니라, 스스로에게 '왜', '어떻게'라고 질문을 던지는 것이다. 독재의 유산을 극복하는 첫걸음은 설익은 도덕주의가 아니라 역사적 현실을 설명하는 힘인 것이다".[21] 그것이 어떻게 민주화 세력과 독재 세력이 둘 다 민주화와 경제 성장에 각각 공이 있으니 둘 다 긍정적 평가를 받아야 한다는 논리와 유사한지 이해하기 어렵다. 어딘가 낯익은 이 논리는 대중독재의 텍스트가 아니

---

21) 임지현, 〈'대중독재'의 지형도 그리기〉, 19쪽.

라 민주화 주도 세력을 자처하면서 '국민 참여' 정부에 참여하고 있는 일부 인사들에게서 심심치 않게 발견되는 것이 아닌가 한다. 그것은 대중독재의 역사 현실과의 정면 대결을 회피하고 설익은 도덕주의로 도피하는 것이 초래할 수 있는 지적 파국의 생생한 예가 될 것이다.

비판 4 : 대중독재가 '모두가 공범자'라는 판단에서 "독재에 침묵하고 순응적 태도를 견지했던 민중과 독재라는 가해자의 구분을 모호하게 할 소지"와 '과거 청산을 희석(화)시킬 수 있는 가능성'이 있다는 조희연의 비판이나 '가해 민족'인 나치의 사례와 '피해 민족'인 식민지 민족의 사례를 준별해야 한다는 조희연의 생각은 지나치게 단선적일 뿐만 아니라 매우 위험한 사고다.[22]

반비판 4-1 : 대중독재가 갖는 역사 현실의 복합성을 고려하거나 한 사회가 과거와 대면하는 '기억의 정치학'이라는 관점에서 볼 때, 가해자-피해자의 단순 구도 위에서 '과거 청산'의 문제를 바라보는 것은 불완전할 뿐 아니라 위험하기까지 하다. 먼저 소수의 나쁜 가해자와 다수의 무고한 피해자를 구분하는 경계선이 흔히 생각하는 것보다 분명하지 않다는 것을 역사는 잘 말해준다. 몇 푼의 돈 욕심에 딸을 정신대 모집책에게 넘겨버린 조선의 평범한 가부장주의자 아버지나 징집령이 내려지기도 전에 일본군에 자원한 30만의 조선 청장년들은 근본적으로는 일본 제국의 피해자이면서 동시에 자신의 딸에 대한 또는 동남아의 원주민에 대한 제국의 억압 체제에 동조한 가해자이기도 한 것이다. 체코 현실사회주의의

---

22) 조희연, 〈박정희 시대의 강압과 동의—지배·전통·강압과 동의의 관계를 다시 생각한다〉, 140~141쪽.

대표적 반체제 인사였던 하벨이 보수 우파에게 '빨갱이'라는 누명을 뒤집어쓰면서도 구공산주의자들의 '인적 숙청lustracja'에 반대한 것도 같은 맥락에서다. "모든 사람이 나름대로의 방식으로 체제의 희생자이자 지지자이기 때문"이라는 것이다.[23] 그것이 곧 '모든 사람이 공범자'이기 때문에 역사적 범죄 행위에 대한 사법적 처단이 불가능하다는 것을 의미하는 것은 아니다. 피해자이면서도 가해자일 수 있다는 복합적 역사 현실을 드러내는 것일 뿐이다. 물론 명백한 반인간적 범죄 행위에 대해서는 공소 시효를 넘어 사법적 정의를 구현하는 것은 필수적이다. 그러나 사법적 심판에 만족한다면, 그것이야말로 '과거 청산을 희석시키는 것'일 뿐이다. 소수의 나치 전범자들에게 책임을 돌리고 대다수의 독일인들이 공유한 '나치 시절에 대해 말하지도 묻지도 않는 침묵의 공조'야말로 그 대표적인 예다. 그것은 결국 소수의 나치 전범자들에게 모든 역사적 책임을 돌림으로써, 나치즘에 동조하고 가담했던 평범한 독일인들에게 역사적/도덕적 면죄부를 부여하고 자신의 과거에 대한 성찰의 기회를 앗아 갔던 것이다.[24]

반비판 4-2 : '가해 민족'인 나치의 사례를 '피해 민족'인 식민지 민족의 경우에 기계적으로 적용해서 안 된다는 점에는 동의한다. 그러나 역사를 가해 민족 대 피해 민족이라는 민족의 범주로 파악하는 조희연의 사유 방식은 그 자신이 지배 이데올로기로서의 민족주의의 헤게모니에 포섭되어 있음을 잘 보여준다. 기억의 정치학이라는 관점에서 볼 때, 그보다 더 중요한 것은 희생자 혹은 피해자 의식이 함축하는 정치적 위험성이다. 역사적 피해를 계량화

---

23) 임지현, 〈'대중독재'의 지형도 그리기〉, 51~52쪽.
24) 노르베르트 레버르트 · 슈테판 레버르트, 《나치의 자식들》, 이영희 옮김(사람과사람, 2001), 192~195쪽.

하기는 싫지만, 그 고통이 한반도 민중의 고통보다 결코 작지는 않았을 폴란드 민족과 유대 민족의 예를 들어보자. 1941년 7월 10일 폴란드 동부 변경의 예드바브네라는 인구 3,000의 작은 마을에서 천 수백 명의 유대인 이웃들을 학살한 폴란드인들의 잔학 행위에 대해 역사가들뿐만 아니라 폴란드의 전체 지식 사회는 60여 년 이상 철저하게 침묵을 지켰다. 이들은 2차 세계대전 당시 600만이 희생당했다는 희생자 혹은 피해자라는 자기 규정에 갇힘으로써, 역사의 행위자들이 피해자이면서 동시에 가해자일 수도 있다는 복합적 현실에 눈을 감았다. 더 중요한 것은 희생자라는 역사적 자리매김이 주는 자기 정당화가 자신들의 과거에 대한 비판적 성찰을 가로막았다는 점이다. 그 결과 프롤레타리아 국제주의를 표방했던 '인민 폴란드'에서 '밑으로부터의 반유대주의'나 '유대인 없는 반유대주의' 등이 시민 사회 내에 깊이 뿌리박을 수 있었던 것이다.[25] 팔레스타인에 대한 이스라엘의 억압과 폭력이 정당화되는 것도 역시 세습적 희생자 의식 때문이다. 팔레스타인 소년들의 참담한 주검 앞에서 이스라엘의 젊은 군인들이 그토록 당당한 것도 자신을 여전히 홀로코스트의 세습적 희생자라 여기기 때문이다. 한편 세습적 희생자 의식은 식민지 세대가 겪은 고통을 담보로 한반도의 전후 세대가 손쉽게 면죄부를 획득하는 근거가 된다. 그것은 식민주의의 희생자가 되지 않기 위해서는 어떠한 행위든 도덕적으로 정당하며, 살아남기 위해 국가를 강화하는 길만이 정치적으로 옳다는 한반도 민족주의와 논리를 같이한다. 세습적 희생자 의식을 축으로 만들어진 집단적 기억은 결국 권력 담론으로서의

---

25) Jan T. Gross, 《이웃들 : 예드바브네 유대 공동체의 절멸*Neighbors : The Destruction of the Jewish Community in Jedwabne, Poland*》(New York, 2002)을 보라. 이에 대한 임지현의 서평을 《서양사론》 78(2003년 9월)에서 찾을 수 있다.

한반도 민족주의를 정당화하는 정서적 기제인 것이다.[26] 경우에 따라서는 '피해 민족'이라는 자기 규정이 '가해 민족'이라는 자기 규정보다 더 위험할 수도 있는 것이다.

비판 5 : "친일 청산이나 독재 세력 극복과 관련된 과거 청산이 '과잉' 상태가 아니라 '과소' 과거 청산 상태에 있다"는 조희연의 판단에는 유보적이지만, "대중독재론이나 한국 일상사론이 소수 친일파나 독재 부역자 규명 작업의 과거 청산에 한정되지 않고 식민지 시기와 파시즘 시기에 대한 진정한 성찰의 계기로 작용해야 한다고 생각한다"는 조희연의 제안에는 전적으로 찬동한다.[27] 문제는 '어떻게'이다.

반비판 5-1 : 해방 직후 '반민특위'의 해체로 인한 친일파 청산 작업의 실패나 한국 전쟁 당시의 양민 학살의 진상 규명, 그리고 무엇보다도 광주 민주화 항쟁의 책임자 처벌에 사실상 실패한 남한 사회의 역사적 경험에 비추어 볼 때, '과소 과거 청산'이라는 조희연의 주장은 일리가 있다. 또 "친일이나 친독재와 연속성을 갖는 세력이나 개인들이 제도적/비제도적 권력을 가지고 과거 청산을 제약하는 상황"이라는 조희연의 판단에도 대체로 동감한다. 그러나 '과거 청산'은 과소한지 모르겠지만 그에 대한 담론은 과잉이다. 그런데 담론의 과잉에도 불구하고, 내가 보기에는 장기적 관점에서 책임 있는 사회적 기억을 만들기보다는 정치적 계산 속에서

---

26) 이에 대해서는 임지현과 사카이 나오키의 대담집, 《오만과 편견》(휴머니스트, 2003)에 실린 임지현의 서문과 임지현, 〈지그문트 바우만 인터뷰 : 악의 평범성에서 악의 합리성으로〉, 《당대비평》 21(2003)을 보라.

27) 조희연, 〈박정희 시대의 강압과 동의—지배 · 전통 · 강압과 동의의 관계를 다시 생각한다〉, 141~142쪽.

인적 청산에 매달리고 있는 듯한 인상이 짙다. 정치가들이 주도하는 국회의 입법을 통해 과거를 청산하겠다는 발상은 한국 사회에 만연된 조급주의의 발로일 뿐이다. 과거에 대한 책임 있는 사회적 기억을 만들어가는 작업은 법 조항 몇 개로 이루어질 수 있는 것이 아니라, 다양한 각도에서 과거를 성찰적으로 조명하고 연구한 바탕 위에서만 가능할 것이다. 또 원칙적으로 과거는 심판의 대상이 아니라 드러냄의 대상이다. 사법적 심판을 통해 과거를 단죄하고 청산한다는 방식을 넘어 과거를 드러내서 살아 있는 사회적 기억으로 만들 때 과거는 극복될 수 있는 것이다. 하버마스Jürgen Habermas의 지적처럼 "오로지 진실로 충실한 기억의 작업을 통해서만 과거는 현재에 대한 강압적 지배력을 상실할 것이다".[28] '기억의 정치학'이라는 관점에서 볼 때, 지금 열린우리당을 중심으로 구축되고 있는 과거 청산의 담론이 과거에 대한 진정한 성찰의 계기로 작용할 수 있을지에 대해서 나는 회의적이다. 그것은 가해자 대 피해자라는 단선적 사고방식에 근거하여 소수의 친일파, 유신잔당, 신군부의 명령권자들에게 역사적 책임을 전가하고 열린우리당의 정치적 정체성을 정당화하는 기제로 발전할 소지가 크다. 자연히 자기 성찰의 기회를 스스로 박탈하는 셈이다. 또 이들에 대한 사법적 처리나 정치권의 역사적 심판을 통해 역사가 청산되는 것처럼 가정함으로써, 사실상 과거에 대한 성숙한 역사적 기억마저 청산하려는 것은 아닌가 하는 우려도 있다. 마치 중앙청을 해체하면 식민지의 과거가 청산되는 듯한 착각처럼……

---

28) Jürgen Habermas, 〈전후 독일은 자신의 과거를 어떻게 다루고 있는가On how postwar Germany has faced its recent past〉, 《상식 Common Knowledge》 5권(1996), 1쪽 ; 김용우, 〈이탈리아 파시즘—강제적 동의에서 문화적 동의로〉, 《대중독재—강제와 동의 사이에서》, 65쪽.

반비판 5-2 : 역사적 범죄 행위자에 대한 엄정한 사법적 추궁이 카타르시스를 통한 사회적 망각으로 이어지지 않기 위해서는 이들로부터 고백과 참회를 이끌어낼 수 있는 계기를 마련하는 것이 중요하지 않은가 한다. 만델라Nelson Mandela의 '진실과 화해 위원회'의 경험에 착안해 김근태 의원이 정치 자금 비리와 관련하여 제안했듯이, 이들의 고백과 참회를 이끌어내고 그것을 건강한 공적인 기억으로 전화하기 위해서는 법적 사면도 얼마든지 고려할 수 있는 것이다. 정치 자금 비리 관련자에 대한 사법적 처리가 정치 자금의 비리라는 과거를 청산했다고 믿는다면, 어처구니없을 정도로 순진한 발상이다. 당사자들의 고백과 참회를 통해 정치 자금 비리에 대한 전모를 밝히고 그것을 사회적 기억으로 만드는 대신 한국 사회가 택한 소수 관련자에 대한 상징적인 사법적 처벌은 나머지 다수 정치 행위자의 정치 자금 비리에 대한 면죄부를 부여한 꼴이다. 자기 성찰에서 나온 참회와 고백 대신, '나만 당해 억울하다'는 호소와 '제외되어 다행이다'라는 안도의 한숨만 들릴 뿐이다. 차원은 다르지만, 과거 청산의 문제도 비슷한 맥락에서 이해된다. 제국과 유신 독재에 대한 동조 혹은 수동적 동의와 1980년 5월 광주를 제외한 다른 지역의 무거운 침묵 등 '침묵의 공조'에 대한 자기 성찰을 통해 아픈 과거에 대한 책임 있는 사회적 기억을 만들어나갈 때, 조희연이 제안한 진정한 성찰의 계기가 마련될 것이다. 부끄러움이 없는 도덕성은 자신을 정당화하고 자기 성찰과 자기비판의 기회를 박탈할 뿐이다. '나는 이렇게 도덕성을 확보했고 이렇게 정의로운 이야기를 했으니 내 영혼을 지켰다'는 식의 작은 정의가 지배할 때, 과거에 대한 성찰적 집단 기억은 저 멀리 달아나는 것이다. 민주화 운동의 전력을 담보로 확신에 찬 작은 정의에 집착하는 과거 청산론자들은, 홀로코스트의 기억과 관련하여 바우만이 언급한 '부끄러움의 해방적 역할'이 무엇을 의미하는지 곱씹어볼 필요가 있다.

3. 박정희 체제의 '동의'에 대한 재해석

(1) 포스트-식민지적 지배의 단절/연속성과 평등주의적 전통

조희연은 1960년대 이후 박정희 체제의 성격을 지배구성적 관점에서 분석하기 위해 두 가지 전제를 들고 있다. 하나는 한국의 포스트-식민지적 지배가 '전통화한 지배'의 단절이라는 조건 속에서 구성되었다는 지적이고, 다른 하나는 역사적 · 언어적 · 인종적 · 문화적 동질성으로 인해 한국 사회에는 강력한 평등주의적 전통이 존재한다는 것이다.[29] 그러나 포스트-식민지적 지배가 전통화한 지배의 단절이라는 평가는 전통화한 지배를 어떻게 설정하느냐에 따라 정반대로 해석될 수도 있는 문제다. 이민족의 지배로부터 자민족 지배로의 전환이나, 천황제 이데올로기로부터 친미 반공의 민족주의 이데올로기로의 전환은 전통화한 지배로부터의 단절이라고 말할 수 있을지도 모르겠다. 그러나 해방 이후의 민족주의가 갖고 있는 유기체적 민족주의의 특성이 천황제의 민족주의와 유사하다는 점이나, 자민족 지배에서 보이는 국민 만들기의 과정이 일제 시대 '신민' 만들기의 방식을 그대로 답습하고 있다는 관점에서 보면 그것은 단절이 아닌 계승이다.

특히 지배를 사회문화적 측면에서 보면 1930년대 농촌 근대화

---

29) 조희연, 〈박정희 시대의 강압과 동의—지배 · 전통 · 강압과 동의의 관계를 다시 생각한다〉, 158~160쪽.

운동, 일제 말기의 전시 동원 체제, '신민'/국민 만들기의 장으로 서의 학교 교육 시스템 등이 해방 이후에도 꾸준히 부활하거나 지속되었음을 확인할 수 있다. 황국 신민의 서사와 흡사한 문법의 국민교육헌장이 부활된 사실이나, 농촌 진흥 운동과 유사한 새마을 운동의 부활, 행정 단위 말단까지도 철저하게 국가가 장악하려 했던 애국반 체제가 국민반–반상회로 이어진 모습, 전시 체제 말기에 나타난 징병제가 '신성한 국방의 의무'로서 보편화되는 모습 등 일제 시대와 해방 이후의, 특히 박정희 체제의 지배 구조는 단절성보다는 연속성이 훨씬 강하다고 생각한다.[30] 이렇듯 식민지적 지배와 박정희 체제의 지배를 단절이 아닌 연속으로 본다면 박정희 체제가 대중들에게 전혀 낯선 '신생 지배'로 다가갔다기보다는 좀더 익숙한 기성의 지배 질서나 사회적 규범들을 '근대화 프로젝트'로 재구축하면서 이에 대중들을 동원했다고 이해할 수 있다. 따라서 박정희 체제가 "지배의 안정적 동의 기반을 구축하는 데 훨씬 불리한 조건"이라는 조희연의 가설은 재고되어야 하며, 오히려 일본 제국주의라는 타자에 의해 식민지 조선에 강요된 '근대화·국민화' 및 총력전 체제하의 동원 경험은 박정희 정권기에 "우리 민족/국가"의 국민화·근대화 과정으로 새롭게 부활하면서 대중의 동의 창출을 더 용이하게 할 수 있는 역사적 조건으로 작용했다고 바꿔 생각할 필요가 있다.

다음으로 한국 사회의 강력한 평등주의적 전통이 지배의 동의 기반을 축소하는 요인으로 작용했다는 지적에 대해서도 다르게

---

30) 역사문제연구소, 〈특집—식민지 경험과 박정희 시대〉, 《역사문제연구》 제9호 (2002) ; 한국역사연구회 해방전후사회사연구반, 〈특집—미군정기 사회사 연구〉, 《역사와 현실》 제35호(2000) 등의 특집 기획은 식민지 시대와 해방 이후를 연속적으로 보려는 문제의식을 담고 있다.

보고 싶다. 물론 대중의 평등주의적 욕망이 박정희 정권의 근대화 과정에서 수반되는 불평등성을 문제 삼고 동의의 기반을 축소했던 측면도 있을 것이다. 그러나 대중의 평등주의적 전통은 황병주의 지적처럼 민족주의/국가주의로 회수되고 전유되었음을 인식하는 것이 중요하다고 생각한다. 황병주에 따르면, 대중의 평등주의적 압력을 박정희 정권은 지배의 언설로 바꾸어 불평등한 현실을 국가가 추진하는 근대화에 동참함으로써 극복할 수 있다고 선전했다. 근대화 과정에서 확대되는 현실의 불평등성은 민족주의와 발전주의로서 봉합되고 감추어졌으며, 나아가 사회적 불평등이 민족/국민적 평등에의 희구를 더욱 열렬한 것으로 바꾸기도 했다.[31] 즉 국가는 대중의 평등주의적 욕망을 흡수하여 지배 담론으로 활용했고, 그것은 균질적인 주체로서의 국민을 만들어가는 데 평등주의적 전통이 일정한 기능을 하였음을 의미한다. 박정희 체제 동의 창출의 핵심 열쇠가 '대중의 국민화'와 '민족 부활 신화의 재주술화' 과정에 있었음을 염두에 둔다면 조희연의 해석과는 정반대로 평등주의적 전통이 지배의 동의 기반을 확장시키는 요인이었다고 분석해야 할 것이다.

(2) 반공주의와 개발주의

1950년대 반공 동원 체제의 형성과 관련해서 조희연은 1950년대에 폭력적 강압의 기제 아래 반공주의가 대중의 수동적 동의를 받으며 작동하고 있었던 것으로 설명했다.[32] 내전의 공포로 인해 일체의 공적 저항이 불가능했던 조건 때문에 1950년대에 반공주

<hr>

31) 황병주, 〈박정희 체제의 지배 담론과 대중의 국민화〉, 479~490쪽.

32) 조희연, 〈박정희 시대의 강압과 동의—지배 · 전통 · 강압과 동의의 관계를 다시 생각한다〉, 164쪽.

의가 다분히 강압적이고 폭력적이었다는 그의 지적에는 찬성한다. 그런데 조희연은 1950년대의 반공주의가 대중의 능동적 동의로 발전할 수 없었던 원인을 반공주의 자체의 내적 모순 때문이라고 주장한다. 그 내적 모순이란 북을 적대시하지만, 단일 민족 국가를 이룩하기 위한 통일의 과제가 민족주의적 정서 속에 존재함으로써 반공이 민족주의적 딜레마에 빠지게 됨이라고 그는 설명하고 있다.[33] 이러한 분석에 대해서는 동의할 수 없다.

한국전쟁 이후 북을 적대시하는 남한의 반공주의는 단일 민족 국가를 이룩하기 위한 통일의 과제와 딜레마에 빠지기보다는 교묘하게 접합되어, 어릴 때부터 반공 교육을 철저하게 받고 자란 세대들은 '통일'과 '반공' 사이에 어떤 모순과 충돌도 느끼지 않고 자연스럽게 받아들일 수 있었다. 특히 이승만은 '문명/야만'의 대립 쌍과 '식민/독립'의 대립 쌍을 통해 반공 이데올로기를 구성했다. 그는 '공산주의 = 야만 = 반민족/자본주의 = 문명 = 민족'이라는 의미 연쇄를 통해 반공주의를 남한에 정착시키고자 했고, 또 '찬탁 = 반민족주의/반탁 = 민족주의'라는 이항대립을 확장하여 '공산주의 = 식민 = 반민족주의/반공 = 독립 = 민족주의'라는 이항대립을 활용하는 헤게모니 전략을 구사하기도 했다.[34] 이는 남한의 반공주의가 철저히 민족주의 담론 속에서 작동했음을 의미한다. 한국전쟁 이후 시민 종교 신념 체계의 '전면으로' 냉전적 반공주의가 부각된 대신, 민족주의는 냉전적 반공주의의 '내부로' 침투해 들어갔다는 강인철의 지적도 같은 맥락에서 이해할 수 있겠다.[35]

---

33) 조희연, 〈박정희 시대의 강압과 동의—지배·전통·강압과 동의의 관계를 다시 생각한다〉, 165쪽.

34) 김정훈, 〈남북한 지배담론의 민족주의 비교연구〉(연세대 사회학과 박사학위 논문, 2000), 54~55쪽.

1950년대뿐만 아니라 1960~1970년대에도 반공주의를 이해하
는 데에서 관건은 대중이 그에 대해 어떤(수동/능동) 동의와 지지
를 보냈느냐에 있는 것이 아니라, 반공주의를 통해 지배 담론이 어
떻게 구성되고 사회가 어떻게 규율화되며 지배 체제가 요구하는
새로운 인간형이 어떻게 만들어지고 있는가를 들여다보는 것이
다. 1960~1970년대에 이르면 '반공'은 촘촘한 그물망처럼 대중
속에서 작동하고, 거역할 수 없는 윤리이자 소명으로 구축된다.
1968년에 있었던 '무장 공비의 이승복 살해 사건'은 강원도 산골
에 사는 열 살 어린이까지도 총칼의 공포를 두려워하지 않는 맹목
적 반공 주체로 만들어져 있음을 적나라하게 보여주는 사건이다.
또한 이후의 이승복 영웅 만들기 과정은 반공주의가 어떻게 재생
산되고 숭배되는지를 보여준다. '반공주의'와 '개발주의/발전주
의'에 대한 조희연의 분석은 다분히 구조적인 개념적 정의로부터
출발한다. '반공 동원 체제'라든지 '권위주의적 반공·개발 동원
체제'와 같은 개념들이 그것인데, 그 연원은 '반공 규율 사회'와
'국가주의적 발전 동원 체제'로 한국 현대사를 분석한 그의 다른
연구에서 찾을 수 있으며 여기에 개념의 외연과 내포가 더 명확히
나타나고 있어 몇 구절을 인용해보도록 하겠다.[36]

　남한은 "냉전과 내전의 특수한 결합으로 인하여 반공 이데올로기가
'의사 합의pseudo-consensus'로 내재화된 특유한 우익적 사회"라고 할
수 있는데, 필자는 남한의 특수한 계급적 사회적 조건, 즉 계급 관계의

　35) 강인철, 〈한국전쟁과 사회의식 및 문화의 변화〉, 한국정신문화연구원 엮음, 《한국
전쟁과 사회구조의 변화》(백산서당, 1999), 235쪽.
　36) 조희연, 〈한국의 경제성장과 정치변동— '반공규율사회'와 '국가주의적 발전동원
체제'의 형성, 균열, 위기 및 재편의 과정〉, 《성공회대학논총》 제13호(1999).

독특한 정치사회적 구성을 개념화하기 위하여 '반공 규율 사회'라는 개념을 사용하고자 한다. 전쟁과 1950년대 국가적 테러를 통하여 형성된 반공 규율 사회는 냉전의 논리가 내전이라는 독특한 역사적 경험을 통하여 내적인 의사 합의로 전화되고 그것이 개인 및 집단 간의 사회적 관계와 행위를 우익적으로 규정하고 있는 사회라고 할 수 있다.[37] (강조는 인용자)

'국가주의적 발전 동원 체제'라 하였을 때 그것은 발전을 향한 국가 주도적인 총동원화가 이루어진 것을 의미한다. 정치사회적 동원화의 과정으로 성장을 상정할 때, 성장은 성장이라는 목표를 향하여 사회의 인적 자원과 물적 자원을 동원화하는 것과, 나아가 성장이라는 목표를 향하여 사회 성원들을 통합화되는, 혹은 국가를 중심으로 하는 발전 프로젝트(국가 헤게모니 프로젝트)를 통한 사회 성원의 통합화를 달성하는 것을 포함한다……성장을 중심으로 하는 물적·인적 동원화는 성장이라는 목표를 향한 사회 성원의 합의와 그를 중심으로 하는 통합이 달성되지 않는다면 효과적으로 추진될 수 없다.[38] (강조는 인용자)

조희연이 규정한 반공 규율 사회와 국가주의적 발전 동원 체제는 위의 인용문에서 확인할 수 있듯이 반공주의와 발전주의에 대한 대중(사회 성원)의 합의 내지 의사 합의가 전제된 개념이라는 특징을 보인다. 애초 조희연이 제기한 개념 정의를 따르자면, 1950년대의 '반공 동원 체제'나 1960~1970년대의 '반공·개발

---

37) 조희연, 〈한국의 경제성장과 정치변동— '반공규율사회'와 '국가주의적 발전동원 체제'의 형성, 균열, 위기 및 재편의 과정〉, 20쪽.
38) 조희연, 〈한국의 경제성장과 정치변동— '반공규율사회'와 '국가주의적 발전동원 체제'의 형성, 균열, 위기 및 재편의 과정〉, 18~19쪽.

동원 체제'는 모두 반공주의나 개발주의에 대한 대중의 합의 내지 의사 합의가 내포된 개념이어야 했다. 그런데 《역사비평》 67호 (2004년 여름) 원고에서는 '합의'라는 용어는 거의 사라졌고, '동의'라는 용어로 그것이 대체되어 나타나고 있다. 그것은 아마도 합의라는 용어가 갖는 강한 뉘앙스를 피하고, 동의라는 말로 대체하여 그것을 억압과의 관계 속에서 설명하며 대중의 동의 정도를 재평가해보려는 연구자의 새로운 의도가 깔려 있었기 때문이 아닌가 추측된다. 만약 그런 의도가 깔려 있었다면 그런 변화는 연구자의 개념 구사가 보다 세심하고 세밀해진 것으로 높이 평가할 수 있을 것이다.

그런데 문제는 조희연이 취하는 대중의 동의에 관한 분석 · 평가 방식에 있다. 사실 서유럽 파시즘 연구에서 동의의 문제가 부각된 연구사적 맥락은 '위로부터의 파시즘 해석'에 대한 반발로부터 출발한 데 있다. 동의의 의미가 제대로 짚어지기 위해서는 아래로부터 지배의 의미를 뒤집어보는 관점의 전환이 필수적일 텐데, 공교롭게도 조희연의 글은 전형적인 '위로부터의 관점'에서 분석이 이루어지고 있으며, 경험적 연구 이전에 대중의 동의 여부는 이미 연구자의 머릿속에서 판가름이 나버렸다. 균질적이면서도 분열적인 대중들의 지배에 대한 다양한 반응들을 연구자가 면밀히 살피면서 동의의 정도나 그 성격을 평가해야 비로소 독재 체제에 대한 역사화가 가능해지지 않을까?

공식 영역에서의 거센 저항 운동이 드러나지 않는 국면에서는 대중이 '능동적 동의'를 보냈다고 하고, 격렬한 저항 운동이 나타나고 강압의 강도가 증대되는 국면에서는 동의가 '수동적'으로 바뀌거나 '협소해진다'는 식의 평가는 지극히 일면적이다. 문제는 대중의 의지가 수동적이냐 능동적이냐를 확인하는 데 있다기보다는 어떤 역사적 맥락 속에서 대중의 동의가 나타나고 있느냐, 동의의 이면에 어떤 불만이나 잠재된 저항의 요소가 존재했던 것은 아니냐는 문제들을 파헤치는 데 있을 것이다. 또한 동의에 대한 탐구는 권력이 행사될 때 작동하는 효율성·합리성과 억압성의 양면성을 살피는 작업인 동시에 합리적 요소만이 아닌 신화적 요소들을 끌어들여 정치종교화하려 했던 근대적 지배의 문화적 양상을 분석하려는 시도로 이어져야 할 것이다.

사실 박정희 정권의 지배 동의 구조를 반공주의와 개발주의에서만 구하는 것 자체가 너무 단조롭다. 그러한 방식은 연구자의 의도와는 무관하게 허위의식으로서의 지배 이데올로기 분석 차원에서 위로부터 부과된 반공주의와 개발주의를 대중들이 얼마나 내면화했고, 이에 몇 퍼센트 정도 동의하고 있었느냐의 문제로 환원될 가능성이 크다. 그러나 이데올로기는 신화적 구조를 통해 환상과 욕망을 확산하는 담론의 재생산 체계로 이해할 필요가 있다.[39] 또한 대중의 동의 문제는 철저하게 대중의 생활 세계, 일상과의 관계 속에서 질문되어야 한다. 대중의 입장에서 볼 때 지배는 어떻게 가능했으며, 그것은 대중의 삶에 어떤 변화를 불러일으켰는가, 독재 체제가 대중에게 매력적으로 기능했던 메커니즘은 무엇이었고 대중이 반발한 지점은 도대체 어디인가에 대한 질문을 포함하는 것이다. 이를 포착하기 위해서는 단순히 대중의 투표 성향이나 정치적 입장이 어디에 있었는가를 찾는 일보다, 대중의 일상과 문화의 정치성을 파헤치는 작업이 필요하다.

이러한 문제의식과 방법론의 추구가 곧바로 박정희 정권의 지배

---

39) 김용우, 〈파시즘이란 무엇인가?—"새로운 합의"의 성과와 한계〉, 《서양사론》 제75호(2002), 130쪽.

에 대한 대중의 '전면적 동의'로 귀결되어야 함을 의미하는 것은 당연히 아니다. 오히려 대중의 동의 속에 존재하는 틈새를 찾아내고, 새로운 저항의 가능성을 모색하며, 동의의 기제와 그것을 떠받치고 있는 '근대성'에 대한 근본적인 문제 제기를 포함하는 것이어야 할 것이다. 항상적 위기와 지속적인 강압의 시절이었음에도 불구하고 "박정희 대통령 시절이 좋았지"라고 회상하는 대중의 집단 기억이 어떤 역사적 맥락 속에서 만들어졌는가를 추적할 때, 이른바 '박정희 시대'를 보다 근본적으로 넘어서기 위한 토대가 마련될 수 있을 것이라 생각한다.

(3) 저항 운동의 이중성

1970년 전태일의 분신 이후 산업화 과정에서 수반되었던 여러 문제들이 수면 위로 떠올랐다. 장시간 저임금의 노동 조건, 비인격적인 상하 관계와 일상적 폭력, 어용 노조를 동원한 노조 건설 운동의 탄압 등은 노동자들을 저항의 대열로 내몰았다. 이는 분명 조희연의 지적대로 '1970년대 자본주의적 재생산의 균열'이라고 할 만한 것임에 틀림없다.[40] 그러나 저항의 대열에 참가했던 1970년대 노동자들이 '개발주의'나 '국가주의'로부터 얼마나 벗어나 있었는지는 의문이다. 전태일이 분신의 순간까지도 근로기준법의 준수를 요구하는 투쟁을 했던 점,[41] 1970년대 노동 쟁의가 임금 인상 요구 등으로 촉발되기보다는 남성 간부의 비인격적 폭력 등에

---

40) 조희연, 〈박정희 시대의 강압과 동의―지배・전통・강압과 동의의 관계를 다시 생각한다〉, 174~175쪽.

41) 전태일의 분신은 그 자체가 '개발주의'에 대한 노동자의 도전을 상징하고 예고하는 사건임에 틀림없다. 그러나 그의 저항의 원천은 처음부터 끝까지 국가가 만들어놓은 근로기준법에 있었다는 점이 동시에 고려되어야 한다.

서 비롯되었던 점, 사측의 탄압에 맞설 때 국가에 부당함을 청원하고 호소하는 양상이 많이 나타나는 점 등은 이 문제를 다시 생각해 볼 여지를 제공한다. 물론 이러한 투쟁의 과정 속에서 노동자들의 의식이 바뀌어가기도 하고, 반공주의와 개발주의에 크고 작은 균열을 불러일으킨 것도 사실이다.[42] 하지만 적어도 1970년대의 노동 운동에서는 '개발주의' 자체에 대한 전면적인 도전이나 '국가주의'를 뛰어넘는 인식과 기획이 표출되지 않았던 것으로 보인다.

조희연은 《역사비평》 67호에 실린 논문에서 1970년대의 저항 운동이 억압적 국가로 바꾸고 개발 체제의 헤게모니적 성격을 상실시키는 역할을 했다며, 강압의 전면화와 민중의 주체화라는 틀 속에서 지배에 장렬히 맞서 싸운 저항의 한 측면만을 부각시켰다. 그러나 《성공회대학논총》에 실린 논문에서는 다음과 같이 저항 운동의 이면과 한계를 함께 평가하고 있기도 하다.

이 시기(1970년대—인용자)의 저항 운동은 '반공 규율 사회의 기본 틀', '내재화된 반공'에 도전하는 운동으로까지는 발전하지 못하고 있다는 점을 지적할 수 있다. 예컨대 남한의 경우에서는 '반(反)북한'이라는 '성역'에 도전하지는 못하는 범위 내에서 낮은 수준의 생존권 요구, 낮은 수준의 정치적 민주주의를 요구하는 범위 내에서 발전 연합을 위협하고 있었다고 할 수 있다.[43]

---

42) 1977년 어느 잡지에 실린 여성 노동자 민종숙의 수기에는 "고도 성장이 서민 대중의 착취 위에서 이루어진다면 그러한 고도 성장은 하지 않았으면 좋겠다"며 개발주의를 비판하는 내용이 등장한다. 이러한 인식은 노동자들의 저항 담론 변화에 중요한 의의를 제공하는 것이지만, 1970년대 말까지 이러한 개발주의 비판론이 저항 운동의 전면에 등장했다고 보기는 어려울 것이다. 민종숙, 〈인간시장 : 평화시장에서 일하는 미싱사의 1일 체험수기〉, 《대화》(1977년 4월), 276쪽.

43) 조희연, 〈한국의 경제성장과 정치변동— '반공규율사회'와 '국가주의적 발전동원

"1970년대 노동 운동은 인간으로서의 삶의 호소였지 경제 투쟁이 아니었다"는 어느 노동 운동가의 자부심 어린 어조의 회고도 뒤집어 해석하면, 노동자들에게 '정상적인 노동 조건'만 충족되면 기꺼이 조국의 산업 역군이 될 수 있음을 암시하는 것으로 독해할 수 있을 것이다. 구해근의 지적처럼 "한국 노동자들이 자신의 산업 경험을 인식하는 데 영향을 끼친 지배적인 언어는 민족주의, 가족주의, 화합, 국가 안보 등 국가에 의해서 제공된 것"이었다.[44] 1970년대에 학생·노동자·농민 등은 저항 운동의 과정 속에서 분명 '민주주의'라는 대안적 인식을 쟁취했지만, 이를 두고 곧 조국 근대화 프로젝트에 대한 대중의 지지가 무너졌다거나 '민주주의' 담론이 '개발주의'를 대체했다고 말하기는 어려울 것이다. 마르크스주의를 수용하여 '개발주의'를 극복한 주체들이 본격 출현한 1980년대에도 대중의 의식 세계 속에서 개발주의는 뿌리 깊게 작동하고 있었다.[45] 즉 1970년대의 저항 운동이 사회 통합을 약화시키고 '개발주의'와 '반공주의'의 성격을 변화시키는 데 영향력을 행사하기는 했지만, 이들 저항 세력들이 국가와 대중이 맺고 있는 '개발주의'와 '반공주의'의 긴밀한 동의 구조 자체를 공격했던 것은 아니었다.

또한 1950~1960년대에 대표적인 진보 진영 잡지였던 《사상계》

체제'의 형성, 균열, 위기 및 재편의 과정〉, 56쪽.

44) 구해근, 《한국노동계급의 형성》(창작과비평사, 2002), 35쪽.

45) 이광일은 1980년대 마르크스주의를 수용한 급진 정치 세력의 비판조차도 성장·발전주의를 제어할 수 있는 효과적 담론이 되지 못했다고 했다. 그 이유는 1970년대 '비판적 자유주의의 발상'이 지배 권력의 발상과 본질적으로 크게 다르지 않았던 것과 마찬가지로, 이들 급진 세력의 비판 또한 근대적 성장주의의 틀을 벗어나지 못하고 있었기 때문이라고 했다. 이광일, 〈성장·발전주의 지배 담론의 신화와 딜레마〉, 조희연 엮음, 《한국의 정치사회적 지배담론과 민주주의 동학》(함께읽는책, 2003), 224쪽.

의 주요 논자들이 잡지 종간 시점까지 '국가보안법'과 '반공법'의 존립 가치를 부정한 적이 없는 반공주의자들이었다는 점이나 《사상계》에 나타난 경제 개발론들이 대부분 국민적 생산력의 증강에 대한 압도적 관심으로 구성된 근대화 개발주의였다는 점은 박정희 체제와 《사상계》 진영 간의 인식론적 거리가 그리 멀지 않았음을 보여준다.[46] 독재 체제의 특징 가운데 하나는 반체제 세력을 '빨갱이'라는 일탈적이고 위협적인 존재들로 만들어 배제시키고, 그들과 구분되는 대중을 자신의 편으로 포섭하기 위해 강제와 동의를 행사한다는 점에 있다. 유신 체제가 자신에 반대하는 모든 논리와 주장에 대해 '좌익'이라는 딱지를 붙였듯이 1970년대 민주 노조 운동 내부에서도 조금이나마 사측이나 본조와 타협, 논의하는 기미가 보이면 앞뒤 가릴 것 없이 '어용'으로 규정하고 '동지 아니면 적'으로 몰아간 경향이 있었다. 그것은 마치 유신 체제의 '거울 이미지'처럼 작동했다.[47]

독재 체제의 강압이 전면화되면 모든 대중이 저항을 예비하는 '민중'으로 주체화된다기보다는, 대중의 저항과 분열이 복잡해지면서 강압이 일탈자들에게 집중된다는 점도 지적하고 싶다. 대중은 강압이 커지면 불만도 커지지만, 일탈자가 되지 않기 위해 애쓰거나 독재 권력이 행사하는 규제에 맞선 작은 저항들로 불만을 표출하기도 한다. 이러한 작은 저항들은 독재 정권이 재구축하려는 '규범화'에 대한 도전이며, 대중의 문화 영역을 간섭하고 침해했을 때 독재 권력의 입장에서 더 피곤해지고 동의를 구하기 힘들어

---

46) 김보현, 〈《사상계》의 경제개발론, 박정희 정권과 얼마나 달랐나? : 개발주의에 저항한 개발주의〉, 《정치비평》(2003년 상반기).

47) 김원, 〈여공담론의 남성주의 비판—전전 일본에 비추어 본 한국 사례를 중심으로〉 (서강대 정치외교학과 박사학위 논문, 2002), 305쪽.

지는 효과를 발생시킨다.

(4) 새마을운동과 대중

조희연은 농촌 새마을운동에서 농민의 능동적 동의와 자발성이 존재했음을 인정하면서도, 농촌 새마을운동이 전 사회적으로 확산돼가는 과정에서 동의 기반을 확장하기보다는 축소하는 방향으로 작용했고 이는 역으로 농촌 새마을운동의 동의 기반에도 영향을 미쳤다고 주장했다. 도시 새마을운동이나 공장 새마을운동은 분명 농촌 새마을운동과 비교해볼 때 그 성과가 미미했다.[48] 그러나 도시 새마을운동의 역사성에 대해서도 그저 행정적 강압에 불과했다고만 평가하는 것은 일면적이라고 본다.

일제 시대 전시 동원 체제의 정점에는 천황제가 놓여 있었다. 조선인들이 총력전 체제에 동원되면서 천황과의 일체 의식을 얼마나 형성했느냐의 잣대로 놓고 보면, 대체로 부정적으로 평가할 수 있을 것이다. 그렇다고 해서 조선인들의 전시 체제 참가에 자발성의 요소가 없었다거나 조선인들에게 별다른 영향을 미치지 않았다고 결론짓는다면 그것은 적절한 결론이 될 수 없다. 일제 말기에 조선인들이 천황에 대해서는 시큰둥한 태도를 취하거나 마지못해 신사 참배를 하는 경우가 많았을지라도, 일제 말기 전시 체제가 요구하는 인간형이나 도덕률에 조선인들이 자발적으로 부응해간 측면도 존재하기 때문이다. 예컨대 '충효, 보국, 근면, 절약, 성실, 협동'과 같은 덕목이 동원 경험 속에서 조선인들에게 바람직한 가치들로 내면화되는 것들을 사소하게 볼 수만은 없다고 생각한다. 마

---

48) 조희연, 〈박정희 시대의 강압과 동의—지배·전통·강압과 동의의 관계를 다시 생각한다〉, 177~179쪽.

찬가지로 도시 새마을운동의 여러 한계와 그에 대한 대중들의 소극적 반응에도 불구하고 '지역 청소, 도시 녹화 사업, 에너지 절약 캠페인, 보행 질서 지키기 운동, 고운 말 쓰고 예의 지키기 운동'의 캠페인을 경험하면서 대중들의 머릿속에 국가가 초래한 산업화의 폐해들을 자신들의 도덕률과 실천으로서 극복해야 한다고 생각하는 멘탤리티가 형성되기도 한 점을 주목할 필요가 있다.[49] 김원의 다음 지적은 음미해볼 만하다.

> 한국의 새마을운동이나 모범 근로자 표창은 위로부터 진행된 관료적인 것이었지만 확실한 물질적 인센티브가 결여되었기 때문에 형식적인 동원이나 전시적인 보여주기 운동이란 지적도 없지 않았다. 그러나 새마을운동을 단순한 '전시 행정'이라고 평가하는 것은 1970년대 국가의 대중 동원을 일면적으로만 파악하는 것이다. 오히려 강조되어야 할 것은 여공들에게 그들이 공장의 주인이자 관리자라는 '가상의 공동체' 의식을 매일 벌어지는 일상적 관행, 의례, 자발적 운동 등을 통해 형성시킨 점이다. 예를 들어 국민 체조, 구보, 아침 청소, 건전 가요 보급, 바자회 개최 등의 군대식 질서를 공장 내부에서 시행하는 것 이상의 의미를 지녔다. 이는 여공들의 일상적 의례를 '공동체 질서'로 변형하기 위한 정치적 기획의 일환이었다.[50]

새마을운동의 과정에서 중요한 점은, 대중 동원이 자발적이든 마지못한 것이든 간에, 대중 동원 과정에서 국가는 대중들에게 각인되어 있던 기성의 규범들을 재주술화하면서 대중들을 규율화하

---

49) 내무부, 《새마을운동 10년사》(1980), 240~249쪽.
50) 김원, 〈여공담론의 남성주의 비판—전전 일본에 비추어 본 한국 사례를 중심으로〉, 184쪽.

고 '규범'을 내면화하도록 만들었다는 것이다. 절약 정신은 이제 단순히 물자를 아껴 쓰는 생활 태도에 머무르지 않고 대중들이 손쉽게 애국할 수 있는 길로 떠받들어진다.[51] 새마을운동은 마을 단위의 기존 공동체적 질서를 국가가 활용하고 전유하는 기도인 동시에 민족/국가라는 공동체 속으로 모든 구성원들을 강력하게 흡입시키고 호명하는 운동이었다. 공동체의 일상적 요구와 이해관계는 국가의 지원과 접합되었고, 개인 · 마을의 발전은 민족/국가의 발전과 일체화되어 움직였다. 이 과정에서 매년 개최되는 새마을 지도자 대회나 새마을 지도자들에 대한 표창 시상은 지배 담론을 내면화한 주체들을 대량으로 창출하고 갱신하는 장치이자 이벤트였다.

앞으로 나는 어머니회 활동과 마을금고 운영을 강화해서 1가구 1통장 갖기에서 1통장 1백만 원 돌파 운동을 기필코 달성하겠으며 작년 봄에 조성한 하천 공원을 공동 작업장으로 만들어 여기에서 얻어지는 소득으로 노인 정지원, 일선 장병 위문, 이웃돕기 사업을 계속 추진하고 나아가서는 나만이 잘살면 된다는 도시민의 사고방식을 마을이 있어야 우리가 있고 국가가 있어야 내가 있다는 총화단결의 길로 조그마한 여자의 힘이지만 정성과 노력을 다하여 헌신할 것을 굳게 다짐한다.[52]

입교식 때 새로운 각오로 태극기를 우러러보며 조국과 민족의 무궁한 발전을 위해 몸과 마음을 바쳐 충성할 것을 굳게 다짐한다. 조국의 발전과 영광을 위해 내가 해야 하는 사명감에 가슴이 두근거리고 힘이

---

51) 임사빈, 〈절약정신은 애국하는 길이다〉, 《지방행정》(1976년 1월), 114쪽.
52) 윤수자, 〈새마을지도자수기〉, 《지방행정》(1977년 1월), 112쪽.

솟는다.[53]

우리의 지나온 가난! 기어코 이겨보자고 따뜻이 먹여주고 입혀주며 우리 공업의 역군을 만들려 하시는 나라님[대통령—인용자]의 뜨거운 마음씨. 나는 그것이 너무나 좋아서 자꾸만 눈물이 났다. 이제 그네들은 결코 가난하지 않을 것이다.[54]

여성이 훌륭해야만 나라의 기반, 뛰어난 2세를 기를 수 있다고, 그리고 엄마의 투철한 애국정신을 본받아야만 나라 사랑하는 국민이 될 수 있다고 기어코 강조하시게 하리라.[55]

새마을운동은 단순히 국가의 마을 개발 지원을 통한 대중의 '동의'를 유발하는 사업에 머무르는 것이 아니라, 국가가 근대적 가치를 대중에게 깊이 내면화시키고자 하고 농민·노동자·여성 등을 국민으로 구성하고자 했던 노력으로 해석할 수 있다.[56] 외딴 섬마을의 어린이들까지도 새마을운동의 주체이자 국민으로 호명되고 있었다.[57] 그러나 새마을운동의 '동의'를 단순히 대중의 '자발적 참여 욕망'으로 직결시켜 해석하기보다는 조금 더 복잡하게 볼 필요가 있다. 새마을 사업 안건을 논의하기

---

53) 이영애, 〈나의 결의〉, 《지방행정》(1977년 8월), 137쪽.

54) 이수옥, 〈나의 결의〉, 《지방행정》(1977년 9월), 106쪽.

55) 이수옥, 〈나의 결의〉, 107쪽.

56) 윤길상, 〈새마을운동 관련 미디어 선전물을 통해 구성되는 근대 '국민'에 관한 연구〉(서울대 언론정보학과 석사학위 논문, 2000) ; 김인진, 〈새마을운동을 통해서 본 한국 사회의 근대성 형성에 관한 연구〉(서울대 언론정보학과 석사학위 논문, 1999).

57) 하춘화(가수), 〈섬마을 어린이에게〉 ; 이호성(섬마을 어린이), 〈서울소식 묻습니다〉, 《새마을》(1974년 7월), 90~91쪽.

위해 소집되는 마을 회의에 주민이 참석하는 문제와 관련하여 한 마을에서는 "회의에 안 나오면 빨갱이보다 더한 사람으로 취급했다"[58]는 어느 농민의 증언은 동의의 작동 방식이 일면적이지 않음을 의미한다. 그리고 사실 도시 지역에서 일상적으로 지배와 맞닿는 영역은 도시 새마을운동 가운데에서도 반상회에 놓여 있었다. 반상회는 주민들의 일상적인 이해관계나 생활적인 요구들에 대한 논의의 장이면서 행정망을 타고 내려오는 국가의 지배 언설이 교차되는 공간이었다. 국가는 반상회를 통해 대중의 행정적 요구 사항을 수렴하는 동시에 지배 담론을 유포·확산시켰다.[59]

(5) 박정희 지배는 전통화되지 않았다?

조희연은 박정희 지배가 전통화되지 않았다고 단정하며 그 근거로서 박정희주의자들이 집단적 사회 세력이나 정치 세력으로 존재하지 않았다는 점을 거론하고 있다.[60] '지배의 전통화' 문제를 정치 세력화 또는 사회 세력화의 문제로 보는 것은 '지배'를 정치

---

58) 오유석, 〈새마을 사업의 배경적 요인과 추진방식〉, 유병용 외, 《근대화 전략과 새마을운동》(백산서당, 2001), 47쪽. 오유석은 "관의 지시에 무조건적 복종을 내면화한 군대식 멘탤리티"가 농민들에게 있었음을 의미한다고 분석했다.

59) 반상회 참석률은 1977년 9월 당시 88퍼센트에 육박했고, 반상회를 통한 주민 건의 사항은 1976년 5월부터 1977년 7월까지 총 49만 2,237건이 접수되어 1977년 10월 당시 이중 70퍼센트 정도가 해결된 상태였다. 국가는 반상회를 통해 도시 주민들의 자율적 참여를 최대한 이끌어내려고 했으나, 이러한 시도가 대단히 성공적이었던 것은 아니었다. 자의 반 타의 반의 자세로 반상회에 참여하는 자들이나, 정부 시책을 반상회에서 일방적으로 전달받는 자들, 실천으로 옮기지 못하는 자들의 존재에 대한 문제점 지적이 당시 잡지 등에서는 꾸준히 나타난다. 황윤기, 〈반상회운영의 효율화방안〉, 《지방행정》(1977년 10월).

60) 조희연, 〈박정희 시대의 강압과 동의—지배·전통·강압과 동의의 관계를 다시 생각한다〉, 184쪽.

의 영역에서만 작동하는 것으로 사고하는 편협함에서 비롯된 것이 아닐까 싶다. 대중은 학교, 군대, 신문, 잡지, 텔레비전, 라디오, 영화관, 박물관, 동상, 묘지, 기념물, 체육관 등 일상생활의 영역 곳곳에서 매일같이 지배와 마주쳤다. 거기에는 정치 세력의 변화에 따라 생성/소멸하는 지배도 있었지만, 더 밑바닥에서 흐르고 있는 지배들도 있었다. 나는 오히려 현재 한국 사회에서 대중의 생활 세계나 의식 세계가 박정희식 민족주의, 가족(가부장)주의, 군사주의 문화 등으로부터 얼마나 멀리 떨어져 있는지를 반문하고 싶다.

《역사비평》67호에 실린 조희연 글의 분석 속에서는 박정희 지배가 1980년대로 계승되었는지 여부가 애매하게 처리되어 있다. 논문 구성 자체가 박정희 정권기까지로 끝난데다가 박정희 체제의 헤게모니가 강압의 전면화와 민중의 주체화로 상실되어 붕괴된 것으로 서술되다 보니 완전히 단절되어버린 것과 같은 느낌을 준다. 과연 조희연이 박정희 정권기 동의의 두 축으로 설명한 '반공주의'와 '개발주의'가 1980년대에는 사라져버렸는가? 대중은 더 이상 반공을 자신의 신념으로 갖지 않게 되었으며, 개발과 성장의 가치를 외면하기 시작했는가? 전두환 정권은 어떠한 동의 기제도 갖추지 못하고, 폭압만 일삼았던 것인가? 5·18 광주 학살 이후 대중의 침묵은 무엇을 의미하는가? 오직 폭압의 공포에 대한 순응인가? 1980년 5월 민주주의를 외치며 태극기를 휘날리던 광주 시민들은 반공주의와 개발주의를 완전히 극복한 주체들이었을까?

물론 1980년대에는 '혁명의 시대'라 할 만큼 반공주의와 개발주의를 넘어선 주체들이 활발한 활동을 전개했고, 그들은 1987년 6월 항쟁과 7·8·9월 노동자 대투쟁이라는 거대한 자취를 남겼다. 1980~1990년대를 거치면서 박정희식 반공주의와 개발주의는 냉

전의 해체, 반체제 운동과 개혁 정책 등으로 말미암아 상당히 약화
되었고 변형되었다. 그러나 그 저항 운동의 이면에서 대중들의 반
공주의와 개발주의가 여전히 살아 숨 쉬며 공존했던 것 또한 사실
이다. 북한 공산당을 승냥이 무리로 생각하게 만드는 반공주의가
이제 사라졌지만, 반공주의는 '시장지상주의'나 '맹목적 반북주
의', '호전적 흡수 통일론' 등의 형태로 바뀌어 살아 있다. 분배와
복지 정책의 확장, 생태주의의 대두 속에서도 개발·성장지상주
의는 여전히 강고하게 정부 정책과 대중의 의식 속에서 주요하게
기능하고 있다. 그것을 '지배 전통'이라고 이름 붙일 수 있을지 여
부는 잘 모르겠지만, 반공주의와 개발주의가 1980년대 이후에도
소멸되지 않고 지배의 동의 기제로 작동해왔음은 분명하다고 본
다. 그리고 그런 주장은 조희연의 다른 글들에서도 확인할 수 있
다.

> 1960년대 이후 1987년까지의 지배 담론은 근대화 담론을 중심으로
> 하면서 반공주의 담론과 민주주의 희생 담론을 결합시켰다고 규정할
> 수 있다.[61]

> 냉전의 해체와 민주화의 상황에서 반공 규율 사회를 지속적으로 유
> 지하기 위해 지배층은 새로운 담론 전략을 개발하기보다는 박정희식
> 담론 전략, 즉 반공발전주의를 지속적으로 유지했다……이러한 담론
> 의 특징은 '문민정부'라고 하는 김영삼 정권의 담론에서 잘 드러난
> 다.[62]

---

61) 조희연, 〈정치사회적 담론의 구조 변화와 민주주의의 동학〉, 《한국의 정치사회적
지배담론과 민주주의 동학》(함께읽는책, 2003), 59쪽.
62) 조희연·김정훈, 〈지배담론으로서의 반공주의와 그 변화〉, 《한국의 정치사회적 지

1979년 10·26사태로 '박정희 정권'은 무너졌지만, 그 이후에도 민족주의와 반공·개발주의로 무장된 '박정희 체제'는 붕괴되지 않았다. 이는 박정희 체제가 단순히 대통령 박정희와 여당 정치인, 관료 등에 의해 구성되어 그들이 정치권력을 잃게 되면 소멸해 버리는 것이 아니라, 근대화 프로젝트의 과정 속에서 탄생한 무수히 많은 대중 속의 '박정희들'에 의해 떠받쳐지던 체제였음을 의미한다. 또한 이는 민족주의와 반공·개발주의를 포함한 박정희 체제의 여러 규범과 가치들이 이후 균열과 재편을 거듭하면서도 대중 사이에서 좀처럼 쉽게 깨지지 않았음을 의미하는 것이기도 하다.

4. 포스트 파시즘과 정치적 민주화

개발독재의 시대와 비교해볼 때, 오늘날의 한국 사회는 분명 많이 달라졌다. 앞으로도 크고 작은 우여곡절이야 있겠지만, 법과 제도를 축으로 하는 정치적 민주화는 이제 돌이킬 수 없는 대세가 아닌가 한다. 정치적 민주화와 사회의 다원화는 인간 해방을 향한 일보 전진이라는 점에서 분명 환영할 만한 현상이며, 이름 없는 시민들의 크고 작은 투쟁과 희생을 통해 이룩한 값진 성과임에 틀림없다. 그러나 전면적 해방의 관점에서 보면, 정치적 민주화는 불충분할 뿐 아니라 위험하기조차 하다. 정치적 민주화＝해방이라는 단순화된 등식의 이면에는 권력의 합리화 혹은 정당화라는 날카로운 발톱이 숨어 있는 것이다. 그 발톱은 민주주의의 작동 기제인

배담론과 민주주의 동학》, 131쪽.

민중의 정치 참여 그 자체가 권력에 정당성을 부여함으로써 은폐되어 있을 뿐이다. 법과 제도의 민주화가 진전되면 될수록 억압이 고도화된다는 역설이 성립되는 것도 이 지점에서다. 노무현 정권의 개혁 성향이나 정책에 대한 정치적 평가와는 별도로, '국민 참여 정부'라는 자기 규정이나 '재신임 국민투표안'에 회의적인 것도 그러한 이유에서다. 조희연의 표현을 빌린다면, 그것은 "노동자 계급의 저항성과 주체성을 약화시키고 민족과 국가 속으로 통합"[63]하는 기제로 작동할 위험성이 큰 것이다.

정치적 민주화의 성과에 만족하여 과거의 투쟁들을 신화화하는 회고적 담론에 안주하거나 독재자를 그저 악마의 이미지로 박제화하는 한, 진보 진영과 시민 사회는 자기 성찰과 민주주의의 틀로 합리화된 정치권력에 대한 저항의 가능성을 스스로 외면하고 그저 기성 체제의 한 축으로 권력을 행사하는 슬픈 리바이어던의 운명에 맞닥뜨릴 수밖에 없다. 그렇기에 파시즘의 역사적 현실과 어떻게 대면하느냐 하는 문제는 단순히 과거를 어떻게 기억하는가의 문제가 아니다. 정치적 민주화에도 불구하고, 지금 이 땅의 시민 사회에 깊이 뿌리박은 채 국가 기구의 밖에서 작동하는 섬세한 권력의 메커니즘을 어떻게 대면하고 넘어설 것인가 하는 문제가 제기되는 것이다. 그것은 '파시즘 이후의 파시즘'인 포스트 파시즘의 문제인 것이다. '국민소득 2만 불 시대'를 목표로 내건 참여 정부의 경제 담론 자체가 '국민소득', '국민총생산'과 같은 성장주의의 특정 지표를 축으로 구축된 개발독재의 경제 담론에서 벗어나지 못할 때, 만주와 대마도를 정벌하자는 일부 네티즌들의 호전적 민족주의에서 '주체성 있는 민족 교육'과 '한국적 민주주의'

---

63) 조희연, 〈반공규율사회와 노동자계급의 구성적 출현〉, 201쪽.

를 강조한 박정희 체제의 흔적을 읽을 때, 페미니스트 진영에 사이버테러를 가하는 남성 국수주의자들의 폭력성이 '조국' 담론에 내재된 남성국수주의의 관점에서 정당화될 때, '신성한 국방의 의무'라는 기치 아래 양심적 병역 거부자들을 '비겁한 비국민, 거세된 남성'으로 몰아붙이는 '국민' 담론의 배타성과 폭력성이 여론을 지배할 때, 파시즘의 과거가 아니라 포스트 파시즘의 현재가 문제인 것이다.

박정희 체제를 밑바닥에서 떠받치고 있던 권력 작동의 메커니즘과 동의의 기제들을 드러내어 해체시키려는 노력은 '과거로서의 박정희 체제'를 넘어서는 과거 청산의 문제일 뿐만 아니라, '현재로서의 포스트 파시즘'을 넘어서는 실천의 첫걸음이 될 것이다. 소박한 악마론적 인식에 기대어 '대중독재'의 문제 제기가 '민중을 파시스트라고 비난하거나 적으로 돌리는 논리'라는 엉뚱한 힐난이나 대중독재의 우경화 가능성에 대한 빗나간 정치적 혐의가 과거 청산이나 현재 극복을 담보할 수는 없을 것이다. 대중독재 패러다임은 거대 담론의 차원에서 진보적 입장을 선점하고 그것이 곧 해방의 실현이라는 식의 당파적 도덕주의를 거부한다. 그것은 현실에 대한 냉정한 분석을 통해 사회의 결을 바꾸기 위한 저항의 가능성을 모색해보자는 문제 제기다. "대중독재 체제를 살아내야만 했던 동시대인들을 '집합적 유죄'라는 틀로 재단하지 않으면서, 그 과거를 반성적으로 성찰하는 사회적 기억을 만들어내는 것, 그것이 '대중독재' 프로젝트의 지향점이다."[64] 현재 진행 중인 2차년도(2004)의 연구 과제인 '정치종교와 동의', 또 앞으로 진행된 3차년도(2005)의 연구 과제인 '대중의 일상 세계와 아래로부터

---

64) 임지현, 〈'대중독재'의 지형도 그리기〉, 54~55쪽.

의 역사'가 일단락되면, '대중독재'의 문제 제기가 더 명확해지고
또 그만큼 많은 허점도 드러나리라 본다. 지금의 이 논쟁이 이들
후속 연구에 대한 생산적인 비판과 논쟁으로 발전하여, 한국 사회
의 과거와 현재 그리고 미래에 대한 비판적 성찰에 조금이라도 기
여할 수 있다면 어떤 비판이나 비난도 감내할 용의가 있다.

박정희 체제의 복합성과 모순성
—임지현 등의 반론에 대한 재반론*

조희연

이 글은 '임지현·이상록의 반론'〔《역사비평》68(2004). 이하 '반론'〕에 대한 '재반론'이다. '대중독재론에 대한 비판'〔《역사비평》67(2004). 이하 '비판'〕에서 나는, 박정희 독재는 광범위한 대중적 동의 위에서 유지된 체제라기보다 반공주의를 통한 수동적 동의 창출 및 개발주의를 통한 제한된 능동적 동의 창출에도 불구하고 대단히 큰 정치적 위기로 점철된 체제였으며 기본적으로 강압적 성격이 지배적인 체제였다고 비판했다. 그래서 이를 "강압적 '동의'"라기보다 "동의적 '강압'" 체제라고 평가했다. 나는 말꼬리 잡는 식의 무익한 논쟁이 아니라 박정희 시대 그리고 현재도 엄존하는 박정희 유산에 대한 우리 시각을 확장하는 논쟁이 되었으면 하는 바람을 가진다. 그런 의미에서 단순히 반론을 제기하기보다 대중독재론의 문제 제기를 경청하면서—— '비판'의 논의를 보강함과 동시에—— 반(反)파시즘 담론 확장'의 대안적 방향을 구체화하는 방식으로 서술하고자 한다.

---

*《역사비평》70(2005)에 실렸던 글이다.

1. 임지현 · 이상록에 대한 총괄적인 재반론

임지현의 반론을 읽으면서 모호했던 지점들이 더욱 분명해져 반론의 지점들을 명확히 할 수 있었다. 임지현이 대중독재론에서 주목하는 파시즘의 일반적 특성은 근대화 프로젝트로서 대중독재의 정당화, 근대화 프로젝트를 위한 주민의 자발적 동원, 이를 위해 국가가 주도하는 전 사회의 조직화와 또 이를 위한 급진적 민족주의 등의 동원이다. 그런데 기존의 독재 분석은 강압과 그에 의한 민중의 희생 혹은 영웅적 저항으로만 환원될 수 없으며, 강압으로만 환원될 수 없는 복합적 측면들, 그 핵심적인 것으로서 독재에 대한 대중의 자발적 동원, 그 결과로서 독재의 대중적 기반 등을 간과한다는 것이다. '비판'에서도 인정했듯이, 대중독재론의 이러한 측면은 분명 기존 독재 연구 혹은 파시즘 분석을 뛰어넘는 새로운 통찰력과 넓은 연구 지평을 열고 있다는 점에서 긍정적이다. 임지현 등의 생산적 연구는 전 지식 분야에서 제기되는 다양한 일종의 '수정주의 담론들' 중 하나로서 지식 세계의 논의 지형 자체를 확장하기 위한 고투라고 생각한다. 나는 대중독재론이 기존 파시즘 연구의 지평을 확장해야 한다는 문제의식에 동의한다. 그것은 박정희 독재나 전두환 독재가 악으로만 환원할 수 없는 복합적 실체로 존재하고, 학문적 연구가 이를 폭넓은 시각에서 조명하고 분석해야 한다는 것을 인정한다. 더 나아가 사회 운동의 전투적 발전에 힘입어 진행되어오던 한국의 민주 개혁과 학문적 연구도 새로운 단계에 돌입하고 있다. 그 일부로서 임지현이 '악마론적 코드'로 경직화되고 있다고 하는 진보개혁 담론의 혁신 과제도 있다. 1980년대 이후 진보개혁 담론 속에서 당연시되었던 많은 검토 지점들이 있다. 이런 점에서 일상적 파시즘, 대중독재론, 탈민족주의 및 탈국가주의의 문제의식은 중요한 지평이라고 생각한다. 나는 개인적으로 진보개혁 담론의 확장 속에서 이러한 점을 어떻게 내재화할 것인가라는 고민을 가지고 있다. 그러나 무조건적으로 동의할 수 없는 많은 지점들이 있다.

(1) '협의의 정치학'과 '오독의 논리학'?— '아래로부터의 독재' 연구와 '위로부터의 독재' 헤게모니

구체적인 반론에 들어가기 전에 대중독재론의 서술 및 반론에 대한 나의 총괄적 문제의식을 몇 가지 서술하고자 한다. 첫째, 아래로부터의 독재가 위로부터의 독재의 헤게모니를 확대 해석하는 식으로 작용해서는 안 된다는 나의 지적은 '협의'의 문제만이 아니라는 것이다. 임지현이 문제 제기하는 바와 같이 이른바 기존의 반파시즘 분석이 도덕론적 이원론 속에서 "독재의 프로젝트에 대한 대중의 동의를 얻어내고 자발적 동원 체제를 만들어내는 다양하고 정교한 헤게모니적 장치들"[1]을 제대로 분석하지 못한 것을 비판하는 것은 정당할 수 있다. 그러나 거기서 더 나아가 자발적 동원 체제의 구축을 대단히 성공적인 것으로 파악함으로써 독재의 동의적 기반을 함의할 수 있다는 것이다. 나는 임지현 등의 연구가 파시즘에 대한 기존의 진보개혁 담론의 대체물이 아니라 보완으로서 위치 지어져야 한다고 생각한다.

이 점에 대해 임지현은 내가 대중독재론에 대한 '협의의 정치학'에 포섭되어 있으며 또한 '오독의 논리학'에 휩싸여 있다고 '반론'하고 있다. 대중독재론의 우익화에 대한 정치적 혐의 부분은 실제적으로 문부식의 예가 있고, 임지현이 사용하는 언술 자체

---

1) 임지현 · 김용우 엮음, 《대중독재—강제와 동의 사이에서》, 12쪽.

에 내재된——그 문맥을 통해 충분히 느낄 수 있는——시선을 문제 삼고자 했던 것이다. 임지현이 지적하는 바, 나의 비판이 이데올로기적으로 "명분을 선점한 자가 자신과 다른 견해에 대해 '보수' 혹은 '우파'라는 딱지를 붙이는 상투적 관행"이라면, 그리고 "우익적 해석이나 활용은 텍스트의 문제가 아님에도 불구하고 우파 지식인들의 해석 방식을 오히려 추인하는 방식으로 논의하고 있다"라고 한다면, 그것은 나의 의도가 아님을 밝혀둔다.

나는 임지현의 글 속에서——박정희 지배에 대한 서술을 염두에 둘 경우——박정희 독재는 단순히 위로부터의 폭압에 그치는 것이 아니라 대중의 자발적 동원을 끌어냈으며, 이는 헤게모니적으로 작동했다는 함의를 읽지 않을 수 없다. "민중 자신의 '자발적 동원 체제'를 통해 마치 파시즘의 능동적 주체인 것처럼 기술한다"[2]는 지적에는 동의하지 않더라도, 이러한 우려의 지점들은 많이 있다고 생각한다.

이러한 우려의 구체적인 예는 박정희 시대에 대한 구체적인 반론을 제기하는 '반론' 제3절에서도 찾을 수 있었다. 물론 개별 쟁점들에서는 정당한 지적이 많다고 생각한다.[3] 그런데 3절 (3)에서

---

2) 홍윤기, 〈민주화 시대의 '박정희'〉, 이병천 엮음, 《개발독재와 박정희시대》, 386쪽.

3) '반론'의 제3절 (2)[《역사비평》 68(2004), 314~318쪽]에서는 내 오류를 인정할 부분이 있다. 대표적으로 1960년대 "발전주의적 근대화 프로젝트가 전 국민적인 헤게모니 프로젝트로 일반화"되어 1960년대의 노동자 계급은 '순응적 정체성'을 갖고 1970년대의 노동자 계급은 점차 '저항적 감수성'을 강화해간다고〔조희연, 〈반공규율사회와 노동자 계급의 구성적 출현〉, 《당대비평》 26(2004), 202쪽〕 썼는데, 이는 1960년대의 순응적 정체성 속에 숨어 있는 대중의 복합적 태도, 1970년대에 강화된 저항적 감수성에도 불구하고 박정희 독재 헤게모니의 영향력 지속 등 복합성을 충분히 담아내지 못한 서술일 수 있다고 생각한다. 1970년대 이후 박정희 지배 헤게모니의 균열을 강조하기 위한 '반어법적' 서술에 집착하다 보니 1960년대 박정희 지배 헤게모니를 과도하게 강조한 점이 있다는 것이다. 이 논쟁을 통해 내 사고를 더욱 정치(精緻)하게 만들 수 있게 되었다.

홍미로운 점이 있다면, 내가 '비판'에서 독재의 복합성 '에도 불구하고' 거기에 내재해 있는 독재의 균열적 측면과 저항적 측면을 드러내는 데 초점을 맞추는 반면, 대중독재론은 독재의 폭압성이나 대중의 저항 '에도 불구하고' 거기에 내재해 있는 대중의 동의적 측면을 조명하는 데 일관되게 초점을 맞추고 있다는 점이다. 나의 '혐의'는 실제 분석에서 혐의가 아닐 수 있다는 것이다. 폭압과 저항의 일면적 분석에서 나아가, 독재와 대중의 복합성을 해명하는 데서 양 측면을 어떻게 종합적으로 고찰할 것인가 하는 것이 중요할 것이다. 그렇지 않을 경우 내가 서두에서 지적한 대로, 대중독재론은 3절 (3)의 여러 부분에 대한 인용에서 보듯이 '독재의 내재화' 과정 혹은 독재에 대한 동의 연구로 갈 가능성도 있다. 물론 대중독재론은 기존의 이른바 좌파적 · 진보적 분석——폭압과 저항을 강조하는——을 전제로 하여 새로운 문제 제기를 하는 것이기 때문에 기존의 분석이 간과하는 지점을 강조할 수 있을 것이다. 그러나 나의 관점에서는 기존의 일면적 분석에서 정반대 지점으로 분석 시각이 이동하고 있지 않는가 하는 우려를 갖게 된다. 그러나 독재에 대한 총체적 분석은 아마도 양 측면이 통일적으로 파악되는 데서 가능할 것이라고 생각한다.[4]

---

4) 지배 담론이 외재적인 것이 아니라 어떻게 내재적 과정으로 진행되는가에 대해서는 다양한 연구들이 진행되고 있다. 몇 가지 예를 든다면, 김원, 〈여공담론의 남성주의 비판—전전 일본에 비추어 본 한국사례를 중심으로〉; 정해구, 〈박정희체제의 국가동원 메커니즘에 관한 연구〉(한국학술진흥재단 보고서) ; 김정훈, 〈남북한 지배담론의 민족주의 비교연구〉 ; 이진경, 〈'가족계획 사업'과 가족주의 담론〉, 조희연 엮음,《한국의 정치사회적 지배담론과 민주주의동학》 ; 오유석 외,《근대화전략과 새마을운동》(백산서당, 2001). 이러한 연구들은 박정희 독재의 억압이 단순히 '외재적인' 것만이 아니었음을 입증해주는 것으로, 대중독재론의 실증적 근거로 읽힐 수도 있겠지만, 기존 파시즘 연구의 확장으로서 읽힐 수도 있다. 마찬가지 측면에서《대중독재—강제와 동의 사이에서》에 실린 많은 훌륭한 글들도 마찬가지로 해석될 수 있다. 그런 점에서 지적해두지 않을 수

(2) 수정주의적 파시즘론이 반-반파시즘론으로?

이 점과 관련하여 김용우의 이탈리아 파시즘 연구에서 데 펠리체의 수정주의적 파시즘 연구가 '반(反)-반(反)파시즘적 속설'로 전락해간 것을 서술하고 있는데, 나의 문제의식은——맥락은 다르겠지만——정확히 바로 여기에 있다. '반파시즘의 도덕적 정당성에 의문을 제기하고 이에 기반을 둔 이탈리아 공화국의 정당성을 훼손하며, 결과적으로는 신파시즘과 극우파 정당을 정당화하는 방식으로 활용될 수 있다"[5]는 우려가 한국에서는 현실이 되지 않기를 바라는 것이다. 어떤 점에서 나는 임지현에 대한 나의 비판이 '혐의'가 되기를 바란다. 이것은 임지현이 정확히 지적하는 것처럼 "진지전의 참호를 구축한 파시즘과의 투쟁은 정치권력의 전복이라는 기동전(機動戰)의 전략만으로는 불충분하다. 시민 사회에 구축된 파시즘의 헤게모니를 해체하는 작업이 요구"[6]되고 있고, 임지현 등의 작업이 이에 기존의 진보개혁 담론을 뛰어넘어 크게 기여하기를 바라고 있다.

나는 임지현이 '혐의의 정치학'이라고 이야기하는 부분에서 이러한 가능성에 대한 '예방적 감수성'을 가지고 있다는 식으로 받아들이고자 한다. 임지현은 "체제에 포섭된 것처럼 보이는 파시즘의 일상 세계와 동의의 구조 속에도 다양한 저항의 지점들이 파편

없는 것은, 임지현의 《대중독재—강제와 동의 사이에서》 총론에 대한 나의 반론이 반드시 그 책에 실린 글들에 대한 반론으로 읽힐 필요는 없다는 것이다. 나는 대중독재론이라는 '총괄적 프레임'과 그것이 내장하는 시선을 문제 삼는 것일 뿐이다. 어떤 의미에서 《대중독재—강제와 동의 사이에서》에 실린 많은 글들은 기존의 진보적 분석 대립으로서가 아니라 확장으로서도 위치 지어질 수 있고 파시즘의 미세한 결을 새롭게 분석하는 그 자체로도 도움을 준다고 생각하기 때문이다. 또한 주지하듯이 프로젝트에서 총론의 프레임이 매 분석에 완벽하게 관철되는 것은 아니기 때문이기도 하다.

5) 임지현, 〈'대중독재'의 지형도 그리기〉, 64쪽.
6) 임지현, 〈'대중독재'의 지형도 그리기〉, 29쪽.

적으로 존재"하기 때문에, "대중이 권력에게 보내는 갈채와 동의의 다양한 양상들을 해체하여 '복수화'할 때 오히려 지지와 동의 속에 잠재된 저항이 드러나는 것이다"[7]라고 말하고 있다. 전적으로 대중독재론의 문제의식이 설 자리가 바로 거기라고 생각한다. 그리고 그것은 임지현 등이 지적하는 대중독재론의 긍정적 측면 (독재의 복합성과 대중의 복합성)을 수용하면서도 어떻게 모순적 측면과 그것이 배태하는 저항적 측면을 동시에 분석하느냐에 달려 있다고 생각한다.

분명 박정희 독재는 근대화 프로젝트를 통한 대중적 동의 창출――일정하게 성공하기도 했지만――'에도 불구하고' 1987년 6월 민주항쟁에 의해 붕괴했다. 이런 점에서 나는 박정희 독재를 분석할 때는 언제나 이러한 '결과적' 현실을 염두에 두어야 한다고 생각한다. 1987년 6월 민주항쟁은――물론 전두환이라는 박정희 계승자를 대상으로 하는 것이지만――박정희 독재 분석의 출발점이다. 물론 여기서 6월 항쟁 시기에 거리로 쏟아져 나온 대중을 '거리의 투사'로 채색해서는 안 될 것이다. 그 투사들의 의식 속에도 박정희의 환상은 여전히 존재할 수 있으며, 박정희가 아니더라도 그가 표상했던 근대화의 논리는 여전히 머릿속에 강력하게 존재하고 있을 수 있다. 바로 이 지점에서 박정희 독재의 복합성에 대한 분석이 출발해야 한다는 문제의식이 있어야 한다.

(3) 파시즘의 유형론이 필요하다―한국 파시즘의 특수성이 과도하게 일반적으로 규정될 수 있다

다음으로 대중독재론을 박정희 독재에 적용하는 과정에서 근대

---

7) 임지현, 〈'대중독재'의 지형도 그리기〉, 22쪽.

독재 권력의 일반성만이 아니라 파시즘들 간 특수성의 차이를 분석 속에 더욱 내재화시켜주어야 한다는 것이다. 그렇지 않을 경우 독일 파시즘이나 일본 파시즘의 일반적 특성이 과도하게 적용되어 한국 파시즘의 헤게모니를 과도하게 강조할 수 있다. 이런 점에서 파시즘의 보편성론과 특수성론이 상호 작용하는 방향에서 연구가 이루어져야 한다고 생각한다. 한국 파시즘의 특수성에 대한 특별한 관심이 파시즘 일반론에 대한 연구의 지평을 재규정하는 일도 가능할 것이다. 파시즘의 특수성에 대한 감수성 증대를 위해서는, 파시즘의 '유형론'이 도입되는 것도 하나의 방법이라고 생각한다. 이는 향후의 연구에 주문하고자 하는 점이기도 하다.

'반비판 4-2'에서 제기하는 것과도 연관이 있는데, 내가 특수성을 이야기하는 것은 히틀러 시대 아래로부터의 독재의 질적 성격과 박정희 시대 대중들의 박정희 독재에 대한 동의의 질적 성격은 서로 다르다는 것을 말하고자 함이다. 이는 임지현이 지적하는 것처럼 소수 가해자들에게 죄를 묻고 대중은 면죄부를 받는 것을 이야기하는 것이 아니었다. 그 점에서 나는 폴란드인들이 독일 민족에 의한 희생자라는 의식 속에서 스스로 유태인 학살에 대해 눈을 감아서는 안 되며, 예컨대 한국이 일제하 학살이나 한국전쟁기 미군의 학살을 문제 삼으면서 한국군의 베트남전 학살에 눈을 감아서는 안 된다고 생각한다. 단지 여기서 이야기하고자 하는 바는, 특수한 파시즘, 예컨대 독일 파시즘을 파시즘 일반의 특성으로 보편화하고 그것을 다시 한국 파시즘의 보편 논리로 적용하는 '종속적 지적 경로'가 여기서도 자칫 재현될 수도 있다는 것이다. 가해 민족의 사례와 피해 민족의 사례도 특수성의 한 측면이 될 것이다.

《대중독재—강제와 동의 사이에서》에서는 다양한 파시즘 사례에서 대중독재론의 보편적 동일성을 찾는 데 초점을 맞추고 있다. 유럽 파시즘, 스탈린 체제, 비시 정권하의 프랑스, 스페인의 프랑코 체제, 일본 파시즘, 박정희 독재가 동일한 틀로 논의되는 것은 그러한 결과일 것이다. 물론 이는 프로젝트 연구의 당연한 경우라고 할 수 있을 것이나, 나는 한국 파시즘의 특수성이 파시즘 일반론 속에서 과도하게 규정되고 있다는 느낌을 지울 수 없다. 내가 지적하려는 것은 박정희 독재의 특수성이 대중독재론의 일반론적 연구에서 더욱 내재적으로 포괄되어야 한다는 것이다. 대중독재론은 거시적 시선만이 아니라 내밀한 일상 세계, 동조와 저항이 공존하는 복합적 현실에 대해 눈을 돌리자고 하는 것이라고 이해하기 때문이다.

(4) 박정희 독재는 '헤게모니'의 사례가 아니라 '헤게모니 균열'의 보편적 사례다

나는 개인적으로 한국 파시즘 이해의 준거가 되는 독일, 일본의 파시즘과 스탈린 체제와 관련하여——유형론적 분화를 고려한다면——몇 가지 점들이 고민되어야 한다고 생각한다. 먼저 독일이나 일본의 파시즘, 제3세계의 개발독재, 사회주의 독재의 유형론적 차이다. 한국 파시즘은 포스트식민지적 상황에서의 파시즘이고 스탈린 체제는 사회주의 체제 독재화의 결과물이라고 할 수 있다. 통상 냉전 시기 미국 정치학계의 전체주의론[8]에서는 사회주의 독재와 자본주의 독재를 '전체주의'라는 정치 체제적 형식의 관점에서 동일하게 서술한다. 물론 동일한 지점이 존재한다. 그러나 지

---

8) C. J. Friedrich · Z. Brzezinski, 《전체주의적 전제 *Totalitarian Dictatorship and Autocracy*》(New York : Praegerm, 1956)가 고전적 전범이 될 것이다.

금처럼 동의라고 하는 사회심리적 차원을 다루게 되는 연구에서
는 각각의 특수성을 중요하게 분석에 내재화시켜야 한다. 동유럽
의 경우 사회주의 혹은 공산주의라는 독재의 이데올로기적 특수
성이 존재한다는 점에서 또 다른 측면이 고려되어야 한다.

　다음으로 독일과 일본 파시즘의 특수성이다. 임지현도 지적하듯
이 패전국 '민족'의 피해 의식이 파시즘의 유산을 강력하게 규정
하고 있는 경우와 그렇지 않은 경우다. 이 점은 임지현도 '반비판
4-2'에서 잘 이야기하고 있다. 파시즘 독재가 만들어낸 집단주의
적 정신이 내적으로 충분한 균열의 기회를 갖기 전에 패전함으로
써 패전국의 집단적 피해 의식이 강하게 존재하고 보수 세력이 바
로 그러한 집단적 피해 의식 속에서 근거를 갖는 경우라고 해야 할
것이다. 이 점은 일본 파시즘의 경우도 마찬가지일 것이다. 더 나
아가 천황제로 상징되는 파시즘적 지배의 전통이 지속되는 나라
인 일본과 독일 사이에도 중대한 차이가 존재한다. 일본에서는 파
시즘적 유산이 권력의 보증을 받고 독일에서는 탈권력화된 민간
적 유산으로 존재한다. 이 지점을 특별히 지적하는 이유는, 일본
파시즘의 경우 근대 이후 지배가 천황제라는 형태로 연속된 것과
달리 우리는 지배의 단절과 비전통화가 나타난 경우이고, 심지어
민중적 저항이 박정희 독재 세력의 분열을 낳고 최측근에까지 반
독재 세력의 저항 사상이 침투되고 최측근이 박정희를 살해한 경
우다. 그리고 박정희를 계승한 세력이 박정희식 통치를 7년 연장
했으나 민중적 저항에 의해 굴복한 경우라고 할 수 있다(물론 민중
이 저항 요구를 형식적으로 수용하는 조치에서 저항을 중단하고
반독재 세력이 분열되면서 박정희, 전두환 세력의 극복이 철저히
성취되지 못하고 지그재그식으로──오랜 진통을 겪으면서──
진행되는 경우라고 해야 할 것이다). 나는 1987년 6월 민주항쟁을

경험한 한국 파시즘의 경험과 독일 및 일본의 경우를 일반론 속에 동일하게 포괄하는 경우 오히려 박정희 독재의 헤게모니가 과장 인식될 가능성이 존재한다는 점도 강조하고 싶다. 이 점에서 나는 헤게모니의 형성과 그 '헤게모니의 균열' 과정을 전형적으로 보여 주는 사례로서 한국 파시즘의 경험을 다시 볼 문제를 생각하고 있다. 한국 파시즘과 그 극복 과정에 대한 분석에서 우리는, 어떤 의미에서는 독일이나 이탈리아, 일본에서 경험하지 못한 파시즘 극복의 더 '일반적인' 성격을 발견할 수 있을지도 모른다. 서구의 특수한 사례 속에서 발견되는 일반성을 적용하여 한국을 특수화하기보다 한국의 특수성을 일반화할 수 있는 가능성도 존재한다고 생각한다.

2. 근대 독재 권력으로서 박정희 독재의 복합적 모순성

근대 파시즘을 근대 독재 권력의 일부라고 단적으로 규정한다면, 경제적 근대화나 경제적 추월을 달성하기 위한 국가주의적·권위주의적 동원 체제라고 할 수 있다. 시대적 과제가 되고 일정하게 진보적 가치를 갖는다고 여겨지는 집단적 목표를 성취하기 위해 국가주의적이고 권위주의적인 체제를 대중이 불가피하고 바람직한 것으로 수용함으로써 일정한 동의를 갖는 체제로 성립한 것이 근대 파시즘이라고 할 수 있다. 이러한 동의의 강화에 기존(既存)하는 집단주의(민족주의 등)가 적극적으로 작용하며 근대화 독재의 정당성을 제고하기 위한 역사적·문화적 자원들(인종주의 등)이 동원된다. 그리고 여기에 급진적 민족주의의 동원 같은 '급진적' 담론 전략이 활용된다.[9] 이런 의미에서 본다면, 파시즘을 포함하는 근대 독재 권력은 풀란차스의 표현을 빌리면 '예외 국가 exceptional state'의 성격을 갖는다. 파시즘은 그 자체가 예외적 상황을 전제로 한 동의성을 갖는 체제라고 할 수 있다.[10] 파시즘은 근대 권력의 기본 성격을 내장하고, 따라서 일정한 헤게모니적 성격을 갖게 되고, 그 결과 임지현이 지적하는 '아래로부터의 독재'일 수 있지만, 그것은 '정상 국가'적 현상이라기보다 '예외' 국가적 특성이라고 파악되어야 할 것이다.

(1) 대중독재론의 방법론과 관련하여—근대 독재 권력의 모순적 복합성

파시즘의 동의적 성격을 분석하려는 임지현식 접근법의 핵심 내용은 파시즘의 근대 권력적 복합성 혹은 '근대 권력으로서 파시즘'이라는 개념 속에서 요약될 수 있다. 파시즘이 '합의독재' 혹은 '주권독재'라는 성격을 갖는 것은 바로 근대 권력 속에 내재되어 있는 어떤 특성을 '미학화된 정치'를 통해 극단화시킴으로써 가능하게 된다. 나는 이에 대해 근대 권력으로서 파시즘의 '모순적 복합성'이라는 테제를 대립시키고자 한다. 이 개념을 통해 임지현이 파시즘의 동의성을 도출하는 바로 그 특성 자체 속에 내재적 모순성이 깃들어 있다고 본다.

임지현은 기존의 분석들, 즉 '악마론적 코드' 혹은 도덕적 이원론이 담고 있는 단순성은 독재의 근대성과 그 근대성에 기초한 대중성을 충분히 고려하지 못한다고 서술한다. 단순히 억압과 그에

---

9) 파시즘 이해의 중요한 한 측면인 인종주의가 임지현 등의 글에서는 크게 다루어지지 않기 때문에 그것은 별개로 한다.

10) N. Poulantzas, 《파시즘과 독재 *Fascism and Dictatorship*》(London : NLB, 1974) ; 밥 제숍, 《풀란차스를 읽자》, 안숙영 외 옮김(백의, 1996).

대한 견결한 저항만으로 단순화할 수 없는 지배와 저항의 복합성, 나아가 대중의 정치적 태도의 복합성을 중시한다는 점에서 파시즘의 근대 권력적 성격이 중요하게 된다. 그런데 앞서 지적한 대로 기존의 일면적 분석을 넘어 지배의 동의성까지 포괄하는 분석이 단순히 '독재의 헤게모니 연구론'으로 가지 않기 위해서는 파시즘의 근대 권력적 성격과 그 모순적 복합성이라는 측면이 동시에 설정되어야 한다고 생각한다. 임지현이 지적하는 그 '합의독재'적 성격은 바로 그 자체 속에 균열을 내장한 모순적 복합성을 특징으로 하는 정치 현상이다. 박정희 독재에는 그동안 간과되었던 합의적 현상이 존재하는 것이 사실이다. 그러나 그것은 지배적 현상이거나 완결된 현상이 아니라 전체상의 부분으로 존재한다고 생각한다. 박정희 독재의 동의는 예외적이고 모순적인 현상으로 존재했고, 그렇기 때문에 필연적으로 균열되었다는 것이다. 앞서 서술했듯이 서구 파시즘은 이러한 균열을 '전형적'으로 경험하지 못했으나, 이를 한국 파시즘이 오히려 더 '전형적'으로 드러내고 있다고 생각한다. 임지현 등의 논의를 긍정적으로 받아들이면서도, 근대 독재 권력, 나아가 그 특수한 형태로서 박정희 지배의 '모순성'이라는 관점을 설정해야만이 독재의 균열과 극복의 전망이 방법론적으로 내재하게 된다고 보는 것이다.

ㄱ. '근대' 권력의 헤게모니는 어디에서 오는가

이러한 근대 권력으로서 파시즘의 '합의독재'적 성격과 그 모순적 복합성은 여러 측면에서 찾아볼 수 있다. 첫째, 파시즘의 모순적 복합성의 핵심적 측면은——파시즘이 동의를 획득하는 계기가 되는——그 '근대성의 다차원성'에서 말미암는다. 임지현은 "독재와 민주주의, 좌파 독재와 우파 독재를 불문하고 모든 체제의 성공 여부는 그 구성원들이 체제의 정통성을 부여하는 의식에 참여하도록 만드는 것에 달려 있다"[11]고 보는데, 그것의 핵심 내용은 근대화 프로젝트를 통한 대중의 동의 획득이다. 파시즘은 시대적인 진보의 과제로서 경제적 근대화를 민족주의 등과 결합시키고, 이를 통해 독재의 의지를 민중의 의지와 일정 부분 일치하게 함으로써 독재에 대한 동의를 획득한다.

이렇게 볼 때 근대 독재 권력에 대한 대중의 자발적 동의는 바로 근대성의 문제와 연관된다. 즉 임지현이 지적하듯이 근대 독재 권력은 근대성의 과제 실현이라는 정당성을 중심으로 '인민의 지배'라는 형식으로 자신의 헤게모니를 구축하게 된다.[12]

그런데 근대성은 단순히 파시즘 동의의 중요한 원천이 되는 경제적 근대성만으로 환원될 수 없는 복합적인 것이라고 할 수 있다. 민중이 전근대 권력에 저항하면서 새로운 권력에게 각인하고자 했던 것, 그리고 그것이 실현됨으로써 민중 의지가 권력 의지가 되는 과제들은 근대성으로 표현되는 바의 보편적 과제들이라고 할 수 있다. 특별히 근대성을 구성하는 세 가지 차원이 중요한데, 먼저 산업화를 통한 근대적 경제의 실현이다. 경제적 차원에서 근대성을 실현하는 것, 즉 경제적 근대화의 과제다. 둘째는 근대성의 사회적 차원이라고 할 수 있는데, 개인의 시민적·정치적 자유 보장과 시민 사회의 자율성의 확보라고 할 수 있다. 근대적 지배는 절대주의 권력이 억압했던 개인의 자유와 권리를 제도적으로 보장하고 국가로부터 독립된 자율적 시민 사회를 보장하는 방식으로 근대적 지배를 확립하게 된다. 또한 이를 통해 헤게모니를 갖게

---

11) 임지현, 〈'대중독재'의 지형도 그리기〉, 19쪽.
12) 임지현, 〈민중, 희생자인가 공범자인가 : 파시즘의 진지전과 '합의독재'〉, 《당대비평》(2000년 가을), 24~25쪽.

된다. 셋째는 근대성의 정치적 차원이라고 할 수 있는데, 바로 이러한 개인의 자유와 시민 사회의 자율성을 전제로 하는 근대 민주주의의 실현이라는 점에서 근대적 지배는 전근대적 지배와 달리 헤게모니를 갖는다. 베버의 표현을 빌린다면, 근대적 지배의 합리적 핵심은 합리적·합법적 지배다. 이는 지배의 확립에서 절차적 합리성과 민중 자신이 선택한 지배라는 이중적 성격에서 나타난다. 민중 자신이 권력에 강제한, 다른 의미에서는 지배층이 민중의 요구를 수용하여 타협적으로 재구성한 지배이기 때문에 지배 자체에 민중적 동의가 전제되는 것이다.

ㄴ. 근대성의 여러 차원 간 모순

문제는 이러한 경제적 근대성의 실현을 통한 동의 획득에도 불구하고 이는 근대성의 여러 다른 차원들과 모순적 성격을 내장하게 된다는 것이다. 파시즘이 이러한 근대성의 진보적 가치를 중심으로 대중의 동의를 창출하는 과정은 바로 그 자체 속에 내적 모순성을 내장하고 있다. 근대 독재 권력은 기본적으로 경제적 근대화와 산업화를 달성하기 위한 국가주의적·권위주의적 동원 양식이라고 할 수 있다. 이 근대 독재 권력은 근대화 프로젝트가 선발 국가들에 의해 위협받는다고 여겨지는 상황에서, 경제적 근대화를 지배적인 추구 가치로 하고 근대성의 다른 차원을 부차화하면서 경제적 근대화를 실현하고자 하는 예외 국가적 형태다. 이 예외성 속에서 근대성의 한 차원——경제적 근대화——은 주요한 가치가 되지만, 근대성의 다른 차원들——개인의 자유와 시민 사회의 자율성, 민주주의적 지배——은 부차적 가치가 된다. 권력의 자기 절대화 과정이 진행되면서 이러한 부차적 가치들은 철저히 억압되어간다. 바로 여기서 예외적 근대 권력으로서 파시즘은 헤게모니를 갖지만 동시에 내적 모순성도 갖게 되는 것이다. 즉 근대성의 어떤 측면을 극단화하는 파시즘은 근대성의 다른 차원들과 갈등하면서 내적 모순성을 갖게 된다.

이런 점에서 파시즘은 한편에서는 프랑스 혁명에 내재한 진보적 가치들의 '허구적'인 담지와 정교한 헤게모니적 장치들을 통해 대중의 동의를 촉발하는 데 성공하기도 하지만, 다른 한편 그것은 부단히 내적 갈등을 일으키면서 균열을 겪게 된다고 말할 수 있다. 사실 이 점은 파시즘과 다르지만 나폴레옹의 보나파르티슴 체제도 유사한 특성을 갖는다.[13] 예외적인 체제가 근대 권력의 헤게모니적 근거들과 갖는 모순성은 서구 파시즘의 경우에도 선명하게 찾아볼 수 있다. 경제적 근대화와 추월을 향한 국가주의적이고 권위주의적인 동원 양식은 비록 대중의 자발성을 일정하게 끌어냈지만, 그것은 경제적 근대화와 추월의 진행에 따른 새로운 모순, 국가주의적·권위주의적 동원 양식이 내장하는 자기 절대화의 관성과 그로 인한 민주주의의 철저한 파괴, 집단주의적 통합과 개인의 자율성 간의 극단적 모순 등 내적 모순을 내장하게 된다. 다시 말하면 파시즘이 대중성과 자발성을 동원하는 그러한 근대성은 독재가 규정하는 것처럼 경제적 근대화의 실현이라는 측면만이 존재하는 것이 아니라, 개인의 자유와 시민 사회의 자율성, 지배 확립의 민주주의적 절차성 등 여러 가지 측면이 존재하는 것이고, 경제적 근대화를 중심으로 하는 대중 동원은 근대성의 다른 차원들과의 모순으로 인해 헤게모니의 균열적 측면을 동시에 내장하게 된다는 것이다. 이 점은 이후 민중의 주체화와 경제적 근대화를

---

13) 그래서 파시즘을 20세기적 형태의 보나파르티슴으로 보는 견해도 제기된다. S. C. Payne, 《파시즘 : 비교와 규정 *Fascism : Comparison and Definition*》(London : Univ. of Wisconsin Press, 1980), 180쪽.

중심으로 하는 초기 대중 동원에 변화가 나타나게 되면 '현재화(懸在化)'된 모순으로 전화하게 된다. 나아가 이러한 모순성은 이후 대중독재에 대한 동의의 균열과 저항성 발현의 토대가 된다. 이러한 근대성의 여러 차원과의 관계 속에서 갖는 독재의 내적 모순성은 박정희 독재에서도 발견된다.

ㄷ. 집단적 주체화와 근대적 시민성과의 모순

파시즘이 '합의독재'가 되는 과정은 대중이——다양한 의지와 욕망을 지닌 '다중'으로서——근대적인 시민적 주체가 아니라, 단일한 의지와 욕망을 지닌 통일된 인민의 집합체, 즉 민족 혹은 국민의 분자적 존재로 통합되는 과정을 통해 이루어지게 된다. 파시즘이 추진하는 경제적 근대화는 이러한 통일된 인민의 집합체 의지로서 파악된다. 이렇게 해서 파시즘의 근대화 의지는 집합적인 '민족의 의지' 혹은 '국민의 뜻'으로 전화되는 것이다.[14] 즉 개인을 집단적 존재의 일부로 만드는 방식을 통해서 그 집단의 의지를 담지하는 파시즘 권력은 인민의 권력이 된다. 이렇게 볼 때 근대 독재 권력에 대한 대중의 자발적 동의는 바로 국가주의적 집단성이라는 그릇을 통해 추동되는 근대성의 문제와 연관된다. 임지현이 지적하듯이 근대 독재 권력은 근대성의 과제 실현이라는 정당성을 중심으로 '인민의 지배'라는 형식으로 자신의 헤게모니를 구축하게 된다.[15]

그러나 이러한 집단적 주체화는 근대적 시민성과의 모순을 내장하는 것이었다. 임지현이 적절히 지적하는 바와 같이, 파시즘은 시

---

14) 임지현, 〈'대중독재'의 지형도 그리기〉, 38쪽.

15) 임지현, 〈민중, 희생자인가 공범자인가 : 파시즘의 진지전과 '합의독재'〉, 24~25쪽.

민 혁명을 통해 나타난 근대성의 어떤 측면을 파시즘의 고유한 자기 방식대로 실현 혹은 극단화함으로써 '합의독재' 혹은 '주권독재'로 전환된 것이다. 예컨대 '의회제와 대의 기구를 거부하는 대신 대중의 직접민주주의를 표방'한다거나,[16] 대중을 전근대적 신민에서 탈피하게 하여 민족 앞에서 평등한 참여적 시민으로 호명하는 방식을 통해서 말이다. 그래서 임지현은 "프랑스 혁명 당시 신분의 벽을 무너뜨린 해방의 기제였던 민족/국민 담론은 이처럼 20세기에 이르러 대중독재를 정당화하는 이념적 도구로 사용되기 시작했다"[17]고 말하고 있다. 내가 모순적 복합성이라고 하는 것은 바로 민족 혹은 국민 담론을 통해 선언적으로 국민을 평등한 근대적 시민으로 호명하지만, 동시에 그들을 집합적 주체로 탈개인화하는 모순적 측면——이것은 프랑스 혁명에 내재해 있는 근대적인 시민적 주체로서 개인의 전환이라는 측면을 부정하는 것——을 봐야 한다는 것을 의미한다. 근대적인 시민적 주체의 탄생이라는 프랑스 혁명의 또 다른 측면——근대성의 또 다른 측면——과 충돌하며 내적으로 모순성을 내재하게 되는 것이다. 이는 더 소급하면 프랑스 혁명 자체 속에 내재된 근대성의 불완전성에서 기인하는 것이기도 하다. 즉 시민 혁명은 전근대적 백성을 근대적 권리 주체인 시민적 개인으로 전화시키는 계기이기도 하지만, 그것은 민족 혹은 국민이라는 집합적 주체의 일부로서 시민(권)적 개인으로 탄생시키게 되는 것이다. 어떤 의미에서 온전치 못한 근대적 주체인 셈이다. 파시즘은 바로 그런 불완전한 근대성의 공백을 근대성의 이름으로 '공략'하는 독재 체제다. 파시즘은 임지현도 지적

---

16) 임지현, 〈'대중독재'의 지형도 그리기〉, 25~26쪽.
17) 임지현, 〈'대중독재'의 지형도 그리기〉, 37~38쪽.

하듯이 민족 담론과 국민 담론의 파시즘적 동원——이것은 파시
즘적 극단화 과정이다——을 통해 대중의 동의를 만들어내게 되
는 것이고, 이는 그 자체로 모순성을 내장하는 모순적 현상으로 이
해되어야 한다.

ㄹ. 사회주의적 요구도 파시즘 담론의 일부로

합의독재로서 파시즘이 대중의 동의를 획득하는 과정이 다른 의
미에서 모순성을 내포하는 과정은 그 권력 담론의 포괄성과 '급진
성'에서도 찾을 수 있다. 파시즘의 주요 특징의 하나는 시민 혁명
직후의 정치 현상이 아니라 시민 혁명 이후 근대적 체제의 등장 이
후 그 내적 모순을 둘러싼 갈등이 표면화되고 그에 대해 민중적 수
준에서 다양한 진보적 저항 사상 및 투쟁이 분출하는 속에서 나타
난 현상이라는 것이다. 여기서 파시즘은 경제적 근대화라는 진보
적 가치를 파시즘적 권력이 전취하듯이, 다양한 진보적 저항 사상
들의 일정 측면을 지배 담론의 일부로 수용한다고 하는 것이다. 가
장 비근하게는 히틀러가 '민족사회주의 독일노동자당'이라는 명
칭을 사용하는 것에서 상징적으로 드러난다. 여러 경제적 행위자
들——노동자, 고용주, 관리자 등——을 포괄하는 일종의 평의회
를 갖는 '공적·민족적 기업'을 만든 무솔리니는 다음과 같이 말
했다. "땅의 개간자인 노동자들이——요즘 진정으로 더 살기 좋아
졌다면 그것이 바로 파시스트 혁명이 창출한 제도 때문이다라고
말할 수 있어야 한다."[18] 히틀러는 또한 다음과 같이 말했다. "노동
자가 공통의 복지와 민족 경제의 존속에 대한 고려 없이 자기 힘을

---

18) B. Mussolini, 〈파시즘 : 교의와 제도Fascism : Doctrine and Institutions〉, N. S.
Love (ed.), 《도그마와 환상 : 현대 정치이념 독본Dogmas and Dreams : A Reader in
Modern Political Ideologies》(Chatham, N.J. : Chatham House Publishers), 441~442쪽.

엄청난 요구를 제기하는 데 사용할 때 진정한 민족 공동체 정신에 반하는 죄를 범하는 것과 똑같이, 고용주들이 자기 사업을 비인간적이고 착취적인 방식으로 행하고 민족적 노동력을 잘못 사용하고 노동자들의 땀에서 떼돈을 벌 때도 똑같은 정도로 공동체를 파괴하는 것이다."[19] 이것은 파시즘 권력 담론의 포괄성과 어떤 의미에서는 '급진성'까지 함의한다. 바로 이러한 담론의 특성은 합의 독재를 가속화하는 측면이기도 한다. 사실 이는 파시즘적 권력이 어떻게 담론적 수준에서 합의를 창출하는가에 시사를 준다. 파시즘은 대중의 삶의 위기에 대한 보수적인 '극단주의'적 대안이지만, 그것은 폭력적 강압에 의존하는 것만이 아니라 위기에 대한 다양한 혁명적 대안의 담론적 내용들을 파시즘적 방식으로 변용시켜 활용함으로써 대중적 동의를 창출하게 된다는 것이다. 즉 경제적 근대화의 추동이라는 실체적인 경제적 '진보'를 추동하는 것과 함께, 사회주의적 요구의 파시즘적 변용까지 포괄하는 '상징적 진보'를 통해 권력에 대한 동의를 만들어내고자 한다는 것이다. 여기에 물론 파시즘적 정치공학의 '선진성'이 존재한다. 그러나 이는 대중의 실제적 현실과의 거리에서 생기는 모순성을 회피할 수 없었다. 허구적 집단성이 노동자의 '피고용자' 됨을 영구적으로 은폐할 수는 없으며, 고용주와 노동자의 '한 가족 됨' 혹은 '한 민족 됨'이 양자 간의 갈등을 영구적으로 회피할 수 없음은 자명한 사실이다. 파시즘이 존재했던 예외적 상황——준(準)전시적 상황 혹은 나아가 전시적 상황——속에서 이러한 허구적 집단성은 예외적으로 존재할 수 있지만, 일상적 삶 속에서 그것이 지속되기는

---

19) A. Hitler, 〈나의 투쟁Mein Kampf〉, N. S. Love (ed.), 《도그마와 환상 : 현대 정치이념 독본》, 475쪽.

어려운 모순성을 내장하고 있었다고 할 수 있다. 역설적으로 일상 사론이 지적하는 바와 같이 대중이 파시즘에 회구했던 것은 '정상성에 대한 회구'였다. 그러나 그것은 파시즘적 방식으로 '정상적'으로 달성될 수 없는 것이었다.

파시즘은 초기 자본주의 혹은 초기 근대 사회의 '위기'——이 위기는 대중의 삶 속에서 반영된다——에 대한 대중의 새로운 요구에 대한 하나의 '보수적인' '극단주의적' 대안이라는 성격을 갖는다. 주지하다시피 시민 혁명을 통해 성립한 근대 사회는 초기 자본주의의 가혹성과 무정부성, 근대 시민적 삶의 불안정성, 근대 민주주의적 갈등에서 기인하는 파국적 동요 등의 위기적 상황을 만들어냈다. 20세기 초에는 이러한 초기 근대 사회의 위기에 대한 다양한 혁명적 대안들——사회주의, 공산주의, 생디칼리슴, 공동체주의, 무정부주의 등——이 분출하여 불안정한 초기 근대 자본주의 질서를 위협하고 있었다. 파시즘은 바로 대중의 삶에 체현되는 초기 근대 사회의 위기에 대한 '극단주의적' 대안——위기를 극복하기 위한 국가주의적·권위주의적 대안으로 제시되었다고 하는 의미에서——으로 정립된 것이고, 이것이 위기에 대한 하나의 현실적 대안인 만큼 혁명적 대안에 경도되지 않는 대중들에게서 동의를 획득할 수 있었다. 우리 논의와 연관시켜 중요한 지점은, 이러한 극단주의적 대안조차 대중의 삶에서 제기되어 나오는 진보적 요구들——초기 자본주의의 가혹성, 근대 시민적 삶의 불안정, 지속적인 정치적 동요로부터의 탈출 등——을 담지하는 방식을 통해 이루어지기 때문에, 이는 일정한 대중적 동의를 획득할 수 있게 된다는 것이다. 그러나 이는 온전한 해결이 아니기 때문에, 그리고 그 대안의 극단주의적 성격은 근대 사회의 여러 '정상적' 가치들과 충돌하기 때문에 내적 모순성을 드러내지 않을 수 없게 된

다. 바로 여기에 임지현이 이야기하는 '합의독재'로서의 파시즘의
내적 모순성과 거기서 유래하는 균열 가능성이 존재하는 것이다.

(2) 박정희 독재의 모순적 복합성

지금부터는 박정희 독재의 복합성과 모순성을 살펴보기로 하겠
다. 이상의 논의가 서구 파시즘에서 보이는 일반적 복합성과 모순
성이라고 한다면, 박정희의 경우 이러한 점이 어떻게 나타나는가.

ㄱ. 근대화 프로젝트로서 박정희 독재의 동의성

첫째, 박정희 독재 혹은 한국 파시즘의 헤게모니적 근거의 하나
는 임지현이 지적하듯이 박정희 독재가 경제적 근대화를 추동하
고 근대적 성장주의를 담지하는 권력으로 존재했다는 것이다. 파
시즘이나 심지어 스탈린 체제도 그러했듯이 근대성의 한 차원이
라고 할 수 있는 경제적 근대화 과제를 둘러싸고 그것을 담지하는
한 일정한 동의적 기반을 확보하고 자발적인 대중적 참여를 확보
하게 된다면, 박정희 독재에서도 정확히 이러한 점을 발견할 수 있
다. 박정희는——취약한 정치적 정당성을 보충하기 위한 정치적
목적에서건 스스로 내적 동력에 의해서건——경제적 근대주의의
적극적 추동을 통해 동의적 기반을 확보하려 했고, 이는 일정하게
성공을 거두었다고 할 수 있다. 더 정확하게 표현하면, 이를 통해
"그나마 박정희 지배의 취약성을 보충하면서" 지배를 유지할 수
있었다.

그 결과 박정희 독재를 단순히 위로부터의 강압만으로 환원할
수 없는 독재와 대중들의 태도의 복합성이 나타나게 되었다. 임지
현이 지적하듯, 근대화 프로젝트를 중심으로 하는 독재의 헤게모
니적 요소가 대중의 의식이나 삶 속에 침투하게 되고, "적극적이

고 전면적인 동의, 수동적 동의, 부분적·선별적 수용, 타협적 순응, 무의식적 순응"에 이르기까지 다층적인 모습이 나타나게 된 것이다.

ㄴ. 근대화의 성공이 실패하게 되는 이유

그러나 이러한 독재에 대한 동의는 동시에 내적 모순성을 내장하고 있었다. 그것은 먼저 경제적 근대화가 가져오는 새로운 계급적 모순이다. 경제적 근대화를 통해 민족적-대중적 헤게모니를 확립하고자 하는 박정희 지배하에서 경제적 근대화가 추진되면서 새로운 모순들이 배태되었다. 이것은 서구의 근대 부르주아적 지배가 전근대적 지배와 대비되는 근대적 헤게모니를 갖지만, 그것이 무산자의 거대한 도전을 받게 되고 때로는 혁명으로 이어지게 되는 이유이기도 하다. 근대 부르주아의 헤게모니는 상대적인 것이며, 이는 '과거 지향적 헤게모니'라고 할 수 있다. 즉 경제적 근대화가 실현하고자 하는 근대성이 갖는 진보성은 전근대성과의 비교 속에서 주어지는 진보성이라는 것이다. 이것이 달성되면 이는 주어진given 것으로 파악된다. 한때의 경제적 성공이 지속적 동의의 기초를 달성해주는 것은 아니다. 이는 경제적 근대주의 자체의 내적 모순을 의미하는 것이라고 할 수 있다. 이러한 측면은 근대화 프로젝트의 담지 주체로서 독재를 긍정적으로 보던 농촌 출신의 여자 노동자들이 자신이 살았던 농촌적 삶과의 비교 속에서 자긍심을 갖는 상태에서 '산업적 존재'로서 자기 정체성이 나타나게 되면서 '과거와의 비교 속에서 주어지는 정당성'을 부정하고 저항적 정체성을 일정하게 갖게 되는 데서 확인할 수 있다. 역설적으로 경제적 근대화가 성공하면서 경제적 근대화 목표에 의해 주어지고 있던 독재에 대한 동의는 약화된다는 모순성이 존재하는 점은 많은 사례 속에서 확인된다.[20] 그래서 근대화 파시즘의 성공은 곧 실패가 된다.

ㄷ. 지배 확립의 절차적 합리성 모순

다음으로, 박정희 독재 혹은 한국 파시즘은 유럽의 파시즘과 달리 근대 권력 지배 확립의 절차적 합리성과 합법성을 결여하는 식으로 성립했다는 점에서 박정희 동의의 내적 모순성은 지속적으로 존재했다. 앞서 서술한 바와 같이 근대 권력 헤게모니의 근거가 되는 근대성의 여러 차원 간 모순이라고 할 수 있다. 경제적 근대화는 독재라는 근대성의 기준에서 보면 동의를 창출하는 것이지만, 지배의 합리성과 합법성이라는 근대성의 기준에서 볼 경우 그 동의는 내적 모순을 내장하고 있는 것이다.

주지하다시피 쿠데타로 집권한 박정희 독재는 근대 지배의 부르주아적 합리성, 근대적 권력 동의의 중요한 기반이라고 할 수 있는 지배 확립의 절차적 정당성이라는 점에서 결정적인 문제를 안고 있었다. 이는 대단히 단순하고 분명한 이슈다. 이 점은 서구 파시즘과 박정희 파시즘이 다른 특수성이기도 하다. '권력 창출의 정당성'——권력 행사의 정당성은 차치하더라도——의 측면에서 박정희 지배가 근대의 합리적 · 합법적 권력이 갖는 대의민주주의적 절차적 정당성을 보유하고 있지 못했다는 점은 근대화 프로젝트를 통한 동의 창출에도 불구하고, 다른 한편에서는 박정희 파시즘의 동의 기반을 언제나 불안정하게 했던 이유다.

---

20) 나는 이 점에서 강준만이 1970년대를 보는 두 가지 시각을 '전태일과 고속도로'로 표현한 것이 상징적이라고 보며, 바로 이러한 모순성이 바로 박정희 시대의 진정한 모습이라고 생각한다〔강준만, 《평화시장에서 궁정동까지》, 한국현대사산책 1970년대편 제1권(인물과사상사, 2002), 5쪽〕.

ㄹ. 박정희 독재, 근대성, 헤게모니

개인의 자유와 자율, 시민 사회의 자율성이라는 근대성의 사회
적 차원의 관점에서 보더라도 박정희 독재는 이를 철저히 억압하
고 경제적 근대성의 추동이라는 역사적 과제를 전면화함으로써
독재의 합의적 기반을 일정하게 획득했음에도 불구하고, 내적 모
순성을 피할 수 없었다. 이는 집단적 주체성과 근대적 시민성의 괴
리가 박정희 독재에서 더 크게 나타나게 된다는 것을 의미한다.

이는 한국 근대성과 관련하여 시사하는 바가 크다. 한국 근대화
는 식민지 근대화 과정과 포스트식민지post-colonial 근대화(박정
희 개발독재) 과정을 통해 전개되었다고 할 때, 지배 권력——식
민 권력과 포스트식민지 지배 권력——을 통해 경제적 근대성이
추동되지만——이것이 일제 시기의 헤게모니와 박정희 독재 헤게
모니의 근거가 된다——근대성의 또 다른 차원들——민주주의와
시민 사회의 자율성 및 개인의 자유 등——이 그 지배 권력에 저항
하는 저항 진영이 담지하는 것으로 추진된다는 점이다. 즉 한국 사
회에서 민주주의, 시민 사회와 개인의 자율성을 대표하는 것은 경
제적 근대화를 추동하는 지배 권력이 아니라, 그에 저항했던 저항
진영이 된다. 이것은 식민지/포스트식민지 근대성의 특수성을 의
미하는 것으로 근대성의 파편화이기도 하지만, 다른 의미에서는
근대화를 추동하는 지배 권력의 헤게모니가 완결적인 것이 아니
고 제한적·모순적인 것임을 시사해준다.

ㅁ. 근대화 프로젝트, 반공주의, 민족주의

다음으로, 박정희 독재 담론 전략이 갖는 동의 기반의 협애성을
지적하지 않을 수 없다. 박정희 독재의 이데올로기적 정당화 기제
로서 반공주의와 민족주의는 경제적 근대화 담지 주체로서 박정

희 독재에 대한 진정한 동의를 형성하기에는 내적 모순성을 부여하고 있었다는 점이다. 이는 급진적 민족주의를 동원하기 위해——무솔리니나 히틀러 담론 전략의 '급진성'을 상기하자——당시 마르크스-레닌주의, 사회주의 등 급진적 담론의 내용까지 전취하고자 했던 유럽 파시즘과도 달랐다. 이 점에서 박정희 독재에 대한 대중의 동의를 분석할 때는 개별 파시즘 담론 구성의 특수성을 고려해야 한다. 그런 점에서 초기 단계에서 1950년대의 반공주의와 의사(疑似)민족주의적 동원이 일정하게 근대화 프로젝트에 대한 동의 강화에 기여한 것은 사실이지만,[21] 민중의 주체화에 따라 내적 모순성이 현재화되고 그 결과 동의 형성적 측면은 약화될 수밖에 없었다. 그만큼 반공주의는 동의적이기는 하지만 강압적으로 작동했으며, 민족주의가 반공주의와 갖는 내적 긴장은 갈수록 확대되었다.

ㅂ. 민족과 대결하는 민족주의?

박정희 독재는 민족주의를 통해 의제적인 집단적 정체성을 확립하려고 했지만, 동시에 '비판'에서도 지적했듯이 민족 내부의 적으로 하는 통치 전략이 갖는 모순을 피할 수 없었다. 서구 파시즘이 그러했던 것처럼, 박정희 독재는 근대화를 전 민족적 의지로 전화하고 대중을 그러한 민족적 사명의 담지자로 호명함으로써 파시즘의 동의 기반을 확대하고자 했다. 그런데 박정희가 동원한 민족주의는 어떤 의미에서 '민족과 대결하는 민족주의'였다고 할 수 있다. 이런 점에서 박정희 독재의 이데올로기적 통합, 나아가 동의

---

21) 개발주의, 민족주의, 반공주의의 결합에 대해서는 김정훈 · 조희연, 〈지배담론으로서의 반공주의와 그 변화〉, 조희연 엮음,《한국의 정치사회적 지배담론과 민주주의동학》 참조.

적 기반의 내적 모순성이 발견된다.

  외적으로 보면 분명 박정희 권력은 민족주의를 헤게모니 기반으로 수용한 것으로 보이지만, 민족주의의 고유한 성격, 즉 통일된 민족국가를 수립하려는 에토스와 고유한 배외적 성격을 자기화하지는 못했다. 그런 점에서 반공주의에 의해 민족주의의 '이념적 외연화'가 제약된 민족주의였다고 생각한다. 민족주의의 이러한 측면은 역설적으로 1980년대 반독재 민주화 운동에 의해 자기화된다. 즉 통일된 민족국가를 수립하려는 민족주의적 에토스는 1980년대 반미자주화와 통일 지향으로 반독재 민주화 운동에 의해 독점되는 것이다. 1980년대의 대단히 급진적으로 보이는 반미주의가 대중적으로 확산되었던 것도 바로 이러한 민족주의의 배외적 성격을 반독재 민주화 운동이 동원하는 데 성공했기 때문이다. 박정희 권력은 반일적 민족주의와 대립적 위치에 있었고, 반미적 민족주의에 대해 억압하는 이념적 기조 위에 서 있었다. 파시즘이 마르크스-레닌주의적 담론까지도 변형된 형태로 자기화하려 했던 것에 비하면, 박정희 독재의 이데올로기적 기제는——후반으로 갈수록——더욱 왜소화되었다고 생각된다. 그런 점에서 나는 박정희 권력에 의해 동원된 반공주의와 의사민족주의가 서구 파시즘과 달리 이데올로기적 포섭성보다는 반공주의처럼 후반으로 갈수록 강압적이고, 민족주의처럼 의제적이고 허구적인 형태로 작동했다고 생각한다. 이는 앞서 지적한 것처럼 한국 파시즘이 파시즘에 대한 동의의 균열 과정을 적절하게 드러내주는 사례가 될 수 있는 지점이다.

  이상의 내용을 전제로 할 때, 박정희 지배에 대한 동의는 근대 권력의 복합적인 여러 측면들 중 경제적 근대화를 추동하는 권력이라는 동의적 요소를 창출하고 있었지만, 경제적 근대화의 새로운 내적 모순과 동시에 근대성의 정치적 차원이라고 할 수 있는 지배의 절차적 정당성이라는 점에서 결정적 결함을 갖게 됨으로써 그 헤게모니의 불완전성이 존재하게 되었다고 할 수 있다. 또한 강압적 반공주의와 의제적 민족주의가 개발주의의 추동에 기여함으로써 일정하게 경제적 근대화의 헤게모니를 강화하였지만, 다른 한편에서 민족 구성원 간의 적대적 관계를 전제로 한 폭력적 관계로 인해 내적 모순을 부단히 안고 있었고, 그 결과 민중의 주체화가 진전됨에 따라 동의 기반이 약화되는 한계를 지니게 되었다고 판단한다. 이런 점에서 박정희 독재는 "근대화와 반(反)근대화, 심지어 역(逆)근대화의 모순적 혼합물"[22]일 수 있다. 나는 사실 이것이 임지현이 지적한 파시즘의 근대 권력적 성격과 내가 지적하는 파시즘의 모순적 복합성의 진정한 풍경이라고 생각한다.[23]

---

22) 이병천, 〈개발독재의 정치경제학과 한국의 경험〉, 이병천 엮음, 《개발독재와 박정희시대》, 63쪽.

23) 마이클 만은 최근 파시즘이 민주주의(독재가 아니라)에 기초하고 있는, 민주주의의 기제를 통해 동의를 창출하는 체제라고 표현했다. 그는 이것을 '민주주의의 그늘'이라고 표현했는데〔Michael Mann, 《민주주의의 이면 : 인종청소에 대한 설명 *The Dark Side of Democracy : Explaining Ethnic Cleansing*》(Cambridge : Cambridge Univ. Press, 2004)〕 나는 그것이 민주주의의 그늘이 아니라——김동춘의 표현대로—— '근대성의 그늘'이라고 평가하고 싶다〔김동춘, 《근대의 그늘》(당대, 2000)〕. 즉 근대 사회 이행 과정에서 개인은 근대적 권리 주체인 개인으로 호명되지만 동시에 민족주의에 의해 집단적 주체의 일원으로 호명된다. 이는 근대성의 불완전성을 의미한다. 즉 근대성의 외양을 띠고 근대성의 한 목표를 실현한다는 취지에서 스스로 정당화하지만, 이는 근대성 속에 내재한 불완전성을 권력이 부정적인 방향으로 극단화함으로써 성립된 것이다. 또 한 가지 지적할 것은——마이클 만의 논의를 화두로 할 때——파시즘은 '민주주의의 파시즘적 방식으로의 확장'——민주주의적 기제를 통해 대중을 파시즘적 방향으로 동원화하는 것——을 수행할 수 있었다고 한다면, 박정희 독재는 서구 파시즘과 달리 민주주의적 과정을 통해 자기를 실현했다기보다, 민주주의에 반하는 과정을 통해 작동했다고 할 수 있다. 이는 박정희 독재가 위로부터의 '동원'에 대해 대중이 일정하게 부응한 측면이 있다고 할 수 있지만, 아래로부터의 자발적 동의의 성격은 상대적으로 서구 파시즘에 비해 약했다는 것을 의미한다.

ㅅ. 종단면적 분석에서 본 대중의 복합성

이러한 여러 차원의 박정희 독재의 모순적 복합성은 그 전개에 따라 변화를 겪게 된다. 모순적 복합성이란 정태적인 것이 아니라 동태적인 것임을 알 수 있다. 현대사의 과정을 돌아보면 근대성의 한 차원을 대표하는 박정희의 경제적 근대화 드라이브가 일정한 헤게모니를 가지면서 강력하게 전개되는 반면에, 그에 대항하는 반독재 민주화 운동이 시민 사회의 주체화와 민주주의 정신을 담보하면서 성장하게 되며, 1980년대에는 박정희식 근대화적 개발주의를 압도하는 시대정신으로 발전하게 된다. 이 과정에서 적대적 반공주의와 의사민족주의에 의한 동의 창출 기획도 균열되어 간다.

그런데 여기서 이른바 '영웅적' 투쟁의 민중이 나타나게 된다는 것은 결코 강조해도 과잉이 아니라고 생각한다. 이 점이 임지현이 기존의 반파시즘 담론이 일면적이라고 비판하는 부분이다. 나는 '비판'에서 도도한 거시 역사적 과정으로서 '민중의 주체화'를 이야기했는데, 한국전쟁 이후 민중의 변화발전 모습은 가히 극적이라고 해도 무방할 것이다. 나는 임지현 등이 일면적일 수 있다고 판단하는 바로 그 저항적 주체들과 박정희 독재에 자발적으로 동원되는 대중을 종합적으로 보아야 한다고 생각한다. 독재에 의한 희생과 영웅적 저항만 보아서도 안 되지만, 반대로 자발적 동의만을 일면적으로 강조해서도 안 된다. 임지현은 물론 전면적 동의를 강조하는 것이 아니다. 일정한 자발적 동의를 강조하는 것인데, 그 자발적 동의도 모순적인 복합적 동의라고 표현해야 할 것이다.

나는 임지현이 주장하는 박정희 독재에 대한 대중의 태도가 내포한 복합성과 다면성도 이러한 변화의 맥락 속에서 읽어야 한다고 생각한다. 즉 거시적인 변화의 흐름을 종단면적으로 끊어보는 식으로 말이다. 거시적 흐름에서 보면, 박정희 독재 기간 동안 한 편에서는 위로부터 권력의 기획에 의해 주어지고 내재화되어가고 있던 근대적 개발주의의 헤게모니적 요소가 영향을 미치고 있으면서도, 다른 한편에서는 민주주의의 시대정신화에 따라 그 헤게모니의 약화와 권력 담론의 내적 균열 속에서 임지현 등이 지적하는 복합적 현상이 나타나게 된다. 즉 박정희식 지배에 적극적으로 포섭되고, 그 헤게모니의 영향하에 있는 보수적 대중과 반대로 소수의 저항적 대중 그리고 그 회색 지대의 광범한 중간 지대가 점차 변화해가게 된다. 비록 근대 발전주의 헤게모니로부터 자유롭지 않지만, 민주주의가 지배적 가치로 가져가게 된 저항적 대중이 출현하고, 반대로 근대 발전주의 헤게모니를 내면화하고 있는 보수적 대중에게도 그 헤게모니의 약화 현상이 나타나게 된다. 이 과정에서 박정희 지배에 적극적인 동조자 혹은 소극적인 동조자도 소극적인 반대자로, 혹은 때로 소극적인 중립 지대로 전환되는 경우도 많았다. 여기서 임지현이 이야기하는 것처럼 대중을 특정 방식으로 획일화하려는 권력의 욕망이 곧 대중의 욕망이 되지 않고, 새로운 상호 소통을 통해 새로운 민주적 공통성을 만들어가려는 다중의 욕망이 권력의 욕망과 긴장하며 존재하는 복합적 상황이 나타나게 되었다[24]고 생각된다. 그러나 이러한 과정은 '인식의 제로섬'적 변화 과정이 아니었다. 한편에서 반독재 민주화 운동의 전면에 선 사람들에게도 박정희식 근대화적 개발주의 가치가 내재해 있는 반면, 동시에 박정희의 열렬한 추종자들에게서도 민주주의 가치는 회피할 수 없는 것이 되어가고 있었다. 개개인의 의식세계 내에서도 복합적 심리가 공존하게 된다고 생각한다. 여기에

---

24) 임지현, 〈'대중독재'의 지형도 그리기〉, 23~24쪽.

복합성이 존재한다. 여기서 한 개인의 동의의 복합성, 대중들 사이의 정치적 태도 분화, 회색 지대의 존재도 나타나게 된다는 것이다.

이런 점에서 강압과 동의에 대한 분석은, 임지현 교수의 지적대로 억압과 저항의 일면적 분석만으로는 되지 않는 지점들이 있다. 그것은 한편에서 지배의 내면화 과정에 대한 분석, 즉 지배의 구성적 침투 과정에 대한 분석으로 보강되어야 하며, 다른 한편에서 저항의 확산 과정, 즉 지배의 내면화에도 불구하고 저항적 감수성이 돋아 나오는 과정에 대한 분석으로 보강되어야 한다. 그런 점에서도 근대 독재와 대중의 복합성과 모순성은 동전의 양면처럼 모순적 복합성으로 존재하는 것으로 파악되어야 할 것이다. 이것이 임지현이 이야기하고자 했던 '지배에 포섭된 저항과 저항을 낳는 지배 등의 복합적 현실'[25]이라는 표현의 진정한 의미일 것이라고 생각한다.

3. 박정희 파시즘의 유산을 둘러싼 현재적 투쟁

이상은 박정희 독재 자체에 대한 파악을 중심으로 논의한 것이다. 역사적 박정희를 중심으로 임지현 등의 '반론'을 검토해본 셈이다. 역사적 박정희로 상징되는 한국 근대 독재 권력의 복합성과 모순성의 결과, 박정희 정권은 18년 동안 자신을 유지하고 또 붕괴했다. 그러나 박정희 헤게모니의 근거들은 파편적으로 존재하면서 박정희 향수의 근거가 되고, 박정희의 현재적 신화 구성의 계기

---

25) 임지현, 〈'대중독재'의 지형도 그리기〉, 23쪽.

가 되고, 현재적 논쟁의 주제가 된다. 여기서는 박정희 독재를 둘러싼 현재적 갈등을 대상으로 하여 임지현 등의 반론을 검토해보고자 한다. 앞의 서술이 역사적 박정희를 둘러싼 것이었다면, 이 부분은 현재적 박정희를 둘러싼 내용이다.

(1) 현재적 박정희와 역사적 박정희

경제적 근대화 프로젝트에 기초한 박정희 지배의 동의적 요소와 그 균열에도 불구하고 왜 박정희는 현재적 박정희로 살아 있을 수 있는가. 나는 '비판'에서 이를 '지배의 전통화'라는 관점에서 논의한 바 있다. 이와 관련하여 먼저 박정희 독재의 성격을 둘러싼 각축은 완료된 것이 아니라 현재진행형이라는 점을 지적해야겠다. 내가 임지현의 대중독재론에 대해 문제 제기하려는 지점도 사실은 바로 여기에 있다. 박정희 독재의 동의 문제는 역사적 고증 문제가 아니다. 더 직접적으로 박정희의 유산을 둘러싼 현재적 투쟁 결과에 의해 상이한 방식으로 규정되고 재구성될 수 있다는 것이다. 현재적 박정희가 역사적 박정희를 재규정하는 것이다.

ㄱ. 근대화적 개발주의와 신자유주의적 성장주의

박정희 독재에 대한 동의의 현재적 구성을 둘러싼 투쟁에는 상이한 요소가 작용하고 있다. 먼저 역사적 박정희를 현재적 박정희로 부활시키는 데는 박정희 독재에 대한 동의를 구성했던 경제적 근대화 혹은 더 일반적인 의미에서 근대화적 개발주의가 신자유주의적 지구화의 맥락에서 새롭게 재생산되고 있다는 요인이 작용한다. 박정희가 근대화적 개발주의를 유산으로 남겼다면, 현재적 상황은 근대화적 개발주의를 변형된 형태로 재생산해내고 있다. 박정희적 상징이 부활하는 데는 이러한 정신적 에토스가 중요하게 작용한다. 신자유주의적 지구화의 거대한 영향으로 새로운 경제적 추월, 이를 위한 강력한 위로부터의 성장 드라이브가 필요하다는 식의 인식이 강화되기 때문이다.

ㄴ. 현재적 박정희는 '가공의 개인'?

이러한 조건 속에서도 박정희 독재에 대한 동의의 적극적 평가 또는 박정희 독재에 대한 현재적 동의, 혹은 '박정희 지배의 전통화'로 가는 데는 다양한 장애물이 존재한다. 먼저 박정희 시대에 저항했던 세력들이 담지하고 있는 민주주의가 박정희 사후 지배적 시대정신이 되었다는 점이다. 반독재 민주화 운동이 담지했던 근대성의 다른 차원이 지배적 가치로 인식되는 상황으로 근본적으로 변화했다. 박정희가 추구했던 것이 근대성의 한 차원이었다고 한다면, 박정희에 저항했던 사람들이 대표했던 것도 근대성의 다른 차원이었다. 후자는 1980년대를 거치면서 헤게모니적인 것이 되었다. 박정희도 '한국적 민주주의'라는 이름으로 민주주의의 가치를 수용했기 때문에, 이러한 민주주의 운동은 저항 없이 헤게모니적 운동이 될 수 있었다. 이 점이 독재적 박정희가 완전한 현재적 헤게모니를 갖지 못하게 하는 근거가 된다.

또한 박정희 독재에 대한 동의를 구성하던 종합적 요소들이 개별적으로 해체되어 박정희 독재에 대한 총괄적 동의의 근거를 약화시켰다는 것을 들 수 있다. 예컨대 박정희 독재에 대한 동의를 구성하는 여러 요소들 중에서 적대적 반공주의가 퇴조하고 남북 간에 평화공존주의가 새롭게 헤게모니적인 것으로 자리 잡게 되면서 적대적 반공주의에 의해 보증되던 박정희 동의의 한 요소가 약화되었다. 물론 가장 근본적인 요인은——독재에 대한 동의 혹은 그 현대적 변형 유산에서 완전히 자유로운 것은 아니지만——

민중의 주체화가 의식과 행동의 측면에서 강화되었다는 점이 될 것이다. 그 결과 박정희 신드롬에서 보이듯 박정희에 대한 '동의적 이미지'는 존재하지만 박정희 독재에 대한 동의를 구성하는 실체적인 담론 내용은 대단히 박약함을 알 수 있다. 예컨대 성장을 향한 강력한 리더십, 민주주의 이행기의 혼란에 대한 반사 심리로서 강력한 리더십에 의한 질서 회복, 지속적 성장의 달성, 이를 위한 강력한 국가 드라이브 등이다. 현재적 박정희가 이미지를 넘어 실체적인 것으로 가는 데는 많은 거리가 존재한다고 생각된다. 이런 의미에서 박정희는 현재적 맥락에서는 '가공의 개인'[26]일 수 있다.

물론 박정희식 지배 헤게모니가 앞으로 보수적 정치 사회 세력의 중요한 전통화된 지배의 자원으로 유지될 수도 있을 것이다. 그러나 그것은 보수의 다양한 자원 중의 하나, 혹은 다양한 상징 중 하나가 될 것이다. 주지하다시피 1987년 이전 우리 사회 보수 세력의 최대 이데올로기적 근거는 반공주의와 경제적 근대화 논리였다. 그러나 그것이 약화된 후에도 보수 세력의 근거지는 지역주의[27] 같은 형태로도 변형되어 존재한다. 지역주의는 반독재 세력의 부도덕한 분열을 계기로 도덕적 정당성을 갖게 된 질서이기 때문에 대단히 '자연화'된 측면이 존재한다. 이는 박정희가 '국민적 박정희'는 되지 못해도 최소한 구미 혹은 대구·경북의 박정희는 될 수 있는 기반을 존재하게 만든다. 박정희 독재가 강압과 근대화 프로젝트 등을 통한 동의를 통해 '전국적 박정희'로 존재했던 점을 상기해보자.[28] 현재적 투쟁 결과에 따라 보수 담론 역시 다양한 변

26) 류상영, 〈박정희와 그 시대를 넘기 위하여〉, 한국정치연구회 엮음, 《박정희를 넘어서》(푸른숲, 1998), 18쪽.

27) 조희연, 《한국의 국가·민주주의·정치변동》(당대, 1998), 제5장.

형을 겪고, 거기서 박정희의 위상도 달라질 것이다. 문제는 전국적 박정희로 살아남느냐는 투쟁이 지금 전개되고 있는 것이다. 박정희 시대의 헤게모니를 부정하는, 그리고 역사적 박정희의 현재적 부활을 독재 유산 척결로 바라보는 반독재 민주 집단이나 희생자 집단, 희생자 개인들이 광범위하게 존재하는 상황에서 역사적 박정희의 헤게모니는 완전한 의미에서 현재적인 것 혹은 전국적·대중적national-popular인 것이 될 수 없는 상황이 조성되었다고 봐도 될 것 같다. 역사적 박정희는 현재적 박정희를 둘러싼 투쟁에 따라 상이한 방식으로 규정되는 쟁론의 과정에 있다. 그런 점에서 최소한 포스트박정희 시대에 박정희는 여전히 쟁투의 영역con-tested area에 있다고 해야 할 것이다.

(2) 과거 청산에 대한 임지현 등의 현실적 문제의식에 대하여

이러한 현재적 상황 분석 위에서 '반론'에 대한 몇 가지 재반론을 제기하고자 한다. 거듭 강조하지만, 임지현 등이 대중독재를 제기하는 문제의식의 진정성은 수용한다. 그럼에도 불구하고 몇 가지 '비판'을 통해 현실적 문제의식과 관련하여 비판점을 보게 된다.

ㄱ. '성찰적 과거 청산'은 '제도적 과거 청산' 위에서 가능하다

먼저 현 시기의 과거 청산을 둘러싼 각축을 보는 시각의 문제점이다. 물론 글을 통해서만 이야기하는 것이기 때문에 진정한 문제

---

28) 서울 상암동에 국고 지원을 받아 진행되던 박정희기념관을 구미로 이전해서라도 완성하려는 기념사업회의 입장도 한 예가 될 것이다. 박정희기념관 건립에 대한 국고 지원 중단 문제는 현재적 과거 청산 이슈이면서 직접적으로 역사적 박정희에 영향을 미치는 이슈라고 할 수 있다.

의식을 잘못 해석할 수도 있겠다. 그러나 나는 과거 청산을 둘러싼 현재적 투쟁과 관련하여 '반론'에서 임지현이 몇몇 측면에서는 '과소' 과거 청산이지만 과거 청산 담론은 과잉이고 "국회의 입법을 통해 과거를 청산하겠다는 발상은 한국 사회에 만연된 조급주의의 발로일 뿐이다"라고 인식하는 것과 현재의 노력에 대해 "민주화 운동 전력을 담보로 확신에 찬 작은 정의에 집착하는 과거 청산론자"[29]라고 보는 것에 대해 반대의 생각을 갖고 있다. 임지현은 '기억의 정치학'이 과거 청산론자들에서 순박한 '도덕주의의 반도덕성'을 발견하는 것도 전도(顚倒)된 인식이라고 생각한다.

'비판'에서도 지적했지만, 나는 임지현에게는 '과잉 과거 청산' 의식이 존재하고 이것이 현재의 과거 청산을 보는 시각에 영향을 미치고 있다고 생각한다. 나는 현재의 과거 청산이 과잉 과거 청산이 아니며 식민지 파시즘과 포스트식민지 파시즘의 역사적 유산을 극복해가는 최소주의적 과정이라고 생각한다. 또한 나는 현재의 과거 청산 투쟁에서 보수적 기득권층의 반대를 뛰어넘어야 임지현 등이 주장하는 '성찰적 과거 청산' ——임지현의 주장을 이렇게 요약하고 싶다——의 지평이 열리게 된다고 생각한다. 과거 청산의 정치사회적 병목 지점을 통과해야 대중독재론의 정치적 문제의식이라고 할 수 있는 바, 파시즘의 부활이라는 조건을 성찰적으로 극복해갈 수 있다는 말이다. 굳이 현재의 과거 청산 과정을 '제도적 과거 청산'이라고 한다면, 임지현이 이야기하고자 하는 '성찰적 과거 청산'은 '제도적 과거 청산'과 같이 가거나 그것을 기반으로 해야만이 가능하다. 물론 이러한 이야기는 현재 진행되

---

29) 임지현 · 이상록, 〈'대중독재'와 '포스트 파시즘'〉, 《역사비평》 68(2004), 311~312쪽.

는 과거 청산이나, 더 넓은 의미에서 민주 개혁 추동의 모든 행위를 정당화하는 것이 아니며, 많은 지점에서 '비(非)헤게모니적' 측면들이 무수히 존재하고 있음을 부정하는 것이 아니다. 이 현재적 과거 청산 투쟁에서 실패할 때, 나는 박정희 독재의 유산을 복합적으로 보려는 임지현의 문제의식이 현실적 실현 가능성이 없는 학문적 연구로 끝나버리게 된다고 생각한다.

ㄴ. 한국 민주주의는 파시즘 유산에 유폐되어 있는 일본 민주주의를 넘어가야 한다

여기서 우리는 독재의 유산을 둘러싼 과거 청산 과정의 한국적 특수성——이는 사실 유럽 파시즘 극복과 달리 파시즘 유산 극복의 일반성을 보여줄 수 있다는 점을 앞에서 서술했다——에 주목해야 한다고 생각한다. 그것은 무엇보다 한국 과거 청산의 지평이 아래로부터의 투쟁에 의해 점진적 · 갈등적으로 확대되었다고 하는 점이다. 사실 김대중 정부는 한편에서 박정희 기념관에 국고를 지원하고 다른 한편에서 광주민주유공자법을 통과시키는 식의 방식을 선택했다. 그러나 이러한 타협적 과거 청산도 노무현 정부 출범 이후 아래로부터 철저한 과거 청산 요구가 제기되고, 이를 노무현 정부가 정책화하는 방식을 통해 과거 청산을 둘러싼 전면적 각축이 전개되고, 이 과정에서 박정희 독재에 대한 재평가를 둘러싼 치열한 각축도 동반하게 된 것이다. 이러한 과정을 권력의 기획이라고 해석하는 입장도 있을지 모르지만, 기본적으로 아래로부터의 오랜 과거 청산 요구가 권력에 강제된 것이라고 할 수 있다. 사실 김대중 정부의 의문사진상규명법 같은 것도 사실 유가협(전국민족민주유가족협의회) 부모들의 460여 일이 넘는 국회 앞 농성을 통해 정부에 강제된 것이었다. 과거 청산이나 현재의 국가보안법

개폐 논의——그것의 정치성은 논외로 하고——자체는 노무현 정부의 탄생, 탄핵 극복과 2004년 4·15 총선에서 보수의 의회 독점 해체와 같은 정치적 콘텍스트의 변화가 없었다면 제기되지 않았을 것이다. 이는 열린우리당이나 노무현도 어찌할 수 없는 역사적 대세로 진행되고 있다. 현재의 과거 청산 갈등은 1987년부터 김대중 정부까지의 과거 청산을 한 단계 뛰어넘는 수준으로 확산되어 전개되고 있다.

  그러므로 현재의 과거 청산 과정이 성찰적으로 성숙하게 전개되지 않고 '이전투구' 식으로 전개되는 것처럼 보이는 것은 임지현이 지적하는 것처럼 "민주화 운동 전력을 담보로 확신에 찬 작은 정의에 집착하는 과거 청산론자"나 과거 청산 주체가 성숙한 과거 청산 의식을 가지지 못했기 때문이 아니다. 단적으로 과거 청산 대상이 되는 기득권 집단이——약화되었지만——여전히 막강한 힘을 갖고 있고 간접적·직접적으로 과거 청산에 저항하고 있기 때문이다. 과거 청산과 관련된 기득권층의 강렬한 저항이 현재의 최소주의적 과거 청산이 성찰적 차원을 동반하지 못하는 주된 이유라고 생각한다. 문제는 임지현이 이야기하는 복합성에 대한 과잉·단순 재단(裁斷)의 문제가 아니다. 사실 의문사진상규명위원회의 활동과 관련해서도 기득권층이나 가해층의 비협조와 사보타주 등으로 적절히 이루어지지 않았던 것을 기억해보자. 과거 청산자체가 하나의 격렬한 정치사회적 투쟁의 과정이 되는 것은 불가피하다. 이런 점에서 일본 파시즘과 같이 파시즘의 지배 권력이 연속되는 경우나 독일과 같이 패전했지만 내적 극복의 계기를 갖지 못한 경우와 달리, 대중독재론이나 일상사론이 반파시즘 담론으로 확장되어 파시즘의 정신적·현재적 유산을 극복하기 위한 노력이 빛을 발할 가능성의 현장이 바로 여기라고 생각한다. 나는 앞서 지적한 대로, 한국 민주주의가 파시즘의 유산——그 정점에 천황제가 있다——이 질곡하고 있는 일본 민주주의를 뛰어넘어 아시아의 모범적 민주주의의 전형을 만들어가야 한다고 생각한다. 그런 점에서 현재 우리의——민주 개혁을 둘러싼——고통스러운 갈등에 대해 '진보적 긍정'을 한다. 물론 이러한 긍정에는 전제가 필요하다. 그것은 뼈를 깎는 도덕적 승화와 성찰적 노력——성찰적 민주화도 그 일부——위에서 비로소 가능하다는 점이다. 여기서 임지현이 강조하는 민족주의와 국가주의 넘어서기, 우리 안의 파시즘 넘어서기, 세계주의적 민족이라는 성찰적 자기 혁신 같은 노력이 필요하다. 그것은 재일동포에 대한 일본인의 태도를 부끄럽게 할 수 있는 정도로, 외국인 노동자에 대한 한국민의 태도를 형성할 수 있을 때 비로소 가능하다는 단서를 붙여두고 싶다.

ㄷ. 이영훈 교수의 예

현재의 과거 청산을 '과잉 과거 청산'으로 규정하게 되면, '비판'에서도 지적했듯이 대중독재론이 왜곡된 착지를 할 가능성이 있다. 조금 다른 예이지만, 얼마 전 MBC 〈100분 토론〉에서 본 이영훈의 예가 있다. 나는 〈100분 토론〉 후에 그의 해명서를 인터넷을 통해 읽어보았다. 나는 사실 거기에 일점일획도 이의를 달 수 없었다. 다만 문제는 이영훈이 그것을 현실과 거리를 둔 학문적 논리로 위치시키거나 현실적 과거 청산 과정에 '거리를 둔' 성찰적 주문으로 위치시키지 않고, 치열한 과거 청산 국면에서 과거 청산 반대의 정치적 입장에 자신을 위치시켰다는 것이었다. 이영훈의 논리는 과거 청산의 진보적 논리 내에서 내부 성찰적 논리로 제기되고 확산되는 것이 바람직하다. 개인적으로 나는 그 일이 적절히 수습이 되어 안도의 숨을 내쉬었다. 이영훈식의 논리는 과거 청산의 '경직화'를 성찰하는 목소리로 존재해야 하기 때문이다. 물론 과잉 과거 청산을 지적하는 논리로 설정되지 않으면서 말이다. 마찬가지 논의를 임지현의 대중독재론에도 적용할 수 있겠다. 나는 현재의 과거 청산에 대한 보수적 저항과 달리, 과거 청산이 현재의 제한적인 법적 청산을 넘어 문화적, 생활 세계적, 인식적 성찰의 단계로까지 급진적으로 확장되는 논리가 되어야 한다고 생각한다. 법적·제도적 과거 청산을 넘어 급진적인 성찰적 과거 청산의 메시지로 전달되어야 한다는 것이다.

이영훈의 예는 우리가 함께 고민해야 할 지점을 상징적으로 드러내주고 있다. 그는 내가 '비판'에서 대중독재론의 정치적 착지 문제로 제기했던 것과 유사하게, 기존의 이른바 진보개혁 담론에 대한 '수정주의'적 담론의 정치적 성격 혹은 정치적 착지와 관련된 문제 역시 제기하고 있다. 주지하다시피 해방 이후 공간에서 친일파적 논리 대 친일 청산의 대립 구도 속에서, 그리고 독재 시기 독재와 반독재의 대립 구도 속에서 맹아론이나 일제 시기 수탈론은 친일 유산 청산과 반독재라는 시대적 저항 과제의 학문적 근거로서 성격을 지니고 있었다. 저항 담론의 근거가 취약했던 상황에서 맹아론이나 수탈론은 그 자체가 저항 담론의 지위를 동시에 갖고 있었던 셈이다. 그러나 이제 우리는 이미 포스트독재의 맥락 속에 위치하고 있으며, 과거청산법이 국회를 통과하는 시점에 살고 있다. 또한 진보개혁 운동의 발전으로 인해 포스트독재의 맥락에서 맹아론적 혹은 수탈론적 근거 없이도 진보개혁 담론이 자립적으로 존재할 수 있는 상황이 출현했다. 이런 점에서 자본주의 맹아나 식민지 시기의 사회경제적 수탈에 대해 곧바로 정치적 성격을 부여할 필요는 없다고 생각한다. 그런 점에서 나는 맹아론이나 수탈론 등에 대한 즉자적 반발에도 동의하지 않는다. 이러한 변화된 현실을 전제로 할 때, 우리에게는 두 가지 고민이 필요하다. 한편에서는 이영훈 등을 중심으로 하는 이른바 '식민지 근대화론'이 포스트독재의 맥락 속에서 어떤 현실적 성격을 가질 것인지에 대해 스스로 고민해볼 필요가 있으며, 다른 한편에서는 독재 시기의 진보개혁 담론이 새로운 '실증적'──'실증'을 둘러싼 논의의 필요성은 물론 전제한다──논의들을 어떻게 수용·재위치시킬 것인가에 대한 고민이 필요하다. 10~20년 전의 '실증'을 뛰어넘는 실증이 이루어지는 것은 긍정적인 것이기 때문이다. 전자와 관련하여, 이영훈 파문의 의미는 이른바 식민지 근대화론의 보수적 착지 가능성에 대한 우려다. 개별 사실에 대한 실증은 그 실증을 일부로 하는 '역사상(像)'에 대한 고민과 함께 이루어져야 할 것이다. 새로운 실증적 연구들이 보수적 착지를 할 수도 있고 진보개혁적 착지를 할──물론 보수와 진보의 내포적 의미도 변화해가지만──수도 있다. 박정희에 대한 논쟁도 여기에 연관되어 있다. 우리가 이 논쟁을 하는 것과 같이 이영훈 등의 학문적 천착이 독재의 맥락이 아니라 포스트독재의 맥락에서 어떤 현실정치적──이는 넓은 의미에서 정치적 성격을 말한다──성격을 가질지에 대한 깊은 고민이 필요하다는 것이다.

여기서 우리가 스스로 '진보화'시켜야 되는 지점은 1987년 6월 민주항쟁을 정점으로 하는 민주화 과정에서 '대중의 진보화' 혹은 '대중의 지식인화'라고 부를 수 있는 현상이 나타나게 되었다는 것이다. 1987년 이전의 국민은 그 이후의 국민과 다르다. 어떤 의미에서 노사모적 대중은 1970년대 반독재 학생 운동가들의 의식보다 더 높을 수 있다. 민주노동당에 대해 '반공 의식에 찌들었다고 하는' 대중이 13퍼센트의 정당 지지를 보내는 현실 속에 있다. 물론 여전히 강력한 보수도 존재한다. 그러나 1970, 1980년대적 보수, 리버럴, 진보의 경계 지점들이 부단히 진화하면서 변화하고 있다. 여기서 새로운 수정주의적 담론들이 이러한 대중의 진보화를 전제로 한, '정치적 착지'를 해야 한다는 것이다.

ㄹ. 수정주의 담론 혹은 해체주의 담론의 양면성

이러한 문제의식을 환기하는 것은 수정주의 담론 혹은 해체 담론의 양가성을 보기 때문이다. 사실 1980, 1990년대 진보 담론에 비하면 일상적 파시즘론이나 대중독재론, 탈국가주의 담론 등은 새로운 급진 담론일 수도 있고 새로운 수정주의 혹은 해체주의 담론일 수도 있다. 거듭 말하지만 나는 새롭게 대두되는 해체주의 담론은 많은 긍정적 문제의식에도 불구하고 이중성이 존재한다고 생각한다. 이는 논리적으로 내재한 이중성이다. 예컨대 임지현은 다음과 같이 서술한다. "강제와 억압을 일면적으로 강조하는 악마론적 코드를 공유하는 한, 남한의 좌파와 폴란드의 우파는 이념적 장벽을 뛰어넘어 근대 독재를 이해하는 동일한 논리를 구사하고 있는 것이다."[30] 그런데 여기에 중요한 지점이 있다. 즉 임지현의 논리 틀에서 볼 때 좌파와 우파는 동일한 대상이 된다. 나는 바로 여기에 위험이 존재한다고 생각한다.

도덕적 이원론이라는 프레임 속에서 보수와 진보가 동일한 비판의 대상이 되고 있는데——동일한 옹호의 입장이 아니라는 점에서 긍정적이지만——, 바로 여기에 대중독재론이 고민해야 할 점이 있다고 생각한다. 1960년대 말~1970년대의 체제 '수렴론'이 분명 자본주의와 사회주의 체제의 특성에 대한 일정한 진실을 이야기하고 있지만, 수렴론 속에는 사회주의와 자본주의의 체제적

---

30) 임지현 · 이상록, 〈'대중독재'와 '포스트 파시즘'〉, 299쪽.

차이——1990년대의 지평에서 자본주의의 '민주주의적 진보성'
이 부각되고 사회주의의 '퇴행성'이 역으로 부각되고 있지만——
가 아예 무시되며, 그런 것까지 바라지는 않더라도 인류의 역사 진
보에서 사회주의가 자본주의를 뛰어넘으려 했던 지점들, 더 양보
하여 현존 자본주의의 문제점을 뛰어넘으려 했던 지점에 대한 고
민이 사상된다는 것이다. 이영훈의 예를 포함하여 새로운 '수정주
의 담론'이 더 거시적인 역사상의 진보적 재구축이라는 과제에 접
속되기를 바란다. 객관적으로 대중독재론을 포함하여 현재의 다
양한 수정주의 담론들은 정확히 보수 담론의 새로운 형태가 될 수
도 있고, 확장된 진보개혁 담론이 될 수도 있다.

ㅁ. 좌파의 억울함?

이와 관련하여 임지현의 논의와 반론에서 발견되는 좌파 혹은
넓은 의미의 진보 세력에 대한 규정과 관련해서 문제 제기를 하고
자 한다. 강조를 위한 비유적 과장이거나 문학적 표현인지 모르겠
지만, 좌파에 대한 과잉 규정과 일면적 규정이 존재한다는 점이
다. 그 서술 속에서 좌파는 거대 담론 차원에서 진보적 입장을 선
점하고, 그것이 곧 해방의 실현이라고 생각하는 '당파적 도덕주의
자'[31]이거나 이데올로기적 냉전 논리에 빠져 있는 한반도의 전통
우파와 동일한 인식 틀에 사로잡혀 있는 구시대적 집단[32]으로, 역
사적으로는 민중을 의식적으로 성숙하지 못한 지배 계급에 포섭
된 존재로 타자화하는 위험한 엘리트주의자[33]로 묘사된다. 좌파
내에 다양한 흐름이 존재하고 다양한 경향성이 존재함에도 불구

---

31) 임지현·이상록, 〈'대중독재'와 '포스트 파시즘'〉, 327쪽.
32) 임지현·이상록, 〈'대중독재'와 '포스트 파시즘'〉, 299쪽.
33) 임지현·이상록, 〈'대중독재'와 '포스트 파시즘'〉, 302쪽.

하고 임지현의 프레임 속에서는 일정한 이미지를 갖는 좌파들이 존재한다.

이 점과 관련하여 진보 담론의 병목 지점이 존재한다는 것은 인정한다. 사실 한국의 진보 세력 혹은 좌파 세력에게는 사회주의 붕괴를 계기로 하는 거대한 혁신의 과제들이 충분히 자기 과제화되어 있지 않다. '민중 자신'의 투쟁에 의해 사회주의 체제가 붕괴된 상황을 전제로 할 때 사회주의, 좌파, 진보의 '발본적' 혁신이 있어야 함은 주지의 사실이다. 또한 1960~1970년대 박정희 파시즘에 의해 담지되던 근대적 개발주의의 시대정신을 반독재 민주화 운동 세력이 담지하던 민주주의의 시대정신이 압도했다. 이 민주주의의 시대정신은 1987년 이후 '민주 개혁'이라는 시대정신으로 우리 사회를 끌어가는 정신이 되었고, 지금도 그러하다. 그러나 민주(주의)라는 이름으로 획득된 헤게모니가 새로운 대안적 화두를 만들지 않는다면 그 헤게모니는 유지될 수 없는 단계로 가고 있다. 우리 시대 진보 세력의 진정한 고민은 바로 여기에 있다. 사실 각종 수정주의적 담론들이 진보개혁 담론을 '대상화'하게 되는──그 일부로서 자기를 위치 짓기보다──조건도 여기에 기인한다. 진보개혁 세력의 원숙하지 못함과 비헤게모니적 행태를 계기로 '보수의 능동화'가 진행되고 있는 지금의 조건도 이와 무관하지 않다. 이런 점에서 1987년 이후 20년이 가까워오는 지금 진보개혁 담론의 '정체성'은 본질적인 문제로 존재하고 있다. 현재 우리 사회의 보수와 진보의 각축이 더욱 팽팽하게 진행되는 데는 '보수의 강력함' 때문이 아니라 진보의 리더십──담론적 수준과 실천적 수준에서──혹은 우리가 논의의 소재로 삼는 헤게모니 부재 때문이라고 해야 할 것이다.

이런 점을 인정함에도 불구하고, 임지현의 논리 속에서 나타나는 "좌파는 보수주의자들이 만들어낸 좌파의 이미지 그대로다"라는 것이 나의 솔직한 심정이다. 임지현의 대중독재론에 담겨 있는 좌파 인식이 우파의 인식과 동일하다면 문제가 있는 것 아닌가. 이것이 내가 느끼는 '혐의'라면 혐의다. 이것은 사실 거의 모든 '수정주의 담론'들의 공통된 시선이다.

이러한 논리적 문제를 떠나서 대중독재론이 궁극적 극복 대상으로 삼는 것은 '우리 안의 파시즘' 유산이다. 그런데 그 극복을 위해 싸운 좌파나 진보 세력이——대중독재론이 잘못되었다고 분석하는——그 인식 틀의 오류를 가지고 있다고 하는 이유로 극복의 대상이자 투쟁의 대상처럼 되어버린다는 것이다. 박정희 유산의 극복을 포함하여 과거 청산에의 투쟁 대상도, 과거 청산의 직접적 대상이 되는 박정희 유산을 담지하는 개인이나 개인 내의 의식 혹은 집단이 되기보다, 박정희 지배와의 투쟁을 지속해온——임지현의 문제의식으로 하면 일면적이고 악마론적 코드를 가지고 있는——진보 세력 일반이 되어버리는 것이다. 일면적이라고 비판하는 좌파의 논리에 대한 문제의식을 징검다리로 하여 '극복 대상의 전도'라는 역설적 현상이 나타나는 것이 아닌가 싶다.

이 점은 정확히 그의 최근 책《적대적 공범관계》[34]에도 잘 나타나고 있다. 나는 이 책의 기본 논지가 지금 우리 논쟁의 핵심적인 측면을 적절히 표현하고 있다고 생각한다. 임지현은 부시와 빈 라덴이 '적대적 공범 관계'에 있고, 박정희 체제와 김일성 체제는 '적대적 공범 관계'에 있었다고 표현하고 있다. 이는 '일정 측면에서' 진실을 담고 있다. 그러나 '다른 일정 측면에서' 이는 너무 일면적이고 탈역사적이며 탈구조적 시각이다. 내가 일정 측면에서

---

34) 임지현, 《적대적 공범관계》(소나무, 2005).

진실을 담고 있다고 하는 것은, 반부시 투쟁의 선도성에도 불구하고 빈 라덴 그룹이 갖는 '종교근본주의'적 성격이나 여러 가지 왜곡된 속성들을 드러내고 있음에 비추어 양자를──부시의 왜곡성은 거론할 필요가 없을 정도로 임지현도 공유하고 있다고 생각되므로──동일시하는 것은 정당하다는 의미에서다. 그러나 임지현식 동일시는 현 시기 제국적 질서의 전체적인 권력적 구조, 제국적 질서의 복합성, 그리고 그에 대항하는 반제국적 투쟁의 복합성을 보지 못하는 지극히 일면적인 성격을 가지고 있다. 이는 기본적으로 임지현이 이야기하는 '적대적 공범 관계'의 역사성과 질적 성격, 구조적 성격이 임지현의 프레임 자체 속에서는 체계적으로 배제되고 있다는 것을 의미한다. 그렇기 때문에──임지현의 통찰력에서 개인적으로 많이 배우게 됨에도 불구하고──그의 프레임이 대단히 '탈맥락화된', '탈구조화된' 프레임이라는 것을 지적하지 않을 수 없다. 이는, 독재와 김정일 체제에 모두 반대한다고 하는 이른바 신보수적 '뉴 라이트'와 임지현이 종별적으로 구별된다고 할 때 그것이 분석 속에서 구현되어야 한다는 점에서도 필요한 일이다. '극단적인' 예를 하나 들어보자. 예컨대 위정척사파 운동의 왜곡성을 전제로 하여, 일본 제국주의나 위정척사운동은 동일하다고 표현해보자. 위정척사파 운동의 반(反)근대적 성격에만 초점을 맞출 때 이는 정당한 일면이 있다. 그러나 이는 일본 제국주의적 지배의 전체적인 구조를 전제로 할 때 지극히 일면적인 것과 동일하다. 일본 제국주의에 대항하는 투쟁의 이념적 스펙트럼이 존왕(尊王)적 성격에서부터 공산주의 운동에까지 다양하게 표출되었음은 주지의 사실이다. 그리고 그 운동들에서는 내적 왜곡성과 시대사적 한계성도 동시에 나타난다. 그러나 그러한 왜곡성과 한계성은 제국주의 지배와는 질적으로 다른 차원의 문제다. 물론

20세기의 체제 경쟁에서 사회주의의 '몰골'이 드러난 현 시기, 그리고——한국전쟁 이후 50년간의 체제 경쟁 이후——북한 체제의 '몰골'이 드러난 현 시기에 각종 '포스트' 담론처럼 임지현이 이러한 '동일시적' 통찰을 제기하는 것이 시대적 분위기인 것도 인정한다. 그러나 나는 비판 속에서 임지현에게 그것에서 더 나간 분석을 주문하고 싶다. 즉 임지현이 지배가 아니라 저항, 부시가 아니라 라덴, 박정희 체제가 아니라 김일성 체제의 왜곡성을 주목하면서도 동시에 '적대적인 것'의 역사적 위상과 질적 차이, 양자의 구조적 상호 관계를 동시에 고려하는 노력이 필요하다고 주문해보는 것이다. 나의 이러한 주문이 과연 임지현의 프레임 속에서 불가능한 것일까 스스로 자문해본다.

이 글을 쓰면서 나는 임지현이 지적한 바와 같이 자폐적 태도에서 기인하는 '혐의의 정치학'과 '오독의 논리학'을 범하지 않을까 염려한다. 논쟁은 비록 일면성을 지니더라도 쟁점을 분명하게 하고 논의의 심화를 위한 대안적 방향을 찾는 길잡이가 된다. 아무쪼록 이 논쟁이 역사적 박정희와 현재적 박정희를 총체적으로 파악하는 자극제가 되기를 빈다. 나의 처음 문제 제기의 지점으로 돌아와 임지현의 논리가 진보개혁 담론의 확장이 되기를 바라며, 임지현이 성찰 대상으로 설정하는 기존의 진보개혁 담론의 혁신 계기가 되기를 또한 바란다.

대중독재와 외세의 관계 중요……실증 없어 주장만 대립*

박태균(서울대 국제학대학원 교수)

《역사비평》에서 제기되었던 논쟁은 임지현이 중심이 된 '대중독재론'에 의해서 파생되었다. 대중독재론에서는 박정희 체제를 '독재와 민주'의 이분법적인 사고에 의해서 평가하는 것을 비판하면서, 그 시대에 존재하고 있었던 다양한 양태의 역사적 현실들에 접근해보자고 제안했기 때문이다.

대중독재론은 박정희 체제를 바라보는 역사적 관점을 한 단계 진전시켰다는 점에서 긍정적으로 평가할 수 있다. 기존의 박정희 체제에 대한 연구에 '선'과 '악'이라고 하는 주관적 평가가 개입됨으로써 박정희 체제가 보여주고 있는 다양한 현실이 간과되었기 때문이다. 한편에서는 민주화 운동의 관점이, 다른 한편에서는 경제 성장의 관점이 그 기준이 되었다. 박정희 체제에 대한 학술 연구의 장에서 '그렇다면 당신은 박정희를 지지하느냐, 아니면 싫어하느냐'라는 정치적인 질문이 횡행했던 것 역시 이러한 현실을 반영하는 것이었다.

또한 대중독재론은 그동안 이론적인 틀과 함께 한국 역사의 보편화에 소홀했던 역사학계에 신선한 바람을 불어넣었다. 기존의

---

*《교수신문》(2005년 3월 22일자)에 실렸던 글이다.

현대사 연구가 실증적인 방법을 강조하면서 동시에 한국사의 특수성만을 강조했기 때문에, 한국 현대사를 보다 광의의 시각에서 비교론적으로 바라보지 못했다. 파시즘에 대한 세계적인 학문 조류를 한국 현대사에 대입했다는 점은 한국사를 세계적 학문의 장에서 논의할 수 있는 기초를 구축했다고 할 수 있다.

그러나 이에 대한 조희연의 비판 역시 주목할 만한 많은 대목들을 보여주고 있다. 특히 조희연의 통렬한 비판, 대중독재론이 "파시즘 비판의 확장이 아니라 파시즘 정당화 논리의 징검다리"가 되고 있다는 점은 현하 전개되고 있는 새로운 국사 교과서 모임이나 '뉴라이트' 운동 등을 통해서 잘 드러나고 있다. 이러한 상황에서 "독자들의 다양한 독해 방식에 대해 저자의 책임을 물을 수는 없는 일"이라는 주장이 단순하게 합리화될 수는 없다. 오히려 이 점이 임지현의 대중독재론이 갖고 있는 객관성과 진보성을 훼손하고 있다.

또한 박정희 체제 자체가 내포하고 있는 모순적이고 복합적인 성격에 의해서 스스로 '저항'을 만들어내는 구조를 갖고 있다는 조희연의 분석은 중요한 의미를 갖는다. 즉 경제적 근대화가 정치적·사회적 근대화를 동반하고 있지 못함으로 인해서 나타나는 저항, 경제적 근대화로 인해서 나타나는 계급적 양극화 현상 등이 결국 '모순적 복합성'이라는 체제 자체의 성격으로부터 잉태되어 나타난다는 점이다. 조희연은 복합성이라는 규정 속에서 대중들의 다양한 삶의 방식이 녹아날 수 있는 가능성을 보여주고 있는 것이다.

이렇게 현재 진행되고 있는 논쟁이 이전보다 한 단계 진전된 내용을 갖고 있지만, 몇 가지 점에서 중요한 문제들을 짚지 못하고 있다. 첫째로 박정희 체제의 역사성을 충분히 보여주지 못하고 있다는 점이다. 즉 박정희 체제는 단지 몇 년 동안 존재했던 것이 아니라 한국 현대사의 가장 중요한 시기였던 1960년대와 1970년대에 걸쳐 있었다. 세계사적으로 개발의 시대에서 데탕트의 시대로, 그리고 다시 신냉전의 시대로 전환되는 지점에 있었다. 다양한 변화를 겪었던 시기를 아우르고 있는 것이다.

따라서 박정희 체제를 하나의 이론이나 틀로써 설명한다는 것은 너무나 몰역사적인 분석이 될 수밖에 없다. 박정희 체제라는 것이 하나의 정형화된 틀이 아닌 이상 20여 년의 시기 동안 다양한 형태와 모습으로 나타날 수밖에 없는 것이다. 정치적 차원에서 최소한의 근대성을 포기하지 않았던 1960년대와 1970년대의 유신 체제 사이에서는 커다란 '틈'이 존재하고 있으며, 군사 쿠데타 초기에 내세웠던 민족주의와 1970년대 이순신을 통해서 부활한 민족주의 사이에서도 질적인 차이가 나타나고 있다.

둘째로, 박정희 체제를 지탱하고 있는 또 하나의 축으로서 '외세'의 문제에 대한 천착이 필요하다는 점이다. 어쩌면 이 점이 서구나 일본의 파시즘 체제와 박정희 체제 사이에서 나타나는 중요한 차이점이라고 할 수 있을 것이다. 외세의 문제는 단지 박정희 체제에 대한 물적인 뒷받침에서만 나타나는 것이 아니라 대중들의 동의를 얻어내기 위한 연성 권력soft power에서도 중요한 역할을 했다. '근대화' 논리는 그 대표적인 예라고 할 수 있다. 또한 박정희 체제가 스스로 들고 나왔던 '민족주의'의 슬로건을 한일 협정을 통해 스스로 포기할 수밖에 없었던, 그러나 1970년대 자주 국방의 기치 아래 다시 부활시켰던 사실은 외세의 문제가 단지 변수의 하나로서만 고려되어서는 안 된다는 점을 잘 보여주고 있다.

물론 박정희 체제에 대한 논쟁의 전제는 실증적 연구가 뒷받침되어야 한다는 점이다. 현재의 논쟁이 모두 이론적인 측면, 그리고 표피적인 분석에 치중되어 있는 만큼 실제 당시의 상황에 대한 구체적인 내용을 규명해내지 못한다면, 현재 전개되고 있는 논쟁은 끊임없이 평행선을 달릴 수밖에 없을 것이다.

대중독재 논쟁과 시민적 진보의 길
—동원의 시대를 넘어서*

이병천(강원대 경제무역학부 교수,
참여사회연구소장, 《시인과 세계》 공동 편집인)

민주주의라고 해서 다 같지는 않다. 한때 1987년 민주주의 이행 이후 이른바 '공고화' 논의가 무성했던 기억이 난다. 그렇지만 지금 우리는 민주주의의 공고화가 아니라 오히려 공동화(空洞化), 사회경제적 내용이 거세된, 허울뿐인 민주주의를 실감하고 있다. 1987~1997년 '잃어버린 10년'의 헛돌아간 민주주의 시절을 보낸 이후 우리는 경쟁 시장과 1원 1표의 '돈의 등가'가 곧 정의임을 내세우는, 한국형 로크적 시장민주주의에 붙들렸다.

자유방임 근본주의자들은 현 정부에 대해 '평등주의 함정'에 빠졌다느니, 사유재산권 침해라느니 요란하게 떠들며 한국 경제의 곤경이 그 때문이라고 몰아붙였다. 자신들이 앉은 자리를 세상의 중심으로 놓고 보면 그렇게 비칠지 모르지만, 재벌의 이익을 수호하는 데 앞장서고 있는 그들의 자리는 유감스럽게도 저 낡은 오른쪽 구석이다. 더불어 살아야 할 공화국의 공적 구성원으로서 공동체와 이해 당사자에 대해 아무런 책임을 지지 않는, '무책임 소유의 자연권'이 그들의 깃발이다. 그렇지만 현 정부를 단지 약체 정부라는 식으로만 보는 견해에도 빠진 것이 있다. 1997년 이후 전환

---

*《교수신문》(2005년 3월 30일자)에 실렸던 글이다.

기 한국 사회의 인식에서 요구되는 것은 삼성 공화국으로 걸러든, 양극화–저복지 속의 주식회사 대한민국호의 길을 모순에 찬 '신자유주의 수동 혁명'의 관점에서 파악하는 것, 그 '성공' 가능성과 균열적 위기 요인을 파헤치는 것, 그리하여 이 '균열적 수동 혁명'의 지배적 동의를 반전시킬 수 있는 사회 생태적인 시민 공화국의 대항 헤게모니 전략을 모색하는 것이다.

수동 혁명은 역사가 길다. 독재는 야누스의 얼굴을 갖고 있으며 그 모습은 민주주의보다도 더 복잡할지 모른다. 파시즘, 스탈린주의를 비롯하여 20세기를 장식한 세계의 다양한 독재 형태들을 단지 강제와 억압으로만 보는 것은 일면적이다. '대중독재'론을 둘러싼 논쟁에서 문제의 발단이 된 한국의 박정희 개발독재 역시 그렇다. 권력과 지배의 현상을 강제와 동의의 복합으로 보아야 한다는 임지현의 생각은 오랜 계보를 가지고 있으며, 그 자체는 결코 새로운 인식은 아니다. 그는 스스로 그람시와 프랑크푸르트학파, 그리고 푸코 등의 연장선상에서 작업하고 있다고 말하고 있고, 실제 내용을 보아도 많은 부분 그렇게 읽힌다. 그렇지만 그의 작업을 단지 이들의 역사적 적용과 부연으로만 보는 것은 그의 기여에 대한 부당한 평가 절하가 될 수도 있고, 다른 한편 쟁점 유실이 될 수도 있다. 그러면 무엇이 문제인가.

임지현의 글을 읽으면서 우선 걸린 대목은 과거 청산 문제에 대한 그의 견해다. 파시즘의 역사적 청산과 극복 문제가 인적·법적·정치적 청산 이상의 문제라는 그의 견해에 나는 완전히 동의한다. 그것은 우리에게 전혀 새로운 문화적·정치적 공동성의 형성과 삶의 양식을 요구하는 것이다. 박정희 개발독재와 관련하여 이 지점을 잘 짚은 사람은 아마 진중권인 것 같다. 그는 박정희 체제를 한국인의 몸과 정신 세계에 깊이 새겨져 있고 그 인성 구조를 바꾼, 파시스트적——광의의 의미에서——생체 권력으로 파악했고, 그 때문에 독재자는 죽었지만 우리는 여전히 죽은 독재자의 사회에서 살고 있다고 지적했다. 그러면서도 진중권은 누구보다 법적 · 정치적 청산의 중요성을 강조한다. 반면 임지현의 논의에서는 인적 · 법적 · 정치적 청산의 중요성은 뒤편으로 밀리고 있다. 심지어 모두에게 책임이 있으니 아무도 법정에 세울 수 없고, 인적 청산 방식은 다수 구성원에게 면죄부를 부여하고 진정한 역사적 청산을 가로막는다는 식의 논변까지 펴고 있는 게 아닌가 한다. 이는 동의하기 어려운 이분법이다. 잘 아는 바와 같이 아렌트는 《예루살렘의 아이히만》에서 "악의 평범성"과 대중의 "정치적 무사려(無思慮)"에 대해 갈파한 바 있다. 그렇다고 그녀가 인적 · 법적 · 정치적 청산을 경시했다고 보아야 하는가. 그렇지 않다고 생각한다. 전체주의에 대한 그의 진단은 공적 세계에서 정의 구현의 요구와 결코 모순되지 않는다. 왜 어디보다 공적 과거 청산의 빈곤으로 고통받고 있는 우리 사회에서 이를 주변화하려고 하는가. 임지현식 과거 청산은 역사 속의 특정한 행위에 수반되는 특정한 책임의 문제를 가볍게 취급함으로써 공적 · 정치적 반성과 '기억의 정치'가 결여된, 나르시시즘적인 자기 안의 반성에 갇힐 소지가 있는 것으로 보인다. 모두의 책임은 무책임이 될 수 있다.

　나 역시 임지현과 마찬가지로 박정희 '개발독재' 현상과 씨름하면서 그 역사적 · 이론적 함축을 끌어내려고 노력해온 편이다. 그런데 그는 개발독재가 파시즘, 스탈린주의 등과 이른바 대중독재로서 공유하는 공통점, 권력이 대중을 획득하는 공통된 헤게모니적 능력에 주목한다. 그렇지만 대중독재는 그람시의 '수동 혁명'의 다른 표현으로 볼 수도 있겠는데, 나의 경우는 수동 혁명의 특수한 형태들, 그 한 형태로서 한국의 개발독재와 개발자본주의, 그리고 그 모순적·다중적 복합성과 균열상에 주목해왔다. 이런 관점에서 볼 때, 대중독재의 일반성에 주목하는 방식이 물론 강점을 갖기도 하지만, 박정희 개발독재의 불안정성과 균열적 동학을, 그리하여 그 역사적 실체와 위상을 포착하는 데는 너무 옅고 추상적이다. 이 약점은 이전에 5월 광주와 신군부 독재 현상에 대한 문부식의 해석에서 크게 부각된 바 있다. 임지현의 견해를 문부식과 같이 묶는 것은 부당할 수 있지만, 우리는 양자의 견해가 얼마나 다른지 묻게 된다.

연구사의 계보학으로 말해보자면 파시즘과 관련하여 일본의 정치 사상가 마루야마 마사오는(丸山眞男) 일본 파시즘은 독일이나 이탈리아 같은 파시즘 '혁명'을 갖지는 못했다고 지적한 바 있다. 그러면서 그는 파시즘의 아래로부터의 요소는 해당 국가의 민주주의의 강도에 의해 규정되며, 민주주의 혁명을 거치지 않은 곳에서는 전형적인 파시즘 운동의 아래로부터의 성장이 있기 어렵다고 말했다. 일본의 경우가 그렇다는 것이다. 또 영국의 사회학자 제숍 같은 사람은 그람시와 폴란차스의 논의를 이어받아 한 국민 헤게모니 프로젝트와 두 국민 프로젝트, 나아가 두 국민 프로젝트의 이행적 사례로부터 수동 혁명의 정상적 형태, 그리고 강제, 기만, 매수를 사용하는 수동 혁명과 기동전 사이의 이행적 형태들을 구분할 것을 제기한 바 있다. 물론 이들의 견해도 논란의 소지가 많고, 특히 마루야마 마사오의 경우 일본에서 이미 많은 비판들도 나왔지만, 한국의 개발독재를 해명하는 데 유익한 함축을 제공함은 분명하다.

《민족주의는 반역이다》라는 임지현의 탈민족 담론이야말로 가장 논쟁적인 장소일 것이다. 그의 작업이 갖는 양가성, 해방성과 해체성이 극명하게 드러나는 곳도 바로 여기다. 대중독재론은 국민국가와 민족주의에 대한 비판과 합류하여 '주권독재'론으로 발전된다. 나아가 주권독재론은 국민 주권만이 아니라 인민 주권과 대중민주주의조차 그 억압적 반대물로 전락하게 되는 함정을 비판한다. 그의 주권독재론은 원판 슈미트의 주권독재론과도 차이가 있어 보인다. 임지현의 대중독재론은 주권독재론을 제기함으로써 비로소 그람시 등 기존의 수동 혁명론의 시야를 넘어서고 있는 것 같다. 그리고 국민국가와 민족주의가 억압의 감옥이 되는 만큼 그의 주장 또한 커다란 해방 담론의 성격을 갖는다. 적어도 우리 학계에서 임지현 만큼 심도 있게 민족주의의 억압성 문제를 밀고 나간 사람은 없었던 것으로 보인다.

이는 냉전 극우 독재 및 신구 제국주의, 억압적 민족주의와 대결해온 한국의 민주주의, 민중적 민족주의 사상과 계몽의 틀이 우리 시대 진보와 민족주의 간의 모순적 긴장 관계를 깊이 숙고해오지 않았음을 상기할 때 큰 기여라 할 것이다. 나와 가까운 분야로 말하자면 박현채의 민족 경제론과 민중적 민족주의마저도 국민국가의 틀 안에 갇혔으며, 국가가 민족과 민중의 욕망과 의지를 전유하는 주권적 대중독재의 함정과 위험에 취약했던 것으로 보인다. 1987년 이후 약진한 한국 시민 운동의 이념조차 얼마나 신동원의 논리를 잘 넘어서고 있는지 자기 점검이 필요할 것이다. 노예 등 신분적 예속민, 여성, 외국인 등에 대한 근본적 차별 위에 선, 전근대의 '자유인'들만의 특권적 시민권은 근대에 들어와서 국민국가의 틀 속에서 비로소 인간의 보편적 권리로 천명되었다. 그렇지만 시민권을 보편화한 이 국민국가의 세기는 역설적으로 바로 그 국가와 민족이라는 경계와 장벽 때문에 시민권의 보편화를 봉쇄한 억압의 세기, 나아가 서로 다투어 강자가 되기 위한 경쟁과 대립, 폭력과 살육, 전쟁의 세기, 그리하여 '국민국가 실패'의 시기이기도 했다.

그런데 임지현의 이야기를 따라가다 내가 갖게 된 의문은, 그러면 우리가 더불어 믿고 지키면서 가꾸어야 할 터전, 공동의 세계는 어딜까, 그리고 그 내용은 어떤 것일까 하는 것이다. 임지현은 말한다. 민족주의의 공범 관계를 해체시키자, 국사를 해체하자, 국사의 신화를 넘자고. 좋다. 그러나 그 다음에는 어떻게? 바로 이 그 다음이 문제다. 다시 아렌트는 《전체주의의 기원》에서 이렇게 말한 바 있다. "인간이 인권을 근본적으로 박탈당하는 것은 개개의 권리를 박탈당한 때가 아니라, 바로 세계 속에서 거처a place in the world를 박탈당한 때다. 이 지상의 거처에 의해서만 인간은 개개의 권리들을 가질 수 있으며, 이 거처만이 인간의 의견이 의미를 가질 수 있게 하고 행동이 효력을 가질 수 있게 해준다."[1] 이와 더불어 우리는 그녀가 정의의 원리를 옹호하면서 프랑스 혁명에 대해서도 단지 대중독재의 기원으로만이 아니라 자본 문명에 고삐를 물리는 진보적 시민 민주 혁명으로서 의의를 같이 보고 있다는 점에 주목해야 한다. "평등은 정의의 원리를 지침으로 하는 인간 조직의 결과이다."[2] 바로 이처럼 정의의 원리가 구현되는 지상의 거처론에서 아렌트 시민 민주주의론의 정수를 찾을 수 있다. 그런데 그녀가 '제 권리를 가질 권리a right to have rights' 또는 '인간의 조건 그 자체에 대한 권리'라고 말하기도 한 이 '지상의 거처'란 무엇인가. 그것은 곧 정치 공동체, 다시 말해 필시 경계를 가질 수밖에 없는 공동의 시민 세계, 자유-평등과 연대를 지향하는 차이와 다양성이 겹쳐진 '다중-시민multitudes-citizens'의 소통과 출

---

1) Hannah Arendt, 《전체주의의 기원 *The Origins of Totalitarianism*》(New York : Harcourt, Brace and Company, 1951), 293쪽.

2) Hannah Arendt, 《전체주의의 기원》, 297쪽.

현의 세계다. 물론 정치 공동체를 곧바로 국민국가와 동일시해서는 안 된다. 그것은 국민국가와 주권의 규칙을 넘어선 보편적인, 세계적 규범과 원리에 기초해야 한다. 그러나 그저 국민국가를 부정한다고 해서 보편적 인권이 확보되는 것은 아니다. 마찬가지로 세계시민주의가 단지 민족주의를 부정하면 구현되는 것도 아니다.

우리 시대 시민적 진보는 국민국가와 민족주의의 장벽을 넘어 그 경계를 관통하는 세계시민주의와 동아시아 시민 연대의 입장으로 나아가야 한다. 그렇지만 경계를 관통한다는 것은 경계를 소멸시키는 것과는 퍽 다르다. 우리는 그 경계를 무정부주의적으로 해체시킬 수는 없다. 나는 묻는다. '노마드'가 자유인이 될 수 있을까. 탈주자, 유목민도 끝없이 탈주하고 유목하는 생활만 할 수는 없고 결국 정주해야 하고 거처를 가져야 할 것이다. 우리는 어쩔 수 없이 경계가 있는 공간과 공동체(bounded space, bounded community) 속에 거처한다. 그것은 지상에서 공적 존재, '사이in-between의 존재'로서 우리들의 한계인 동시에 인간 조건이기도 하다. 초(超)민족, 초근대가 아니라 경계 관통적인, 트랜스내셔널 trans-national, 트랜스모던trans-modern을 지향하는, 탈식민적 시민민주주의의 기획은 경계의 존속에 따른 역사적 딜레마, 그 고통과 즐거움을 함께 안으면서 나가야 한다. 그러면서 경계 밖의 시민화 전략과 경계 안의 시민화 전략의 이중 시민화 전략, 공화국 속의 풀뿌리 '소공화국'의 형성과 국가의 시민화 전략을 포함하는 다중 시민화의 전략으로 나가야 한다. 뿐만 아니라 세계시민주의조차 획일화된 한 덩어리의 동질성이 아니라 다원주의, 다중심주의와 함께 가야 한다. 요컨대 단순 이분법을 넘어서야 한다는 것이다. 인간과 세계의 상품화를 전례 없이 심화시키고 있는, 오늘날

도구적 합리성의 국가화와 전 민족화, 전 지구화 소용돌이에 대한 투쟁은 경계 안과 경계 밖의 이중 전선, 다중 전선에서 우리의 다중적인 시민적 주체성을 구성하고 가꾸어가는 방식으로 이루어져야 할 것이다. 여기가 내가 임지현과 갈라지는 지점이다.

나는 그가 '국사의 신화를 넘어서' 동아시아 연대를 이루자면서 심지어 식민지 근대화론자와 손잡고 가는 데 대해 납득하지 못한다. 식민지 근대화론자와의 탈민족 동아시아 연대는 과연 어떤 내용을 가질까. 그의 이 같은 발걸음은 대중독재론과 주권독재론 자체에 내재된 허점을 드러내는 것은 아닐까. 왜냐하면 그의 대중독재론에는 대중이 권력에 의해 박탈당한 자유와 주체성의 진수가 무엇인지, 사이의 존재인 인간의 근본 조건으로서 '지상의 거처'가 과연 무엇인지가 X 파일 상태로 남아 있기 때문이다. 내가 잘못 본 것일까. 그랬으면 좋겠다. 나는 그의 연구가 아직 진행 중이라고 들었다.

대중독재와 기억의 정치학 —조희연, 박태균, 이병천의 비판에 답한다*

임지현

1. 들어가는 말

지난 가을의 일로 기억된다. 한 경제신문사의 정치부 기자가 전화를 했다. 그 신문사의 정치부 기자들과 점심이나 같이 하면서 과거 청산에 대한 이야기를 나누고 싶다는 것이었다. 정치권을 비롯해서 사회 전체가 과거 문제로 시끄러우니, 정치부 기자들도 이 문제에 대한 나름대로의 식견을 갖추어야겠다는 것이 그들의 의도였다. 그 자리에 참석한 정치부장을 비롯해서 진보적 정치 성향을 지닌 젊은 기자들은 일단 '열린우리당'이 주도하는 과거 청산의 방식을 지지하는 듯이 보였다. 나쁜 과거는 청산되어야 하는 것이 아니냐며…….

나는 물론이라고 답했다. '소득 2만 달러 시대를 열자'라는 구호가 인쇄된 그들의 명함을 보면서 나는 다시 답했다. 바로 이러한 구호를 믿고 외치는 집단 심성을 극복하지 않는 한, 유신 독재의 망령은 우리의 머리 위에서 배회하고 있다고. 그래서 과거 청산은 생각보다 복잡한 것이라고. '행복 지수'가 아니라 '국민총생산'이

---

*《교수신문》(2005년 4월 26일자)에 실렸던 글이다.

나 '일인당 국민소득'이 삶의 질을 규정하는 가장 중요한 지표라는 사고방식이야말로 개발독재의 헤게모니가 민주화된 한국 사회의 물밑에서 어떻게 작동하는지를 잘 보여주는 예인 것이다. '대중독재'가 함축하는 기억의 정치학은 이처럼 정치적 민주주의의 이면에서 자연스럽게 작동하는 포스트 파시즘의 헤게모니를 겨냥한다.

2. 실사구시

유신 체제의 역사에 대한 실증적 연구가 뒷받침되어야 한다는 박태균의 지적은 극히 온당하다. 대중독재 패러다임은 악마적 지배 권력 대 선량한 민중이라는 단순한 이항 대립의 회로 판에 근대 권력의 복합적 현실을 가두어버리는 '악마론demonology'에 대한 문제 제기다. 북한의 김일성 체제와 동유럽의 현실사회주의에 대한 보수 우파의 시선이나 나치즘과 남한의 유신 독재에 대한 전통 좌파의 관점은 모두 이러한 악마론을 내포한다.

대중독재는 이처럼 냉전의 정치적 진영의 관점에서 우파 독재와 좌파 독재를 각각 강제와 억압의 단순 논리에 꿰어 맞추는 냉전 논리에 대한 문제 제기다. 1990년대 이후 나치즘과 파시즘, 그리고 부분적으로는 스탈린주의에 대해서 대중독재의 패러다임을 뒷받침할 수 있는 실증적 연구가 적지 않게 축적되었고 또 진행 중이지만, 김일성 체제와 유신 체제에 대한 연구는 여전히 냉전 논리에 포박되어 있는 실정이다. 대중독재의 문제 제기가 남북한의 독재 체제에 대한 냉전 시대의 악마론에서 벗어나 실사구시의 연구를 향한 출발점이 된다면, 나로서는 더 이상 바랄 나위가 없다.

3. 강제와 동의/지배와 저항

'(자신이) 독재의 균열적 측면과 저항적 측면을 드러내는 데 초점을 맞춘다면, 대중독재론은 대중의 동의적 측면에 초점을 맞춘다'는 조희연의 비판은 여전히 그가 강제와 동의/지배와 저항을 이분법적 선택의 문제로 생각하는 것이 아닌가 하는 의구심을 자아낸다. 물론 논쟁의 진행 과정에서 강제와 억압의 일면적 분석을 비판하고 기존의 좌파 분석들이 간과하고 있는 동의의 지점을 강조하다 보니 그런 인상을 주었을 수도 있겠다. 그러나 대중독재의 역사적 현실에서 양자는 상호 배타적인 선택의 문제가 아니라 상호 침투되어 있는 복합적 관계를 구성한다.

다시 강조하지만, 대중이 권력에게 보내는 갈채와 동의의 다양한 양상들을 드러내고 해체하여 '복수화'할 때 오히려 지지와 동의 속에 잠재된 저항이 드러나는 것이다. 대중독재론이 기존의 시각에 대한 반동으로 정반대의 시점으로 이동하여 데 펠리체의 '반-반파시즘'적 시각이 재현될 수 있다는 조희연의 우려가 전혀 근거가 없는 것은 아니지만, 그의 지적처럼 독재의 과거에 대한 '과잉 과거 청산'을 도모한다는 '대중독재'론을 데 펠리체의 네오파시즘 정당화 논리와 연결시킨다면 그야말로 정치적 혐의에 기초한 오독이 아닌가 한다.

4. 헤게모니의 과잉/과소 인식

조희연은 또한 파시스트 헤게모니를 과장 인식할 수 있는 위험성을 지적한다. 대중독재론이 '자발적 동원 체제의 구축을 대단히 성공적인 것'으로 간주하고 '독재의 동의적 기반을 추출하는 연구'로 나아가는 문제점을 안고 있다는 것이다. 파시스트 헤게모니의 크기를 계량화하거나 질적으로 평가하는 것은 매우 어려운 과제이며, 현재의 연구 수준으로는 검증 불가능한 문제다. 다양한 방법론의 개발은 물론 그 방법론에 따라 간과되어왔던 자료들을 재점검하는 등 그야말로 실사구시의 연구가 상당히 축적되어야만 어느 정도 가능한 작업이다.

그러나 만약 '과장'이라고 해도, 그래서 위험하거나 문제라는 생각에는 동의하기 어렵다. 조희연이 역설하는 좌파적 실천의 관점에서 볼 때, 오히려 나는 파시즘의 헤게모니에 대한 '과장 인식'이 '과장 인식'보다 더 위험하다고 본다. 과소 인식이 지적 혹은 도덕적 자기 위안을 준다면, 과장 인식은 더 깊이 있는 성찰의 기회를 제공해주는 것이다. 정치적 민주화를 넘어 사회적 민주화로의 진전을 생각할 때, 포스트 파시즘의 헤게모니에 대한 경각심은 지나침이 모자람보다 나은 것이다. 의도적으로 과장하자는 이야기가 아니다. 훗날 연구가 축적되어 비교적 정확한 평가가 가능할 때, 나도 차라리 내가 과장했고 틀렸다면 마음이 편하겠다.

5. 파시즘의 보편성과 유신 독재의 특수성

논쟁이 경과하면서, 대중독재에 대한 비판자들도 나치즘과 파시즘의 경우 대중의 지지와 동의가 적극적이고 능동적인 것부터 타협적 순응에 이르기까지 다양한 모습으로 존재했다는 데에는 어느 정도 의견이 모아졌다고 판단된다. 그러나 유신 체제에 대한 대중독재 패러다임의 적용 가능성에 이르면, 한국사의 특수성이라는 방패가 등장한다. 조희연의 경우, 유럽의 파시즘을 보편 논리로 일반화하고 그것을 한국 파시즘에 그대로 적용하는 '종속적 지적 경로'에 대한 우려로까지 발전한다.

그러나 보편과 특수의 관계에서 한국사의 특수성을 이야기할 때, 그 밑에는 유럽의 파시즘 경험을 '보편'으로 상정한다는 전제가 깔려 있는 것이다. '종으로서의 파시즘generic fascism'이라는 우산 아래 파시즘을 유형화하고 한국사의 특수성을 강조하는 접근 방식은 조희연의 의도와는 달리 오히려 유럽의 고유한 역사 현상으로서의 파시즘을 보편으로 설정하고 거기에 한국의 독재 체제를 견주어보는 '종속적 지적 경로'를 밟을 수밖에 없는 것이다.

널리 사용되는 파시즘 대신 대중독재라는 새로운 용어를 제시한 것은 '밑으로부터의 독재'라는 20세기 독재의 성격을 제시한다는 의도도 있지만, 파시즘이라는 용어 속에 내포될 수밖에 없는 유럽 중심주의를 넘어선다는 의도도 있는 것이다. 좌파 독재와 우파 독재를 동시에 겪은 한반도의 지식인으로서 20세기 독재에 대한 나름대로의 패러다임을 세계 학계에 제시해야 하지 않는가 하는 학문적 자존심도 한편에서는 작용하고 있다.

대중독재론은 나치즘, 파시즘, 스탈린주의, 유신 체제 등 각각의 독재 체제가 갖는 '개별성singularity'을 충분히 고려하면서, 특정한 역사적 경험을 보편으로 설정하는 대신 이들 '개별성'들이 맺고 있는 역사적/논리적 관계 속에서 보편을 설정한다는 시도다. 이 점에서 '외세'를 고려하자는 박태균의 제안은 더 확장된다. 자본주의와 사회주의의 경쟁, 보수주의와 리버럴리즘의 갈등, 냉전적 국제 질서 등의 매트릭스 속에 각국의 독재 체제를 배치함으로써, 그 연관 관계 속에서 대중독재의 보편성을 드러내자는 것이다. 전통적인 비교사의 차원을 넘어 '교차된 역사histoire croisée'

로서의 대중독재를 살펴볼 때, 보편과 특수의 이분법은 해소된다.

6. 근대와 탈근대

대중독재의 시선은 근대의 담 밖을 향해 있다. 공동 연구서인
《대중독재—강제와 동의 사이에서》에 대한 서평에서 장문석이 날
카롭게 반문했듯이, 자명한 것으로 전제해온 대중독재와 대중민
주주의의 간격에 대해서 의심하는 시선을 담고 있는 것이다. 근대
국가 체제의 형성이라는 긴 호흡으로 20세기 독재를 파악하려는
그것은 파시즘 혹은 대중독재를 볼모 삼아 반사적으로 자신을 정
당화해온 자유민주주의 혹은 대중민주주의에 대한 문제 제기다.
'주권독재'론에 대한 이병천의 독해 방식이나 9·11 이후의 미국
사회야말로 대중독재라는 이거스Georg Iggers의 반응이 반가운
것도 바로 그러한 이유에서다.

근대를 넘어서는 시선에서 볼 때, '국가와 민족을 매개로 추동되
는 집단적 주체와 근대적 시민성 간의 모순'을 지적하고 그 속에
서 헤게모니의 균열을 찾으려는 조희연의 시도에 대해서는 회의
적이다. 조희연은 전자를 '온전치 못한 근대적 주체'로 간주하고
이념형으로서의 근대적 시민 주체를 이상화함으로써 유럽의 시민
혁명적 길을 보편적 진보로 설정하는 시각을 드러낸다. 이 관점에
서는 근대의 자율적인 시민 주체라는 이념형에 맞지 않는 대중은
단순히 '지배의 피해자'로 간주할 뿐 '지배의 주체'라는 성격이
사상된다. 이에 비해 대중독재는 근대 국가 체제의 형성 과정에서
만들어진 혹은 호명된 주체로서의 근대 주체에 대한 비판적 시선
을 가다듬고자 노력한다.

근대를 넘어서는 관점에 서면, 주권 독재가 함축하는 민족주의에 대한 비판이 식민지 근대화론과 접목되는 데 대한 이병천의 비판도 크게 설득력을 갖지 못한다. 중요한 것은 '근대화론이냐 수탈론이냐'가 아니라, 그러한 역사적 평가의 밑바닥에 근대에 대한 비판적 시각이 전제되었는가의 여부다. 제국주의가 근대를 이식했다는 근대화론의 주장에 대한 수탈론자들의 반발은 그들이 '근대=보편 진보'라는 등식을 은연중에 전제하기 때문이다. 식민주의가 '좋은 근대'를 가져왔을 리 만무하며, 만약 그렇다면 그것은 식민주의를 정당화한다는 논리의 연쇄가 작동하는 것이다.

물론 근대에 대한 비판이 전제되지 않을 때, 식민지 근대화론은 식민주의를 정당화하는 논리로 빠진다. 식민지 근대화론에 대한 이병천의 비판은 오히려 그가 자본주의적 근대의 틀 안에 머물러 있는 것이 아닌가 하는 의심을 자아낸다. 같은 맥락에서 이병천은 마루야마 마사오를 되풀이할 것이 아니라, 근대 국민국가의 틀에 갇혀 파시즘을 볼모로 일본의 전후 민주주의를 긍정하는 마사오에 대한 비판적 시각이 필요한 것이 아닌가 한다. 요컨대 근대를 넘어서는 관점에서 대중독재의 근대성을 주장하는 것이 곧 독재를 정당화하는 논리로 읽혀서는 곤란하다.

7. 아렌트와 과거 청산

과거 청산에 대한 한국 사회의 논의에서 내가 가장 우려하는 것은 역사적 담론이 자꾸 사법적 담론을 닮아간다는 점이다. 내 주장의 핵심은 식민지 혹은 독재의 과거를 처절하게 응시하고 넘어서는 노력이 인적/법적 청산으로 축소되거나 환원되어서는 곤란하다는 것이다. 현재 한국 사회의 과거 청산에 대한 논의는 권력 핵심이나 그 주변에서 범죄적 행위를 저지른 소수에 대한 사법적 정의를 실현한다는 것으로 모아진다. 이러한 차원의 사법적 정의 실현이 의미가 없다거나 또 그것에 반대하는 것은 아니다.

그러나 사법적 차원의 유죄legal culpability 밖에 놓여 있는 '죄의식sense of guilt'에 대한 논의가 배제되는 한, 과거를 성찰하는 힘은 약할 수밖에 없다. 더욱이 지배의 피해자가 아닌 지배의 주체로서의 대중을 상정한다면, '죄의식'에 대한 논의는 법적 청산 못지않게 중요한 것이다. '악의 평범성' 테제에서 아렌트가 강조한 것은 관료제의 톱니바퀴로서 '책상 앞의 살인자'인 아이히만과 같은 나치의 범죄자들은 물론 수동적 동조자들조차 자신의 행위에 대한 죄의식이나 개인적 책임감을 전혀 느끼지 못한다는 점이었다.

'정치적 사려 없음'이라는 키워드를 통해 아렌트가 말하고자 한 것은 집단적 대의를 위해 주체의 다양성을 던져버리는 대중의 집단 심리다. 아렌트가 프로이트와 만나는 지점도 이곳인데, 자기 안의 다양한 하위 주체들 간의 갈등과 긴장을 무시하고 국가나 민족 같은 집단적 주체로 호명된 근대적 개인 주체의 '사려 없음'을 지적한 것이다. 훗날 바우만의 '악의 합리성' 테제로 이어지는 그것은 홀로코스트를 독일의 특수성이나 전통에서 구하는 대신 서구의 정치적 근대성의 문제와 연결시키는 관점을 제시한 것이다.

이병천의 아렌트 독해와는 맥락이 다른 것이다. 실제로 아이히만의 속죄양적 처형이 '희생의 제의'에 참가한 많은 독일인들의 죄의식을 탕감하는 계기로 작동할까 두려워한 부버Martin Buber에 대한 아렌트의 지적이나 법정에서 처리할 수 없는 개개인의 양심과 죄의식은 어떻게 물을 것인가라고 책 말미에서 던진 아렌트의 고민은, 우리에게 역사 담론이 사법적 담론으로 환원되어서는 곤란하다는 화두를 던져준다.

아이히만 재판 보고서가 출판되자 아렌트는 미국의 시오니스트 유대인의 공적(公敵) 1호가 되었다. 뿐만 아니라 아렌트의 책은 아직까지 한 권도 히브리어로 번역되지 않았다. 왜일까? 일차적으로는 희생자와 가해자를 동일시한다는 오해 때문이다. 아마도 더 큰 이유는 아렌트가 순수 악과 순수 선의 이분법을 무너뜨리고 현실의 복합성과 양면성을 너무 솔직하게 드러냈기 때문일 것이다. 아렌트의 시선은 시오니즘의 또 다른 의미에서의 '정치적 사려 없음'에 대한 비판을 내장하고 있는 것이다.

8. 맺는 말

'지상의 거처'에 대한 이병천의 근원적인 물음은 참으로 소중하다. 소중하고 중요한 만큼 확신에 찬 답을 내놓기가 두렵기만 하다. 또 아직까지는 확신도 없다. 한 가지 분명한 것은 근대 국가 체제의 틀 속에 포박되어 있는 우리의 상상력을 해방시킬 때, 21세기의 정치적 삶이나 공동체에 대한 다양한 가능성을 타진해볼 수 있다는 점이다. 국민국가를 비판한다고 해서, 당장 현존하는 국가 체제가 무너지리라고 생각할 만큼 순진하지는 않다. 다만 현재의 국민국가 체제에 대한 비판적 상상력을 끊임없이 자극하고 계발할 때, 미래 지향적 대안이 현실로 다가오지 않을까 하는 소박한 기대는 있다. 대안은 비판적 상상력을 공유하는 동시대인들이 같이 만들어나가는 것이다. 이 논쟁이 그것을 향한 작은 발걸음이면 좋겠다.

이병천이 들은 바대로, 대중독재 연구는 아직도 진행 중이며 갈 길이 멀다. 패러다임을 가다듬는 이론적 작업과 실사구시의 실증적 작업이 산처럼 쌓여 있다. 2004년에 출간된 1권에 이어 대중독재와 정치종교로서의 인종주의, 민족주의, 반유대주의를 다룬 책과 헤게모니적 기제로서의 영웅 만들기에 대한 책이 곧 출간될 예정이다. 또 6월에는 'mass dictatorship between desire and delusion' 이라는 제목 아래 '일상사' 에 초점을 맞춘 3차 국제학술대회가 개최될 예정이다. 3차 대회는 헤게모니의 균열과 그 틈새를 뚫고 나타나는 다양한 저항의 지점들에 대한 학문적 모색을 겨냥한다.[1]

이렇게 1단계 연구가 마무리되면, '대중독재와 젠더 정치', '대중독재와 모더니티', '대중독재와 기억의 사회문화사' 라는 주제 아래 3년에 걸친 2단계 연구가 진행될 것이다. 대중독재 패러다임의 진화와 발전을 위해 귀중한 논평을 해준 세 분의 연구자들께는 앞으로도 지속적인 관심과 날카로운 비판을 부탁드리는 것으로 감사의 말을 대신하고자 한다.

---

1) 글이 발표된 시점에서 미래형이었던 이 작업들은 이미 현재완료형이 되었다. 일상사에 초점을 맞춘 학술대회는 많은 과제와 생각거리를 남겨둔 채 성공적으로 끝났고, 이 책들은 이미 간행되었다. 비교역사문화연구소 기획/권형진 · 이종훈 엮음, 《대중독재의 영웅 만들기》(휴머니스트, 2005) ; 임지현 · 김용우 엮음, 《대중독재2—정치 종교와 헤게모니》(책세상, 2005)를 보라.

탈구조적 비평으로는 복잡한 현실
해명 못해*

조희연

1987년 이후의 민주화의 길고 복잡한 여로와 우리 현실의 복합성을 생각할 때, '폭압과 저항의 도덕적 이원론'이나 '강제와 억압을 일면적으로 강조하는 악마론적 코드'를 성찰해야 한다는 임지현의 문제 제기는 신선하다. 임지현의 대중독재론은 분명 중요한 문제 제기이며 박정희 시대, 더 나아가 현 단계 한국 정치사회 변동의 성격에 대한 논의 지평을 확장하는 계기다. 그동안《역사비평》을 통해 벌어진 대중독재론을 둘러싼 논쟁 속에서, 근현대사를 둘러싼 중요한 쟁점들, 예컨대 박정희 독재 나아가 일반적인 지배에서의 강압과 동의의 관계, 헤게모니 구성에서의 폭력과 자발성의 관계, 근대 권력의 한 형태로서의 파시즘의 복합성과 모순성, 한국에서의 지배의 전통과 박정희 독재의 관계, 한국에서의 반공주의와 개발주의의 성격 및 그 헤게모니적 지위, 새마을운동에서의 자발성, 역사적 박정희와 현재적인 과거 청산의 성격과 이에 대한 태도, 한국 근현대 역사상의 재구성 과제 등이 제기되었다고 생각된다.

---

* 《교수신문》(2005년 5월 7일자)에 실린 글이다.

1. 포스트 독재 담론 대 혁신 반독재 민주 담론?

먼저 밝혀두어야 할 것은 대중독재론을 둘러싼 논쟁이 보수 대 진보의 논쟁으로 설정되어서는 안 된다는 점이다. 나는 임지현의 대중독재론을 보수적 담론으로 폄하하고 싶지 않다. 굳이 이야기 한다면, 포스트-구조주의 담론 지향 대 혁신 구조주의 담론 지향 간의 논쟁, 혹은 포스트-독재 담론 대 혁신 반독재 민주 담론 지향 간의 논쟁이라면 논쟁일 수 있을 것이다. 완전히 대립되는 입장에 서 있지 않기 때문에, 논의를 전개하는 과정에 어려움이 따른다. 임지현의 문제 제기에서 핵심적이라고 할 수 있는, 독재 시대의 대 중의 동의 문제, 탈민족주의적 성찰의 당위성, 박정희 독재 혹은 파시즘을 넘어서기 위한 근대성 자체의 질곡 등 임지현의 문제의 식에 대해서 긍정하면서 섬세한 차이들을 드러내야 하기 때문이 다.

나는 임지현의 대중독재론에 대한 단순 비판보다는, 기존의 반 독재 분석 프레임을 확장·재구성하는 방식을 통해서, 임지현이 제기하는 동의 문제 등 현실의 복합성을 어떻게 포괄할 것인가 하 는 '대안 추구적인' 방식으로 논의를 전개하고자 노력했다. 이것 을 추후 《개발동원체제, 헤게모니, 복합적 주체화》라는 책에서 종 합적으로 제출하기 위해 나름대로 작업하고 있다.

2. 포스트 독재 담론의 양가성

나는 임지현의 문제 제기가 기존의 반독재 담론의 성찰과 혁신, 확장 혹은 '발본적 전환'의 계기라고 생각하고 있음에도 불구하고, 몇 가지 점에서 의문점과 고민해야 할 지점들을 내포하고 있다고 판단한다. 먼저 포스트독재 담론이라고 할 수 있는 대중독재론의 이론적 시선의 양가성이다. 임지현의 논리 속에서는, 독재와 반독재, 좌파와 우파가 공히 '악마론적 코드'를 공유하고 있는 극복 대상이다. 양자의 차별성은 존재하지 않는다. 심지어 어느 서술에서는, '좌파나 진보파는 보수주의자들이 만들어낸 좌파나 보수파의 이미지 그대로다'라는 생각이 들기도 한다. 이 점에 대해서 임지현이 제기한 '혐의'라고 반론을 제기했고 이에 수긍하면서도 못내 해결되지 않는 불편함이 있다. 포스트-구조주의적 담론이 꼭 탈구조적 인식일 필요는 없다고 생각한다. 부시와 빈 라덴, 나아가 박정희와 김일성을 공생 관계로 보는 최근 그의 책《적대적 공범자들》(대중독재론도 그 일부를 구성한다)이 내장하는 인식 틀의 양가성에 대해서도, 나는 동일한 의문을 가지고 있다. 거기에는 정확히 구조적 시각이 결여되어 있다. 빈 라덴과 부시의 동일성에 대한 통찰력과 문제의식에 일정 측면 고개를 끄덕이게 하면서도 현실의 복합성에 대한 탈구조화된 비평만을 제공할 수 있다.

3. 대중독재와 탈민족주의

그런데 여기서 임지현은 더 나아간다. 그는 주권독재에 대한 비판을 통해서 독재가 가능하게 된 근대성의 태반 자체를 넘어서기 위하여, 민족주의와 국민국가의 틀을 넘어서는 탈민족주의적 인식의 필요성을 제기한다. 더 나아가 그는 나와 이병천, 박태균 등의 비판을 근대의 가치에 집착하는 것으로 비판하고 있다. 나는 탈민족주의적 지향 자체를 적극적으로 수용하는 입장이다. 단지 탈민족주의 혹은 탈국가주의라는 선험적 기준을 절대화하면서 독재나 반독재나, 보수나 진보나, 자본주의나 사회주의나 동일하고 그런 점에서 동일한 극복 대상이라는 식의 설정에 대해서 반대한다. 이런 점에서 탈민족주의와 탈국가주의적 지향을 공유하면서도, 현재의 민족주의적·국가주의적 프레임 속에서 작동하고 있는, 즉 근대성의 틀 내에서 작동하고 있는 진보적 잠재력을 급진적으로 확장하고, 동시에 이른바 포스트-근대적인 지구화의 과정이 몰고 오는 '국민국가의 상대화' 효과를 목적의식적으로 확장하면서 국경을 넘는 다양한 아래로부터의 역동성을 강화해야 한다. 첫째, 나는 근대성의 틀 내에서 존재하는 여러 진보적 잠재력 중에서 근대 독재 권력의 내적 모순, 즉 '국가와 민족을 매개로 추동되는 집단성과 근대성 시민성 간의 모순' 같은 것도 지적했다. 물론 이는 임지현이 비판하는 바와 같은, 근대적 시민 주체를 절대화하고자 하는 것은 아니다. 둘째와 관련하여, 국민국가적 경계를 넘는 아래로부터의 역동성은 반세계화 운동 속에서, 이라크 파병 반대 반전 활동가들의 '국적 포기' 언급 속에서, 많은 아시아의 인권과 민주주의를 위한 다양한 시민 사회의 활동, 외국인 노동자의 탄압 반대 운동이나 노동의 초국경적인 이동권 운동 등에서도 이미 진전되고 있다.

현 단계 사회 진보는 민족주의적 국지화 전략만으로는 이루어질 수 없다는 것은 분명하다. 사실 국경을 넘는 지구화는 분명 여권, 비자 등으로 상징되는 국민국가의 권력을 이미 상대화시키고 있다. 그러나 자본이 요구하는 노동의 이동은 합법의 영역에 속하지만, 자본이 요구하지 않는 민중의 자발적인 초국경적 이동은 여권 및 비자 등으로 상징되는 국민국가의 제도적 형태에 의해서 통제받는다. 이것은 근대성의 형평의 원리에서 보더라도 모순적이다. 이런 점에서, 근대성의 적극적 측면들을 급진적으로 확장하고, 현재의 지구화를 포함하여 포스트 근대적 흐름들이 갖는 잠재적인 근대 국민국가의 상대화 효과를 급진화하는 이론적 · 실천적 노력들을 경주해야 한다. 나는 국민국가의 질곡을 넘어서는 것이 중장기적으로는 네그리가 지적하는 대로, 기존의 민족국가적 주권을 대체해가고 있는 '제국적 주권 형태'의 아래로부터의 극복을 통해서 비로소 가능하다고 생각하고 있다.

4. 박정희 독재는 일정한 동의에도 불구하고 실제 폭압적이었으며 불안정했다

다음으로 보다 구체적으로, 이상의 이론적 논의를 넘어서서, 박정희 독재의 총체적 성격을 어떻게 규정할 것인가 하는 문제가 존재한다. 문제는 기존에 간과되었던 박정희 독재에 대한 대중의 동의──사실 이는 우리 현실의 중요한 측면이다──를 확인하는 것이 아니다. 내가 쟁점화하는 것은, 파시즘의 헤게모니에 대한 과잉 인식이나 과소 인식이 아니라, 바로 파시즘 헤게모니의 진정한 자리다. 이 점에 대해서 임지현은 명확히 정의하지는 않는다. 대중의 동의가 있었다고만 말할 뿐이다. 나는 박정희 독재는 '반공주의적 · 개발주의적 동원'의 일정한 성공으로 동의와 헤게모니를 창출했음에도 불구하고, 지속적으로 정치적으로 불안정했으며 후반으로 갈수록 폭압이 전면화되고 이에 대한 국민적 저항으로 붕괴한 체제였다고 생각한다. 18년 동안의 반절 이상의 해에 계엄과 위수령, 긴급조치로 '연명'한 체제다. 이런 점에서 총체적인 규정을 어떻게 할 것인가에 대한 고민과 함께 동의가 연구되어야 한다는 점을 강조하고 싶다.

5. 독일이나 일본과 달리 한국이 독재의 헤게모니 균열과 극복의 보편적 사례일 수 있다

이와 관련하여, 한국의 독재와 관련하여 파시즘의 유형론과 특수성을 강조한 것은 파시즘적 일반성을 박정희 독재에 그대로 적용해서는 안 된다는 점을 강조하기 위함이었다. 더 나아가서 박정희 독재는, 파시즘의 정점으로서의 천황제가 엄존하는 일본이나 아래로부터의 저항이 아니라 패전에 의해 승전국에 의해 과거 청산의 프레임이 주어진 독일의 파시즘에서 볼 수 없는 '대중독재적 헤게모니가 균열되는 보다 전형적인 사례'로 파악될 수 있다고 생각한다. 나는 이와 관련, 우리의 역사적 경험의 '진보적 긍정'이라는 표현을 사용한 바 있다. 우리의 현실이 독일이나 일본과 달리 독재의 '헤게모니'가 아니라 독재의 '헤게모니의 균열'을 전형적으로 보여준다고 본다. 이러한 우리의 역사적 경험의 진보적 긍정은 또 다른 점에서도 표출될 수 있다. 독재의 유산과 관련하여, 한국의 독재 극복과 과거 청산을——불철저하지만——보다 적극적으로 파악하자는 견해도 가지고 있다. 남아프리카의 '진실과 화해 위원회'의 예가 거론되지만 그것은 대단히 타협적인 것이다. 오히려 한국의 과거 청산이 진일보한 측면이 있다.

6. 성찰적 과거 청산과 제도적 과거 청산의 관계

박정희는 단순히 역사적 쟁점만이 아니라 현재적 쟁점이기도 하다. 현재적 과거 청산 문제와 관련하여 성찰적 과거 청산──나는 임지현의 문제의식을 이렇게 개념화한다──은 철저한 제도적 과거 청산과 대립하는 것이 아니며, 오히려 철저한 과거 청산 위에서 비로소 가능하거나 병행되어야 하는 것이다. 임지현이 느끼는 현재의 제도적 과거 청산의 문제점은, 통상적인 보수적 비판과 달리, 아래로부터의 과거 청산 요구와 제도적 과거 청산──국가가 주도하는──의 괴리, 거기에서 제기되는 딜레마로 이해하고 싶다. 즉 제도적 과거 청산이 '공적 기억의 민주화'를 수반하지만 '기억의 국가화'가 갖는 딜레마를 안게 된다는 점이다. 성찰적 과거 청산을 위하여 임지현이 제기하는 '죄의식'에 대한 논의도 이것과 대립될 필요는 없다.

글을 마치면서, 대중독재론을 둘러싼 논쟁이 임지현과 그 연구 그룹의 신선한 노력들을 폄하하는 것으로 인식되지 않기를 바란다. 나는 이러한 논쟁 자체가 반독재 담론의 성찰적 확장의 계기가 되기를, 대중독재론의 정치한 이론화와 세계적 이론으로의 도약의 계기가 되기를 바란다.

에필로그

대중독재 테제

임지현

1. 작업 가설로서의 '대중독재'는 간단한 질문에서 출발한다. 전근대의 전제정과 근대 독재의 차이는 무엇인가? 이 질문에 대한 내 대답 또한 간단명료하다. 전제정이 밑으로부터의 동의를 필요로 하지 않는 자의적 지배라면, 근대 독재는 대중의 지지를 전제한다. '대중독재'의 문제의식은 이 간단한 질문과 대답 속에 응축되어 있다. 그 밑에는 냉전 시대의 연구가 우파적 해석이든 좌파적 해석이든 대중독재에 대한 악마론적 시각에서 크게 벗어나지 못하고 있다는 연구사적 반성이 깔려 있다. 팽팽하게 대립되는 정치적 엇박자에도 불구하고, 전체주의 패러다임과 마르크스주의 패

임지현은 서강대 사학과에서 유럽 지성사를 전공했다. 박사학위 논문 〈맑스 · 엥겔스와 민족 문제〉를 제출한 후 한반도의 근현대를 비추어 보는 거울로서의 폴란드 역사에 빠져 20세기의 마지막 10년을 현실사회주의의 잔재로 가득한 폴란드 역사와 씨름하며 보냈다. 《오만과 편견》, 《이념의 속살》, 《그대들의 자유, 우리들의 자유 : 폴란드 민족해방운동사》, 《민족주의는 반역이다》, 《바르샤바에서 보낸 편지》 등의 저서를 냈으며, 《국사의 신화를 넘어서》, 《노동의 세기—실패한 프로젝트?》, 《우리 안의 파시즘》 등을 엮었다. 《역사비평》, 《당대비평》 등의 계간지와 《서양사론》, 《역사학보》, 《역사와 문화》 등의 학술지 편집 위원을 지냈고, 폴란드 크라쿠프 사범대학과 웨일스 글래모건 대학의 외래 교수, 영국 포츠머스 대학과 미국 하버드 대학의 초청 연구원을 역임했다. 현재 한양대 사학과 교수 겸 비교역사문화연구소 소장으로 재직 중이다.

러다임은 소수의 좌파/우파 독재자 그룹과 다수의 무고한 민중이라는 이원론적 시각을 공유한다. 자기 진영의 정치적 올바름에 대한 확신에서 비롯된 이 이원론은 다양한 형태의 대중적 지지와 동의라는 근대 독재의 역학을 부정한다. 서로 상대 진영을 악마로 보는 냉전 시대의 악마론적 현재주의가 정치적 반대 진영의 독재에 대한 대중의 광범위한 지지라는 역사 현실에 질끈 눈을 감아버리게 만든 것이다. 유신 체제에 대한 대중적 동의라는 역사 현실이 좌파 학자들에게 불편한 만큼이나 김일성 체제에 대한 대중의 지지를 지적하는 논의는 우파 학자들을 분노하게 만든다. 무고한 희생자인 '우리'와 사악한 가해자인 '그들'을 대립시키는 냉전 시대의 악마론적 이원론은 이데올로기적 상투성을 드러낼 뿐, 역사 현실로서의 근대 독재를 이해하는 데 실패한 것이 아닌가 한다. 그것이 표방하는 숭고한 도덕주의는 사실상 이데올로기적 상투성을 가리는 고상한 메타포였을 뿐이다. 그것이 좌파적이든 우파적이든 정치적 진영론의 관점에서 벗어나 근대 독재를 '역사화' 하는 작업은 이처럼 이데올로기적 도식이나 도덕주의의 상투성에서 벗어날 것을 요구한다.[1] '대중독재'라는 작업 가설이 20세기 독재를 '역사화' 한다고 해서, 그것이 역사적 '객관성'이나 '과학성'을 담보한다고 주장할 생각은 추호도 없다. 대중독재에 내장된 포스트 전체주의의 문제의식이나 정치적 현재주의에 대해서는 마지막 테제에서 다시 분명하게 논할 것이다.

2. '대중독재'라는 용어는 일단 독재 체제의 대중 동원을 함축한

---

1) 이에 대해서는 임지현, 〈'대중독재'의 지형도 그리기〉, 임지현·김용우 엮음, 《대중독재—강제와 동의 사이에서》, 17~55쪽 참조.

다. 그러나 그것은 강압에 의한 일방적인 동원만이 아니라, 체제에 대한 지지를 유도하고 대중들의 자발적 동원을 이끌어내는 자발적 동원 체제도 포괄한다. 대중의 지지와 동의를 유도하는 '대중 독재'는 재산과 교양을 갖춘 부르주아 시민 정치를 대신하여 대중의 참여 정치가 등장한 20세기 대중 사회의 역사적 산물이다. 산업화의 결과로 탄생한 노동자 계급이 도시화의 진전과 더불어 도시에 집중되고 조직화되면서 대중 사회의 출현은 불가피한 것이었다. 이들 노동자를 비롯한 대중이 역사 무대의 전면에 등장한 이상, 민주주의 체제든 독재 체제든 이들 평범한 보통사람들의 목소리를 무시하거나 지워버리는 것은 더 이상 불가능했다. 대중은 더 이상 단순한 지배의 피해자나 수동적 지배의 대상이 아니며, 이제 능동적 지배의 주체가 된 것이다. '지배의 주체'라 해도, 그것은 계몽사상 이래 유럽의 정치 사상가들이 설파한 근대의 자율적 시민 주체라는 이념형과는 거리가 먼 것이었다. 가족, 이웃, 촌락 공동체 등의 전근대적 관계망의 끈에서 떨어져 나온 개인들이 겪는 카오스적 혼란은 자율적 시민 주체가 아닌 개인의 원자화를 낳았다. 원자화된 개인은 다시 국가나 민족과 같은 대규모 집단과 자신을 동일시하려는 강한 욕망을 드러냈다. '우연한 군중' 혹은 덩어리 속에 뿔뿔이 흩어져 있던 개개인이 단일한 집단적 정체성, 단일한 의지와 목표를 지닌 집합적 군중으로 전화하는 것도 대중 사회가 지닌 이러한 양면성 때문이다. 원자화된 개인의 극단적 개인주의와 사회의 획일화가 동시에 진행되는 대중화의 모순도 같은 맥락에서 이해된다. 개인과 국가를 잇는 중간자로서의 시민 사회 전통이 취약하거나 시민 사회가 해체된 경우, 이러한 모순은 더욱 극단적 형태로 나타난다. 개별적 고유성을 지키면서 상호 소통을 통해 공통성을 만들어나가려는 대중의 욕망이 좌절되고 획일화하려는 권력의 욕망이 지배적일 때, 혁명적 대중 운동은 곧 제도화된 대중 정치로 전화한다. 시민 사회를 파괴한 국가 권력이 사회의 전 영역에 걸쳐 침투할 수 있는 계기가 만들어지는 것이다.[2]

3. 근대 국민국가의 정치공학은 이와 같이 통제되고 유도된 '대중화Vermassung'를 궁극적인 목표로 삼는다. 그것은 국가 주도의 프로젝트에 대중을 동원하는 데 그치지 않고, 대중의 자발적이고 열광적인 참여를 요구한다. 20세기 총력전 체제의 역사적 경험은 대중의 열광적 참여 혹은 자발적 동원이 국가 프로젝트 성공의 열쇠임을 입증했다. 19세기의 자유방임적 국가와 비교할 때, 20세기의 국가들은 시민 사회와 개인의 삶에 간섭하고 개입한다. 민주주의와 독재라는 형식의 차이에도 불구하고 이들은 모두 보통선거, 의무교육, 징병제, 사회복지 제도 등과 같은 근대 국가 체제를 공유한다. 물론 이 근대 국가 체제는 1789년 프랑스 대혁명 이래 고투를 통해 실현된 해방의 표상이지만, 20세기의 대중 사회에서 그것은 '대중화'를 통해 국가 권력이 요구하는 근대 주체를 만들어내기 위한 억압의 표상이기도 하다. 법 앞의 평등을 실현하는 보통선거는 국민투표라는 제도를 통해 대중이 권력에 갈채를 보내고 지지를 표명하며 권력을 정당화하는 기제로 둔갑한다. 국민의 알 권리를 실현하는 의무교육은 국가가 강요하는 사유와 가치 기준을 예비 국민들에게 내재화시키는 자발적 동원 체제의 초석이 된다. 징병제는 성인 남자를 국민으로 호명하여 조국과 민족을 위한 희생을 영웅시하고 국민적 규범으로 만드는 성인 재교육 프로그램이기도 하다. 사회복지 제도는 체제에 포섭된 국민과 배제된

---

2) Salvador Giner, 《대중사회*Mass Society*》(New York : Academic Press, 1976), 124~127 · 136~138쪽 등.

'비국민'을 가르는 지표이자 국가의 명령에 잘 따라준 국민들에 대한 국가의 물적 보상 체계라는 측면이 강하다. 한때 근대의 해방을 표상했던 근대 국가 체제의 이 기제들은 결국 '대중의 국민화 nationalisation of the masses' 프로젝트를 실현하는 계기였다. 위로부터의 독재가 아래로부터의 독재로 전화하는 것도 이 지점에서다. '대중을 통한 전제(專制)tyranny through masses'라는 토크빌Alexis Tocqueville의 규정은 사실상 20세기 국가 체제의 핵심을 찌르는 것이 아닌가 한다. 요컨대 '대중독재'는 왜곡된 근대화 혹은 전근대의 잔재의 불가피한 산물이라기보다는 근대 국가 체제의 성과를 역사적으로 전유한 근대 독재인 것이다.[3]

4. 근대를 넘어서는 시각에서 근대 국가의 사회/정치공학에 대한 고려는 '독재＝강제, 민주주의＝동의'라는 기왕의 이분법을 넘어서는 새로운 통찰을 제공한다. 국가 체제의 근대적 효율성이라는 관점에서 본다면, 민주주의든 독재든 폭력과 강제 혹은 그 밖의 다양한 억압 수단은 비생산적이라는 것이다. 그것은 잠재적 지지 세력으로 하여금 등을 돌리게 하고 자발적 동원의 열기에 찬물을 끼얹는 행위인 것이다. 2차 세계대전 당시 영국의 총력전 체제에서 보듯이 개개인을 체제에 순응하도록 서서히 그러나 쉼 없이 압력을 가하는 것이야말로 어느 테러 수단보다 더 효율적이며 따라서 통치 비용 절감의 효과를 갖는다. 아마도 어느 체제든 가장 선호하

---

3) 이 점에서 대중독재는 독일사의 후진성과 전근대성을 나치즘과 연결시킨 '특수한 길 Sonderweg' 테제나 20세기 독재를 근대의 대척점에 설정하는 근대주의적 시각에 대한 비판 위에서 출발한다. David Blackbourn · Geoff Eley, 《독일사의 특수성 *The Peculiarities of German History*》(Oxford : Oxford Univ. Press, 1984) ; Zygmunt Bauman, 《근대성과 홀로코스트》 참조.

는 지배/종속 양식은 대중의 사고와 감정 속에 이미 구조화된 '내재적 강제internal coercion'일 것이다.[4] 강제가 성공적으로 내재화되는 순간, 그것은 억압을 감추는 마음 깊은 곳의 신념으로 발전하여 체제의 정통성을 만들어낸다. 대중독재의 성공 여부는 이와 같은 체제 정통성의 의례에 대중을 흡인하는 능력, 즉 권력이 만들어낸 모범적 주체의 역할에 맞게끔 대중 스스로 자율적 주체를 양도하도록 만드는 능력에 달려 있다고 해도 과언이 아니다. 근대의 정치적 주체는 기실 개개인의 자율적 의지가 아니라 '통제되고 유도된 대중화' 과정의 산물인 것이다.[5] 파시즘과 스탈린주의가 떠들썩하게 선포한, 인간 혁명을 통해 '새로운 인간'을 창조한다는 슬로건 역시 같은 맥락에서 이해된다. 이들은 결코 인간 혁명을 완수하지는 못했지만, 그 슬로건의 실현을 위해 부단한 노력을 기울였다.[6] 여성화되고 무장 해제된 연약한 사람들을 완전한 인간으로 만들겠다는 정치공학은 근대 권력의 유토피아적 야심이었다.

5. 전성기 스탈린 체제에 대한 대중의 동의가 '인간 혁명anthropological revolution'의 열기에 힘입은 것이었다면, 포스트스탈린주의에 대한 대중의 동의는 공유된 죄의식 혹은 대중의 공범성에 기대고 있었다. 현실사회주의의 반체제 지식인 하벨Václav Havel은 '포스트전체주의'에 대한 자신의 에세이에서 공유된 죄의식 혹은 대중의 공범성이라는 독특한 대중 심리를 날카롭게 포착하고

4) Patrick Colm Hogan, 《순응주의의 문화 : 사회적 동의의 이해 The Culture of Conformism : Understanding Social Consent》(Durham : Duke Univ. Press, 2001), 58쪽.

5) Salvador Giner, 《대중사회》, 127쪽.

6) Leszek Kolakowski, 〈전체주의의 거짓말의 미덕Totalitarianism and the Virtue of the Lie〉, Irving Howe (ed.), 《다시 찾은 1984 : 우리 세기의 전체주의 1984 Revisited : Totalitarianism in Our Century》(New York : Harper Collins, 1983), 133쪽.

있다.[7] 포스트스탈린주의 체제가 '새로운 인간'을 만들기 위한 전체주의적 노력을 포기했을 때, 그것은 이미 대중의 사생활까지 지배한다는 인간 혁명의 야심을 포기한 것이었다. 대중의 수동성과 무관심에 대한 관변 언론의 비판에도 불구하고, 대중의 냉소주의는 관용되었다. 만연된 냉소주의는 대중의 공범성에 기초한 수동적 동의를 의미하는 것이었다. 일반화한다면 1956년 이후 동유럽의 인민은 국가적 프로젝트에 대한 열정이나 자발적 지지 없이 스스로를 체제에 적응시켰으며, 체제 또한 대중의 수동적 동의에 만족해야 했다. 공산주의 체제는 계속해서 인민 대중을 순응의 의례에 참여시켰지만, 탈정치화된 '벽감(壁龕) 사회niche society'로 도주한 대중들에게 어떠한 이념적 헌신도 기대할 수 없었으며 또 기대하지도 않았다. 마르크스주의 사상의 유산은 공허하고 탈맥락화된 몇 개의 슬로건으로 환원되었으며 이 화석화된 마르크스주의에 대한 대중의 동의는 물질적으로 보상받았다. 포스트스탈린주의에 대한 대중의 순응은 결국 정치적 상징 세계에 대한 수동적 거부와 물질적 생활 세계에 대한 수동적 동의를 동시에 껴안는 것이었다.[8] 1956년의 탈스탈린화를 전체주의로부터 권위주의로의 전환점으로 보는 발리츠키Andrzej Walicki의 해석은 이 점을 지적한 것이었다.[9] 프랑코이즘을 '근대 전제정despotismo moderno'이라고 규정한 시너Salvador Giner의 해석이 주목되는 것도 같은

---

7) Václav Havel, 〈힘 없는 자들의 힘The power of the powerless〉, John Keane (ed.), 《힘 없는 자들의 힘 : 중동부 유럽의 시민과 국가 *The Power of the Powerless : citizens against the state in central-eastern Europe*》(London : Hutchinson, 1985).

8) Mira Marody, 《공산주의 : 이데올로기, 체제, 사람들*Komunizm : Ideologia, system, ludzie*》(Warszawa : Wydawnictwo Neriton, 2001), 129쪽.

9) Andrzej Walicki, 《폴란드의 자유와의 투쟁*Polskie zmagania z wolnoscia*》(Krakow : Universitas, 2000), 102~109쪽.

맥락에서다.[10] 대중의 자발적 참여나 사생활에 대한 국가의 개입이 배제되었다는 점에서 프랑코이즘은 근대의 대중독재와는 다르다는 의미를 함축하기 때문이다.

6. 작업 가설로서의 대중독재를 정교하게 하는 작업은 그람시와 조우할 수밖에 없다. 헤게모니에 대한 그람시의 문제의식은 대중의 자발적 동원 체제를 설명하는 관건이기 때문이다. 헤게모니론이 자유민주주의 체제에만 국한된다는 상투적 해석은 그람시 자신에 의해 뒤집어진다. 그람시는 파시즘이 '진지전war of position'을 대변한다는 자신의 견해를 《옥중수고Lettere dal carcere》에서 분명히 밝히고 있다.[11] 그것은 파시즘이 시민 사회에 깊이 뿌리내리고 있다는 새로운 통찰을 드러낸다. 파시스트 헤게모니에 대한 그람시의 음울한 통찰은 '생산의 수단이자 주체로서의 시민의 경제적 총동원, 진정한 징병제, 모든 이탈리아인들의 진정한 공공적·경제적 동원'에 대한 무솔리니의 깊은 관심과도 일맥상통한다. 그것은 파시스트 헤게모니와 동의의 생산이 단순한 여론 조작과 동일시될 수 없다는 점을 의미한다. 대중의 동의 구조는 국가의 테러와 전 방위적 선전·선동의 결과만은 아닌 것이다. 바닷가의 모래성처럼 동의가 불안정하다는 무솔리니의 불평은 대중들의 삶속에 뿌리내리기 위해 파시즘이 얼마나 노심초사했는가를 잘 보여준다. 무솔리니의 가장 큰 관심사는 '방대한 사회적·문화적 설

---

10) Salvador Giner, 〈남부 유럽의 정치경제, 정당성, 국가Political economy, legitimacy and the state in Southern Europe〉, Ray Hudson · Jim Lewis (eds.), 《남유럽의 불균등 발전Uneven Developments in Southern Europe》(London : Methuen, 1985).

11) Antonio Gramsci, 《옥중수고Selections from the Prison Notebooks》, Q. Hoare · Geoffrey N. Smith (ed. · trans.)(New York : International Publishers, 1971), 120쪽.

득력을 지닌 자발적 결사의 모세관적 네트워크'를 구축하는 것이었다.[12] 나치가 사회복지의 양보를 통해 노동자들을 '매수'하는 것이 불가피했다는 포이케르트Detlev J. K. Peukert의 지적도 같은 맥락에서 이해된다.[13] 그러나 그것은 필요조건일 뿐 충분조건은 아니었다. 대중독재는 정치 영역을 지배하는 단단한 권력일 뿐만 아니라, 시민 사회를 자신의 규범에 맞게 조율하는 부드러운 권력이기도 했다. 선전선동이나 위협의 효과를 아무리 감안한다고 해도, 대중독재가 국민투표라는 채널을 통해 자신의 인기를 과시함으로써 체제 정당화의 계기로 삼았다는 역사적 사실은 부정하기 어렵다. 이 점에서 동의에 기반을 둔 독재 혹은 '합의독재'는 대중독재의 뚜렷한 특징이기도 했다.[14]

7. 파시스트 헤게모니는 공공 영역을 넘어 종종 개개인의 사적 영역으로까지 침투한다. 인간 혁명을 향한 대중독재의 끈질긴 욕망은 그 좋은 예다. 그것은 일상생활의 실천에 침투하여 헤게모니적 효과를 극대화하고 따라서 파시스트 아비투스를 공고히 한다. 자율적인 주체가 아닌 만들어진 주체로서의 근대 주체에 대한 푸코Michel Foucault의 분석은 알튀세Louis Althusser의 '호명'테제

---

12) Victoria de Grazia, 《동의의 문화 : 파시스트 이탈리아의 대중적 여가 조직 *The Culture of Consent : Mass Organization of Leisure in Fascist Italy*》(Cambridge : Cambridge Univ. Press, 1981), 12 · 21∼22쪽 등.

13) Detlev J. K. Peukert, 《나치 독일의 내부에서 : 일상생활에서의 순응, 저항, 인종주의 *Inside Nazi Germany : Conformity, Opposition, and Racism in Everyday Life*》, R. Deveson (trans.)(New Haven : Yale Univ. Press, 1987), 31쪽.

14) '합의독재'라는 용어에 대해서는 다음을 보라. Martin Sabrow, 〈담론으로서의 독재 Dictatorship as Discourse : Cultural Perspectives on SED Legitimacy〉, Konrad H. Jarausch (ed.), 《경험으로서의 독재 *Dictatorship as Experience : Towards a Socio-Cultural History of the GDR*》(New York : Berghan Books, 1999), 208쪽.

와 더불어 파시스트 아비투스의 형성 과정, 즉 강제의 내면화 과정을 이해하는 실마리를 제공한다.[15] 여타의 근대 체제들과 마찬가지로 대중독재 또한 다양한 채널의 법적·행정적·사법적·의학적 기제들을 통해 자신의 정치적 입지를 마련하고 또 그것을 정당화한다. 대중독재가 여타의 근대 체제와 다른 것은 그 통치 방식이 종종 극단적인 형태를 취한다는 점이다. 이 극단적 현상들을 쳐내고 보면, 대중독재는 통일된 의지와 행동 양식을 지닌 단일한 국민대중을 만드는 근대 국민국가의 일반적 특성을 공유한다. 순응하지 않는 내부의 반대자들을 '대문자 타자'로 만드는 한편, 순응하는 나머지 주민들은 '민족/국민의 의지'라는 이름 아래 헤게모니적으로 전유한다. 밖으로는 반유대주의, 반볼셰비즘, 반서구주의 등의 이데올로기를 통해 유대인과 공산주의자, 슬라브 민족, 내부의 이단자들을 '타자화'하는 동시에 안으로는 아리아 인종이라는 새로운 인종 단위를 발명함으로써, 나치의 민족공동체는 유기적 통합의 상징이 되었다. 주변/비유럽 세계의 원주민을 타자화하고 특정한 헤게모니 집단이 민족/국민의 이름으로 전체 주민을 대표하는 근대 국가 체제의 형성 과정에서 나치즘도 예외는 아니었던 것이다.[16]

8. 국가 인종주의는 안팎의 적을 생물화하는 데 효과적인 수단이었다. 생물화된 적은, 그에 대항해서 국가와 사회를 수호해야 한

---

15) 대중독재의 관점에서 볼 때, 하벨과 알튀세를 같이 읽자는 하벨의 제안은 하벨과 알튀세뿐만 아니라 푸코와 그람시도 같이 읽자는 제안으로 확장된다. Slavoj Žižek, 《누가 전체주의를 이야기했는가?*Did Somebody Say Totalitarianism?*》(London : Verso, 2001), 90쪽.

16) Michael Hardt · Antonio Negri, 《제국*Empire*》(Cambridge: Harvard Univ. Press, 2000), 103~104쪽.

다는 명분을 더 극적으로 드러내주는 효과가 있었다. 생체 정치, 주민, 인종의 삼각관계에 기초한 '생체 권력'에 대한 푸코의 분석이 주목되는 것도 이러한 맥락에서다. 규율 사회가 관습과 아비투스, 일상의 실천을 통제하고 만들어내는 다양한 기제들의 모세관적 네트워크를 구축한다면, 생체 정치는 각 개인의 내부에서부터 사회적 삶을 규제한다. 생체 정치의 탄생과 더불어 권력은 이제 주민들의 삶 전체에 대해 효과적인 명령 체계를 작동시킬 수 있는 것이다.[17] 대중독재가 생체 권력을 완성하는 수준에까지 도달했다고 이야기하기는 아마도 어려울 것이다. 그러나 근대 규율 사회가 행사하는 생체 권력의 효과를 놓치지는 않았다. 어떠한 대중독재도 새로운 인간을 창출한다는 인간 혁명을 완수하지는 못했지만, 또 어떠한 대중독재도 통제 사회를 향한 근대주의적 유토피아의 꿈을 버리지는 않았다. 아름다운 남성의 신체에 대한 파시스트 미학은 대중독재에서 나타나는 생체 권력의 차원을 분명하게 드러낸다. '정치의 심미화'와 결합된 대중독재의 생체 권력이 공적 영역과 사적 영역을 이어주는 가교로 작동할 때, 대중독재의 헤게모니는 그만큼 더 강화되는 것이다. 섹슈얼리티의 역사가 보여주는 바는, 푸코가 생각했던 것 이상으로 대중들이 인간 육체의 아름다움, 사랑, 우정, 성적 아비투스에 대한 열정과 이상을 통제하는 다양한 수단들에 사로잡혀 있었다는 것이다.

9. 대중독재의 관점에 서면, 인민 주권의 사상사는 근대적 해방

---

17) Michel Foucault, 《성의 역사 *The History of Sexuality*》, R. Hurley (trans.) (New York : Vintage, 1978), I, 135~145쪽 ; Michel Foucault, 〈18세기 건강의 정치The Politics of Health in the Eighteenth Century〉, Colin Gordon (ed.), 《지식/권력*Power/ Knowledge*》 (New York : Pantheon, 1980), 166~182쪽.

의 베일을 벗고 전혀 다른 의미로 다가온다. 나치즘이 '반자유주의적이기는 하지만 반드시 반민주주의적이지는 않다'는 슈미트 Carl Schmitt의 선언적 주장은 인민주권론에 입각한 '새로운 정치'의 절정인 것이다.[18] 인민주권론은 주민을 수동적 신민에서 능동적 시민으로 전화시키며, 따라서 대중이 참여하는 근대 독재의 길을 열어놓는다. '일반 의지'가 민족/국민의 뜻으로 전화되는 순간, 국민의 뜻은 더 이상 헌법에 종속되지 않는다. 국민의 뜻 자체가 헌법을 만드는 '제헌 권력'이기 때문이다. 주권독재의 비밀은 바로 이 지점에 놓여 있다. '인민이 다중을 대변하고, 민족/국민이 다시 인민을 대변하고, 국가가 다시 민족/국민을 대변하는' 논리의 연쇄 과정을 거치면서 주권독재가 정당화되는 것이다. 주권독재의 틀 내에서 다중은 이러한 방식으로 질서 잡힌 총체성으로 전화된다.[19] 제헌 권력으로서의 일반 의지에 기초한 주권독재가 정통성을 의심받지 않으면서도 무제한의 제헌 권력을 누릴 수 있었던 이유도 여기에 있다. 로베스피에르가 나치의 대중 집회에 갔다면 집과 같은 편안함을 느꼈을 것이라는 모스의 다소 엉뚱한 상상력이 이해되는 것도 같은 맥락에서다.[20] 1793년 국민공회의 연설에서 국민이 자기 자신에 대해 독재를 행사하는 것이기 때문에 자코뱅 독재는 정당하다고 역설한 바레르Bertrand Barére의 연설에서 주권독재의 메커니즘은 다시 한번 확인된다. 대중독재가 대의 민주주의의 절차보다는 국민투표 등을 통해 직접 국민의 의사를

---

18) 카를 슈미트, 《정치신학 외》, 김효전 옮김(법문사, 1998), 102쪽.

19) Michael Hardt · Antonio Negri, 《제국》, 87 · 134쪽. 여기에서 한 가지 흥미로운 사실은 하트와 네그리의 '주권 기계'에 대한 날카로운 비판과 슈미트의 주권독재 옹호론이 모두 근대 주권 국가의 형성이라는 동일한 역사적 근거 위에 서 있다는 것이다.

20) George L. Mosse, 《파시스트 혁명》, 76쪽.

묻는 방식을 선호한 것도 같은 맥락에서 이해된다.

10. '주권독재'는 유적 파시즘generic fascism과 스탈린주의의 친화성이라는 수수께끼를 푸는 데 중요한 개념적 실마리를 제공한다. '두 극단은 서로 통한다'는 상투적 주장이 아니라, "국민 주권이라는 주권 기계가 양자의 핵심에 있다"[21]는 네그리Antonio Negri와 하트Michael Hardt의 해석이 신선하게 다가오는 것도 같은 맥락에서다. 프롤레타리아 국제주의라는 공식에도 불구하고, 20세기의 좌파들에게 민족공동체는 인민의 적에 대한 근로 인민의 단결을 의미하는 것이었다. 현실사회주의의 선전선동이 마르크스의 민족 개념과는 달리 유기체적 민족 개념에 기초해 있었다는 사실에서 그것은 이미 잘 드러난다.[22] 독일의 극우 보수주의자들이 소비에트 러시아와 서구에 대항하는 공동 전선을 펼치자고 주장할 때, 라데크Karl Radek는 독일의 민족사회주의자들과 힘을 합쳐 서구에 대항하자고 화답했다. 그것은 나치즘을 자본주의에 반대하는 인민주의적 민족주의라고 본 스탈린의 관점과 일치하는 것이기도 했다. 리치Berto Ricci나 스피리토Ugo Spirito 같은 파시스트 좌파는 혁명적 국제주의에서 민족주의적 발전으로의 소비에트 러시아의 노선 선회를 목격하면서, 소련이 파시즘으로 기울고 있다고 기뻐했다.[23] '프롤레타리아 민족' 대 '부르주아 민족'이라

21) Michael Hardt · Antonio Negri, 《제국》, 112쪽.

22) Jie-Hyun Lim, 〈사회주의 코드의 민족주의적 메시지 : 사회주의 폴란드와 북한의 궁정역사학에 대하여The Nationalist Message in Socialist Code : On Court Historiography in People's Poland and North Korea〉, Solvi Sogner (ed.), 《지구사의 이해Making Sense of Global History》(Oslo : Universitetsforlaget, 2000) 참조.

23) Stanley G. Payne, 〈파시즘과 공산주의Fascism and Communism〉, 《전체주의 운동과 정치 종교》 vol. 1(2000년 겨울), 4~7쪽.

는 이탈리아 파시즘의 이분법은 전후 제3세계 마르크스주의자들의 '종속 이론'에서 재연되기도 했다. 그것은 부르주아지 대 프롤레타리아트의 계급 투쟁을 부자 나라와 가난한 나라의 민족 투쟁으로 뒤바꾸어놓는 개념 장치였다. 파시즘이나 스탈린주의 모두 선진 자본주의를 따라잡고 추월하는 발전 전략을 추구했으며, 민족/국민의 의지에 호소함으로써 그러한 전환을 정당화하고자 했다.[24] 대중독재의 하위 범주로서의 주권독재는 이러한 맥락에서 '유적 파시즘'이 '재생된 인민주의적 초민족주의'라는 그리핀 Roger Griffin의 정의를 확인해준다.[25]

11. 넓은 사회문화적 맥락에 놓고 볼 때, 인민주권론은 '대중의 국민화'를 이데올로기적으로 지지해준다.[26] '대중의 국민화'는 기본적으로 '획일화' 과정이다. 권력의 틀로 이미 재단된 총체성으로서의 국민화된 대중은 자율적인 근대 주체에 대한 자유주의적 환상을 정면으로 부정한다. 전근대의 종교로부터 탈주술화된 근대 주체는 곧바로 자율적 주체로 전화되는 것이 아니라, 국민국가의 의지에 맞게끔 가공되고 만들어질 뿐이다. 그러나 인민주권론이 제공하는 이데올로기적 정당화가 곧 인민들이 일상생활에서 특정한 가치 기준과 규율을 내면화하도록 보장하는 것은 아니다.

24) Jie-Hyun Lim, 〈해방인가 근대화인가? 저개발 국가의 반서구적 근대화론으로서의 사회주의Befreiung oder Modernisierung? Sozialismus als ein Weg der anti-westlichen Modernisierung in unterentwickelten Laendern〉, 《노동 운동사 연구Beitraege zur Geschichte der Arbeiterbewegung》 43/2(2001), 5~23쪽.

25) Roger Griffin, 〈재생적 정치공동체 : 전간기 유럽 전체주의 정권의 정당화 재고 Palingenetic Political Community : Rethinking the Legitimation of Totalitarian Regimes in Inter-War Europe〉, 《전체주의 운동과 정치 종교》 vol. 3(2002년 겨울), 24~26쪽.

26) George L. Mosse, 《대중의 국민화The Nationalization of the Masses》(New York : Howard Fertig, 1975).

생체 권력에 비하면 인민주권론은 가치와 규율을 내재화하기에는 너무 추상적이다. 주체를 맞춤 생산하기 위해서는 추상적 차원을 넘어 문화인류학적인 '재주술화' 과정이 요구되는 것도 이 때문이다. '정치 종교'가 주목되는 것은 이러한 맥락에서다. 민족, 국가, 역사, 인종 등의 세속적 실재에 신성한 지위를 부여하고 그 신성화된 세속적 실재를 집단적 정체성의 원칙으로 만드는 것은 '정치 종교' 혹은 '정치의 신성화'이다.[27] 대중들이 정치의 심미화 과정을 통해 파시스트적인 메시지를 체현한다면, 세속 정치를 정치 종교로 뒤바꿈으로써 대중을 재주술화하는 것은 민족주의였다. 기억할 수 없는 먼 과거로부터 무한한 미래로 이어지는 집단적 삶에 대한 민족주의적 서사는 개개인의 유한한 삶을 민족 집단의 영속적인 삶으로 승화시키는 신화였다. 정치 종교로서의 민족주의가 다른 어느 이데올로기보다 중세적 신화가 사라지면서 생긴 운명론의 공백을 메울 수 있었던 것은 바로 이러한 이유에서다.

12. 대중독재 패러다임이 대중의 동의 혹은 헤게모니적 효과를 강조한다고 해서, 폭력, 테러, 억압과 강제를 부정하는 것은 결코 아니다. 대중독재 패러다임은 오히려 왜 많은 대중들이 나치와 같은 억압적 정권이 행사한 극단적 강제와 테러를 묵인하거나 못 본 체했는가 하는 의문을 제기한다. 문제의 핵심은 극단적 테러 자체가 동의를 생산하는 기제이기도 했다는 점이다. 그것은 테러 대상들에게 공포감을 불러일으키는 동시에 테러가 비껴간 '민족 동지들'에게는 안도의 감정을 가져다주었다. 테러는 사실상 '인민의 적'을 목표로 매우 신중하고 선택적인 방식으로 행사되었다. 대중

---

27) Emilio Gentile, 〈정치의 신성화 : 세속 종교와 전체주의의 문제에 관한 정의, 해석 및 성찰〉.

독재 체제에서 테러는 이질적인 대중을 '우리 민족공동체' 속에 통합시키기 위해 '타자'에 대한 폭력을 행사하는, 급진적인 부정의 통합 전략이었던 것이다. 테러와 억압은 민족공동체로부터 추방된 집단에게는 혼란과 공포를 가져다주었지만, 충직한 공동체 내부의 성원들에게는 별반 큰 위협이 아니었다. 대다수의 대중들에게 더 큰 위협은 테러 그 자체가 아니라 공동체에서 추방당할지도 모른다는 두려움이었다. 배제와 통합의 이원적 메커니즘에 기댄 이 테러의 구사 방식은 왜 평범한 보통 사람들이 체제의 적극적 공범자 혹은 수동적 방관자로 남아 있었으며, 왜 그와 같이 극단적인 테러가 밑으로부터의 동의를 구할 수 있었는가 하는 오랜 의문을 해소해준다.[28] 이렇게 보면 강제와 동의는 양극단이라기보다는 서로 밀접하게 얽혀 대중독재를 떠받치는 통합적 부분이었던 것이다. 대중독재는 공동체의 내부자들에게는 다감한 지킬 박사지만 공동체에서 추방된 자들에게는 야수적인 하이드인 야누스의 얼굴을 가지고 있는 것이다.

13. 지금까지의 설명이라면, 대중독재가 반대나 저항을 위한 조금의 빈틈도 허용하지 않는, 완벽하고 철저하게 봉합된 정치 기계 혹은 괴물처럼 보일지도 모르겠다. 또 동의와 합의를 일방적으로 강조함으로써 명백한 테러 현상을 무시하도록 조장한다는 의구심을 불러일으킬지도 모르겠다. 그렇다면 그것은 대중독재 패러다임의 의도와는 거리가 멀다. 동의 자체의 다양한 층위에 대한 이해

---

28) Robert Gellately, 《히틀러 지지하기 : 나치 독일의 동의와 강제 *Backing Hitler : Consent and Coercion in Nazi Germany*》(Oxford : Oxford Univ. Press, 2001) ; Robert Mallet, 〈동의인가, 이의인가?Consent or Dissent?〉, 《전체주의 운동과 정치 종교》 vol. 1(2000년 가을).

가 전제된다면 그러한 오해도 불식될 것이다. 대중독재에서 발견되는 동의는 내면화된 강제, 강제된 동의, 수동적 동의, 타협적 순응, 무의식적 순응 등에 이르기까지 실로 다양한 층위를 보여준다. 또 체제에 포섭된 것처럼 보이는 파시즘의 일상 세계와 동의구조 속에도 다양한 저항의 지점들이 파편적으로 존재한다. 대중독재를 연구하는 역사가들에게 주어진 과제는 동의냐 저항이냐의 양자택일적 물음에 답하는 것이 아니라 동의 혹은 합의라는 개념을 복수화하고 해체하는 것이다. 비단 동의뿐만 아니라 저항 개념역시 체제 전복적인 정치 저항과 일상생활에서의 비순응적 저항, 이데올로기적 지향을 갖는 저항과 실존적 저항, 헤게모니 속에 포섭된 저항과 저항을 내포하는 지배 등의 다양한 층위로 해체된다.[29] 문제가 더 복잡한 것은 동의나 저항이나 모두 그 인식이나 실천이 객관적 실재와 인식된 실재 사이를 넘나드는 복합적인 것이라는 데 있다. 대중이 대중독재를 받아들이는 방식은 객관적 실재의 변화와도 관련 있지만 그 실재에 대한 인식의 변화와도 밀접하게 관련돼 있다. 일상생활에서 사람들의 의식과 실천을 지배하는 것은 객관적 실재 그 자체라기보다는 해석된 실재인 경우가 더 많은 것이다. 인식된 실재로서 대중의 인식 속에 뿌리박고 있는 한, 동의와 정당성은 단순한 사기극을 넘어서며 대중독재가 실제화되는 것이다.

14. 대중독재 패러다임의 문제의식은 박정희 개발독재의 과거를 둘러싼 기억의 전쟁에서 배태되었다. 민주화된 한국에서 박정희

---

29) 반드시 같다고 볼 수는 없지만, 독일 일상사의 업적들은 이 점에서 매우 많은 시사점을 제공해준다. Alf Luedtke, 《일상생활의 역사 The History of Everyday Life》, William Templer (trans.) (Princeton : Princeton Univ. Press, 1995).

시대에 대한 향수가 뿌리 깊다는 것은 참으로 예측하지 못했던 당혹스러운 일임에 틀림없다. 그러나 전후 독일에서 전개된 나치즘의 과거를 다루는 다양한 방식들이나 이탈리아 파시즘의 과거 청산 방식, 또 가장 최근의 일인 동유럽의 현실사회주의 과거 청산 논의들을 찬찬히 살펴보면, 박정희에 대한 향수는 단순히 한국만의 특수한 양상은 아니라고 판단된다. 2차 세계대전 이후 많은 독일인들에게 나치즘은 테러와 대량 학살로만 기억되지 않고 경제 성장, 평온함, 질서 등으로 기억되었다. 파시즘의 집단 정신은 2차 세계대전 이후의 이탈리아에서 청산되기는커녕 여전히 사회 일각에서 살아 있다. '사면은 찬성하지만 망각은 반대한다'는 미흐니크Adam Michnik의 입장이나 공산당 간부들에 대한 소급 입법에 반대하는 하벨의 태도는 포스트공산주의의 과거 청산 논의가 상당히 복합적이라는 점을 시사해준다.[30] 마르크스주의나 전체주의 패러다임에 내장된 도덕적 이원론은 대중독재 체제를 지지한 평범한 보통 사람들에게 역사적 면죄부를 발행해주고 자신들의 과거에 대한 성찰의 기회를 박탈함으로써 기억의 전쟁에서 패배하고 있다. 파시즘은 '기동전'에서는 패했을지 모르지만, '진지전'에서는 승리를 기록하고 있는 것이다. '끝없는 파시즘', '부활하는 파시즘' 등에 대한 에코Umberto Eco와 가타리Felix Guattari의 경

---

30) 다음을 참조하라. Richard Bessel (ed.), 《제3제국의 생활Life in the Third Reich》(Oxford : Oxford Univ. Press, 1987) ; Konrad H. Jarausch · Michael Geyer, 《조각난 과거 : 독일사의 재구축Shattered Past : Reconstructing German Histories》(Princeton: Princeton Univ. Press, 2003) ; R. J. B. Bosworth · Patrizia Dogliani (eds.), 《이탈리아 파시즘 : 역사, 기억, 재현Italian Fascism : History, Memory and Representation》(New York : St. Martin's Press, 1999) ; A. Kemp Welch (ed.), 《폴란드의 스탈린주의, 1944~1956Stalinism in Poland, 1944~1956》(London : Mac-millan, 1999) ; Timothy Garlton Ash, 《현재의 역사 History of the Present》(New York : Vintage Books, 1999).

고는 파시즘에 대항하는 '진지전'이 여전히 진행 중임을 예고해준
다. 대중독재의 역사주의가 현재주의로 전화하는 것도 바로 이 지
점에서다.

| 찾아보기 |

ㄱ

가레토, 파올로 95
가미카제 241, 243~245
《가정지우》 236
강판숙 175, 180, 183
게토 276, 292
고무우카, 발라디슬라프 307
고백 교회 211
고사와 헤이사쿠 173, 183
고쿠가쿠 203
고트발트, 클레멘트 83
고향전선 279
골드하겐, 다니엘 273, 315
괴벨스, 파울 요제프 160, 163, 252, 262~263, 275, 338, 352~353
교육칙어 201, 205
국가신도 196, 200, 211

《국민문학》 227, 232
권력의 신성화 46
그람시, 안토니오 44, 51
《근대성과 홀로코스트》 314
기독교 63~66
기동투입조 273, 277, 288, 290~292, 296
기동특공대 277, 288, 292
기레나스, 스탠리 386, 389~394
기에레크, 에드워드 68
기요, 장 마리 110
김철 221
김형직 175, 181

ㄴ

《나의 투쟁》 144, 248, 284

낙후된 의식 269
뉘른베르크 법 321
〈니벨룽겐의 노래〉 349
니체, 프리드리히 110, 114, 116, 121~
   122, 127

ㄷ

다리우스, 스티븐 386, 389~394
다중의 외국인들 328
《당 중앙》 183
대서양 횡단 비행
  리투아니아 386
  이탈리아 365
  포르투갈 373~374
독일영화회사 248
독일인민주의 운동 206
〈동아일보〉 226~228
뒤르켐, 에밀 48
디미트로프, 게오르기 83

ㄹ

라보로, 카메라 델 114
라브리올라, 안토니오 109, 119
라이, 로버트 263, 341
러셀, 버트런드 45

레닌, 블라디미르 일리치 71, 79~80
레인, 크리스텔 88
《력사》 181
〈로동신문〉 185
로젠베르크, 알프레드 263, 350, 352~
   353
로크, 존 64~65
루스벨트, 프랭클린 D. 163, 321
루스타벨리, 쇼타 79
르낭, 에르네스트 117, 178
르봉, 귀스타브 45
르포트, 클로드 171
리비우스, 티투스 58
리소르지멘토, 125
리펜슈탈, 레니 264
릭토르 96~98

ㅁ

마다가르카르 289~290
마라빌리아, 마우리치오 103
마리네티, 필리포 92
마쓰이 히데오 241, 244
마치니, 주세페 125
마카렌코, 안톤 세미요노비치 76
마키아벨리, 니콜로 60
만인사제주의 61, 63~64
〈매일신보〉 226~227, 238, 241, 244

메이슨, 팀 336

멜리스, 게오르크 120

모로조프, 파블리크 82

모스, 조지 25, 106, 223, 228

모스카, 가에타노 45

모차르, 미엥치슬라프 309

몸젠, 한스 263

무자헤딘→알 카에다

문명인 121

문화 연구 259

문화인 121

미토가쿠 202

미헬스, 로베르토 45

민족 공동체 283

민족사회주의 249, 251, 261, 270

민족주의 104

　리투아니아 383

　포르투갈 371～372

ㅂ

바그너, 리하르트 347

바바, 호미 K. 180

바우만, 치그문트 314～315

《반도지광》 227, 230, 232, 238～239

반유대주의 306～311

발라바노프, 안젤리카 111

발보, 이탈로 365～366

백철 225

밴필드, 에드워드 C. 169

범독일주의 115～116

베렌베크, 자비네 334～335, 338, 360

베버, 막스 45～46

베스트, 베르너 276

베어드, 제이 W. 334～335

벤야민, 발터 26, 264

벨라, 로버트 45

보타이, 주세페 95

부하린, 니콜라이 이바노비치 84

브냐크, 이봉 드 111

브레진스키, 즈비그뉴 K. 250～251, 253,
　262

블루메, 발터 286～287, 289, 298

비두킨트 349, 353～354

비수의 신화 347

비오 11세 126

비타우투스 382～385, 388, 390, 392,
　394

ㅅ

사담 후세인 317～318

사르파티, 마르게리타 125

《삼천리》 227

새로운 객관성 357

샤르댕, 테야르 드 49

샤를마뉴→카를 대제

서정주 241~242

선군 정치 188, 249, 251~252, 254~
260, 263, 265~266, 268, 270~271

세속 종교 42~45

세속화 46

세이에르, 에르네스트 116, 121

소렐, 조지 112~113, 117, 119, 127

소비에트 제25극동군 특별 여단 176

솔즈베리의 존 58

슈니츨러, 카를-에두아르트 폰 249

슈타인, 루도비크 110

〈슈튀르머〉 311

슈펭글러, 오스발트 121~124

스즈키 마사유키 178

스카빈스키, 크산티 96

스탈린주의 169

시민 자유법 322

시민 종교 18, 45, 53, 56~59, 63~64,
66, 90

신성한 역사 42

《신시대》 227, 234

신인류 126

아롱, 레몽 44, 132

아르미니우스 350~351

아멘돌라, 조반니 51

《아반티》 119

아이히만, 카를 아돌프 274, 286

아펠리우스, 마리오 104

악센, 헤르만 266

RSHA→제국보안사령부

알 카에다 317~318

알리, 괴츠 276

알베르투스 59

엘리아데, 미르치아 46

엘시타인, 진 B. 323

여운형 176

연대자유노조 311

영국 혁명 62

영웅주의 117

오스트로프스키, 니콜라이 82

오토, 루돌 49

올렌도르프, 오토 272, 296~297

와다 하루키 177

《우리의 태양》 176

월처, 마이클 323, 334

유대 공산주의 303, 309

이르민술 346, 351

ㅇ

아감벤, 조르주 321

아렌트, 한나 251, 254~257, 274, 314

ㅈ

자극-반응 모델 259
《자발적인 히틀러의 집행자들》 314
전체주의 66, 129, 253~255
정치 종교 43, 53, 90~91, 105, 132~
  133, 191~196, 206~207, 214~215
제국 문화원 262
제국 민족 계몽 및 선전성 261
제국보안사령부 277~278, 280, 282~
  283, 285~288, 290~298
제도적 무정부 상태 263
젠틸레, 에밀리오 31, 90~91, 108, 132,
  191, 222, 363, 384
《조광》 227, 230, 233~235, 238, 241
종교개혁 60, 66
주라티, 조반니 94
주바오종 176
지크프리트 347~348

ㅋ

카를 대제 347, 352~356
카몽스, 루이스 드 372, 376~377, 381
카브랄, 사카두라 373~376, 380, 384
카이로프, 이반 76
칸트로비츠, 에른스트 171
칼라일, 토머스 339
커쇼, 이안 336~337
케인스, 존 메이너드 45
코곤, 오이겐 273
코라디니, 엔리코 101
코러, 리하르트 122
코샤, 루디 355
코스모데미안스카야, 조야 82
코티뉴, 가구 373, 375~376, 380, 394
콩피에뉴 144
키케로, 마르쿠스 툴리우스 58

ㅊ

최종 해결책 288
치자리, 줄리오 98

ㅌ

테스티, 카를로 미토리오 97
토마스 아퀴나스 59
토크빌, 알렉시스 드 45
통일당 251
투라티, 아우구스토 103
트레베스, 클라우디오 113
틸리히, 폴 51

ㅍ

파레토, 빌프레드 45
파볼리니, 알레산드로 369~371
파시스트 역사 문화 364
페인, 스탠리 G. 90
페트라르카, 프란체스코 59
포구, 클라우디오 363, 365, 381
포이어바흐, 루트비히 48
폴란드 통일노동자당 73
폴레보이, 보리스 82
폴리비오스 57
푀겔린, 에릭 44, 132
푸예, 알프레트 110
프랑스 혁명 48
프랑크, 발터 154
프랑크푸르트 사회조사연구소 274
프레오브라젠스키, 예브게니 84
프레촐리니, 주세페 117, 126
프로이트, 지크문트 173
프로테스탄트 65~66
프리드리히 대제 250, 253, 262, 339
프리체, 한스 249
플라톤 57
피차리니, 주세페 101

ㅎ

하겐 348
하르트만, 에두아르트 폰 110
하비, 엘리자베스 342~343
하이드리히, 라인하르트 283~285, 292,
    298, 357~358
하임, 주자네 276
하프너, 세바스티안 279
학습 독재 체제 267
한설야 176, 181
할러, 요하네스 347, 350~351, 355
해링턴, 제임스 62~64
헌트, 린 173
헌팅턴, 새뮤얼 P. 323
헤겔, G. W. F. 60~61
헤르베르트, 울리히 276
헤이스, 칼튼 45
현실사회주의 249, 251, 270
화이트, 헤이든 179
후쿠야마, 프랜시스 323
호루시초프, 니키타 세르게예비치 168
히틀러, 아돌프 15, 133, 144, 147, 149,
    160, 163, 210, 212, 248, 270, 275, 284,
    290, 294~295, 331~332, 335, 337~
    338, 355, 359
힐버그, 라울 274
힘러, 하인리히 148, 210, 263, 275, 283,
    287, 289~290

대중
독재

2

정치 종교와 헤게모니

엮은이 · 임지현 · 김용우

기획 · 비교역사문화연구소

펴낸이 · 김현태

펴낸곳 · 책세상

초판 1쇄 펴낸날 · 2005년 10월 25일

초판 2쇄 펴낸날 · 2017년 5월 20일

주소 · 서울시 종로구 경희궁길 33 내자빌딩 3층(03176)

전화 · 704-1251 | 팩스 · 719-1258

이메일 · bkworld11@gmail.com

홈페이지 · www.bkworld.co.kr

등록 · 1975. 5. 21 제 1-517호

ISBN 978-89-7013-534-2 04900

978-89-7013-543-4 (세트)

이 책은 2003년 한국학술진흥재단의 지원에 의해 연구되었음(KRF-2003-072-AM2002)